교육의 힘으로
세상의 차이를 좁혀 갑니다

차이가 차별로 이어지지 않는 미래를 위해
EBS가 가장 든든한 친구가 되겠습니다.

모든 교재 정보와 다양한 이벤트가 가득!
EBS 교재사이트 book.ebs.co.kr

본 교재는 EBS 교재사이트에서
eBook으로도 구입하실 수 있습니다.

2025학년도
수능 연계교재
수능완성

✧✧✧

국어영역
독서 · 문학 · 언어와 매체

KB214227

기획 및 개발	감수	책임 편집
문혜은	한국교육과정평가원	이상수
허 림		
최재진		

본 교재의 강의는 TV와 모바일 APP, EBSi 사이트(www.ebsi.co.kr)에서 무료로 제공됩니다.

발행일 2024. 5. 20. 3쇄 인쇄일 2024. 8. 16. 신고번호 제2017-000193호 펴낸곳 한국교육방송공사 경기도 고양시 일산동구 한류월드로 281
표지디자인 ㈜무닉 내지디자인 다우 내지조판 ㈜하이테크컴 인쇄 동아출판㈜
인쇄 과정 중 잘못된 교재는 구입하신 곳에서 교환하여 드립니다. 신규 사업 및 교재 광고 문의 pub@ebs.co.kr

📄 정답과 해설 PDF 파일은 EBSi 사이트(www.ebsi.co.kr)에서 내려받으실 수 있습니다.

교재 내용 문의
교재 및 강의 내용 문의는
EBSi 사이트(www.ebsi.co.kr)의 학습 Q&A 서비스를
활용하시기 바랍니다.

교재 정오표 공지
발행 이후 발견된 정오 사항을
EBSi 사이트 정오표 코너에서 알려 드립니다.
교재 → 교재 자료실 → 교재 정오표

교재 정정 신청
공지된 정오 내용 외에 발견된 정오 사항이 있다면
EBSi 사이트를 통해 알려 주세요.
교재 → 교재 정정 신청

KNU 강원대학교

수시 원서접수

2024. 9. 9.(월) - 9. 13.(금)

원서접수 방법

인터넷원서접수(유웨이어플라이)

강원대학교 입시 상담

| 전　　화　　춘천 : (교과) 033-250-6041~5 (종합) 7979
　　　　　　삼척 : (도계포함) 033-570-6555
| 카카오채널　http://pf.kakao.com/_Lbqxks/chat
| 홈 페 이 지　http://www.kangwon.ac.kr/admission/

카카오채널

입학홈페이지

미래를 먼저
만날 SU 있다
삼육대학교.

**사람중심의 창의융합으로
지속가능한 미래를 열어갑니다**

모든 학생이 자신의 전공 분야에서
AI.SW 기술을 능동적으로 받아들이고
혁신의 주체가 될 수 있습니다.

거대한 변화의 흐름에서 누구도 소외되지 않고
모두가 4차 산업혁명의 주인공이 되는 세상.

사람과 기술이 공존하는 미래,
삼육대학교에서 먼저 만날 SU 있습니다.

2025학년도 교과형(약술) 논술 EBS 연계 80% 이상

**2025학년도
신입생 모집**

원서접수처 : 진학어플라이(www.jinhakapply.com)
수시모집일 : 2024년 9월 9일(월) ~ 9월 13일(금) / 정시모집일 : 2024년 12월 31일(화) ~ 2025년 1월 3일(금)
입학처 전화 : 02-3399-3377~3379 기타 사항은 입학처 홈페이지(ipsi.syu.ac.kr)로 문의 바랍니다.

동행·매력
특별시 서울

SEOUL
MY SOUL

인터넷 강의 & 대학생 멘토링 100% 무료

수능공부
서울런으로
0원 학습!

원활한 강의수강을 위한 교재쿠폰 무료 제공
(기본 5권, EBS 교재 5권)

서울런에는 어떤 인터넷 강의가 있나요?

EBS　ETOOS　megastudy ⋒　ⅠⅠ 대성마이맥　eduwill　ⅠⅠⅠ 해커스

i-Scream
HOme Learn　milk T　elihigh　ONLY META　토도원　Mbest　윌라

본 교재 광고의 수익금은 콘텐츠 품질 개선과 공익사업에 사용됩니다.

차별없는 교육환경과 교육사다리 복원을 위해
다양한 온라인 학습 콘텐츠와 대학생 멘토링 서비스를
무료로 지원하는 **서울시 운영 교육 플랫폼**

서울런 공식 홈페이지 (https://slearn.seoul.go.kr)

간편 대상 확인

adiga

ADmission Information Guide for All

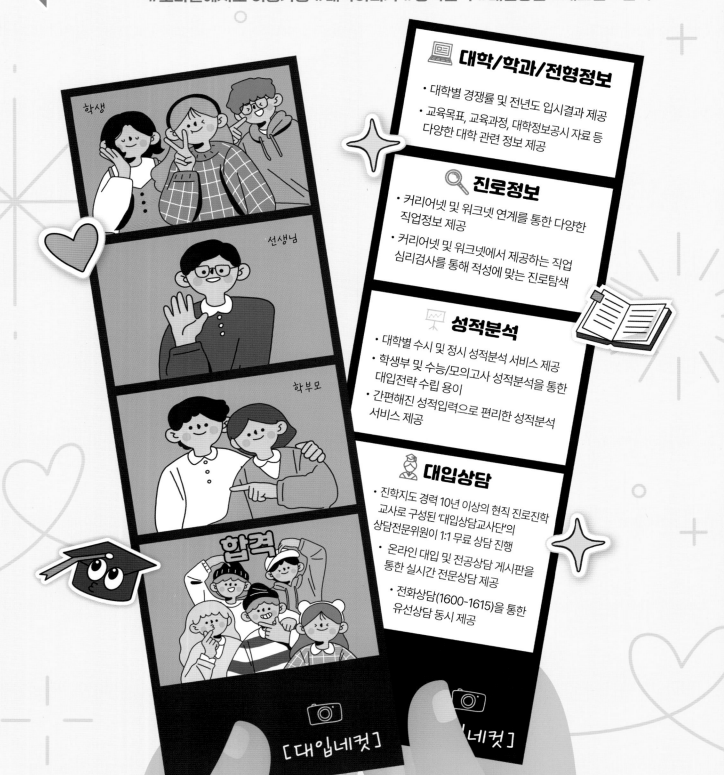

2025학년도

수능 연계교재

수능완성

✦✦✦

국어영역

독서 · 문학 · 언어와 매체

이 책의 **구성과 특징** STRUCTURE

수능완성 〈유형편〉은 대학수학능력시험 국어영역에 대비하여 수험생 여러분이 기본적으로 알아 두어야 할 출제 유형을 독서, 문학, 언어, 매체 영역별로 구분하여 구성하였습니다. 영역별로 정리된 유형별 문항을 풀어 보는 과정에서 스스로 취약한 문제 유형이 무엇인지 쉽게 파악하도록 하였으며, 자세한 유형 설명과 정답 해설로 보다 정확한 유형 이해가 가능하도록 하였습니다.

유형 연습

유형 연습은 독서, 문학, 언어, 매체 영역을 독립된 장으로 구성한 코너입니다.
꼭 알아 두어야 할 영역별 필수 유형을 학습할 수 있습니다.
실전과 유사한 문항 풀이를 통해 자신의 유형 이해 정도를 점검해 볼 수 있습니다.

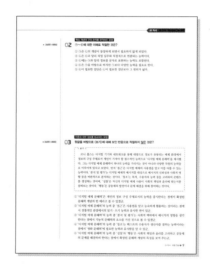

유형편

Zoom In 유형 연습

유형 연습을 통해 제시된 문항들과 관련한 모든 것을 Zoom In하여 꼼꼼하게 분석한 코너입니다.
유형에 대해 자세히 설명해 주는 '유형 이해'는 물론, 실전에서 필요한 '유형 공략' 방법을 제시하여
학습에 도움이 되고자 하였습니다.

닮은꼴 발문 Tip도 함께 참고하시면 더욱 효과적입니다!

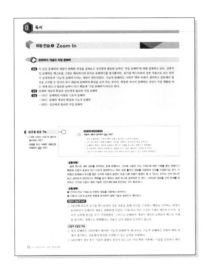

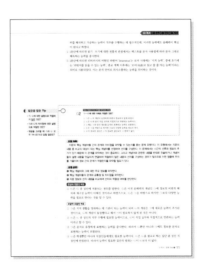

학생

선생님

인공지능 DANCHOQ
푸리봇 문|제|검|색

EBS*i* 사이트와 EBS*i* 고교강의 APP 하단의 AI 학습도우미 푸리봇을
통해 문항코드를 검색하면 푸리봇이 해당 문제의 해설과
해설 강의를 찾아 줍니다. **사진 촬영으로도 검색**할 수 있습니다.

문제별 문항코드 확인   **문항코드 검색**

[24052-0039]   24052-0039 🔍

1. 아래 그래프를 이해한 내용으로 가장 적절한 것은?

[24052-0039]

사진 촬영 검색

❶
❷
❸

EBS 교사지원센터
교재 관련 자|료|제|공

교재의 문항 한글(HWP) 파일과
교재이미지, 강의자료를 무료로 제공합니다.

⬇ 한글다운로드   🖼 교재이미지   ☰ 강의자료

훈

• 교사지원센터(teacher.ebsi.co.kr)에서 '교사인증' 이후 이용하실 수 있습니다.
• 교사지원센터에서 제공하는 자료는 교재별로 다를 수 있습니다.

이 책의 **차례** CONTENTS

유형편

유형편

유형 연습 ❶

[01~03] 다음 글을 읽고 물음에 답하시오.

문해력의 영어 표현인 리터러시(literacy)의 어원인 라틴어 'litteratus'는 로마 시대에는 '지적 능력', 중세 초기에는 '라틴어를 읽을 수 있는 능력', 종교 개혁 이후에는 '모어(母語)로 읽고 쓸 줄 아는 능력'이라는 의미로 사용되었다. 이는 문자 언어로 의사소통할 수 있는 능력을 의미하는 것으로, 읽기·쓰기에 대한 전통적 관점과 일맥상통한다. 읽기·쓰기에 대한 전통적 관점에서는 텍스트를 문자 사용법에 따라 문자 그대로 해독하는 능력을 갖춘 후 이를 활용하여 문자로 유창하게 표현하는 능력을 중시한다. 이러한 문자의 사용 능력은 지적 생활을 영위하는 데 기본이 되는 능력이기 때문에 ⓣ'기초적 문해력'이라고 한다.

읽기를 단순한 해독이 아닌, 텍스트와의 상호 작용을 통해 의미를 구성하는 행위로 간주하는 관점이 등장하면서 문해력의 개념도 변화하였다. 의미 구성의 주체인 개인의 인지적, 정의적 능력에 관심을 두기 시작하면서 대두된 개념이 ⓛ'기능적 문해력'이다. 기능적 문해력은 이전 문해력의 개념에 정보의 비판적 해석과 재구성 능력이 더해진 것이다. 기능적 문해력은 사회적 맥락 속에서 생각하고, 공동체의 발전을 고려할 수 있는 능력이 있어야 하기 때문에 개인의 자아실현, 직업 수행, 공동체의 구성원들과의 협력 등을 효율적으로 수행하는 데 필수적인 능력이 되고 있다. 확장된 문해력의 개념은 영화, 정치, 환경 등 사회적 대상들도 텍스트로 두고 의미를 구성하는 영화 문해력, 정치 문해력, 환경 문해력 등으로 나타나며 그 분야는 계속 확장되고 있다. 영화와 정치, 환경은 텍스트의 성격이 다르기 때문에 세부적으로 필요한 핵심 능력이 다를 수 있지만, 모두 사회적 맥락에서 텍스트를 해석하고 의미를 재구성한다는 점에서는 유사한 면이 있다.

확장된 의미의 문해력은 학생뿐만 아니라 사회 구성원 누구에게나 필요한 능력이지만, 특히 성인들의 직무 수행에 필요한 능력을 ⓒ'직업 문해력'이라고도 한다. 직업 실무에서 요구되는 문제 해결, 의사 결정, 창의성, 리더십, 협상 등과 같은 핵심 역량의 기본 토대가 바로 문해력이기 때문이다. 정보 통신 기술의 융합이 중심이 되는 4차 산업 혁명 시대에는 기술을 습득하고 데이터를 해석하고 가공하는 능력이 직무를 수행하는 데 필수적인데, 이러한 능력에도 문해력이 핵심이 된다.

세부 정보를 파악하는 유형

▶ 24051-0001

01 윗글의 내용과 일치하지 <u>않는</u> 것은?

① 정치 문해력에는 사회적 맥락 속에서 생각하는 능력이 포함된다.
② 4차 산업 혁명 시대에 문해력은 직무를 수행하는 데 필요한 핵심 능력이다.
③ 문해력의 개념은 개인의 능력보다 텍스트 자체를 중시하는 방향으로 변화했다.
④ 읽기에 대한 전통적 관점에서는 내용을 문자 그대로 해독하는 능력을 중시한다.
⑤ '리터러시'의 어원이 가진 의미는 문자 언어로 의사소통할 수 있는 능력과 관련된다.

▶ 24051-0002

핵심 개념어 간의 관계를 파악하는 유형

02 ㉠~㉢에 대한 이해로 적절한 것은?

① ㉠은 ㉡의 개념이 등장하게 되면서 필요하지 않게 되었다.
② ㉡은 ㉢과 달리 직업 실무와 직접적으로 연관되는 능력이다.
③ ㉡에는 ㉠과 달리 정보를 문자로 표현하는 능력도 포함된다.
④ ㉢은 ㉠을 바탕으로 하지만 ㉠보다 다양한 능력을 필요로 한다.
⑤ ㉢이 필요한 집단은 ㉡이 필요한 집단보다 그 범위가 넓다.

▶ 24051-0003

지문과 외부 정보를 비교하는 유형

03 윗글을 바탕으로 〈보기〉에 대해 보인 반응으로 적절하지 <u>않은</u> 것은?

> ┌ 보기 ┐
>
> 르니 홉스는 디지털 기기와 네트워크를 통해 대량으로 정보가 유통되는 매체 환경에서 정보의 구성 주체로서 개인이 가져야 할 필수적인 능력으로 '디지털 매체 문해력'을 제시했다. 그는 디지털 매체 문해력이 하나의 능력을 가리키는 것이 아니라 다양한 차원의 능력들로 이루어져 있다고 보았다. 먼저 '접근'은 디지털 매체의 사용법을 알고 이를 다룰 수 있는 능력이다. '분석 및 평가'는 디지털 매체의 메시지를 대상으로 메시지의 신뢰성과 사회적 영향 등을 비판적으로 분석하는 것이다. '창조'는 목적, 수용자의 능력 등을 고려하여 콘텐츠를 생성하는 것이며, '성찰'은 자신의 디지털 매체 사용이 사회적 책임과 윤리에 맞는지를 살펴보는 것이다. '행동'은 공동체의 발전이나 문제 해결을 위해 참여하는 것이다.

① '디지털 매체 문해력'은 개인의 정보 구성 주체로서의 능력을 중시한다는 점에서 확장된 문해력 개념의 한 예라고 볼 수 있겠군.
② '디지털 매체 문해력'의 능력 중 '접근'은 사용법을 알고 능숙하게 활용하는 것이라는 점에서 전통적인 관점에서의 읽기·쓰기 능력과 유사한 면이 있군.
③ '디지털 매체 문해력'의 능력 중 '분석 및 평가'는 사회적 맥락에서 메시지의 영향을 생각한다는 점에서 기능적 문해력의 요소를 가진 것으로 볼 수 있겠군.
④ '디지털 매체 문해력'의 능력 중 '창조'는 텍스트의 수용자가 생산자를 겸하는 능력이라는 점에서 '영화 문해력'에 필요한 능력과 유사함을 알 수 있군.
⑤ '디지털 매체 문해력'의 능력 중 '성찰'과 '행동'은 사회적 책임과 윤리를 고려하고 공동체의 문제를 해결하려 한다는 점에서 확장된 문해력 개념의 특징을 보여 주는군.

문해력의 개념과 직업 문해력

해제 이 글은 문해력의 개념이 변화한 과정을 살펴보고 성인에게 필요한 능력인 '직업 문해력'에 대해 설명하고 있다. 전통적인 문해력은 텍스트를 그대로 해독하기와 문자로 표현하기를 중시했지만, 읽기를 텍스트와의 상호 작용으로 보는 관점이 등장하면서 '기능적 문해력'이라는 개념이 대두되었다. 기능적 문해력은 사회적 맥락 속에서 생각하고 공동체의 발전을 고려할 수 있어야 하기 때문에 문해력의 확장을 보여 주는 것이다. 확장된 의미의 문해력은 성인이 직업 생활을 하는 데에 반드시 필요한 능력이 되기 때문에 '직업 문해력'이라고도 한다.

주제 문해력 개념의 확장과 성인에게 필요한 직업 문해력

구성 • 1문단: 문해력의 어원과 기초적 문해력
• 2문단: 문해력 개념의 확장과 기능적 문해력
• 3문단: 성인에게 필요한 직업 문해력

닮은꼴 발문 Tip

• (가)에 나타난 '라모'의 생각과 일치하는 것은?

• 윗글을 읽고 이해한 내용으로 적절하지 <u>않은</u> 것은?

세부 정보를 파악하는 유형

01 윗글의 내용과 일치하지 <u>않는</u> 것은?

① 정치 문해력에는 사회적 맥락 속에서 생각하는 능력이 포함된다.
② 4차 산업 혁명 시대에 문해력은 직무를 수행하는 데 필요한 핵심 능력이다.
③ 문해력의 개념은 개인의 능력보다 텍스트 자체를 중시하는 방향으로 변화했다.
④ 읽기에 대한 전통적 관점에서는 내용을 문자 그대로 해독하는 능력을 중시한다.
⑤ '리터러시'의 어원이 가진 의미는 문자 언어로 의사소통할 수 있는 능력과 관련된다.

유형 이해

글에 제시된 세부 정보를 파악하는 문제 유형이다. 선지에 사용된 주요 키워드에 대한 이해를 묻는 문항이기 때문에 지문의 표현과 약간 다르게 표현하거나, 여러 곳에 흩어진 정보를 조합하여 선지를 구성하기도 한다. 이 유형의 문제에서 유의할 점은 선지와 지문의 표현이 조금 다른 부분이 함정이 될 수 있다는 것이다. 단어 하나만 보고 섣부르게 판단하거나 맥락을 보지 못하고 표현 하나에 집착하면 안 된다. 그러므로 정보들 간의 관계를 파악하고, 선지와 지문이 대체 가능한 것인지에 대해 판단하는 것이 중요하다.

유형 공략

❶ 선지의 주요 키워드와 관련된 정보를 지문에서 파악한다.
❷ 지문과 다르게 표현된 부분에 유의하며 대체 가능한 표현인지 확인한다.

정답이 정답인 이유

③ 2문단에 따르면 읽기를 텍스트와의 상호 작용을 통해 의미를 구성하는 행위로 간주하는 관점이 등장하면서 문해력의 개념도 변화하게 되었다. 이에 따라 의미 구성의 주체인 개인의 인지적, 정의적 능력에 관심을 두기 시작하였다. 그러므로 문해력의 개념이 개인의 능력보다 텍스트 자체를 중시하는 방향으로 변화했다는 진술은 글의 내용과 일치하지 않는다.

오답이 오답인 이유

① 정치 문해력은 2문단에서 제시한 '기능적 문해력'의 하나이다. 기능적 문해력은 사회적 맥락 속에서 생각하고, 공동체의 발전을 고려할 수 있는 능력을 포함한다.
② 3문단에서 정보 통신 기술의 융합이 중심이 되는 4차 산업 혁명 시대에는 기술을 습득하고 데이

터를 해석하고 가공하는 능력이 직무를 수행하는 데 필수적인데, 이러한 능력에도 문해력이 핵심이 된다고 하였다.

④ 1문단에 따르면 읽기·쓰기에 대한 전통적 관점에서는 텍스트를 문자 사용법에 따라 문자 그대로 해독하는 능력을 중시한다.

⑤ 1문단에 따르면 리터러시의 어원인 라틴어 'litteratus'는 로마 시대에는 '지적 능력', 중세 초기에는 '라틴어를 읽을 수 있는 능력', 종교 개혁 이후에는 '모어(母語)로 읽고 쓸 줄 아는 능력'이라는 의미로 사용되었다. 이는 문자 언어로 의사소통하는 능력을 의미하는 것이다.

닮은꼴 발문 Tip

- ㉠, ㉡에 대한 설명으로 적절하지 않은 것은?
- ㉠과 ㉡의 차이점에 대한 설명으로 적절한 것은?
- 윗글을 고려할 때 ㉠과 ㉡ 모두 '아니요'라고 답할 질문은?

핵심 개념어 간의 관계를 파악하는 유형

02 ㉠~㉢에 대한 이해로 적절한 것은?

① ㉠은 ㉡의 개념이 등장하게 되면서 필요하지 않게 되었다.
② ㉢은 ㉠과 달리 직업 실무와 직접적으로 연관되는 능력이다.
③ ㉡에는 ㉠과 달리 정보를 문자로 표현하는 능력도 포함된다.
④ ㉢은 ㉠을 바탕으로 하지만 ㉠보다 다양한 능력을 필요로 한다.
⑤ ㉢이 필요한 집단은 ㉡이 필요한 집단보다 그 범위가 넓다.

유형 이해

지문의 핵심 개념어들 간의 관계와 차이점을 파악할 수 있는지를 묻는 문제 유형이다. 이 유형에서는 지문의 내용 중 비교의 대상이 되는 핵심 개념어를 선정하여 선지를 구성한다. 이 문제에서는 시간의 선후와 정보의 추가가 있기 때문에 이 관계를 파악하는 것이 중요하다. 그리고 개념어와 관련된 내용을 반대로 진술하거나 개념어들의 설명 내용을 엇갈리게 연결하여 적절하지 않은 내용의 선지를 구성하는 경우가 많으므로 이런 점들에 주의를 기울이며 정보 간의 관계가 적절한지를 파악할 필요가 있다.

유형 공략

❶ 핵심 개념어와 그에 대한 주요 정보를 파악한다.
❷ 핵심 개념어들의 관계와 공통점 및 차이점을 파악한다.
❸ 지문 정보와 선지 내용을 비교하여 선지의 적절성 여부를 판단한다.

정답이 정답인 이유

④ ㉢은 ㉡ 중 성인에 적용되는 경우를 말한다. ㉡은 이전 문해력의 개념인 ㉠에 정보의 비판적 해석과 재구성 능력이 더해진 것이라고 하였으므로, ㉢은 ㉠을 바탕으로 하지만 ㉠보다 다양한 능력을 필요로 한다는 것을 알 수 있다.

오답이 오답인 이유

① ㉠은 지적 생활을 영위하는 데 기본이 되는 능력이 되며 ㉡의 개념은 ㉠에 새로운 능력이 추가된 것이므로, ㉡의 개념이 등장했다고 해서 ㉠이 필요하지 않게 된 것은 아니다.
② ㉢은 ㉡ 중 성인의 직무 수행에 필요한 능력이므로, ㉢이 직업 실무와 직접적으로 연관되는 능력이라고 할 수 있다.
③ ㉠은 문자로 유창하게 표현하는 능력을 중시한다. 따라서 ㉡뿐만 아니라 ㉠에도 정보를 문자로 표현하는 능력이 포함된다.
⑤ ㉡은 학생뿐만 아니라 직장인들에게도 필요한 능력이다. ㉢은 ㉡을 필요로 하는 집단 중 성인 직장인에 한정된다. 따라서 능력이 필요한 집단의 범위는 ㉡이 ㉢보다 더 넓다.

닮은꼴 발문 Tip

- 〈보기〉를 참고할 때, (가), (나)의 사상가에 대한 왕부지의 평가로 적절하지 <u>않은</u> 것은?
- 〈보기〉의 ⓐ가 윗글의 ㉠에 대해 비판한 것으로 적절한 것은?

지문과 외부 정보를 비교하는 유형

03 윗글을 바탕으로 〈보기〉에 대해 보인 반응으로 적절하지 <u>않은</u> 것은?

┌─ 보기 ┐

르니 홉스는 디지털 기기와 네트워크를 통해 대량으로 정보가 유통되는 매체 환경에서 정보의 구성 주체로서 개인이 가져야 할 필수적인 능력으로 '디지털 매체 문해력'을 제시했다. 그는 디지털 매체 문해력이 하나의 능력을 가리키는 것이 아니라 다양한 차원의 능력들로 이루어져 있다고 보았다. 먼저 '접근'은 디지털 매체의 사용법을 알고 이를 다룰 수 있는 능력이다. '분석 및 평가'는 디지털 매체의 메시지를 대상으로 메시지의 신뢰성과 사회적 영향 등을 비판적으로 분석하는 것이다. '창조'는 목적, 수용자의 능력 등을 고려하여 콘텐츠를 생성하는 것이며, '성찰'은 자신의 디지털 매체 사용이 사회적 책임과 윤리에 맞는지를 살펴보는 것이다. '행동'은 공동체의 발전이나 문제 해결을 위해 참여하는 것이다.

① '디지털 매체 문해력'은 개인의 정보 구성 주체로서의 능력을 중시한다는 점에서 확장된 문해력 개념의 한 예라고 볼 수 있겠군.

② '디지털 매체 문해력'의 능력 중 '접근'은 사용법을 알고 능숙하게 활용하는 것이라는 점에서 전통적인 관점에서의 읽기·쓰기 능력과 유사한 면이 있군.

③ '디지털 매체 문해력'의 능력 중 '분석 및 평가'는 사회적 맥락에서 메시지의 영향을 생각한다는 점에서 기능적 문해력의 요소를 가진 것으로 볼 수 있겠군.

④ '디지털 매체 문해력'의 능력 중 '창조'는 텍스트의 수용자가 생산자를 겸하는 능력이라는 점에서 '영화 문해력'에 필요한 능력과 유사함을 알 수 있군.

⑤ '디지털 매체 문해력'의 능력 중 '성찰'과 '행동'은 사회적 책임과 윤리를 고려하고 공동체의 문제를 해결하려 한다는 점에서 확장된 문해력 개념의 특징을 보여 주는군.

유형 이해

지문의 정보와 〈보기〉의 정보를 비교하는 문제 유형이다. 이 유형의 문제에서 〈보기〉에 제시되는 정보는 같은 소재를 다른 시각으로 보는 내용이거나, 유사점과 차이점이 있는 다른 대상이다. 그러므로 관점의 차이나 대상의 유사점과 차이점을 파악하는 것이 중요하다. 이 유형의 문제에서는 수식어가 딸린 주어, 판단 근거, 판단이 함께 선지에 들어가 선지가 매우 긴 경우가 많은데, 이때는 선지를 주어, 근거, 판단으로 끊어서 파악하는 것이 중요하다. 오답지는 근거와 판단에서 나올 수 있음을 유의해서 선지를 읽어야 한다.

유형 공략

❶ 지문과 〈보기〉 내용의 유사점과 차이점을 파악한다.
❷ 선지를 끊어서 주어, 근거, 판단을 파악한다.
❸ 주어와 관련된 근거와 판단이 글의 내용과 부합하는지 확인한다.

정답이 정답인 이유

④ 디지털 매체 문해력의 능력 중 '창조'는 수용자들을 고려하여 콘텐츠를 생산하는 것이다. 그런데 '영화 문해력'은 영화를 텍스트로 하여 사회적 맥락에서 텍스트의 의미를 해석하고 의미를 재구성하는 것이다. 이것이 영화 텍스트를 직접 만드는 능력을 의미하는 것은 아니므로 영화의 수용자가 생산자를 겸하는 능력이라는 반응은 적절하지 않다.

오답이 오답인 이유

① 2문단에서 정보 구성 주체로서의 개인을 중시하는 기능적 문해력은 영화 문해력, 정치 문해력, 환경 문해력 등으로 나타나며 그 분야는 계속 확장되고 있다고 하였다. 디지털 매체 문해력은 개인의 정보 구성 주체로서의 능력을 중시하므로 확장된 문해력 개념의 한 예라고 볼 수 있다.

② 〈보기〉에서 '접근'은 디지털 매체의 사용법을 알고 이를 다룰 수 있는 능력이라고 하였다. 전통적 관점에서의 읽기·쓰기도 문자 사용법에 따라 해독하는 능력을 갖춘 후 이를 활용하는 능력이다. 그러므로 사용법을 알고 능숙하게 활용한다는 점에서 유사한 면이 있다는 반응은 적절하다.

③ 기능적 문해력은 텍스트와의 상호 작용을 통해 의미를 재구성하는 능력이다. 이는 사회적 맥락 속에서 생각하고 공동체의 발전을 고려할 수 있는 능력이 있어야 하는 것인데, 디지털 매체 문해력의 '분석 및 평가'는 사회적 영향 등을 비판적으로 분석하는 것이다. 따라서 '분석 및 평가'가 사회적 맥락에서 생각하는 기능적 문해력의 요소를 갖추고 있다는 반응은 적절하다.

⑤ 확장된 문해력의 개념인 기능적 문해력은 사회적 맥락 속에서 생각하고 공동체의 발전을 고려할 수 있는 능력이 있어야 한다. 디지털 매체 문해력의 능력 중 '성찰'과 '행동'은 사회적 책임과 윤리, 공동체의 문제 해결을 통해 공동체의 발전을 추구한다는 점에서 확장된 문해력 개념의 특징을 보여 준다.

유형 연습 ❷

[01~06] 다음 글을 읽고 물음에 답하시오.

(가) 인간 삶의 궁극적인 목적을 '행복(幸福)'이라고 하는 것에 이의를 제기할 사람은 거의 없다. 행복은 일반적으로 만족, 즐거움, 보람, 쾌감 등의 좋은 감정이 있으며, 불안, 우울, 불쾌 등의 나쁜 감정이 없는 상태를 의미한다. 행복이 인간의 심리적 상태와 관련된다는 것은 행복이 어떤 절대적 상태가 아니라는 것을 의미한다. 부와 권력을 가졌다고 행복해지는 것은 아니며, 가난하다고 해서 불행한 것도 아니다. 가난 속에서도 자신의 일에 만족하고, 가족 간에 화목하다면 행복을 느낄 수도 있다. 이처럼 행복은 주관적이고 상대적인 특성을 가지고 있기 때문에 행복의 개념과 그에 이르는 방법에 대한 생각도 다양하다.

동아시아 문화권의 민간에서 생각하는 기본적인 행복은 누구나 ⓐ<u>바라는</u> 오복(五福)*을 누리고, 절대로 당하고 싶지 않은 육극(六極)*과 같은 일은 피하는 것이었다. 행복이란 말에서 행(幸)은 운수가 좋은 것을 뜻하고, 복(福)은 착한 일에 대한 보상으로 하늘이나 귀신이 내려 주는 것이다. 이에 따르면 행복은 모두 인간의 영역이라기보다는 신의 영역에 ⓑ<u>가깝다.</u> 인간이 행복을 위해 할 수 있는 일이라고는 '새옹지마(塞翁之馬)'를 생각하며 지금 불행하더라도 행복을 기다리거나, 선(善)을 쌓고 악(惡)을 행하지 않는 정도에 그친다. '선을 쌓은 집안에 반드시 남은 경사가 있다.'라는 말이 있지만, 그 보상은 즉각적인 것이 아니며, 보상이 올 것이라고 막연히 기대하는 것이기 때문에 행복이 선과 직결되는 것은 아니었다.

이러한 민간의 행복관과 달리 유가에서는 행복을 인간이 적극적으로 만들어 갈 수 있다는 것에 방점을 둔다. ㉠<u>공자</u>는 행복과 비슷한 개념으로 즐거움[樂]이라는 말을 사용했는데, 여기에는 벗이 찾아오는 것과 같은 외부적 사건으로 인한 것도 있지만 진정한 즐거움은 도(道)를 알고 실천하는 즐거움이라고 보았다. 공자는 진정한 행복이 외부적 사건들에 ⓒ<u>흔들리지</u> 않는 정신 상태에 있다고 생각했다. 특히 사람들이 불행하다고 생각하는 상황에 놓여 있어도 그것을 극복함으로써 행복을 느낄 수 있으며, 행복을 지속하기 위해서는 도덕적 의지와 수양이 필요하다고 생각했다. 공자는 제자인 안회가 누추한 거리에서 한 표주박의 물과 한 끼 밥으로 연명할 정도로 가난하게 살았지만 진정한 즐거움을 안다고 칭찬했다. 민간의 관점에서 보면 안회는 육극을 피하지 못한 매우 불행한 사람이었지만 공자는 안회의 도덕적 삶이 행복의 모범이 될 만하다고 평가한 것이다. 이는 공자가 '인(仁)'을 이루기 위해 강조한 '극기복례(克己復禮)', 즉 욕망을 의지력으로 억제하고 '예(禮)'를 지키는 것과 연결된다.

도가에서는 유가의 '예'가 인위적인 것이라고 보고 인간적 즐거움의 근원인 자연법칙을 거스르지 않으려 했다. 이를 위해 도가에서 강조하는 것이 '양생(養生)'이다. 일반적으로 양생에 대해 건강을 유지하거나 신선이 되기 위한 방법 정도로 생각을 하지만, 장자는 이렇게 몸을 기르는 것을 '양형(養形)'이라고 하고, 정신을 기르는 '양신(養神)'과 구분하였다. 장자는 양형만을 하는 것을 부정적으로 보았는데, 장자를 계승한 ㉡<u>혜강</u>은 '본성을 잘 닦아 정신을 보존하고, 마음을 편안하게 해서 몸을 온전하게 하라.'라고 하여, 정신과 육체의 조화를 양생의 요체로 보았다. 행복을 위해서는 고통이 없어야 하는데, 고통은 외부에서 육체로도 오고 정신에서도 일어나는 것이기 때문이다. 혜강은 자연법칙을 거스르지 않고 조용한 가운데 마음을 비우고 태평함을 얻어야 한다고 하였는데, 이는 결국 ㉢<u>노자</u>가 말했던 '사사로움을 줄이고 욕심을 적게 갖는 것[少私寡欲]'에로 귀결된다.

*오복: 『서경』에서는 장수, 부유, 건강, 덕을 닦음, 편안한 죽음을 이르지만 민간에서는 장수, 부유, 건강, 귀함, 자손 많음을 이름.
*육극: 변사(變死)와 요사(夭死), 질병, 근심, 가난, 악함, 약함을 이름.

(나) 고대 그리스의 여러 학파들은 인간 삶의 목적을 행복에 두고, 행복에 대한 다양한 논의를 펼쳤다. 그중 키레네학파와 에피쿠로스학파는 쾌락이 진정한 선(善)이고, 그 밖의 것들은 쾌락을 산출하는 데 효용이 있기 때문에 가치가 있다는 사상, 즉 쾌락주의 윤리를 옹호하였다는 점에서 공통점이 있다. 그렇지만 키레네학파에서 에피쿠로스학파로 이어지는 동안 쾌락주의의 성격은 달라졌다.

키레네학파의 ㉣아리스티포스는 행복이란 여러 원천에서 ⓓ오는 쾌락의 총체라고 주장하였다. 따라서 행복을 얻기 위해서는 쾌락에 민감하여야 하고, 최대한의 쾌락을 얻을 수 있게 행동할 수 있어야 한다고 하였다. 같은 상황이라 하더라도 쾌락에 민감한 사람은 육체적 쾌락, 부와 명예를 얻는 데서 오는 쾌락, 지적 담론에서 얻는 쾌락 등의 다양한 쾌락을 찾아내어 쾌락을 크게 할 수 있다고 보았다. 그렇지만 그는 인간과 자연을 지배하는 법칙을 모르고 순간적인 충동에 이끌리는 사람은 행복할 수가 없다고 보았다. 순간적인 충동을 선택한 결과로 더 많은 고통이 온다면 총체적 결과로서의 쾌락은 현저하게 줄어들기 때문이다. 총체적 결과는 불확실한 먼 미래가 아닌, 충분히 계산 가능한 행복의 양을 말하기 때문에 행복을 위해서는 세속적 타산 능력과 함께 절제도 있어야 한다고 보았다.

㉤에피쿠로스의 학설은 병약과 가난, 정치적 추방 등의 불우한 삶을 겪으면서 결국 세상과의 절연 속에서 평온을 얻었던 개인적 경험에서 기인한 바가 크다. 어떤 사람들은 현재를 최대한 즐기라는 에피쿠로스의 말이 감각적 쾌락이나 방종을 선동한 것이라고 오해하기도 하지만, 실제 에피쿠로스의 사상은 금욕주의에 가까웠다. 에피쿠로스의 행복관을 도식화하면 '행복 = $\dfrac{성취}{욕망}$'로 요약할 수 있다. 여기에서 에피쿠로스는 한정된 가치와 그것을 차지하려는 적의에 찬 세상에서 성취를 거듭해 간다는 것은 불가능하다고 여겼다. 따라서 행복을 늘리기 위해서는 분모인 욕망을 줄여야 한다고 보았다.

아리스티포스에서 에피쿠로스에 이르는 동안 쾌락주의자들은 더 많은 성취를 통해 쾌락을 늘릴 수 있다는 자신감을 ⓔ잃어 가는 모습을 보여 준다. 특히 에피쿠로스는 외적 변동이 큰 세속적 일을 통해서는 행복에 이르기 어렵다는 생각을 가지고 있었다. 하지만 그는 그런 좌절 속에서도 감정이 흔들리지 않는 상태를 추구함으로써 쾌락을 크게 할 수 있는 방법을 제시하였다.

▶ 24051-0004

내용의 전개 방법과 글의 관계를 종합적으로 파악하는 유형

01 (가)와 (나)에 대한 설명으로 가장 적절한 것은?

① (가)는 (나)와 달리 통시적 관점에서 사상의 흐름을 제시하고 있다.
② (가)는 (나)와 달리 학파를 대표하는 인물들의 관점을 대비하고 있다.
③ (나)는 (가)와 달리 특정 사상을 보여 주는 구체적 진술을 인용하고 있다.
④ (나)는 (가)와 달리 특정 인물의 사상이 형성된 개인적 배경을 언급하고 있다.
⑤ (가)와 (나)는 모두 중심 화제의 성격을 드러내기 위해 단어를 구성하는 의미 요소들을 분석하고 있다.

▸ 24051-0005

세부 정보를 파악하는 유형

02 (가)를 읽고 이해한 내용으로 적절하지 <u>않은</u> 것은?

① 공자와 혜강은 모두 행복을 지속적으로 느끼기 위해서는 정신적 수양이 필요하다고 보았다.

② 동아시아 문화권의 민간에서는 행복이 언제 찾아올지는 인간의 능력으로 알기 어렵다고 보았다.

③ 공자는 외부적으로 불행한 사건들이 있더라도, 그것을 극복함으로써 행복을 느낄 수 있다고 보았다.

④ 장자는 몸을 기르는 양형은 부정적인 것이며 진정한 의미의 양생은 정신을 기르는 양신에 있다고 보았다.

⑤ 공자는 벗이 찾아오는 즐거움과 같은 외부적 사건에서 오는 즐거움보다 도덕적 의지를 필요로 하는 즐거움을 더 높게 평가했다.

▸ 24051-0006

핵심 화제에 대한 정보를 추론하는 유형

03 에피쿠로스의 행복관 에 대한 설명으로 적절하지 <u>않은</u> 것은?

① 성취는 개인이 마음대로 늘리기 어렵지만 욕망은 개인의 노력으로 조절할 수 있다고 보았다.

② 행복은 일정한 것이 아니라 욕망과 성취의 관계에 따라 늘어나거나 줄어들 수 있다고 보았다.

③ 아리스티포스와는 달리 세상은 적의로 가득 차 있으므로 성취를 늘려 나가기는 어렵다고 보았다.

④ 성취를 통해 쾌락을 많이 얻는다 하더라도 욕망이 커지면 행복이 늘어나지 않을 수 있다고 보았다.

⑤ 행복의 크기를 판단할 때, 미래까지 고려해야 한다는 아리스티포스와 달리 미래의 성취는 현재보다 적기 때문에 고려할 필요가 없다고 보았다.

▸ 24051-0007

특정 입장에서 진술에 대해 판단하는 유형

04 ㉠~㉤의 관점에서 〈보기〉의 진술을 평가한 내용으로 가장 적절한 것은?

┌ 보기 ┌

㉮ 행복은 인간 외부에서 오는 것이며, 인간의 능력에 따라 그 크기는 달라질 수 있다.

㉯ 세속적 일에 흔들리지 않는 정신적 경지에 이르렀을 때 진정으로 행복해질 수 있다.

㉰ 인간이 불행해지는 이유는 만족함을 모르고 더 많은 쾌락을 얻으려고 하기 때문이다.

① ㉮에 대해 ㉠은 동의하지만, ㉣은 동의하지 않겠군.

② ㉮에 대해 ㉡은 동의하지만, ㉤은 동의하지 않겠군.

③ ㉯에 대해 ㉠과 ㉤ 모두 동의하겠군.

④ ㉯에 대해 ㉡과 ㉣ 모두 동의하지 않겠군.

⑤ ㉰에 대해 ㉢과 ㉣ 모두 동의하겠군.

▶ 24051-0008

지문과 보충 자료를 연결하여 적절하게 반응하는 유형

05 (가)와 (나)를 바탕으로 〈보기〉에 대해 보인 반응으로 적절하지 않은 것은?

┌─ 보기 ┐

공리주의는 효용이나 행복 등의 쾌락에 최대의 가치를 두고 어떤 행위의 옳고 그름은 그 행위가 인간의 쾌락을 늘리는 데 얼마나 기여하는가 하는 유용성에 따라 결정된다고 본다. 벤담은 쾌락을 추구하고 고통을 피하려는 인간의 자연성에 따라 행동하는 것이 개인은 물론 개인의 집합체인 사회에도 최대의 행복을 가져다준다고 보았다. 그는 쾌락의 질적인 차이를 인정하지 않고 쾌락을 계량 가능한 것으로 파악했으며, 이를 통해 '최대 다수의 최대 행복'을 도덕과 입법의 원리로 제시하였다. 하지만 J. S. 밀은 쾌락의 질적인 차이를 주장하며 벤담의 사상을 수정하였다. 그는 인간이 동물적인 본성 이상의 능력을 가지고 있으므로 질적으로 높고 고상한 쾌락을 추구한다고 보았다. "만족한 돼지가 되는 것보다는 불만족한 인간임이 좋고, 만족한 바보보다는 불만족한 소크라테스가 낫다."라는 말은 밀의 생각을 단적으로 보여 주는 것이다.

① 공자가 안회의 삶을 높이 평가한 것은, 육체적 행복보다 정신적 행복을 추구한다는 점에서 만족한 돼지보다 불만족한 소크라테스가 되는 것이 낫다고 본 밀의 관점과 유사하군.

② 혜강이 행복에 이르기 위해서는 고통이 없어야 한다고 생각한 것은, 고통을 피하려는 인간의 자연성에 따라 행동하는 것이 행복을 가져온다는 벤담의 관점과 유사하군.

③ 키레네학파에서 쾌락이 선이며 쾌락을 산출하는 데 효용이 있는 것이 가치가 있다고 본 것은, 쾌락이 옳고 그름을 판단하는 기준이 된다는 공리주의의 관점과 유사하군.

④ 아리스티포스가 행복의 양을 계산 가능한 것으로 보고 총체적 쾌락을 중시한 것은, 쾌락은 계량이 가능하며 최대의 행복을 가져다주는 행동이 있다고 본 벤담의 관점과 유사하군.

⑤ 에피쿠로스가 적의에 찬 세상에서 세속적 성취를 통해서는 행복을 얻기가 어렵다고 생각한 것은, 쾌락에는 질적 차이가 있으며 질이 낮은 쾌락으로는 행복을 얻기 어렵다는 밀의 관점과 유사하군.

▶ 24051-0009

문맥에 맞는 어휘로 바꾸어 쓰는 유형

06 ⓐ~ⓔ를 바꾸어 쓴 것으로 적절하지 않은 것은?

① ⓐ: 소망(所望)하는
② ⓑ: 근사(近似)하다
③ ⓒ: 동요(動搖)하지
④ ⓓ: 기인(起因)하는
⑤ ⓔ: 유실(遺失)해

유형 연습 ❷ Zoom In

(가) 동아시아의 행복론

해제 이 글은 동아시아 문화권에서 생각하는 행복에 대해 설명하고 있다. 동아시아 문화권의 민간에서 생각하는 행복은 오복을 누리고 육극을 피하는 것이다. 이는 행복의 근원이 외부에 있으며, 행복은 하늘이나 귀신이 내려 주는 것이라는 생각이 깔려 있는 것이다. 이와 달리 유가에서는 행복이 외부적 사건에 흔들리지 않는 정신 상태에 있으며, 외적 어려움에 흔들리지 않고 도덕을 추구해야 한다고 보았다. 도가에서는 인간적 즐거움을 자연법칙이라는 큰 틀에서 보며, 양생을 통해 정신과 육체가 조화를 이루어야 행복에 이를 수 있다고 보았다.

주제 행복에 대한 동아시아 문화권 민간의 관점과 유가, 도가의 관점

구성 • 1문단: 행복에 대한 다양한 관점
　　　• 2문단: 동아시아 문화권 민간에서의 행복관
　　　• 3문단: 유가에서의 행복관
　　　• 4문단: 도가에서의 행복관

(나) 그리스 시대의 쾌락주의

해제 이 글은 행복이 쾌락에 있다고 본 그리스 시대의 아리스티포스와 에피쿠로스의 쾌락주의에 대해 설명하고 있다. 아리스티포스는 행복이 쾌락의 총체라고 보고, 같은 상황에서도 쾌락을 찾아낼 수 있는 능력이 있는 사람은 더 많은 행복을 느낄 수 있다고 보았다. 순간적인 쾌락 때문에 고통이 올 수 있다는 것을 생각하고 절제할 수 있는 능력도 있어야 한다고 보았다. 에피쿠로스는 한정된 가치와 그를 차지하려는 경쟁 속에서는 성취를 통해 행복을 얻기 어렵기 때문에 욕망을 줄임으로써 행복을 최대화하고자 하였다.

주제 아리스티포스와 에피쿠로스의 쾌락주의와 쾌락주의의 변천

구성 • 1문단: 쾌락이 선(善)이라고 본 그리스의 쾌락주의
　　　• 2문단: 쾌락의 양을 늘리려는 아리스티포스의 쾌락주의
　　　• 3문단: 욕망을 줄이려는 에피쿠로스의 쾌락주의
　　　• 4문단: 쾌락주의의 변화와 에피쿠로스의 대응

닮은꼴 발문 Tip

- 다음은 (가)와 (나)를 읽고 수행한 독서 활동지의 일부이다. Ⓐ~Ⓔ 중 적절하지 <u>않은</u> 것은?
- (가)와 (나)에 대한 설명으로 적절하지 <u>않은</u> 것은?

내용의 전개 방법과 글의 관계를 종합적으로 파악하는 유형

01 (가)와 (나)에 대한 설명으로 가장 적절한 것은?

① (가)는 (나)와 달리 통시적 관점에서 사상의 흐름을 제시하고 있다.
② (가)는 (나)와 달리 학파를 대표하는 인물들의 관점을 대비하고 있다.
③ (나)는 (가)와 달리 특정 사상을 보여 주는 구체적 진술을 인용하고 있다.
④ (나)는 (가)와 달리 특정 인물의 사상이 형성된 개인적 배경을 언급하고 있다.
⑤ (가)와 (나)는 모두 중심 화제의 성격을 드러내기 위해 단어를 구성하는 의미 요소들을 분석하고 있다.

유형 이해

두 개의 글이 제시된 지문에서 글의 내용 전개 방법과 글의 관계를 종합적으로 묻는 문제 유형이다. 기본적으로 (가)와 (나) 각 글의 첫 문단에서 중심 화제를 파악하고, 각 문단별로 중심 화제를 어떻게 풀어 나갔는지 논지 전개의 흐름을 파악하는 것이 중요하다. 선지들에 있는 '(가)는 (나)와 달리'는 (가)에는 있고, (나)에는 없다는 것을 의미하는 것이므로 주의 깊게 살펴야 한다. 그리고 선지에 있는 '통시적 관점'과 같은 말들에 대해서는 개념에 대한 이해가 선행되어야 한다.

유형 공략

❶ 각 글의 첫 문단에서 중심 화제를 파악한다.
❷ 중심 화제를 중심으로 논지 전개 방식을 파악한다.
❸ 두 글을 비교해 보고 공통점과 차이점을 파악한다.

정답이 정답인 이유

④ (나)의 3문단에는 에피쿠로스의 사상이 병약과 가난, 정치적 추방 등의 불우한 삶을 겪으면서 결국 세상과의 절연 속에서 평온을 얻었던 개인적 경험에서 기인한 바가 크다는 개인적 배경이 언급되어 있다. 그렇지만 (가)에서는 공자, 장자, 혜강, 노자의 사상이 형성된 개인적 배경을 제시하지는 않고 있다. (가)에 제시된 공자와 안회의 일화는 안회의 삶이 공자의 사상에 부합한다는 것을 이야기하는 것이다.

오답이 오답인 이유

① (나)에서는 키레네학파에서 에피쿠로스학파로 이어지는 사상의 흐름을 통시적으로 제시하고 있다.
② (가)에서는 유가의 공자와 도가의 장자, 혜강과 같이 학파를 대표하는 인물들의 관점을 대비하고 있으며, (나) 역시 키레네학파의 아리스티포스와 에피쿠로스학파의 에피쿠로스와 같이 학파를 대표하는 인물들의 관점을 대비하고 있다.
③ (가)에는 '본성을 잘 닦아 정신을 보존하고, 마음을 편안하게 해서 몸을 온전하라'와 같은 구체적인 진술이 인용되어 있다.
⑤ (가)에서는 행복이 인간의 영역이 아니라는 것을 이야기하기 위해 '행복이란 말에서 행(幸)은 운수가 좋은 것을 뜻하고, 복(福)은 착한 일에 대한 보상으로 하늘이나 귀신이 내려 주는 것이다.'와 같이 단어의 의미 요소들에 대해 분석하고 있다. 그렇지만 (나)에는 단어의 의미 요소를 분석한 설명이 없다.

닮은꼴 발문 Tip

- 일련의 개혁론 에 대한 이해로 적절하지 않은 것은?

- (가)에 나타난 '라모'의 생각과 일치하는 것은?

세부 정보를 파악하는 유형

02 (가)를 읽고 이해한 내용으로 적절하지 않은 것은?

① 공자와 혜강은 모두 행복을 지속적으로 느끼기 위해서는 정신적 수양이 필요하다고 보았다.
② 동아시아 문화권의 민간에서는 행복이 언제 찾아올지는 인간의 능력으로 알기 어렵다고 보았다.
③ 공자는 외부적으로 불행한 사건들이 있더라도, 그것을 극복함으로써 행복을 느낄 수 있다고 보았다.
④ 장자는 몸을 기르는 양형은 부정적인 것이며 진정한 의미의 양생은 정신을 기르는 양신에 있다고 보았다.
⑤ 공자는 벗이 찾아오는 즐거움과 같은 외부적 사건에서 오는 즐거움보다 도덕적 의지를 필요로 하는 즐거움을 더 높게 평가했다.

유형 이해

여러 인물이나 집단과 관련된 설명이 나오는 글에서 특정 인물이나 집단과 관련된 세부 정보를 파악하는 문제 유형이다. 정보의 위치가 명확하게 구분되어 있기 때문에 답의 근거가 되는 부분을 찾는 것이 쉬울 수도 있지만, 지문에 있는 정보들에서 문장 구조나 용어를 미세하게 바꾸어 선지를 구성하는 경우가 있다. 미세한 부분에서 정오 판단이 완전히 바뀌는 경우가 있는데 빠르게 문제를 풀다 보면 실수를 할 수도 있으므로 주의해야 한다.

유형 공략

❶ 지문에서 특정인과 관련된 정보를 파악한다.
❷ 선지에서 지문과 다른 표현을 유의하며 판단한다.

정답이 정답인 이유

④ (가)의 4문단에 따르면 장자는 양생을 양형과 양신으로 구분하였으며 양형만을 하는 것을 부정적으로 보았다. 그리고 그를 계승한 혜강이 정신과 육체의 조화가 양생의 요체라고 하였다. 즉 양형과 양신이 조화를 이루어야 한다는 것이므로, 장자가 양형을 부정적으로 보고 양신만이 진정한 의미의 양생이라고 본 것은 아니다.

오답이 오답인 이유

① (가)의 3문단에 따르면 공자는 사람들이 불행하다고 생각하는 상황에 놓여 있어도 그것을 극복함으로써 행복을 느낄 수 있으며, 행복을 지속하기 위해서는 도덕적 의지와 수양이 필요하다고 보았다. (가)의 4문단에 따르면 혜강은 행복을 지속하기 위해 '본성을 잘 닦아 정신을 보존하고, 마음을 편안하게 해서 몸을 온전하게 하라.'라고 하였다.
② (가)의 2문단에 따르면 동아시아 문화권의 민간에서는 행복이 신의 영역에 가깝고, 인간이 할 수 있는 일은 보상이 올 것이라고 막연히 기대하는 것뿐이다.
③ (가)의 3문단에 따르면 공자는 안회의 경우와 같이 사람들이 불행하다고 생각하는 상황에 놓여 있어도 그것을 극복함으로써 행복을 느낄 수 있다고 하였다.
⑤ (가)의 3문단에 따르면 공자는 즐거움이 벗이 찾아오는 것과 같은 외부적 사건으로 인한 것도 있지만, 진정한 즐거움은 도(道)를 알고 실천하는 즐거움이라고 하며 이를 더 높게 평가했다.

◀ 닮은꼴 발문 Tip

• ㉠의 추론 과정에 생략되어 있는 전제로 적절하지 않은 것은?

• BIS 비율에 대한 이해로 가장 적절한 것은?

핵심 화제에 대한 정보를 추론하는 유형

03 에피쿠로스의 행복관 에 대한 설명으로 적절하지 않은 것은?

① 성취는 개인이 마음대로 늘리기 어렵지만 욕망은 개인의 노력으로 조절할 수 있다고 보았다.

② 행복은 일정한 것이 아니라 욕망과 성취의 관계에 따라 늘어나거나 줄어들 수 있다고 보았다.

③ 아리스티포스와는 달리 세상은 적의로 가득 차 있으므로 성취를 늘려 나가기는 어렵다고 보았다.

④ 성취를 통해 쾌락을 많이 얻는다 하더라도 욕망이 커지면 행복이 늘어나지 않을 수 있다고 보았다.

⑤ 행복의 크기를 판단할 때, 미래까지 고려해야 한다는 아리스티포스와 달리 미래의 성취는 현재보다 적기 때문에 고려할 필요가 없다고 보았다.

유형 이해

핵심적인 소재에 표시를 하고 소재와 관련된 정보를 파악하거나 내용을 추론하는 유형의 문제이다. 이 문제에서는 표시된 부분과 관련된 정보 중 가장 중요한 것이 공식의 형태로 제시되어 있다. 공식의 의미를 묻는 경우, 각 변수들이 늘거나 줄어들 때 값이 어떻게 변하는지를 파악하는 것이 중요하다. 이 문제의 경우 '행복=$\frac{성취}{욕망}$'라는 공식에서는 성취가 그대로라면 욕망이 줄어들수록 행복이 커지며, 욕망이 그대로일 경우 성취가 클수록 행복이 커진다는 것을 추론할 수 있다. 이 문제에서는 중요 키워드에 대한 판단에 대해 다른 인물과 비교하는 부분이 있기 때문에 관련 세부 정보를 판단하는 것도 중요하다.

유형 공략

❶ 표시된 부분의 앞뒤에서 관련 정보를 파악한다.
❷ 추론 가능한 내용과 다른 소재와의 차이점을 파악한다.
❸ 선지들이 지문에 제시된 내용과 부합하는지 판단한다.

정답이 정답인 이유

⑤ 에피쿠로스의 행복론을 요약한 도식에서 행복의 크기는 성취와 욕망의 관계에서 결정되는 것이다. 에피쿠로스가 행복의 크기를 판단할 때 미래를 고려할 필요가 없다고 한 것은 아니다.

오답이 오답인 이유

① 에피쿠로스는 적대적인 세상에서 성취를 늘리기는 어렵더라도 욕망을 줄임으로써 행복을 늘릴 수 있다고 보았다. 즉 욕망은 개인의 노력으로 조절할 수 있다고 보았다.

② 에피쿠로스의 행복에 대한 생각은 '행복=$\frac{성취}{욕망}$'로 요약할 수 있다. 이것은 행복이 욕망과 성취의 관계에 따라 늘거나 줄 수 있음을 보여 준다.

③ 에피쿠로스의 행복에 대한 생각을 요약한 '행복=$\frac{성취}{욕망}$'라는 공식을 보면 분자인 성취가 늘면 행복이 늘 수 있다. 하지만 에피쿠로스는 적의로 가득 찬 세상에서 이런 방법으로 행복을 늘리기는 어렵다고 보았다. 이는 다양한 쾌락을 찾아내어 행복을 늘릴 수 있다고 본 아리스티포스의 생각과는 다르다.

④ 에피쿠로스의 행복에 대한 생각을 요약한 '행복=$\frac{성취}{욕망}$'라는 공식에서 욕망이 그대로라면 분자인 성취가 커질수록 행복이 늘어날 수 있다. 그러나 욕망이 커지면 그에 따라 행복이 줄어들 수 있다.

닮은꼴 발문 Tip

• (나)의 왕안석과 오징의 입장에 서 다음의 ㄱ~ㄹ에 대해 판단 한 것으로 가장 적절한 것은?

• (나)를 바탕으로 다음의 ㄱ~ ㄹ에 대해 판단한 것으로 가장 적절한 것은?

특정 입장에서 진술에 대해 판단하는 유형

04 ㉠~㉤의 관점에서 〈보기〉의 진술을 평가한 내용으로 가장 적절한 것은?

┌ 보기 ┐

㉮ 행복은 인간 외부에서 오는 것이며, 인간의 능력에 따라 그 크기는 달라질 수 있다.
㉯ 세속적 일에 흔들리지 않는 정신적 경지에 이르렀을 때 진정으로 행복해질 수 있다.
㉰ 인간이 불행해지는 이유는 만족함을 모르고 더 많은 쾌락을 얻으려고 하기 때문이다.

① ㉮에 대해 ㉠은 동의하지만, ㉣은 동의하지 않겠군.
② ㉮에 대해 ㉡은 동의하지만, ㉤은 동의하지 않겠군.
③ ㉯에 대해 ㉠과 ㉤ 모두 동의하겠군.
④ ㉯에 대해 ㉡과 ㉣ 모두 동의하지 않겠군.
⑤ ㉰에 대해 ㉢과 ㉣ 모두 동의하겠군.

유형 이해

여러 개의 관점이 있는 지문에서 〈보기〉의 진술에 대해 각 관점에서 판단하도록 하는 고난도 유형의 문제이다. 이러한 유형의 문제를 풀기 위해서는 우선적으로 여러 관점의 공통점과 차이점을 파악해야 한다. 그리고 〈보기〉의 진술이 각 관점과 부합하는지를 판단해야 한다. 이러한 유형의 문제가 어려운 이유는 관점들의 미세한 차이를 찾기가 어려울 수 있고, 〈보기〉의 진술에는 판단 지점이 하나만 있는 것이 아니라 여러 개가 있기 때문이다. 그러므로 〈보기〉의 진술들도 문장을 끊어서 부분별로 판단할 필요가 있다.

유형 공략

❶ 지문에서 관점들 간의 공통점과 차이점을 파악한다.
❷ 〈보기〉의 진술과 관련된 지문의 정보를 확인한다.
❸ 〈보기〉의 진술에 있는 판단 지점을 나누어 지문과 부합하는지 확인한다.

정답이 정답인 이유

③ 공자는 진정한 행복이 외부적 사건들에 흔들리지 않는 정신 상태에 있다고 보았으며, 에피쿠로스도 감정이 흔들리지 않는 상태를 추구하였다. 그러므로 세속적 일에 흔들리지 않는 정신적 경지에 이르렀을 때 진정으로 행복해질 수 있다는 말에 ㉠과 ㉤ 모두 동의할 것이라는 평가는 적절하다.

오답이 오답인 이유

① ㉠은 즐거움이 외부적 사건에서 올 수도 있지만 진정한 즐거움은 도를 알고 실천하는 데서 오는 즐거움이라고 하였으므로, 행복이 외부에서 오는 것이라는 말에 전적으로 동의하지는 않을 것이다. ㉣은 행복은 외부에서 오는 것이며 쾌락에 민감한 사람이 더 많은 행복을 얻을 수 있다고 본 점에서 ㉮에 대해 동의할 것이다.

② ㉡은 인간적 즐거움의 근원인 자연법칙을 거스르지 않으려 하였으며, 양생에 따라 인간적 즐거움이 달라질 수 있다고 본 점에서 ㉮에 동의할 것이다. ㉤ 역시 쾌락이 외부에서 오며 욕망의 조절에 따라 행복의 크기가 달라질 수 있다고 본 점에서 ㉮에 동의할 것이다.

④ ㉡은 자연법칙을 거스르지 않고 조용한 가운데 마음을 비우고 태평함을 얻어야 한다고 하였으므로 ㉯에 동의할 것이다. ㉣은 다양한 종류의 쾌락에 민감해야 하며 세속적 타산 능력이 있어야 한다고 하였으므로, 세속적 일에 흔들리지 않는 경지에 이르렀을 때 행복해질 수 있다는 말에 동의하지 않을 것이다.

⑤ ㉢은 행복을 위해서 사사로움을 줄이고 욕심을 적게 가져야 한다고 하였으므로 ㉰에 동의할 것이지만, ㉣은 최대한의 쾌락을 얻을 수 있게 행동할 수 있어야 한다고 하였으므로 ㉰에 동의하지 않을 것이다.

닮은꼴 발문 Tip

• 윗글과 〈보기〉를 통해 이끌어 낼 수 있는 반응으로 가장 적절한 것은?

• 〈보기〉를 참고할 때, (가), (나)의 사상가에 대한 왕부지의 평가로 적절하지 않은 것은?

지문과 보충 자료를 연결하여 적절하게 반응하는 유형

05 (가)와 (나)를 바탕으로 〈보기〉에 대해 보인 반응으로 적절하지 <u>않은</u> 것은?

> **보기**
>
> 공리주의는 효용이나 행복 등의 쾌락에 최대의 가치를 두고 어떤 행위의 옳고 그름은 그 행위가 인간의 쾌락을 늘리는 데 얼마나 기여하는가 하는 유용성에 따라 결정된다고 본다. 벤담은 쾌락을 추구하고 고통을 피하려는 인간의 자연성에 따라 행동하는 것이 개인은 물론 개인의 집합체인 사회에도 최대의 행복을 가져다준다고 보았다. 그는 쾌락의 질적인 차이를 인정하지 않고 쾌락을 계량 가능한 것으로 파악했으며, 이를 통해 '최대 다수의 최대 행복'을 도덕과 입법의 원리로 제시하였다. 하지만 J. S. 밀은 쾌락의 질적인 차이를 주장하며 벤담의 사상을 수정하였다. 그는 인간이 동물적인 본성 이상의 능력을 가지고 있으므로 질적으로 높고 고상한 쾌락을 추구한다고 보았다. "만족한 돼지가 되는 것보다는 불만족한 인간임이 좋고, 만족한 바보보다는 불만족한 소크라테스가 낫다."라는 말은 밀의 생각을 단적으로 보여 주는 것이다.

① 공자가 안회의 삶을 높이 평가한 것은, 육체적 행복보다 정신적 행복을 추구한다는 점에서 만족한 돼지보다 불만족한 소크라테스가 되는 것이 낫다고 본 밀의 관점과 유사하군.
② 혜강이 행복에 이르기 위해서는 고통이 없어야 한다고 생각한 것은, 고통을 피하려는 인간의 자연성에 따라 행동하는 것이 행복을 가져온다는 벤담의 관점과 유사하군.
③ 키레네학파에서 쾌락이 선이며 쾌락을 산출하는 데 효용이 있는 것이 가치가 있다고 본 것은, 쾌락이 옳고 그름을 판단하는 기준이 된다는 공리주의의 관점과 유사하군.
④ 아리스티포스가 행복의 양을 계산 가능한 것으로 보고 총체적 쾌락을 중시한 것은, 쾌락은 계량이 가능하며 최대의 행복을 가져다주는 행동이 있다고 본 벤담의 관점과 유사하군.
⑤ 에피쿠로스가 적의에 찬 세상에서 세속적 성취를 통해서는 행복을 얻기가 어렵다고 생각한 것은, 쾌락에는 질적 차이가 있으며 질이 낮은 쾌락으로는 행복을 얻기 어렵다는 밀의 관점과 유사하군.

유형 이해

〈보기〉에 새로운 읽기 자료를 제시하고 지문의 내용과 연결하여 종합적으로 판단할 수 있는 능력을 묻는 문제 유형이다. 새로운 정보를 읽어 내야 하고 지문과 비교해 보아야 하기 때문에 시간도 많이 걸릴 뿐만 아니라 난도도 매우 높은 유형이다. 빠르게 풀기 위해서는 〈보기〉를 읽을 때 연결되는 지문의 내용을 환기하는 것이 중요하다. 또한 지문의 내용과 공통점 및 차이점을 파악하는 것도 선지에 대한 판단을 빠르게 할 수 있는 방법이다. 선지에 대한 판단을 할 때는 답이 될 수 있는 가능성을 넓게 잡고 근거가 잘못되었거나 전혀 근거를 찾을 수 없는 답을 찾아야 한다.

유형 공략

❶ 〈보기〉를 읽으면서 연관된 지문 내용을 환기한다.
❷ 〈보기〉와 지문의 공통점과 차이점을 파악한다.
❸ 선지의 내용이 글과 맞지 않거나 근거를 찾을 수 없는 것을 찾는다.

정답이 정답인 이유

⑤ 밀은 쾌락에는 질적 차이가 있으므로 질적으로 높고 고상한 쾌락을 추구하였다. 그러므로 질이 낮은 쾌락으로는 행복을 얻기 어렵다는 진술은 타당하다. 그렇지만 에피쿠로스가 성취를 통해 행복을 얻기 어렵다고 한 것은 행복의 질의 차이가 아니라 양을 늘리기가 어렵기 때문이었다. 그러므로 에피쿠로스의 관점과 밀의 관점이 유사하다고 보는 것은 적절하지 않다.

오답이 오답인 이유

① 〈보기〉에서 밀이 불만족한 소크라테스가 되는 것이 낫다고 한 것은 동물적인 본성으로 느끼는 쾌락보다 수준이 높은 정신적 쾌락이 있음을 나타낸 것이다. 이는 육체적으로 고달픈 삶 속에서도 도덕적 삶을 산 안회를 칭찬한 공자의 생각과 유사한 면이 있다.
② 〈보기〉에서 벤담은 쾌락을 추구하고 고통을 피하려는 것이 인간의 자연성에 따라 행동하는 것이며, 인간이 최대의 행복을 얻기 위한 방법이라고 하였다. 이는 고통이 없어야 행복해질 수 있다는, 고통에 대한 혜강의 생각과 유사한 면이 있다.
③ 〈보기〉에서 공리주의는 쾌락을 늘리는 것을 기준으로 행위의 옳고 그름을 판단한다. 이는 쾌락주의가 쾌락이 진정한 선(善)이고, 그 밖의 것들은 쾌락을 산출하는 데 효용이 있기 때문에 가치

가 있다고 한 것과 유사한 면이 있다.

④ 〈보기〉에서 벤담은 쾌락의 질적인 차이를 인정하지 않고 쾌락을 계량 가능한 것으로 파악하여 최대 다수의 최대 행복을 도덕과 입법의 원리로 제시하였다. 아리스티포스는 충분히 계산 가능한 행복의 양을 산출할 수 있는 타산 능력이 있어야 한다고 보았는데, 이를 통해 두 사람 모두 행복의 양을 계산 가능한 것으로 보고, 최대의 행복을 가져다주는 선택을 하려 하였음을 알 수 있다.

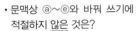

닮은꼴 발문 Tip

· 문맥상 ⓐ~ⓔ와 바꿔 쓰기에 적절하지 <u>않은</u> 것은?

문맥에 맞는 어휘로 바꾸어 쓰는 유형

06 ⓐ~ⓔ를 바꾸어 쓴 것으로 적절하지 <u>않은</u> 것은?

① ⓐ: 소망(所望)하는
② ⓑ: 근사(近似)하다
③ ⓒ: 동요(動搖)하지
④ ⓓ: 기인(起因)하는
⑤ ⓔ: 유실(遺失)해

유형 이해

우리말 표현을 한자어로 바꾸어 쓰는 유형의 문제이다. 이러한 유형의 문제를 출제하는 이유는 우리말의 경우 다의어로 쓰이고 지시하는 범위가 넓지만, 한자어의 경우는 지시 범위가 좁은 경우가 많기 때문이다. 결국 이 유형은 다의어의 문맥적 의미를 파악하는 유형이라고 할 수 있다. 이러한 유형의 문제를 풀 때 학생들은 보통 선지의 단어로 대체해 보고 말이 되면 맞는 것으로 판단을 한다. 그렇지만 바꾸어 쓸 수 있다는 것은 의미가 같으며 대체를 해도 의미의 변화가 없다는 것을 의미한다는 점에 유의해야 한다.

유형 공략

❶ 단어의 문맥적 의미를 파악한다.
❷ 단어와 선지가 같은 의미인지 확인한다.
❸ 바꾸어 썼을 때 의미 변화가 없는지 확인한다.

정답이 정답인 이유

⑤ '유실(遺失)'은 '가지고 있던 돈이나 물건 따위를 부주의로 잃어버림.'을 뜻한다. ⓔ는 '상실(喪失)해'로 바꾸어 쓰는 것이 적절하다.

오답이 오답인 이유

① '소망(所望)'은 '어떤 일을 바람. 또는 그 바라는 것.'을 뜻한다.
② '근사(近似)'는 '거의 같음.'을 뜻한다.
③ '동요(動搖)'는 '생각이나 처지가 확고하지 못하고 흔들림.'을 뜻한다.
④ '기인(起因)'은 '어떠한 것에 원인을 둠.'을 뜻한다.

[01~05] 다음 글을 읽고 물음에 답하시오.

국제 통화 기금(IMF)은 국가 간 거래가 늘어나는 상황에서 국제 통화 및 금융 제도의 안정을 도모하기 위한 국제 금융 기구로서, 2023년 현재 190개국이 가입해 있다. IMF는 가입 희망국의 자격에 관하여 특별한 제한을 하고 있지 않으며, 질서 있고 안정적인 환율 제도 운용을 통해 국제 통화 문제에 협력할 의사가 있는 모든 나라에 대해 가입을 허용하고 있다. IMF 가입을 희망하는 나라가 가입 신청서를 제출하면 IMF는 신청국의 경제 규모나 교역량 등에 따라 출자 할당액인 쿼터(quota)와 납입 방법을 결정하고 이사회의 승인을 거쳐 총회에 회부한다. 가입을 위해서는 총투표권의 2/3 이상을 보유하는 과반수 회원국이 참가하여 이들이 행사한 투표권의 과반수 찬성을 얻어야 한다. 회원국으로 가입한 국가는 쿼터 지분만큼의 투표권을 가지게 된다.

IMF에서는 국제 금융 위기 예방을 위한 감시 활동 등을 하고 있지만, 가장 중요한 기능은 금융 위기 국가에 대해 금융 지원을 하는 것이다. IMF의 금융 지원은 주로 쿼터 납입금을 활용하며 필요할 경우 회원국 또는 비회원국 및 민간으로부터 재원을 차입하기도 한다. 쿼터 납입금은 IMF의 가장 기본적인 융자 재원이며, IMF의 재원 중 90% 정도를 차지하는데, 쿼터 납입금으로 가맹국은 할당액의 25%를 금으로, 나머지 75%를 자국 통화로 납입해야 했다. 금으로 납입한 부분은 '골드 트랑슈'라고 하여 납입한 회원국이 특별한 조건 없이 인출할 수 있었지만, 신용도가 떨어지는 회원국의 통화는 융자 재원으로 사용하기는 어려웠다. 국제 거래에 사용되기 위해서는 금이나 달러화와 교환해야 했는데, 금의 경우 한정된 수량으로 인해 충분히 공급되기 어려웠으며, 달러화의 공급에는 한계가 있었다. 달러화가 전 세계에 공급되기 위해서는 미국의 국제 수지가 계속 적자 상태가 되어야 하며, 그럴 경우 달러화의 신용도가 떨어지는 문제가 있었다.

이러한 문제를 해결하기 위해 1970년에 채택된 것이 特別 인출권(SDR)이다. SDR은 IMF 회원국들이 담보 없이 외화를 인출할 수 있는 권리로, 금과 달러에 이은 제3의 국제 통화로 간주되고 있다. SDR은 추가 출자 없이 회원국의 합의에 의해 발행 총액이 결정되며, 회원국의 쿼터에 비례하여 배정된다. 자국의 국제 수지가 악화돼 외화가 부족할 때 SDR을 외화와 교환하고, 대신 외화를 제공한 회원국에게 이자를 지급하는 방식으로 사용된다. 과거 금으로 채웠던 골드 트랑슈는 금 본위제가 해체된 이후에는 금이나 달러화 외에 SDR로도 채울 수 있게 되면서 '리저브 트랑슈'로 불리게 되었다. SDR의 가치는 처음에는 달러화와 등가(等價)로 정해졌지만 주요 선진국들이 변동 환율제를 도입하면서 달러 가치의 변동성이 커지게 되었다. 이에 따라 1974년에는 SDR의 가치를 세계 교역에서 1% 이상 차지하는 상위 16개국의 통화 시세에 가중치를 곱하여 산정하는 통화 바스켓 방식이 도입되었다. 이렇게 하면 통화 바스켓 통화 중 어느 한 통화의 상대적 가치가 저하되어도 다른 통화의 상대적 가치가 상승하면 영향이 상쇄되기 때문에 안정적으로 가치를 유지할 수 있다는 장점이 있다. 하지만 구성 통화가 많아 계산이 복잡했기 때문에 1980년 IMF 총회에서는 통화 바스켓을 미국·영국·프랑스·독일·일본 5개국의 통화로 구성된 표준 통화 바스켓으로 재편하였다. 이후 1999년 유로화가 도입되고, 2016년 중국의 위안화가 표준 통화 바스켓에 ⓐ들어오면서 현재는 달러화, 유로화, 위안화, 엔화, 파운드화 순의 비율로 구성되어 있다.

IMF로부터 융자를 받은 회원국은 기본 수수료, 약정 수수료, 인출 수수료를 내야 한다. 그리고 IMF와 정책 프로그램을 약속하고 이를 이행해야 하는데, 이를 신용 공여 조건이라고 한다. 신용 공여 조건은 IMF의 융자금이 수혜국의 문제 해결을 위해 제대로 쓰이고 있는지와 정책 프로그램이 효과적으로 작동하는지를 모니터링하기 위한 것이다. 신용 공여 조건을 두는 이유는 IMF 입장에서는 융자 수혜국의 경제가 하루빨리 회복되어야 융자금을 회수할 수 있으며, 융자 수혜국은 IMF와 정책 프로그램을 약속하는 것 자체만으로도 시장의 신뢰를 어느 정도 회복할 수 있기 때문이다. 그러나 신용 공여 조건이 각국의 경제적 기초 여건을 고려하지 않는 문제들로 인해 2008년 글로벌 금융 위기 이후에 이에 대한 개선이 논의되었다. 그 결과 경제적 기초 여건이 견실한 회원국에 대해서는 신용 공여 조건을 갖추었다고 간주하고 즉각 지원을 해 주는 ㉠'사전적 신용 공여 조건'이 도입되었다.

글의 세부 정보를 파악하는 유형

▶ 24051-0010

01 윗글의 내용과 일치하지 <u>않는</u> 것은?

① IMF의 쿼터는 회원국의 경제 규모나 교역량 등에 따라 달라진다.
② IMF는 가입 희망국의 자격에 관하여 특별한 제한을 하고 있지 않다.
③ IMF에 가입하기 위해서는 총회에서 과반수 회원국의 찬성을 얻어야 한다.
④ IMF에서는 금융 위기 국가에 대한 지원뿐만 아니라 국제 금융 위기 예방을 위한 감시 활동도 한다.
⑤ 2008년 글로벌 금융 위기 이전에는 IMF의 융자를 얻을 때 경제적 기초 여건이 견실해도 신용 공여 조건 이행을 약속해야 했다.

핵심 제재에 대한 정보를 파악하는 유형

▶ 24051-0011

02 특별 인출권에 대한 이해로 적절하지 <u>않은</u> 것은?

① IMF 쿼터 납입금을 많이 낸 국가일수록 더 많이 배정받는다.
② 현재 표준 통화 바스켓에 있는 통화와 연계하여 그 가치가 산출된다.
③ IMF 쿼터 납입금 중 자국 통화가 아닌 부분을 인출할 수 있는 권리이다.
④ 신용도가 높은 다른 회원국의 통화와 교환될 수 있기 때문에 국제 통화로 인정된다.
⑤ 전 세계적으로 달러화를 공급하는 데서 발생하는 달러화 가치의 하락을 막는 방법이다.

생략된 정보를 추론하는 유형

▶ 24051-0012

03 ㉠의 이유를 '융자 수혜국'과 'IMF'의 입장에서 추론한 내용으로 가장 적절한 것은?

① '융자 수혜국'은 금융 위기가 닥친 이후에 융자를 받게 되면 융자의 실효성이 떨어지며, 'IMF'는 융자금을 안정적으로 회수하는 것을 중요시하기 때문
② '융자 수혜국'은 글로벌 금융 위기가 올 경우 자금을 지원받지 못하는 상황을 막을 수 있고, 'IMF'는 신용 공여 조건이 충족되지 않는 상황을 막을 수 있기 때문
③ '융자 수혜국'은 자신들의 경제적 위상을 알릴 수 있는 계기가 되며, 'IMF'는 경제적 기초 여건이 튼튼한 나라가 도덕적 해이에 빠져 경제 위기가 심화되는 것을 막을 수 있기 때문
④ '융자 수혜국'은 금융 위기에 빠르게 대응하는 것이 필요하고, 'IMF'는 경제적 기초 여건이 튼튼한 국가의 경우 신용 공여 조건을 약속하지 않더라도 경제가 회복될 수 있다고 보기 때문
⑤ '융자 수혜국'은 신용 공여 조건을 충족하지 않더라도 금융 위기를 극복할 수 있는 경제적 기초 여건이 있으며, 'IMF'는 융자금의 회수보다 금융 위기에 신속하게 대응하는 것이 중요하기 때문

▶ 24051-0013

구체적인 사례에 적용하는 유형

04 윗글을 바탕으로 〈보기〉를 이해한 것으로 적절하지 <u>않은</u> 것은?

┌ 보기 ┐

　　1990년대에는 금융 자유화와 금융 시장 개방 등으로 인해 아시아로 유입된 외국 자본이 빠르게 늘어났다. 국내 금융 기업들은 금리가 낮은 해외의 단기 자금을 끌어와 높은 금리로 동남아 국가들에 장기로 빌려주면서 이자 차익을 보았다. 1997년 미국의 금리 인상으로 해외 투자자들이 아시아 시장에서 자본을 회수하기 시작하면서 우리나라는 외화가 부족하여 환율이 급등하고, 단기 자금을 갚지 못해 국가 부도의 상황까지 가게 되었다. 우리 정부는 회원국으로 있던 IMF에 구제 금융을 신청하면서 구조 조정과 공기업의 민영화, 자본 시장의 추가 개방 등의 IMF가 내건 조건을 수락했다. 국민들의 금 모으기 운동과 고금리 정책 등으로 IMF의 융자금을 조기 상환하였지만, 구조 조정으로 인해 많은 기업이 파산하고 실업자가 증가하는 후유증도 있었다.

① 우리 정부가 IMF에 긴급 자금을 요청한 이유는 리저브 트랑슈만으로는 위기를 해결할 수 없었기 때문이겠군.
② 우리나라가 구제 금융을 신청할 당시에 우리나라에 충분한 SDR이 있었다면 IMF의 자금을 받지 않아도 되었겠군.
③ 외환 위기 상황에서 우리 국민들이 금 모으기 운동을 한 것은 외국과의 거래에 사용할 수 있는 통화의 부족을 극복하기 위한 노력이라고 할 수 있겠군.
④ 해외의 단기 자금 상환 압력이 있을 때 우리나라가 IMF에 납부한 쿼터 납입금 중 원화로 납부한 금액을 돌려받을 수 있었다면 구제 금융 신청을 늦출 수 있었겠군.
⑤ IMF가 요구한 기업의 구조 조정과 공기업의 민영화, 자본 시장의 추가 개방 등이 가져온 결과를 볼 때 신용 공여 조건이 국민들에게 고통으로 다가올 수도 있겠군.

▶ 24051-0014

단어의 문맥적 의미를 파악하는 유형

05 문맥상 의미가 ⓐ와 가장 가까운 것은?

① 매달 돈이 들어오고 나가는 것을 기록했다.
② 그 기업은 올해부터 대기업 집단에 들어왔다.
③ 그곳은 아직도 전기가 들어오지 않는 오지였다.
④ 경제에 대해 많이 들었지만 들어오는 말이 없었다.
⑤ 규제가 풀리자 수입 제품들이 물밀 듯이 들어왔다.

유형 연습 ❸ Zoom In

국제 통화 기금

해제 이 글은 국제 통화 및 금융 제도의 안정을 도모하기 위한 국제 금융 기구인 국제 통화 기금(IMF)의 운영에 대해 설명하고 있다. IMF는 가입을 원하는 국가가 신청을 할 경우 이사회의 승인과 총회의 투표로 가입을 승인한다. 회원국은 경제 규모에 따라 정해진 쿼터 납입금을 납부하고, 쿼터 지분만큼의 의결권을 가진다. 쿼터 납입금은 IMF 금융 지원의 주요 재원이지만 신용도가 떨어지는 회원국들의 통화는 사용하기가 어려웠고, 달러화를 지속적으로 공급하는 것이 달러화의 신용도를 떨어뜨리는 문제가 있었다. 이러한 문제를 해결하기 위해 나온 것이 특별 인출권(SDR)이다. SDR은 신용도가 높은 통화와 교환할 수 있는 대체 통화로, 통화 바스켓 방식을 적용하고 있다. IMF로부터 융자를 받은 회원국은 수수료와 함께 신용 공여 조건을 이행해야 한다. 신용 공여 조건은 융자금이 제대로 쓰이며, 정책 프로그램이 효과적으로 작동하는지 모니터링을 하기 위한 것인데, 2008년 글로벌 금융 위기 이후에는 경제 기초 여건을 고려하는 사전적 신용 공여 조건이 도입되었다.

주제 IMF의 운영 방식과 융자금의 구성 및 신용 공여 조건

구성 • 1문단: IMF의 설립 목적과 운영 방식
• 2문단: 쿼터 납입금의 구성과 문제점
• 3문단: 특별 인출권과 통화 바스켓
• 4문단: IMF의 신용 공여 조건

닮은꼴 발문 Tip

• 윗글에서 다룬 내용이 <u>아닌</u> 것은?
• 윗글에 대한 이해로 적절한 것은?

글의 세부 정보를 파악하는 유형

01 윗글의 내용과 일치하지 <u>않는</u> 것은?

① IMF의 쿼터는 회원국의 경제 규모나 교역량 등에 따라 달라진다.
② IMF는 가입 희망국의 자격에 관하여 특별한 제한을 하고 있지 않다.
③ IMF에 가입하기 위해서는 총회에서 과반수 회원국의 찬성을 얻어야 한다.
④ IMF에서는 금융 위기 국가에 대한 지원뿐만 아니라 국제 금융 위기 예방을 위한 감시 활동도 한다.
⑤ 2008년 글로벌 금융 위기 이전에는 IMF의 융자를 얻을 때 경제적 기초 여건이 견실해도 신용 공여 조건 이행을 약속해야 했다.

유형 이해

글에 제시된 정보를 파악하고 이를 바탕으로 약간의 추론적 사고를 요구하는 문제 유형이다. 일반적으로 내용 일치 문제에서는 지문의 정보를 찾고 선지와 대응시켜 보면 되지만, 이 유형에서는 선지와 지문의 표현이 다를 수 있다. 이에 대한 판단을 하기 위해서는 정보들 간의 관계에 대한 파악을 통해 지문과 선지가 다르게 표현된 부분이 대체 가능한 것인지에 대해 판단하는 것이 중요하다.

유형 공략
❶ 선지와 관련된 정보를 파악한다.
❷ 정보들 간의 관계를 파악한다.
❸ 지문과 다르게 표현된 부분에 유의하며 대체 가능한 표현인지 확인한다.

정답이 정답인 이유
③ 1문단에 따르면 IMF 가입을 위해서는 총투표권의 2/3 이상을 보유하는 과반수 회원국이 참가하여 이들이 행사한 투표권의 과반수 찬성을 얻어야 한다. 투표권은 모든 국가들이 동등한 것이 아니라 쿼터 지분만큼의 투표권을 가지게 된다. 그러므로 과반수 회원국의 찬성을 얻는다 하더라도 참가한 투표권의 과반수 찬성을 얻지 못하면 가입을 하지 못하게 된다.

01 독서

오답이 오답인 이유

① 1문단에 따르면 IMF는 가입 신청국의 경제 규모나 교역량 등에 따라 출자 할당액인 쿼터와 납입 방법을 결정한다. 따라서 IMF의 쿼터는 회원국의 경제 규모나 교역량 등에 따라 달라짐을 알 수 있다.

② 1문단에 따르면 IMF는 가입 희망국의 자격에 관하여 특별한 제한을 하고 있지 않으며, 질서 있고 안정적인 환율 제도 운용을 통해 국제 통화 문제에 협력할 의사가 있는 모든 나라에 대해 가입을 허용하고 있다.

④ 2문단에 따르면 IMF에서는 국제 금융 위기 예방을 위한 감시 활동 등을 하고 있으며, 금융 위기 국가에 대해 금융 지원을 하고 있다.

⑤ 4문단에 따르면 신용 공여 조건이 각국의 경제적 기초 여건을 고려하지 않는 문제들로 인해 2008년 글로벌 금융 위기 이후에 이에 대한 개선을 하게 되었다. 따라서 2008년 글로벌 금융 위기 이전에는 경제적 기초 여건이 견실해도 신용 공여 조건 이행을 약속해야 했다.

닮은꼴 발문 Tip

- 윗글의 자성(自性)에 관한 이해로 가장 적절한 것은?
- 원형 자체에 대한 설명으로 적절하지 않은 것은?

핵심 제재에 대한 정보를 파악하는 유형

02 특별 인출권에 대한 이해로 적절하지 않은 것은?

① IMF 쿼터 납입금을 많이 낸 국가일수록 더 많이 배정받는다.
② 현재 표준 통화 바스켓에 있는 통화와 연계하여 그 가치가 산출된다.
③ IMF 쿼터 납입금 중 자국 통화가 아닌 부분을 인출할 수 있는 권리이다.
④ 신용도가 높은 다른 회원국의 통화와 교환될 수 있기 때문에 국제 통화로 인정된다.
⑤ 전 세계적으로 달러화를 공급하는 데서 발생하는 달러화 가치의 하락을 막는 방법이다.

유형 이해

핵심 제재에 대해 세부 정보를 파악하는 문제 유형이다. 핵심 제재이기 때문에 답지 판단과 관련된 정보가 특정 부분에만 있는 것이 아니라 지문 전체에 있다는 것에 유의해야 한다. 이러한 유형의 문제에서 SDR과 골드 트랑슈, 리저브 트랑슈처럼 비교되는 개념이 있을 때는 다른 개념에 대한 서술을 오답의 지점으로 잡을 수 있다는 점도 염두에 두어야 한다.

유형 공략

❶ 지문에서 핵심 제재와 관련된 정보를 파악한다.
❷ 선지의 서술이 다른 개념을 서술한 것이 아닌지 확인한다.

정답이 정답인 이유

③ 현재 IMF 쿼터 납입금 중 자국 통화가 아닌 부분은 리저브 트랑슈이다. 리저브 트랑슈는 회원국이 출자한 부분을 특별한 조건 없이 인출할 수 있는 권리이므로, 추가 출자 없이 가맹국의 합의에 의해 발행 총액을 결정하고 IMF 쿼터에 비례하여 배분되는 SDR과는 성격이 다르다.

오답이 오답인 이유

① 3문단에 따르면 특별 인출권은 IMF 쿼터에 비례하여 배분된다. 따라서 쿼터 납입금을 많이 낸 국가일수록 더 많이 배정받게 된다.

② 3문단에 따르면 1974년에 SDR 가치를 상위 16개국 통화와 연계해 산출하는 통화 바스켓 방식이 도입되었으며, 현재 표준 통화 바스켓은 달러화, 유로화, 위안화, 엔화, 파운드화 순의 비율로 구성되어 있다.

④ 3문단에 따르면 SDR은 IMF 회원국들이 담보 없이 외화를 인출할 수 있는 권리로, 금과 달러에 이은 제3의 국제 통화로 간주되고 있다.

⑤ 2문단에 따르면 다른 나라에 달러화를 공급하는 경우 미국의 무역 적자가 계속되어야 하므로 달러화의 신용도가 떨어지는 문제가 발생하였다. 특별 인출권은 달러화 가치의 하락 문제를 해결하기 위해 나온 것이다.

닮은꼴 발문 Tip

• ㉠의 이유로 가장 적절한 것은?

• 윗글을 바탕으로 할 때, ⓐ에 대한 답으로 가장 적절한 것은?

생략된 정보를 추론하는 유형

03 ㉠의 이유를 '융자 수혜국'과 'IMF'의 입장에서 추론한 내용으로 가장 적절한 것은?

① '융자 수혜국'은 금융 위기가 닥친 이후에 융자를 받게 되면 융자의 실효성이 떨어지며, 'IMF'는 융자금을 안정적으로 회수하는 것을 중요시하기 때문

② '융자 수혜국'은 글로벌 금융 위기가 올 경우 자금을 지원받지 못하는 상황을 막을 수 있고, 'IMF'는 신용 공여 조건이 충족되지 않는 상황을 막을 수 있기 때문

③ '융자 수혜국'은 자신들의 경제적 위상을 알릴 수 있는 계기가 되며, 'IMF'는 경제적 기초 여건이 튼튼한 나라가 도덕적 해이에 빠져 경제 위기가 심화되는 것을 막을 수 있기 때문

④ '융자 수혜국'은 금융 위기에 빠르게 대응하는 것이 필요하고, 'IMF'는 경제적 기초 여건이 튼튼한 국가의 경우 신용 공여 조건을 약속하지 않더라도 경제가 회복될 수 있다고 보기 때문

⑤ '융자 수혜국'은 신용 공여 조건을 충족하지 않더라도 금융 위기를 극복할 수 있는 경제적 기초 여건이 있으며, 'IMF'는 융자금의 회수보다 금융 위기에 신속하게 대응하는 것이 중요하기 때문

유형 이해

특정 부분에 표시를 하고 이유를 추론하는 문제 유형이다. 이 유형의 문제에서는 선지의 표현들이 지문에 있는 표현과 일치율이 낮기 때문에 어려움을 겪기도 하는 유형이다. 표시된 부분과의 논리적 연결의 단서는 표시된 부분의 앞부분이나 앞 문장이 되는 경우가 많다. 그러므로 표시된 부분과 다른 문장 사이의 인과관계를 살펴보고, 생략된 정보를 찾는 것이 중요하다. 이 문제에서는 '융자 수혜국'과 'IMF'의 입장이라는 요소를 넣어서 선지를 좀 더 복잡하게 만들었지만 문제를 풀어 가는 방법은 같다.

유형 공략

❶ 표시된 부분이 나온 배경을 파악한다.

❷ 표시된 부분의 앞뒤 문장을 보고 관계를 파악한다.

❸ 문장들 간의 관계에서 생략된 정보를 파악한다.

정답이 정답인 이유

④ 4문단에서 ㉠을 도입한 이유에 대해 신용 공여 조건이 각국의 경제적 기초 여건을 고려하지 않는 문제를 개선하기 위해서였다고 하였다. 즉 경제적 기초 여건이 견실한 회원국에 대해서는 신용 공여 조건을 갖추었다고 간주하고 즉각 지원을 해 주는 것이 ㉠의 핵심이라고 할 수 있다. ㉠으로 '융자 수혜국'은 즉각적인 대응에 필요한 자금을 지원받을 수 있으며, 'IMF'의 입장에서는 경제적 기초 여건이 견실한 국가에 융자하기 때문에 일부 절차를 생략하더라도 융자금 회수에는 큰 문제가 없다. 그러므로 ㉠의 이유를 추론해 보면 '융자 수혜국'은 금융 위기에 빠르게 대응하는 것이 필요하고, 'IMF'는 경제적 기초 여건이 튼튼한 국가의 경우 신용 공여 조건을 약속하지 않더라도 경제가 회복될 수 있다고 보기 때문이라고 할 수 있다.

오답이 오답인 이유

① 'IMF'의 융자금은 금융 위기가 닥치기 전에 지원받는 것이 아니며, ㉠으로 인해 'IMF'가 이전보다 더 안정적으로 융자금을 회수할 수 있는 것도 아니다.

② ㉠은 경제적 기초 여건이 견실한 국가에 대해 신용 공여 조건을 약속하지 않고 지원을 해 주는 것이므로 '융자 수혜국'이 글로벌 금융 위기가 올 경우 자금 지원을 받지 못하는 것은 아니다. 또한 'IMF'에서 신용 공여 조건이 충족되지 않는 상황을 막기 위한 조치도 아니다.

③ ㉠은 위기 국가에 금융 지원을 해 주는 것이므로 '융자 수혜국'이 자신들의 경제적 위상을 알릴 수 있는 계기가 되는 것이 아니다. 또한 경제적 기초 여건이 견실한 국가가 신용 공여 조건을 갖추었다고 보고 지원을 하는 것이므로 도덕적 해이를 막기 위한 조치도 아니다.

⑤ ㉠은 '융자 수혜국'이 금융 위기에 있을 때 경제적 기초 여건이 견실하여 신용 공여 조건을 충족하였다고 간주하고 지원을 하는 것이다. 만약 신용 공여 조건을 충족하지 않더라도 위기를 극복할 수 있는 경제적 기초 여건이 있다면 'IMF'의 지원이 크게 필요하지 않게 된다. 또한 'IMF'가 융자금의 회수보다 금융 위기에 신속하게 대응하는 것을 중요하게 여기는 것도 아니다.

닮은꼴 발문 Tip

• 윗글의 내용을 〈보기〉에 적용한 것으로 적절하지 <u>않은</u> 것은?

• 윗글을 바탕으로 〈보기〉를 이해한 내용으로 적절하지 <u>않은</u> 것은?

구체적인 사례에 적용하는 유형

04 윗글을 바탕으로 〈보기〉를 이해한 것으로 적절하지 <u>않은</u> 것은?

> ┤ 보기 ├
>
> 1990년대에는 금융 자유화와 금융 시장 개방 등으로 인해 아시아로 유입된 외국 자본이 빠르게 늘어났다. 국내 금융 기업들은 금리가 낮은 해외의 단기 자금을 끌어와 높은 금리로 동남아 국가들에게 장기로 빌려주면서 이자 차익을 보았다. 1997년 미국의 금리 인상으로 해외 투자자들이 아시아 시장에서 자본을 회수하기 시작하면서 우리나라는 외화가 부족하여 환율이 급등하고, 단기 자금을 갚지 못해 국가 부도의 상황까지 가게 되었다. 우리 정부는 회원국으로 있던 IMF에 구제 금융을 신청하면서 구조 조정과 공기업의 민영화, 자본 시장의 추가 개방 등의 IMF가 내건 조건을 수락했다. 국민들의 금 모으기 운동과 고금리 정책 등으로 IMF의 융자금을 조기 상환하였지만, 구조 조정으로 인해 많은 기업이 파산하고 실업자가 증가하는 후유증도 있었다.

① 우리 정부가 IMF에 긴급 자금을 요청한 이유는 리저브 트랑슈만으로는 위기를 해결할 수 없었기 때문이겠군.

② 우리나라가 구제 금융을 신청할 당시에 우리나라에 충분한 SDR이 있었다면 IMF의 자금을 받지 않아도 되었겠군.

③ 외환 위기 상황에서 우리 국민들이 금 모으기 운동을 한 것은 외국과의 거래에 사용할 수 있는 통화의 부족을 극복하기 위한 노력이라고 할 수 있겠군.

④ 해외의 단기 자금 상환 압력이 있을 때 우리나라가 IMF에 납부한 쿼터 납입금 중 원화로 납부한 금액을 돌려받을 수 있었다면 구제 금융 신청을 늦출 수 있었겠군.

⑤ IMF가 요구한 기업의 구조 조정과 공기업의 민영화, 자본 시장의 추가 개방 등이 가져온 결과를 볼 때 신용 공여 조건이 국민들에게 고통으로 다가올 수도 있겠군.

유형 이해

지문의 내용과 관련된 자료를 제시하고 지문과 자료를 연결하여 사례에 대해 해석할 것을 요구하는 문제 유형이다. 제시된 〈보기〉는 대개 지문에서 소개한 주요 정보와 직접적으로 관련된 것이므로, 우선 〈보기〉의 내용이 지문의 어떤 정보와 연관된 것인지를 파악해야 한다. 그런 다음 지문의 핵심어나 개념어가 〈보기〉에 사용된 맥락을 살펴보면서 선지에 제시된 사례에 대해 판단해야 한다.

유형 공략

❶ 〈보기〉의 내용을 해석하고 지문의 어떤 정보와 관련된 것인지 파악한다.

❷ 지문의 핵심어나 개념어가 〈보기〉에 어떤 맥락으로 사용되었는지 파악한다.

❸ 선지에서 제시한 사례가 지문과 〈보기〉의 어떤 입장과 관련되는지에 유의하며 선지의 적절성 여부를 판단한다.

정답이 정답인 이유

④ 해외의 단기 자금 상환 압력이 있을 때 필요한 것은 국제적으로 통용될 수 있는 통화이다. 1997년 외환 위기 당시 해외 투자자에게 지급해야 할 외화가 부족했던 것이지 원화가 부족했던 것은 아니다. 그러므로 IMF에 납부한 쿼터 납입금 중 원화로 납부한 금액을 돌려받는다 하더라도 구제 금융 신청을 늦출 수 있었던 것은 아니다.

오답이 오답인 이유

① 리저브 트랑슈는 쿼터 납입금 중 특별한 조건 없이 인출할 수 있으며, 국제 통화로 인정되는 부분이다. 만약 리저브 트랑슈만으로 위기를 해결할 수 있었다면 IMF에 긴급 자금을 요청하지 않았을 것이다.

② SDR은 1970년에 채택되었으므로 우리나라가 구제 금융을 신청한 1997년에는 제도화되어 있었다. SDR은 국제 통화로 통용되었기 때문에 1997년 외환 위기 당시에 SDR이 충분히 있었다면 IMF의 자금을 받지 않아도 되었을 것이라는 반응은 적절하다.

③ 외환 위기는 우리나라에 외화가 부족하여 일어난 것이다. 국제 거래에서 주로 사용되던 것은 금과 달러화이기 때문에 국민들이 금 모으기 운동을 한 이유는 외화의 부족을 해결하기 위해서라고 할 수 있다.

⑤ 〈보기〉에서 구조 조정과 공기업의 민영화, 자본 시장의 추가 개방 등의 IMF가 내건 조건은 신용 공여 조건이라고 할 수 있다. 이로 인해 기업들이 파산하고 실업자가 증가하는 후유증이 있었다는 것을 통해 볼 때 신용 공여 조건이 국민들에게 고통으로 다가올 수도 있다는 것을 알 수 있다.

닮은꼴 발문 Tip

- @~@의 문맥적 의미를 활용하여 만든 문장으로 적절하지 <u>않은</u> 것은?

- 윗글의 ⊙~⊚과 같은 의미로 사용된 것은?

단어의 문맥적 의미를 파악하는 유형

05 문맥상 의미가 @와 가장 가까운 것은?

① 매달 돈이 <u>들어오고</u> 나가는 것을 기록했다.
② 그 기업은 올해부터 대기업 집단에 <u>들어왔다.</u>
③ 그곳은 아직도 전기가 <u>들어오지</u> 않는 오지였다.
④ 경제에 대해 많이 들었지만 <u>들어오는</u> 말이 없었다.
⑤ 규제가 풀리자 수입 제품들이 물밀 듯이 <u>들어왔다.</u>

유형 이해

우리말 다의어가 사용된 맥락에서 문맥적 의미를 정확하게 파악할 수 있는지를 묻는 문제 유형이다. 다의어의 경우 의미에 따라 문장 구조, 결합할 수 있는 단어가 다를 수 있기 때문에 그에 대한 파악을 하는 것이 중요하다. 그 과정을 통해 어느 정도 선지를 압축한 후 문맥적 의미를 비교하면서 답을 찾아갈 수 있다.

유형 공략

❶ 밑줄 친 단어가 사용된 문장의 구조를 파악한다.
❷ 밑줄 친 단어들과 결합하는 말을 파악한다.
❸ 문맥에서 사용된 의미를 파악한다.

정답이 정답인 이유

② '일정한 범위나 기준 안에 소속되거나 포함되다.'의 의미이며, '편입(編入)되다'로 바꾸어 쓸 수 있다.

오답이 오답인 이유

① '수입 따위가 생기다.'의 의미이다.
③ '전기나 수도 따위의 시설이 설치되다.'의 의미이다.
④ '말이나 글의 내용이 이해되어 기억에 남다.'의 의미이다.
⑤ '일정한 지역이나 공간의 범위와 관련하여 그 밖에서 안으로 이동하다.'의 의미이다.

유형 연습 ❹

[01~04] 다음 글을 읽고 물음에 답하시오.

야구나 축구와 같은 구기 스포츠에서는 공을 강하게 멀리 보내거나, 날아오는 공을 멈추게 하는 등의 기술이 필요하다. 이를 역학의 개념으로 본다면 정지해 있거나 운동을 하는 물체(공)에 신체나 기구로 충격을 가하여 물체의 운동 상태를 변화시키는 것이라고 할 수 있다. 실제 공을 배트로 치거나 발로 찰 때에는 공이 찌그러졌다가 원래대로 돌아오면서 생기는 탄성력, 충격을 줄 때의 속도와 시간, 공기 저항, 마찰력 등의 다양한 요인이 작용한다. 이 모든 요인을 고려하여 운동의 변화를 설명하는 것은 매우 복잡하고 어렵지만 운동하는 물체의 질량과 속도의 곱으로 표현되는 물리량인 운동량을 사용하면 간단하게 설명할 수도 있다.

운동의 양은 사용하는 물리량과 정의 방법에 따라 달라질 수 있지만, 데카르트는 운동하는 물체가 직선으로 운동을 계속하려 한다는 점을 고려하여 질량과 속력의 곱으로 운동량을 정의했다. 데카르트가 정의한 운동량은 물체들 간의 충돌이 있어도 물체들의 운동량 총합은 보존되었기 때문에 물체의 운동을 나타내는 데 유용한 점이 있었다. 그런데 데카르트는 방향이 없는 스칼라양인 속력을 사용하였기 때문에 실제 충돌 실험에서는 예측과 맞지 않는 사례들이 있었다. 뉴턴은 이런 문제를 해결하기 위해 속력 대신 방향이 있는 벡터양인 속도를 사용하였다. 예컨대 1kg의 물체가 10m/s의 속력으로 날아간다면 운동량은 10kg·m/s로 표시할 수 있다. 이 물체가 다른 물체와 충돌 후 운동 방향만 반대가 되었다면 운동량은 −10kg·m/s로 표시할 수 있다. 운동량의 변화량, 즉 물체가 받은 충격량은 충돌 후의 운동량에서 충돌 전의 운동량을 뺀 값이므로 −20kg·m/s로 표시할 수 있다. 뉴턴은 물체끼리 충돌할 때 모든 작용에는 크기가 같고 방향은 반대인 반작용이 존재한다는 법칙을 통해 물체끼리 충돌할 때 운동량의 총합은 보존된다고 보았다.

충격량은 뉴턴의 운동 제2 법칙을 이용해서도 나타낼 수 있다. 뉴턴의 운동 제2 법칙에서 F(힘)=m(질량)$\times a$(가속도)로 나타낸다. 이때 가속도 a는 속도 변화(Δv)를 작용 시간(Δt)으로 나눈 것이므로 $F=m\times a=m\times \dfrac{\Delta v}{\Delta t}$로 나타낼 수 있다. 이를 변형하면 ㉠$F\times \Delta t=m\times \Delta v$로 나타낼 수 있는데, 우변의 $m\times \Delta v$는 충격량을 나타내는 것이므로, 충격량은 힘과 작용 시간의 곱이라는 것을 알 수 있다. 이 식은 스포츠나 일상생활에서 볼 수 있는 여러 상황들을 이해하는 데 필요한 중요한 의미를 내포한다. 야구나 골프에서 공을 멀리 내보내기 위해서는 충격량이 커야 한다. 충격량을 크게 하기 위해서는 공에 작용하는 힘을 크게 하거나, 같은 힘으로도 작용 시간을 길게 하면 된다. 공을 친 후에도 자세가 흐트러지지 않고 타격 궤적을 유지하는 기술을 '폴로 스루'라고 하는데, 폴로 스루를 하면 작용 시간이 길어져 충격량을 늘릴 수 있다.

이 식이 가진 또 다른 의미는 충격량이 같을 경우 작용 시간이 길면 충돌 시 받는 힘을 완화할 수 있다는 것이다. 예를 들어 날아오는 야구공을 받았다면 운동하던 공이 정지하게 되므로 맨손으로 받거나 글러브로 받거나 충격량은 같다. 포수 글러브의 경우 완충 재질로 되어 있기 때문에 작용하는 시간이 늘어나며, 이에 따라 손에 작용하는 힘의 크기가 줄어들게 된다. 이러한 원리는 일상생활에서도 흔히 볼 수 있다. 자동차의 에어백이나 운동화의 밑창 등은 충격을 흡수하여 인체를 보호해 준다. 이러한 것들은 모두 작용 시간을 늘릴 수 있는 재료를 사용하여 인체가 받는 힘을 최소화하는 것이다.

▶ 24051-0015

01 윗글에 대한 설명으로 적절하지 않은 것은?

① 스포츠에서 필요한 기술을 역학적 개념으로 설명하고 있다.
② 특정 물리량에 대한 학자들의 견해를 대비하여 제시하고 있다.
③ 특정 학자의 이론에서 도출된 식이 의미하는 바를 분석하고 있다.
④ 중심 화제에 대한 이해를 돕기 위해 관련 사례들을 제시하고 있다.
⑤ 특정 물리량을 사용할 때의 유용성을 다른 대상에 빗대는 방식으로 설명하고 있다.

▶ 24051-0016

02 윗글을 읽고 이해한 내용으로 적절하지 않은 것은?

① 날아오는 야구공을 잡았을 때 야구공의 운동량은 보존된다.
② 축구공이 골대를 맞고 나올 때에는 공의 탄성력이 작용을 한다.
③ 골프에서 폴로 스루를 하는 이유는 공을 더 멀리 보내기 위해서이다.
④ 운동의 양을 정의할 때 질량이 아닌 다른 물리량을 사용할 수도 있다.
⑤ 충격량은 뉴턴이 정의한 운동량과 마찬가지로 방향이 있는 벡터양이다.

▶ 24051-0017

03 ㉠을 통해 설명할 수 있는 사례로 적절한 것만을 있는 대로 고른 것은?

> ┌ 보 기 ┐
>
> ㄱ. 놀이기구인 범퍼카끼리 정면충돌을 하면 처음 진행하던 방향과 반대 방향으로 튕겨 나가게 된다.
> ㄴ. 같은 탄환을 쓰더라도 총열이 긴 총일수록 화약의 폭발력이 더 오래 탄두에 작용하기 때문에 사정거리가 길어진다.
> ㄷ. 유리로 만든 제품을 택배로 보낼 때 스펀지로 포장하면 제품에 작용하는 충격을 줄여 유리가 손상되는 것을 막을 수 있다.
> ㄹ. 야구에서 스윙을 할 때 팔꿈치를 최대한 몸에 붙이고 하체와 몸통 회전을 하게 되면 더 큰 힘을 가할 수 있으므로 공을 더 멀리 보낼 수 있다.

① ㄱ, ㄷ   ② ㄴ, ㄷ   ③ ㄷ, ㄹ   ④ ㄱ, ㄴ, ㄷ   ⑤ ㄴ, ㄷ, ㄹ

▸ 24051-0018

지문을 바탕으로 외부 자료를 해석하는 유형

04 윗글을 바탕으로 〈보기〉를 이해한 내용으로 적절하지 <u>않은</u> 것은?

┌ 보기 ┐

　　질량과 속력이 같은 두 물체가 직선상에서 에너지 손실이 없는 완전 탄성 충돌을 한다고 할 때, 데카르트의 이론으로는 각각의 운동량이 a라면 운동량의 총합은 2a이며, 충돌 후 각각 반대 방향으로 움직일 때도 운동량의 총합은 2a로 같다. 뉴턴은 두 물체의 운동량을 각각 +a와 −a로 나타냈는데, 두 물체는 운동량 총합은 0이며 충돌 후의 운동량의 총합도 0으로 같다. 이 경우 두 사람의 표현은 다르지만 운동량 보존 법칙은 성립한다. 그런데 아래 〈그림〉처럼 질량이 m으로 같고, 속력이 각각 $2v$와 $4v$인 두 물체 A, B가 직선상에서 완전 탄성 충돌을 할 때, 데카르트는 운동량이 큰 물체 B가 물체 A를 밀고 가기 때문에 두 물체 모두 $3v$의 속력으로 B가 진행하던 방향으로 움직인다고 보았다. 뉴턴은 충돌할 때 속도 교환이 일어나기 때문에 각각 $+2v$, $-4v$였던 속도가 충돌 후에는 $-4v$, $+2v$가 된다고 보았다. 한편 물체의 운동 에너지는 $\dfrac{질량 \times 속도^2}{2}$으로 나타내는 물리량이며, 운동 에너지의 총합은 운동량과 마찬가지로 보존된다. 뉴턴의 설명은 운동 에너지 보존 법칙에 위배되지 않지만, 데카르트의 설명으로는 충돌 전에 $m \times 10v^2$이었던 운동 에너지의 총합이 충돌 후에는 $m \times 9v^2$이 된다.

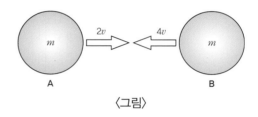

〈그림〉

① 데카르트는 뉴턴과 달리 운동량에 방향을 고려하지 않았기 때문에 방향이 반대인 두 물체의 운동량 합을 2a로 나타냈군.

② 데카르트는 뉴턴과 달리 스칼라양을 사용했기 때문에 두 물체의 운동량이 다른 경우 운동량 보존 법칙이 적용되지 않는 문제가 있군.

③ 뉴턴의 이론이 운동 에너지 보존 법칙에 위배되지 않는다는 점은 데카르트의 이론보다 실제 충돌 실험을 잘 설명할 수 있는 이유가 될 수 있겠군.

④ 뉴턴의 이론에 따르면 충돌 후 물체 A가 물체 B보다 속력이 빨라지지만, 물체 A와 물체 B가 받은 충격량의 절댓값은 동일하겠군.

⑤ 뉴턴의 이론에 따르면 물체 A의 운동 방향이 반대일 경우, 물체 A와 물체 B가 충돌했을 때 물체 A가 받은 충격량은 $-2v \times m$이 되겠군.

유형 연습 ❹ Zoom In

운동량과 충격량

해제 이 글은 물체의 운동과 관련된 물리량인 운동량과 충격량에 대해 설명하고, 이 개념이 적용될 수 있는 사례들을 제시하고 있다. 운동량에 대해 데카르트는 물체의 질량과 속력의 곱으로 정의를 했지만, 스칼라양인 속력을 사용했기 때문에 실제 실험과 맞지 않는 사례가 있었다. 뉴턴은 속력 대신 벡터양인 속도를 사용하여 데카르트가 정의한 운동량의 문제를 해결했다. 뉴턴의 운동 제2 법칙을 이용하면 충격량은 힘과 작용 시간의 곱으로 나타낼 수 있다. 이 공식을 통해 같은 힘으로도 작용 시간을 길게 하면 충격량을 크게 할 수 있으며, 충격량이 같을 경우 작용 시간이 길면 힘은 작아진다. 야구 글러브나 에어백 등이 충격을 완화해 주는 원리는 작용 시간을 길게 하여 사람에게 작용하는 힘을 줄인 것이다.

주제 운동량 및 충격량의 개념과 충격량 공식이 의미하는 것

구성 • 1문단: 역학의 관점에서 본 구기 스포츠
• 2문단: 운동량에 대한 데카르트와 뉴턴의 정의와 운동량 보존 법칙
• 3문단: 충격량 공식과 충격량을 늘리는 원리
• 4문단: 충격량 공식과 충돌 시 받는 힘을 완화하는 원리

닮은꼴 발문 Tip

• 윗글에 대한 설명으로 가장 적절한 것은?

• 윗글의 서술상 특징으로 가장 적절한 것은?

• 윗글의 논지 전개 방식으로 가장 적절한 것은?

내용 전개 방식을 파악하는 유형

01 윗글에 대한 설명으로 적절하지 <u>않은</u> 것은?

① 스포츠에서 필요한 기술을 역학적 개념으로 설명하고 있다.
② 특정 물리량에 대한 학자들의 견해를 대비하여 제시하고 있다.
③ 특정 학자의 이론에서 도출된 식이 의미하는 바를 분석하고 있다.
④ 중심 화제에 대한 이해를 돕기 위해 관련 사례들을 제시하고 있다.
⑤ 특정 물리량을 사용할 때의 유용성을 다른 대상에 빗대는 방식으로 설명하고 있다.

유형 이해

지문에서 사용된 내용 전개 방식의 특징을 묻는 문제 유형이다. 수능에서 독서 지문으로 사용되는 글은 중심이 되는 제재를 제시한 후 이를 효과적으로 전달하기 위해 적절한 방법을 선택하여 내용을 전개한다. 그러므로 글의 첫 부분에서 중심 제재가 무엇인지 파악하고 논지들이 문단별로 어떻게 전개되었는지, 그리고 어떤 설명 방식을 사용하고 있는지를 파악해야 한다. 이 유형의 문제에서는 보통 내용을 묻는 문제들과의 간섭을 피하기 위해 선지에 '특정 학자', '특정 물리량'과 같은 표현을 사용하는데, 추상적인 표현이 무엇을 지칭하는지 확정을 하고 선지를 판단하는 것이 중요하다.

유형 공략

❶ 글의 첫 부분을 통해 중심 제재를 파악한다.
❷ 문단을 중심으로 논지의 흐름과 설명 방식을 파악한다.
❸ 선지에서 추상적으로 표현된 부분이 무엇을 지칭하는지 파악한다.

정답이 정답인 이유

⑤ 1문단에서 운동량을 사용하면 운동의 변화를 간단하게 파악할 수 있는 유용성이 있다고 하였다. 그렇지만 이러한 설명에서 다른 대상에 빗대는 방식은 사용되지 않았다.

오답이 오답인 이유

① 3문단에서 스포츠에서 필요한 기술인 '폴로 스루'를 역학적 개념인 충격량으로 설명하고 있다.

② 2문단에서 운동량에 대해 스칼라양인 속력을 사용한 데카르트와 벡터양인 속도를 사용한 뉴턴의 견해를 대비하여 제시하고 있다.

③ 3, 4문단에서 뉴턴의 운동 제2 법칙을 통해 '$F \times \Delta t = m \times \Delta v$'라는 식이 도출됨을 보여 주고, 이 식이 의미하는 것을 분석하고 있다.

④ 4문단에서 중심 화제인 충격량에 대한 이해를 돕기 위해 날아오는 야구공을 잡는 경우와 자동차의 에어백이나 운동화의 밑창 등 관련 사례를 제시하고 있다.

닮은꼴 발문 Tip

• 윗글을 읽고 추론한 내용으로 적절하지 <u>않은</u> 것은?

• 〈보기〉는 윗글을 읽은 학생이 수행할 학습지의 일부이다. ㉮에 들어갈 말로 가장 적절한 것은?

세부 내용을 추론하는 유형

02 윗글을 읽고 이해한 내용으로 적절하지 <u>않은</u> 것은?

① 날아오는 야구공을 잡았을 때 야구공의 운동량은 보존된다.
② 축구공이 골대를 맞고 나올 때에는 공의 탄성력이 작용을 한다.
③ 골프에서 폴로 스루를 하는 이유는 공을 더 멀리 보내기 위해서이다.
④ 운동의 양을 정의할 때 질량이 아닌 다른 물리량을 사용할 수도 있다.
⑤ 충격량은 뉴턴이 정의한 운동량과 마찬가지로 방향이 있는 벡터양이다.

유형 이해

지문에 명시적으로 드러난 정보를 바탕으로 세부 내용을 추론할 수 있는지를 묻는 문제 유형이다. 보통 선지를 구성할 때 명시적으로 드러난 정보들의 논리적 연결 관계, 세부 정보의 추론 등이 이용되기 때문에 그런 점들에 주의를 기울이며 정보를 파악할 필요가 있다.

유형 공략
❶ 핵심어와 관련된 정보를 파악한다.
❷ 선지와 비교하면서 정보들의 논리적 연결 관계를 파악한다.
❸ 명시적으로 나타난 정보를 통해 세부 정보를 추론한다.

정답이 정답인 이유

① 2문단에 따르면 운동량 보존은 물체끼리 충돌할 때 운동량의 총합은 보존된다는 것이다. 날아오는 야구공을 잡았을 때 야구공은 정지하게 되므로 속도는 0이 된다. 그러므로 질량과 속도의 곱으로 나타내는 야구공의 운동량은 변하게 된다. 운동량 보존은 야구공의 운동량과 야구공과 충돌하는 물체의 운동량 총합이 보존된다는 것이지, 개별 물체들의 운동량이 보존된다는 것을 의미하는 것은 아니다.

오답이 오답인 이유

② 1문단에 따르면 공을 배트로 치거나 발로 찰 때에는 공이 찌그러졌다가 원래대로 돌아오면서 생기는 탄성력이 작용한다고 하였다. 축구공이 골대를 맞고 나올 때도 공에 충격이 가해지는 것이므로 탄성력이 작용한다.

③ 3문단에 따르면 폴로 스루를 하면 작용 시간이 길어져 충격량을 늘릴 수 있다.

④ 2문단에 따르면 운동의 양은 사용하는 물리량과 정의 방법에 따라 달라질 수 있다. 따라서 질량이나 속도가 아닌 다른 물리량을 통해서도 정의할 수 있음을 알 수 있다.

⑤ 2문단의 충격량의 예시에서 −의 충격량이 나오는 것을 통해 충격량에도 방향성이 포함되어 있음을 알 수 있다.

- 윗글의 내용을 〈보기〉에 적용한 것으로 적절하지 <u>않은</u> 것은?
- 윗글을 바탕으로 〈보기〉를 이해한 내용으로 적절하지 <u>않은</u> 것은?

지문의 내용을 사례에 적용하는 유형

03 ㉠을 통해 설명할 수 있는 사례로 적절한 것만을 있는 대로 고른 것은?

> 보기
>
> ㄱ. 놀이기구인 범퍼카끼리 정면충돌을 하면 처음 진행하던 방향과 반대 방향으로 튕겨 나가게 된다.
> ㄴ. 같은 탄환을 쓰더라도 총열이 긴 총일수록 화약의 폭발력이 더 오래 탄두에 작용하기 때문에 사정거리가 길어진다.
> ㄷ. 유리로 만든 제품을 택배로 보낼 때 스펀지로 포장하면 제품에 작용하는 충격을 줄여 유리가 손상되는 것을 막을 수 있다.
> ㄹ. 야구에서 스윙을 할 때 팔꿈치를 최대한 몸에 붙이고 하체와 몸통 회전을 하게 되면 더 큰 힘을 가할 수 있으므로 공을 더 멀리 보낼 수 있다.

① ㄱ, ㄷ　　　② ㄴ, ㄷ　　　③ ㄷ, ㄹ　　　④ ㄱ, ㄴ, ㄷ　　　⑤ ㄴ, ㄷ, ㄹ

유형 이해

지문의 내용과 관련된 적절한 사례를 찾는 문제 유형이다. 보통은 지문과 관련된 내용을 〈보기〉의 예시에 대해 해석하는 내용이 선지에 제시되는 경우가 많지만 이 문제는 사례와 핵심 정보인 공식과의 관련을 파악하도록 하는 변형된 유형의 문제이다. 이 문제를 풀기 위해서는 변수가 무엇인지, 변수와 관련된 〈보기〉의 정보는 무엇인지를 파악하는 것이 중요하다.

유형 공략

❶ 〈보기〉의 내용을 해석하고 변수가 될 수 있는 것을 파악한다.
❷ 〈보기〉의 진술 중 지문의 정보와 연결될 수 있는 변수를 찾는다.

정답이 정답인 이유

⑤ ㄴ: 같은 탄환을 쓸 경우 화약의 폭발력은 같다. 이는 공식에서 F가 같다는 것을 의미한다. 그런데 총열이 길수록 더 멀리 날아간다는 것은 충격력 $m \times \Delta v$가 커진다는 것을 의미한다. $F \times \Delta t = m \times \Delta v$ 공식에서 F가 일정함에도 $m \times \Delta v$가 커지는 것은 바로 작용 시간인 Δt가 커졌기 때문이다.

ㄷ: 스펀지로 포장을 하면 제품에 작용하는 충격이 줄어든다는 것은 $F \times \Delta t = m \times \Delta v$에서 Δt를 늘려서 전달되는 힘 F를 줄일 수 있다는 것이다.

ㄹ: 타격할 때 하체와 몸통 회전을 하여 더 큰 힘을 냄으로써 공을 더 멀리 보낼 수 있다는 것은 $F \times \Delta t = m \times \Delta v$에서 F를 크게 하여 $m \times \Delta v$를 크게 하는 것이다.

오답이 오답인 이유

ㄱ: 범퍼카끼리 정면충돌을 하면 반대 방향으로 튕겨 나가게 되는 것은 작용에 따른 반작용이 일어나는 것을 보여 주는 것이다. 이것은 ㉠으로 설명하기 어려운 사례이다.

지문을 바탕으로 외부 자료를 해석하는 유형

04 윗글을 바탕으로 〈보기〉를 이해한 내용으로 적절하지 않은 것은?

─〈보기〉─

질량과 속력이 같은 두 물체가 직선상에서 에너지 손실이 없는 완전 탄성 충돌을 한다고 할 때, 데카르트의 이론으로는 각각의 운동량이 a라면 운동량의 총합은 2a이며, 충돌 후 각각 반대 방향으로 움직일 때도 운동량의 총합은 2a로 같다. 뉴턴은 두 물체의 운동량을 각각 +a와 −a로 나타냈는데, 두 물체는 운동량 총합은 0이며 충돌 후의 운동량의 총합도 0으로 같다. 이 경우 두 사람의 표현은 다르지만 운동량 보존 법칙은 성립한다. 그런데 아래 〈그림〉처럼 질량이 m으로 같고, 속력이 각각 $2v$와 $4v$인 두 물체 A, B가 직선상에서 완전 탄성 충돌을 할 때, 데카르트는 운동량이 큰 물체 B가 물체 A를 밀고 가기 때문에 두 물체 모두 $3v$의 속력으로 B가 진행하던 방향으로 움직인다고 보았다. 뉴턴은 충돌할 때 속도 교환이 일어나기 때문에 각각 $+2v$, $-4v$였던 속도가 충돌 후에는 $-4v$, $+2v$가 된다고 보았다. 한편 물체의 운동 에너지는 $\dfrac{\text{질량} \times \text{속도}^2}{2}$으로 나타내는 물리량이며, 운동 에너지의 총합은 운동량과 마찬가지로 보존된다. 뉴턴의 설명은 운동 에너지 보존 법칙에 위배되지 않지만, 데카르트의 설명으로는 충돌 전에 $m \times 10v^2$이었던 운동 에너지의 총합이 충돌 후에는 $m \times 9v^2$이 된다.

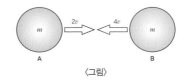

〈그림〉

① 데카르트는 뉴턴과 달리 운동량에 방향을 고려하지 않았기 때문에 방향이 반대인 두 물체의 운동량 합을 2a로 나타냈군.
② 데카르트는 뉴턴과 달리 스칼라양을 사용했기 때문에 두 물체의 운동량이 다른 경우 운동량 보존 법칙이 적용되지 않는 문제가 있군.
③ 뉴턴의 이론이 운동 에너지 보존 법칙에 위배되지 않는다는 점은 데카르트의 이론보다 실제 충돌 실험을 잘 설명할 수 있는 이유가 될 수 있겠군.
④ 뉴턴의 이론에 따르면 충돌 후 물체 A가 물체 B보다 속력이 빨라지지만, 물체 A와 물체 B가 받은 충격량의 절댓값은 동일하겠군.
⑤ 뉴턴의 이론에 따르면 물체 A의 운동 방향이 반대일 경우, 물체 A와 물체 B가 충돌했을 때 물체 A가 받은 충격량은 $-2v \times m$이 되겠군.

유형 이해

지문의 내용과 관련된 자료를 제시하고 지문과 자료를 연결하여 사례에 대해 해석할 것을 요구하는 문제 유형이다. 제시된 〈보기〉는 대개 지문에서 소개한 주요 정보와 직접적으로 관련된 것이므로, 우선 〈보기〉의 내용이 지문의 어떤 정보와 연관된 것인지를 파악해야 한다. 그런 다음 지문의 핵심어나 개념어가 〈보기〉에 사용된 맥락을 살펴보면서 선지에 제시된 사례에 대해 판단해야 한다. 이 문제의 경우 〈보기〉에 새로운 정보가 나오는 것 같아 어렵고 복잡하게 느껴지지만 실제로는 지문에서 소략하게 설명했던 데카르트와 뉴턴의 운동량 개념을 부연 설명하고 있다. 이 점을 파악하면 지문을 이해하는 데에도 도움이 될 수 있다.

유형 공략

❶ 〈보기〉의 내용을 해석하고 지문의 어떤 정보와 관련된 것인지 파악한다.
❷ 지문의 핵심어나 개념어가 〈보기〉에 어떤 맥락으로 사용되었는지 파악한다.
❸ 선지에서 제시한 사례가 지문과 〈보기〉의 어떤 입장과 관련되는지에 유의하며 선지의 적절성 여부를 판단한다.

정답이 정답인 이유

② 〈보기〉에서 데카르트의 이론으로는 속력이 각각 $2v$와 $4v$인 두 물체가 충돌 후에는 모두 $3v$의 속력으로 진행한다. 충돌 전에 $6v \times m$이던 운동량의 총합이 충돌 후에도 $6v \times m$이므로 운동량 보존 법칙이 적용되고 있다.

오답이 오답인 이유

① 2문단에서 데카르트는 뉴턴과 달리 스칼라양인 속력을 사용하여 운동량을 나타냈다고 했다. 〈보기〉에서도 방향이 다른 두 물체의 운동량 합을 뉴턴이 0으로 표시한 것과 달리 2a로 나타냈다.
③ 〈보기〉에서 데카르트의 이론으로는 충돌 전에 $m \times 10v^2$이었던 운동 에너지의 총합이 충돌 후에

는 $m \times 9v^2$이 되기 때문에 운동 에너지 보존 법칙에 위배된다. 이와 달리 뉴턴의 이론으로는 충돌 후에도 운동 에너지가 $m \times 10v^2$으로 보존됨을 볼 수 있다. 이는 2문단에서 언급한 데카르트의 이론이 실제 충돌 실험에서 예측과 맞지 않는 부분이 있었던 것의 이유가 될 수 있다.

④ 2문단의 내용을 적용해 보면 물체 A가 받은 충격량은 충돌 후의 운동량에서 충돌 전의 운동량을 뺀 값, 즉 '$-4v \times m - 2v \times m = -6v \times m$'이다. 물체 B가 받은 충격량은 '$2v \times m - (-4v \times m) = 6v \times m$'이다. 그러므로 절댓값은 동일하다.

⑤ 물체 A의 운동 방향이 반대일 경우 운동량은 $-2v \times m$이다. 〈보기〉에 따르면 두 물체가 충돌할 때 속도 교환이 일어나므로 충돌 후에는 $-4v \times m$이 된다. 2문단에 따르면 충격량은 충돌 후의 운동량에서 충돌 전의 운동량을 뺀 값이므로 '$-4v \times m - (-2v \times m) = -2v \times m$'이다.

02 문학

유형 연습 ❶

[01~04] 다음 글을 읽고 물음에 답하시오.

(가) 시에서 이미지란 주로 감각을 통해 재생되는 심상을 의미하지만, 이미지는 감각적인 것만으로 한정되지 않는데 이러한 대표적인 이미지들의 예시로는 감각 이미지와 비유 이미지가 있다. 감각 이미지는 감각 기관 중심의 시각·청각·후각·미각·촉각 이미지와, 한 감각이 다른 감각으로 전이되는 공감각 이미지 등으로 나눌 수 있다. 예를 들어 '좁은 들길에 들장미 열매 붉어'나 '발목이 시리도록 밟아도 보고, 좋은 땀조차 흘리고 싶다.'와 같은 시의 구절에서는 색채를 바탕으로 한 시각 이미지나 촉각을 활용한 이미지를 찾을 수 있다. 1930년대 이미지즘 운동에서도 알 수 있듯이 회화적 요소가 극대화된 시각 중심의 감각 이미지는 현대 이미지의 핵심이며, 감각뿐 아니라 대상에 대한 주관적 인식 혹은 정서적 반응을 동반하게 되었다. 더불어 시각 이미지는 그림을 그리듯 공간적 장면을 하나의 화면처럼 보이도록 표현하기도 하고, 이러한 화면들이 모여 청각, 촉각 등의 다양한 감각 이미지들과 연결되어 운동성 있는 장면으로 형상화되기도 하였다.

비유 이미지는 시에서 시인이 원관념에 해당하는 정서나 관념 등을 직접 토로하는 것이 아니라 보조 관념을 통해 간접적으로 구체화하는 과정에서 생성되는 이미지이다. 예를 들어 「봄은 고양이로다」라는 시에서는 원관념인 '봄'을 '고양이'의 털, 눈, 입술, 수염과 연결 지어 봄의 분위기를 형성한다. '금방울과 같이 호동그란 고양이의 눈에 / 미친 봄의 불길이 흐르도다.'에서는 봄의 생동감을, '고양이의 수염에 / 푸른 봄의 생기가 뛰놀아라.'에서는 생기 넘치는 봄의 분위기를 형상화한다. 이처럼 시어 자체가 비유의 언어이기에 비유 이미지는 보조 관념으로 시 전편에서 정서나 심리적인 의미를 환기하게 된다. 그런데 맥락과 상황에 따라 비유 이미지가 될 수도 있고 안 될 수도 있다. 예를 들어 '가시를 가졌다.'라는 표현은 앞에 '장미'가 붙는다면 사실 진술이지만, '아름다운'과 같은 것이 앞에 붙어 원관념으로 연결되면 사실과는 다른 상황에서 형성되는 비유 이미지가 되어 '아름다움 속에 숨어 있는 위험'과 같은 심리적인 의미를 환기하게 된다.

이미지를 개념상 감각 이미지와 비유 이미지로 구분하지만 사실상 두 이미지가 중첩되어 사용되는 경우도 많다. 신체 감각에 의해 지각된 감각 이미지가 시인이 드러내고자 한 정서나 관념 등을 비유적으로 표현하여 함축적 의미를 담고 있는 경우에 이미지가 중첩되었다고 보는데, '황금의 꽃같이 굳고 빛나던 옛 맹세'처럼 감각 이미지와 비유 이미지가 연결되면, 시각적으로 보이는 황금과 꽃이 귀중하고 아름답다는 심리적 의미를 드러낸다는 점에서 중첩 이미지로 사용된 사례라고 할 수 있다.

(나) 푸른 하늘에 닿을 듯이
　　세월에 불타고 우뚝 남아 서서
　　차라리 봄도 꽃피진 말아라.

　　낡은 거미집 휘두르고
　　끝없는 꿈길에 혼자 설레이는
　　마음은 아예 뉘우침 아니라.

　　검은 그림자 쓸쓸하면
　　마침내 ㉠호수 속 깊이 거꾸러져

차마 바람도 흔들진 못해라.

— 이육사, 「교목」

(다) **어두운** 방 안엔
빠알간 숯불이 피고,

외로이 늙으신 할머니가
ⓐ애처로이 잦아드는 어린 목숨을 지키고 계시었다.

이윽고 눈 속을
아버지가 약을 가지고 돌아오시었다.

아 아버지가 ⓑ눈을 헤치고 따 오신
그 붉은 산수유 열매—

나는 한 마리 어린 짐생,
젊은 아버지의 서느런 옷자락에
열로 상기한 볼을 말없이 부비는 것이었다.

이따금 뒷문을 눈이 치고 있었다.
ⓒ그날 밤이 어쩌면 성탄제의 밤이었을지도 모른다.

어느새 나도
ⓓ그때의 아버지만큼 나이를 먹었다.

옛것이라곤 찾아볼 길 없는
성탄제 가까운 도시에는
이제 반가운 그 옛날의 것이 내리는데,

ⓔ서러운 서른 살 나의 이마에
불현듯 아버지의 서느런 옷자락을 느끼는 것은,

ⓛ눈 속에 따 오신 산수유 **붉은 알알이**
아직도 **내 혈액** 속에 녹아 흐르는 까닭일까.

— 김종길, 「성탄제」

▶ 24051-0019

01 (나), (다)에 대한 설명으로 적절하지 <u>않은</u> 것은?

① (나)는 부사어를 활용하여 주제 의식을 부각하고 있다.
② (나)는 각 연을 부정어로 종결하며 화자의 의지를 강조하고 있다.
③ (다)는 명시적 청자를 제시하며 화자의 의지를 드러내고 있다.
④ (다)는 과거와 현재를 대비하며 화자의 그리움을 부각하고 있다.
⑤ (다)는 동일한 시구를 활용하여 특정 대상을 연상하는 화자를 드러내고 있다.

▶ 24051-0020

02 ⓐ~ⓔ에 대한 이해로 적절하지 <u>않은</u> 것은?

① ⓐ: 어린 화자가 아픔을 겪는 안타까운 상황을 드러낸다.
② ⓑ: 사랑하는 이를 지키기 위한 노력과 의지적인 태도를 드러낸다.
③ ⓒ: 화자가 자신의 경험을 '성탄제'와 연결하여 아버지의 사랑에 특별한 의미를 부여하고 있다.
④ ⓓ: 화자가 보낸 세월을 통해 아버지를 보다 잘 이해할 수 있는 상황임을 드러낸다.
⑤ ⓔ: '그 옛날의 것'을 찾지 못해 힘겨운 삶을 살아가고 있는 화자의 정서를 드러낸다.

▶ 24051-0021

03 ㉠과 ㉡에 대한 설명으로 가장 적절한 것은?

① ㉠에는 현실 극복에 대한 화자의 희망이, ㉡에는 아버지의 고통이 담겨 있다.
② ㉠에는 외부 현실로 인한 화자의 절망감이, ㉡에는 아버지의 분노가 담겨 있다.
③ ㉠은 외압에 흔들리지 않기 위한 화자의 의지와, ㉡은 화자의 기억 속 상황과 연결된다.
④ ㉠과 ㉡은 모두 화자가 추구하는 이상향과 연결된다.
⑤ ㉠과 ㉡은 모두 문제 해결에 대한 화자의 기대감을 드러낸다.

외적 준거에 따른 작품 감상의 적절성을 파악하는 유형

04 (가)를 통해 (나), (다)를 감상한 내용으로 적절하지 <u>않은</u> 것은?

① (나)의 '푸른'은 시각 이미지를 활용하면서 '하늘'이라는 대상에 대해 긍정적인 심리적 의미를 드러낸 중첩 이미지의 사례이겠군.

② (나)의 '세월에 불타고'는 시각 이미지와 연관이 있지만 나무를 불태우는 것이 '세월'이라는 점에서 사실 진술이 아닌 비유 이미지에 해당하겠군.

③ (다)의 '붉은 알알이'와 '내 혈액'은 시각 이미지를 활용하여 아버지가 가져온 대상과 '나'를 연결하면서 아버지의 사랑이 '나'에게 연결된다는 주관적 인식을 보여 준 것이겠군.

④ (나)의 '낡은 거미집 휘두르고'는 시각 이미지를 통해 공간이 주는 부정적인 느낌을 하나의 화면처럼 형상화한 것이고, (다)의 '나는 한 마리 어린 짐승'은 원관념인 '나'를 보호받아야 할 연약한 존재로 형상화한 비유 이미지이겠군.

⑤ (나)의 '검은'과 (다)의 '어두운'은 동일한 감각 기관과 연관된 감각 이미지이지만, (다)의 '어두운'은 (나)의 '검은'과 달리 화자가 머무는 공간의 분위기를 긍정적인 분위기로 전환하고 있군.

유형 연습 ❶ Zoom In

◈ (가) 시에 나타난 이미지의 대표적인 종류와 특징

해제 이 글은 시에서 시인이 전달하고자 하는 의미를 형상화하는 이미지에 대해 설명하고 있다. 이미지를 감각 이미지와 비유 이미지로 나눠 설명하면서 감각 이미지를 오감과 공감각으로 나눠 설명하고 있으며, 그중에서도 시각 이미지가 현대 이미지의 핵심적인 것임을 밝히고 있다. 또한 감각 이미지가 대상에 대한 시인의 주관적 인식이나 정서적 반응을 담아 내기도 하고, 감각 이미지들의 결합을 통해 공간적 장면을 하나의 화면처럼 보이도록 하는 특징이 있다고 설명하고 있다. 한편 비유 이미지의 개념과 비유 이미지가 시 전편에서 정서나 심리적인 의미를 환기함을 설명하면서 맥락과 상황에 따라 성립되는 비유 이미지에 대해서도 설명하고 있다. 그리고 감각 이미지와 비유 이미지가 확연히 구분되는 것이 아니라 중첩되어 사용되는 경우가 많다는 점도 언급하고 있다.

주제 시에 나타난 감각 이미지와 비유 이미지의 특징

구성 • 1문단: 이미지의 개념과 감각 이미지의 특징과 사례
• 2문단: 비유 이미지의 개념과 특징 및 사례
• 3문단: 감각 이미지와 비유 이미지의 중첩과 그 사례

◈ (나) 이육사, 「교목」

해제 이 작품은 어두운 시대 현실 속에서도 현실과 타협하지 않고 지켜야 할 신념을 지키고야 말겠다는 시인의 결연한 의지를 노래하고 있다. 이러한 시인의 자세는 강인하면서도 의지적인 어조로 드러나며, 줄기가 굵고 하늘 높이 곧게 자라는 교목에 그 의지를 투영하여 치열한 삶의 자세와 죽을지언정 부정적 현실에 굴복하지 않겠다는 굳센 태도를 형상화하고 있다.

주제 현실에 굴하지 않고 극한 상황에 저항하는 의지

구성 • 1연: 현실에 굴할 수 없다는 의지의 선언
• 2연: 신념에 따라 살아가는 삶에 대한 뉘우침 없는 태도
• 3연: 죽을지언정 현실에 굴복하지 않겠다는 강인한 의지

◈ (다) 김종길, 「성탄제」

해제 이 시의 제목인 '성탄제'는 예수가 탄생한 크리스마스를 가리킨다. 화자는 성탄절 가까운 어느 겨울날, 어릴 적 아버지가 보여 준 헌신적인 사랑을 떠올린다. 그러한 회상의 과정에서 아버지의 사랑을 새롭게 느끼고 갈수록 각박해져 가는 도시 문명의 삶 속에서 여전히 자신에게 그때의 사랑이 흐르고 있음을 느낀다. 이를 통해 도시 문명 속 각박한 현대인들이 사랑에 대해 생각해 보도록 이끌고 있다.

주제 아버지의 사랑과 혈육의 정에 대한 그리움

구성 • 1연: 방 안의 정경
• 2연: 할머니가 손자를 돌봄.
• 3연: 아버지가 가져온 약
• 4연: 아버지가 가져온 산수유 열매   ⎫ 과거
• 5연: 아버지를 느끼는 어린 화자
• 6연: 눈이 내리던 어린 날에 대한 기억 ⎭

• 7연: 아버지처럼 나이가 든 화자 ⎫
• 8연: 옛것을 찾을 수 없는 서러움 ⎬ 현재
• 9연: 서른에 느낀 아버지의 사랑
• 10연: 화자에게 전해진 혈육의 정 ⎭

닮은꼴 발문 Tip

- (가)와 (나)의 표현상의 특징으로 적절하지 <u>않은</u> 것은?
- (가)와 (나)의 공통점으로 적절하지 <u>않은</u> 것은?
- (가)와 (나)의 표현 방식에 대한 설명으로 가장 적절한 것은?

표현상의 특징을 파악하는 유형

01 (나), (다)에 대한 설명으로 적절하지 <u>않은</u> 것은?

① (나)는 부사어를 활용하여 주제 의식을 부각하고 있다.
② (나)는 각 연을 부정어로 종결하며 화자의 의지를 강조하고 있다.
③ (다)는 명시적 청자를 제시하며 화자의 의지를 드러내고 있다.
④ (다)는 과거와 현재를 대비하며 화자의 그리움을 부각하고 있다.
⑤ (다)는 동일한 시구를 활용하여 특정 대상을 연상하는 화자를 드러내고 있다.

유형 이해

시에 나타나는 표현상의 특징을 파악할 수 있는지를 평가하는 문제 유형이다. 표현상의 특징을 묻는 문항은 서정 갈래를 다른 갈래와 구분하는 변별점이 뚜렷하게 드러나는 부분이기 때문에 자주 출제되는 유형이다. 따라서 시를 감상할 때에는 화자의 정서에 집중할 뿐만 아니라 이를 위하여 작품에 어떤 수사적 표현들이 쓰이고 있으며, 이것이 어떠한 효과를 가져오는지 정리할 필요가 있다.

유형 공략

❶ 작품에 나타나는 표현상의 특징들을 찾는다.
❷ 각각의 표현상의 특징과 그에 따른 효과가 무엇인지를 이해한다.
❸ 두 개 이상의 작품에서 드러나는 공통점이나 차이점을 파악한다.

정답이 정답인 이유

③ (다)에는 청자가 특정되어 명시적으로 드러나 있지 않다. 아버지에게서 흘러 내려온 '옛것', 즉 사랑을 이어 가고자 하는 의지는 읽어 낼 수 있다.

오답이 오답인 이유

① (나)는 '차라리', '아예', '마침내', '차마' 등과 같은 부사어를 통해 화자의 단호한 자세를 부각함으로써, 현실의 어려움에 굴하지 않겠다는 주제 의식을 부각하고 있다.
② (나)는 '말아라', '아니라', '못해라'와 같은 부정어로 각 연을 종결하며, 상황에 굴복하지 않고 저항하겠다는 화자의 의지를 강조하고 있다.
④ (다)는 화자의 어린 시절과 어른이 된 현재를 제시하고 있으며, '옛것이라곤 찾아볼 길 없는' 현재를 통해 각박한 현대 사회에 대한 비판 의식과 더불어 이와 대비되는 아버지에 대한 그리움을 부각하고 있다.
⑤ (다)는 '서느런 옷자락'이라는 동일한 시구를 5연과 9연에 제시하여, 과거에 느꼈던 아버지와 연관된 감각을 통해 현재의 화자가 과거의 아버지를 연상하는 모습이 드러난다.

닮은꼴 발문 Tip

- ㉠~㉤에 대한 이해로 적절하지 **않은** 것은?
- ㉠과 ㉡에 대해 이해한 내용으로 적절하지 **않은** 것은?
- ㉮와 ㉯에 대해 이해한 내용으로 가장 적절한 것은?

시구의 의미를 파악하는 유형

02 ⓐ~ⓔ에 대한 이해로 적절하지 **않은** 것은?

① ⓐ: 어린 화자가 아픔을 겪는 안타까운 상황을 드러낸다.
② ⓑ: 사랑하는 이를 지키기 위한 노력과 의지적인 태도를 드러낸다.
③ ⓒ: 화자가 자신의 경험을 '성탄제'와 연결하여 아버지의 사랑에 특별한 의미를 부여하고 있다.
④ ⓓ: 화자가 보낸 세월을 통해 아버지를 보다 잘 이해할 수 있는 상황임을 드러낸다.
⑤ ⓔ: '그 옛날의 것'을 찾지 못해 힘겨운 삶을 살아가고 있는 화자의 정서를 드러낸다.

유형 이해

시구를 읽고 시적 대상의 특징이나 시적 대상이 처한 상황을 파악할 수 있는지를 평가하는 문제 유형이다. 이러한 문제 유형에서는 시상의 흐름 파악을 통해 시의 전후 맥락을 이해한 후에 이를 바탕으로 시어들이 담고 있는 시적 대상에 대한 정보나 의미를 파악해야 자의적인 해석에 따른 오답을 피할 수 있다.

유형 공략

❶ 화자나 주된 시적 대상을 파악한다.
❷ 화자나 주된 시적 대상이 처한 상황을 시상의 흐름 파악을 통해 이해한다.
❸ 특정 시어와 화자 혹은 시적 대상 간의 관계를 고려하여 시구가 내포한 의미를 판단한다.

정답이 정답인 이유

⑤ 화자의 '서러움'은 '옛것이라곤 찾아볼 길 없는' 각박한 현실을 살며 겪는 어려움이나 고통으로 인한 것이다. 그러한 현실에서 '그 옛날의 것', 즉 눈을 느끼며 아버지의 사랑을 느끼고 있다는 점에서 '그 옛날의 것'을 찾지 못해 힘겨운 삶을 살아가고 있다는 설명은 적절하지 않다.

오답이 오답인 이유

① '애처로이 잦아드는 어린 목숨'은 어린 나이의 화자가 아픔을 겪는 안타까운 상황을 드러낸다.
② 고열에 시달리는 아들을 위해 눈을 헤치고 산수유 열매를 따 온 아버지의 모습에서 사랑하는 자식을 위한 노력과 의지적인 태도를 엿볼 수 있다.
③ 자신이 고열에 시달리던 밤에 아버지가 산수유 열매를 가져오셨던 경험을 예수의 탄생일인 성탄제와 연결하여 아버지의 사랑에 특별한 의미를 부여하고 있다.
④ 자신을 위해 눈을 헤치고 산수유 열매를 따 왔던 그때의 아버지만큼 나이를 먹게 되면서 아버지의 사랑을 더욱 이해하게 된 화자의 모습이 드러난다.

닮은꼴 발문 Tip

- ㉠과 ㉡을 비교한 것으로 가장 적절한 것은?
- ㉠과 ㉡에 대한 설명으로 적절하지 <u>않은</u> 것은?
- ㉠과 ㉡의 기능에 대한 이해로 가장 적절한 것은?

시구의 기능을 파악하는 유형

03 ㉠과 ㉡에 대한 설명으로 가장 적절한 것은?

① ㉠에는 현실 극복에 대한 화자의 희망이, ㉡에는 아버지의 고통이 담겨 있다.
② ㉠에는 외부 현실로 인한 화자의 절망감이, ㉡에는 아버지의 분노가 담겨 있다.
③ ㉠은 외압에 흔들리지 않기 위한 화자의 의지와, ㉡은 화자의 기억 속 상황과 연결된다.
④ ㉠과 ㉡은 모두 화자가 추구하는 이상향과 연결된다.
⑤ ㉠과 ㉡은 모두 문제 해결에 대한 화자의 기대감을 드러낸다.

유형 이해

　두 개 이상의 작품에 드러나는 시구의 기능, 혹은 기능을 통해 드러나는 의미를 파악하거나 공통점 혹은 차이점을 파악하는 문제 유형이다. 각 작품에 드러난 특정한 표현이나 내용, 화자의 정서 및 태도, 시적 상황을 파악하고 각 작품 속에서 시구가 지니는 기능이나 의미를 이해한 후, 이를 적절히 설명하거나 비교한 선지를 찾아야 한다.

유형 공략

❶ 화자나 주된 시적 대상을 파악한다.
❷ 시구에 담긴 상황 혹은 공간 등이 작품 내에서 어떤 기능을 하는지 파악한다.
❸ 특정 공간 및 화자 혹은 시적 대상 간의 관계를 고려하여 시구의 기능이나 시구가 내포한 의미를 파악한다.

정답이 정답인 이유

③ ㉠ '호수 속'은 '바람'이라는 외부의 시련을 견디기 위한 공간으로, 바람, 즉 외압에 흔들리지 않기 위한 화자의 선택이나 의지와 관련이 있다. ㉡ '눈 속'은 아픈 어린 화자를 위해 아버지가 산수유 열매를 찾아 화자에게 주었던 기억과 연결되며 자신에게 이어져 온 아버지의 사랑과도 관련된다.

오답이 오답인 이유

① ㉠은 화자의 희망과는 거리가 멀고, ㉡은 산수유 열매를 찾기 위해 고생했던 아버지의 고통을 담고 있다고도 볼 수 있다.
② ㉠은 괴로운 현실로 인해 거꾸러져야만 하는 화자의 절망감을 담고 있다고도 볼 수 있지만, ㉡에 아버지가 느끼는 분노가 담겨 있다는 것은 적절하지 않다.
④ ㉠과 ㉡ 모두 화자가 추구하는 이상향과는 거리가 멀다.
⑤ ㉠은 외압이라는 현실의 문제를 해결할 수 있다는 화자의 기대감을 드러낸다고 보기 어렵다. ㉡은 자식을 낫게 할 수 있다는 아버지의 기대가 담긴 공간으로 볼 수 있지만 화자의 기대감을 드러낸다고 보기는 어렵다.

닮은꼴 발문 Tip

• 〈보기〉의 '선생님'의 질문에 대해 가장 적절하게 답한 것은?

• 〈보기〉를 참고하여 (가)를 이해한 것으로 적절하지 않은 것은?

• 〈보기〉를 바탕으로 (가)와 (나)를 감상한 내용으로 적절하지 않은 것은?

외적 준거에 따른 작품 감상의 적절성을 파악하는 유형

04 (가)를 통해 (나), (다)를 감상한 내용으로 적절하지 않은 것은?

① (나)의 '푸른'은 시각 이미지를 활용하면서 '하늘'이라는 대상에 대해 긍정적인 심리적 의미를 드러낸 중첩 이미지의 사례이겠군.

② (나)의 '세월에 불타고'는 시각 이미지와 연관이 있지만 나무를 불태우는 것이 '세월'이라는 점에서 사실 진술이 아닌 비유 이미지에 해당하겠군.

③ (다)의 '붉은 알알이'와 '내 혈액'은 시각 이미지를 활용하여 아버지가 가져온 대상과 '나'를 연결하면서 아버지의 사랑이 '나'에게 연결된다는 주관적 인식을 보여 준 것이겠군.

④ (나)의 '낡은 거미집 휘두르고'는 시각 이미지를 통해 공간이 주는 부정적인 느낌을 하나의 화면처럼 형상화한 것이고, (다)의 '나는 한 마리 어린 짐생'은 원관념인 '나'를 보호받아야 할 연약한 존재로 형상화한 비유 이미지이겠군.

⑤ (나)의 '검은'과 (다)의 '어두운'은 동일한 감각 기관과 연관된 감각 이미지이지만, (다)의 '어두운'은 (나)의 '검은'과 달리 화자가 머무는 공간의 분위기를 긍정적인 분위기로 전환하고 있군.

유형 이해

〈보기〉나 지문 등에 담긴 작품에 대한 정보를 토대로 작품을 적절하게 감상할 수 있는지를 평가하는 문제 유형이다. 이러한 유형은 〈보기〉에 제시되는 정보, 주로 작품 감상의 기준이 되는 문학 이론이나 작품과 관련된 내재적, 외재적 정보를 숙지한 후, 이를 바탕으로 작품을 감상해야 한다. 최근에는 〈보기〉가 아닌 하나의 글이 외적 준거로 주어지기도 한다.

유형 공략

❶ 〈보기〉나 지문에 제시된 핵심적인 정보들이 무엇인지 파악한다.

❷ 〈보기〉나 지문에 제시된 핵심 정보들을 바탕으로 작품을 감상한다.

❸ 각 선지의 내용이 〈보기〉나 지문을 바탕으로 작품 감상을 하였을 때 적절한 것인지를 판단한다.

정답이 정답인 이유

⑤ (나)의 '검은'과 (다)의 '어두운'은 우리의 감각 기관 중 시각을 통해 파악되는 것이므로 동일한 감각 기관과 연관된 감각 이미지이다. 그러나 (다)의 경우는 '빠알간'이라는 붉은색을 띤 '숯불'과 대비되는 '어두운 방'이 화자의 힘든 상황을 형상화하고 있으므로 긍정적인 분위기로의 전환을 형상화한다고 보기 어렵다. (나)의 '검은'도 '그림자'를 수식하면서 차라리 죽음으로써 의지를 지키겠다는 화자의 힘겨운 상황을 보여 주고 있으므로 긍정적인 분위기로의 전환과는 역시 거리가 멀다.

오답이 오답인 이유

① (나)의 '푸른 하늘'은 나무가 닿고자 하는 대상으로, '하늘'이라는 공간에 시각적으로 보이는 '푸른'이라는 이미지를 연결하여 이상향이라는 심리적 의미가 부여된 중첩 이미지의 사례로 볼 수 있다.

② (나)의 '세월에 불타고'는 시각 이미지나 촉각 이미지를 활용한 것으로 볼 수 있지만, 일반적으로 나무는 불에 타지 세월에 타지는 않는다. 따라서 사실을 진술한 것이 아니라 세월이나 현실에 의해 고통을 받고 있는 상황을 비유적 이미지로 드러낸 것이라 할 수 있다.

③ (다)의 '붉은 알알이'와 '내 혈액'은 시각 이미지를 활용한 표현으로 붉은 색채와 연관된 이미지를 통해 연결되면서, 아버지가 가져온 산수유에 대한 주관적 인식과 그 사랑이 화자에게 이어진다는 정서적 반응을 드러낸다고 볼 수 있다.

④ (나)의 '낡은 거미집'은 시각 이미지를 통해 거미줄을 친 공간이 주는 부정적인 느낌을 하나의 화면처럼 그려 낸 것으로 볼 수 있으며, (다)의 '나는 한 마리 어린 짐생'은 원관념인 화자를 '어린 짐생'이라는 보조 관념이 가진 연약함과 연결한 비유 이미지로 볼 수 있다.

유형 연습 ❷

[01~04] 다음 글을 읽고 물음에 답하시오.

그가 처음 이곳에 와서는 무엇보다도 **방 안**이 맘에 안 들고 **도야지굴이나 쇠 외양간같이** 생각되었다. 그리고 어쩌다 손님이 오면 피해 앉을 곳도 없었다. 그러니 멍하니 낯선 손님과도 마주 앉지 않으면 안 되게 되었다. 그러나 시일이 차츰 지나니 낯선 남성 손님이 온다더라도 처음같이 그렇게 어색하지는 않았다. 그저 그렁저렁 지낼 만하였다. 그리고 반드시 부뚜막 앞에는 비밀 토굴을 파 두는 것이다. 그랬다가 ㉠어디서 총소리가 나든지 개 소리가 요란스레 나면 온 식구가 그 움 속에 들어가서 며칠이든지 있곤 하였다. 그리고 옷이나 곡식도 이 움에다 넣고서 시재 입는 옷이나 먹을 양식을 조금씩 꺼내 놓고 먹곤 하였다. 말할 것도 없이 보위단이며 마적단 등이 무서워서 이렇게 하곤 하였다.

[A] ┌ 시렁을 손질한 그는 바구니에 담아 둔 팥을 고르기 시작하였다. 고요한 방 안에 팥알 소리만 재그럭 자르르 하고 났다. 팥알과 팥알로 시선이 옮아지는 그는 눈이 피곤해지며 참새 소리가 한층 더 뚜렷이 들린다. 동시에 저 참새 소리같이 여러 가지 생각이 순서 없이 생각났다. 내일이라도 파종을 하게 되면 아침 점심 저녁에 몇 말의 쌀을 가져야 할 것, 오늘 봉식이가 팡둥을 만나지 못해서 쌀을 못 가져올 것, 그러나 나무를 팔아서 사라고 한 찬감은 사 오겠지…… 생각이 차츰 희미해지며 졸음이 꼬박꼬박 왔다. 그는 눈을 비비고 문밖으로 나오다가 무심히 눈에 뜨인 것은 벽에 매달아 둔 메주였다. '참 메주를 내놓아야겠다.' 하며 바구니를 밖에 내놓고서 메주를 떼어서 문밖에 가지런히 내놓았다. 그리고 그는 비를 들고 메주의 먼지를 쓸어 내었다. 그는 하나하나의 메줏덩이를 들어 보며, 간장이나 서너 동이 빼고 고추장이나 한 단지 담그고…… 그러자면 ┃소금┃이나 두어 말은 가져야지 소금…… 하며 그는 무의식간 한숨을 푹 쉬었다. 그리고 또다시 고향을 그리며 멍하니 앉아 있었다. 고향서는 소금으로 이를 다 닦았건만…… 다리는* 데도 소금 한 줌이면 후련하게 내려갔는데 하였다. 그가 고향 있을 때는 하도 없는 것이 많으니까 소금 같은 데는 생각이 미치지 못하였는지는 모르나 어쨌든 이곳 온 후로부터는 그는 소금 때문에 **남몰래** 운 적이 한두 번이 아니었다. 소금 한 말에 이 원 이십 전! 농가에서는 단번에 한 말을 사 보지 못한다. 그러니 한 근 두 근 극상 많이 산대야 사오 근에 지나지 못한다. 그러므로 장 같은 것도 단번에 담그지를 못하고 소금 생기는 대로 담그다가도 어떤 때는 **메주만 썩혀서 장이라고 먹곤**
        └ **하였다.** 장이 싱거우니 온갖 찬이 싱거웠다.

끼니때가 되면 그는 남편의 얼굴부터 살피게 되고 어쩐지 맘이 송구하였다. 남편은 입 밖에 말은 내지 않으나 번번이 얼굴을 찡그리고 밥술이 차츰 느려지다가 맥없이 술을 놓곤 하는 때가 종종 있었다. 이 모양을 바라보는 그는 ㉡입안의 밥알이 갑자기 돌로 변하는 것을 느끼며 슬며시 술을 놓고 돌아앉았다.

[중략 부분 줄거리] 그는 공산당에 의해 남편을 잃고 가장으로서의 고된 삶을 살아가다가 봉염과 봉희 두 딸마저 병으로 잃고 혼자 남겨진다. 갖은 노력에도 먹고살 일이 막막해진 그에게 평소 가깝게 지내던 한 이웃이 일본 순사의 눈을 피해 소금 밀수라도 하여 돈을 벌어 보라는 제안을 한다.

우레 같은 바람 소리가 대지를 뒤흔드는 어느 날 밤 봉염의 어머니는 소금 너 말을 자루에 넣어서 이고 일행의 뒤를 따랐다. 그들 일행은 모두가 여섯 사람인데 그중에 **여인**은 봉염의 어머니뿐이었다. 앞에서 걷는 길잡이는 십여 년을 이 소금 밀수로 늙었기 때문에 눈 감고도 용이하게 길을 찾아가는 것이다. 그러므로 그들은 이 길잡이에게 무조건 복종을 하였다. 그리고 며칠이든지 소금 짐을 지는 기간까지는 **벙어리**가 되어야 하며 그 대신 의사 표시는 전부 행동으로 하곤 하였다.

그들은 열을 지어 나란히 걸었다. 바람은 여전히 불었다. 그들은 앞사람의 행동을 주의하며 ㉢의 바람 소리가 그들을 다그쳐 오는 어떤 신발 소리 같고 또 어찌 들으면 **순사**의 고함치는 소리 같아 숨을 죽이곤 하였다. 그리고 어제도 이 근방 어디서 소금 짐을 지다 총에 맞아 죽은 사람이 있다지 하며 ㉣발걸음 옮김을 따라 이러한 불안이 저 어둠과 같이 그렇게 답답하게 그들의 가슴을 캄캄케 하였다.

[B]
> 남들은 솜옷을 입었는데 봉염의 어머니는 겹옷을 입고 발가락이 나오는 고무신을 신었다. 그러나 추운 것은 모르겠고 시간이 지날수록 머리에 인 소금 자루가 무거워서 견딜 수 없다. 머리 복판을 쇠뭉치로 사정없이 뚫는 것 같고 때로는 불덩이를 이고 가는 것처럼 자꾸 따가웠다. 그가 처음에 소금 자루를 일 때 사내들과 같이 엿 말을 이려 했으나 사내들이 극력 말리므로 아쉬운 것을 참고 너 말을 이게 된 것이다. 그런 것이 소금 자루를 이고 단 십 리도 오기 전에 이렇게 머리가 아팠다. 그는 얼굴을 잔뜩 찡그리고 두 손으로 소금 자루를 조금씩 쳐들어 아픈 것을 진정하렸으나 아무 쓸데도 없고 팔까지 떨어지는 듯이 아프다. 그는 맘대로 하면 이 소금 자루를 힘껏 쥐어뿌리고 그 자리에서 자신도 그만 넌떡 죽고 싶었다. 그러나 그것은 공연한 맘뿐이었다. 발길은 여전히 사내들의 뒤를 따라간다. 사내들과 같이 저렇게 나도 등에 져 봤더라면…… 이제라도 질 수가 없을까. 그러려면 끈이 있어야지 끈이…… 좀 쉬어 가지 않으려나. 쉬어 갑시다, 금시로 이러한 말이 입 밖에까지 나오다는 콱 막히고 만다. 그리고 여전히 손길은 소금 자루를 들어 아픈 것을 진정하려 하였다.

이마와 등허리에서는 **땀**이 **낙수처럼 흘**러서 발밑까지 내려왔다. 땀에 젖은 고무신은 왜 그리도 미끄러운지 걸핏하면 그는 쓰러지려 하였다. 그래서 그는 정신을 바짝 차리면 벌써 앞에 신발 소리는 퍽이나 멀어졌다. 그는 기가 나서 따라오면 숨이 콱콱 막히고 옆구리까지 결린다. 두 말이나 일 것을…… 그만 쏟아 버릴까? 어쩌누? 소금 자루를 어루만지면서도 그는 차마 그리하지는 못하였다.

어느덧 강물 소리가 어렴풋이 들린다. 그들은 이 강물 소리만 들어도 한결 답답한 속이 좀 풀리는 듯하였다. 강가에 가면 이 소금 짐을 벗어 놓고 잠시라도 쉴 것이며 물이라도 실컷 마실 것 등을 생각하였던 것이다. 그러면서도 강 저편에 무엇들이 숨어 있지나 않을까 하는 불안이 강물 소리를 따라 높아 간다. 봉염의 어머니는 ㉤시원한 강물 소리조차도 아픔으로 변하여 그의 고막을 바늘 끝으로 꼭꼭 찌르는 듯 이 모양대로 조금만 더 가면 기진하여 죽을 것 같았다. 마침 앞의 사내가 우뚝 서므로 그도 따라 섰다. 바람이 무섭게 지나친 후에 어디선가 벌레 울음소리가 물결을 따라 들렸다. 낑 하고 앞의 사내가 앉는 모양이다. 그도 털썩하고 소금 자루를 내려놓으며 쓰러졌다. 그리고 얼른 머리를 두 손으로 움켜쥐며 바늘로 버티어 있는 듯한 눈을 억지로 감았다. 그러면서도 앞의 사내들이 참말로 다들 앉았는가 나만이 이렇게 쓰러졌는가 하여 주의를 게을리하지 않았다.

아픈 것이 진정되니 온몸이 후들후들 떨린다. 그는 몸을 웅크릴 때 앞의 사내가 그를 꾹 찌른다. 그는 후닥닥 일어났다. 사내들의 옷 벗는 소리에 그는 한층 더 정신이 바짝 들었다. 그는 잠깐 주저하다가 옷을 훌훌 벗어 돌돌 뭉쳐서 목에 달아매었다. 그때 그는 놀릴 수 없이 아픈 목을 어루만지며 용정까지 이 목이 이 자리에 붙어 있을까 하는 의문이 들었다. 그리고 사내가 이어 주는 소금 자루를 이고 다시 걷기 시작하였다.

벌써 철버덕철버덕하는 물소리가 나는 것을 보아 앞사람은 강물에 들어선 모양이다. 벌써 그의 발끝이 모래사장을 거쳐 물속에 들어간다. 그는 오스스 추우며 알 수 없는 겁이 버쩍 들어서 물결을 굽어보았다. 시커멓게 보이는 그 속으로 물결 소리만이 요란하였다. 그리고 뭉클뭉클 내리 밀치는 물결이 그의 몸을 울러 주었다. 그때마다 머리끝이 쭈뼛해지며 오한을 느꼈다. 그리고 흑 하고 숨을 들이마셨다.

물이 깊어 갈수록 발밑에 깔린 돌이 굵어지며 걷기도 몹시 힘들었다. 그것은 돌이 께느른한 해감탕* 속에 묻히어 있기 때문이다. 그래서 걸핏하면 미끈하고 발끝이 줄달음을 치는 바람에 정신이 아득해지곤 하였다. 봉염의 어머니는 몇 번이나 발이 미끄러지고 또 곱디디었다. 물은 젖가슴을 확실히 지나쳤다. 그때 그의 발끝은 어떤 바위를 디디다가 미끈하여 달음질쳐 내려간다. 그 순간 온몸이 화끈해지도록 그는 소금 자루를 버텨 이고 서서 넘어지려는 몸을 바로잡으려 하였다. 그러나 벌어지는 다리와 다리를 모으는 수가 없었다. 그리고 소리를 쳐서 앞의 사내들에게 구원을 청하려 하나 웬일인지 숨이 막히고 답답해지며 암만 소리를 질러도 나오지도 않거니와 약간 나오는 목소리도 물결과 바람결에 묻혀 버리곤 하였다. 그는 죽을힘을 다하여 왼발에 힘을 들이고 섰다. 그때 그는 죽는 것도 무서운 것도 아뜩하고 다만 소금 자루가 물에 젖으면 녹아 버린다는 생각만이 미끄러져 내려가는 발끝으로부터 머리털 끝까지 뻗치었다.

앞서가는 사내들은 거의 강가까지 와서야 봉염의 어머니가 따르지 않는 것을 눈치채고 근방을 찾아보다가 하는 수 없이 길잡이가 오던 길로 와 보았다. 길잡이는 용이하게 그를 만났다. 그리고 자기가 조금만 더 지체하였더라면 봉염의 어머니는 죽었으리라 직각*되었다. 그는 봉염의 어머니의 손을 잡아 일으키며 일변 소금 자루를 내리어 자기의 어깨에 메었다. 그리고 그의 발끝에 밟히는 바위를 직각하자 봉염의 어머니가 이렇게 된 원인이 여기 있는 것을 곧 알았다. 그리고 자기는 이 바위 옆을 훨씬 지나쳐 길을 인도하였는데 어쩐 일인가 하며 봉염의 어머니의 손을 꼭 쥐고 걸었다.

봉염의 어머니는 정신이 흐릿해졌다가 이렇게 걷는 사이에 정신이 조금 들었다. 그러나 몸을 건사하기 어렵게 어지러우며 입안에서 군물이 슬슬 돌아 헛구역질이 자꾸 나온다. 그러면서도 머리에는 아직도 소금 자루가 있거니 하고 마음대로 머리를 움직이지 못하였다. 그들이 강가까지 왔을 때 **맘을 졸이고** 있던 나머지 사람들은 우 쓸어 일어났다. 그리고 저마큼* **두 사람을 어루만지며** 어떤 사람은 눈물까지 흘리었다. 자기들의 신세도 신세려니와 이 부인의 신세가 한층 더 불쌍한 맘이 들었다.

- 강경애, 「소금」

* **다리는**: 체한(경북 방언).
* **해감탕**: 바닷물 따위에서 흙과 유기물이 썩어서 이루어진 진흙탕(북한어).
* **직각**: 보거나 듣는 즉시 곧바로 깨달음.
* **저마큼**: 저만큼(전라 방언).

서술상의 특징을 파악하는 유형

▶ 24051-0023

01 **[A]와 [B]에 대한 설명으로 가장 적절한 것은?**

① [A]는 이야기 밖 서술자가 작품 속 현실 상황을 객관적인 시각으로 서술하고 있고, [B]는 이야기 속 서술자가 인물의 내면 심리를 주관적인 관점에서 서술하고 있다.

② [A]는 인물이 과거를 회상하는 장면을 역순행적 구성으로 제시하고 있고, [B]는 인물이 현재 느끼고 있는 심리의 변화 양상을 미래에 대한 예측을 통해 드러내고 있다.

③ [A]는 인물이 다른 인물에게 기대하는 행동을 상황의 가정과 함께 제시하고 있고, [B]는 인물이 다른 인물에 대해 갖게 된 반감을 과거와 현재의 대비를 통해 부각하고 있다.

④ [A]는 인물의 행동을 통해 짐작할 수 있는 인물의 심리를 유추하여 서술하고 있고, [B]는 인물이 다른 인물에 대해 느끼는 감정을 비유적 표현을 통해 우회적으로 드러내고 있다.

⑤ [A]는 인물이 응시하는 대상을 옮겨 가며 전개되는 사고의 흐름을 연속적으로 제시하고 있고, [B]는 인물이 놓여 있는 처지의 차별적 특징을 다른 인물과의 비교를 통해 부각하고 있다.

▶ 24051-0024

소재의 기능을 파악하는 유형

02 소금과 소금 자루에 대한 이해로 가장 적절한 것은?

① '소금'은 궁핍한 삶을 실재적으로 느끼게 하는 소재이다.
② '소금'은 고향에서의 삶을 반성하도록 이끄는 매개체이다.
③ 온갖 반찬이 싱거운 상황은 '소금 자루'를 지게 된 직접적 동기이다.
④ '소금 자루'는 '소금'의 가치에 대해 부정적으로 인식하게 된 계기이다.
⑤ '소금 자루'는 불안과 공포를 모두 이겨 내도록 만드는 정신적 버팀목이다.

▶ 24051-0025

구절의 의미와 표현상의 특징을 파악하는 유형

03 ㉠~㉤에 대한 이해로 적절하지 않은 것은?

① ㉠: 식구를 움 속에 숨게 만드는 사람들의 존재를 청각을 통해 감지하는 모습이 그려져 있다.
② ㉡: 입안에서 느껴지는 촉각적 변화를 통해 남편에 대해 느끼는 미안한 심리를 표현하고 있다.
③ ㉢: 자연의 소리가 인위적 소리로 들리는 착각의 상황에서 심리적 압박감이 나타나고 있다.
④ ㉣: 답답하고 불안한 내면 정서를 밤길의 어둠이라는 시각적 이미지에 빗대어 제시하고 있다.
⑤ ㉤: 강물 소리를 아픔으로 촉각화하여 표현함으로써 물에 의해 유발된 공포감을 드러내고 있다.

외적 준거에 따른 작품 감상의 적절성을 파악하는 유형

▶ 24051-0026

04 〈보기〉를 바탕으로 윗글을 감상한 내용으로 적절하지 <u>않은</u> 것은?

┌─ 보기 ┌─

「소금」은 식민지 시대에 조선을 떠나 간도라는 낯선 곳에서, 고향에 대한 그리움을 품은 채 경제적으로 열악한 현실을 감내하며 살아야 했던 간도 이주민의 물질적, 정신적 결핍을 생생하게 그린 작품이다. 간도 이주민인 주인공은 일상의 기본적인 요건도 갖추지 못한 지독한 가난과 외압에 대한 두려움, 가족의 해체와 이산의 아픔으로 고통스러워하면서도 절망적 현실에 매몰되지 않고 적극적으로 대응하고자 하는 모습을 보인다. 이는 외압에 직접적으로 맞서 싸우기는 어렵더라도 비슷한 고통을 겪고 있는 사람들 간의 공감을 통해 그들만의 내적 연대를 형성해 나감으로써 부정적 현실에 대항하고자 했던 당시 이주민들의 생존 과정을 사실적으로 보여 주는 것이라 할 수 있다.

① 이주해 온 곳의 '방 안'을 '도야지굴이나 쇠 외양간같이' 여기고 있는 봉염의 어머니의 인식에서 간도로 떠난 이주민들이 살아가야 했던 삶의 공간이 낯설고 열악했음을 짐작할 수 있겠군.

② '메주만 썩혀서 장이라고 먹곤 하'며 '남몰래' 우는 삶을 살아간 봉염의 어머니의 모습에서 물질적, 정신적으로 결핍된 삶을 살았던 이주민들의 처지가 사실적으로 드러난다고 볼 수 있겠군.

③ 가족을 모두 잃은 상황에서도 홀로 '여인'의 몸으로 '땀'을 '낙수처럼 흘'리며 일행을 따라가는 봉염의 어머니의 모습에서 절망적 현실에 매몰되지 않는 적극적인 삶의 자세를 엿볼 수 있겠군.

④ '벙어리'처럼 걷더라도 '순사'의 눈을 피해 꿋꿋이 강을 건너는 일행의 모습에서 외압에 대한 두려움을 극복함으로써 부정적 현실에 대항해 나갔던 이주민들의 생존 과정이 나타난다고 볼 수 있겠군.

⑤ '맘을 졸이'며 봉염의 어머니와 길잡이를 기다리고 있던 사람들이 '두 사람을 어루만지며' 반기는 장면에서 비슷한 고통을 겪고 있는 사람들 간에 내적 연대가 형성된 모습을 읽어 낼 수 있겠군.

02 문학

유형 연습 ❷ Zoom In

◆ 강경애, 「소금」

해제 이 작품은 「인간 문제」와 함께 1930년대 간도 이주민들의 삶을 사실적으로 다룬 강경애의 대표작 중 하나로, '시대정신의 최대치를 구현한 작품'이라는 평가를 받은 바 있다. 일본 제국주의의 폭압적 식민 통치와 수탈 경제를 견디다 못해 고향을 등지고 이주한 간도에서 우리 민족이 겪어야 했던 삶의 고통, 특히 이주 여성이 겪어야 했던 수난사가 작품 속 주인공인 봉염 모의 삶을 통해 구체적으로 형상화되어 있다.

주제 간도 이주민의 힘겨운 현실과 의지적 삶의 자세

전체 줄거리 봉염네 가족은 빚에 쫓겨서 조선을 떠나 간도로 이주한다. 그곳에서 중국인 지주 팡둥의 소작농으로 생계를 이어 가나, 중국군의 위협과 횡포로 어려움을 겪는다. 어느 날 봉염의 아버지는 용정에서 온 팡둥을 만나러 갔다가 공산당에게 죽임을 당하고, 이에 분노한 장남 봉식은 집을 떠난다. 봉식을 찾아 용정으로 간 봉염 모녀는 팡둥의 집에 머무르며 일을 거들게 되고, 봉염 모는 팡둥에 의해 원치 않는 임신을 하게 된다. 그러던 어느 날 팡둥은 봉식이 공산당에 들어갔다는 이유로 처형되는 모습을 봤다면서 봉염 모녀를 내쫓고, 만삭의 봉염 모는 헛간에서 해산을 한 뒤 남의 집 유모로 들어가 생계를 유지한다. 그러나 유모로 일하는 동안 자신의 아이들을 제대로 돌보지 못하게 되면서 봉염 모는 결국 자신의 두 딸을 모두 잃게 된다. 유모 자리도 잃고 혼자 남겨진 봉염 모는 소금 밀수를 하다가 발각되어 순사에게 잡혀간다.

닮은꼴 발문 Tip

• [A], [B]에 대한 설명으로 적절하지 **않은** 것은?

• [A], [B]에 대한 이해로 가장 적절한 것은?

• 윗글에 따라 [A], [B]를 이해한 것으로 적절하지 **않은** 것은?

서술상의 특징을 파악하는 유형

01 [A]와 [B]에 대한 설명으로 가장 적절한 것은?

① [A]는 이야기 밖 서술자가 작품 속 현실 상황을 객관적인 시각으로 서술하고 있고, [B]는 이야기 속 서술자가 인물의 내면 심리를 주관적인 관점에서 서술하고 있다.

② [A]는 인물이 과거를 회상하는 장면을 역순행적 구성으로 제시하고 있고, [B]는 인물이 현재 느끼고 있는 심리의 변화 양상을 미래에 대한 예측을 통해 드러내고 있다.

③ [A]는 인물이 다른 인물에게 기대하는 행동을 상황의 가정과 함께 제시하고 있고, [B]는 인물이 다른 인물에 대해 갖게 된 반감을 과거와 현재의 대비를 통해 부각하고 있다.

④ [A]는 인물의 행동을 통해 짐작할 수 있는 인물의 심리를 유추하여 서술하고 있고, [B]는 인물이 다른 인물에 대해 느끼는 감정을 비유적 표현을 통해 우회적으로 드러내고 있다.

⑤ [A]는 인물이 응시하는 대상을 옮겨 가며 전개되는 사고의 흐름을 연속적으로 제시하고 있고, [B]는 인물이 놓여 있는 처지의 차별적 특징을 다른 인물과의 비교를 통해 부각하고 있다.

유형 이해

주어진 두 부분에 대해, 서술상의 특징, 표현 방식, 인물의 행동이나 심리 등을 비교하며 이해할 수 있는지를 묻는 문제 유형이다. 이러한 문제 유형을 해결하기 위해서는, 선지에 언급된 내용의 정오를 판단할 수 있는 근거를 확인할 수 있는 부분을 정확히 찾아 선지의 적절성 여부를 판단할 수 있어야 한다.

유형 공략

❶ 서술상의 특징이나 표현 방식에 대해 보편적으로 언급되는 요소들을 파악한다.

❷ 주어진 두 부분에서, 선지에 언급된 서술상의 특징이나 표현 방식이 나타나는지 확인한다.

❸ 주어진 두 부분에서, 선지에 제시된 인물과 관련된 설명이 적절한지 비교하며 분석한다.

정답이 정답인 이유

⑤ [A]에서 '그(봉염의 어머니)'는 팥알을 응시하다가 참새의 소리에 주목하게 되면서 쌀이나 찬감에 대한 생각을 떠올리고, 문밖으로 나서다 메주를 응시하며 소금을 떠올리다가, 소금으로 인해 다시 고향에 대한 기억과 소금이 부족한 현실을 떠올리는 모습을 보이고 있다. 그러므로 인물이 응

시하는 대상을 옮겨 가며 전개되는 사고의 흐름을 연속적으로 제시하고 있다는 설명은 적절하다. [B]에는 '그(봉염의 어머니)'가 사내들과는 달리 겹옷을 입고 고무신을 신고 있는 상황, 사내들과는 달리 소금 자루를 등에 지고 있지 못한 상황 등으로 인해 동행하고 있는 사내들보다 더 힘겨운 처지에 놓여 있음이 나타나 있다. 그러므로 인물이 놓여 있는 처지의 차별적 특징을 다른 인물, 즉 사내들과의 비교를 통해 부각하고 있다는 설명은 적절하다.

오답이 오답인 이유

① 이야기 속 등장인물이 서술자가 아니므로 서술자가 이야기 밖에 있는 것은 맞지만, [A]에는 '그(봉염의 어머니)'의 속마음이 자세하게 서술되어 있으므로 작품 속 현실 상황을 객관적인 시각으로 서술하고 있는 것은 아니다. [B]에서 서술자가 인물의 내면 심리를 서술하고 있는 것은 맞으나, 이 작품의 서술자는 이야기 속의 등장인물이 아니다.

② [A]에는 인물이 과거를 회상하는 부분이 나타나 있는데, 현재의 서술 시점에서 단순히 과거를 회상하는 것은 역순행적 구성에 해당하지 않는다. 현재에서 과거로 시간적 배경이 바뀌면서 서술자의 위치가 과거의 시점으로 이동하여 서술되어 있을 때 역순행적 구성이라 할 수 있다. [B]에는 인물이 현재 상황에서 느끼는 심리의 변화가 드러나 있기는 하나, 미래에 대한 예측을 통해 드러나고 있는 것은 아니다.

③ [A]에서 '그(봉염의 어머니)'는 '오늘 봉식이가 팡둥을 만나지 못해서 쌀을 못 가져'오더라도 '나무를 팔아서 사라고 한 찬감은 사' 올 것이라며, 봉식의 상황을 가정하면서 봉식에게 자신이 기대하는 바를 드러내고 있으므로 인물이 다른 인물에게 기대하는 행동을 상황의 가정과 함께 제시하고 있다고 보는 것은 적절하다. 그러나 [B]에는 인물이 다른 인물에 대해 반감을 갖게 된 부분이 나타나지 않는다. '그(봉염의 어머니)'가 '처음에 소금 자루를 일 때 사내들과 같이 엿 말을 이려 했으나 사내들이 극력 말리므로 아쉬운 것을 참고 너 말을 이게 된 것'을 언급한 것은 그렇게 소금 자루를 덜 이고 왔음에도 '단 십 리도 오기 전에 이렇게 머리가 아팠다.'라는 사실을 말하기 위한 것이지 사내들에 대한 반감을 드러내고자 한 것은 아니다.

④ [A]에서 서술자는 인물의 행동을 통해 인물의 심리를 유추하여 서술하지 않고 인물의 행동과 심리를 모두 직접적으로 드러내고 있다. [B]에서도 '그(봉염의 어머니)'가 사내들에 대해 느끼는 감정이 드러나 있기는 하나, 그것이 비유적 표현을 통해 우회적으로 드러나고 있지는 않다.

닮은꼴 발문 Tip

• ㉠과 ㉡에 대한 이해로 적절하지 <u>않은</u> 것은?

• ㉠과 ㉡에 대한 설명으로 가장 적절한 것은?

• 윗글을 바탕으로 ㉠과 ㉡을 비교하여 이해한 내용으로 가장 적절한 것은?

소재의 기능을 파악하는 유형

02 소금과 소금 자루에 대한 이해로 가장 적절한 것은?

① '소금'은 궁핍한 삶을 실재적으로 느끼게 하는 소재이다.
② '소금'은 고향에서의 삶을 반성하도록 이끄는 매개체이다.
③ 온갖 반찬이 싱거운 상황은 '소금 자루'를 지게 된 직접적 동기이다.
④ '소금 자루'는 '소금'의 가치에 대해 부정적으로 인식하게 된 계기이다.
⑤ '소금 자루'는 불안과 공포를 모두 이겨 내도록 만드는 정신적 버팀목이다.

유형 이해

지문에 제시된 내용을 바탕으로 특정 소재나 어구의 상징적 의미, 소재나 어구 간의 관계 등을 파악하는 문제 유형이다. 이러한 유형의 문제를 해결하기 위해서는 지문의 전체적인 내용이나 전후 맥락에 대한 이해를 바탕으로, 특정 소재나 어구의 소설 속 기능과 함의를 정확하게 파악해야 한다.

유형 공략

❶ 지문의 세부 정보를 이해하고 전후 맥락을 파악하며 특정 소재나 어구의 의미를 이해한다.
❷ 특정 소재나 어구가 소설 속에서 어떤 기능을 하며, 어떤 상징적 의미를 갖는지 파악한다.
❸ 특정 소재나 어구에 대해 이해하고 파악한 내용이 선지에 제시된 설명에 부합하는지 확인한다.

정답이 정답인 이유

① 소금이 비싸다 보니 구할 길이 없어서 장을 단번에 담그지도 못하고 싱거운 반찬을 먹으며 힘겹게 살아가는 봉염의 어머니의 모습을 볼 때, 소금은 궁핍한 삶을 실재적으로 느끼게 하는 소재라고 볼 수 있다.

오답이 오답인 이유

② 고향에서는 '소금으로 이를 다 닦'을 수 있었는데, '이곳'에 온 이후부터는 그럴 수 없었다는 것에서 소금으로 인해 고향에서의 삶을 긍정적으로 인식하는 모습은 드러나 있다고 볼 수 있으나, 고향에서의 삶을 반성하는 모습은 나타나 있지 않다.

③ 반찬이 싱거워서 밥을 맛있게 먹지 못하는 남편에게 송구한 마음을 갖게 되기는 하였으나, 그것이 소금 자루를 지게 된 직접적인 동기라고 보기는 어렵다. 봉염의 어머니는 가족을 모두 잃고 혼자 남겨진 상황에서 갖은 노력을 했음에도 먹고살 일이 막막했기 때문에 소금 밀수를 선택한 것이지, 음식의 간을 맞출 소금을 구하기 위한 방편으로 소금 밀수를 결심한 것은 아니다.

④ 고향에서와 달리 소금을 구하기 어려운 일상 속에서 봉염의 어머니는 소금을 귀하게 여기고 있고, 소금 밀수의 상황에서도 소금 자루를 무사히 지고 가는 데 성공하여 돈을 벌 수 있기를 원하므로 소금을 어떻게든 지키려 하고 있다. 따라서 소금 자루는 소금의 가치에 대해 부정적으로 인식하게 된 계기라고 보기 어렵다.

⑤ 소금 자루를 진 봉염의 어머니가 순사를 만날까 봐 두려워하는 모습이나 물속을 걸으며 미끄러질까 봐 불안해하는 모습에서 소금 자루는 불안과 공포를 모두 이겨 내도록 만드는 정신적 버팀목과는 거리가 멀다는 것을 알 수 있다.

닮은꼴 발문 Tip

- ㉠~㉤에 대한 설명으로 적절하지 않은 것은?
- ㉠~㉤에 대한 이해로 가장 적절한 것은?
- ㉠~㉤에 대해 보인 반응으로 가장 적절한 것은?

> **구절의 의미와 표현상의 특징을 파악하는 유형**
>
> **03** ㉠~㉤에 대한 이해로 적절하지 않은 것은?
>
> ① ㉠: 식구를 움 속에 숨게 만드는 사람들의 존재를 청각을 통해 감지하는 모습이 그려져 있다.
> ② ㉡: 입안에서 느껴지는 촉각적 변화를 통해 남편에 대해 느끼는 미안한 심리를 표현하고 있다.
> ③ ㉢: 자연의 소리가 인위적 소리로 들리는 착각의 상황에서 심리적 압박감이 나타나고 있다.
> ④ ㉣: 답답하고 불안한 내면 정서를 밤길의 어둠이라는 시각적 이미지에 빗대어 제시하고 있다.
> ⑤ ㉤: 강물 소리를 아픔으로 촉각화하여 표현함으로써 물에 의해 유발된 공포감을 드러내고 있다.

유형 이해

감각적 표현이 활용되어 인물이 처한 상황이나 인물의 심리가 잘 드러나 있는 부분을 중심으로, 소설의 내용과 표현상의 특징을 연관 지어 종합적으로 이해하는 문제 유형이다. 이러한 문제 유형을 해결하기 위해서는, 주어진 각 부분에서 어떤 감각적 표현이 나타나고 있으며 그 감각적 표현이 어떤 효과를 나타내고 있는지를 모두 파악할 수 있어야 한다.

유형 공략

❶ 주어진 부분에서 어떤 감각이 주되게 드러나 있는지 파악한다.
❷ 주어진 부분에서 감각적 표현을 통해 어떠한 상황과 심리가 나타나고 있는지 확인한다.
❸ 선지에 제시된 설명과 주어진 부분의 전후 맥락을 정밀하게 비교하며 선지의 적절성 여부를 판단한다.

정답이 정답인 이유

⑤ 강물 소리가 마치 '그의 고막을 바늘 끝으로 꼭꼭 찌르는 듯'했다고 하였으므로 강물 소리를 아픔으로 촉각화하여 표현했다는 이해는 적절하나, ⑩의 앞부분에 '그들은 이 강물 소리만 들어도 한결 답답한 속이 좀 풀리는 듯하였다.'라고 서술한 것으로 보아 봉염의 어머니가 물에 의해 유발된 공포감을 느끼고 있었다고 이해하는 것은 적절하지 않다. ⑩은 시원하게 느껴지던 강물 소리마저 아픔으로 느껴질 만큼 봉염의 어머니가 힘들고 두려운 상황에 처해 있음을 드러낸 표현이라고 볼 수 있다.

오답이 오답인 이유

① '총소리'는 온 가족이 두려워하는 사람이 가지고 있는 무기에서 나는 소리이며, '개 소리'는 온 가족이 두려워하는 사람이 가까이 왔음을 알게 해 주는 소리이다. 이런 소리를 들으면 온 식구가 움 속에 들어간다고 했으므로 ⊙에는 식구를 움 속에 숨게 만드는 사람들의 존재를 청각을 통해 감지하는 모습이 그려져 있다고 볼 수 있다.

② ⓒ에서 '그'가 '입안의 밥알이 갑자기 돌로 변하는 것을 느끼'는 것은 촉각에 의한 것이며, 이런 느낌이 든 것은 자신이 만든 반찬이 싱거워서 남편이 제대로 식사를 하지 못하는 상황에 대한 미안함 때문이라고 볼 수 있다.

③ ⓒ에서 '그'는 순사에게 들킬 것 같은 두려운 상황으로 인해 심리적 압박감을 느끼고 있고, 이로 인해 자연의 소리인 '바람 소리'를 인위적 소리인 '신발 소리'나 '고함치는 소리'로 착각하고 있으므로 자연의 소리가 인위적 소리로 들리는 착각의 상황에서 심리적 압박감이 나타나고 있다고 볼 수 있다.

④ ⓒ에서 '이러한 불안이 저 어둠과 같이' 그들의 가슴을 '캄캄케' 하였다고 했으므로 답답하고 불안한 내면 정서를 어둠이라는 시각적 이미지에 빗대어 제시하고 있다고 볼 수 있다.

닮은꼴 발문 Tip

• 〈보기〉를 바탕으로 윗글을 이해한 내용으로 적절하지 않은 것은?
• 〈보기〉를 참고하여 윗글을 감상한 내용으로 적절하지 않은 것은?
• 〈보기〉를 바탕으로 [A]에 대해 보인 반응으로 적절하지 않은 것은?

외적 준거에 따른 작품 감상의 적절성을 파악하는 유형

04 〈보기〉를 바탕으로 윗글을 감상한 내용으로 적절하지 않은 것은?

보기

「소금」은 식민지 시대에 조선을 떠나 간도라는 낯선 곳에서, 고향에 대한 그리움을 품은 채 경제적으로 열악한 현실을 감내하며 살아야 했던 간도 이주민의 물질적, 정신적 결핍을 생생하게 그린 작품이다. 간도 이주민인 주인공은 일상의 기본적인 요건도 갖추지 못한 지독한 가난과 외압에 대한 두려움, 가족의 해체와 이산의 아픔으로 고통스러워하면서도 절망적 현실에 매몰되지 않고 적극적으로 대응하고자 하는 모습을 보인다. 이는 외압에 직접적으로 맞서 싸우기는 어렵더라도 비슷한 고통을 겪고 있는 사람들 간의 공감을 통해 그들만의 내적 연대를 형성해 나감으로써 부정적 현실에 대항하고자 했던 당시 이주민들의 생존 과정을 사실적으로 보여 주는 것이라 할 수 있다.

① 이주해 온 곳의 '방 안'을 '도야지굴이나 쇠 외양간같이' 여기고 있는 봉염의 어머니의 인식에서 간도로 떠난 이주민들이 살아가야 했던 삶의 공간이 낯설고 열악했음을 짐작할 수 있겠군.

② '메주만 썩혀서 장이라고 먹곤 하'며 '남몰래' 우는 삶을 살아간 봉염의 어머니의 모습에서 물질적, 정신적으로 결핍된 삶을 살았던 이주민들의 처지가 사실적으로 드러난다고 볼 수 있겠군.

③ 가족을 모두 잃은 상황에서도 홀로 '여인'의 몸으로 '땀'을 '낙수처럼 흘'리며 일행을 따라가는 봉염의 어머니의 모습에서 절망적 현실에 매몰되지 않는 적극적인 삶의 자세를 엿볼 수 있겠군.

④ '벙어리'처럼 걷더라도 '순사'의 눈을 피해 꿋꿋이 강을 건너는 일행의 모습에서 외압에 대한 두려움을 극복함으로써 부정적 현실에 대항해 나갔던 이주민들의 생존 과정이 나타난다고 볼 수 있겠군.

⑤ '맘을 졸이'며 봉염의 어머니와 길잡이를 기다리고 있던 사람들이 '두 사람을 어루만지며' 반기는 장면에서 비슷한 고통을 겪고 있는 사람들 간에 내적 연대가 형성된 모습을 읽어 낼 수 있겠군.

〈보기〉의 내용에 대한 이해를 바탕으로 주어진 지문을 적절하게 잘 감상하였는지를 묻는 문제 유형이다. 이러한 문제 유형을 해결하기 위해서는 먼저 작품과 관련하여 〈보기〉에 제시된 감상의 관점과 세부 내용을 정확하게 파악한 뒤, 이를 적용하여 각 선지의 적절성 여부를 판단해야 한다.

❶ 〈보기〉에 제시된 작품을 감상하는 관점, 세부 내용 등을 파악한다.
❷ 〈보기〉에 제시된 설명을 적용하여 지문의 전체적인 맥락을 이해한다.
❸ 〈보기〉의 설명과 지문의 내용을 비교하면서 선지의 적절성 여부를 판단한다.

④ 밀수 일행은 소금 자루를 이고 걷는 내내 '순사'를 만나게 될까 봐 계속해서 두려워하는 모습을 보이고 있으므로, 일행의 모습을 외압에 대한 두려움을 극복한 것으로 이해하는 것은 적절하지 않다. 밀수 일행은 두려움과 불안감을 느끼면서도 각자의 생존을 위해 어쩔 수 없이 소금 밀수를 강행하는 모습을 보이고 있다.

① '도야지굴'이나 '쇠 외양간'은 사람이 살기에 적합하지 않은 공간에 해당하므로, '방 안'을 '도야지굴이나 쇠 외양간같이' 여기는 봉염의 어머니의 인식을 통해 당시 간도로 떠난 이주민들이 살아가야 했던 삶의 공간이 낯설고 열악했음을 짐작할 수 있다.

② '소금'은 식생활에서 꼭 필요한 요소인데도 이를 갖추지 못한 물질적 결핍으로 인해 '메주만 썩혀서 장이라고 먹곤 하'는 봉염의 어머니의 모습과, 이렇게 '소금'이 부족한 상황으로 인해 정신적으로 힘겨워하며 '남몰래 운 적이 한두 번이 아니'라는 봉염의 어머니의 모습에서 물질적, 정신적으로 결핍된 삶을 살았던 이주민들의 처지가 사실적으로 드러난다고 볼 수 있다.

③ 밀수 일행 중 유일한 '여인'으로서, 소금을 질 힘도 부족한 데다가 복장도 제대로 갖추지 못한 상황에서도 땀을 흘리며 꿋꿋하게 일행을 따르고 있는 봉염의 어머니의 모습에서, 가족을 잃고 생계가 막막한 상황에서도 절망적 현실에 매몰되지 않고 적극적으로 삶을 영위하고자 하는 자세를 엿볼 수 있다.

⑤ 앞서가던 밀수 일행은 낙오된 봉염의 어머니와 그녀를 구하러 간 길잡이가 무사히 돌아올 때까지 '맘을 졸이'며 기다리다가, 두 사람이 나타나자 '두 사람을 어루만지며 어떤 사람은 눈물까지 흘리'면서 이들을 반기는 모습을 보인다. 이는 위험을 무릅쓰며 순사의 눈을 피해 일행이 함께 걷고 있는 상황에서 '자기들의 신세'는 물론, '이 부인의 신세'를 '불쌍'하게 여기는 마음, 즉 비슷한 고통을 겪고 있는 사람들 간에 내적 연대가 형성된 모습을 보여 준다고 볼 수 있다.

유형 연습 ❸

[01~04] 다음 글을 읽고 물음에 답하시오.

헌사한 조화옹이 산천을 빚어낼 때

낙은암(樂隱岩) 깊은 골을 날 위하여 삼겨시니

산봉우리도 빼어나고 경치도 뛰어나다

어와 주인옹이 명리(名利)에 뜻이 없어

진세를 하직하고 **암혈에 깃들이니**

㉠내 생애 담백한들 분수이니 상관하랴

농환재(弄丸齋) 맑은 창에 주역을 점검하니

㉡소장진퇴[*]는 성훈[*]이 밝아 있고

낙천지명은 경계도 깊어세라

달을 희롱하고 말 잊고 앉았으니

천지를 몇 번이나 왕래한고

장금을 빗기 안아 슬상[*]에 놓아두고

평우조(平羽調) 한 소리를 보허사(步虛詞)에 섞어 타며

긴 가사 짧은 노래 천천히 불러 낼 때

유연이 흥이 나니 세상 걱정 전혀 없다

남촌의 늙은 벗님 북린의 젊은이들

송단에 섞여 앉아 차례 없이 술을 부어

두세 잔 기울이고 무슨 말을 하옵나니

㉢앞 논에 벼가 좋고 뒷내에 고기 많데

춘산에 비 온 후에 미궐[*]도 살졌다네

한중의 이런 말씀 소일이 족하거니

분분한 한 시비(是非)야 귓결엔들 들릴쏘냐

해당화 깊은 곳에 낚싯대 메고 내려가며

어부사(漁父詞) 한 곡조를 바람결에 흘려 불러

목동의 피리 소리에 넌지시 화답하니

석양 방초(芳草) 길에 걸음마다 더디구나

　┌　동풍이 건듯 불어 세우를 재촉하니

　│　도롱이 걸치고서 바위에 앉으니

　│　용면[*]을 불러내어 이 형상 그리고져

　│　영욕을 불관하니 세사를 내 알더냐

　│　주육(酒肉)에 빠진 분들 부귀를 자랑 마오

　│　여름날 더운 길의 홍진[*] 간에 분주하며

　│　겨울밤 추운 새벽 대루원[*]에 서성이니

[A]　자네는 좋다 하나 내 보기엔 괴로워라

　│　어와 내 신세를 내 말하니 자네 듣소

　│　삼복에 날 더우면 백우선(白羽扇) 높이 들고

　│　풍령[*]에 기대 다리 펴고 누웠으니

　└　편안한 이 거동을 그 누가 겨룰쏘냐

동지 밤 눈 온 후에 더운 방에 이불 덮고
목침을 돋워 베고 해 돋도록 잠을 자니
편함도 편할시고 고단함 있을쏘냐
삼공이 귀타 하나 나는 아니 바꾸리라
값으로 따진다면 만금인들 당할쏜가
보리밥 맛 들이니 팔진미 부럽잖고
헌 베옷이 알맞으니 비단 가져 무엇 할까

(중략)

옥류폭(玉流瀑) 노한 물살 돌을 박차 떨어지니
합포의 명월주를 옥반에 굴리는 듯
은고리 수정렴을 난간에 걸었는 듯
티끌 묻은 긴 갓끈을 ⓐ탁영호(濯纓湖)에 씻어 내니
귀 씻던 옛 할아비* 자네 혼자 높을쏘냐
반곡천(盤谷川) 긴긴 굽이 초당을 둘렀으니
ⓔ드넓은 저 강물아 세상으로 가지 마라
연사*에 막대 짚어 ⓑ무릉계(武陵溪) 내려가니
양안의 나는 도화(桃花) 붉은 안개 자욱하다
물 위에 뜬 꽃을 손으로 건진 뜻은
춘광을 누설하여 세간에 전할셰라
단구(丹丘)를 넘어 들어 ⓒ자연뢰(紫煙瀨) 지나가니
향로봉 남은 안개 햇빛에 비치었다
구변담(鷗邊潭) 고인 물이 거울처럼 맑구나
ⓜ속세 잊은 저 백구(白鷗)야 너와 나와 벗이 되어
물가에 노닐면서 세상을 잊자꾸나
청학동(靑鶴洞) 좁은 길로 ⓓ선부연(仙釜淵) 찾아가니
반고씨 적 생긴 가마 제작도 공교하다
형산에 만든 솥을 뉘라서 옮겨 왔나
석간에 걸린 폭포 상하연에 떨어지니
공연한 벼락 소리 대낮에 들리는고
계산*에 취한 흥이 해 지는 줄 잊었는데
ⓔ쌍계암(雙溪庵) 먼 북소리 갈 길을 재촉하네
퉁소에 봄을 담아 유교(柳橋)로 돌아드니
서산(西山)의 상쾌한 기운 사의당*에 이어졌네
어와 우리 형님 환정*이 전혀 없어
공명을 사양하고 삼족와*로 돌아오니
재앙의 남은 물결 신변에 미칠쏘냐
긴 베개 높이 베고 두 노인이 나란히 누워
슬하의 모든 자손 차례로 늘어서니
먹으나 못 먹으나 이 아니 즐거운가
아마도 수석에 소요하여 남은 세월 마치리라

– 남도진, 「낙은별곡」

＊**소장진퇴:** 세상사가 변화하는 이치. 음양의 이치.

＊**성훈:** 성현의 교훈.

＊**낙천지명:** 천명을 깨달아 즐기면서 이에 순응함.

＊**슬상:** 무릎 위.

＊**미궐:** 고비와 고사리.

＊**용면:** 송나라 때 화가 이공린.

＊**홍진:** 번거롭고 속된 세상을 비유적으로 이르는 말.

＊**대루원:** 이른 아침에 대궐로 들어가려는 사람이 대궐 문이 열리기를 기다리던 곳.

＊**풍령:** 바람이 시원한 창가.

＊**귀 씻던 옛 할아비:** 중국 요임금 시절의 은사인 허유.

＊**연사:** 안개가 낀 모래사장 또는 물가.

＊**계산:** 시내와 산.

＊**사의당:** 남도진의 형인 남도규의 서재 당호(堂號).

＊**환정:** 벼슬을 하고 싶어 하는 마음.

＊**삼족와:** 남도진의 형인 남도규의 서재 당호.

▶ 24051-0027

표현상의 특징을 파악하는 유형

01 ㉠~㉤에 대한 설명으로 가장 적절한 것은?

① ㉠: 설의적 표현을 활용하여 자신의 삶에 대한 아쉬움을 드러내고 있다.
② ㉡: 대구적 표현을 활용하여 자신이 읽은 책의 문제점을 비판하고 있다.
③ ㉢: 인용의 방식을 통해 다른 사람에게 들은 내용을 언급하고 있다.
④ ㉣: 추상적 대상을 구체화하여 자신이 바라는 것을 요구하고 있다.
⑤ ㉤: 자연물에 인격을 부여하여 계절의 변화를 부각하고 있다.

▶ 24051-0028

02 〈보기〉를 참고할 때, 윗글에 대한 감상으로 적절하지 않은 것은?

┌ 보기 ┐

18세기에 창작된 강호 가사인 「낙은별곡」에서는 이전의 강호 가사에 흔히 나타나는 자연물에 도덕적 이상을 투영하거나 벼슬에 미련을 보이는 태도는 찾을 수 없다. 이 작품의 작가는 수도인 한양을 벗어나 한양에서 가까운 한적하고 아름다운 장소를 골라 거주한 것으로 알려져 있다. 작가는 세속적 명리에 뜻을 두지 않고 마음 맞는 사람들과 어울려 자연 속에서 소박하게 풍류를 즐기는 삶의 모습을 제시하고 있다. 그리고 형의 가족과 자기 가족이 모여 사는 상황과 가문의 화목을 추구하는 모습을 구체적으로 나타내고 있는데, 이는 현실에서 만족을 얻으려는 현실 지향적 태도를 형상화한 것으로 볼 수 있다.

① '낙은암 깊은 골'의 '암혈'은 화자가 한양을 벗어나 자리 잡고 살아가는 조용한 분위기의 거주지로 볼 수 있겠군.
② '장금을 빗기 안아 슬상에 놓아두고'와 '긴 가사 짧은 노래 천천히 불러 낼 때'는 화자가 가악을 통해 풍류를 즐기는 상황으로 볼 수 있겠군.
③ '송단에 섞여 앉아 차례 없이 술을 부어'와 '한중의 이런 말씀 소일이 족하거니'는 화자가 마음 맞는 사람들과 자연 속에서 어울리는 모습으로 볼 수 있겠군.
④ '값으로 따진다면 만금인들 당할쏜가'와 '헌 베옷이 알맞으니 비단 가져 무엇 할까'는 화자가 세속적 명리에 얽매이지 않고 소박하게 살아가는 삶에 대해 자부심을 드러낸 것으로 볼 수 있겠군.
⑤ '서산의 상쾌한 기운 사의당에 이어졌네'는 형의 가족과 자기 가족이 모여 살기 위해 애쓴 과정을 빗댄 것으로, '슬하의 모든 자손 차례로 늘어서니'는 가문의 화목을 형상화한 것으로 볼 수 있겠군.

▶ 24051-0029

03 [A]에 나타난 화자의 태도로 가장 적절한 것은?

① 사계절의 변화를 관찰하며 자연에 내재된 섭리를 밝히고 있다.
② 역사적 인물의 업적을 회상하며 현실의 덧없음을 환기하고 있다.
③ 상대의 말과 행동이 불일치함을 지적하며 해결책을 제시하고 있다.
④ 오래된 것보다 새로운 것을 더 중시하는 삶의 자세를 드러내고 있다.
⑤ 자신과 다른 사람들의 생활을 대조하며 자신의 한가한 모습을 부각하고 있다.

▶ 24051-0030

04 ⓐ~ⓔ와 관련하여 윗글을 이해한 내용으로 가장 적절한 것은?

① ⓐ에서 화자는 거센 물소리를 들으며 정신적 자극을 받아 속세의 흔적을 씻어 냈다.
② ⓑ에서 화자는 탈속적 공간에 피어난 복숭아꽃의 아름다움을 즐기는 상황을 드러냈다.
③ ⓒ에서 화자는 안개로 인해 앞을 볼 수 없어서 움직임을 멈추고 하늘의 해를 바라보았다.
④ ⓓ에서 화자는 오래전에 제작된 가마솥을 발견하고 그것을 만든 장인의 솜씨를 칭찬했다.
⑤ ⓔ에서 화자는 북소리를 들으며 북소리가 나는 곳으로 빨리 이동해야겠다고 생각했다.

유형 연습 ❸ Zoom In

남도진, 「낙은별곡」

해제 이 작품은 남도진이 1722년경에 지은 강호 가사로, 경기도 용문산 북쪽 계곡에 자리 잡은 낙은암(樂隱岩) 주변 일곡 팔
경(逸谷八景)을 완상하면서 살아가는 사대부의 안빈낙도의 자세가 나타나 있다. 이 작품은 속세의 삶을 중앙 정계에 있
는 관리의 생활과 직접적으로 연결하여 나타내고 있으며, 화자와 관리의 여름, 겨울의 생활을 대비해 편안하고 한가로
운 화자의 모습과 관리의 분주한 모습을 구체적으로 제시함으로써 화자의 삶이 더욱 긍정적이고 가치 있다는 인식을 보
이고 있다. 이 작품에서 주목할 것은 화자가 자기 가족과 형의 가족이 모여 사는 삶을 바람직하고 행복하게 여긴다는 점
이다. 이는 강호 가사의 시대적 변화를 반영한 것으로 볼 수 있는데, 강호 가사의 내용이 자연과의 정신적 합일 추구라
는 성리학적 가치관에서 벗어나, 자연을 삶의 공간으로 인식하고 가족의 행복과 가문의 화목 등 현실적 가치를 지향하
는 쪽으로 변화했음을 드러낸다고 볼 수 있다.

주제 자연을 완상하면서 살아가는 즐거움과 가문의 화목 추구

구성 • 헌사한 조화옹이 ~ 분수이니 상관하랴: 명리에 뜻이 없어 낙은암에 은거함.
• 농환재 맑은 창에 ~ 귓결엔들 들릴쏘냐: 천명에 순응하며 속세의 일에 관심을 두지 않음.
• 해당화 깊은 곳에 ~ 비단 가져 무엇 할까: 관리의 삶과 대조하며 자신의 삶에 대한 자부심을 드러냄.
• 옥류폭 노한 물살 ~ 사의당에 이어졌네: 낙은암 주변의 여러 장소를 이동하며 봄 경치를 완상하고 노닒.
• 어와 우리 형님 ~ 남은 세월 마치리라: 가문의 화목을 추구하며 살아가려 함.

- 윗글에 대한 설명으로 적절하지 <u>않은</u> 것은?
- 윗글의 표현상의 특징으로 적절하지 <u>않은</u> 것은?
- (가)와 (나)의 표현상의 공통점으로 가장 적절한 것은?

표현상의 특징을 파악하는 유형

01 ㉠~㉤에 대한 설명으로 가장 적절한 것은?

① ㉠: 설의적 표현을 활용하여 자신의 삶에 대한 아쉬움을 드러내고 있다.
② ㉡: 대구적 표현을 활용하여 자신이 읽은 책의 문제점을 비판하고 있다.
③ ㉢: 인용의 방식을 통해 다른 사람에게 들은 내용을 언급하고 있다.
④ ㉣: 추상적 대상을 구체화하여 자신이 바라는 것을 요구하고 있다.
⑤ ㉤: 자연물에 인격을 부여하여 계절의 변화를 부각하고 있다.

유형 이해

작품에 나타나는 표현상의 특징을 파악하는 문제 유형이다. 밑줄로 제시된 부분에 나타나는 표현상의 특징과 그 효과를 개별적으로 파악해야 한다. 따라서 작품을 감상할 때 작품에 활용된 문학적 수사법과 그 효과를 중심으로 표현상의 특징을 체계적으로 정리할 필요가 있다.

유형 공략

❶ 작품에 나타나는 표현상의 특징을 이해한다.
❷ 각각의 표현상의 특징이 작품에서 어떤 효과를 나타내는지 이해한다.

정답이 정답인 이유

③ ㉢에서 화자는 남촌(남쪽 마을)의 늙은 벗님, 북린(북쪽 마을)의 젊은이들에게 들은 내용을 인용하여 언급하고 있다.

오답이 오답인 이유

① ㉠은 설의적 표현을 통해 화자가 현재의 담백한 생활이 자신의 분수라며 수용하고 있는 것이지 아쉬움을 드러내는 것은 아니다.
② ㉡은 대구의 방식이 활용되었다고 볼 여지가 있다. 그런데 ㉡은 바로 앞의 '농환재 맑은 창에 주역을 점검하니'와 연결할 때 화자가 자신이 읽은 주역의 내용이 좋다고 판단하는 것으로 볼 수 있다. 자신이 읽은 책의 문제점을 비판하는 것은 아니다.
④ ㉣은 강물에 요구하는 방식으로 자신이 느끼는 만족감을 지속하고자 하는 소망을 드러내는 것이다. ㉣에 추상적 대상을 구체화하는 방식은 나타나지 않는다.
⑤ ㉤은 자연물에 인격을 부여하여 화자가 느끼는 흥취를 드러내고 있는 것이다. 계절의 변화를 부각하는 것과는 관련이 없다.

닮은꼴 발문 Tip

- 〈보기〉를 참고하여 윗글을 이해할 때 적절하지 <u>않은</u> 것은?
- 〈보기〉를 바탕으로 (가)와 (나)를 감상한 내용으로 적절하지 <u>않은</u> 것은?
- 〈보기〉의 '선생님'의 질문에 대한 답으로 가장 적절한 것은?

외적 준거에 따른 작품 감상의 적절성을 파악하는 유형

02 〈보기〉를 참고할 때, 윗글에 대한 감상으로 적절하지 <u>않은</u> 것은?

| 보기 |

18세기에 창작된 강호 가사인 「낙은별곡」에서는 이전의 강호 가사에 흔히 나타나는 자연물에 도덕적 이상을 투영하거나 벼슬에 미련을 보이는 태도는 찾을 수 없다. 이 작품의 작가는 수도인 한양을 벗어나 한양에서 가까운 한적하고 아름다운 장소를 골라 거주한 것으로 알려져 있다. 작가는 세속적 명리에 뜻을 두지 않고 마음 맞는 사람들과 어울려 자연 속에서 소박하게 풍류를 즐기는 삶의 모습을 제시하고 있다. 그리고 형의 가족과 자기 가족이 모여 사는 상황과 가문의 화목을 추구하는 모습을 구체적으로 나타내고 있는데, 이는 현실에서 만족을 얻으려는 현실 지향적 태도를 형상화한 것으로 볼 수 있다.

① '낙은암 깊은 골'의 '암혈'은 화자가 한양을 벗어나 자리 잡고 살아가는 조용한 분위기의 거주지로 볼 수 있겠군.

② '장금을 빗기 안아 슬상에 놓아두고'와 '긴 가사 짧은 노래 천천히 불러 낼 때'는 화자가 가악을 통해 풍류를 즐기는 상황으로 볼 수 있겠군.

③ '송단에 섞어 앉아 차례 없이 술을 부어'와 '한중의 이런 말씀 소일이 족하거니'는 화자가 마음 맞는 사람들과 자연 속에서 어울리는 모습으로 볼 수 있겠군.

④ '값으로 따진다면 만금인들 당할쏜가'와 '헌 베옷이 알맞으니 비단 가져 무엇 할까'는 화자가 세속적 명리에 얽매이지 않고 소박하게 살아가는 삶에 대해 자부심을 드러낸 것으로 볼 수 있겠군.

⑤ '서산의 상쾌한 기운 사의당에 이어졌네'는 형의 가족과 자기 가족이 모여 살기 위해 애쓴 과정을 빗댄 것으로, '슬하의 모든 자손 차례로 늘어서니'는 가문의 화목을 형상화한 것으로 볼 수 있겠군.

유형 이해

해당 작품과 관련한 해제나 문학 이론이 담겨 있는 〈보기〉를 읽고 선지의 내용에 적용하여 그 타당성을 파악하는 문제 유형이다. 이때 작품의 배경, 소재, 구절의 의미 등을 제시된 맥락에 따라 이해하는 것이 중요하다.

유형 공략

❶ 〈보기〉에 제시된 핵심적인 정보가 무엇인지 파악한다.
❷ 〈보기〉에 제시된 핵심적인 정보를 작품에 적용하여 논리적으로 분석한다.
❸ 작품의 배경, 소재, 구절의 의미 등을 세밀하게 살펴본 후, 선지 내용의 타당성을 확인한다.

정답이 정답인 이유

⑤ '슬하의 모든 자손 차례로 늘어서니'는 형과 자신의 가족이 모여 화목하게 살아가는 모습을 형상화한 것으로 볼 수 있다. 하지만 '서산의 상쾌한 기운 사의당에 이어졌네'는 화자가 낙은암 주변의 여러 장소를 이동하면서 즐겁게 노닐다가 해가 질 무렵 상쾌한 기분으로 돌아오는 상황을 제시한 것이지, 형의 가족과 자기 가족이 모여 살기 위해 애쓴 과정을 빗댄 것은 아니다.

오답이 오답인 이유

① 〈보기〉의 내용과 연결하여 감상하면 '낙은암 깊은 골'의 '암혈'은 화자가 한양을 벗어나 은거하는 한양 인근의 한적한 장소로 볼 수 있다.

② '장금을 빗기 안아 슬상에 놓아두고'는 거문고를 비껴 안아 무릎 위에 놓아둔 것이고, '긴 가사 짧은 노래 천천히 불러 낼 때'는 노래를 부르는 것이다. 이를 통해 화자가 거문고를 연주하고 노래를 부르며 풍류를 즐기는 상황임을 알 수 있다.

③ '송단'은 소나무가 있는 언덕이다. 화자는 마음이 맞는 남촌의 늙은 벗님, 북린의 젊은이들과 소나무 언덕에 앉아 어울려 술을 마시며 한가하게 이야기하며 소일하고 있으므로, 화자가 마음 맞는 사람들과 자연 속에서 어울리는 상황임을 알 수 있다.

④ '당할쏜가', '무엇 할까'와 같은 의문의 형식을 통해 자연 속의 삶이 만금보다 귀하고, 자연 속에서 살아가는 데 헌 베옷으로도 충분하다는 생각을 강조하고 있다. 이는 화자가 자연 속에서 세속적 명리에 얽매이지 않고 소박하게 살아가는 삶에 대해 자부심을 드러낸 것으로 볼 수 있다.

닮은꼴 발문 Tip

- 윗글의 화자에 대한 이해로 적절하지 <u>않은</u> 것은?
- (가)와 (나)의 화자에 대한 설명으로 적절하지 <u>않은</u> 것은?

화자의 태도를 파악하는 유형

03 [A]에 나타난 화자의 태도로 가장 적절한 것은?

① 사계절의 변화를 관찰하며 자연에 내재된 섭리를 밝히고 있다.
② 역사적 인물의 업적을 회상하며 현실의 덧없음을 환기하고 있다.
③ 상대의 말과 행동이 불일치함을 지적하며 해결책을 제시하고 있다.
④ 오래된 것보다 새로운 것을 더 중시하는 삶의 자세를 드러내고 있다.
⑤ 자신과 다른 사람들의 생활을 대조하며 자신의 한가한 모습을 부각하고 있다.

유형 이해

지문에 제시된 정보를 통해 화자의 태도나 정서를 적절하게 파악할 수 있는지를 묻는 문제 유형이다. 최근에는 주로 지문의 일부를 묶어 해당 부분에 나타나는 화자의 태도나 정서를 묻는 방식으로 출제되는데, 해당 내용의 맥락을 고려하여 화자의 행위, 심리, 인물 간의 관계 등을 읽어 낼 수 있어야 한다.

유형 공략

❶ 화자가 처한 상황을 맥락을 고려하여 파악한다.
❷ 화자와 시적 대상의 관계를 통해 제시된 내용의 의미를 파악한다.
❸ 화자가 강조하는 내용을 작품의 주제와 연결하여 심층적으로 이해한다.

정답이 정답인 이유

⑤ [A]에서 화자는 자신과 속세 벼슬아치들의 여름과 겨울의 생활을 대조하며 자신의 편안하고 한가로운 모습을 부각하고 있다.

오답이 오답인 이유

① [A]에 사계절의 변화를 관찰하는 내용은 나타나지 않는다.
② [A]에서 '용면'이라는 송나라 때 화가를 언급하고 있지만, 그의 업적을 회상하며 현실의 덧없음을 환기하는 내용은 찾을 수 없다.
③ [A]에서 상대의 말과 행동이 불일치함을 지적하거나 그와 관련된 해결책을 제시하는 내용은 찾을 수 없다.
④ [A]에서 화자가 편안하고 한가로운 생활을 중시하는 것은 알 수 있으나, 화자가 오래된 것보다 새로운 것을 더 중시하는 삶의 자세를 드러내는 내용은 찾을 수 없다.

닮은꼴 발문 Tip

· 윗글에 따라 ⓐ~ⓔ를 이해한 내용으로 적절하지 <u>않은</u> 것은?

· 윗글을 읽고 ㉠과 ㉡을 비교할 때, 가장 적절한 것은?

· 윗글의 ㉠~㉤에서 알 수 있는 내용으로 적절하지 <u>않은</u> 것은?

소재와 관련하여 내용을 이해하는 유형

04 ⓐ~ⓔ와 관련하여 윗글을 이해한 내용으로 가장 적절한 것은?

① ⓐ에서 화자는 거센 물소리를 들으며 정신적 자극을 받아 속세의 흔적을 씻어 냈다.
② ⓑ에서 화자는 탈속적 공간에 피어난 복숭아꽃의 아름다움을 즐기는 상황을 드러냈다.
③ ⓒ에서 화자는 안개로 인해 앞을 볼 수 없어서 움직임을 멈추고 하늘의 해를 바라보았다.
④ ⓓ에서 화자는 오래전에 제작된 가마솥을 발견하고 그것을 만든 장인의 솜씨를 칭찬했다.
⑤ ⓔ에서 화자는 북소리를 들으며 북소리가 나는 곳으로 빨리 이동해야겠다고 생각했다.

유형 이해

고전 시가에 쓰인 소재를 작품의 내용과 긴밀하게 관련지어 이해하는 문제 유형이다. 주어진 소재들은 작품 속에서 화자가 이동하며 완상하는 장소들로, 화자가 그곳에서 어떤 체험을 하며 어떤 인식을 드러내고 있는가를 정확하게 이해해야 한다.

유형 공략

❶ 화자가 작품 속에서 이동하는 과정과 거치는 장소들을 파악한다.
❷ 각 장소에서 화자의 행동과 인식이 어떻게 형상화되는지 이해한다.
❸ 지문과 선지에 제시된 내용을 비교하며 적절성 여부를 판단한다.

정답이 정답인 이유

② '중략' 이후에서는 주로 화자가 낙은암 주변의 경치를 완상하는 내용을 제시하고 있다. ⓐ~ⓓ는 낙은암 주변 계곡의 경치 좋은 장소이며, ⓔ는 절의 이름이다. '연사에 막대 짚어 무릉계 내려가니 / 양안의 나는 도화 붉은 안개 자욱하다 / 물 위에 뜬 꽃을 손으로 건진 뜻은 / 춘광을 누설하여 세간에 전할세라'를 통해 ⓑ에서 화자는 시냇가 양쪽 기슭에 피어난 복숭아꽃의 아름다움을 마음껏 즐기고 있는 상황임을 알 수 있다. 화자는 ⓑ를 '도화'라는 소재와 연결해 ⓑ가 무릉도원과 같이 탈속적이며 아름다운 곳이라는 생각을 은연중에 암시하고 있다. '춘광을 누설하여 세간에 전할세라'는 복숭아꽃이 하류로 떠내려가서 낙은암 주변의 아름다운 경치가 세상에 알려질까 염려한다는 의미인데, 이는 속세와 떨어진 탈속적 공간에서 아름다운 경치를 즐기고 싶은 마음을 드러낸 것으로 이해할 수 있다.

오답이 오답인 이유

① '옥류폭 노한 물살 돌을 박차 떨어지니'를 통해 화자가 거센 물소리를 듣는 장소는 '옥류폭'이라는 폭포임을 알 수 있다. ⓐ에서 화자가 정신적 자극을 받는 내용은 찾을 수 없고, 이곳에서 화자는 속세의 티끌이 묻은 긴 갓끈을 씻으며 자신의 삶이 유명한 은자인 허유에 뒤지지 않는다는 생각을 드러내고 있다.

③ '단구를 넘어 들어 자연뢰 지나가니 / 향로봉 남은 안개 햇빛에 비치었다'를 통해 ⓒ에 안개가 끼어 있음은 알 수 있으나, 안개로 인해 앞을 볼 수 없어 이동을 멈춘 것은 아니다.

④ '청학동 좁은 길로 선부연 찾아가니 / 반고씨 적 생긴 가마 제작도 공교하다 / 형산에 만든 솥을 뉘라서 옮겨 왔나'는 가마솥 모양의 연못인 선부연에 대해 묘사한 것이지, 화자가 오래된 가마솥을 발견하고, 그것을 만든 장인의 솜씨를 칭찬한 것은 아니다.

⑤ '계산에 취한 흥이 해 지는 줄 잊었는데 / 쌍계암 먼 북소리 갈 길을 재촉하네'는 자연의 아름다움에 몰입하여 해가 지는 시간이 된 줄 몰랐던 화자가 멀리 떨어진 ⓔ에서 울리는 북소리를 듣고 귀가할 시간이 되었음을 깨닫는 상황이다. 그러므로 화자가 ⓔ에 위치한 것이 아니며, 북소리가 나는 곳으로 빨리 이동해야겠다고 생각하는 것도 아니다.

[01~04] 다음 글을 읽고 물음에 답하시오.

(가) 작품 속 인물이 형상화될 때는 당대의 사회적 지배 의식의 영향을 받는다. 고전 소설 속 여성 영웅으로 그려지고 있는 인물들 역시 남성 중심 사회라는 당대의 영향을 받아 형상화되는 경우가 많다. 영웅 소설의 관습에 따라 그려지는 여성 영웅들의 경우 대다수가 남성적인 삶을 영위하는 모습이 형상화될 뿐 자신이 여성으로서 가질 수밖에 없는 사회적 한계에 대한 개선 의지는 드러나지 않는 경우가 많다. 예를 들어, 작품 속 여성 인물들은 남복 후 영웅으로서의 정체성을 가지게 되며, 이러한 정체성 또한 충이라는 당시 남성 사대부 중심 가치관을 반영한 것이 대부분이다. 또한 전장에서의 영웅적 활약이 애정 관계에 있는 남성을 조력하기 위한 것이거나, 남성 인물의 인정을 받는 계기로 작용하기도 한다.

「옥루몽」의 강남홍 역시 여성 영웅으로 분류할 수 있는 인물이다. 그녀는 양창곡에 대한 절개를 지키려다 강물에 빠져 죽을 위기에 놓였지만, 도사에 의해 구조된 후 그로부터 도술, 검술을 전수받아 영웅적 능력을 가지게 된다. 도사의 명을 받고 고국인 명나라에 맞서 영웅적 활약을 펼치지만, 그녀의 능력은 전장에 도원수로 출정한 양창곡과 맞닥뜨린 이후 양창곡을 위해서만 발휘된다. 이러한 면모는 남성 중심 사회에서 여성 영웅으로서의 작품 속 인물이 가질 수밖에 없었던 일종의 한계로 지적되기도 한다.

(나) 홍랑이 다시 공중을 향해 **두 손으로 쌍검을 받고** 바람과 같이 몸을 돌려 말 위에서 춤추며 사방으로 내달리니, 휘날리는 흰 눈이 공중에 나부끼는 듯하고 조각조각 떨어진 꽃잎이 바람 앞에 날리는 듯하더니, 갑자기 한 줄기 푸른 기운이 안개같이 일어나며 사람과 말이 점점 보이지 않더라. 소유경이 크게 놀라 방천극을 들고 동쪽으로 충돌하면 무수한 부용검이 공중에서 떨어져 내려오고, 서쪽으로 충돌해도 무수한 부용검이 공중에서 떨어져 내려오니, 소유경이 허둥지둥해 우러러보니 무수한 부용검이 하늘에 흩어져 있고, 굽어보니 무수한 부용검이 땅에 가득 차 있어 칼날 천지에서 벗어날 길이 없으매, 정신이 혼미하고 진퇴할 길이 없어 마치 구름과 안개 사이에 있는 듯하더라.

소유경이 하늘을 우러러 탄식해, / "내가 어찌 이곳에서 죽을 줄 알았으리오?"

방천극을 들어 푸른 기운을 헤쳐 나가고자 하는데, 갑자기 공중에서 낭랑하게 외치는 소리가 들리더라.

"명나라의 이름난 장수를 내 손으로 죽임은 의리가 아니라. 살길을 마련해 주노니, 장군은 원수에게 돌아가 빨리 대군을 거두어 돌아가도록 아뢰어라."

말을 마치매 푸른 기운이 점차 사라지고, 홍랑이 다시 부용검을 들고 웃으며 바람에 나부끼듯 본진으로 돌아가니, 소유경이 감히 쫓지 못하고 돌아와 양 원수를 뵙고 숨을 헐떡이며 망연자실하더라.

"제가 비록 용렬하나 병서를 여러 줄 읽고 무예를 약간 배워, 전쟁터에 나서면서 겁낸 적이 없고 적을 대해 용맹을 떨쳤나이다. 그런데 오늘 남만 장수는 사람이 아니요 분명 하늘 위의 신으로, 바람같이 빠르고 번개같이 급해 어지럽고 황홀해 헤아리기 어려우니, 붙잡고자 하나 붙잡을 수 없고 도망가고자 하나 피하기 어렵더이다. 사마양저의 병법과 맹분·오획의 용맹이 있더라도 이 장수 앞에서는 소용없을까 하나이다."

양 원수가 이 말을 듣고 매우 근심해,

"오늘은 이미 해가 졌으니 내일 다시 싸우되, 만약 이 장수를 사로잡지 못하면 내가 맹세코 회군하지 않으리라."

(중략)

양 원수가 귀 기울여 들으니 어찌 그 곡조를 모르리오? 여러 장수를 돌아보며,

"옛적에 장자방이 계명산에 올라 퉁소를 불어 초나라 병사들을 흩어지게 했는데, 알지 못하겠도다. 이곳에서 어떤 사람이 능히 이 곡조를 아는고? 내가 어렸을 때 옥피리를 배워 몇 곡조를 기억하니, 이제 마땅히 한 곡조를 시험해 삼군의 처량한 마음을 진정시키리라."

㉠상자에서 옥피리를 꺼내어 장막을 높이 걷고 책상에 기대어 한 곡을 부니, 그 소리가 화평하고 호방해, 마치 봄 물결이 천 리 장강에 흐르는 듯하고, 삼월의 화창한 바람이 아름다운 나무에 불어오는 듯해, 한 번 불매 처량한 마음이 기쁘게 풀어지고, 두 번 불매 호탕한 마음이 저절로 생겨나 군중이 자연히 평온해지더라. 양 원수가 또 음률을 바꾸어 한 곡을 부니, 그 소리가 웅장하고 너그러워 도문의 협객이 축에 맞춰 노래하는 듯하고, 변방에 출전하는 장군이 철기를 울리는 듯하더라. 막하 삼군이 기세가 늠름해져 북을 치고 칼춤을 추며 다시 한번 싸우길 원하니, 양 원수가 웃으며 옥피리 불기를 그치고 다시 군막으로 들어가 몸을 뒤척이며 생각하되,

[A] '내가 천하를 두루 다니며 인재를 다 보지는 못했으나, 오랑캐 땅에 이렇게 뛰어난 인재가 있을 줄 어찌 알았으리오? 남만 장수의 무예와 병법을 보니, 참으로 이 나라의 선비 가운데 그와 견줄 사람이 없고 **천하의 기재**이거늘, 이 밤 옥피리 역시 평범한 사람이 불 수 있는 바가 아니로다. 이는 하늘이 우리 명나라를 돕지 않고 조물주가 나의 큰 공로를 시기해 인재를 내어 남만 왕을 도움이로다.'

잠을 이루지 못하다 군막으로 소사마를 다시 불러 묻기를,

"장군이 어제 진중에서 남만 장수의 용모를 자세히 보았는가?"

소사마가 대답하길,

"가시덤불 속 꽃다운 풀이 분명하고, 기와 조각 속 보석이 완연하니, 잠깐 보았으나 어찌 잊을 수 있으리이까? 당돌한 기상은 이 시대의 영웅이요, 아리따운 태도는 천고의 가인이라. 연약한 허리와 가느다란 눈썹은 남자의 풍모가 적으나, 빼어난 용모와 용맹한 기상 역시 **여자의 자태가 아니니**, 대개 남자로 논한다면 고금에 없는 인재요, 여자로 논한다면 나라와 성을 기울게 할 미인일까 하나이다."

양 원수가 듣고 묵묵히 말이 없더라. 이때 홍랑이 사부의 명으로 **남만 왕을 도우러 왔으나 또한 부모의 나라를 저버리지 못해, ㉡조용히 옥피리를 불어 장자방이 초나라 병사인 강동의 자제들을 흩어지게 한 술법을 본받고자** 함이거늘, 뜻밖에 명나라 진영 안에서도 옥피리로 화답하니, 비록 곡조는 다르나 음률에 차이가 나지 않고, 기상은 현격하게 다르나 뜻에 다름이 없어, 마치 아침 햇살에 빛깔 고운 봉황 암수가 화답함과 같더라. 홍랑이 옥피리 불기를 멈추고 망연자실해 고개를 숙이고 오래 생각하길,

'백운 도사께서 말씀하시길, 이 옥피리가 본디 한 쌍으로 한 개는 문창성*에게 있으니 그대가 고국에 돌아갈 기회가 이 옥피리에 달려 있노라 하셨거늘, 명나라 원수가 어찌 문창성의 성정이 아니리오? 그러나 하늘이 옥피리를 만들되 어찌 한 쌍을 만들었으며, 이미 한 쌍이 있다면 어찌 남북에서 그 짝을 잃게 하여 서로 만남이 이같이 더딘고?'

또 생각하길,

[B] '이 옥피리가 짝이 있다면, 그것을 부는 사람이 분명 짝이 될지라. 하늘이 내려다보시고 밝은 달이 비추시니, 강남홍의 짝이 될 사람은 양 공자 한 분이라. 혹시 조물주가 도우시고 보살께서 자비를 베푸시어 우리 양 공자께서 이제 명나라 진영의 도원수가 되어 오신 것인가? 내가 어제 진영 앞에서 병법을 보았고 오늘 달빛 아래 다시 옥피리 소리를 들으니, 이 세상에 둘도 없는 인재라. 내가 마땅히 내일 도전해 원수의 용모를 자세히 보리라.'

– 남영로, 「옥루몽」

＊**문창성**: 양창곡이 인간 세계에 태어나기 전 선계에서 신선일 때의 이름.

▶ 24051-0031

작품의 내용을 파악하는 유형

01 (나)에 대한 이해로 가장 적절한 것은?

① 소유경은 다른 장수들의 용맹과 병법을 배운다면 자신이 홍랑을 이길 것이라 생각한다.
② 양 원수는 홍랑과의 대결에서 승리해야만 군을 거두어 돌아갈 것이라고 선언한다.
③ 소유경은 전투를 마무리 지으려는 홍랑을 끝까지 쫓지만 시야에서 놓치게 된다.
④ 홍랑은 소유경의 능력이 아직 무르익지 않았다는 이유로 소유경을 놓아준다.
⑤ 홍랑은 옥피리 두 개를 만들어 양 원수와 각각 하나씩 나누어 가졌다.

▶ 24051-0032

특정 어구들 간의 관계를 파악하는 유형

02 ㉠과 ㉡에 대한 설명으로 적절하지 않은 것은?

① ㉠의 주체는 ㉡이 행해진 의도를 파악하고 있다.
② ㉠의 주체는 ㉡의 주체가 가진 능력을 높이 평가한다.
③ ㉠은 ㉡으로 인해 발생한 문제 상황을 해결하기 위해 행해진다.
④ ㉡의 주체는 ㉠으로 인해 자신이 저지른 잘못을 깨닫는다.
⑤ ㉡의 주체는 ㉠을 단서로 특정 인물의 존재를 추측한다.

▶ 24051-0033

인물의 말하기 방식을 파악하는 유형

03 [A]와 [B]를 비교하여 이해한 내용으로 가장 적절한 것은?

① [A]는 곧 인재를 만나게 될 것이라는 '양 원수'의 기대감을, [B]는 '원수'와 같은 인재를 바라보며 '홍랑'이 느끼는 감탄을 부각하고 있다.
② [A]는 '남만 왕'이 인재를 얻게 된 과정에 대한 '양 원수'의 의구심을, [B]는 '양 공자'를 사랑하는 마음에 대한 '홍랑'의 확신을 표현하고 있다.
③ [A]는 인재와 대면하여 무예를 겨루었던 경험에 대한 '양 원수'의 회상을, [B]는 '원수'와의 병법 대결에 대한 '홍랑'의 의지를 나타내고 있다.
④ [A]는 하늘이 자신의 편이 되어 주지 않는 '양 원수'의 답답함을, [B]는 하늘이 맺어 준 짝과 아직 만나지 못한 '홍랑'의 서글픔을 토로하고 있다.
⑤ [A]는 뛰어난 인재가 상대편인 것에 대한 '양 원수'의 안타까움을, [B]는 도원수의 정체를 확인하여 궁금증을 풀고자 하는 '홍랑'의 기대를 드러내고 있다.

외적 준거에 따른 작품 감상의 적절성을 파악하는 유형

▶ 24051-0034

04 **(가)를 바탕으로 (나)의 '홍랑'에 대해 감상한 내용으로 적절하지 않은 것은?**

① '두 손으로 쌍검을 받고' 용맹하게 싸우는 것은, 홍랑이 도술을 익히고 비범한 능력을 갖춘 여성 영웅으로 거듭난 모습을 보여 주는군.

② '남만 왕을 도우러 왔으나 또한 부모의 나라를 저버리지 못'하고 홍랑이 슬퍼하는 것은, 충이라는 남성 중심 사회의 가치관이 반영된 것이군.

③ 홍랑이 '장자방이 초나라 병사인 강동의 자제들을 흩어지게 한 술법을 본받고자' 한 것은, 자신이 사랑하는 양 원수를 돕기 위한 의도로 행한 것이군.

④ 양 원수가 홍랑을 '천하의 기재'라고 평가하는 것은, 소유경과의 전투를 통해 홍랑이 남성 인물의 인정을 받는 계기가 되었음을 보여 주는군.

⑤ '여자의 자태가 아'닌 용모로 전투에 참여한 것은, 홍랑이 여성이라는 성별을 감추고 나서 영웅으로 활약할 수 있었다는 것을 보여 주는군.

02 문학

유형 연습 ④ Zoom In

(가) 「옥루몽」의 강남홍에게서 나타나는 여성 영웅적 면모

해제 고전 소설 속 여성 영웅들은 당대 남성 중심 사회의 영향을 받아 형상화되는 경우가 많다. 예를 들어 남복 후 영웅으로서의 정체성을 가지는데, 이러한 정체성 또한 충이라는 남성 사대부 중심의 가치관을 반영한 것이 대부분이다. 또한 영웅적 활약이 남성을 조력하기 위한 것이거나 남성 인물의 인정을 받는 계기로 작용하는 경우도 많다. 「옥루몽」의 강남홍 역시 여성 영웅으로 분류될 수 있는 인물로서 영웅적 능력을 가지고 전장에서 활약을 펼치지만, 결국 이 능력이 양창곡을 위해서만 발휘된다는 점에서 여성 영웅으로서의 한계로 지적되기도 한다.

주제 「옥루몽」의 강남홍에게서 나타나는 여성 영웅적 면모

구성 • 1문단: 남성 중심 사회의 영향을 받아 형상화된 고전 소설 속 여성 영웅
• 2문단: 「옥루몽」에 나타나는 여성 영웅으로서의 강남홍의 특징

(나) 남영로, 「옥루몽」

해제 이 작품은 19세기에 남영로가 지은 것으로 알려진 고전 소설이다. 총 64회의 회장체로 이루어져 있는 방대한 양의 장편 소설로, 조선 후기 사람들에게 많은 인기를 끌었다. 주인공 양창곡의 영웅적 일대기를 그리고 있는 작품으로, 유교 사상을 바탕으로 하면서도 불교, 도교 사상의 특징이 드러나기도 한다. '현실-꿈-현실'의 환몽 구조가 나타난다는 점에서는 「구운몽」과 밀접한 관련이 있지만, 세속적 삶을 부정적인 것으로 다룬 「구운몽」과는 달리 현실에서의 부귀영화를 긍정하고 있다는 점에서는 차이를 보인다.

주제 양창곡의 영웅적 일대기

전체 줄거리 천상계의 선관이던 문창성이 지상계를 그리워하는 시를 읊고 선녀들과 술을 마시며 유흥을 즐기자, 옥황상제 밑에 있던 신불은 문창성과 선녀들을 인간계로 내려보낸다. 그리하여 문창성은 중국 남쪽의 옥련봉 밑에 사는 양현이라는 처사의 아들 양창곡으로, 다섯 선녀는 각각 윤 소저, 황 소저, 강남홍, 벽성선, 일지련으로 태어나게 된다. 양창곡은 과거에 응시하고자 황성으로 가던 길에 기녀 강남홍을 만나 인연을 맺는다. 강남홍은 양창곡에게 윤 소저를 그의 배필로 추천하고, 자신은 윤 소저의 시녀가 되기를 원하며 윤 소저와 우정을 맺는다. 이 무렵 소주자사 황 공이 강남홍을 탐하려 하자 강남홍은 강물에 몸을 던지는데, 이러한 일이 벌어질 것을 예상한 윤 소저의 도움으로 목숨을 구하고 남쪽 나라에 도착하여 절에 몸을 의탁한다. 한편, 남만이 중국을 침공하자 양창곡은 대원수로 출전하게 되고, 남만의 원수가 되어 있던 강남홍은 적국의 장수로 출전하게 된다. 전장에서 명의 대원수가 양창곡임을 알게 된 강남홍은 명군으로 도망쳐 명의 부원수가 되고 적국은 항복한다. 이후 연왕으로 책봉된 양창곡은 윤 소저, 강남홍을 비롯한 처첩들과 부귀영화를 누리다가 천상계로 돌아간다.

닮은꼴 발문 Tip

- 윗글에서 알 수 있는 내용으로 적절하지 <u>않은</u> 것은?
- 윗글의 내용과 일치하지 <u>않는</u> 것은?
- 윗글에 나타난 등장인물에 대한 설명으로 적절한 것은?

작품의 내용을 파악하는 유형

01 (나)에 대한 이해로 가장 적절한 것은?

① 소유경은 다른 장수들의 용맹과 병법을 배운다면 자신이 홍랑을 이길 것이라 생각한다.
② 양 원수는 홍랑과의 대결에서 승리해야만 군을 거두어 돌아갈 것이라고 선언한다.
③ 소유경은 전투를 마무리 지으려는 홍랑을 끝까지 쫓지만 시야에서 놓치게 된다.
④ 홍랑은 소유경의 능력이 아직 무르익지 않았다는 이유로 소유경을 놓아준다.
⑤ 홍랑은 옥피리 두 개를 만들어 양 원수와 각각 하나씩 나누어 가졌다.

유형 이해

작품의 세부적인 내용을 파악했는지 여부를 확인하는 문제 유형이다. 인물의 심리, 태도, 갈등 관계 등을 파악하기 위해서는 작품의 세부 내용을 파악하는 것이 중요하다. 나아가 인물의 발화, 행동 등을 통해 작품에 드러난 사건의 전개 과정을 이해하도록 한다.

유형 공략

❶ 작품의 전체적인 맥락을 바탕으로 서사의 흐름을 파악한다.
❷ 주요 사건의 흐름을 파악하고 인물 간의 갈등 관계를 파악한다.
❸ 인물의 발화, 행동 등을 통해 사건의 전개를 파악한다.

정답이 정답인 이유

② 양 원수가 "오늘은 이미 해가 졌으니 내일 다시 싸우되, 만약 이 장수를 사로잡지 못하면 내가 맹세코 회군하지 않으리라."라고 말한 것에서 확인할 수 있다.

오답이 오답인 이유

① 소유경은 홍랑과의 대결 후 '사마양저의 병법과 맹분·오획의 용맹이 있더라도 이 장수 앞에서는 소용없을까 하나이다.'라고 말하면서 홍랑의 능력이 그 누구보다 뛰어나 쉽게 이길 수 없음을 이야기한다.
③ 홍랑은 대결에서 열세에 몰린 소유경에게 '명나라의 이름난 장수를 내 손으로 죽임은 의리가 아니'라고 말하면서 소유경을 보내 주고, 소유경은 '감히 쫓지 못하고 돌아'간다.
④ 홍랑은 '명나라의 이름난 장수를 내 손으로 죽임은 의리가 아니'라고 말하며 소유경을 보내 준다.
⑤ 홍랑은 백운 도사로부터 '옥피리가 본디 한 쌍'임을 전해 들었으며, '하늘이 옥피리를 만들되 어찌 한 쌍을 만들었으며'와 같이 생각하고 있다.

특정 어구들 간의 관계를 파악하는 유형

02 ㉠과 ㉡에 대한 설명으로 적절하지 <u>않은</u> 것은?

① ㉠의 주체는 ㉡이 행해진 의도를 파악하고 있다.
② ㉠의 주체는 ㉡의 주체가 가진 능력을 높이 평가한다.
③ ㉠은 ㉡으로 인해 발생한 문제 상황을 해결하기 위해 행해진다.
④ ㉡의 주체는 ㉠으로 인해 자신이 저지른 잘못을 깨닫는다.
⑤ ㉡의 주체는 ㉠을 단서로 특정 인물의 존재를 추측한다.

유형 이해

지문에 제시된 내용을 바탕으로 특정 어구들 간의 관계를 파악하는 문제 유형이다. 이러한 문제 유형을 해결하기 위해서는 지문의 내용을 바탕으로 특정 어구에 담긴 정보를 세밀하게 파악하고, 그 어구의 내용이 작품 안에서 어떤 기능을 하는지 이해해야 한다.

유형 공략

❶ 사건의 전후 맥락을 파악하여 특정 어구의 의미를 이해한다.
❷ 특정 어구의 내용이 사건 전개에 미치는 영향은 무엇인지 파악한다.
❸ 지문의 세부 정보를 이해한 후 어구들 간의 관계를 파악한다.

정답이 정답인 이유

④ 홍랑은 ㉠을 들은 후 '옥피리 불기를 멈추고 망연자실해 고개를 숙이'는데, 이것은 옥피리를 연주하는 사람이 양 원수일지도 모른다는 생각 때문이다. 홍랑이 ㉠을 듣고 자신의 잘못을 깨닫는다는 설명은 적절하지 않다.

오답이 오답인 이유

① ㉠의 주체인 양 원수는 ㉡의 옥피리 소리를 듣고 '옛적에 장자방이 계명산에 올라 퉁소를 불어 초나라 병사들을 흩어지게 했'다고 말하며 누군가 옥피리를 연주한 의도를 알아차린다.
② ㉠의 주체인 양 원수는 '이 밤 옥피리 역시 평범한 사람이 불 수 있는 바가 아니로다.'라고 생각하며 ㉡의 주체인 홍랑의 능력을 높이 평가한다.
③ 양 원수가 ㉠과 같이 옥피리를 부는 것은, '이제 마땅히 한 곡조를 시험해 삼군의 처량한 마음을 진정시키리라.'에서 알 수 있듯이 ㉡의 옥피리 소리로 인해 전의를 상실한 군사들을 다시 독려하기 위한 것이다.
⑤ ㉡의 주체인 홍랑은 ㉠의 옥피리 소리를 듣고 옥피리를 연주하는 사람이 양 원수일지도 모른다고 생각하게 된다.

닮은꼴 발문 Tip

• [A]와 [B]에 대한 평가로 가장 적절한 것은?

• [A]와 [B]의 말하기에 대한 설명으로 적절하지 않은 것은?

• [A]~[E]에 대한 설명으로 적절하지 않은 것은?

인물의 말하기 방식을 파악하는 유형

03 [A]와 [B]를 비교하여 이해한 내용으로 가장 적절한 것은?

① [A]는 곧 인재를 만나게 될 것이라는 '양 원수'의 기대감을, [B]는 '원수'와 같은 인재를 바라보며 '홍랑'이 느끼는 감탄을 부각하고 있다.

② [A]는 '남만 왕'이 인재를 얻게 된 과정에 대한 '양 원수'의 의구심을, [B]는 '양 공자'를 사랑하는 마음에 대한 '홍랑'의 확신을 표현하고 있다.

③ [A]는 인재와 대면하여 무예를 겨루던 경험에 대한 '양 원수'의 회상을, [B]는 '원수'와의 병법 대결에 대한 '홍랑'의 의지를 나타내고 있다.

④ [A]는 하늘이 자신의 편이 되어 주지 않는 '양 원수'의 답답함을, [B]는 하늘이 맺어 준 짝과 아직 만나지 못한 '홍랑'의 서글픔을 토로하고 있다.

⑤ [A]는 뛰어난 인재가 상대편인 것에 대한 '양 원수'의 안타까움을, [B]는 도원수의 정체를 확인하여 궁금증을 풀고자 하는 '홍랑'의 기대를 드러내고 있다.

유형 이해

　인물이 어떠한 방식으로 말하고 어떠한 의도로 행동하는지를 파악하는 문제 유형이다. 이러한 유형을 해결하기 위해서는 인물 간의 갈등 관계, 사건의 진행 양상 등을 파악하여 인물의 말과 행동에 담긴 의미와 의도를 이해해야 한다.

유형 공략

❶ 작품의 세부 내용을 바탕으로 인물의 태도를 파악한다.

❷ 사건의 전후 관계를 통해 인물의 의도를 파악한다.

정답이 정답인 이유

⑤ [A]는 '이는 하늘이 우리 명나라를 돕지 않고 조물주가 나의 큰 공로를 시기해 인재를 내어 남만 왕을 도움이로다.'에서 뛰어난 인재를 얻지 못한 안타까움을 드러내고 있다. [B]는 '이제 명나라 진영의 도원수가 되어 오신 것인가?', '내가 마땅히 내일 도전해 원수의 용모를 자세히 보리라.'에 도원수의 정체를 확인하여 궁금증을 해소하고자 하는 기대가 드러나 있다.

오답이 오답인 이유

① [A]에 '내가 천하를 두루 다니며 인재를 다 보지는 못했'다는 내용이 언급되어 있기는 하지만, 이것이 곧 뛰어난 인재를 만나게 될 것이라는 기대감을 나타내고 있지는 않다. [B]는 '내가 어제 진영 앞에서 병법을 보았고 오늘 달빛 아래 다시 옥피리 소리를 들으니, 이 세상에 둘도 없는 인재라.'에서 원수의 능력이 뛰어남을 언급하고 있지만, 그 인재에 대한 홍랑의 감탄을 부각하고 있는 것이 아니라 도원수의 정체를 확인하고 싶어 하는 마음을 드러내고 있다.

② [A]에 '하늘이 우리 명나라를 돕지 않고 조물주가 나의 큰 공로를 시기해 인재를 내어 남만 왕을' 돕고 있다는 내용이 언급되어 있기는 하지만, 남만 왕이 인재를 얻게 된 과정에 대한 의구심은 드러나 있지 않다. [B]는 '강남홍의 짝이 될 사람은 양 공자 한 분이라.'에서 양 공자를 사랑하는 마음에 대한 확신을 표현하고 있다.

③ [A]의 '오랑캐 땅에 이렇게 뛰어난 인재가 있을 줄 어찌 알았으리오?'에 남만 장수를 뛰어난 인재로 평가한다는 점은 언급되어 있지만, 이는 소유경의 말을 전해 들은 것과 옥피리 소리를 들은 것으로 인한 것이지 대면하여 무예를 겨루었기 때문은 아니다. [B]의 '내가 마땅히 내일 도전해 원수의 용모를 자세히 보리라.'에 원수의 정체를 확인하고 싶어 하는 홍랑의 마음이 드러나 있지만, 이것이 원수와의 병법 대결에 대한 의지를 나타내는 것은 아니다.

④ [A]의 '이는 하늘이 우리 명나라를 돕지 않고 조물주가 나의 큰 공로를 시기해 인재를 내어 남만 왕을 도움이로다.'에서 양 원수는 하늘이 자신을 돕지 않는 상황에 대한 답답함을 토로하고 있다. [B]에서 홍랑은 '하늘이 내려다보시고 밝은 달이 비추시니, 강남홍의 짝이 될 사람은 양 공자 한 분이라.'라고 생각하며 양 공자에 대한 자신의 사랑을 확신하고 있으므로 하늘이 맺어 준 짝과 아직 만나지 못한 서글픔을 토로하고 있다는 설명은 적절하지 않다.

닮은꼴 발문 Tip

- 〈보기〉를 참고하여 [A]를 이해한 내용으로 적절하지 않은 것은?
- 〈보기〉를 바탕으로 ㉠~㉤을 이해한 내용으로 적절하지 않은 것은?
- 〈보기〉를 참고하여 ㉠과 ㉡의 서사적 기능을 이해한 것으로 가장 적절한 것은?

외적 준거에 따른 작품 감상의 적절성을 파악하는 유형

04 (가)를 바탕으로 (나)의 '홍랑'에 대해 감상한 내용으로 적절하지 않은 것은?

① '두 손으로 쌍검을 받고' 용맹하게 싸우는 것은, 홍랑이 도술을 익히고 비범한 능력을 갖춘 여성 영웅으로 거듭난 모습을 보여 주는군.
② '남만 왕을 도우러 왔으나 또한 부모의 나라를 저버리지 못'하고 홍랑이 슬퍼하는 것은, 충이라는 남성 중심 사회의 가치관이 반영된 것이군.
③ 홍랑이 '장자방이 초나라 병사인 강동의 자제들을 흩어지게 한 술법을 본받고자' 한 것은, 자신이 사랑하는 양 원수를 돕기 위한 의도로 행한 것이군.
④ 양 원수가 홍랑을 '천하의 기재'라고 평가하는 것은, 소유경과의 전투를 통해 홍랑이 남성 인물의 인정을 받는 계기가 되었음을 보여 주는군.
⑤ '여자의 자태가 아'닌 용모로 전투에 참여한 것은, 홍랑이 여성이라는 성별을 감추고 나서 영웅으로 활약할 수 있었다는 것을 보여 주는군.

유형 이해

작품을 이해하는 방향과 근거를 제시하는 지문이나 〈보기〉를 활용하여 작품을 해석하고 감상하는 문제 유형이다. 이 문제에서는 (가)가 작품에 대한 배경지식을 담고 있으므로, (가)의 내용을 먼저 정확히 이해한 다음, 그 내용을 바탕으로 인물의 특징 및 사건의 전개 양상을 파악하는 것이 필요하다.

유형 공략

❶ (가)의 내용을 정확하게 파악하여 작품에 대한 배경지식을 활성화한다.
❷ (가)의 내용을 근거로 인물의 특징, 사건의 전개 양상을 파악한다.
❸ (가)의 내용을 분석하여 어떤 요소에 집중하여 작품을 해석할 것인지 확인한다.

정답이 정답인 이유

③ 홍랑은 현재 사부의 명으로 남만 왕을 도우러 온 상황이며 상대측, 즉 양 원수의 군대가 의욕을 잃고 흩어지도록 만들기 위해 옥피리를 불었다. 따라서 홍랑이 '장자방이 초나라 병사인 강동의 자제들을 흩어지게 한 술법을 본받고자' 한 것이 양 원수를 돕기 위한 의도로 행한 것이라는 설명은 적절하지 않다.

오답이 오답인 이유

① (가)의 설명에 따르면 홍랑은 도사로부터 도술, 검술을 전수받아 영웅의 면모를 갖추게 된다. 따라서 홍랑이 '두 손으로 쌍검을 받고' 용맹하게 싸우는 것은 그녀가 여성 영웅으로 거듭난 모습을 보여 준다고 할 수 있다.

② (가)의 설명에 따르면 영웅 소설의 관습에 따라 그려지는 여성 영웅들은 정체성 또한 충이라는 당시 남성 사대부 중심 가치관을 반영한 것이 대부분이다. 따라서 '남만 왕을 도우러 왔으나 또한 부모의 나라를 저버리지 못'하는 홍랑의 모습은 충이라는 남성 중심 사회의 가치관을 반영한 것으로 볼 수 있다.

④ (가)에 따르면 전장에서의 영웅적 활약은 남성 인물의 인정을 받는 계기로 작용하기도 한다. 따라서 양 원수가 홍랑을 '천하의 기재'라고 평가하는 것은, 홍랑이 소유경과의 전투로 인해 양 원수에게 영웅적 면모를 인정받게 된 것으로 볼 수 있다.

⑤ (가)에 따르면 여성 영웅의 경우 대다수가 남성적인 삶을 영위하는 모습으로 형상화되는 경우가 많다. 따라서 '여자의 자태가 아'닌 용모로 홍랑이 전투에 참여한 것은 여성이라는 성별을 감추고 나서야 영웅으로 활약할 수 있었다는 것을 보여 준다고 할 수 있다.

유형 연습 ❺

[01~04] 다음 글을 읽고 물음에 답하시오.

[앞부분 줄거리] 돌쇠는 지렁내 마을에서 지주 어른의 땅을 경작하는 소작농이다. 돌쇠의 할아버지 덤쇠와 아버지 한쇠는 지주 어른의 가문에 예속된 노비로, 위기가 올 때마다 주인을 대신해 헌신했지만 그 대가로 받기로 약속한 노비 문서와 땅문서를 번번이 빼앗겼다. 댐 건설로 인해 마을이 수몰 지구로 선정되자 다른 주민들은 걱정하지만, 돌쇠는 지주 어른에게 받기로 약속한 석산* 땅을 믿고 농사일에 매진하며, 며느리 점순네, 손녀 점순과 함께 틈틈이 석산 땅을 일군다.

점순네: 뭔 소리지유?

돌쇠: 글씨…….

점순네: 공사장 남포* 소리룬 너무 가깐 디서 들리네유.

　점순네, 돌쇠, 일수가 시선을 마주치며 불안해하는데, 또 한 차례 땅이 울린다.

일수: 석산 쪽이유.

점순네: 뭣이여? (벌떡 일어선다.)

　점순네가 고샅*으로 달려가고, 일수는 연초 건조장 탑으로 뛰어 올라가고, 돌쇠는 뒷마당으로 간다.

점순네: 워디여?

일수: (탑에서) 석산이 맞구먼유. 석산에서 먼지가 피어올라유.

점순네: 워디……. 워디…….

일수: 봐유, 땜 공사 허는 오봉산이믄 저쪽인디 바루 배암산 뒤에서 먼지가 오르잖유.

점순네: 틀림없구먼. 이 일을 워치키 헌댜……. 아부님, 뭔 일이래유? 왜 우리 석산꺼정 깬대유? 야?

ⓐ**돌쇠:** (한번 시선을 줄 뿐 대답을 하지 않는다.)

일수: 석산두 바루 골채기*구먼유.

점순네: 뭐여? 그럼 우리 봉답*은 워치키 된 거여……. 잘 봐.

일수: ㉠골채기 양지짝*이 틀림없어유. 양지짝이유.

점순네: 이 일을 워쩌? 양지짝이믄 봇물을 파 논 딘디 거길 깨면 우리 엿 두럭*은 천둥지기두 못 허는 디……. 아부님, 뭔 일이래유? 야? 아부님…….

돌쇠: 봇물은 그대루 남는구먼. 바로 그 원께.

점순네: 봉답허구 봇물은 그대루 남는다구유?

돌쇠: 그려……. 양지짝 위만 깨니께.

점순네: (다행이다 싶어) 야! 그러믄 살았어유! (가슴을 진정시키면서 가까스로 들마루로 다가와서 귀퉁이에 앉는다.)

돌쇠: 점순이가 호미로 돌을 깨는 디여.

점순네: 야? 그럼 우리가 점순이……. (달려가서 아랫방 윗방 문을 열어젖힌다.) 읎어유, 읎구먼유! (툇마루 밑을 본다.) 신발허구 호미가 읎어졌이유. 점순이가 산에 갔이유……. (들마루의 책을 보고) 책은 있는디……. 이 일을 워쩌……. 꼭 산에 갔구먼유, 산에 갔이유…….

일수: (탑에서 내려와) 야, 지가 산엔 가두 좋다구 했어유.

　오토바이가 요란스럽게 달려온다.

점순네: 워쩌……. 점순이가 석산엘 갔는디 남포가 터졌단 말여……. 워쩌……. 이 일을…….

일수: 가 봐야지 워쪄유……. 지가 가 봐야겠구면유……. (달려간다.)

ⓑ점순네: 아부님, 지두 댕겨와야겠어유……. (허둥대며 달려간다.)

　오토바이가 달려와서 급히 멎고, 헬멧 쓴 두 사나이가 어른네로 들어간다. 돌쇠가 불안한 듯 석산 쪽을 바라보다가 들마루에 널려진 뭉뭉의 돈을 물끄러미 바라본다. 석산 쪽에서 사람들의 외침이 들려온다.

소리들: 사고다. 사고여!

　돌쇠가 퍼뜩 그쪽을 본다.

ⓒ소리들: 점순이가 돌에 맞았다! 점순이가 돌에 맞았다!

　돌쇠가 휘청한다. 가까스로 오동나무에 기댄 그가 석산을 향해 뭔가 외치려고 한다. 그러나 소리가 나오지 않아 애를 쓴다. 결국 한마디도 내뱉지 못하고 무릎을 꿇듯 미끄러져 내린다. 무대가 서서히 어두워진다.

Ⅲ-2

　무대가 밝아진다. 낡은 상복을 입은 점순네가 옥돌네 부축으로 툇마루에 걸터앉아서 허공을 바라본다. 돌쇠는 덕근, 진모, 갑석 등 마을 사람과 들마루에 앉아 있다. 점순을 묻고 돌아온 듯 삽, 괭이, 가래 따위가 옆에 놓였다.

(중략)

상만: 내가 안 그러게 됐어? 안 그러게 됐느냔 말여?

덕근: 이 사람아, 그늘루 들어오기나 혀. 들어와서 뭔 말인지 차분하게 혀야 알지.

상만: (그대로) 내가 말여, 집으루 가다가 찬물 내를 건너는디 너무 뜨거워서 시수를 안 혔었어.

덕근: 그려서?

상만: 시수를 허구 난게 시상이 야속허구나, 허는 맴이 들어……. 점순이가 누운 자리래두 한 번 더 볼까 허구 돌아보는디, 글씨…… 석산 골채기에 웬 사람들이 잔뜩 몰켜 있잖겄어.

덕근: 그려서?

상만: 올라갔지. 본께 글씨 읍내 사람들허구 서울 사람들이 스무남은 명은 되게 몰켜 있는디, 저 어르신허구 서울서 높은 디 있는 둘째가 보이드란 말여.

진모: 그려서유?

상만: 읍내 사람 붙잡구 물어본께…… 글씨…… 어르신네가 거기다가 별장을 짓는댜, 별장을 말여.

모두: 뭣이여?

점순네: 아니…… 아저씨…… 우리 봉답 있는 디다가 별장을 짓는다구유?

상만: 그렇다니께.

진모: 그럴 리가 있겄어유……. 아니것지유…….

상만: 나두 기연가 미연가 혀서 달려왔는디, 지금 본께 참말이구면그랴. 가서 보라구. 대문만 남은 거여. 문지방허구 머름*지방 다 뜯구 개와*꺼정 내려놨어.

모두: 뭣이여?

　모두 우르르 달려가 담 너머로 혹은 문틈으로 안을 들여다본다. 돌쇠는 움직이지 않는다. 그들은 엄청난 사실을 확인한 충격과 ⓛ마을을 떠날 때가 눈앞에 닥쳤다는 절박한 현실감에 아무도 말을 꺼내지 못하고, 한 사람씩 두 사람씩 서서히 돌아온다.

상만: 땜에 물이 차면 게가 전망이 젤루 좋다드만, 점순이가 돌에 맞은 것두 땜 공사 남포가 아니구 별장 짓는 남포에 맞은 것이여.

점순네: 몰랐구면유……. 지두 까맣게 몰랐어유……. 지가 어르신네 간 게 엊그젠디 이럴 수가 있대유? 읊쥬?

점순네가 흩어진 보릿대 위에 무너지듯 주저앉고, 옥돌네가 다가가서 말없이 점순네를 끌어안는다. ⓓ침묵이 흐른다.

갑석: 우리두 인전 떠나야 허는디 워디루 간대유…….

돌쇠: (비로소) 쌘 게 산천이구, 쌘 게 논밭인디, 워디 가믄 몸 둘 디 읇것어. (사이) 고향을 떠나는 게 쉰 일이 아니구, 산천마다 주인이 있구, 논밭마다 임자가 있어서 증이나 몸 둘 디 읇으믄…… 내허구 석산 골채기루 가자구. ⓒ음지짝은 몸 둘 수 있으니께…….

덕근: 가만. 돌쇠 자녠 어른이 양지짝으루 간다는 걸 알구 있었구만?

모두의 시선이 돌쇠에게 집중된다.

덕근: 그렇지?

돌쇠: …….

상만: 싸게 말을 혀!

점순네: 아부님…….

돌쇠: 그려.

모두: 뭣이.

돌쇠: 워쩌어……. 주인이 간다는디…….

덕근: 주인?

돌쇠: 우린 문서가 읇어. (사이) 땜에 수문이 꽂히구, 지렁내가 물에 잠기믄 떠나야 허는디, 우리나 어르신네나 마찬가지여.

상만: 예끼 망할 자석! 우리헌틴 말 한마디 읇이 어른네헌티 가세유 가세유 했어?

덕근: 어른네가 양지짝에 별장을 세우믄 돌쇠 자네헌티 음지짝을 줄 것 같은감? 음지짝에 들어가 봉답 떼기 부쳐 먹구살 것 같여?

상만: 속알갱이두 읇어? 달나라 댕겨오구 별나라꺼정 가는 시상이여. 선대가 당헌 원혼을 몰러?

점순네: 아저씨들, 아부님을 너무 닦달허지 마세유. 밭을 살라믄 변두리를 보구, 논을 살라믄 두렁을 보라고 했는디…… 그걸 못 헌 게 한이구먼유.

돌쇠: 내헌티 궁성들 대는 건 괜찮은디, 조상꺼정 말칠렙*시키믄 못써.

상만: 허, 효자 났구먼. 선대가 종살이해서 맹그러 준 땅두 뺏기믄서!

ⓔ돌쇠: 내두 그분들이 워치키 살아오셨는지 알구 있어. 아부지 한쇠 씨가 말짱 얘기허셨구, 내 눈으루다가 똑똑허게 보기두 했응께…….

– 윤조병, 「농토」

* **석산**: 돌이나 바위가 많은 산.
* **남포**: 도화선 장치를 하여 폭발시킬 수 있게 만든 다이너마이트.
* **고샅**: 시골 마을의 좁은 골목길. 또는 골목 사이.
* **골채기**: '골짜기'의 방언.
* **봉답**: 빗물에 의하여서만 벼를 심어 재배할 수 있는 논. 늑 천둥지기, 천수답.
* **양지짝**: 양지쪽. 볕이 잘 드는 쪽.
* **두럭**: '두렁, 두둑'의 방언.
* **머름**: 바람을 막거나 모양을 내기 위해 미닫이 문지방 아래나 벽 아래 중방에 대는 널조각.
* **개와**: 기와로 지붕을 임. 또는 기와.
* **말칠렵**: 말추렴.

▶ 24051-0035

작품의 내용을 파악하는 유형

01 윗글의 인물에 대한 설명으로 가장 적절한 것은?

① '점순'은 별장 공사에 동원되었다가 댐 공사 중에 터진 남포로 인해 돌에 맞았다.
② '상만'은 지주 어른이 석산 봉답이 있는 곳에 별장을 짓기로 했다는 소식을 사람들에게 알리고 있다.
③ '점순네'는 딸의 죽음을 초래한 원인이 '돌쇠'에게 있다며 그를 직접적으로 비난하고 있다.
④ '덕근'은 석산 봉답을 지주 어른에게 빼앗겼다는 사실을 깨닫지 못하는 '돌쇠'를 위로하고 있다.
⑤ '돌쇠'는 지렁내 마을이 수몰될 것이라는 사실을 마을 사람들에게 숨긴 것으로 인해 비난받고 있다.

▶ 24051-0036

외적 준거에 따른 작품 감상의 적절성을 파악하는 유형

02 〈보기〉를 참고할 때, 윗글에 대한 감상으로 적절하지 않은 것은?

┌─ 보기 ┐

「농토」는 지주의 가문에 예속되어 삼대째 소작농을 이어 오고 있는 인물의 가족사를 통해 봉건적 지주의 횡포와 근대화의 미명하에 이루어진 국가적인 사업으로 인해 피폐한 삶을 감내하는 농민들의 삶을 보여 준다. 특히, 신분제에 얽혀 있던 과거를 지나 신분제가 폐지된 작중의 현실에서도 지배·피지배적 관계가 그대로 답습되는 모습이 드러난다. 지배 계층은 피지배층의 죽음에 대한 사과와 애도가 전혀 없으며, 새경으로 피지배층에게 주기로 약속한 토지가 국가 개발로 인해 값이 오르자 땅문서가 자신에게 있다며 도로 빼앗아 버린다. 이는 신분제가 폐지된 이후에도 토지의 소유권, 즉 자본을 이용한 억압과 착취, 수탈이 지속됨을 보여 준다. 이를 통해 험난했던 민족사의 흐름 속에서 사회적 모순을 견디며 살아온 농민들의 비극적인 운명과 그들의 아픔을 형상화하고 있다.

└──────────┘

① '돌쇠' 가족이 '점순'의 죽음을 초래한 주체로부터 사과나 애도를 받지 못한 것은, 비극적인 운명에 노출된 농민 가족의 삶을 보여 주는군.
② '돌쇠'가 마을 사람들이 '석산 골채기'로 이주할 수 있도록 허가하는 것은, 근대화 이후 토지의 소유권에 따라 농민들 사이에도 종속 관계가 생겨남을 보여 주는군.
③ '돌쇠'가 지주 어른을 여전히 '주인'이라고 칭하는 것은, 선대부터 이어진 신분제의 관행에 얽매여 지배·피지배적 관계에서 벗어나지 못하고 있음을 보여 주는군.
④ '댐 공사'로 인해 '지렁내' 마을이 수몰 지역이 되는 것은, 근대화의 일환인 국가적인 사업 때문에 피폐한 삶을 감내해야 하는 농민들의 처지를 보여 주는군.
⑤ '돌쇠'가 석산 봉답의 소유권을 보장받을 '문서'가 없어 지주 어른의 요구를 들어주고 마는 것은, 신분제가 철폐된 후에도 자본을 이용한 착취와 수탈이 지속되고 있음을 보여 주는군.

▶ 24051-0037

03 ㉠~㉢을 이해한 내용으로 가장 적절한 것은?

① '돌쇠'와 달리, '점순네'는 ㉠에 대한 소유권을 포기하지 않고 있다.

② 마을 사람들은 ㉡을 떠나야 한다는 사실 때문에 지주 어른을 원망하고 있다.

③ ㉠에 파 놓은 '봇물'은 ㉢에 세워질 지주 어른의 별장을 가꾸기 위한 용도이다.

④ '상만'이 들은 바에 따르면 ㉠이 ㉢에 비해 전망이 더 좋은 곳으로 간주되고 있다.

⑤ 지주 어른이 ㉠에 머물고 '돌쇠'가 ㉢에 머물기로 한 것은 '돌쇠'가 지주 어른에게 먼저 제안한 내용이다.

▶ 24051-0038

04 윗글을 무대에서 상연한다고 했을 때, ⓐ~ⓔ에 대한 연출 계획으로 적절하지 <u>않은</u> 것은?

① ⓐ: 예견된 일이 발생한 것이므로 담담한 표정으로 연기하도록 배우에게 요구해야겠어.

② ⓑ: 딸에 대한 걱정과 초조함, 불안감이 드러나는 연기를 하도록 배우에게 요구해야겠어.

③ ⓒ: 예상치 못한 사고로 인한 놀람과 다급함이 묻어나는 목소리를 내도록 연출해야겠어.

④ ⓓ: 정보를 전달하는 '상만'을 의심하는 사람들의 표정이 잘 드러나도록 연출해야겠어.

⑤ ⓔ: 조상들의 안타까운 삶을 떠올리면서 씁쓸한 어조로 말하도록 배우에게 요구해야겠어.

02 문학

유형 연습 ❺ Zoom In

◆ 윤조병, 「농토」

해제 이 작품은 윤조병 작가의 농민극 3부작 중 하나로, 우리나라 농촌 사회의 현실과 농사꾼들의 삶을 사실적으로 묘사한 희곡이다. 소작농으로 삼대째 지주 어른의 가문에서 노비 생활을 하고 있는 돌쇠네는 동학 혁명, 일제 강점, 6·25 전쟁 등의 역사적 시련을 겪으면서 지주 어른의 횡포에도 농토에 정을 주며 농사일에 파묻혀 살아간다. 지주 어른의 배신으로 농토를 빼앗겼음에도 그에 저항하지 못하는 돌쇠의 모습을 통해 당대 농민들의 비극적인 운명과 농촌의 사회 구조적인 모순이 강조된다. 산업화 시대의 도시와 농촌의 격차 확대, 정부의 개발 사업으로 인한 삶의 터전 상실, 그로 인한 농민들의 참상과 고달픔을 드러내고 있다.

주제 근대화의 폐해와 농촌의 사회 구조적 모순 및 지주의 횡포 고발

전체 줄거리 돌쇠 가문은 할아버지 덤쇠 때부터 아버지 한쇠, 아들 돌쇠에 이르기까지 150년간 삼대에 걸쳐서 지주 어른 가문의 노비로 살면서 위기가 올 때마다 지주 어른을 대신하여 헌신하였다. 그때마다 지주 어른의 가문은 돌쇠 가문에게 노비 문서와 땅문서를 주기로 약속하며 회유하였으나, 위기가 지나간 뒤에는 그 문서들을 다시 빼앗는 일을 반복하였다. 돌쇠는 지주 어른에게 받기로 약속한 석산 땅을 일구어 봉답을 마련하고자 한다. 그러던 중 돌쇠의 아들이 죽고 손자 창열이 도회지로 나간 뒤 실종된다. 댐 공사가 진행되면서 돌쇠가 살고 있던 지렁내 마을이 수몰 지구로 선정되었다는 소식이 들려오자 점순네는 전전긍긍한다. 돌쇠는 지주 어른으로부터 석산을 깨서 둑을 쌓는 데 사용하기로 했다는 이야기를 전해 듣는다. 점순네의 딸 점순은 도회지에서 술집을 전전하던 끝에 실어증에 걸려 돌아오고, 점순네는 점순을 회복시키고자 해골 물을 마시게 하는 등 미신에 집착한다. 어느 날, 점순은 혼자 석산에 올라갔다가 남포가 터지면서 떨어진 돌에 맞아 죽는다. 점순의 장례를 마치고 모인 마을 사람들은 상만으로부터 지주 어른이 석산 봉답 있는 자리에 별장을 짓기로 했다는 얘기를 전해 듣는다. 점순이 죽은 이유와 돌쇠가 할아버지 때부터 일궈 온 석산을 빼앗기는 것이 모두 지주 어른의 별장을 짓는 것에서 비롯되었음을 알게 된 마을 사람들은 분노하고, 지주 어른에게 복수를 하고자 무기를 든다. 그때 청년 일수로부터 수문이 건설되어 곧 마을로 물이 들어찰 것이라는 경고를 들은 마을 사람들은 절규하고, 돌쇠는 다시 지주 어른의 밑에 들어가 소작농으로 살아가려고 한다.

닮은꼴 발문 Tip

• 윗글의 내용과 일치하는 것은?

• 윗글의 내용에 대한 이해로 가장 적절한 것은?

• 윗글에서 알 수 있는 내용으로 가장 적절한 것은?

작품의 내용을 파악하는 유형

01 윗글의 인물에 대한 설명으로 가장 적절한 것은?

① '점순'은 별장 공사에 동원되었다가 댐 공사 중에 터진 남포로 인해 돌에 맞았다.

② '상만'은 지주 어른이 석산 봉답이 있는 곳에 별장을 짓기로 했다는 소식을 사람들에게 알리고 있다.

③ '점순네'는 딸의 죽음을 초래한 원인이 '돌쇠'에게 있다며 그를 직접적으로 비난하고 있다.

④ '덕근'은 석산 봉답을 지주 어른에게 빼앗겼다는 사실을 깨닫지 못하는 '돌쇠'를 위로하고 있다.

⑤ '돌쇠'는 지렁내 마을이 수몰될 것이라는 사실을 마을 사람들에게 숨긴 것으로 인해 비난받고 있다.

유형 이해

　인물의 상황, 심리, 태도를 비롯하여 작품의 전반적인 내용을 파악했는지를 확인하는 문제 유형이다. 서술자가 존재하지 않는 극 문학은 사건의 흐름을 파악하는 것이 중요하므로, 사건의 전개 과정을 파악하여 작품의 전체적인 맥락을 이해하도록 해야 한다.

유형 공략

❶ 사건의 전개 과정과 그에 따른 상황을 파악한다.

❷ 인물의 행동, 성격, 심리를 정확하게 파악한다.

❸ 선지에 제시된 정보가 글의 내용에 부합하는지를 확인한다.

정답이 정답인 이유

② '중략' 이후의 장면에서 상만은 점순을 매장한 곳을 둘러보려다가 지주 어른을 포함한 여러 명이 몰려 있는 것을 목격한다. 이 과정에서 읍내 사람에게서 지주 어른이 석산 봉답이 있는 곳에 별장을 지으려고 집을 옮기고 있다는 소식을 전해 듣고, 이를 마을 사람들에게 알리고 있다.

오답이 오답인 이유

① '점순이가 돌에 맞은 것두 땜 공사 남포가 아니구 별장 짓는 남포에 맞은 것'이라는 상만의 말을 통해 점순은 댐 공사 중에 터진 남포가 아니라 지주 어른의 별장을 짓는 중에 터진 남포로 인해 죽었음을 확인할 수 있다. 또한 점순이 지주 어른의 별장 공사에 동원되었다는 근거도 확인할 수 없다.

③ 점순네는 상만을 통해 자기 딸의 죽음이 별장 공사 중에 터진 남포 때문임을 알게 되었다. 그러므로 점순의 죽음을 초래한 원인이 돌쇠에게 있다고 보지 않았다. 더불어 '아부님을 너무 닦달허지 마세유. 밭을 살라믄 변두리를 보구, 논을 살라믄 두렁을 보라고 했는디…… 그걸 못 헌 게 한이구먼유.'라는 점순네의 말을 통해 점순네가 돌쇠를 직접적으로 비난하고 있다고 볼 수 없다.

④ 덕근은 '어른네가 양지짝에 별장을 세우믄 돌쇠 자네헌티 음지짝을 줄 것 같은감? 음지짝에 들어가 봉답 떼기 부쳐 먹구살 것 같여?'라며 자신의 토지인 석산 봉답을 지주 어른에게 빼앗기고도 저항하지 않는 돌쇠의 어리석음을 비난하고 있을 뿐, 위로한다고 볼 수 없다.

⑤ '앞부분 줄거리'를 통해 마을 사람들은 이미 댐 건설로 인해 지렁내 마을이 수몰될 것이라는 사실을 알고 있었음을 확인할 수 있다. 또한 돌쇠는 지주 어른이 자신의 토지인 석산 양지짝에 별장을 짓도록 하였는데, 마을 사람들은 조상들이 지켜 온 땅을 빼앗긴 돌쇠의 어리석음을 비난하고 있는 것이다. 따라서 돌쇠는 지렁내 마을이 수몰될 것이라는 사실을 마을 사람들에게 숨긴 것으로 인해 비난받고 있다고 볼 수 없다.

외적 준거에 따른 작품 감상의 적절성을 파악하는 유형

02 〈보기〉를 참고할 때, 윗글에 대한 감상으로 적절하지 않은 것은?

─ 보기 ─

「농토」는 지주의 가문에 예속되어 삼대째 소작농을 이어 오고 있는 인물의 가족사를 통해 봉건적 지주의 횡포와 근대화의 미명하에 이루어진 국가적인 사업으로 인해 피폐한 삶을 감내하는 농민들의 삶을 보여 준다. 특히, 신분제에 얽혀 있던 과거를 지나 신분제가 폐지된 작중의 현실에서도 지배·피지배적 관계가 그대로 답습되는 모습이 드러난다. 지배 계층은 피지배층의 죽음에 대한 사과와 애도가 전혀 없으며, 새경으로 피지배층에게 주기로 약속한 토지가 국가 개발로 인해 값이 오르자 땅문서가 자신에게 있다며 도로 빼앗아 버린다. 이는 신분제가 폐지된 이후에도 토지의 소유권, 즉 자본을 이용한 억압과 착취, 수탈이 지속됨을 보여 준다. 이를 통해 험난했던 민족사의 흐름 속에서 사회적 모순을 견디며 살아온 농민들의 비극적인 운명과 그들의 아픔을 형상화하고 있다.

① '돌쇠' 가족이 '점순'의 죽음을 초래한 주체로부터 사과나 애도를 받지 못한 것은, 비극적인 운명에 노출된 농민 가족의 삶을 보여 주는군.

② '돌쇠'가 마을 사람들이 '석산 골채기'로 이주할 수 있도록 허가하는 것은, 근대화 이후 토지의 소유권에 따라 농민들 사이에도 종속 관계가 생겨남을 보여 주는군.

③ '돌쇠'가 지주 어른을 여전히 '주인'이라고 칭하는 것은, 선대부터 이어진 신분제의 관행에 얽매여 지배·피지배적 관계에서 벗어나지 못하고 있음을 보여 주는군.

④ '땜 공사'로 인해 '지렁내' 마을이 수몰 지역이 되는 것은, 근대화의 일환인 국가적인 사업 때문에 피폐한 삶을 감내해야 하는 농민들의 처지를 보여 주는군.

⑤ '돌쇠'가 석산 봉답의 소유권을 보장받을 '문서'가 없어 지주 어른의 요구를 들어주고 마는 것은, 신분제가 철폐된 후에도 자본을 이용한 착취와 수탈이 지속되고 있음을 보여 주는군.

유형 이해

작품의 배경지식에 해당하는 〈보기〉에 대한 이해를 바탕으로 주어진 지문을 적절하게 감상하였는지를 묻는 문제 유형이다. 이러한 유형을 해결하기 위해서는 〈보기〉가 제시하는 해석의 관점을 올바르게 파악한 뒤, 이를 적용하여 작품 속 인물 및 사건의 양상을 파악해야 한다.

유형 공략

❶ 〈보기〉의 관점을 파악하여 작품에 대한 배경지식을 활성화한다.

❷ 〈보기〉의 관점을 적용하여 작품의 전체 맥락을 이해한다.

❸ 이해한 작품의 전체 맥락과 선지의 감상 내용을 비교하여 선지의 적절성 여부를 판단한다.

정답이 정답인 이유

② '우린 문서가 없어.'라는 돌쇠의 말과 '선대가 종살이해서 맹그러 준 땅두 뺏기믄서!'라는 상만의 말을 통해, 돌쇠가 석산의 소유권을 지니지 못했음을 알 수 있다. 따라서 토지의 소유권에 따라 돌쇠와 마을 사람들 사이에 종속 관계가 생겼다고 볼 수 없다. 돌쇠는 마을을 떠나야 한다는 말에 '내허구 석산 골채기루 가자구.'라고 말하며 마을 사람들을 이끄는 모습을 보이고 있을 뿐이다.

오답이 오답인 이유

① 점순의 죽음은 돌쇠의 석산을 빼앗은 지주 어른의 별장 공사에서 비롯된 것이고, 지주 어른은 이에 대해 사과하거나 애도하지 않는다. 즉 돌쇠네는 지주 어른으로 인해 토지와 자손을 모두 잃음으로써 비극적인 운명에 노출된 농민 가족의 삶을 보여 준다고 할 수 있다.

③ '선대가 종살이해서 맹그러 준 땅두 뺏기믄서!'라는 상만의 말을 통해, 돌쇠 가문이 지주 어른 가문의 노비로서 오랜 시간 지배·피지배적 관계를 맺어 왔음을 알 수 있다. 따라서 돌쇠가 지주 어른을 '주인'이라 칭하는 것은, 선대부터 이어진 신분제의 관행에 얽매여 있음을 보여 준다고 할 수 있다.

④ '우리두 인전 떠나야 허는디 워디루 간대유……'라는 갑석의 말을 통해 '땜 공사'로 인해 '지렁내' 마을이 수몰 지역이 되면서 마을 주민들은 정착할 곳도 찾지 못한 채 고향을 떠나야 할 위기에 처했음을 알 수 있다. 이는, 근대화의 미명하에 이루어진 국가적인 사업인 댐 건설로 인해 거주지를 잃고 피폐한 삶을 감내해야 하는 농민들의 처지를 보여 준다고 할 수 있다.

⑤ 〈보기〉에 따르면 작중 현실은 제도적으로는 신분적 차별이 사라진 시기이다. 그런데 석산 땅에 대한 소유권을 보장받지 못한 돌쇠는 지주 어른의 요구를 들어줄 수밖에 없는 처지이다. 즉 '토지의 소유권'으로 상징되는 자본을 지닌 지배 계층의 횡포에 순응하는 돌쇠의 모습을 통해, 신분제가 폐지된 이후에도 자본을 이용한 착취와 수탈이 지속되고 있음을 보여 준다고 할 수 있다.

닮은꼴 발문 Tip

· ㉠~㉢에 대한 설명으로 가장 적절한 것은?

· [A]를 고려하여 ㉠~㉢의 의미를 이해한 내용으로 가장 적절한 것은?

· 윗글의 맥락을 고려할 때, ㉠~㉢의 의미로 가장 적절한 것은?

작품의 맥락을 파악하는 유형

03 ㉠~㉢을 이해한 내용으로 가장 적절한 것은?

① '돌쇠'와 달리, '점순네'는 ㉠에 대한 소유권을 포기하지 않고 있다.
② 마을 사람들은 ㉡을 떠나야 한다는 사실 때문에 지주 어른을 원망하고 있다.
③ ㉠에 파 놓은 '봇물'은 ㉢에 세워질 지주 어른의 별장을 가꾸기 위한 용도이다.
④ '상만'이 들은 바에 따르면 ㉠이 ㉢에 비해 전망이 더 좋은 곳으로 간주되고 있다.
⑤ 지주 어른이 ㉠에 머물고 '돌쇠'가 ㉢에 머물기로 한 것은 '돌쇠'가 지주 어른에게 먼저 제안한 내용이다.

유형 이해

사건의 전개 양상 및 인물의 발화 의도를 파악하여 공간의 의미 및 공간에 대한 인물의 태도를 파악하도록 하는 문제 유형이다. 이러한 유형을 해결하기 위해서는 작중 상황 및 인물들의 발화 내용을 정확하게 파악한 뒤에, 이를 활용하여 해당 공간의 의미와 그와 관련된 인물의 태도 및 심리를 추론하는 것이 중요하다.

유형 공략

❶ 사건의 전개 양상을 파악하여 공간의 의미를 파악한다.
❷ 인물의 발화 내용 및 의도를 파악하여 공간과 관련된 인물의 태도 및 심리를 파악한다.
❸ 작품의 전체적인 맥락에 대한 이해를 바탕으로 공간과 관련된 선지의 내용을 판단한다.

정답이 정답인 이유

④ '땜에 물이 차면 게가 전망이 젤루 좋다드만'이라는 상만의 말을 통해, ㉠이 주변 풍경을 볼 수 있는 전망이 좋아서 그곳에 지주 어른이 별장을 지으려고 하는 것임을 알 수 있다. 즉 상만이 들은 바에 따르면 ㉠이 ㉢에 비해 전망이 더 좋은 곳으로 간주되고 있다고 볼 수 있다.

오답이 오답인 이유

① 점순네는 돌쇠가 지주 어른의 요구로 ㉠을 내주었음을 밝힌 이후에 '아부님을 너무 닦달허지 마세유. 밭을 살라믄 변두리를 보구, 논을 살라믄 두렁을 보라고 했는디…… 그걸 못 헌 게 한이구먼유.'라고 말하면서 체념하는 모습을 보이고 있다.

② 마을 사람들은 고향인 ㉡에 정착하고자 하는 소망이 좌절된 원인이 국가가 추진하는 '땜 공사' 때문임을 알고 있다. 따라서 고향을 떠나야 한다는 것 때문에 지주 어른을 원망하는 것은 아니다.

③ '양지짝이믄 봇물을 파 논 딘디 거길 깨믄 우리 엿 두럭은 천둥지기두 못 허는디…….'라는 점순네의 말을 통해 '양지짝'에 만든 '봇물'은 석산 봉답에 쓰려는 용도임을 알 수 있다. 따라서 ㉠에 파 놓은 '봇물'이 지주 어른의 별장을 가꾸기 위한 용도로 만들어진 것이라고 볼 수 없다.

⑤ '워쩌어……. 주인이 간다는디…….'라는 돌쇠의 말을 통해, 지주 어른이 돌쇠에게 먼저 ㉠으로 이주하겠다고 말했음을 짐작할 수 있다. 즉 돌쇠가 지주 어른에게 ㉠을 내주고 자신이 ㉢으로 이주하려는 것은 지주 어른의 일방적인 결정에 따른 결과임을 알 수 있다. 따라서 돌쇠가 먼저 지주 어른에게 ㉠에 머물라고 제안했다고 볼 수 없다.

닮은꼴 발문 Tip

- 윗글을 공연할 때, ㉮에 대한 연출자의 지시로 적절하지 <u>않</u>은 것은?
- 윗글을 영상으로 만든다고 할 때, 감독의 연출 계획으로 적절하지 <u>않</u>은 것은?
- 〈보기〉를 고려하여 윗글을 무대에서 상연한다고 했을 때, ㉠~㉤에 대한 연출 계획으로 적절하지 <u>않</u>은 것은?

연출 계획의 적절성을 파악하는 유형

04 윗글을 무대에서 상연한다고 했을 때, ⓐ~ⓔ에 대한 연출 계획으로 적절하지 <u>않</u>은 것은?

① ⓐ: 예견된 일이 발생한 것이므로 담담한 표정으로 연기하도록 배우에게 요구해야겠어.
② ⓑ: 딸에 대한 걱정과 초조함, 불안감이 드러나는 연기를 하도록 배우에게 요구해야겠어.
③ ⓒ: 예상치 못한 사고로 인한 놀람과 다급함이 묻어나는 목소리를 내도록 연출해야겠어.
④ ⓓ: 정보를 전달하는 '상만'을 의심하는 사람들의 표정이 잘 드러나도록 연출해야겠어.
⑤ ⓔ: 조상들의 안타까운 삶을 떠올리면서 씁쓸한 어조로 말하도록 배우에게 요구해야겠어.

유형 이해

작품의 갈래가 희곡임을 고려하여, 작품을 무대에서 상연하는 경우에 연출자의 연출 계획이 적절한지를 파악하는 문제 유형이다. 등장인물의 심리, 태도, 사건의 흐름을 고려하여 배우의 행동이나 어조, 효과음 등이 작품 내용에 적합한지를 판단해야 한다.

유형 공략

❶ 사건의 전개 양상을 파악한다.
❷ 제시된 상황에서 등장인물의 심리 및 태도를 파악한다.
❸ 사건의 전개 양상 및 등장인물의 심리 등을 고려하여 연출 계획의 적절성을 판단한다.

정답이 정답인 이유

④ '그럴 리가 있겠어유⋯⋯. 아니것지유⋯⋯.'라는 진모의 말을 통해, 처음에는 마을 사람들이 지주 어른이 석산 골짜기의 '양지짝'에 별장을 짓는다는 상만의 말을 믿지 못하였음을 알 수 있다. 그러다가 지주 어른의 가옥을 허물고 있는 상황을 직접 보고서 상만의 말이 사실임을 깨닫고 충격을 받는다. 따라서 충격을 받아 기가 막혀 아무 말도 하지 못하는 장면으로 연출하는 것이 적절하므로, 정보를 전달하는 상만을 의심하는 표정이 드러나도록 하는 것은 적절하지 않다.

오답이 오답인 이유

① 돌쇠는 자신이 소유한 석산 봉답 '양지짝'에 별장을 지을 지주 어른의 계획을 이미 알고 있었기 때문에 다른 인물들과 다르게 석산에서 들리는 남포 소리에 놀라거나 궁금해하지 않는다. 따라서 돌쇠 역의 배우가 담담한 표정을 지으며 연기하도록 요구하는 것은 적절하다.
② 석산에서 남포가 터진 뒤에, 점순네는 점순이 산에 올라간 것을 확인하며 '워쩌⋯⋯.'라는 말을 반복하며 산에 올라가려고 한다. 즉 남포가 터진 상황에서 점순의 안전을 걱정하는 어머니로서의 모습이 드러나는 대목이다. 따라서 점순네 역의 배우에게 딸에 대한 걱정과 초조함, 불안감이 드러나는 연기를 하도록 요구하는 것은 적절하다.
③ 석산에서 터진 남포로 인해 점순이 돌에 맞아 죽는 것은 석산 인부들 어느 누구도 예상하지 못한 사건이다. 따라서 놀람과 다급함이 묻어나는 목소리를 내도록 연출하는 것은 적절하다.
⑤ '선대가 당헌 원혼을 몰러?', '선대가 종살이해서 맹그러 준 땅두 뺏기믄서!'라는 상만의 말은 돌쇠의 조상들이 고통을 인내하며 힘겹게 땅을 소유하게 되었음을 알려 준다. 이에 대해 '내두 그분들이 워치키 살아오셨는지 알구 있어.'라고 한 돌쇠의 말은 상만의 말에 동의하는 것이다. 따라서 돌쇠 역의 배우가 노비이자 소작농으로 힘겹게 살았던 조상들의 안타까운 삶을 떠올리며 씁쓸한 어조로 말하는 것은 적절하다.

03 언어

유형 연습 ①

▶ 24052-0039

01

음운 체계와 음운 변동을 연계한 유형

〈보기〉는 음운 체계와 관련지어 음운 변동을 학습하는 수업의 한 장면이다. ㉠에 들어갈 말로 가장 적절한 것은?

> **보기**
>
> 학생: 선생님, 비음화의 예로 '곡물'의 'ㄱ'이 'ㅁ' 앞에서 [ㅇ]으로 발음되어 [공물]로 발음되는 것을 들 수 있는데, 혹시 'ㄱ'이 'ㅁ'이나 'ㄴ'으로 발음되는 경우는 없을까요? 'ㅁ'과 'ㄴ'도 비음이잖아요.
>
> 선생님: 좋은 질문이에요. 음운 변동은 음운 체계와 관련지어 이해해야 하는 경우가 많아요. 다음 표를 보고 '걷는'의 'ㄷ'은 [ㄴ]으로 발음되고, '집문서'의 'ㅂ'은 [ㅁ]으로 발음되는 이유와 관련지어 한번 생각해 봐요.
>
> | 조음 위치
조음 방법 | 양순음
(입술소리) | 치조음
(잇몸소리) | 연구개음
(여린입천장소리) |
> | --- | --- | --- | --- |
> | 파열음 | ㅂ | ㄷ | ㄱ |
> | 비음 | ㅁ | ㄴ | ㅇ |
>
> 학생: 아, 그러니까 파열음이 비음의 영향을 받을 때, (㉠   ).
>
> 선생님: 맞아요. 그러니까 'ㄱ'이 비음화가 될 때 'ㅁ'이나 'ㄴ'으로 발음되는 경우는 없는 거예요.

① 치조음이 연구개음으로 바뀌는군요
② 연구개음이 양순음으로 바뀌는군요
③ 조음 위치와 조음 방법이 모두 바뀌는군요
④ 조음 위치는 바뀌지 않고 조음 방법만 바뀌는군요
⑤ 조음 방법은 바뀌지 않고 조음 위치만 바뀌는군요

▸ 24052-0040

02 〈보기〉는 음절 구조의 유형 및 음절 구조의 변동에 관한 학습 활동이다. A와 B에 해당하는 것을 찾아 바르게 짝지은 것은?

> 보기
>
> 국어의 음절은 크게 네 가지 유형의 구조로 실현된다.
>
> a. 모음
> b. 자음 + 모음
> c. 모음 + 자음
> d. 자음 + 모음 + 자음
>
> 그런데 어떤 단어에서 연음이 일어나면 앞 음절과 뒤 음절의 음절 구조 유형이 바뀐다. 음운 변동이 일어나도 음절 구조 유형이 바뀌는 경우가 있다. 다음 단어들을 연음이나 음운 변동에 의해 음절 구조 유형이 바뀐 음절이 있는 말과 그렇지 않은 말로 나누어 보자.
>
> | ㉠ 압정 | ㉡ 잡일 | ㉢ 축하 | ㉣ 많지만 | ㉤ 겉늙은 |
>
> • 음절 구조 유형이 바뀐 음절이 있는 말: (　　　　A　　　　)
> • 음절 구조 유형이 바뀐 음절이 없는 말: (　　　　B　　　　)

	A	B
①	㉠, ㉡	㉢, ㉣, ㉤
②	㉡, ㉢	㉠, ㉣, ㉤
③	㉡, ㉤	㉠, ㉢, ㉣
④	㉠, ㉢, ㉤	㉡, ㉣
⑤	㉡, ㉢, ㉤	㉠, ㉣

유형 연습 ❶ Zoom In

닮은꼴 발문 Tip

• 다음 음운 체계와 음운 변동에 관한 학습 활동에서 학생의 대답으로 적절한 것은?

• 〈보기〉는 자음 체계를 확인하는 수업의 한 장면이다. 빈칸에 들어갈 말로 적절한 것은?

• 〈보기〉의 [A]에 들어갈 말로 적절한 것은?

음운 체계와 음운 변동을 연계한 유형

01 〈보기〉는 음운 체계와 관련지어 음운 변동을 학습하는 수업의 한 장면이다. ㉠에 들어갈 말로 가장 적절한 것은?

> **보기**
>
> 학생: 선생님, 비음화의 예로 '곡물'의 'ㄱ'이 'ㅁ' 앞에서 [ㅇ]으로 발음되어 [공물]로 발음되는 것을 들 수 있는데, 혹시 'ㄱ'이 'ㅁ'이나 'ㄴ'으로 발음되는 경우는 없을까요? 'ㅁ'과 'ㄴ'도 비음이잖아요.
> 선생님: 좋은 질문이에요. 음운 변동은 음운 체계와 관련지어 이해해야 하는 경우가 많아요. 다음 표를 보고 '걷는'의 'ㄷ'은 [ㄴ]으로 발음되고, '집문서'의 'ㅂ'은 [ㅁ]으로 발음되는 이유와 관련지어 한번 생각해 봐요.
>
> | 조음 위치
조음 방법 | 양순음
(입술소리) | 치조음
(잇몸소리) | 연구개음
(여린입천장소리) |
> |---|---|---|---|
> | 파열음 | ㅂ | ㄷ | ㄱ |
> | 비음 | ㅁ | ㄴ | ㅇ |
>
> 학생: 아, 그러니까 파열음이 비음의 영향을 받을 때, (　　　　　㉠　　　　　).
> 선생님: 맞아요. 그러니까 'ㄱ'이 비음화가 될 때 'ㅁ'이나 'ㄴ'으로 발음되는 경우는 없는 거예요.

① 치조음이 연구개음으로 바뀌는군요
② 연구개음이 양순음으로 바뀌는군요
③ 조음 위치와 조음 방법이 모두 바뀌는군요
④ 조음 위치는 바뀌지 않고 조음 방법만 바뀌는군요
⑤ 조음 방법은 바뀌지 않고 조음 위치만 바뀌는군요

유형 이해

음운 변동 중 자음의 변동을 음운 체계와 관련지어 이해하고 있는지를 묻는 문제 유형이다. 자음의 변동이 조음 위치와 관련된 것인지, 조음 방법과 관련된 것인지를 잘 파악해야 한다.

유형 공략

❶ 해당 예에서 어떤 음운이 어떤 음운으로 바뀌었는지를 파악한다.
❷ 바뀌기 전 음운과 바뀐 후 음운의 조음 위치와 조음 방법을 확인한다.
❸ 변동의 원인이 조음 위치에 있는지, 조음 방법에 있는지를 생각해 본다.

정답이 정답인 이유

④ '걷는'에서는 'ㄷ → [ㄴ]'의 음운 변동이 일어난다. 이때 'ㄷ'과 'ㄴ'의 조음 위치는 모두 '치조음'인데, 조음 방법만 파열음에서 비음으로 바뀌었다. '집문서'에서는 'ㅂ → [ㅁ]'의 음운 변동이 일어난다. 이때 'ㅂ'과 'ㅁ'은 모두 양순음이므로 조음 위치는 바뀌지 않고 조음 방법만 파열음에서 비음으로 바뀌었다.

오답이 오답인 이유

① 'ㄱ'은 치조음이 아니므로 적절하지 않은 진술이다.
② 'ㅇ'은 양순음이 아니므로 적절하지 않은 진술이다.
③ 'ㄱ'과 'ㅇ'의 조음 위치는 같다. 곧 조음 위치는 바뀌지 않았으므로 적절하지 않은 진술이다.
⑤ 조음 위치가 바뀐 것이 아니라 조음 방법이 바뀐 것이므로 적절하지 않은 진술이다.

닮은꼴 발문 Tip

• 〈보기〉의 음절 구조에 관한 학습 활동 결과를 바르게 짝지은 것은?

• ㉠~㉣의 음절 구조와 같지 않은 것은?

• 〈보기〉는 음절 구조를 확인하는 학습 활동이다. 빈칸에 들어갈 말로 적절한 것은?

음절 구조의 유형과 음운 변동을 이해하고 있는지를 묻는 유형

02 〈보기〉는 음절 구조의 유형 및 음절 구조의 변동에 관한 학습 활동이다. A와 B에 해당하는 것을 찾아 바르게 짝지은 것은?

┌─ 보기 ┐

국어의 음절은 크게 네 가지 유형의 구조로 실현된다.

a. 모음
b. 자음 + 모음
c. 모음 + 자음
d. 자음 + 모음 + 자음

그런데 어떤 단어에서 연음이 일어나면 앞 음절과 뒤 음절의 음절 구조 유형이 바뀐다. 음운 변동이 일어나도 음절 구조 유형이 바뀌는 경우가 있다. 다음 단어들을 연음이나 음운 변동에 의해 음절 구조 유형이 바뀐 음절이 있는 말과 그렇지 않은 말로 나누어 보자.

| ㉠ 압정 | ㉡ 잡일 | ㉢ 축하 | ㉣ 많지만 | ㉤ 겉늙은 |

• 음절 구조 유형이 바뀐 음절이 있는 말: (A)
• 음절 구조 유형이 바뀐 음절이 없는 말: (B)

	A	B
①	㉠, ㉡	㉢, ㉣, ㉤
②	㉡, ㉢	㉠, ㉣, ㉤
③	㉡, ㉤	㉠, ㉢, ㉣
④	㉠, ㉢, ㉤	㉡, ㉣
⑤	㉡, ㉢, ㉤	㉠, ㉣

유형 이해

국어의 음절 구조를 표기 측면이 아니라 소리 측면에서 파악할 수 있는지를 묻는 문제 유형이다. 음절은 소리 단위이므로 발음을 기준으로 음절 구조를 파악해야 한다.

유형 공략

❶ 표기 기준으로 제시된 예의 음절 구조 유형을 파악한다.
❷ 각 예의 표준 발음을 글자로 정확히 쓰고, 그 음절 구조 유형을 파악한다.
❸ 표기 기준의 음절 구조 유형과 표준 발음으로 써진 글자의 음절 구조 유형을 비교한다.

정답이 정답인 이유

⑤ ㉠: '압정'의 발음은 [압쩡]이다. 음절 구조 유형이 바뀐 음절이 없다.

㉡: '잡일'의 발음은 [잠닐]이다. 둘째 음절에 'ㄴ'이 첨가되어 둘째 음절의 음절 구조 유형이 바뀌었다. 곧 'd + c'의 음절 구조 유형에서 'd + d'의 음절 구조 유형으로 바뀌었다.

㉢: '축하'의 발음은 [추카]이다. 첫째 음절의 종성 'ㄱ'과 둘째 음절의 초성 'ㅎ'이 축약되어 둘째 음절의 초성 'ㅋ'으로 발음되므로, 첫째 음절의 음절 구조 유형이 바뀌었다. 곧 'd + b'의 음절 구조 유형에서 'b + b'의 음절 구조 유형으로 바뀌었다.

㉣: '많지만'의 발음은 [만ː치만]이다. 첫째 음절의 종성 'ㅎ'과 둘째 음절의 초성 'ㅈ'이 축약되어 둘째 음절의 초성 'ㅊ'으로 발음되었으나, 첫째 음절의 종성인 'ㄴ'은 그대로 있으므로 음절 구조 유형은 바뀐 것이 없다.

㉤: '겉늙은'의 발음은 [건늘근]이다. '늙은'의 'ㄱ'이 뒤 음절로 연음됨으로써 셋째 음절의 음절 구조 유형이 바뀌었다. 곧 'd + d + c'의 음절 구조 유형에서 'd + d + d'의 음절 구조 유형으로 바뀌었다.

따라서 ㉡, ㉢, ㉤은 A에 해당하고, ㉠, ㉣은 B에 해당한다.

유형 연습 ❷

어근과 어간의 개념을 파악할 수 있는지를 묻는 유형

▶ 24052-0041

01 〈보기〉의 ㉠~㉤에 대한 분석으로 적절한 것은?

┌ 보기 ┐

　　어근은 어떤 단어에서 실질적인 의미를 나타내는 중심 부분이고, 어간은 용언의 활용에서 변하지 않는 부분이다. 어근은 접사와 결합하고, 어간은 어미와 결합하는 차이도 있다. 예를 들어 '짓밟다'에서 '밟-'은 단어의 실질적인 의미를 나타내는 중심 부분으로 접사 '짓-'과 결합하므로 어근이고, '짓밟-'은 '짓밟아, 짓밟고, 짓밟으니'와 같은 활용에서 변하지 않는 부분으로 어미와 결합하므로 어간이다. ㉠~㉤을 분석하여 어근과 어간을 분류해 보자.

| ㉠ 익히다 | ㉡ 맞먹다 | ㉢ 덧대다 | ㉣ 굶주리다 | ㉤ 들볶다 |

		어근	어간
①	㉠	익히-	익히-
②	㉡	맞-, 먹-	먹-
③	㉢	대-	덧대-
④	㉣	굶-	주리-
⑤	㉤	들-, 볶-	들볶-

▶ 24052-0042

02 조사의 쓰임을 파악할 수 있는지를 묻는 유형

〈보기〉는 조사의 쓰임을 확인하기 위해 수집한 자료이다. ㉠~㉤의 밑줄 친 조사에 대한 설명으로 적절하지 <u>않은</u> 것은?

┌ 보기 ┐

㉠ 당국<u>에서</u> 새로운 경제 정책을 폈다.
㉡ 물이 얼음<u>이</u> 되었다.
㉢ 새<u>야</u> 새<u>야</u> 파랑새<u>야</u>.
㉣ 오늘<u>까지만</u> 등산을 해.
㉤ 개는 늑대<u>와</u> 비슷하다.

① ㉠: '에서'는 주격 조사로 쓰였다.
② ㉡: '이'는 보격 조사로 쓰였다.
③ ㉢: '야'는 호격 조사로 쓰였다.
④ ㉣: '까지'는 부사격 조사로 쓰였다.
⑤ ㉤: '와'는 부사격 조사로 쓰였다.

▶ 24052-0043

03 어미의 종류와 쓰임을 파악할 수 있는지를 묻는 유형

〈보기〉의 ㉠~㉢에 대한 이해로 적절하지 <u>않은</u> 것은?

┌ 보기 ┐

선생님: 우리는 지난 시간에 어미의 종류에 대해 공부했어요. 어미는 위치에 따라 선어말 어미와 어말 어미로 나뉘고, 어말 어미는 다시 기능에 따라 종결 어미, 연결 어미, 전성 어미로 나뉜다는 것 기억하지요? 다음 문장에서 어미를 먼저 정확히 분석해 보고, 사용된 어미의 종류에 대해 설명해 봅시다.

• 이 약을 미리 먹었으면, 병이 벌써 ㉠<u>나았겠다</u>.
• 도서관이 ㉡<u>가까웠으므로</u> 쉽게 책을 빌려 보았다.
• 맑게 ㉢<u>갠</u> 하늘을 보자 발걸음이 더욱 가벼워졌다.

① ㉠: 두 개의 선어말 어미가 쓰였군.
② ㉠: 어말 어미로 종결 어미가 쓰였군.
③ ㉡: 모두 세 개의 어미가 쓰였군.
④ ㉡: 어말 어미로 연결 어미가 쓰였군.
⑤ ㉢: 하나의 전성 어미가 쓰였군.

유형 연습 ❷ Zoom In

닮은꼴 발문 Tip

• 〈보기〉를 참고할 때, 밑줄 친 부분에 대한 분석으로 적절한 것은?

• 〈보기〉를 바탕으로 ㉠, ㉡에 해당하는 예를 바르게 짝지은 것은?

• 〈보기〉를 참고할 때, ㉠~㉤을 탐구한 내용으로 적절하지 않은 것은?

어근과 어간의 개념을 파악할 수 있는지를 묻는 유형

01 〈보기〉의 ㉠~㉤에 대한 분석으로 적절한 것은?

┌─ 보기 ─────────────────────────────────┐

어근은 어떤 단어에서 실질적인 의미를 나타내는 중심 부분이고, 어간은 용언의 활용에서 변하지 않는 부분이다. 어근은 접사와 결합하고, 어간은 어미와 결합하는 차이도 있다. 예를 들어 '짓밟다'에서 '밟-'은 단어의 실질적인 의미를 나타내는 중심 부분으로 접사 '짓-'과 결합하므로 어근이고, '짓밟-'은 '짓밟아, 짓밟고, 짓밟으니'와 같은 활용에서 변하지 않는 부분으로 어미와 결합하므로 어간이다. ㉠~㉤을 분석하여 어근과 어간을 분류해 보자.

| ㉠ 익히다 | ㉡ 맞먹다 | ㉢ 덧대다 | ㉣ 굶주리다 | ㉤ 들볶다 |

└──────────────────────────────────────┘

		어근	어간
①	㉠	익히-	익히-
②	㉡	맞-, 먹-	먹-
③	㉢	대-	덧대-
④	㉣	굶-	주리-
⑤	㉤	들-, 볶-	들볶-

유형 이해

어근과 어간을 정확히 분석할 수 있는지를 묻는 문제 유형이다. 어근과 어간의 개념을 정확하게 이해하여 이들을 분석할 수 있어야 한다.

유형 공략

❶ 어근과 어간의 개념을 정확히 알고 단어를 올바르게 분석한다.

❷ 어근은 단어의 실질적인 의미를 나타내고 접사와 결합함을 안다.

❸ 어간은 용언의 활용에서 변하지 않는 부분으로 어미와 결합함을 안다.

정답이 정답인 이유

③ '덧대다'에서 '대-'는 단어의 실질적인 의미를 나타내고 접사 '덧-'과 결합하므로 어근이고, '덧대-'는 '덧대어, 덧대고, 덧대니'와 같은 활용에서 변하지 않는 부분으로 어미와 결합하므로 어간이다. 따라서 어근을 '대-'로 분석하고, 어간을 '덧대-'로 분석한 것은 적절하다.

오답이 오답인 이유

① '익히다'에서 '익-'은 단어의 실질적인 의미를 나타내고 접사 '-히-'와 결합하므로 어근이고, '익히-'는 '익혀, 익히고, 익히니'와 같은 활용에서 변하지 않는 부분으로 어미와 결합하므로 어간이다. 따라서 어근을 '익히-'로 분석한 것은 적절하지 않다.

② '맞먹다'에서 '먹-'은 단어의 실질적인 의미를 나타내고 접사 '맞-'과 결합하므로 어근이고, '맞먹-'은 '맞먹어, 맞먹고, 맞먹으니'와 같은 활용에서 변하지 않는 부분으로 어미와 결합하므로 어간이다. 따라서 어근을 '맞-'으로 분석한 것이나 어간을 '먹-'으로 분석한 것은 적절하지 않다.

④ '굶주리다'는 '굶-'과 '주리-'가 결합된 합성어로 '굶-'과 '주리-'가 모두 실질적인 의미를 나타내는 어근이고, '굶주리-'는 '굶주려, 굶주리고, 굶주리니'와 같은 활용에서 변하지 않는 부분으로 어미와 결합하므로 어간이다. 따라서 어근을 '굶-'만으로 분석한 것이나 어간을 '주리-'로 분석한 것은 적절하지 않다.

⑤ '들볶다'에서 '볶-'은 단어의 실질적인 의미를 나타내고 접사 '들-'과 결합하므로 어근이고, '들볶-'은 '들볶아, 들볶고, 들볶으니'와 같은 활용에서 변하지 않는 부분으로 어미와 결합하므로 어간이다. 따라서 어근을 '들-'로 분석한 것은 적절하지 않다.

조사의 쓰임을 파악할 수 있는지를 묻는 유형

02 〈보기〉는 조사의 쓰임을 확인하기 위해 수집한 자료이다. ㉠~㉤의 밑줄 친 조사에 대한 설명으로 적절하지 **않은** 것은?

> ┌ 보기 ┐
> ㉠ 당국에서 새로운 경제 정책을 폈다.
> ㉡ 물이 얼음이 되었다.
> ㉢ 새야 새야 파랑새야.
> ㉣ 오늘까지만 등산을 해.
> ㉤ 개는 늑대와 비슷하다.

① ㉠: '에서'는 주격 조사로 쓰였다.
② ㉡: '이'는 보격 조사로 쓰였다.
③ ㉢: '야'는 호격 조사로 쓰였다.
④ ㉣: '까지'는 부사격 조사로 쓰였다.
⑤ ㉤: '와'는 부사격 조사로 쓰였다.

유형 이해

체언에 결합하는 조사를 분석하고, 조사의 특성을 올바르게 이해하고 있는지를 확인하는 문제 유형이다. 특정한 격을 나타내는 격 조사의 쓰임을 정확히 이해하고, 조사들 간의 결합 관계를 올바르게 설명할 수 있어야 한다.

유형 공략

❶ 격 조사의 쓰임을 정확히 파악한다.
❷ 조사들의 결합형을 올바르게 분석한다.
❸ 개별 격 조사로 쓰일 수 있는 단어가 무엇인지 안다.

정답이 정답인 이유

④ ㉣에서 조사 '까지'는 '오늘'에 결합하여 어떤 일에 관련되는 범위의 끝임을 나타내는 보조사로 쓰였고, '만'은 '오늘까지'에 결합하여 역시 보조사로 쓰였다. 따라서 '까지'가 부사격 조사로 쓰였다는 진술은 적절하지 않다.

오답이 오답인 이유

① 조사 '에서'는 앞말이 행위가 이루어지고 있는 장소임을 나타내는 부사격 조사로 쓰이는 경우가 많지만, ㉠에서와 같이 단체를 나타내는 명사 뒤에 붙어 앞말이 주어임을 나타내는 주격 조사로 쓰이기도 한다. 따라서 ㉠의 '에서'가 주격 조사로 쓰였다는 진술은 적절하다.

② 조사 '이'는 ㉡에서의 '물이'의 '이'처럼 주격 조사로 쓰이기도 하지만, '얼음이'의 '이'처럼 보격 조사로 쓰이기도 한다. 따라서 ㉡에서 '이'가 보격 조사로 쓰였다는 진술은 적절하다.

③ 조사 '야'는 받침 없는 체언 뒤에 붙어 손아랫사람이나 짐승 따위를 부를 때 쓰는 호격 조사로 쓰인다. 따라서 ㉢에서 '야'가 호격 조사로 쓰였다는 진술은 적절하다.

⑤ 조사 '와'는 둘 이상의 사물이나 사람을 같은 자격으로 이어 주는 접속 조사로 쓰이기도 하지만, ㉤에서와 같이 다른 것과 비교하거나 기준으로 삼는 대상임을 나타내는 부사격 조사로 쓰이기도 한다. 따라서 ㉤에서 '와'가 부사격 조사로 쓰였다는 진술은 적절하다.

닮은꼴 발문 Tip

- 〈보기〉를 참고할 때, 어미의 쓰임을 적절하게 구분한 것은?
- 〈보기〉의 ㉠~㉤에서 분석되는 어미에 대한 설명으로 적절한 것은?
- 〈보기〉의 ㉠에 들어갈 어미로 적절한 것은?

> 어미의 종류와 쓰임을 파악할 수 있는지를 묻는 유형
>
> **03** 〈보기〉의 ㉠~㉢에 대한 이해로 적절하지 <u>않은</u> 것은?
>
> ┌ 보기 ┐
>
> 선생님: 우리는 지난 시간에 어미의 종류에 대해 공부했어요. 어미는 위치에 따라 선어말 어미와 어말 어미로 나뉘고, 어말 어미는 다시 기능에 따라 종결 어미, 연결 어미, 전성 어미로 나뉜다는 것 기억하지요? 다음 문장에서 어미를 먼저 정확히 분석해 보고, 사용된 어미의 종류에 대해 설명해 봅시다.
>
> - 이 약을 미리 먹었으면, 병이 벌써 ㉠<u>나았겠다</u>.
> - 도서관이 ㉡<u>가까웠으므로</u> 쉽게 책을 빌려 보았다.
> - 맑게 ㉢<u>갠</u> 하늘을 보자 발걸음이 더욱 가벼워졌다.
>
> ① ㉠: 두 개의 선어말 어미가 쓰였군.
> ② ㉠: 어말 어미로 종결 어미가 쓰였군.
> ③ ㉡: 모두 세 개의 어미가 쓰였군.
> ④ ㉡: 어말 어미로 연결 어미가 쓰였군.
> ⑤ ㉢: 하나의 전성 어미가 쓰였군.

유형 이해

용언의 활용형에서 어미를 정확하게 구분하고, 그 기능을 올바르게 이해하고 있는지를 확인하는 문제 유형이다. 개별 어미를 정확히 분석하고 기능에 따라 어미를 구분할 수 있어야 한다.

유형 공략

❶ 용언의 활용형에서 어미를 정확히 분석한다.
❷ 어미를 선어말 어미와 어말 어미로 구분한다.
❸ 어말 어미를 종결 어미, 연결 어미, 전성 어미로 구분한다.

정답이 정답인 이유

③ ㉡ '가까웠으므로'에서는 어간 '가깝-', 선어말 어미 '-었-', 어말 어미 '-으므로'가 분석된다. 따라서 모두 세 개의 어미가 쓰였다는 진술은 적절하지 않다.

오답이 오답인 이유

① ㉠ '나았겠다'에서는 어간 '낫-', 선어말 어미 '-았-'과 '-겠-', 어말 어미 '-다'가 분석된다. 따라서 두 개의 선어말 어미가 쓰였다는 진술은 적절하다.

② ㉠ '나았겠다'에서 어말 어미 '-다'는 종결 어미로 쓰이고 있다. 따라서 어말 어미로 종결 어미가 쓰였다는 진술은 적절하다.

④ ㉡ '가까웠으므로'에서 어말 어미 '-으므로'는 연결 어미로 쓰이고 있다. 따라서 어말 어미로 연결 어미가 쓰였다는 진술은 적절하다.

⑤ ㉢ '갠'에서는 어간 '개-', 어말 어미 '-ㄴ'이 분석된다. 어말 어미 '-ㄴ'은 전성 어미 중 하나인 관형사형 어미로 쓰이고 있다. 따라서 하나의 전성 어미가 쓰였다는 진술은 적절하다.

유형 연습 ❸

▶ 24052-0044

절과 절의 의미 관계를 묻는 유형

01 앞 절과 뒤 절의 의미 관계가 〈보기〉의 ⊙과 ⓒ의 의미 관계와 가장 유사한 것은?

┌ 보기 ┐

종속적으로 연결된 이어진문장에서는 앞 절이 뒤 절에 대해 '시간적으로 앞섬.', '배경 상황 설명', '목적/의도', '조건/가정', '이유/원인', '양보', '동시 상황' 등의 일정한 의미를 나타낸다. 예컨대 '-ㄴ데'는 앞 절이 뒤 절에 대해 배경 상황을 설명하는 의미임을 나타낸다.

例 ⊙어제 집에 가는데 ⓒ아주 이상한 장면을 목격했어.

① 광화문 광장에 가 보니 사람이 아주 많이 모였더라.
② 앞으로 힘든 일이 있더라도 결코 용기를 잃지 마라.
③ 그 형이 그렇게 마음에 들거든 용감하게 고백해 봐.
④ 큰언니는 파티 때 입을 옷을 사려고 백화점에 갔다.
⑤ 성진이는 밤새 책을 읽느라고 잠을 한숨도 못 잤다.

▶ 24052-0045

서술어의 자릿수를 파악할 수 있는지를 묻는 유형

02 밑줄 친 말이 〈보기〉의 ⓐ에 해당하는 예로 적절하지 <u>않은</u> 것은?

┌ 보기 ┐

서술어의 자릿수는 서술어의 기능 및 의미에 의해 결정된다. 그래서 간혹 다의어에서 ⓐ어떤 서술어가 의미에 따라 서로 다른 자릿수를 가지기도 한다. 예를 들어 '멈추다'는 '차가 멈추었다.'와 같이 사물이 스스로 움직임을 그친다는 뜻의 문장에서는 한 자리 서술어이고, '나는 차를 멈추었다.'와 같이 다른 사물의 움직임을 그치게 한다는 뜻의 문장에서는 두 자리 서술어이다.

① 이 방은 책을 읽기에 너무 <u>어둡다</u>.
　선생님께서는 통계 처리에 <u>어둡다</u>.
② 수리를 하니까 자동차 바퀴가 잘 <u>돈다</u>.
　지구가 태양을 <u>돈다</u>는 사실은 진리이다.
③ 그는 황무지를 녹지로 <u>만들었다</u>.
　동생이 종이로 인형을 <u>만들었다</u>.
④ 마법사가 주문을 외우자 돌이 저절로 <u>움직였다</u>.
　아무리 힘을 써도 그는 돌을 <u>움직일</u> 수 없었다.
⑤ 나는 누나가 남긴 떡을 다 <u>먹었다</u>.
　이 옷감에는 풀이 빳빳하게 <u>먹었다</u>.

상대 높임의 등급과 종결 표현의 종류를 파악할 수 있는지를 묻는 유형

▶ 24052-0046

03 〈보기〉는 종결 표현을 학습하는 수업의 한 장면이다. [A]에 들어갈 말로 적절하지 않은 것은?

┃ 보기 ┃

선생님: 종결 표현은 대체로 종결 어미에 의해 결정되는데, 이때 상대 높임의 등급까지 함께 결정돼요. 문장의 종결 표현과 상대 높임의 여섯 등급을 결정하는 종결 어미들은 다음 표의 각 빈칸에 자기 자리가 있어요. 어느 자리에 어떤 종결 어미가 위치하는지는 외우는 것이 아니고 한국인으로서 우리말에 대한 직관에 따라 판단하는 것이에요. 그럼 '읽다'의 어간에 적절한 종결 어미를 붙여 ㉠~㉤에 들어갈 활용형을 말해 볼까요?

		평서문	의문문	명령문	청유문	감탄문
격식체	하십시오체	㉠				
	하오체			㉡		
	하게체				㉢	
	해라체					㉣
비격식체	해요체					
	해체		㉤			

학생: 네, 선생님. (　　　[A]　　　)가 들어갑니다.

① ㉠에는 '읽습니다' 　　　　② ㉡에는 '읽는구려'
③ ㉢에는 '읽으세' 　　　　　　④ ㉣에는 '읽는구나'
⑤ ㉤에는 '읽어'

유형 연습 ❸ Zoom In

닮은꼴 발문 Tip

- 〈보기〉의 밑줄 친 연결 어미에 대한 설명으로 적절하지 <u>않은</u> 것은?
- 〈보기〉를 바탕으로 연결 어미의 쓰임을 탐구한 활동의 결과로 적절한 것은?
- 〈보기〉의 ㉠~㉤에서 분석되는 연결 어미에 대한 설명으로 적절한 것은?

절과 절의 의미 관계를 묻는 유형

01 앞 절과 뒤 절의 의미 관계가 〈보기〉의 ㉠과 ㉡의 의미 관계와 가장 유사한 것은?

> ┌ 보기 ┐
>
> 종속적으로 연결된 이어진문장에서는 앞 절이 뒤 절에 대해 '시간적으로 앞섬.', '배경 상황 설명', '목적/의도', '조건/가정', '이유/원인', '양보', '동시 상황' 등의 일정한 의미를 나타낸다. 예컨대 '–ㄴ데'는 앞 절이 뒤 절에 대해 배경 상황을 설명하는 의미임을 나타낸다.
>
> ㉮ ㉠어제 집에 가는데 ㉡아주 이상한 장면을 목격했어.

① 광화문 광장에 가 보니 사람이 아주 많이 모였더라.
② 앞으로 힘든 일이 있더라도 결코 용기를 잃지 마라.
③ 그 형이 그렇게 마음에 들거든 용감하게 고백해 봐.
④ 큰언니는 파티 때 입을 옷을 사려고 백화점에 갔다.
⑤ 성진이는 밤새 책을 읽느라고 잠을 한숨도 못 잤다.

유형 이해

종속적으로 연결된 이어진문장에서 앞 절과 뒤 절의 의미 관계를 파악할 수 있는지를 묻는 문제 유형이다. 앞 절과 뒤 절을 잇는 연결 어미가 나타내는 의미를 파악할 수 있어야 한다.

유형 공략

❶ 앞 절의 의미를 파악하고, 뒤 절의 의미를 파악한다.
❷ 앞 절과 뒤 절의 의미 관계를 파악한다.
❸ 〈보기〉에 제시된 연결 어미의 다양한 의미 중 적절한 것을 결정한다.

정답이 정답인 이유

① 연결 어미 '–니'는 어떤 사실을 먼저 진술하고, 그것을 배경 상황으로 하여 그와 관련된 사실을 이어서 설명할 때 사용된다. 이는 〈보기〉의 '–ㄴ데'가 '배경 상황 설명'의 의미를 나타내는 것과 가장 유사하다.

오답이 오답인 이유

② 이 예문에서 '–더라도'는 앞 절의 상황에도 불구하고 뒤 절의 행동을 주문하고 있음을 나타내므로 '양보'의 의미에 해당한다.
③ 이 예문에서 '–거든'은 '–(으)면'과 같은 의미를 가지므로 '조건/가정'의 의미에 해당한다.
④ 이 예문에서 '–려고'는 큰언니가 백화점에 간 목적을 나타내므로 '목적/의도'의 의미에 해당한다.
⑤ 이 예문에서 '–느라고'는 밤새 잠을 한숨도 못 잔 이유가 책을 읽는 행위 때문임을 나타내므로 '이유/원인'에 해당한다.

닮은꼴 발문 Tip

• 〈보기〉의 밑줄 친 부분에 해당하는 예로 가장 적절한 것은?

• 〈보기〉의 ㉠, ㉡에 각각 해당하는 문장으로 적절하지 <u>않은</u> 것은?

• 밑줄 친 부분의 서술어가 서로 다른 자릿수로 쓰인 것은?

서술어의 자릿수를 파악할 수 있는지를 묻는 유형

02 밑줄 친 말이 〈보기〉의 ⓐ에 해당하는 예로 적절하지 <u>않은</u> 것은?

> **보기**
>
> 서술어의 자릿수는 서술어의 기능 및 의미에 의해 결정된다. 그래서 간혹 다의어에서 ⓐ어떤 서술어가 의미에 따라 서로 다른 자릿수를 가지기도 한다. 예를 들어 '멈추다'는 '차가 멈추었다.'와 같이 사물이 스스로 움직임을 그친다는 뜻의 문장에서는 한 자리 서술어이고, '나는 차를 멈추었다.'와 같이 다른 사물의 움직임을 그치게 한다는 뜻의 문장에서는 두 자리 서술어이다.

① 이 방은 책을 읽기에 너무 어둡다.
　선생님께서는 통계 처리에 어둡다.
② 수리를 하니까 자동차 바퀴가 잘 <u>돈다</u>.
　지구가 태양을 <u>돈다</u>는 사실은 진리이다.
③ 그는 황무지를 녹지로 <u>만들었다</u>.
　동생이 종이로 인형을 <u>만들었다</u>.
④ 마법사가 주문을 외우자 돌이 저절로 <u>움직였다</u>.
　아무리 힘을 써도 그는 돌을 <u>움직일</u> 수 없었다.
⑤ 나는 누나가 남긴 떡을 다 <u>먹었다</u>.
　이 옷감에는 풀이 빳빳하게 <u>먹었다</u>.

유형 이해

　서술어의 의미와 서술어의 자릿수 사이의 관계를 파악할 수 있는지를 묻는 문제 유형이다. 서술어의 의미에 따라 서술어의 자릿수가 달라질 수 있다는 것에 유의해야 한다.

유형 공략

❶ 각 선지의 두 예문에서 서술어의 의미가 같은지 다른지를 확인한다.
❷ 각 선지의 두 예문에서 서술어의 자릿수가 같은지 다른지를 확인한다.
❸ 각 선지의 두 예문에서 서술어의 의미와 서술어의 자릿수가 모두 다른 예를 제외한다.

정답이 정답인 이유

⑤ 위 예문의 '먹다'는 '음식 따위를 입을 통하여 배 속에 들여보내다.'라는 뜻으로서 두 자리 서술어이고, 아래 예문의 '먹다'는 '바르는 물질이 배어들거나 고루 퍼지다.'라는 뜻으로서 두 자리 서술어이다. 의미는 다르지만 자릿수는 같다.

오답이 오답인 이유

① 위 예문의 '어둡다'는 '빛이 없어 밝지 아니하다.'라는 뜻으로서 한 자리 서술어이고, 아래 예문의 '어둡다'는 '어떤 분야에 대하여 잘 알지 못하다.'라는 뜻으로서 두 자리 서술어이다. 서술어의 의미가 다른 데 따라 자릿수도 달라졌다.

② 위 예문의 '돌다'는 '물체가 일정한 축을 중심으로 원을 그리면서 움직이다.'라는 뜻으로서 한 자리 서술어이고, 아래 예문의 '돌다'는 '무엇의 주위를 원을 그리면서 움직이다.'라는 뜻으로서 두 자리 서술어이다. 서술어의 의미가 다른 데 따라 자릿수도 달라졌다.

③ 위 예문의 '만들다'는 '무엇이 되게 하다.'라는 뜻으로서 세 자리 서술어이고, 아래 예문의 '만들다'는 '노력이나 기술 따위를 들여 목적하는 사물을 이루다.'라는 뜻으로서 두 자리 서술어이다. 서술어의 의미가 다른 데 따라 자릿수도 달라졌다.

④ 위 예문의 '움직이다'는 '멈추어 있던 자세나 자리가 바뀌다.'라는 뜻으로서 한 자리 서술어이고, 아래 예문의 '움직이다'는 '멈추어 있던 자세나 자리를 바꾸다.'라는 뜻으로서 두 자리 서술어이다. 서술어의 의미가 다른 데 따라 자릿수도 달라졌다.

상대 높임의 등급과 종결 표현의 종류를 파악할 수 있는지를 묻는 유형

03 〈보기〉는 종결 표현을 학습하는 수업의 한 장면이다. [A]에 들어갈 말로 적절하지 않은 것은?

┌ 보기 ┐

선생님: 종결 표현은 대체로 종결 어미에 의해 결정되는데, 이때 상대 높임의 등급까지 함께 결정돼요. 문장의 종결 표현과 상대 높임의 여섯 등급을 결정하는 종결 어미들은 다음 표의 각 빈칸에 자기 자리가 있어요. 어느 자리에 어떤 종결 어미가 위치하는지는 외우는 것이 아니고 한국인으로서 우리말에 대한 직관에 따라 판단하는 것이에요. 그럼 '읽다'의 어간에 적절한 종결 어미를 붙여 ㉠~㉢에 들어갈 활용형을 말해 볼까요?

		평서문	의문문	명령문	청유문	감탄문
격식체	하십시오체	㉠				
	하오체			㉡		
	하게체				㉢	
	해라체					㉣
비격식체	해요체					
	해체		㉤			

학생: 네, 선생님. (　　　　[A]　　　　)가 들어갑니다.

① ㉠에는 '읽습니다'　　　　② ㉡에는 '읽는구려'
③ ㉢에는 '읽으세'　　　　　 ④ ㉣에는 '읽는구나'
⑤ ㉤에는 '읽어'

유형 이해

　특정 종결 어미가 나타내는 상대 높임의 등급이 어느 정도인지와 그 특정 종결 어미가 붙었을 때의 문장 종결 표현이 무엇인지를 함께 파악할 수 있는지를 묻는 문제 유형이다.

유형 공략

❶ 각 선지의 상대 높임 등급이 어느 정도인지를 생각해 본다.
❷ 각 선지의 문장 종결 표현이 무엇에 해당하는지를 생각해 본다.
❸ 각 선지에서 종결 어미와 결합한 '읽다'의 활용형이 정확히 제시되었는지 확인한다.

정답이 정답인 이유

② ㉡에 들어갈 알맞은 말은 '읽으오' 혹은 '읽으시오'이다. '읽는구려'는 하오체이기는 하나 명령형이 아니라 감탄형이므로 감탄문 자리에 들어갈 말이다.

오답이 오답인 이유

① 하십시오체 평서형 어미는 '-습니다', '-ㅂ니다'이다. 따라서 '읽습니다'는 ㉠에 들어갈 말로 적절하다.
③ 하게체 청유형 어미는 '-(으)세'이다. 따라서 '읽으세'는 ㉢에 들어갈 말로 적절하다.
④ 해라체 감탄형 어미는 '-구나'이다. 따라서 '읽는구나'는 ㉣에 들어갈 말로 적절하다.
⑤ 해체 의문형 어미는 해체 평서형 어미와 동일하게 '-어', '-네', '-지' 등이다. 따라서 '읽어'는 ㉤에 들어갈 말로 적절하다.

유형 연습 ❹

▸ 24052-0047

맥락 속에서 지시 표현과 대용 표현을 파악할 수 있는지를 묻는 유형

01 〈보기〉의 ㉠~㉢에 대한 이해로 적절하지 <u>않은</u> 것은?

> **보기**
>
> (성연의 집에서 주말을 보낸 할아버지, 할머니께서 댁으로 출발하시는 상황)
>
> 아버지: 아버지, ㉠지금 기차역으로 출발해야 할 것 같아요.
> 할아버지: 그래, 지금 출발해야 늦지 않겠구나.
> 어머니: 아버님, 그럼 조심해서 내려가세요. ㉡당신도 운전 조심하시고요.
> 할아버지: 어미야, 수고했다. 네 덕에 편히 쉬었다 간다.
> 성연: 할아버지, 안녕히 가세요. 이번 방학엔 ㉢저희가 찾아뵐게요.
> 할머니: 그래, ㉣부모님 말씀 잘 듣고, 건강하게 학교 잘 다니다가 방학에 꼭 오렴.
> 어머니: 성연아, 성민이는 어디 갔니?
> 성연: 아, 성민이 ㉤걔 화장실 잠깐 간 거 같아요.

① ㉠: 발화가 이루어지는 시간에 따라 지시하는 시간이 달라지는 표현이다.
② ㉡: 부부간에 상대방을 높이는 대명사가 쓰였다.
③ ㉢: 화자와 청자를 모두 가리키는 대명사가 쓰였다.
④ ㉣: 화자가 아닌, 청자의 입장에서 지시 대상이 표현되고 있다.
⑤ ㉤: 화자와 청자가 모두 알고 있는 대상을 가리키는 표현이다.

`15세기 국어의 조사와 어미를 분석할 수 있는지를 묻는 유형`

02 〈보기〉의 ㉠~㉤에 대해 탐구한 내용으로 적절하지 <u>않은</u> 것은?

┌ 보기 ┐

[중세 국어]

　㉠世尊하 날 爲ᄒᆞ야 ㉡니ᄅᆞ쇼셔 부톄 니ᄅᆞ샤ᄃᆡ ㉢바ᄅᆞ래 누분 ㉣이른 ㉤네 죽사릿 바ᄅᆞ래 잇논 야이오 (『월인석보』 권 1)

[현대어 풀이]

　세존(世尊)이시여 나를 위해 말씀하소서. 부처께서 말씀하시되 바다에 누운 일은 네가 생사(生死)의 바다에 있는 모습이고

① ㉠: 높임의 대상을 부르는 호격 조사 '하'가 쓰였다.
② ㉡: 청자를 높이는 어말 어미 '-쇼셔'가 쓰였다.
③ ㉢: 양성 모음 뒤에서 쓰이는 부사격 조사 '애'가 쓰였다.
④ ㉣: 용언 어간 뒤에 관형사형 어미 '-은'이 쓰였다.
⑤ ㉤: 대명사 '너' 뒤에 주격 조사 'ㅣ'가 쓰였다.

유형 연습 ❹ Zoom In

닮은꼴 발문 Tip

• 〈보기〉를 바탕으로 지시 표현에 대해 탐구한 내용으로 적절하지 <u>않은</u> 것은?

• ㉠~㉤이 가리키는 대상을 바르게 묶은 것은?

• 〈보기〉의 ㉠~㉢에 해당하는 예로 올바르게 짝지은 것은?

맥락 속에서 지시 표현과 대용 표현을 파악할 수 있는지를 묻는 유형

01 〈보기〉의 ㉠~㉤에 대한 이해로 적절하지 <u>않은</u> 것은?

> ┌ 보기 ┐
>
> (성연의 집에서 주말을 보낸 할아버지, 할머니께서 댁으로 출발하시는 상황)
>
> 아버지: 아버지, ㉠지금 기차역으로 출발해야 할 것 같아요.
> 할아버지: 그래. 지금 출발해야 늦지 않겠구나.
> 어머니: 아버님, 그럼 조심해서 내려가세요. ㉡당신도 운전 조심하시고요.
> 할아버지: 어미야, 수고했다. 네 덕에 편히 쉬었다 간다.
> 성연: 할아버지, 안녕히 가세요. 이번 방학엔 ㉢저희가 찾아뵐게요.
> 할머니: 그래, ㉣부모님 말씀 잘 듣고, 건강하게 학교 잘 다니다가 방학에 꼭 오렴.
> 어머니: 성연아, 성민이는 어디 갔니?
> 성연: 아, 성민이 ㉤걔 화장실 잠깐 간 거 같아요.

① ㉠: 발화가 이루어지는 시간에 따라 지시하는 시간이 달라지는 표현이다.
② ㉡: 부부간에 상대방을 높이는 대명사가 쓰였다.
③ ㉢: 화자와 청자를 모두 가리키는 대명사가 쓰였다.
④ ㉣: 화자가 아닌, 청자의 입장에서 지시 대상이 표현되고 있다.
⑤ ㉤: 화자와 청자가 모두 알고 있는 대상을 가리키는 표현이다.

유형 이해

담화 속에서 지시 표현이나 대용 표현이 가리키는 대상이 화자, 청자, 시간, 장소 등에 따라 어떻게 달라지는지를 정확하게 이해할 수 있어야 한다.

유형 공략

❶ 지시 표현이나 대용 표현이 가리키는 대상이 화자나 청자에 따라 달라짐을 이해한다.
❷ 지시 표현이나 대용 표현으로 쓰이는 대명사, 관형사, 호칭어 등을 이해한다.
❸ 지시 표현이나 대용 표현이 화자나 청자에 따라 다르게 나타날 수 있음을 이해한다.

정답이 정답인 이유

③ ㉢은 '우리'의 낮춤말로, 화자인 '성연'이 자기와 아버지, 어머니 등을 가리키는 1인칭 대명사이다. 따라서 화자와 청자를 모두 가리키는 대명사라는 진술은 적절하지 않다.

오답이 오답인 이유

① ㉠은 언제 발화하느냐에 따라 지시하는 시간이 달라진다. 즉 어제 발화된 '지금'과 현재 발화된 '지금'은 지시 대상이 다르다. 따라서 발화가 이루어지는 시간에 따라 지시하는 시간이 달라지는 표현이라는 진술은 적절하다.
② ㉡은 부부 사이에서, 상대편을 높여 이르는 2인칭 대명사이다. 따라서 부부간에 상대방을 높이는 대명사라는 진술은 적절하다.
④ ㉣은 할머니가 자신의 아들과 며느리를 손주인 성연의 입장에서 '부모님'이라고 표현하고 있다. 따라서 화자가 아닌, 청자의 입장에서 지시 대상이 표현되고 있다는 진술은 적절하다.
⑤ ㉤은 '그 아이'의 준말로 바로 앞의 '성민이'를 가리키는 말이다. 따라서 화자와 청자가 모두 알고 있는 대상을 가리키는 표현이라는 진술은 적절하다.

닮은꼴 발문 Tip

• 〈보기〉를 고려할 때, ㉠~㉢에 대한 설명으로 적절하지 <u>않은</u> 것은?

• 〈보기 1〉의 ㉠~㉢에 해당하는 예를 〈보기 2〉에서 찾아 올바르게 짝지은 것은?

• 〈보기〉를 참고할 때, ㉠에 해당하는 예로 적절한 것은?

15세기 국어의 조사와 어미를 분석할 수 있는지를 묻는 유형

02 〈보기〉의 ㉠~㉢에 대해 탐구한 내용으로 적절하지 <u>않은</u> 것은?

┌─ 보기 ┐

[중세 국어]

㉠世尊하 날 爲ᄒᆞ야 ㉡니ᄅᆞ쇼셔 부톄 니ᄅᆞ샤ᄃᆡ ㉢바ᄅᆞ래 누분 ㉣이른 ㉤네 죽사릿 바ᄅᆞ래 잇논 야이오 (『월인석보』 권 1)

[현대어 풀이]

세존(世尊)이시여 나를 위해 말씀하소서. 부처께서 말씀하시되 바다에 누운 일은 네가 생사(生死)의 바다에 있는 모습이고

① ㉠: 높임의 대상을 부르는 호격 조사 '하'가 쓰였다.
② ㉡: 청자를 높이는 어말 어미 '-쇼셔'가 쓰였다.
③ ㉢: 양성 모음 뒤에서 쓰이는 부사격 조사 '애'가 쓰였다.
④ ㉣: 용언 어간 뒤에 관형사형 어미 '-은'이 쓰였다.
⑤ ㉤: 대명사 '너' 뒤에 주격 조사 'ㅣ'가 쓰였다.

유형 이해

중세 국어의 조사와 어미에 대한 이해를 요구하는 문제 유형이다. 현대 국어와 다른 형태의 중세 국어 조사와 어미의 쓰임을 알고 있어야 한다. 특히 조사가 다양한 환경에 따라 형태가 어떻게 달라지는지를 파악하고 있어야 한다.

유형 공략

❶ 중세 국어 조사의 쓰임을 이해한다.
❷ 중세 국어 어미의 쓰임을 이해한다.
❸ 중세 국어의 조사와 어미의 형태 변화를 이해한다.

정답이 정답인 이유

④ ㉣ '이른'은 현대어 풀이 '(누운) 일은'을 고려할 때, 명사 '일'에 보조사 '은'이 결합한 형태이다. 따라서 용언 어간 뒤에 관형사형 어미 '-은'이 쓰였다는 진술은 적절하지 않다.

오답이 오답인 이유

① ㉠ '世尊하'는 현대어 풀이 '세존이시여'를 고려할 때, 명사 '세존'에 호격 조사 '하'가 결합한 형태이다. 따라서 높임의 대상을 부르는 호격 조사 '하'가 쓰였다는 진술은 적절하다.

② ㉡ '니ᄅᆞ쇼셔'는 현대어 풀이 '말씀하소서'를 고려할 때, 동사 '니ᄅᆞ-'에 어말 어미 '-쇼셔'가 결합한 형태이다. 따라서 청자를 높이는 어말 어미 '-쇼셔'가 쓰였다는 진술은 적절하다.

③ ㉢ '바ᄅᆞ래'는 현대어 풀이 '바다에'를 고려할 때, 명사 '바ᄅᆞᆯ'에 조사 '애'가 결합한 형태이다. 부사격 조사 '에', '애', '예' 가운데 '애'가 쓰인 것은 선행하는 명사 '바ᄅᆞᆯ'의 마지막 음절의 모음에 양성 모음 'ㆍ'가 쓰였기 때문이다. 따라서 양성 모음 뒤에서 쓰이는 부사격 조사 '애'가 쓰였다는 진술은 적절하다.

⑤ ㉤ '네'는 현대어 풀이 '네가'를 고려할 때, 대명사 '너'에 주격 조사 'ㅣ'가 결합한 형태이다. 따라서 대명사 '너' 뒤에 주격 조사 'ㅣ'가 쓰였다는 진술은 적절하다.

유형 연습 ❶

[01~03] 다음은 인터넷 신문 기사이다. 물음에 답하시오.

○○ 신문

기존 플라스틱의 단점을 보완할 바이오플라스틱 시장, 세계적인 성장세 이어져

최초 입력 2024. 08. XX. 17:25 | 수정 2024. 08. XX. 20:37

　최근 바이오플라스틱에 대한 관심이 높아지고 있다. 기존의 석유 기반 플라스틱이 자연 분해가 어렵고 제작 및 소각 시 온실가스를 배출하는 등 환경에 악영향을 끼친다는 문제의식이 확산되면서, 하나의 대안으로 등장한 것이 바이오플라스틱이다. 환경을 위해서는 플라스틱을 사용하지 않는 것이 최선이겠으나, 플라스틱은 가공의 용이성, 우수한 내구성, 절연성 등의 물성으로 인해 활용도가 높고 경제성도 우수하여 현실적으로 플라스틱의 사용을 멈추기는 어렵다. 그렇기에 기존 플라스틱이 지닌 환경적 측면의 단점을 보완한 바이오플라스틱은 주목할 만한 대안이 되고 있다.

　현재 바이오플라스틱 시장에서 가장 큰 부분을 차지하고 있는 것은 생분해성 플라스틱이다. 생물 자원을 주원료로 하는 생분해성 플라스틱은 6개월 안에 셀룰로스 분해율의 90% 이상 분해가 진행되므로 폐기 시 매립이 가능하다. 특히 천연계 생분해성 플라스틱의 경우에는 식물 바이오매스, 즉 생장 과정에서 이산화 탄소를 흡수하는 생물 자원을 주원료로 하므로 온실가스인 이산화 탄소를 줄이는 효과도 기대할 수 있다. 그러나 기존의 석유 기반 플라스틱에 비해 플라스틱의 유용한 물성이 상대적으로 떨어지고 유통 과정 중 분해가 진행되기도 하며, 고가인 데다가 재활용이 불가하다는 점에서 사용에 제약이 따른다.

　이러한 문제를 보완하고자 등장한 것이 바이오베이스 플라스틱이다. 바이오베이스 플라스틱은 바이오매스 20~40%와 일반 플라스틱 60~80%를 혼합해서 만들기 때문에 생분해성 플라스틱보다는 물성이 우수하고 유통 기한이 길며, 저렴하고 재활용도 된다는 장점이 있다. 또한 천연계 생분해성 플라스틱 대비 그 함량이 낮긴 해도 바이오매스가 원료로 사용되기 때문에 이산화 탄소 배출 저감에 기여한다는 측면에서 친환경적이다. 그러나 완전히 분해되기 어렵다는 점에서는 한계가 있다.

　세계 바이오플라스틱의 생산 규모는 빠르게 성장하고 있다. 유럽 바이오플라스틱 협회의 보고에 따르면, 전 세계 생분해성 플라스틱의 생산량은 2021년 약 155만 톤에서 2026년 약 530만 톤까지 연평균 27.9%의 성장세를 보일 것으로 전망되며, 바이오베이스 플라스틱 또한 2021년 약 86만 톤에서 2026년 약 230만 톤까지 연평균 21.7%의 성장세를 보일 것으로 예측된다.

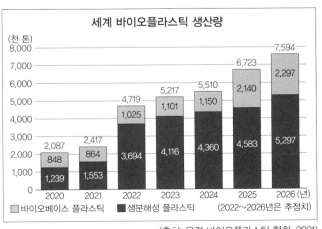

세계 바이오플라스틱 생산량

(출처: 유럽 바이오플라스틱 협회, 2021)

　　지역별로 살펴보면, 세계 바이오플라스틱의 생산 비율은 2021년 기준으로 아시아 지역이 49.9%로 가장 높고, 유럽이 24.1%, 북미 지역이 16.5%, 남미 지역이 6.1%로 그 뒤를 잇고 있다. 전문가들은 아시아 지역의 생산 비율이 2026년에는 70.8%에 육박할 정도로 아시아 지역의 성장세가 특히 더 가속화될 것으로 전망했다.

　　우리나라는 바이오플라스틱 원료의 해외 의존도가 상대적으로 높은 편이라 바이오플라스틱의 세계 시장 점유율이 그리 높지 않은 실정이다. 그러나 □□ 화학 연구소장은 "친환경, 저탄소 산업에 대한 요구에 부응하여 대기업을 중심으로 바이오플라스틱 원료의 국산화를 위한 연구 개발 및 바이오플라스틱 상용화를 적극적으로 추진하고 있다."라고 국내 동향을 언급하며, 앞으로 관련 산업의 급격한 성장이 기대된다는 견해를 밝혔다.

△△△ 기자

[관련 기사]

생분해성 플라스틱 평가 인증 처리 시스템 마련을 위한 방안 강구해야

생분해 안 되는 바이오플라스틱도 있어…… 기존 인식 바꿔야……

국내 연구 팀 이산화 탄소로 고효율 바이오플라스틱 생산 시스템 개발 성공

[△△△ 기자의 다른 기사]

오래된 그림이 '퇴색'하는 이유…… 빛보다 습도 노출 영향이 더 커

살충제, 예상보다 훨씬 오래 남고, 더 멀리 영향 미쳐

댓글

└ 지구 사랑: 평소에 플라스틱을 사용하면서 환경 문제와 관련하여 죄책감이 많이 들었는데, 앞으로 바이오플라스틱으로 만든 제품이 더 많아졌으면 좋겠다는 생각이 드네요.

└ 상식 박사: 셀룰로스가 무엇인지 궁금해요. 다른 분들은 혹시 다 아시나요?

└ 환경 지킴이: 아시아 지역의 바이오플라스틱 생산 비율이 다른 지역 대비 높은 이유가 있나요? 이에 대한 설명도 해 주셨으면 좋겠어요.

└ 지속 가능 미래: 바이오플라스틱은 전부 쉽게 생분해되는 줄 알았는데 그게 아니라서 놀랐습니다. ㅜㅜ

└ 나부터 실천: 관련 기사를 읽어 보니, 국내 연구 팀이 이산화 탄소로 고효율 바이오플라스틱을 만드는 방법을 알아냈다고 하는데, 이 방법이 바이오플라스틱 시장에 어떤 영향을 끼칠까요?

▸ 24052-0049

01 매체 특성을 고려할 때 위 신문 기사에 대한 설명으로 적절하지 <u>않은</u> 것은?

① 기사문의 내용이 독자에게 공개된 후에도 기자는 기사의 내용을 수정하거나 보완하는 것이 가능하다.

② 기사문의 내용을 뒷받침하는 통계 수치를 근거 자료로 활용하여 기사문에 담긴 정보의 타당성을 확보하고 있다.

③ 기사문에서 다루고 있는 분야와 관련된 전문가가 한 말을 직접 인용하여 보도 자료로서의 신뢰도를 높이고 있다.

④ 기사문의 내용을 보조하는 그래프 자료를 삽입하여 제시된 정보 관련 추이를 독자가 한눈에 시각적으로 파악하도록 돕고 있다.

⑤ 기사문을 작성한 기자가 쓴 다른 기사의 목록을 제공하여 독자가 위 기사의 제재와 관련된 추가 정보를 얻을 수 있도록 유도하고 있다.

▸ 24052-0050

02 다음은 위 신문 기사를 작성하기 위해 기자가 작성한 메모이다. ⓐ~ⓔ가 기사문에 반영된 양상으로 적절하지 <u>않은</u> 것은?

> • 표제
> – 기사의 핵심 내용이 잘 드러나도록 ····································· ⓐ
> • 본문 1
> – 바이오플라스틱이 등장하게 된 배경을 알 수 있도록 ····················· ⓑ
> • 본문 2
> – 생분해성 플라스틱과 바이오베이스 플라스틱의 차이를 구분할 수 있도록 ········· ⓒ
> – 세계 바이오플라스틱의 생산 규모를 파악할 수 있도록 ···················· ⓓ
> • 본문 3
> – 우리나라 바이오플라스틱 시장의 미래 전망이 드러나도록 ·············· ⓔ

① ⓐ: 기사에서 핵심적으로 다루고 있는 내용인 바이오플라스틱이 주목받는 이유와 바이오플라스틱 시장의 발전 추세가 드러나도록 표제를 붙였다.

② ⓑ: 기존 플라스틱의 단점을 줄이고 장점은 강화하기 위해 바이오플라스틱이 만들어지게 되었다는 등장 배경을 밝혔다.

③ ⓒ: 생분해성 플라스틱과 바이오베이스 플라스틱의 주원료, 장점, 단점을 각각 순차적으로 제시하여 이 둘의 차이가 명확하게 구별되도록 글을 구성하였다.

④ ⓓ: 바이오플라스틱의 생산 규모를 연도별, 지역별로 나누어 제시하여 생산 규모의 세계적 추세와 지역별 차이를 함께 파악할 수 있도록 정보를 제공하였다.

⑤ ⓔ: 상대적 약점을 극복해 나가고 있는 국내 바이오플라스틱 산업의 동향을 언급하며 해당 산업 분야에 대한 미래 전망이 긍정적임을 드러내었다.

▶ 24052-0051

매체 자료의 비판적, 주체적 수용을 묻는 유형

03 위 신문 기사의 댓글에 나타난 독자의 수용 태도에 대한 이해로 가장 적절한 것은?

① '지구 사랑'은 사람들이 바이오플라스틱을 사용하면서도 환경 문제와 관련하여 죄책감을 느낄 수 있어야 함을 지적하고 있어.

② '상식 박사'는 기사문에 쓰인 용어 중 사람들이 잘 모를 만한 용어의 뜻을 제시하여 기사문에 대한 이해도를 높이고 있어.

③ '환경 지킴이'는 특정 기사 내용에 충분한 설명이 뒷받침되어 있지 않은 점에 대해 아쉬움을 드러내고 있어.

④ '지속 가능 미래'는 기사의 내용이 자신의 상식과 다름을 근거로 하여 기사 내용의 진위에 의문을 제기하고 있어.

⑤ '나부터 실천'은 관련 기사를 추가로 읽고 난 뒤 두 기사문의 내용을 서로 비교하며 비판적으로 수용하고 있어.

유형 연습 ❶ Zoom In

닮은꼴 발문 Tip

• 매체 특성과 관련지어 (가)를 이해한 것으로 적절하지 **않은** 것은?

• 위 인터넷 신문 기사의 특징으로 가장 적절한 것은?

• 위 신문 기사에 나타난 매체 특성을 이해한 것으로 적절한 것만을 〈보기〉에서 있는 대로 고른 것은?

매체의 정보 전달 방식을 묻는 유형

01 매체 특성을 고려할 때 위 신문 기사에 대한 설명으로 적절하지 **않은** 것은?

① 기사문의 내용이 독자에게 공개된 후에도 기자는 기사의 내용을 수정하거나 보완하는 것이 가능하다.

② 기사문의 내용을 뒷받침하는 통계 수치를 근거 자료로 활용하여 기사문에 담긴 정보의 타당성을 확보하고 있다.

③ 기사문에서 다루고 있는 분야와 관련된 전문가가 한 말을 직접 인용하여 보도 자료로서의 신뢰도를 높이고 있다.

④ 기사문의 내용을 보조하는 그래프 자료를 삽입하여 제시된 정보 관련 추이를 독자가 한눈에 시각적으로 파악하도록 돕고 있다.

⑤ 기사문을 작성한 기자가 쓴 다른 기사의 목록을 제공하여 독자가 위 기사의 제재와 관련된 추가 정보를 얻을 수 있도록 유도하고 있다.

유형 이해

　매체의 유형별 특성에 대한 이해를 바탕으로 지문으로 제시된 매체에 대한 설명이 적절한지를 판단하는 문제 유형이다. 이러한 유형의 문제를 해결하기 위해서는 제시된 매체의 기본적 특성은 물론, 지문에 제시된 매체에 활용된 자료의 특징과 자료 활용 효과, 표현상의 특징 등을 종합적으로 파악할 수 있어야 한다.

유형 공략

❶ 지문의 매체 유형을 파악하고, 해당 유형의 보편적이고 일반적인 매체 특성을 이해한다.
❷ 지문에서 확인되는 매체적 특성 및 세부 표현 전략과 그에 따른 효과를 파악한다.
❸ 지문에서 확인한 매체적 특성과 그에 따른 효과가 선지의 내용에 부합하는지 확인한다.

정답이 정답인 이유

⑤ 기사문을 작성한 기자가 쓴 다른 기사문의 제목들을 보면 모두 바이오플라스틱과는 직접적으로 관련이 없는 기사들임을 확인할 수 있다. 따라서 해당 기사문을 쓴 기자의 다른 기사문을 통해 해당 기사의 제재와 관련된 추가 정보를 얻기는 어렵다는 것을 알 수 있다.

오답이 오답인 이유

① '최초 입력' 날짜 및 시간과 '수정' 날짜 및 시간이 함께 제시되어 있는 것으로 보아 기사문의 내용이 독자에게 이미 공개된 후에도 기자는 기사의 내용을 수정하거나 보완하는 것이 가능함을 알 수 있다.

② 세계 바이오플라스틱의 생산 규모가 빠르게 성장하고 있다는 내용을 뒷받침하기 위해, 4문단에 '유럽 바이오플라스틱 협회'에서 발표한 통계 수치를 근거 자료로 제시하여 기사문의 정보에 대한 타당성을 확보하고 있음을 알 수 있다.

③ 6문단에서 '□□ 화학 연구소장'의 말을 직접 인용하여 앞으로 국내 바이오플라스틱 관련 산업의 급격한 성장이 기대된다는 견해에 대한 신뢰도를 높이고 있음을 알 수 있다.

④ 바이오플라스틱 생산 동향에 관한 기사 내용을 보조하는 그래프 자료인 '세계 바이오플라스틱 생산량' 그래프를 기사문의 중간에 제시하여, 독자가 세계적으로 바이오플라스틱 생산 규모가 증가하고 있는 추이를 한눈에 시각적으로 파악하도록 돕고 있음을 알 수 있다.

닮은꼴 발문 Tip

• 위 신문 기사를 작성하기 위해 기자가 떠올린 생각 중 기사에 반영되지 <u>않은</u> 것은?

• 〈보기〉는 학생이 (가)를 제작하기 위해 세운 계획이다. 〈보기〉가 (가)에 반영된 양상으로 적절하지 <u>않은</u> 것은?

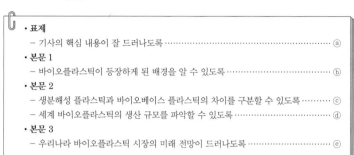

매체의 정보 구성 방식을 묻는 유형

02 다음은 위 신문 기사를 작성하기 위해 기자가 작성한 메모이다. ⓐ∼ⓔ가 기사문에 반영된 양상으로 적절하지 <u>않은</u> 것은?

> • 표제
> – 기사의 핵심 내용이 잘 드러나도록 ··· ⓐ
> • 본문 1
> – 바이오플라스틱이 등장하게 된 배경을 알 수 있도록 ····························· ⓑ
> • 본문 2
> – 생분해성 플라스틱과 바이오베이스 플라스틱의 차이를 구분할 수 있도록 ········· ⓒ
> – 세계 바이오플라스틱의 생산 규모를 파악할 수 있도록 ··························· ⓓ
> • 본문 3
> – 우리나라 바이오플라스틱 시장의 미래 전망이 드러나도록 ······················· ⓔ

① ⓐ: 기사에서 핵심적으로 다루고 있는 내용인 바이오플라스틱이 주목받는 이유와 바이오플라스틱 시장의 발전 추세가 드러나도록 표제를 붙였다.

② ⓑ: 기존 플라스틱의 단점을 줄이고 장점은 강화하기 위해 바이오플라스틱이 만들어지게 되었다는 등장 배경을 밝혔다.

③ ⓒ: 생분해성 플라스틱과 바이오베이스 플라스틱의 주원료, 장점, 단점을 각각 순차적으로 제시하여 이 둘의 차이가 명확하게 구별되도록 글을 구성하였다.

④ ⓓ: 바이오플라스틱의 생산 규모를 연도별, 지역별로 나누어 제시하여 생산 규모의 세계적 추세와 지역별 차이를 함께 파악할 수 있도록 정보를 제공하였다.

⑤ ⓔ: 상대적 약점을 극복해 나가고 있는 국내 바이오플라스틱 산업의 동향을 언급하며 해당 산업 분야에 대한 미래 전망이 긍정적임을 드러내었다.

유형 이해

생산된 매체 자료를 바탕으로, 매체 자료를 생산할 때 계획한 내용이 매체 자료에 적절하게 반영되었는지를 확인하는 문제 유형이다. 매체 생산 계획은 매체 생산자가 작성한 메모나 사람들 간의 대화 등 다양한 형태로 제시될 수 있는데, 계획에 해당하는 내용이 매체 자료에 반영되었는지의 여부, 반영된 양상 등을 파악할 수 있어야 한다.

유형 공략

❶ 매체 생산 계획이 적힌 메모의 각 항목이 각각 지문의 어느 부분에 해당하는 내용인지 파악한다.

❷ 메모에 적힌 계획이 지문의 각 부분에 반영되어 있는지, 반영되어 있다면 어떻게 반영되어 있는지 확인한다.

❸ 매체 생산 계획이 지문의 각 부분에 반영된 양상이 선지에서 설명하는 내용에 부합하는지 판단한다.

정답이 정답인 이유

② 바이오플라스틱이 기존 플라스틱이 가지고 있는 환경적 측면의 단점을 줄이기 위해 개발된 것은 맞으나 가공의 용이성, 우수한 내구성, 절연성 등의 물성이나 경제성 등 기존 플라스틱이 가지는 장점을 강화할 수 있는 것은 아니다. 기사문의 설명에 따르면, 생분해성 플라스틱과 바이오베이스 플라스틱 모두 기존 석유 기반 플라스틱에 비해 플라스틱의 유용한 물성이 상대적으로 떨어짐을 알 수 있으며 생분해성 플라스틱은 고가라는 점에서 경제성도 떨어짐을 확인할 수 있다.

오답이 오답인 이유

① 기사에는 바이오플라스틱이 환경적 측면에서 기존 플라스틱이 가지고 있는 단점을 보완할 수 있어서 주목받고 있다는 점, 바이오플라스틱 생산이 성장세를 보이고 있다는 점이 핵심 내용으로 다루어지고 있으며, 그 내용이 표제에 반영되어 있다.

③ 2문단에 생분해성 플라스틱이 생물 자원을 주원료로 한다는 점, 폐기 시 매립이 가능하며 이산화 탄소 감소 효과가 있다는 장점, 기존의 석유 기반 플라스틱에 비해 플라스틱의 유용한 물성이 상대적으로 떨어지고 유통 과정 중 분해가 진행되기도 하며 고가인 데다가 재활용이 불가하다는 단점이 순차적으로 제시되어 있다. 그리고 3문단에는 바이오베이스 플라스틱이 바이오매스와 일반 플라스틱을 혼합해서 만들어진다는 점, 생분해성 플라스틱보다 물성이 우수하고 유통 기한이 길며 저렴하고 재활용도 되며 이산화 탄소 배출 저감에도 기여한다는 장점, 완전히 분해되기는 어렵다는 단점이 순차적으로 제시되어 있다. 그리고 이렇게 문단별로 각 바이오플라스틱의 주원

료, 장점, 단점을 순차적으로 서술하는 구성을 통해 두 바이오플라스틱의 차이가 명확하게 구별되고 있음을 확인할 수 있다.

④ 4, 5문단에 바이오플라스틱의 연도별 생산량과 지역별 생산 비율이 제시되어 있음을 확인할 수 있으며, 이를 통해 바이오플라스틱의 생산 규모가 세계적으로 증가하고 있고 다른 지역 대비 아시아 지역의 성장세가 특히 두드러진다는 지역별 차이를 파악할 수 있다.

⑤ 마지막 문단에서 우리나라는 바이오플라스틱 원료의 해외 의존도가 상대적으로 높다는 약점을 가지고 있다는 점, 이러한 약점을 극복해 나가고자 원료의 국산화를 위한 연구 개발이 이루어지고 있는 국내 동향, 그리고 이에 따라 관련 산업의 급격한 성장이 기대된다는 전망 등을 모두 확인할 수 있다.

닮은꼴 발문 Tip

• 위 신문 기사를 읽은 학생의 반응으로 적절하지 <u>않은</u> 것은?
• 〈보기〉는 위 뉴스 기사를 읽은 독자가 작성한 댓글의 일부이다. 독자의 반응에 대한 설명으로 적절하지 <u>않은</u> 것은?

매체 자료의 비판적, 주체적 수용을 묻는 유형

03 위 신문 기사의 댓글에 나타난 독자의 수용 태도에 대한 이해로 가장 적절한 것은?

① '지구 사랑'은 사람들이 바이오플라스틱을 사용하면서도 환경 문제와 관련하여 죄책감을 느낄 수 있어야 함을 지적하고 있어.
② '상식 박사'는 기사문에 쓰인 용어 중 사람들이 잘 모를 만한 용어의 뜻을 제시하여 기사문에 대한 이해도를 높이고 있어.
③ '환경 지킴이'는 특정 기사 내용에 충분한 설명이 뒷받침되어 있지 않은 점에 대해 아쉬움을 드러내고 있어.
④ '지속 가능 미래'는 기사의 내용이 자신의 상식과 다름을 근거로 하여 기사 내용의 진위에 의문을 제기하고 있어.
⑤ '나부터 실천'은 관련 기사를 추가로 읽고 난 뒤 두 기사문의 내용을 서로 비교하며 비판적으로 수용하고 있어.

유형 이해

매체 자료를 비판적이고 주체적으로 수용할 수 있는지를 확인하는 문제 유형이다. 이러한 문제 유형을 해결하기 위해서는 매체 자료를 수용할 때 주목해야 할 요소를 상기하고, 매체 수용자의 서로 다른 견해를 비교할 수 있어야 한다.

유형 공략

❶ 지문에 나타난 매체 자료의 전체적인 내용을 정확하게 파악한다.
❷ 각 매체 수용자가 말하고자 하는 핵심 내용을 분명하게 이해한다.
❸ 선지의 설명이 각 매체 수용자가 말하고자 하는 바에 부합하는지 판단한다.

정답이 정답인 이유

③ '환경 지킴이'는 기사에 아시아 지역의 바이오플라스틱 생산 비율이 다른 지역 대비 높다는 정보만 있고 왜 그러한지에 대한 설명이 없어 이에 대한 설명도 해 주었으면 좋겠다고 말하고 있으므로, 특정 기사 내용에 충분한 설명이 뒷받침되어 있지 않은 점에 대해 아쉬움을 드러내고 있다고 볼 수 있다.

오답이 오답인 이유

① '지구 사랑'은 평소에 플라스틱을 사용하면서 자신이 느꼈던 죄책감에 대해 언급하고 있을 뿐, 사람들이 바이오플라스틱을 사용하면서도 환경 문제와 관련하여 죄책감을 느낄 수 있어야 함을 지적하고 있지는 않다.
② '상식 박사'는 기사문에 쓰인 낯선 용어인 '셀룰로스'의 뜻을 궁금해하고 있을 뿐, 그 용어의 뜻을 직접 제시하고 있지는 않다.
④ '지속 가능 미래'는 자신이 기존에 가지고 있던 상식이 잘못되었음을 알게 되어 놀랐다는 소감을 밝히고 있을 뿐, 기사 내용의 진위에 의문을 제기하고 있지는 않다.
⑤ '나부터 실천'이 관련 기사를 추가로 읽은 것은 맞으나, 추가로 읽은 기사의 내용과 관련하여 자신이 궁금한 점을 질문하고 있을 뿐, 두 기사문의 내용을 비교하고 있지는 않다.

유형 연습 ❷

[01~04] (가)는 휴대 전화 단체 대화방에서 학생들이 나눈 대화이고, (나)는 (가)를 참고하여 만든 발표 자료이다. 물음에 답하시오.

(가)

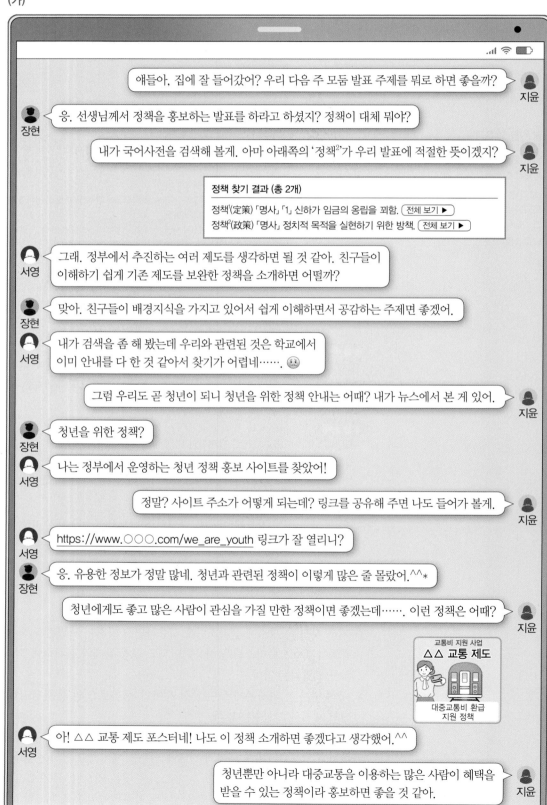

장현: 나도 매일 버스를 타고 학교에 오는데, 그럼 나도 할인을 받을 수 있는 건가?

서영: 청소년은 별도의 할인 제도가 있어서 이용이 안 되고, △△ 교통 제도는 19세부터 이용할 수 있다고 해. 일반인은 20%가 할인되는데, 19세에서 34세까지의 청년은 30% 할인이 돼서 연간 최대 32만 4천 원까지 받을 수 있다니 청년이 받는 혜택이 더 크네. 😊

장현: 실생활에 도움이 되는 좋은 정보네. 특히 청년들이 더 많이 할인받을 수 있다니, 곧 청년이 될 우리 친구들이 더 좋아하겠는데? 😊

지윤: 그래. 그리고 요즘 탄소 배출을 줄이기 위해 대중교통 이용을 권장하는데, 정책을 홍보할 때 경제적 이익과 환경 보호 효과를 함께 얘기하면 좋겠다.

서영: 환경 보호 효과까지 이야기하면 정책의 의의를 발표할 때 호응이 커질 것 같아.

지윤: 정부가 2024년부터 대중교통을 많이 이용할수록 혜택이 커지는 정률 지원 방식을 적용하고, 대중교통비 지원의 예산 규모를 2024년 이전 336억 원에서 2024년 이후 735억 원으로 늘린다고 해. 그리고 최소 이용 횟수는 월 15회 이상으로 기존 제도와 같지만, 이동 거리 요건이 사라져서 혜택을 받을 수 있는 사람도 더 많아질 것 같아.

장현: 실제로 얼마나 받게 될지 궁금한데? 매일 출근을 위해 버스를 타는 직장인이 받을 수 있는 지원 금액을 계산해서 예로 제시하면 어떨까?

서영: 예를 제시하는 것은 좋은 생각인데, 거리에 따라 받게 되는 금액이 다를 수 있으니, 요금 1,500원을 기준으로 월 최대 지원금을 예로 제시하면 좋을 것 같아. 그리고 설명할 때 시각 자료를 함께 보여 주면 어때?

장현: 듣기만 하는 것보다는 볼 수 있는 자료가 같이 있으면 이해가 더 쉽겠다. 자료는 내가 만들어 볼게.

서영: 발표 내용으로 대중교통비 환급 지원 정책의 정의, 도입 시기, 내용 등을 찾아보면 될까?

지윤: 응. 그리고 비슷한 정책을 시행한 다른 나라의 사례와 그에 대한 평가가 함께 있으면 좋을 것 같아. 지원금도 말로 설명하는 것보다 표로 보여 주면 친구들이 이해하기 편할 것 같은데…….

장현: 이런 표 어때?

'△△ 교통 제도' 지원금

구분	일반	청년	저소득
적립률	20%	30%	53.3%
1회당 지원금*	300원	450원	800원
월 최대 지원금(60회)	18,000원	27,000원	48,000원

*요금 1,500원 기준　　　　　　　　　　　(자료: 국토 교통부)

서영: 우아, 딱 좋다! 👍 나도 추가 자료를 찾아서 여기에 공유할게.

지윤: 좋아. 좀 더 자료를 찾아보고 이야기하자.

장현: 그래. 오늘은 다들 잘 쉬고 월요일에 다시 얘기하자.

지윤: 너도 잘 쉬고, 월요일에 만나.

(나)

1

모둠 발표 주제

〈대중교통비 환급 지원 정책〉

발표자: 박지윤

모둠원: 박지윤, 김장현, 이서영

2

■ '△△ 교통 제도'란?

- 정의: 2024년 상반기부터 시행된 한국형 대중교통비 환급 지원 사업
- 월별 최대 지원 횟수: 60회
- 환급 비율: 조건별 20~53.3%

3

■ 지원 금액

'△△ 교통 제도' 지원금			
구분	일반	청년	저소득
적립률	20%	30%	53.3%
1회당 지원금*	300원	450원	800원
월 최대 지원금(60회)	18,000원	27,000원	48,000원

*요금 1,500원 기준   (자료: 국토 교통부)

4

■ 독일 사례

- 명칭: 도이칠란트 티켓(D-티켓)
- 도입: 2023년 5월부터
- 이용 방법: 한 달에 49유로(약 7만 원)로 대중교통을 무제한 이용

5

■ 시행 후 독일인의 평가

- 장점
  1. 대중교통 이용 증가
  2. 사회 활동 참여 증가
  3. 도시 간 이동 증가
- 단점
  1. 열차 연착 문제 발생
  2. 과밀 문제 발생

6

■ '△△ 교통 제도'의 의의 – '일석이조'의 제도

1. 경제 효과: 개인의 대중교통 이용비 감소
2. 환경 효과: 대중교통 이용으로 탄소 배출 감소

7

인간과 환경을 위한
대중교통 이용!
이제 △△ 교통 제도로 어디든
패스해 보아요~ 👍

8

? 청년들에게 유용한 정책이 더 궁금하다면,

https://www.○○○.com/we_are_youth

▶ 24052-0052

매체의 특성을 묻는 유형

01 **(가)를 이해한 내용으로 적절하지 않은 것은?**

① 시각적 이미지를 사용하여 대화 참여자의 감정을 표현하고 있다.
② 대화하면서 공유된 링크의 접속 가능 상태를 확인하면서 서로의 대화방 접속 여부를 확인하고 있다.
③ 문자로 된 글뿐만 아니라 표나 포스터 등의 시각적 이미지 자료를 활용하여 정보를 제시하고 있다.
④ 공간적 제약이 적은 온라인을 활용해 학생들이 직접 만나지 않고 학교 이외의 공간에서 대화에 참여하고 있다.
⑤ 단어의 의미를 실시간으로 검색하고 그 결과를 대화방에 공유한 후 함께 내용을 확인하며 대화를 전개하고 있다.

▶ 24052-0053

매체의 정보 구성 및 표현 방식을 묻는 유형

02 **(나)에 대한 설명으로 가장 적절한 것은?**

① 화면의 모든 글씨 크기를 같게 하여 통일성을 주고 있다.
② 목차를 별도의 화면으로 구성하여 본문의 순서를 나타내고 있다.
③ 대상별 적립률에 따른 1회당 지원금과 월 최대 지원금을 표로 제시하고 있다.
④ '일석이조'의 내용을 화면의 그림으로 제시하여 정책의 단점을 시각적으로 드러내고 있다.
⑤ 대중교통을 이용하는 많은 사람의 이미지를 그림으로 제시하여 다양한 교통수단을 표현하고 있다.

▶ 24052-0054

매체 언어의 표현 방법을 묻는 유형

03 **(가)의 대화를 바탕으로 (나)를 구성하기 위해 세운 계획으로 가장 적절한 것은?**

① (가)에서 서영이 찾은 유용한 청년 정책 홍보 사이트는 (나)의 첫 화면에서 강조해야겠어.
② (가)에서 장현이 찾은 표는 청중의 특성을 고려하여 내용을 수정한 후 (나)에서 사용해야겠어.
③ (가)에서 지윤이 언급한 대로 다른 나라의 사례와 그에 대한 평가를 추가로 찾아본 후 (나)에서 두 개의 화면으로 정리해야겠어.
④ (가)에서 장현이 매일 버스를 타는 사람이 받을 수 있는 지원 금액을 계산해 보자고 했으니, 거리에 따른 교통비를 계산해서 (나)에서 제공해야겠어.
⑤ (가)에서 지윤이 말한 환경 보호 측면을 제시하면 대중교통 이용의 장점을 부각할 수 있으니, (나)에서 대중교통 이용에 따른 탄소 배출 감소의 정도를 수치로 제시해야겠어.

▶ 24052-0055

04 〈보기〉는 (나)를 보완하기 위해 '대중교통비 환급 지원 정책'의 변화를 정리한 표이다. (가), (나)와 〈보기〉를 참고할 때, ㉠~㉤에 해당하는 내용으로 가장 적절한 것은?

┌ 보기 ┐

구분		2024년 이전 □□ 교통 제도	2024년 이후 △△ 교통 제도
일반 사항	이동 거리 요건	있음.	㉠
	최소 이용 횟수	월 15회	㉡
	지원 방식	정액	㉢
지원 규모 (할인율) ※ 요금 1,500원 기준	일반	250원/회(17%)	300원/회(20%)
	청년	350원/회(23%)	㉣
	저소득층	700원/회(47%)	800원/회(53%)
정부 예산	지원 대상	130만 명	177만 명
	예산 규모	336억 원	㉤

① ㉠의 이동 거리 요건은 제시된 내용을 참고하여 '있음.'으로 적으면 되겠군.

② ㉡의 최소 이용 횟수 기준은 기존 제도와 같다고 했으니 '월 15회'로 적으면 되겠군.

③ ㉢은 이용 정도와 상관없이 일정한 금액을 지원한다고 했으니 '정률'이라고 적으면 되겠군.

④ ㉣은 교통 요금 1,500원을 기준으로 1회 할인 금액인 '400원/회(30%)'을 적으면 되겠군.

⑤ ㉤은 2024년 이후 대중교통비 지원을 위한 정부의 예산 규모를 적으면 되니 '399억 원'을 적으면 되겠군.

유형 연습 ❷ Zoom In

닮은꼴 발문 Tip

• (가)에 대한 설명으로 적절하지 않은 것은?
• (가)의 ㉠~㉤을 통해 알 수 있는 매체의 구성 방식으로 적절하지 않은 것은?

매체의 특성을 묻는 유형

01 (가)를 이해한 내용으로 적절하지 않은 것은?

① 시각적 이미지를 사용하여 대화 참여자의 감정을 표현하고 있다.
② 대화하면서 공유된 링크의 접속 가능 상태를 확인하면서 서로의 대화방 접속 여부를 확인하고 있다.
③ 문자로 된 글뿐만 아니라 표나 포스터 등의 시각적 이미지 자료를 활용하여 정보를 제시하고 있다.
④ 공간적 제약이 적은 온라인을 활용해 학생들이 직접 만나지 않고 학교 이외의 공간에서 대화에 참여하고 있다.
⑤ 단어의 의미를 실시간으로 검색하고 그 결과를 대화방에 공유한 후 함께 내용을 확인하며 대화를 전개하고 있다.

유형 이해

　　매체 자료의 특성에 대한 설명이 적절한지를 판단하는 문제 유형이다. 이러한 문제를 해결하기 위해서는 제시된 매체의 특성과 그 효과를 파악해야 한다. 인터넷에 기반을 둔 매체 중 단체 대화방이라는 매체의 특성을 알고 매체의 특성에 따라 정보 구성 방식에 어떠한 차이가 있는지 파악해야 한다.

유형 공략

❶ 지문의 매체 자료 유형과 특성을 확인한다.
❷ 지문의 매체 자료 유형과 선지에 제시된 설명이 부합하는지 파악한다.

정답이 정답인 이유

② (가)의 대화에서 학생이 공유한 링크가 열리는지를 확인하는 것은 서로의 대화방 접속 여부가 아닌, 링크한 사이트의 접속 가능 여부를 확인하는 것이다.

오답이 오답인 이유

① (가)에서는 등 다양한 시각적 이미지를 사용하여 슬픔, 기쁨 등의 감정을 표현하고 있다.
③ (가)에서는 정보를 문자로 된 글로 전달하면서 △△ 교통 제도 지원금을 정리한 표나 △△ 교통 제도를 안내하는 포스터 등의 시각적 이미지 자료를 활용하여 제시하고 있다.
④ (가)와 같은 휴대 전화 단체 대화방은 공간적 제약이 상대적으로 적어서 학생들이 같은 장소에 모이지 않고도 집과 같이 다른 장소에서 온라인으로 접속하여 대화에 참여하고 있다.
⑤ (가)의 지윤의 두 번째 대화에서 알 수 있듯이 학생들이 대화 중 단어의 의미를 실시간으로 사전에서 검색하고 그 결과를 대화방에 공유하여 함께 단어의 의미를 확인하고 대화를 전개하고 있다.

매체의 정보 구성 및 표현 방식을 묻는 유형

02 (나)에 대한 설명으로 가장 적절한 것은?

① 화면의 모든 글씨 크기를 같게 하여 통일성을 주고 있다.
② 목차를 별도의 화면으로 구성하여 본문의 순서를 나타내고 있다.
③ 대상별 적립률에 따른 1회당 지원금과 월 최대 지원금을 표로 제시하고 있다.
④ '일석이조'의 내용을 화면의 그림으로 제시하여 정책의 단점을 시각적으로 드러내고 있다.
⑤ 대중교통을 이용하는 많은 사람의 이미지를 그림으로 제시하여 다양한 교통수단을 표현하고 있다.

유형 이해

매체에서 정보 구성 및 표현 방식을 이해하고 있는지를 확인하는 문제 유형이다. 같은 정보라도 매체의 유형에 따라서 정보 구성과 표현의 방식이 달라질 수 있다.

유형 공략

❶ 매체의 특성에 따라 정보가 어떻게 제시되고 있는지 확인한다.
❷ 매체에서 정보를 어떻게 구성하고 표현하는지 파악한다.
❸ 지문에 제시된 매체 자료의 정보 구성과 표현 방식이 선지의 내용과 일치하는지 대조한다.

정답이 정답인 이유

③ 세 번째 화면에서 대상별 적립률에 따른 1회당 지원금과 월 최대 지원금을 표로 제시하여 적립률에 따라 달라지는 지원 금액을 보여 주고 있다.

오답이 오답인 이유

① 첫 번째 화면에서 발표 주제의 글씨 크기를 '발표자'나 '모둠원'보다 크게 하여 강조하는 등 크기를 다르게 표현하고 있다.
② 목차를 별도의 화면으로 구성하지 않고 두 번째 화면에서 바로 정책을 안내하고 있다.
④ 여섯 번째 화면에서 하나의 돌로 두 마리 새를 잡는다는 '일석이조'라는 사자성어의 내용을 그림으로 제시하여 하나의 제도로 경제 효과와 환경 효과라는 두 가지 측면의 효과를 얻을 수 있다는 것을 표현하고 있다.
⑤ 일곱 번째 화면에서 대중교통을 이용하는 사람들의 이미지를 그림으로 제시하고 있지만, 교통수단은 버스만 제시되어 있으므로 다양한 교통수단이 드러나지는 않는다.

닮은꼴 발문 Tip

• (나)를 제작하면서 제작자가 떠올린 생각 중 반영되지 <u>않은</u> 것은?

• (가)를 통해 학생이 세운 매체 자료 제작 계획 중 (나)에 반영된 것으로 가장 적절한 것은?

매체 언어의 표현 방법을 묻는 유형

03 (가)의 대화를 바탕으로 (나)를 구성하기 위해 세운 계획으로 가장 적절한 것은?

① (가)에서 서영이 찾은 유용한 청년 정책 홍보 사이트는 (나)의 첫 화면에서 강조해야겠어.

② (가)에서 장현이 찾은 표는 청중의 특성을 고려하여 내용을 수정한 후 (나)에서 사용해야겠어.

③ (가)에서 지윤이 언급한 대로 다른 나라의 사례와 그에 대한 평가를 추가로 찾아본 후 (나)에서 두 개의 화면으로 정리해야겠어.

④ (가)에서 장현이 매일 버스를 타는 사람이 받을 수 있는 지원 금액을 계산해 보자고 했으니, 거리에 따른 교통비를 계산해서 (나)에서 제공해야겠어.

⑤ (가)에서 지윤이 말한 환경 보호 측면을 제시하면 대중교통 이용의 장점을 부각할 수 있으니, (나)에서 대중교통 이용에 따른 탄소 배출 감소의 정도를 수치로 제시해야겠어.

유형 이해

(가)에서 나눈 대화의 내용을 바탕으로 매체 자료를 생산할 때 계획한 내용들이 매체 자료에 적절히 반영되었는지를 확인하는 문제 유형이다. (가)에서 학생들이 발표와 매체 자료 구성에 대해 나눈 대화의 내용을 파악한 후 매체 자료에 잘 적용되었는지 판단해야 한다.

유형 공략

❶ 제시된 선지에서 매체 생산 계획과 관련된 정보를 파악한다.

❷ 파악한 정보를 바탕으로 제시된 매체 자료를 자세하게 읽는다.

❸ 매체 자료 계획이 자료에 구현되어 있는지 확인한다.

정답이 정답인 이유

③ (가)에서 지윤은 △△ 교통 제도와 비슷한 정책을 시행한 다른 나라의 사례와 그에 대한 평가가 함께 있으면 좋을 것 같다는 의견을 제시하였다. (나)는 이를 반영하여 독일의 사례와 이에 대한 평가를 추가로 조사해 두 개의 화면으로 정리하였다.

오답이 오답인 이유

① (가)에서 서영이 찾은 청년 정책 홍보 사이트의 링크는 (나)의 마지막 화면에 추가 자료로 제시하였다.

② (가)에서 장현이 찾은 △△ 교통 제도 지원금 표는 (나)에서도 별도의 내용 수정 없이 사용되었다.

④ (나)에 거리에 따른 교통비를 계산해서 제시한 부분은 없다. (나)에서는 거리에 따라 받게 되는 금액이 다를 수 있으니 요금 1,500원을 기준으로 월 최대 지원금을 제시하자는 서영의 의견을 반영하여 표를 제시하였다.

⑤ (가)에서 지윤은 대중교통을 이용하면 탄소 배출을 줄이는 환경 보호 효과가 있다는 점을 함께 이야기하자고 제안했고, (나)에서 환경 보호 측면의 대중교통 이용의 장점으로 탄소 배출 감소를 언급하고 있지만 그것을 구체적 수치로 제시하고 있지는 않다.

닮은꼴 발문 Tip

• 윗글을 바탕으로 〈보기〉의 ㉠~㉤에 들어갈 표현과 그 이유를 제시한 것으로 적절하지 <u>않은</u> 것은?

• 〈보기〉의 ㉠~㉤을 윗글에 따라 수정한 것으로 가장 적절한 것은?

매체 자료의 내용을 묻는 유형

04 〈보기〉는 (나)를 보완하기 위해 '대중교통비 환급 지원 정책'의 변화를 정리한 표이다. (가), (나)와 〈보기〉를 참고할 때, ㉠~㉤에 해당하는 내용으로 가장 적절한 것은?

┌ 보기 ┐

구분		2024년 이전 □□ 교통 제도	2024년 이후 △△ 교통 제도
일반 사항	이동 거리 요건	있음.	㉠
	최소 이용 횟수	월 15회	㉡
	지원 방식	정액	㉢
지원 규모 (할인율) ※요금 1,500원 기준	일반	250원/회(17%)	300원/회(20%)
	청년	350원/회(23%)	㉣
	저소득층	700원/회(47%)	800원/회(53%)
정부 예산	지원 대상	130만 명	177만 명
	예산 규모	336억 원	㉤

① ㉠의 이동 거리 요건은 제시된 내용을 참고하여 '있음.'으로 적으면 되겠군.
② ㉡의 최소 이용 횟수 기준은 기존 제도와 같다고 했으니 '월 15회'로 적으면 되겠군.
③ ㉢은 이용 정도와 상관없이 일정한 금액을 지원한다고 했으니 '정률'이라고 적으면 되겠군.
④ ㉣은 교통 요금 1,500원을 기준으로 1회 할인 금액인 '400원/회(30%)'을 적으면 되겠군.
⑤ ㉤은 2024년 이후 대중교통비 지원을 위한 정부의 예산 규모를 적으면 되니 '399억 원'을 적으면 되겠군.

유형 이해

매체 자료의 특성을 고려하여 내용을 이해할 수 있는지를 판단하는 문제 유형이다. 여러 매체 자료의 내용을 비교하여 파악하고 제시된 매체의 특성에 맞도록 구성된 정보를 이해해야 한다.

유형 공략

❶ 매체 자료의 내용을 분석한다.
❷ 각 선지에 제시된 내용을 확인한다.
❸ 제시된 내용과 그에 대한 분석이 선지의 내용과 부합하는지 판단한다.

정답이 정답인 이유

② ㉡의 최소 이용 횟수 기준은 (가)에서 기존 제도와 같다고 했으니 왼쪽과 같이 '월 15회'로 적어야 한다.

오답이 오답인 이유

① ㉠은 (가)에서 2024년부터 이동 거리 요건이 사라졌다고 했으니 '없음.'으로 적어야 한다.
③ ㉢은 (가)에서 2024년부터 대중교통을 많이 이용할수록 혜택이 커지는 정률 지원 방식을 적용한다고 했으므로 '정률'이라고 적는 것은 맞지만, 이 지원 방식을 대중교통의 이용 정도와 상관없이 일정한 금액을 지원하는 것이라고 이해하는 것은 적절하지 않다.
④ ㉣은 (가)에 교통 요금 1,500원을 기준으로 청년의 1회 할인 금액으로 '450원/회(30%)'이 제시되어 있으니 이를 적어야 한다.
⑤ ㉤은 (가)에 제시된 해당 정책을 위한 정부의 예산 규모를 적는 것이니 2024년 이후 예산 규모인 '735억 원'을 적어야 한다.

유형 연습 ❸

[01~03] 다음은 라디오 대담의 일부이다. 물음에 답하시오.

사회자: 안녕하세요, 청취자 여러분. 오늘은 건강 전도사 이○○ 건강 센터의 센터장님과 함께하는 '건강한 삶을 위하여' 시간입니다. 그리고 인터넷을 통해 보이는 라디오로 시청하고 계신 시청자 여러분도 반갑습니다. 방송 내용에 관한 의견이나 질문이 있으시다면 문자를 보내 주시거나 프로그램 게시판에 올려 주시고, 보이는 라디오 채팅 창을 통해서도 실시간으로 질문을 주실 수 있습니다. 질문은 저희가 실시간으로 내용을 확인하여 선정 후 답변을 드리도록 하겠습니다. 자, 그럼 이○○ 센터장님, 오늘도 안녕하십니까?

이 선터장: 네, 안녕하세요! 오늘도 더 건강해지는 하루 되세요!

사회자: 벌써 건강해지는 느낌이 드는데요? 오늘은 어떤 주제로 우리의 건강을 지켜 주실 건가요? 저번 시간에 허리에 무리가 가는 동작들을 설명해 주시면서 이번 시간에는 식습관과 관련된 내용을 다루겠다고 예고해 주셨거든요.

이 센터장: 네, 맞습니다. 오늘은 한국인의 식습관 중 지속적으로 개선이 필요한 '나트륨 과다 섭취'와 관련된 내용을 말씀드리고자 합니다.

사회자: 아, 오늘의 주제는 '나트륨'과 관련된 것이군요. 지속적으로 개선이 필요하다고 하셨는데 그것이 무슨 의미인가요?

이 센터장: 네, 세계 보건 기구는 건강을 위해 전 세계인의 나트륨 섭취를 줄이는 캠페인을 벌이고 있는데요, 194개국을 모니터링한 결과를 바탕으로 세계 나트륨 저감 보고서를 발표하고 있습니다. 회원국들이 평균적으로 하루에 4,310mg을 섭취하고 있는데, 우리나라의 경우 2019년을 기준으로 하루 4,854mg을 섭취하고 있다고 합니다. 세계 보건 기구의 나트륨 1일 권장 섭취량은 2,000mg 미만이니까 우리 국민들은 권장량의 약 2.4배를 섭취하고 있는 셈입니다. 나트륨 섭취량을 줄이자는 운동이 예전부터 이루어지고 있는데도 회원국 평균보다 많고, 권장량에 비해서도 많기 때문에 지속적인 개선이 필요하다고 말씀을 드린 것입니다.

사회자: 그렇군요. 알겠습니다. 그럼 어떤 이유 때문에 한국인이 회원국 평균에 비해 많은 나트륨을 섭취하게 되는 것일까요? 그 이유를 잘 알아야지만 개선을 할 수 있지 않겠습니까?

이 센터장: 맞는 말씀입니다. 자, 제가 보이는 라디오를 시청하고 계시는 시청자분들을 위해서 표를 하나 가지고 나왔는데요. 시청자분들께서는 표를 보시고, 청취자분들께서는 수치를 들으시면 될 것 같아요. 한국인이 즐겨 먹는 인기 외식 메뉴 중에서 대표적인 것들에 대해 말씀드리면 1인분에 함유된 나트륨의 양이 육개장의 경우는 2,900mg, 자장면의 경우는 2,400mg이고, 수제비의 경우는 2,100mg입니다. 짬뽕의 경우

(단위: mg)

음식	함유량
수제비	2,100
자장면	2,400
육개장	2,900
짬뽕	4,000

〈표〉 인기 외식 메뉴 1인분의 나트륨 함량

는 4,000mg입니다. 국이나 찌개같이 국물이 많은 음식을 자주 먹는 한국인의 식습관을 볼 때 나트륨 섭취가 많을 수밖에 없습니다.

사회자: 프로그램 게시판을 보니 청취자들도 나중에 참고할 수 있도록 게시판에 표를 업로드해 달라는 요청들이 있네요. 방송 후 업로드해 놓도록 하겠습니다. 그럼 센터장님, 표에 나온 음식 외에 나트륨 함량이 높은 음식으로는 또 어떤 것들이 있을까요?

이 센터장: 김치와 같은 발효 식품도 나트륨 함량이 높고, 햄이나 라면, 과자 등 즉석식품의 나트륨 함량 또한 매우 높은 편입니다.

사회자: 그런데요, 센터장님, 나트륨을 과다 섭취하면 어떤 점에서 건강이 위협받게 되는 건가요?

이 센터장: 나트륨 자체가 몸에 해로운 것은 아닙니다. 나트륨은 신경 자극을 생성하고, 근육 수축에 관여하여 체내의 산, 염기의 평형을 유지하는 데 꼭 필요합니다. 그런데 우리 몸은 짜게 먹으면 일정의 혈액 염도를 유지하기 위해 혈액 내로 물을 더 끌어들이게 됩니다. 그러면 혈액량이 증가하게 되고, 혈액량이 증가하게 되면 혈관이 받는 압력이 높아져 고혈압이 발생합니다. 이 외에도 위축성 위염과 뇌경색, 뇌동맥 질환의 발병률이 높아지고, 칼슘 배출량이 증가하게 되어 골다공증과 같은 질환이 생길 수도 있습니다.

사회자: 이번에는 보이는 라디오 채팅방에 많은 분께서 점심 식사 준비 중인데 어떻게 조리를 해야 할지에 대한 고민이 생긴다는 의견을 남겨 주시네요. 센터장님, 그럼 나트륨 섭취를 줄이려면 어떤 식습관을 가지는 것이 좋을까요?

이 센터장: 저염 조리식을 먹는 것이 좋겠지요. 외식은 나트륨의 양을 조절하기 어려우니 외식을 줄이고, 집에서 조리를 할 때 국과 찌개는 소금이나 간장을 많이 사용하여 간을 하기보다는 마른 멸치나 양파 등을 우려낸 국물을 사용하고, 국물을 주로 마시기보다는 건더기 위주로 드셔야 합니다. 또한 햄이나 라면 같은 즉석식품의 섭취를 줄이고 양념이나 소스를 뿌리기보다는 생으로 드시거나 소량을 찍어 드시는 것이 좋습니다. 더불어 신선한 채소와 물을 많이 섭취하여 나트륨을 자연스럽게 배출하는 것도 좋습니다.

사회자: 네, 오늘 말씀해 주신 바와 같이 우리의 건강을 위해서라도 나트륨 섭취를 지속적으로 줄여 나가 나트륨 과다 섭취 국가에서 벗어나도록 해야겠습니다. 오늘도 좋은 말씀을 해 주신 센터장님 감사합니다. 다음 시간에는 어떤 주제를 다뤄 주실 건가요?

이 센터장: 네, 다음 시간 주제는 족저 근막염입니다. 라디오 청취자 및 보이는 라디오 시청자로 ㉠방송에 참여해 주신 분들! 모두들 건강해지는 하루 되세요!

사회자: 네, 다음 시간에는 족저 근막염과 관련하여 좋은 내용을 전해 주신다고 하니까요, 많은 관심 부탁드리겠습니다. 지금까지 라디오를 통해 청취해 주신 청취자분들과, 보이는 라디오로 시청해 주신 시청자분들께 모두 감사드립니다. 모두 건강한 삶을 위한 좋은 습관을 실천하시길 응원합니다.

매체에 따른 사회자의 역할을 파악하는 유형

▶ 24052-0056

01 위 대담에 나타난 사회자의 역할에 대한 설명으로 적절하지 <u>않은</u> 것은?

① 시청자들에게 실시간 채팅이 가능함을 알려 프로그램 진행자들과의 쌍방향 소통을 유도하고 있다.

② 지난 방송의 내용을 간단히 언급하고, 지난 방송에서 예고된 방송의 주제를 상기시키고 있다.

③ 정보를 보다 구체적으로 전달하기 위해 대담자 발언의 일부를 인용하여 그 의미에 대해 질문하고 있다.

④ 프로그램 게시판을 통해 청취자들의 요청을 확인하고, 이를 실행하기 어려운 이유를 구체적으로 안내하고 있다.

⑤ 이번 시간 방송 내용을 종합하여 정리하고, 다음 방송의 주제에 대해 질문하며 다음 방송 주제를 예고하고 있다.

제시된 내용을 다른 매체로 재구성한 내용을 평가하는 유형

▸ 24052-0057

02 다음은 위 방송의 시청자가 나트륨 섭취에 대한 내용을 자신의 블로그에 정리한 것이다. 위 방송의 내용을 바탕으로 할 때 적절하지 <u>않은</u> 것은?

오늘 '건강한 삶을 위하여'라는 라디오 방송을 실시간으로 시청하면서 우리가 나트륨을 지나치게 섭취하고 있다는 사실을 알게 되었다. 나트륨의 과다 섭취는 ㉠혈액량 증가를 가져와 혈관이 받는 압력이 높아지면서 고혈압이 발생할 수 있다고 한다.

나는 바쁠 때는 라면을 자주 먹는 편인데, 거기에 햄을 넣어 끓여 먹는 것을 즐기곤 했다. 그런데 ㉡즉석식품의 나트륨 함량이 높다고 하니 왠지 내 즐거움을 뺏기는 것만 같아서 슬프다.

사실 요새 라면을 끓일 시간도 없어서 대부분의 식사를 외식으로 해결하는 경우가 많다. 아까 방송에서 나온 한국인의 인기 외식 메뉴에 내가 주로 먹는 메뉴들이 나왔는데, 나트륨 함량이 높은 것들이었다. 심지어 그 메뉴들은 모두 ㉢1인분만 먹어도 세계 보건 기구의 나트륨 1일 권장 섭취량을 넘는다.

하여튼 ㉣나트륨 자체가 몸에 해로운 것이라고 했으니까 오늘부터 우선 물이라도 많이 마셔야겠다. 그리고 ㉤국이나 찌개를 만들 때는 소금이나 간장을 많이 사용하는 것보다는 마른 멸치나 양파 등을 우려낸 국물을 사용하는 것이 좋다고 했으니 이따 집에 들어가기 전에 멸치와 양파를 사서 들어가야겠다.

건강은 있을 때 지키는 것이 제일 중요하다고 했으니, 지금이라도 신경을 좀 써야겠다.

① ㉠   ② ㉡   ③ ㉢   ④ ㉣   ⑤ ㉤

▶ 24052-0058

03 〈보기〉는 ㉠이 보인 반응의 일부이다. 이에 대한 설명으로 적절하지 <u>않은</u> 것은?

┌─ 보기 ┌

참여자 1: 전문가의 설명 중에 음식의 나트륨 함량을 표로 만들어서 시청자들이 볼 수 있도록 한 부분이 있었는데요. 저는 청취만을 하고 있다 보니 음식 종류와 수치가 많이 나오는 부분은 헷갈려서 제대로 방송을 듣지 못했어요. 다음에는 청취자들도 고려해서 정보를 쉽고 정확하게 파악할 수 있도록 준비해 주세요.

참여자 2: 나트륨을 저감하기 위한 조리 방법이 고민된다는 내용을 실시간으로 확인하여 답변을 주어서 궁금증을 해결할 수 있어서 좋았습니다. 답변 내용대로 실천해서 집에서 조리할 수 있는 식단을 만들어 봐야겠어요.

참여자 3: 나트륨이 몸에 좋지 않다는 얘기를 듣긴 했지만 왜 그런지는 구체적으로 알지 못했는데요. 그 이유를 이번에 방송을 들으면서 알게 되어 배경지식이 넓어지고, 세계 보건 기구 회원국들과의 비교를 들으면서 그 심각성을 잘 인지하게 되어 좋았어요. 나트륨을 원활히 배출하기 위한 방법을 말씀하신 부분에서 물을 많이 마시는 건 자신이 있는데, 신선한 채소를 많이 섭취하는 건 좀 어려워 보여요. 그렇지만 꼭 구체적인 방법을 찾아 실천해야겠어요.

① '참여자 1'은 시청과 청취라는 두 가지 참여 방식을 활용한 방송임을 고려하여 각 참여 방식의 특성을 모두 고려한 방송을 해야 한다고 보고 있군.

② '참여자 2'는 자신의 궁금증을 방송 중 실시간으로 해소할 수 있었다는 점에서 방송의 효용성에 주목하고 있군.

③ '참여자 3'은 구체적으로 알지 못했던 내용에 대해 알게 되어서 자신의 지식이 넓어진 것에 대해 긍정적인 평가를 하고 있군.

④ '참여자 1'은 '참여자 2'나 '참여자 3'과 달리 방송에 대한 긍정적인 평가보다는 아쉬운 부분을 지적하고 있군.

⑤ '참여자 2'는 '참여자 1'이나 '참여자 3'과 달리 식재료들을 토대로 자신의 삶에 변화를 가져오고자 하는 의지를 보이고 있군.

유형 연습 ❸ Zoom In

닮은꼴 발문 Tip

• 위 방송에 나타난 진행자의 역할에 대한 설명으로 적절하지 <u>않은</u> 것은?

• 위 대담에서 사회자와 전문가의 역할에 대한 설명으로 적절하지 <u>않은</u> 것은?

• 위 방송의 사회자의 역할을 평가한 내용으로 가장 적절한 것은?

매체에 따른 사회자의 역할을 파악하는 유형

01 위 대담에 나타난 사회자의 역할에 대한 설명으로 적절하지 <u>않은</u> 것은?

① 시청자들에게 실시간 채팅이 가능함을 알려 프로그램 진행자들과의 쌍방향 소통을 유도하고 있다.

② 지난 방송의 내용을 간단히 언급하고, 지난 방송에서 예고된 방송의 주제를 상기시키고 있다.

③ 정보를 보다 구체적으로 전달하기 위해 대담자 발언의 일부를 인용하여 그 의미에 대해 질문하고 있다.

④ 프로그램 게시판을 통해 청취자들의 요청을 확인하고, 이를 실행하기 어려운 이유를 구체적으로 안내하고 있다.

⑤ 이번 시간 방송 내용을 종합하여 정리하고, 다음 방송의 주제에 대해 질문하며 다음 방송 주제를 예고하고 있다.

유형 이해

　　생산된 매체 자료를 바탕으로 매체 담화에서 사회자가 담화에 참여하는 과정에서 수행한 역할을 적절히 파악하였는지 확인하는 문제 유형이다. 특히 사회자가 등장하는 매체 담화 유형에서는 사회자가 다양한 역할을 담당하기 때문에 사회자의 발화에 따라 방송 등이 진행되는 과정을 면밀히 살펴야 한다.

유형 공략

❶ 제시된 선지에서 사회자의 역할에 대한 부분을 파악한다.

❷ 제공된 매체 담화에서 사회자의 발화에 주목하며 꼼꼼하게 지문을 읽는다.

❸ 지문에 나타난 사회자의 역할과 선지에 나타난 사회자의 역할을 비교하면서 판단한다.

정답이 정답인 이유

④ 사회자는 '프로그램 게시판을 보니 청취자들도 나중에 참고할 수 있도록 게시판에 표를 업로드해 달라는 요청들이 있네요. 방송 후 업로드해 놓도록 하겠습니다.'라고 하였다. 따라서 청취자들의 요청이 실행하기 어려운 것은 아니며, 실행하기 어려운 이유에 대한 안내 역시 언급하지 않았다.

오답이 오답인 이유

① '보이는 라디오 채팅 창을 통해서도 실시간으로 질문을 주실 수 있습니다.'와 같이 실시간 채팅이 가능함을 알리며 쌍방향 소통을 유도하고 있다.

② '저번 시간에 허리에 무리가 가는 동작들을 설명해 주시면서 이번 시간에는 식습관과 관련된 내용을 다루겠다고 예고해 주셨거든요.'와 같이 허리와 관련된 지난 방송 내용을 간단히 언급하고, 식습관과 관련된 이번 방송의 주제를 상기시키고 있다.

③ '지속적으로 개선이 필요하다고 하셨는데 그것이 무슨 의미인가요?'와 같이 '이 센터장'의 발언 일부를 인용하고 그 의미를 질문함으로써 관련된 구체적인 정보를 이끌어 내고 있다.

⑤ '오늘 말씀해 주신 바와 같이 우리의 건강을 위해서라도 나트륨 섭취를 지속적으로 줄여 나가 나트륨 과다 섭취 국가에서 벗어나도록 해야겠습니다. 오늘도 좋은 말씀을 해 주신 센터장님 감사합니다. 다음 시간에는 어떤 주제를 다뤄 주실 건가요?'와 같이 나트륨 섭취를 지속적으로 줄여야 한다는 이번 시간 방송 내용을 정리하면서 '이 센터장'에게 다음 방송 주제에 대해 질문하고 있다. 그리고 마지막에 '다음 시간에는 족저 근막염과 관련하여 좋은 내용을 전해 주신다고 하니까요'라고 언급하며 다음 방송 주제를 예고하고 있다.

닮은꼴 발문 Tip

• 다음은 (가)를 참고하여 제작한 영상의 스토리보드이다. (가)를 반영한 내용으로 적절하지 않은 것은?

• 다음은 (가)에 참여하고 (나)를 읽은 학생이 동아리 대화방에 올린 글이다. (가)와 (나)를 수용한 내용으로 적절하지 않은 것은?

• 다음은 방송을 접한 시청자가 정리한 메모이다. ⓐ~ⓔ 중 적절하지 않은 것은?

제시된 내용을 다른 매체로 재구성한 내용을 평가하는 유형

02 다음은 위 방송의 시청자가 나트륨 섭취에 대한 내용을 자신의 블로그에 정리한 것이다. 위 방송의 내용을 바탕으로 할 때 적절하지 않은 것은?

> 오늘 '건강한 삶을 위하여'라는 라디오 방송을 실시간으로 시청하면서 우리가 나트륨을 지나치게 섭취하고 있다는 사실을 알게 되었다. 나트륨의 과다 섭취는 ⊙혈액량 증가를 가져와 혈관이 받는 압력이 높아지면서 고혈압이 발생할 수 있다고 한다.
>
> 나는 바쁠 때는 라면을 자주 먹는 편인데, 거기에 햄을 넣어 끓여 먹는 것을 즐기곤 했다. 그런데 ⓒ즉석식품의 나트륨 함량이 높다고 하니 왠지 내 즐거움을 뺏기는 것만 같아서 슬프다.
>
> 사실 요새 라면을 끓일 시간도 없어서 대부분의 식사를 외식으로 해결하는 경우가 많다. 아까 방송에서 나온 한국인의 인기 외식 메뉴에 내가 주로 먹는 메뉴들이 나왔는데, 나트륨 함량이 높은 것들이었다. 심지어 그 메뉴들은 모두 ⓒ1인분만 먹어도 세계 보건 기구의 나트륨 1일 권장 섭취량을 넘는다.
>
> 하여튼 ⓔ나트륨 자체가 몸에 해로운 것이라고 했으니까 오늘부터 우선 물이라도 많이 마셔야겠다. 그리고 ⓜ국이나 찌개를 만들 때는 소금이나 간장을 많이 사용하는 것보다는 마른 멸치나 양파 등을 우려낸 국물을 사용하는 것이 좋다고 했으니 이때 집에 들어가기 전에 멸치와 양파를 사서 들어가야겠다.
>
> 건강은 있을 때 지키는 것이 제일 중요하다고 했으니, 지금이라도 신경을 좀 써야겠다.

① ⊙   ② ⓒ   ③ ⓒ   ④ ⓔ   ⑤ ⓜ

유형 이해

매체에 제공된 정보를 제대로 이해하여 이를 재구성하였는지를 평가하는 문제 유형이다. 신문, 텔레비전, 라디오 등 전통적인 매체뿐만 아니라 인터넷에 기반을 둔 디지털 매체 등 다양한 매체가 제시된다. 동일한 정보라도 매체의 특성에 따라 정보가 나타나는 방식은 달라질 수 있다. 이러한 유형의 문제를 해결하기 위해서는 원래 매체에 제시된 정보를 꼼꼼히 파악하고 이를 재구성한 다른 매체에 내용상의 오류가 없는지 비교해야 한다.

유형 공략

❶ 제시된 매체의 정보를 꼼꼼하게 파악한다.
❷ 비교해야 할 새로운 매체에 제시된 정보를 정리한다.
❸ 두 정보를 비교하여 적절한 내용과 그렇지 않은 내용을 판단한다.

정답이 정답인 이유

④ 방송 중 '이 센터장'은 '나트륨 자체가 몸에 해로운 것은 아닙니다. 나트륨은 신경 자극을 생성하고, 근육 수축에 관여하여 체내의 산, 염기의 평형을 유지하는 데 꼭 필요합니다.'라고 말하였다. 따라서 나트륨 자체가 몸에 해롭다는 내용은 적절하지 않다.

오답이 오답인 이유

① 방송 중 '이 센터장'이 '우리 몸은 짜게 먹으면 일정의 혈액 염도를 유지하기 위해 혈액 내로 물을 더 끌어들이게 됩니다. 그러면 혈액량이 증가하게 되고, 혈액량이 증가하게 되면 혈관이 받는 압력이 높아져 고혈압이 발생합니다.'라고 말한 것에서 알 수 있다.

② 방송 중 '이 센터장'이 '햄이나 라면, 과자 등 즉석식품의 나트륨 함량 또한 매우 높은 편'이라고 말한 것에서 알 수 있다.

③ 방송 중 '이 센터장'이 '세계 보건 기구의 나트륨 1일 권장 섭취량은 2,000mg 미만'이라고 말한 것을 고려할 때 인기 외식 메뉴 1인분의 나트륨 함량이 모두 2,000mg을 초과하므로 1인분만으로도 권장 섭취량을 넘는다는 것을 알 수 있다.

⑤ 방송 중 '이 센터장'이 '집에서 조리를 할 때 국과 찌개는 소금이나 간장을 많이 사용하여 간을 하기보다는 마른 멸치나 양파 등을 우려낸 국물을 사용하고'라고 말한 부분에서 알 수 있다.

닮은꼴 발문 Tip

- 다음은 위 신문 기사를 읽은 독자의 반응이다. 독자의 수용 태도에 대한 설명으로 가장 적절한 것은?

- 위 방송 전체를 시청한 시청자의 반응으로 적절하지 <u>않은</u> 것은?

- 위 방송 내용에 비추어 볼 때, 방송을 들은 학생의 반응 중 적절하지 <u>않은</u> 것은?

매체 자료의 수용 태도를 점검하는 유형

03 〈보기〉는 ㉠이 보인 반응의 일부이다. 이에 대한 설명으로 적절하지 <u>않은</u> 것은?

> ┌ 보기 ┐
>
> 참여자 1: 전문가의 설명 중에 음식의 나트륨 함량을 표로 만들어서 시청자들이 볼 수 있도록 한 부분이 있었는데요. 저는 청취만을 하고 있다 보니 음식 종류와 수치가 많이 나오는 부분은 헷갈려서 제대로 방송을 듣지 못했어요. 다음에는 청취자들도 고려해서 정보를 쉽고 정확하게 파악할 수 있도록 준비해 주세요.
> 참여자 2: 나트륨을 저감하기 위한 조리 방법이 고민된다는 내용을 실시간으로 확인하여 답변을 주어서 궁금증을 해결할 수 있어서 좋았습니다. 답변 내용대로 실천해서 집에서 조리할 수 있는 식단을 만들어 봐야겠어요.
> 참여자 3: 나트륨이 몸에 좋지 않다는 얘기를 듣긴 했지만 왜 그런지는 구체적으로 알지 못했는데요. 그 이유를 이번에 방송을 들으면서 알게 되어 배경지식이 넓어지고, 세계 보건 기구 회원국들과의 비교를 들으면서 그 심각성을 잘 인지하게 되어 좋았어요. 나트륨을 원활히 배출하기 위한 방법을 말씀하신 부분에서 물을 많이 마시는 건 자신이 있는데, 신선한 채소를 많이 섭취하는 건 좀 어려워 보여요. 그렇지만 꼭 구체적인 방법을 찾아 실천해야겠어요.

① '참여자 1'은 시청과 청취라는 두 가지 참여 방식을 활용한 방송임을 고려하여 각 참여 방식의 특성을 모두 고려한 방송을 해야 한다고 보고 있군.
② '참여자 2'는 자신의 궁금증을 방송 중 실시간으로 해소할 수 있었다는 점에서 방송의 효용성에 주목하고 있군.
③ '참여자 3'은 구체적으로 알지 못했던 내용에 대해 알게 되어서 자신의 지식이 넓어진 것에 대해 긍정적인 평가를 하고 있군.
④ '참여자 1'은 '참여자 2'나 '참여자 3'과 달리 방송에 대한 긍정적인 평가보다는 아쉬운 부분을 지적하고 있군.
⑤ '참여자 2'는 '참여자 1'이나 '참여자 3'과 달리 식재료들을 토대로 자신의 삶에 변화를 가져오고자 하는 의지를 보이고 있군.

유형 이해

매체 자료의 수용 태도를 점검할 수 있는지 확인하는 문제 유형이다. 매체 자료에는 관점과 가치가 내포되어 있기 때문에, 매체 자료를 접할 때에 주목해야 할 요소를 확인하고 그에 따라 매체 자료를 수용할 수 있어야 한다. 이 유형은 이러한 수용 태도의 적절성을 비판적으로 판단할 수 있는지를 평가하는 유형이다.

유형 공략

❶ 지문에 나타난 매체 자료의 내용을 확인한다.
❷ 〈보기〉에 제시된 매체 자료의 수용 태도를 확인한다.
❸ 〈보기〉에 제시된 반응을 제대로 이해하고 평가하고 있는지 선지를 확인한다.

정답이 정답인 이유

⑤ '참여자 2'는 '답변 내용대로 실천해서 집에서 조리할 수 있는 식단'을 토대로 자신의 삶에 변화를 가져오겠다는 의지를 보이고 있다. 이는 방송에서 '소금이나 간장을 많이 사용하여 간을 하기보다는 마른 멸치나 양파 등을 우려낸 국물을 사용하고, 국물을 주로 마시기보다는 건더기 위주로 드셔야 합니다. 또한 햄이나 라면 같은 즉석식품의 섭취를 줄이고 양념이나 소스를 뿌리기보다는 생으로 드시거나 소량을 찍어 드시는 것이 좋습니다. 더불어 신선한 채소와 물을 많이 섭취하여 나트륨을 자연스럽게 배출하는 것도 좋습니다.'라고 안내한 것에 대한 반응이다. 이를 통해 집에서 조리할 수 있는 식단은 '식재료'와 관련이 있음을 알 수 있다. '참여자 3'도 '나트륨을 원활히 배출하기 위한 방법을 말씀하신 부분에서 물을 많이 마시는 건 자신이 있는데, 신선한 채소를 많이 섭취하는 건 좀 어려워 보여요. 그렇지만 꼭 구체적인 방법을 찾아 실천해야겠'다고 하였는데 방송에 언급된 '식재료'와 연관된 나트륨 배출 방법을 찾아 실천하며 자신의 삶에 변화를 가져오고자 하는 의지를 보인 것이다. 따라서 '참여자 2'가 '참여자 3'과 다르다는 반응은 적절하지 않다.

오답이 오답인 이유

① '참여자 1'은 '표로 만들어서 시청자들이 볼 수 있도록 한 부분이 있었'지만 자신은 '청취만을 하

고 있'어서 '헷갈려서 제대로 방송을 듣지 못했'다고 하였다. 그리고 '다음에는 청취자들도 고려해서 정보를 쉽고 정확하게 파악할 수 있도록 준비해' 달라고 요구하고 있다. 따라서 시청자뿐만 아니라 청취자의 방송 참여 특성도 고려해야 한다고 본 것은 적절하다.

② '참여자 2'는 '나트륨을 저감하기 위한 조리 방법이 고민된다는 내용을 실시간으로 확인하여 답변을 주어서 궁금증을 해결할 수 있어서 좋았습니다.'와 같이 자신의 궁금증을 실시간으로 해소할 수 있어 좋았다고 하며 방송의 효용성을 언급하고 있다.

③ '참여자 3'은 나트륨이 몸에 좋지 않은 구체적인 이유를 몰랐는데 '그 이유를 이번에 방송을 들으면서 알게 되어 배경지식이 넓어졌'다고 이야기하며 자신의 지식이 넓어진 것에 대해 긍정적인 평가를 하고 있다.

④ '참여자 2'와 '참여자 3'은 궁금증 해결에 대한 것과 배경지식을 넓힌 것에 대한 긍정적인 평가를 하고 있다. 그러나 '참여자 1'은 청취자들을 위한 고려가 부족한 진행으로 인해 제대로 정보를 파악하지 못했다는 부분에 대해 지적하며 아쉬운 부분만을 이야기하고 있다.

새로움에 대한 도전과 끊임없는 변화의   G L O B A L L E A D E R

백석대학교

글로벌 리더를 향한 끊임없는 도전, 꿈을 이루는 우리는 **백석인**입니다!

B A E K S E O K U N I V E R S I T Y

백석대학교
BAEKSEOK UNIVERSITY

2025 **수시 신입생** 모집

원서접수 | 2024. **9.9**(월) ~ **9.13** (금)   입학안내 | 041)550-0800~3 http://ipsi.bu.ac.kr

잘 가르치고, 잘 취업시키는 대학 대전 대학교

럭키 님이 이 게시물을 좋아합니다.
대전대학교 아름다운 캠퍼스

힘차용 님이 이 게시물을 좋아합니다.
대전대학교 아름다운 캠퍼스

보미 님이 이 게시물을 좋아합니다.
대전대학교 아름다운 캠퍼스 야경

솔 님이 이 게시

힘차용 님이 이 게시물을 좋아합니다.

대전대학교 한의과대학

\# 전국 3개의 부속 한방병원 (서울, 대전, 천안)
\# 교육부 LINC 3.0 사업선정 최대 6년간 240억 지원
\# 대학혁신지원사업 최우수(A등급) 대학선정
\# 교육부 3주기 대학기관평가인증 획득
\# 2023년 대학혁신지원사업 1차년도 연차평가 교육혁신전략부문 A등급
\# 2023년 지방대학활성화사업 사업계획평가 A등급

럭키 님이 이 게시물을 좋아합니다.
대전대학교 보건의료과학대학

대전대학교
DAEJEON UNIVERSITY

입학처 바로가기

전공선택
고민돼?

 전공자율선택제 운영

진로학습코디네이터, 교수, 선배와
AI기반으로 전공선택까지
꼼꼼하고 체계적으로 설계

수시모집 원서접수
2024. 9. 9.(월)~13.(금)

경험하고
결정해!

 **인제대학교**
INJE UNIVERSITY

Innovative Leader

단국대학교

인문사회 융합인재양성사업
(글로벌 · 문화) 주관대학 선정

반도체/미래차/
바이오헬스/
수소에너지
미래산업인재 양성

캠퍼스혁신파크
사업 선정

첨단분야 혁신융합대학
반도체소부장 분야
참여대학 선정

국가고객만족도(NCSI)
국내 4년제 대학 4위

 공식 유튜브
단국대학교

 공식 인스타그램
@dankook_univ
@dankook_ipsi

 공식 페이스북
단국대학교
(Dankook University)

 공식 블로그
단국대학교 블로그
단국대학교 입학처 블로그

DKU 단국대학교
DANKOOK UNIVERSITY

2025학년도
수능 연계교재

수능완성

✦✦✦

국어영역

독서 · 문학 · 언어와 매체

이 책의 **구성과 특징** STRUCTURE

〈실전편〉은 최근 3개년도에 걸쳐 시행된 대학수학능력시험 및 모의평가 문항을 분석하여 실전과 가장 가까운 문항을 수록하였습니다. 실전처럼 구성된 45개 문항을 정해진 시간에 맞춰 풀어 봄으로써 자신의 실력을 점검하고, 부족한 영역을 파악하는 데 도움이 되고자 하였습니다. 문제 풀이 후, 정답과 해설을 확인하여 국어영역의 사고 능력을 기를 수 있도록 하였습니다.

실전 모의고사

실전 모의고사는 45개 문항씩 총 5회분의 모의고사를 수록한 코너입니다.
실제 수능 국어영역에 응시한다는 생각으로 모의고사를 풀어 보는 과정에서, 실전 감각이 길러질 수 있도록 하였습니다.

실전편

이 책의 **차례** CONTENTS

실전편

EBS 수능완성

국어영역

실전 모의고사
1회

문항에 따라 배점이 다릅니다. 3점 문항에는 점수가 표시되어 있습니다. 점수 표시가 없는 문항은 모두 2점입니다.

[01~03] 다음 글을 읽고 물음에 답하시오.

　교과서에 포함된 글은 기능에 따라 '메타 텍스트', '서술 텍스트', '자료 텍스트'로 나뉜다. 메타 텍스트는 교과서 전체나 단원이 어떻게 구성되어 있는지 안내하는 부분이라서 학습 내용 자체를 서술하고 있지는 않다. 서술 텍스트는 학습해야 하는 내용을 직접 서술한 글이다. 가령 요약하며 읽기 단원이라면 요약하기의 전략과 유의점에 대해 구체적으로 서술되어 있다. 자료 텍스트는 제재(題材)라고도 하며, 서술 텍스트에서 배운 내용을 적용해 볼 수 있고 학습을 위한 활동의 대상이 되는 글이다. 이러한 제재는 독자의 학년을 고려하여 선정이 된다.

　제재를 학년에 맞게 선정하기 위해서는 읽기 쉬운 정도, 즉 수준을 측정해야 하는데 측정 방법으로는 양적 평가와 질적 평가를 함께 사용하는 것이 권장된다. 양적 평가에서는 글의 표면적 특성인 문장의 길이, 쉬운 단어의 비율만을 특정한 공식에 대입하여 나온 점수로 수준을 평가한다. 하지만 이 두 가지 요소만으로는 글의 수준을 완벽하게 평가하기 어렵다. 단어와 단어가 만나면 개별 단어의 의미를 넘어서는 이면적인 의미가 만들어지기도 하기 때문이다. 한편 질적 평가에서는 전문가가 주관에 기초하여 글의 수준을 종합적으로 평가한다. 관습적인 글의 구조가 사용되었는지, 문장의 의미는 명료한지, 독자가 글을 읽는 목적은 무엇이며, 글을 이해하는 데 필요한 배경지식은 어느 정도인지를 종합하는 것이다. 하지만 이 방식은 전문가마다 측정한 결과의 편차가 클 수도 있다는 단점이 있다.

　국어 교과서의 제재를 선정할 때는 수준뿐만 아니라 '대자성', '균형성', '계열성'도 함께 고려한다. 다양하게 해석할 수 있는 글은 대자성이 있다고 하며, 조립 설명서는 의미가 고정된 글이어서 대자성이 없다. 대자성이 있는 글은 의견을 주고받는 수업에 활용할 수 있으므로 교과서에 일정 비율 수록된다. 균형성이란 다양한 유형의 제재가 수록되어야 한다는 것으로, 이를 갖추기 위해서는 설명문, 논설문, 문학이 모두 수록되어야 한다. 계열성이란 학습 순서의 선후 배치와 관련된 것인데, 이를 갖추기 위해서는 학년이 높아질수록 배우는 내용이 심화되거나 현재 배우는 것과 과거에 배운 것이 서로 관련되어야 한다.

01

▶ 24051-0059

윗글의 내용과 일치하지 <u>않는</u> 것은?

① 교과서의 단원 구성에 대해 설명하는 글은 메타 텍스트에 해당한다.
② 교과서에서 제재란 서술 텍스트에서 배운 내용을 적용해 볼 수 있는 글이다.
③ 글의 수준을 평가할 때 양적 평가와 질적 평가를 함께 사용하는 것은 권장되지 않는다.
④ 전문가가 자신의 견해를 바탕으로 글의 수준을 종합적으로 평가하는 방법을 질적 평가라 한다.
⑤ 글의 읽기 쉬운 정도를 판단할 때 독자의 배경지식에 대한 고려는 질적 평가에서 사용하는 기준 중 하나이다.

02

▶ 24051-0060

'양적 평가'에 대해 비판하는 내용으로 가장 적절한 것은?

① 글의 수준을 평가할 때는 글의 표면적 특성을 활용하는 것만으로도 충분하다.
② 쉬운 단어의 비율이 높아도 쉬운 단어의 조합에 의해 의미 파악이 어려운 글이 생성될 수 있다.
③ 동일한 글에 대해 어떤 평가자는 저학년 수준으로, 다른 평가자는 고학년 수준으로 판단할 수 있다.
④ 독서의 목적과 관습적인 글의 구조의 사용 중 어느 것이 글의 수준에 더 큰 영향을 주는지는 확정하기 어렵다.
⑤ 글의 읽기 쉬운 정도를 측정하기 위해서는 쉬운 단어의 비율뿐만 아니라 문장의 길이도 함께 고려해야 한다.

03

▶ 24051-0061

〈보기〉는 한 학생이 고등학교 입학 첫날에 쓴 일기이다. 윗글을 참고할 때 ㉠, ㉡에 대한 이해로 가장 적절한 것은? [3점]

| 보기 |

　㉠고등학교 국어 교과서를 배부받았다. 차례를 보니 이 교과서에는 설명문, 논설문, 문학이 모두 제재로 수록되어 있었고 마지막 장에는 저자의 약력도 소개되어 있었다. 시 「진달래꽃」은 ㉡중학교 국어 교과서에서 배웠는데 오늘 받은 교과서에도 있었다. 그때는 '화자의 정서와 태도'를 설명한 교과서 글을 읽은 후 「진달래꽃」의 화자의 정서와 태도를 정리해 보고, 중의적인 마지막 구절로 토론을 했던 기억이 났다. 고등학교에서는 가사 「속미인곡」을 읽은 후 정서와 태도가 「진달래꽃」과 비교해서 이별의 정한이라는 주제로 계승되는 양상을 배우는 것 같다.

① ㉠에서 설명문, 논설문, 문학이 수록된 순서가 달라지면 균형성이 사라진다.
② ㉡에 포함된 '화자의 정서와 태도'를 설명한 글은 자료 텍스트에 해당한다.
③ ㉠에 실린 가사 「속미인곡」은 메타 텍스트이고, ㉡에 실린 시 「진달래꽃」은 서술 텍스트이다.
④ ㉡에 실린 시 「진달래꽃」의 경우, ㉠의 마지막 장에 소개된 '저자의 약력'과는 달리 다자성이 없는 글이다.
⑤ ㉠은 시 「진달래꽃」을 활용하여 학습 내용을 심화하고 있고 ㉡에서 배운 것과도 연관되므로 계열성을 갖추었다.

[04~07] 다음 글을 읽고 물음에 답하시오.

음악에서 음들이 특정한 방식으로 결합되면 그 맥락 속에서 의미를 가지게 되며, 결합된 음이 규칙에 따라 이어지면 우리에게 미적 경험을 제공해 주기도 한다. 화음은 음높이가 다른 음들이 동시에 울리는 것이다. 두 음높이 사이의 간격을 음정이라 하는데, 예를 들어 같은 높이인 '도-도'는 1도, 한 간격 차이가 나는 '도-레'는 2도라고 음정을 표현한다. 3화음은 3도의 음정으로 쌓아 올린 세 개의 음으로 만드는데, 각 음의 명칭은 밑에서부터 근음, 3음, 5음이라 일컫는다. 가령 '도'를 근음으로 삼는 으뜸화음인 '도-미-솔'의 경우, 근음에서 3도의 음정을 쌓은 '미'를 3음이라고 부르고, '미'에서 다시 3도의 음정을 쌓은 '솔'은 5음이라고 부른다. 이때 '솔'을 근음으로 삼는 '솔-시-레'의 딸림화음, '파'를 근음으로 삼는 '파-라-도'의 버금딸림화음은 '도'를 근음으로 삼는 으뜸화음과 함께 주요 3화음이라 한다.

주요 3화음은 진행 과정에서 특별한 느낌을 주므로, 주요 3화음만으로도 음악적 표현이 가능하다. 으뜸화음은 안정감을 주므로 곡의 출발로 쓰이는 경우가 많다. 딸림화음은 이완되기 직전의 긴장 상태이고 으뜸화음으로 복귀하려는 성질이 강하다. 버금딸림화음은 안정에서 긴장 상태로의 변화나 들뜬 감정을 느끼게 해 준다. 이때 음의 진행을 부드럽게 만들기 위해 3화음의 근음을 바꾸기도 한다. 원래의 근음 대신 3음을 근음으로 하고 나머지 음을 차례로 쌓는 것을 '첫째 자리바꿈'이라 하는데, 그 결과 으뜸화음의 경우 '미-솔-도'가 된다. 이러한 방식으로 5음을 근음으로 하고 나머지를 쌓는 것을 '둘째 자리바꿈'이라 하며 으뜸화음의 경우에는 '솔-도-미'가 된다.

음을 가시적으로 표기하는 것을 기보라 하며, 화음을 기보하기 위해서는 〈그림〉처럼 높은음자리 보표와 낮은음자리 보표를 묶은 '큰보표'를 사용한다. 큰보표의 기준음은 '가운데 도'이므로 두 줄 위는 '솔', 두 줄 아래는

〈그림〉

'파'가 된다. 성부란 합창을 할 때 소리의 높낮이에 따라 차지하는 위치이다. 높은음에서 낮은음을 담당하는 순서대로 소프라노, 알토, 테너, 베이스로 나누어 이들을 4성부라 한다. 즉 소프라노는 가장 높은 음을, 베이스는 가장 낮은 음을 낸다. 4성부를 표현할 때는 높은음자리 보표에 소프라노의 음과 알토의 음을, 낮은음자리 보표에 테너의 음과 베이스의 음을 기보한다. 이때 소프라노와 베이스를 '외성', 알토와 테너를 '내성', 맨 아래 성부를 제외한 나머지 성부를 '상 3성', 맨 위의 성부를 제외한 나머지 성부를 '하 3성'이라 한다.

주요 3화음을 내기 위해서는 4성부 중에서 한 성부가 음 하나를 중복하여 화음을 표현하는데, 근음이나 5음만 중복이 가능하다. 이때 중복하는 음은 한 옥타브 안에 있는 음일 필요는 없으

므로, 가령 근음이 '솔'이면 한 옥타브 위의 '솔'을 중복해도 된다. 이렇게 만들어진 화음에서 상 3성의 음역이 한 옥타브 안에 들면 건반 악기로 연주하기가 쉽지만, 한 옥타브를 넘으면 손가락으로 건반을 다루기가 어려워진다. 이때는 현악기로 연주하는 것이 유리하다.

일정한 규칙에 따라 이어지는 화음을 화성이라 한다. 화성의 진행에는 한 성부의 진행과 두 성부의 진행이 있다. 한 성부의 진행에서 음이 올라가면 상행, 내려가면 하행이라 한다. 또한 음정이 2도로 움직이는 것을 순차 진행이라 하고, 3도 이상 움직일 때는 도약 진행이라 한다. 가령 '도'를 낸 후 위의 음인 '미'를 내면 상행이면서 도약 진행이다. 한편 두 성부의 진행은 네 가지로 나뉜다. 반진행은 한 성부가 상행이고 다른 성부는 하행인 진행이며, 경사 진행은 한 성부가 같은 높이의 음을 내는 동안 다른 성부는 상행 혹은 하행하는 진행이다. 병진행은 두 성부 간의 음정이 동일한 진행이며, 유사 진행은 두 성부 모두 상행이거나 모두 하행이지만 두 성부 간의 음정이 달라지는 진행이다. 한 옥타브 안에서 소프라노가 '라, 라, 시, 도'를 낼 때 알토는 '도, 도, 레, 파'를 낸다고 하자. 이 경우 세 번째 음까지는 음정이 6도를 유지하므로 병진행을 하고, 네 번째 음에서는 5도로 달라지며 두 성부 모두 상행이므로 유사 진행이 나타난다.

04

▶ 24051-0062

윗글의 내용과 일치하지 않는 것은?

① 둘째 자리바꿈을 한 으뜸화음의 근음은 '솔'이다.
② 4성부 중에 소프라노와 베이스를 외성이라고 한다.
③ 화성은 화음을 일정한 규칙에 따라 이어지게 한 것이다.
④ 높은음자리 보표와 낮은음자리 보표를 묶은 것을 큰보표라 한다.
⑤ 도약 진행과 병진행은 모두 한 성부의 화성의 진행과 관련이 있다.

05

▶ 24051-0063

윗글의 내용에 대한 이해로 적절하지 않은 것은?

① 내성에 해당하는 두 개의 성부는 모두 상 3성에 포함된다.
② 〈그림〉에 기보된 '파와 도', '도와 솔'은 모두 음정이 5도이다.
③ 4성부로 '도'가 근음인 으뜸화음을 내려 할 때 '미'를 중복할 수 있다.
④ 알토와 테너가 병진행일 때 알토가 상행이면 반드시 테너도 상행이다.
⑤ 큰보표에서 기보되는 하 3성 중에는 높은음자리 보표에 기보되는 성부가 있다.

06

▶ 24051-0064

윗글을 바탕으로 할 때 〈보기 1〉에 대한 적절한 반응만을 〈보기 2〉에서 있는 대로 고른 것은? [3점]

┌ 보기 1 ┌

주요 3화음을 한 번 이상 사용하여 다음 내용을 네 마디의 곡으로 표현하려고 한다. [마디 1]에서 [마디 4] 순으로 연주가 진행된다.

[마디 1] 평온한 가정에 있던 사람이 있다.
[마디 2] 봄기운에 흥분되어 집을 나와 타지를 떠돈다.
[마디 3] 자신의 행동을 반성하고 고향을 그리워한다.
[마디 4] 다시 고향으로 돌아와 안정을 찾는다.

이때 [마디 1]과 [마디 4]에는 자리바꿈을 사용하지 않은 동일한 화음을 사용하고, [마디 2]에는 '첫째 자리바꿈'을, [마디 3]에는 '둘째 자리바꿈'을 한 화음을 사용하기로 한다.

┌ 보기 2 ┌

ㄱ. [마디 1]은 연주 순서가 첫 번째이고 '평온'함을 표현한다는 점에서, [마디 4]는 '안정'을 표현한다는 점에서 이 두 마디는 모두 으뜸화음을 사용해야겠군.
ㄴ. [마디 2]에는 '봄기운'에 의한 감정이나 '집'을 떠난 상태를 표현한다는 점에서 딸림화음을, [마디 3]에는 해당 마디 내용과 뒤따르는 마디의 화음을 고려했을 때 버금딸림화음을 사용해야겠군.
ㄷ. [마디 2]의 근음과 [마디 3]의 근음은 모두 으뜸화음에 없는 음이겠군.

① ㄱ   ② ㄴ   ③ ㄱ, ㄴ
④ ㄱ, ㄷ   ⑤ ㄴ, ㄷ

07
▶ 24051-0065

윗글을 바탕으로 〈보기〉를 이해한 내용으로 가장 적절한 것은?

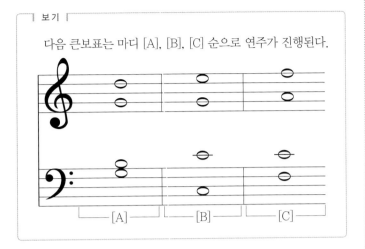

① [A]에서 [B]로 진행할 때 소프라노는 도약 진행을 한다.
② [A]에서 성부 간 중복된 음과 [C]에서 중복된 음은 서로 같다.
③ [B]에서 [C]로 진행할 때 높은음자리 보표에서는 유사 진행이 나타난다.
④ 테너와 베이스가 [A]에서 [B]로 진행할 때는 반진행을, [B]에서 [C]로 진행할 때는 경사 진행을 한다.
⑤ 상 3성의 음역에 따른 연주 악기를 고려할 때 [C]는 현악기보다 건반 악기로 연주하는 것이 유리하다.

[08~13] 다음 글을 읽고 물음에 답하시오.

(가) 집단행동의 딜레마란 집단 구성원이 공통의 이해관계가 걸려 있는 문제를 스스로 해결하지 못하는 현상으로, 무임승차 심리, 즉 타인의 성과에 묻어가려는 심리가 원인이라 할 수 있다. 정치학자인 퍼트넘은 이 딜레마를, 강제력을 가진 제삼자의 개입이 아닌 사회적 자본을 통해 해결할 것을 제안했다. 그는 사회적 자본을 구성원 간의 협력을 ⓐ촉진시켜 주는 것으로 정의하고, 그 요소로 '호혜성', '신뢰', '네트워크'를 제시했다. 같은 자본이라도 사회적 자본은 인간의 상호 작용에 중점을 둔다는 점에서, 생산 과정에 투입되는 장비인 물적 자본과는 구별된다. 예를 들어 누군가가 물고기를 잡기 위해 낚싯대와 배를 사용했다면 이 둘은 물적 자본에 해당한다.

㉠호혜성은 모두에게 이익이 되는 방향으로 문제를 해결하고자 하는 경향성으로 균형적 호혜성과 일반화된 호혜성이 있다. 균형적 호혜성은 특정한 보상을 동시에 주고받을 것을 요구하는 것으로, 상호 간 합의가 쉽게 이루어지기 어렵다. 이에 비해 일반화된 호혜성은 내가 상대방에게 베푼 호의가 지금 당장 나에게 이익으로 되돌아오지 않더라도 지속적인 교환 관계를 통해 미래에 보상을 받을 수 있다는 상호 기대를 전제로 한다. 퍼트넘은 일반화된 호혜성이 ⓑ통용되어야 무임승차 심리를 억제할 수 있다고 보았다.

신뢰는 상대방의 행동에 대해 예측이 가능하고 그 행동이 일관될 것이라고 기대할 때 형성된다. 두터운 신뢰는 오랫동안 알고 지낸 사이에서, 엷은 신뢰는 짧은 기간 만난 사이에서 만들어진다. 퍼트넘은 두터운 신뢰에서 나타나는 강한 결속이 배타적인 태도로 변질될 수 있다고 보았기에, 엷은 신뢰의 수준이 높은 것이 낯선 사람들 사이에서도 협력이 촉진되어 사회 통합에 더 유용하다고 보았다.

퍼트넘은 일반화된 호혜성과 엷은 신뢰가 증진되기 위해서는 그 집단이 수평적 네트워크 형태, 즉 구성원이 동등한 권력으로 연결되어 있어야 한다고 보았다. 한편 퍼트넘은 사회적 자본이 오랜 기간 축적된 집단의 구성원일수록 도덕적 경향을 보인다고 주장하고, 이를 20세기 이탈리아에서 자치 제도를 실시했을 때 북부가 남부에 비해 잘 정착된 원인으로 ⓒ제시했다. 그에 따르면 12세기 공화정 때부터 수평적 네트워크가 활성화된 북부 시민들은 문화 단체, 동호회 등의 소규모 공동체 조직에서 협력으로 문제를 해결하는 경험이 쌓여 왔다. 반면 남부 시민들은 상하 관계로 연결된 수직적 네트워크하에서 공적인 일들은 정치인이나 최고 책임자의 일이라고만 여겼고, 부도덕한 관행에 대해 더 강력한 규율을 요구해 왔기 때문에 남부에는 사회적 자본의 축적이 미미했다고 그는 설명했다.

(나) 물적 자본은 일종의 소모품이므로 사용할수록 마모되어 경

제적 가치가 감소하는 경우가 많지만, 사회적 자본은 사용할수록 그 집단에 축적되는 경향이 있다. 그래서 퍼트넘의 사회적 자본 이론에서는 수평적 네트워크가 활성화되면 호혜성과 신뢰도 증진되어 집단 구성원의 협력이 강화된다는 점을 강조한다. 그리고 그는 이탈리아에 대한 연구를 통해 사회적 자본의 장점을 실증적으로 제시하려 노력했다.

하지만 수평적 네트워크가 호혜성과 신뢰를 항상 증진하는 것일까? 먼저 사회학자 뉴턴의 지적처럼 수평적 네트워크하에서 공공의 이익보다 개별 집단의 이익을 우선적으로 ⓓ추구할 경우 갈등 조정이 더 어려워질 수 있다. 북아일랜드에서 가톨릭과 개신교를 중심으로 한 수평적 네트워크 간의 충돌은 오히려 호혜성의 결여로 사회의 갈등이 심화된 사례이다. 게다가 수평적 네트워크의 구성원 누군가가 자신에게 돌아오는 혜택이 불균형하다고 여긴다면, 신뢰 수준이 낮아질 수 있고 이는 분열을 야기할 수 있다.

퍼트넘은 20세기 이탈리아에서 자치 제도를 실시했을 때 나타난 남북 간의 차이가, 12세기부터 형성된 두 지역 간의 시민적 전통 차이에 기인한 것으로 보았다. 하지만 이는 논리적 ⓔ비약일 수 있는데, 12세기 당시는 공화제라기보다는 군주적 귀족제에 가까워 현대적 의미의 수평적 네트워크 형태는 거의 존재하지 않았다. 따라서 중세 이탈리아 시기의 시민적 전통이라고 하는 것이 일반적으로 오늘날 의미하는 시민 정치 문화와는 달랐다고 보는 것이 타당하다. 또한 그는 이탈리아 북부를 언급하면서 사회적 자본의 축적은 단기적으로 이루어지는 것이 아니라고 하였다. 하지만 이는 ⓛ독립한 지 얼마 되지 않은 신생 국가를 구성하는 시민들은 그 사회 또는 국가 발전을 위한 협력의 가능성이 낮다는 논리로 귀결되는 점에서 비판의 여지가 있다.

08
▶ 24051-0066

다음은 (가), (나)를 읽고 학생 '갑'이 작성한 활동지와 이에 대한 학생 '을'의 평가이다. 평가가 옳은 것만을 있는 대로 고른 것은?

구분	'갑'이 작성한 활동지 내용	'을'의 평가
공통점	내용의 이해를 돕기 위해 예시를 사용하고 있음.	적절 ……… A
차이점	(가)는 (나)와 달리 개념의 변화 과정을 제시함.	부적절 …… B
차이점	(나)는 (가)와 달리 퍼트넘의 견해를 약화시키기 위해 다른 학자의 견해를 언급함.	부적절 …… C

① A   ② C   ③ A, B
④ B, C   ⑤ A, B, C

09
▶ 24051-0067

(가), (나)를 통해 답을 찾을 수 있는 질문으로 적절하지 않은 것은?

① 집단행동의 딜레마의 의미와 그것이 발생하는 이유는 무엇인가?
② 사람들 사이에 신뢰가 이루어지기 위한 조건에 관하여 퍼트넘은 무엇이라고 하였는가?
③ 퍼트넘은 20세기 이전의 이탈리아에서 수직적 네트워크가 더 강한 지역은 어디라고 하였는가?
④ 물적 자본과 사회적 자본은 사용 빈도에 따른 가치의 변화와 관련하여 어떤 차이가 있는가?
⑤ 이탈리아에 잔재했던 군주적 귀족제가 사라지게 된 이유에 대해서 퍼트넘은 어떤 견해를 밝혔는가?

10
▶ 24051-0068

㉠에 대한 이해로 가장 적절한 것은?

① 호혜성은 이익을 받을 사회 구성원을 선별해 나가는 경향성이다.
② 일반화된 호혜성은 균형적 호혜성과 달리 미래에 대한 상호 기대에 토대를 둔다.
③ 균형적 호혜성은 일반화된 호혜성에 비해 사회적 자본 형성에 많은 도움을 준다.
④ 균형적 호혜성은 쌍방 간에 특정 보상이 곧바로 이루어지므로 상호 합의가 쉽게 이루어진다.
⑤ 균형적 호혜성과 일반화된 호혜성은 모두 상대방에게 베푼 호의가 즉시 이익으로 돌아올 것이라는 믿음을 전제로 한다.

11
▶ 24051-0069

(가)의 '퍼트넘'의 관점을 바탕으로 할 때, ⓛ에 대해 반박할 수 있는 말로 가장 적절한 것은?

① 신생 국가의 독립은 자국이 물적 자본을 충분히 갖추었다고 시민들이 판단할 때 실시하는 것이 바람직하다.
② 사회적 자본은 단기간에 국가 주도로 형성될 수 있으므로 협력의 가능성이 낮다고 보는 것은 적절하지 않다.
③ 사회적 자본이 축적된 집단의 구성원도 비도덕적인 경향을 보이는데, 신생 국가의 구성원이 공동의 문제에 협력적이지 않은 것은 당연하다.
④ 신생 국가의 경우, 시민들이 최고 책임자에게 권한을 위임하는 형태로 수직적 네트워크를 구성함으로써 국가 발전을 위한 협력 방안을 모색할 수 있다.
⑤ 구성원을 동등한 권력으로 연결한 공동체가 신생 국가가 독립하기 이전부터 그곳에 존재해 왔다면 공적인 일을 협력으로 해결할 가능성이 충분히 있다.

12

▶ 24051-0070

다음의 상황에 대해 (가)의 '퍼트넘'의 관점(A)과 (나)의 글쓴이의 관점(B)에서 설명한 내용으로 적절하지 <u>않은</u> 것은? [3점]

[상황 1] 모두가 해야 하는 교실 청소에 불참하는 학생들이 점차 늘고 있다. 다른 학생들이 청소를 하니 자신은 깨끗한 교실을 이용할 수 있기 때문이다. 몇몇 학생은 이 **문제**를 해결하기 위해 담임 선생님께 교실 청소에 불참한 학생들에게 불이익을 줄 것을 요청했다.

[상황 2] 오래전부터 K 마을 사람들은 김치 담그는 일을 집집마다 돌아가면서 **공동 작업**으로 해결하는 관습을 따르고 있다. 집집마다 담그는 김치의 양이 다르기 때문에 작업에 걸리는 시간은 다를 수 있지만, 어느 집이든 일이 끝나면 집주인은 김치를 두 포기씩 **나누어** 준다.

[상황 3] 한 달 전 ○○ 마을이 쓰레기 소각장 후보지로 결정되자, 그 마을의 P 씨는 이를 반대하는 인터넷 커뮤니티를 개설했고 수백 명의 회원이 가입했다. 회원은 누구나 익명으로 게시물을 올리거나 반응할 수 있는데, 커뮤니티의 입장과는 다른 게시물은 '싫어요'라는 **반응**을 많이 얻었다. 그런데 인근의 ◇◇ 지역이 수해를 입자 내일 수해 복구에 참여하자는 게시물이 올라왔다. 다음 날 P 씨 및 커뮤니티 회원들, 그리고 ◇◇ 지역민들은 모두 처음 만나 힘을 합하여 **수해 복구**를 하며 땀을 흘렸다.

① A: [상황 1]의 '문제' 해결을 위해 학생들이 담임 선생님께 요청한 것은 사회적 자본을 활용한 것으로 보기는 어렵습니다.

② A: [상황 2]에서 '공동 작업'을 할 수 있는 것은 과거에 해 왔던 것처럼 앞으로도 각 가정이 협동적인 행동을 일관되게 할 것으로 기대하기 때문에 가능한 것이라 할 수 있습니다.

③ A: [상황 3]에서 '수해 복구'라는 목적으로 처음 만나 힘을 합하는 모습에서 강한 결속이 드러나므로 두터운 신뢰는 사회의 통합에 유용하다고 볼 수 있습니다.

④ B: [상황 2]에서 '나누어' 받은 양에 대해 불만을 가지는 사람이 많아지면 구성원 간의 신뢰 수준은 낮아질 수 있습니다.

⑤ B: [상황 3]에서 '반응'은 수평적 네트워크가 공공의 이익에 대한 협력을 촉진시키기보다는 특정 집단의 이익을 우선하는 것으로 볼 수 있습니다.

13

▶ 24051-0071

ⓐ~ⓔ를 활용하여 만든 문장으로 적절하지 <u>않은</u> 것은?

① ⓐ: 광고는 가장 대표적인 판매 촉진의 수단이다.

② ⓑ: 이 돈은 전 세계에서 통용되는 화폐이다.

③ ⓒ: 그는 소유권 반환 소송을 제시하였다.

④ ⓓ: 나의 삶의 목적은 행복을 추구하는 것이다.

⑤ ⓔ: 결론을 내릴 때에는 비약이 있어서는 안 된다.

[14~17] 다음 글을 읽고 물음에 답하시오.

풍력 발전기는 바람 에너지를 날개에 부딪히게 하여 날개의 회전 운동으로 변환한 후, 이를 다시 전기 에너지로 변환하는 장치이다. 풍력 발전기는 날개의 회전축이 불어오는 바람의 방향과 평행한 것은 수평축형, 수직인 것은 수직축형으로 구분한다. 수평축형에서 바람은 날개와 나셀, 그리고 타워를 순서대로 통과한다. 나셀은 회전 운동을 전기로 변환하는 데 필요한 장치들을 모아 둔 상자이고, 타워는 날개와 나셀을 높은 곳에 위치시켜 주는 구조물이다.

〈그림〉은 수평축형의 날개 중 한 개의 단면을 나타낸 것이다. 유선형*의 날개에 부딪힌 바람은 날개의 곡면과 평탄한 면으로 나뉘어 흐른다. 곡면을 따라 흐르는 바람은

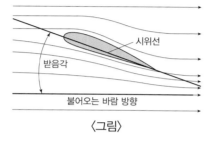

〈그림〉

평탄한 면을 따라 흐르는 바람보다 속력이 빠르다. 그 결과 곡면 주변은 평탄한 면의 주변보다 압력이 낮아져, 압력이 높은 곳에서 낮은 곳으로 들어 올리는 힘인 양력이 발생하게 되어 날개는 양력 방향으로 회전하게 된다. 이때 풍속이 증가하면 양력도 증가한다. 한편 불어오는 바람의 방향과 날개의 시위선*이 이루는 각을 받음각이라 하며, 일반적으로 받음각이 클수록 동일한 풍속에서 발생하는 양력도 커진다. 수평축형의 날개는 10도 정도의 받음각을 이루고 있어서, 풍속으로 인하여 발생하는 양력에 받음각으로 인하여 발생하는 양력을 합한 힘으로 날개를 회전시킨다. 이때 날개를 회전시킬 수 있는 풍속은 3m/s 이상이어야 한다.

나셀 내부에는 증속기, 제너레이터, 제어기가 들어 있다. 날개의 회전축은 증속기를 거쳐 제너레이터 축과 연결되어 있고, 제너레이터는 제너레이터 축의 회전을 전기로 변환하여 출력한다. 이때 증속기는 날개의 회전축의 회전 속력보다 제너레이터 축의 회전 속력을 더 증가시켜 준다. 제너레이터에서 출력되는 전기의 양을 전기의 출력량이라 하며, 과도한 고속 회전은 제너레이터를 손상시키므로 제너레이터의 내구성을 고려해 정해 둔 전기의 출력량의 최댓값을 정격 출력이라 한다. 정격 출력을 얻기 위해서는 풍속이 15m/s에 도달해야 한다.

수평축형 풍력 발전기의 효율과 안정성을 위한 장치인 제어기에는 요잉 장치와 피치 장치, 브레이크 장치가 있다. 불어오는 바람이 모든 날개에 고르게 닿아야 발전 효율이 높아진다. 그래서 요잉 장치는 바람의 방향에 대응해 나셀을 움직여서, 회전축을 바람의 방향에 평행하도록 이동시킨다. 피치 장치는 고속 회전으로 인한 부품들의 손상을 막기 위해 날개를 움직여 받음각을 조절한다. 그래서 풍속 15m/s부터 25m/s까지는 정격 출력보다 더 많은 출력이 가능하나 정격 출력을 넘지 않게 하기 위해, 피

치 장치는 풍속에 의해 양력이 증가하는 만큼 받음각을 조절하여 날개의 회전 속력을 일정하게 만든다. 풍속이 25m/s를 초과하면 부품들을 보호하기 위해 받음각을 0도로 만들고 추가적으로 브레이크 장치가 작동되어 날개 회전을 중단한다. 이후 풍속이 줄어들면 브레이크 장치의 작동은 해제되고 피치 장치는 받음각을 복원한다.

발전 효율이란 투입한 바람 에너지에 대한 출력되는 전기 에너지의 비율이다. 독일의 물리학자인 베츠에 의해 풍력 발전기의 발전 효율은 59.4%를 넘을 수 없음이 증명되었고, 상용되고 있는 풍력 발전기는 이 값보다 더 낮다. 수평축형의 발전 효율이 수직축형보다 더 높은데, 수직축형은 한쪽 날개에 바람이 닿는 동안 반대쪽 날개에는 바람이 닿지 않기 때문이다. 하지만 수직축형은 여러 방향의 바람에도 날개 회전이 가능해서 요잉 장치가 필요 없으므로 수평축형에 비해 제어기의 구조가 간단하다.

* 유선형: 물이나 공기의 저항을 최소한으로 하기 위하여 앞부분을 곡선으로 만들고 뒤쪽으로 갈수록 뾰족하게 한 형태.
* 시위선: 날개의 앞 꼭짓점과 뒤 꼭짓점을 직선으로 연결한 가상의 선.

14

▶ 24051-0072

윗글을 통해 답을 찾을 수 없는 질문은?

① 나셀 안에 들어 있는 장치에는 어떤 것이 있는가?
② 풍력 발전기를 설치할 때 타워의 높이는 얼마여야 하는가?
③ 물리학자인 베츠가 발전 효율과 관련하여 연구한 내용은 무엇인가?
④ 수평축형 풍력 발전기에서 날개의 단면은 어떤 형태를 띠고 있는가?
⑤ 정격 출력의 의미와 풍력 발전기에서 정격 출력을 정해 두는 이유는 각각 무엇인가?

15

▶ 24051-0073

윗글을 이해한 내용으로 가장 적절한 것은?

① 나셀은 바람을 모아서 이를 날개 쪽으로 전달하는 역할을 한다.

② 수평축형 풍력 발전기의 날개는 양력의 반대 방향으로 회전한다.

③ 날개의 평탄한 면을 따라 흐르는 바람은 곡면을 따라 흐르는 바람보다 속력이 빠르다.

④ 증속기에 의해 날개의 회전축의 회전 속력은 제너레이터 축의 회전 속력보다 증가한다.

⑤ 수평축형 풍력 발전기와 달리 수직축형 풍력 발전기에는, 불어오는 바람의 방향에 맞춰 날개의 회전축을 이동시키는 장치가 필요 없다.

16

▶ 24051-0074

〈보기〉는 윗글을 바탕으로 준비한 학생의 발표이다. ㉠과 ㉡에 들어갈 내용을 적절하게 짝지은 것은?

보기

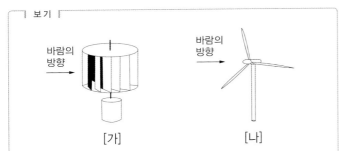

[가]   [나]

위 두 그림은 형태가 다른 풍력 발전기로, [가]는 수직축형이고 [나]는 수평축형입니다. 이러한 구분은 불어오는 바람의 방향과 (㉠   )이 이루는 각을 기준으로 삼은 것입니다. 또한 이 둘은 바람이 날개에 닿는 방식에도 차이가 있는데요, 이러한 차이로 인해 바람 에너지를 동일하게 투입했을 때 전기의 출력량은 (㉡   ).

	㉠	㉡
①	날개의 회전축	[가]가 [나]보다 많습니다
②	날개의 회전축	[가]가 [나]보다 적습니다
③	제너레이터 축	[가]와 [나]가 같습니다
④	날개의 시위선	[가]가 [나]보다 많습니다
⑤	날개의 시위선	[가]가 [나]보다 적습니다

17

▶ 24051-0075

〈보기〉는 '수평축형 풍력 발전기'가 설치된 장소에서 하루 동안의 시간대별 풍속을 기록한 것이다. 윗글을 바탕으로 T1~T5 시간대에 따른 발전기의 작동을 이해한 내용으로 가장 적절한 것은? [3점]

보기

구분	시간대	풍속
T1	오전 9시~오전 10시	2m/s에서 1m/s로 점차 감소
T2	오전 11시~정오	4m/s에서 7m/s로 점차 증가
T3	오후 1시~오후 2시	8m/s에서 13m/s로 점차 증가
T4	오후 3시~오후 4시	16m/s에서 23m/s로 점차 증가
T5	오후 5시~오후 6시	28m/s에서 26m/s로 점차 감소

① T1과 T2는 풍속이 약하여 발전기에서 전기가 출력되지 못했을 것이다.

② T3에서는 풍속과 무관하게 전기의 출력량이 일정했을 것이다.

③ T4에서는 날개의 받음각을 감소시켜 제너레이터 축의 회전 속력을 일정하게 유지했을 것이다.

④ T5에서는 브레이크 장치를 사용하여 날개에서 발생한 양력의 일부를 억제하는 방식으로 정격 출력을 얻었을 것이다.

⑤ 풍속이 점차 증가하는 T2, T3, T4 중에서는 풍속이 점차 감소하는 나머지 시간대와 달리 증속기가 멈추는 시간대가 있었을 것이다.

[18~21] 다음 글을 읽고 물음에 답하시오.

태우가 경사(京師)*에 다다라 먼저 대궐에 가서 천자의 은혜에 정중하게 사례하였다. 상이 크게 반기시어 불러 보시고 공적을 표창하시어 예부상서 영릉후에 임명하셨다. 태우가 천자의 성은에 감사를 드리고 집안에 돌아와 부모를 뵈었다. 기한을 어긴 지 석 달이 지났기에 식구들이 기다리는 근심이 끝이 없더니 온 집안에 반김이 무궁하였다. 승상과 부인이 태우가 더디게 온 것을 꾸짖었다. 태우가 사죄하고 설생을 데리고 왔음을 고하자 모두들 놀라고 괴이하게 여겼다.

승상이 모든 자식들과 더불어 서헌에 나와 설생을 보았는데, 맑고 높은 기질이 표연히 선풍도골(仙風道骨)*이었으니, 수려하고 깨끗한 풍채가 눈을 놀라게 하였다. 승상 및 태우의 여러 형제들이 매우 놀라서 십분 공경하고 별채인 송죽헌에 거처하게 하면서 의식을 각별히 하여 후대하였다. 승상은 설생이 너무 청아하고 아름다움을 괴이하게 여기었고 이부상서 유세기는 한 번 설생을 보자 결단코 남자가 아닌 것을 알았지만 입을 열어 말하지 않고 아우들에게 당부하였다.

[A] ┌ "설생이 타향 사람으로 우리를 서먹하게 여길 것이다. 너희
    └ 들은 번잡하게 가서 보지 말고 설생을 편히 있게 하여라."

이부상서 형제가 명을 받들어 구태여 설생을 찾지 않으나 유독 영릉후가 된 세창의 자취가 송죽헌을 떠나지 않았다. 이날 영릉후가 매화정에 나가 부인인 남 소저를 대하자 소저가 얼굴에 희색을 띠어 맞이하고 서너 명의 자녀가 접접이 반겼다. 영릉후가 다시금 애정이 새롭게 솟아오르면서 이별의 회포를 이르며 반가워하는 것이 끝이 없었다. 그러나 영릉후의 한 조각 마음에는 설생이 객수(客愁)*에 가득 차 있는 것을 잊지 못할 뿐만 아니라 남자인지 여자인지가 미심쩍어 마음이 갈리니 이 밤을 겨우 새워 아침 문안 인사를 끝낸 후 바로 송죽헌에 가 설생을 보았다. 영릉후가 설생과 종일토록 말하였는데, 말마다 의기투합하는 것을 신기하게 여겨 밥 먹고 잠자기를 다 잊을 정도였다.

[중략 부분 줄거리] 설생은 세창에게 혼인을 구하는 것이 순탄치 않고 마땅하지 못할 것이라 생각하였다. 이에 과거 시험에 급제하여 천자께 세창과 자신의 혼사를 성사시켜 줄 것을 청해 명분을 얻고자 한다. 과거 시험에 응시하여 문무 장원에 뽑혀 천자로부터 큰 칭찬을 듣는다.

초벽이 머리를 조아리고 ㉠죄를 청하였다.

[B] ┌ "신이 일월을 속이고 음양(陰陽)을 바꾼 죄가 있으니 감히
    │ 조정에 아뢰지 못하겠으나, 신의 죄를 용서하시면 진정을
    └ 아뢰겠습니다."

차설(且說). 천자가 놀라시어 설초벽에게 **마음속에 품은 것을** 숨기지 말고 아뢰라 하시자, 초벽이 다시 머리를 조아리고 아뢰었다.

"신(臣)은 본래 설경화의 어린 딸입니다. 부모가 함께 돌아가시자 혈혈단신의 아녀자가 강포한 자로부터 욕을 볼까 두려워 **남장(男裝)**을 하고 무예를 배워 풍양의 진중에 들어갔다가 산으로 도망하여 은거하면서 천신만고를 겪었습니다. 그러다가 유세창을 만나게 되었습니다. 유세창이 비록 제가 여자인 줄을 알지 못하고 **지기(知己)**로 허락하였으나, 신이 여자의 몸으로 세창과 동행하여 먹고 자기를 한가지로 하였사오니 의리로 다른 사람을 좇지 못할 것이고 **스스로 구하여 유세창에게 시집**간다면 뽕나무밭과 달빛 아래에서 몰래 만나는 **비루한 행실과 다를 것이 없습니다**. 그렇기에 뜻을 결정하여 인륜을 폐하고 몸을 깨끗하게 마치는 것이 소원입니다.

그러나 돌아보건대 부모의 혈맥이 다만 신첩(臣妾)의 한 몸에 있기에 차마 사사로운 염치와 의리 때문에 죽어 종족을 멸망시키고 후사(後嗣)를 끊게 하는 ㉡죄인이 되지는 못할 것입니다. 온갖 계책을 생각해도 방법이 없으나 그윽이 생각하건대 폐하께서는 만민의 부모가 되시니 반드시 신첩의 사정을 불쌍히 여기시고 윤리를 완전케 해 주실 것 같았습니다. 그런 까닭에 일만 번 죽기를 무릅쓰고 감히 **방목(榜目)*에 이름**을 걸어 성총을 어지럽게 함으로써 저의 진정한 회포를 아룁니다."

상께서 매우 놀라고 기특하게 여기시어 영릉후인 유세창을 돌아보셨다. 영릉후 또한 매우 놀라 안색이 흙빛이었다. 상이 유 승상에게 **명령**하여 말씀하셨다.

"설씨녀의 재주와 용모와 의협심이 옛사람보다 뛰어나고 사정이 불쌍하니 짐이 중매가 되어 세창과 혼인시킬 것이다. 경은 육례(六禮)를 갖추어 저 설씨녀를 맞이하고 평범한 며느리로 대접하지 마라. 저 사람이 타향에 떠도는 나그네가 되어 혼사를 말하기가 어려운 까닭에 **과거에 급제**하는 것을 계기로 뜻을 이루고자 하였으니 이 또한 묘책이다. 충성심이 세상을 덮을 만하고 문무 장원을 하였으니 삼백 칸 집과 가동(家僮)과 노비를 전례대로 사급하며 특별히 여학사(女學士) 여장군에 임명하여 영릉후 세창의 둘째 부인으로 정하나니 선생은 명심하라."

– 작자 미상, 「유씨삼대록」

* 경사: 한 나라의 중앙 정부가 있는 곳.
* 선풍도골: 신선의 풍채와 도인의 골격이라는 뜻으로, 남달리 뛰어나고 고아한 풍채를 이르는 말.
* 객수: 객지에서 느끼는 쓸쓸함이나 시름.
* 방목: 과거 급제자의 이름을 적은 책.

18

▶ 24051-0076

윗글의 내용에 대한 이해로 가장 적절한 것은?

① 태우는 천자의 도움으로 승상과 약속한 기한 내에 돌아올 수 있었다.
② 승상과 그의 모든 자식들은 설생이 태우와 함께 올 것을 알고 있었다.
③ 이부상서는 설생의 정체를 주변 사람들에게 전하면서도 태우에게는 알리지 않았다.
④ 태우는 설생의 정체를 미심쩍어하면서도 그의 처지에 대한 걱정으로 잠을 이루지 못했다.
⑤ 천자는 초벽을 보자마자 그의 재능과 정체를 단번에 알아차렸다.

20

▶ 24051-0078

'설초벽'을 중심으로 ㉠과 ㉡을 이해한 내용으로 가장 적절한 것은?

① ㉠을 받게 된 것은 ㉡이 된 것과 달리, 설초벽의 정체를 알고 있는 유세창이 진실을 말하지 않았기 때문이다.
② ㉡에 이르게 된 것은 ㉠을 청한 것과 달리 천자로부터 동정과 연민을 불러일으키는 계기로 작용한다.
③ 유세창에 대한 불신으로 인해 ㉠을 얻고, ㉡이 되었다.
④ 설초벽은 ㉡이 되지 않기 위해 ㉠을 스스로 선택하였다.
⑤ ㉠은 유세창을 만난 후 행한 일이며, ㉡은 유세창을 만나기 전에 발생한 상황이다.

19

▶ 24051-0077

[A]와 [B]에 대한 설명으로 가장 적절한 것은?

① [A]는 대상의 처지를 고려하여 상대에게 배려를 요구하고, [B]는 자신의 처지를 고백하여 상대의 관용을 요청하고 있다.
② [A]는 상대의 실수를 수용하며 자신과의 관계를 유지하려 하고, [B]는 자신의 과오를 인정하며 상대와의 관계 회복을 기대하고 있다.
③ [A]는 상황의 불가피성을 지적하여 상대의 행위를 다그치고, [B]는 자신이 소망하는 바를 제시하여 이에 대한 상대의 도움을 기대하고 있다.
④ [A]는 상대의 과거 행적을 제시하며 상대가 지켜야 할 일들을 지시하고, [B]는 타인과 자신의 경험을 비교하며 자신의 행동을 정당화하고 있다.
⑤ [A]는 자신과 상대의 관계를 언급하며 제삼자에 대한 선처를 요청하고, [B]는 자신과 제삼자의 관계를 언급하며 상대에게 자신의 곤란함을 설명하고 있다.

21

▶ 24051-0079

〈보기〉를 바탕으로 윗글을 감상한 내용으로 적절하지 <u>않은</u> 것은?
[3점]

> **보기**
>
> 「유씨삼대록」은 유씨 가문의 3대에 걸친 이야기를 다룬 대하소설이다. 대하소설은 남녀의 결연과 그 이후의 생활을 그린 작품이라고 해도 무방할 정도로 결연담이 상당한 비중을 차지하고 있다. 특히 이 작품은 결연담 중 늑혼(勒婚) 화소가 상당한 비중을 차지하고 있는데, 늑혼이란 원래 한쪽의 혼인 주체가 권력이나 재물 등을 활용하여 상대 혼인 주체에게 강요하는 혼사를 말한다. 「유씨삼대록」에서는 자신의 애정을 관철하기 위해 늑혼을 이용한 여성 인물의 모습을 제시하여 여성의 주체적인 모습을 보여 주고자 했다. 당시 가부장제 체제하의 제도적 관습에 구속되어 있던 여성의 지위에 대한 한계를 인식하면서도 이를 극복하며 자신의 욕망을 충족해 나가기 위한 여성의 적극적인 태도를 형상화함으로써 여성의 사회적 지위에 대한 새로운 인식을 드러내고 있다.

① 설초벽이 유세창과 허물없는 '지기'의 관계를 맺기 위해 '남장'을 하는 모습에서 여성의 주체적인 모습이 드러나는군.

② 설초벽이 천자에게 자신의 '마음속에 품은 것'을 아뢰는 것은 유세창과 혼인을 이루겠다는 자신의 애정을 관철시키기 위함이군.

③ 천자가 유 승상에게 설초벽과의 혼인을 '명령'하는 장면을 통해 권력을 활용하여 유세창에게 혼인을 구하려는 설초벽의 의도를 보여 주는군.

④ '과거에 급제'하여 '방목에 이름'을 올린 설초벽의 모습은 욕망을 충족하기 위해 스스로의 한계를 극복하려는 적극적인 여성의 태도를 나타내는군.

⑤ 설초벽이 '스스로 구하여 유세창에게 시집'가는 것을 '비루한 행실과 다를 것이 없'다고 여기는 것에서 당시의 제도적 관습에 구속되어 있던 여성의 지위를 알 수 있군.

[22~26] 다음 글을 읽고 물음에 답하시오.

(가) 덧셈은 끝났다
　　밥과 잠을 줄이고
　　뺄셈을 시작해야 한다
　　남은 것이라곤
　　때 묻은 문패와 해어진 옷가지
　　이것이 나의 모든 재산일까
　　돋보기안경을 코에 걸치고
　　㉠아직도 **옛날 서류를 뒤적거리고**
　　낡은 사전을 들추어 보는 것은
　　품위 없는 짓
　　찾았다가 잃어버리고
　　만났다가 헤어지는 것 또한
　　부질없는 일
　　㉡이제는 정물처럼 창가에 앉아
　　바깥의 저녁을 바라보면서
　　뺄셈을 한다
　　혹시 모자라지 않을까
　　그래도 무엇인가 남을까

　　　　　　　　　　　　　　　　－ 김광규, 「뺄셈」

(나) '언제나 나무 있는 뜰 안을 거닐며 살아 보나' 하던 소원이 이루어지매, ㉢그때는 나무마다 벌레 먹은 잎사귀 하나 가지에 남지 않은 쓸쓸한 겨울이었다. 그래서 어서 **봄**이 되었으면 하고 조석(朝夕)으로 아쉽던 그 봄, 요즘은 그 봄이어서 **아침마다 훤하면 일어나 뜰을 거닌다.**

　　진달래나무 앞에 가서 한참, 개나리 나무 옆에 가서 한참, 살구나무 밑에 가서 한참, 그러다가 거리에 나올 시간이 닥쳐 **밥상을 대하면 눈엔 아직 붉고 누른 꽃만 보이**었다. 눈만 아니라 코에도 아직 꽃향기였다.

　　그러던 꽃이 다 졌다. ㉣며칠 동안 그림 구경하듯 아침저녁으로 한참씩 돌아가며 바라보던 꽃이 간밤 비에 다 떨어져 흩어졌다. 살구꽃은 잎잎이 흩어졌고 진달래와 개나리는 송이째 떨어져 엎어도 지고 자빠도 졌다. 그중에도 엎어진 꽃이 더욱 마음을 찔렀다.

　　가만히 보면 엎어진 꽃만 아니라 모두가 쓸쓸한 모양이었다. 가지에 달려서는 소곤거리지 않는 송이가 없는 것 같더니, 떨어진 걸 보니 모두 침묵이요, 적막이요, 슬픔이다.

　　그러나 거기에는 조그만큼도 죽음은 느껴지지 않았다. 오직 삶도 아니요, 죽음도 아닌 마음에 사무칠 따름이었다.

　　낙화(落花)의 적막! 다른 봄에도 낙화를 보았겠지만 ㉤이번처럼 마음을 찔려 본 적은 없었다.

　　나는 낙화는 생각도 하지 못했었다. 그래서 꽃이 열릴 나뭇가지는 자주 손질을 하였으나 **꽃이 떨어질 자리**는 한 번도 보살펴 주지 못했다. 이제 그들의 놓일 자리가 **거칠음**을 볼 때 적지 않은 죄송함과 '나도 꽃을 사랑하는 사람인가?' 하고 스스로 부끄러움을 누를 수 없다.

낙화는 꽃이 아니냐 하는 옛 말씀도 있거니와 **낙화**야말로 더욱 볼 만한 꽃인가 싶다. 그는 의지할 데 없는 몸이라 가지에 달려서보다 더욱 박명(薄命)은 하리라. 그러나 떨어진 꽃의 그 적막함, 우리 동양인의 심기로 그 적멸*의 경지에서처럼 위대한 예술감이 어디서 일어날 것인가. 낙화는 한번 보되 그 자리에서 천고(千古)를 보는 양, 우리 심경에 영원한 감촉을 남기는 것인가 한다.

그런 낙화를 위해 나무 아래의 거칠음을 나는 한 번도 생각하지 못하였다. 다시금 부끄럽다.

- 이태준, 「낙화의 적막」

＊**적멸**: 세계를 영원히 벗어남. 또는 그런 경지.

22
▶ 24051-0080

(가)와 (나)의 공통점으로 가장 적절한 것은?

① 특정한 상황을 가정하여 이상향의 모습을 상정하고 있다.
② '나'의 경험을 바탕으로 지난날의 삶의 태도를 돌아보고 있다.
③ 타인의 삶의 모습을 제시하며 사라진 것들에 대해 아쉬워하고 있다.
④ 세태에 대한 관찰을 통해 미래에 대한 낙관적 전망을 기대하고 있다.
⑤ 다양한 사례를 비교 대상으로 삼아 모순된 현실에 대해 비판하고 있다.

23
▶ 24051-0081

(가), (나)의 표현상 특징에 대한 이해로 가장 적절한 것은?

① (가)는 현재형 어미를 사용하여 대상에 대한 친근감을 드러내고 있다.
② (나)는 시간의 흐름에 따라 대상으로 인한 정서의 변화를 보여 주고 있다.
③ (가)와 달리 (나)는 설의적 표현을 통해 대상과 단절된 처지를 부각하고 있다.
④ (나)와 달리 (가)는 자연과 인간의 대비를 통해 대상이 지닌 속성을 강조하고 있다.
⑤ (가)와 (나)는 모두 감각적 이미지를 활용하여 대상을 예찬하고 있다.

24
▶ 24051-0082

〈보기〉를 참고하여 (가)를 감상한 내용으로 적절하지 않은 것은?
[3점]

| 보기 |

김광규는 일상적 언어를 사용하여 구체적인 삶의 모습을 형상화하고, 이를 바탕으로 일상의 현실을 뒤덮고 있는 거짓된 가치를 버리고 진솔한 삶의 가치를 드러내고자 하였다. (가)에는 평이한 시어를 통해 일상에서 발견한 삶의 가치와 의미를 그려 내는 시인의 작품 세계가 잘 드러나 있다. 덧셈과 뺄셈이라는 단순한 셈법에 삶의 자세를 빗대어, 채우며 살아가는 욕심의 삶보다는 비우며 살아가는 진솔한 삶의 의미를 되새겨 보고 있다.

① '덧셈'을 끝내고 '뺄셈을 시작해야 한다'를 통해 시인이 추구한 삶의 모습과 지향점을 비유적으로 표현하고 있군.
② '때 묻은 문패'와 '해어진 옷'을 통해 화자가 살아온 삶의 모습을 구체적으로 드러내고 있군.
③ '옛날 서류를 뒤적거리고'와 '낡은 사전을 들추어 보는 것'은 덧셈의 삶의 방식을 추구하는 화자의 모습을 형상화하고 있군.
④ '찾았다가 잃어버리고', '만났다가 헤어지는 것'을 부질없다고 여기는 화자의 모습은 진솔한 삶의 가치를 버리고 거짓된 가치에 매몰된 현대인의 삶을 보여 주고 있군.
⑤ '바깥의 저녁을 바라보면서 / 뺄셈을' 하는 화자의 모습은 비우며 살아가는 삶의 의미를 되새겨 보는 모습을 나타내고 있군.

25

▶ 24051-0083

(나)에 대한 설명으로 적절하지 <u>않은</u> 것은?

① '아침마다 훤하면 일어나 뜰을 거니'는 '나'의 모습은 '봄'을 간절히 기다렸던 심정을 보여 준다.

② '밥상을 대하면 눈엔 아직 붉고 누른 꽃만 보이'는 것은 꽃 감상에 푹 빠져 있는 '나'의 모습을 강조한다.

③ '가만히 보면 엎어진 꽃만 아니라 모두가 쓸쓸한 모양'은 낙화를 초라하게 생각한 '나'의 태도를 나타낸다.

④ '꽃이 떨어질 자리'의 '거칠음'은 그동안 낙화에 관심을 가지지 못했던 '나'의 무심함을 드러낸다.

⑤ '낙화는 꽃이 아니냐 하는 옛 말씀'은 '나'가 이전에 생각하지 못했던 '낙화'의 아름다움을 부각한다.

26

▶ 24051-0084

㉠~㉤에 대한 설명으로 가장 적절한 것은?

① ㉠에는 이전과 달라진 자신의 모습에 대한 안타까움이 드러나 있다.

② ㉡에는 미래 상황에 대한 기대와 함께 지난 시간에 대한 그리움이 나타나 있다.

③ ㉢에는 기대하던 상황이 도래한 시점에 대한 아쉬움이 내포되어 있다.

④ ㉣에는 동일하게 반복되는 사건 속에서 벗어나고 싶어 하는 고뇌가 담겨 있다.

⑤ ㉤에서는 과거의 상황과 대비되는 새로운 상황이 펼쳐지기를 바라는 간절함을 느낄 수 있다.

[27~30] 다음 글을 읽고 물음에 답하시오.

"야 인마, 너 정말 목수한테 가긴 갔었어?"

선생님은 저녁 해가 떨어지자 역정을 내시더군요.

"아 그럼요. 제가 선생님한테 거짓말을 하겠어요."

"그럼 왜 아직 안 와!"

"글쎄 꼭 오라고 부탁을 했다니까요."

"그런데 아직 안 오지 않아."

"헤 참, 선생님도 급하시긴. 전에는 며칠씩도 문밖에 안 나오시곤 했으면서 뭘 그러셔요."

나는 화실 ㉠창문 밖 등나무 밑에 쭈그리고 앉아서 쇠창살 안의 선생님 말동무를 해 주며 그렇게 웃었죠. 그랬더니 창턱에 걸터앉은 선생님은 곰방대를 뻐끔뻐끔 빨면서,

"이 녀석 봐라! 그거야 내가 나가고 싶지 않아서 안 나간 거구 지금은 내가 안 나가는 게 아니라 못 나가는 거 아냐."

하며 웃더군요.

"마찬가지죠 뭘. 안 나가나 못 나가나 화실 안에 있는 건 같지 않아요. 뭘 심부름시킬 일 있으면 시키셔요. 제가 다 해 드릴게요."

"일은 무슨 일이 있어, 이 녀석아."

"그럼 됐죠 뭐."

"허 녀석. 정말 바보 같은 녀석이구나, 넌."

"어디 제 말이 틀렸어요. 뭐 불편하신 게 있어요, 서울 가실 일이라도 있다면 모르지만요."

"듣기 싫다, 이 녀석아. 너하고 이야길 하느니 차라리 우리 안의 돼지하고 하겠다."

"헤 참, 선생님도. 이제 목수 아저씨가 올 겁니다. 조금만 더 기다려 보시죠. 그동안 선생님 저녁이나 드셔요. 전 식은 밥이라도 한술 먹어야겠어요."

난 일어나 별채로 나왔어요. 선생님은 화실에 전등을 켤 생각도 않고 그대로 창턱에 걸터앉아 있더군요.

그런데 기다려도 목수 아저씨는 오지 않았습니다.

(중략)

"야 인마! 가면 어떡해! 어서 목수 못 불러 와!"

선생님은 창문으로 달려와 쇠창살을 두 손으로 꽉 쥐고 마구 흔들어 대며 소리소리 지르지 뭡니까. 그건 언제나 인자하시던 그 선생님이 아니었어요. 무서웠어요. 난 전엔 그런 선생님의 무서운 얼굴을 본 일이 없었거든요. 아마 창에 쇠창살이 없었더라면 뛰어넘어 나와서 날 박살을 냈을 겁니다. 정말 겁났어요. 이마엔 핏줄이 서고 입은 꽉 다물고. 선생님은 **자기 성질을 못 이겨서 두 손으로 그 긴 머리카락을 마구 쥐어뜯**더군요.

"야! 빨리 문 열어!"

갑자기 선생님이 미친 것이나 아닌가 했다니까요.

"예, 목수 아저씨한테 또 갔다 올게요, 선생님!"

나는 겁이 나서 그렇게 말하고는 돌아서서 읍내로 달렸습니다. 그땐 벌써 밤이 꽤 깊었죠. 캄캄한 길을 나는 거의 단숨에 읍내에까지 달렸어요. 그런데 뭡니까. 목수 아저씨는 잔뜩 술에 취해서 자고 있지 뭡니까.

"아저씨, 빨리 좀 일어나세요. 문을 좀 열어 주어야 해요."

"음, 문……? 문을 열면 되지 뭘 그래."

목수 아저씨는 눈도 안 뜨고 그렇게 중얼거릴 뿐이었습니다.

"아저씨, 좀 일어나요. 우리 선생님 지금 잔뜩 화났단 말예요!"

"화가 나……? 왜 화가 나……."

목수 아저씨는 여전히 눈을 감은 채였어요. 그러니까 그건 취해서 아무렇게나 지껄이는 말이죠.

"문이 고장이 나서 안 열린단 말예요!"

"문이…… 고장이 났다!" / "예, 그래요."

"인마, 문이 무슨 고장이 나고 말고가 있어…… 열면 되지…… 문이란 인마, 열리게 돼 있는 거지, 인마."

목수 아저씨는 그렇게 중얼거리며 쓱 몸을 돌려 벽을 향해 돌아누워 버렸어요.

"그게 아녜요. 아저씨가 달아 준 저의 선생님 화실 문 알잖아요."

"에이, 시끄럽다! 걷어차라 걷어차! 그럼 제가 열리지 안 열려! 열리지 않는 문이 어디 있어, 인마."

목수 아저씬 잔뜩 몸을 꼬부리며 좀처럼 깨어 일어날 것 같지도 않았어요.

"총각, 웬만하면 낼 아침 일찍 고치지. 저렇게 취했으니 뭐가 되겠어 어디."

목수네 아주머니가 말했어요.

"글쎄 그런데 그게 안 그렇단 말입니다. 우리 선생님 지금 미칠 지경이거든요."

"미쳐? 아니 문이 안 열린다고 미칠 거야 뭐 있어?"

"글쎄나 말이죠. 내 생각도 그런데 우리 선생님은 안 그런 걸 어떡해요."

"왜, 뒷간에라도 가고 싶은가?"

"뒷간에요! 그런 건 다 안에 있죠."

"그럼 배가 고픈가?"

"허 참, 아주머니도. 먹을 건 얼마든지 안에 다 있다구요!"

"그런데 왜 그래. 먹을 것 있구 뒤볼 데 있으면 됐지, 그런데 미치긴 왜 미쳐? 오, 바람이 안 통해서 숨이 답답한가 보구면 그래."

"허 참, 그런 게 아니라니까요. 바람이 왜 안 통해요. 스무 평방의 사방이 창문인데!"

"그럼 뭐야, 알다가도 모를 일이네. 더구나 지금 밤인데, 열어 놓았던 문도 걸어 잠그고 잘 시간인데 **문이 열리지 않는다고 발광이야 그래!** 원 참 별난 양반 다 보겠네."

– 이범선, 「고장 난 문」

27
▶ 24051-0085

윗글의 서술상 특징으로 가장 적절한 것은?

① 장면의 빈번한 전환을 통해 사건의 양상을 다각적으로 제시하고 있다.

② 작중 인물이 서술자가 되어 자신의 내면과 경험한 사건을 서술하고 있다.

③ 동일한 시간에 서로 다른 장소에서 일어난 사건을 병렬적으로 배치하고 있다.

④ 이질적인 시선을 가진 서술자들을 통해 사회 현실을 풍자적으로 그리고 있다.

⑤ 공간적 배경에 대한 세밀한 묘사를 통해 인물들의 우울한 내면을 보여 주고 있다.

28
▶ 24051-0086

윗글에 대한 이해로 적절하지 않은 것은?

① '나'는 쇠창살을 잡고 소리 지르는 선생님의 모습을 보고 두려움을 느꼈다.

② '나'는 화실에 갇힌 선생님이 생활하는 데 있어 불편함이 없을 것으로 여긴다.

③ 선생님은 '나'와 대화를 하며 자신의 사정을 이해하지 못하는 '나'를 답답해하였다.

④ 선생님이 역정을 낸 것은 목수가 밤늦게 도착할 것임을 '나'에게서 들었기 때문이다.

⑤ 목수네 아주머니는 목수가 술에 취했음을 근거로 들어 '나'가 목수를 데려가는 것을 만류하였다.

29
▶ 24051-0087

㉠의 서술상 기능에 대한 설명으로 가장 적절한 것은?

① 내부와 외부의 소통을 가능하게 하는 통로이다.

② 외부에서 발생한 문제로 인한 곤란함을 막아 준다.

③ 외부에 대한 갈망이 표출된 곳으로 인물의 내적 갈등을 해소해 준다.

④ 외부의 현실을 투영하여 내부에 전달함으로써 인물의 욕망을 강화한다.

⑤ 외부와 내부를 자유롭게 넘나들게 하여 현실을 외면하려는 인물의 의식을 보여 준다.

30

▶ 24051-0088

〈보기〉를 바탕으로 윗글을 감상한 내용으로 적절하지 <u>않은</u> 것은?
[3점]

┌─ 보기 ┐

「고장 난 문」은 외적 요소에 의해 자유가 억압당하는 인간의 모습을 그리고 있다. 이 작품에서 '열리지 않는 문'은 개인의 자유를 억압하는 사회 현실, 권력 등의 외적 요소를 상징하며, 작품 속 화가는 고장 난 문으로 인해 외부 세계와 단절된 상황에 처하게 된다. 고립된 상황에 놓인 화가는 자유를 억압하는 외적 요소에 적극적으로 저항한다. 하지만 문제를 인식하지 못해 해결을 위한 소통에 적극적으로 참여하지 않는 주변 인물들로 인해 결국 파멸에 이르게 된다. 이 작품은 자유가 억압당하던 당대 사회의 부조리와 현실의 모순을 폭로함과 동시에 이를 인식하지 못하고 진정한 소통이 이루어지지 않는 당대 소시민들의 행태를 비판하고 있다.

└─────────────────────────────┘

① 문을 열기 위해 목수를 불러오라고 소리치는 선생님의 모습은 자유를 억압하는 외적 요소를 해소하기 위한 적극적 저항의 태도를 보여 주는군.

② '문이 열리지 않는다고 발광이야 그래!'라고 답하는 목수의 아내는 자유를 억압하는 현실의 부조리를 인식하지 못하는 당대 소시민의 모습을 나타내는군.

③ 고장 난 문을 고쳐 달라는 '나'의 요청을 대수롭지 않게 여기는 목수의 태도를 통해 진지한 소통이 이루어지지 않는 당대 사회 현실의 모순을 보여 주는군.

④ 화실 안에 갇혀 '자기 성질을 못 이겨서 두 손으로 그 긴 머리카락을 마구 쥐어뜯'는 선생님의 모습은 자유가 억압당하며 점차 파멸에 이르는 과정을 나타내는군.

⑤ 사방에 창문이 설치되어 있음에도 화실 안에 갇혀 답답함을 호소하는 선생님의 모습을 통해 외부 세계와 단절된 상황이 소통의 부재를 심화하고 있는 현실을 보여 주는군.

[31~34] 다음 글을 읽고 물음에 답하시오.

(가) 소지형 시가는 조선 후기로 넘어오면서 소송의 사례가 증가하고 여기에 동원되는 '소지(所志)' 형식이 널리 보편화되면서, 고문서의 한 양식인 소지가 국문 시가와 갈래 교섭을 일으키며 문학사에 등장한 형태이다. 소지는 일반적으로 관부(官府)에 올리는 소장(訴狀), 청원서, 진정서 등을 통틀어 일컫는데, 청원 내용을 비교적 자유롭게 진술할 수 있고 내용의 기술 과정에서 다양한 문학적 수사 장치가 동원된다는 점에서 문학 양식과의 접변 및 교섭 가능성이 일정 부분 열려 있는 특성을 지니고 있었다.

소지의 본래 성격은 청원(請願) 및 진정(陳情)에 있다. 따라서 소지를 활용한 소지형 시가의 경우 작가가 지니고 있는 심적 지향을 진술하거나 소망하는 바를 청원하는 특성을 지니고 있다. 특히 시적 화자의 소망이 다양하게 발현되는 과정에서 말놀음, 극한 과장, 전고(典故) 차용 등 다양한 수사적 장치가 동원된다. 한편 소지형 시가 작품은 개인이 지니고 있는 욕망을 무절제하게 표출하기만 하는 것이 아니라, 작품 말미에서 청원 및 진정을 처리해 주는 권한자의 처분을 제시하여 화자의 과도한 욕망을 경계하는 주제 의식을 보여 주기도 한다.

(나) 삼가 뜻하는 바를 아뢰오니 **상제**께서 ⓐ처분하오소서
　　주천(酒泉)[*]이 주인 없어 오래도록 황폐하였으니 그 이유 살피신 후에 **제가 바라는 일**을 처결하여 허락함을 **공증문서**로 발급하옵소서
　　상제께서 소장 안에 호소하는 바를 다 살펴보았거니와 유령[*]이백[*]도 토지나 전결세를 나눠 받지 못했거든[*] 하물며 세상의 공적 물건이라 제 마음대로 못 할 일이라

– 작자 미상

*주천: 중국 감숙성의 지명으로 술맛 나는 물이 샘솟는 곳이라 하여 붙여진 이름. 풍류와 취락의 이상적 공간으로 널리 이름난 곳.
*유령: 중국 진나라 때의 죽림칠현 중의 한 사람으로, 술을 몹시 즐기던 시인.
*이백: 당나라 현종 때의 시인. 술을 친구로 삼은 시선(詩仙)으로 불림.
*토지나 전결세를 나눠 받지 못했거든: 주천에 대한 소유의 권리를 받지 못했다는 의미.

(다) 순창 서리(胥吏) **최윤재**는 사또님께 소지(所志) 올려
　　원통함을 아뢰오니 올바르게 처결해 주소서
　　구월 십사일은 담양 부사 생신이라
　　소인의 사또가 사흘 전에 달려갈 때
　　소인이 사령의 우두머리로 행차를 따라갔는데
　　광주 고을 목사와 화순 창평 남평 원님
　　십사일 조식 후에 일제히 모이셨네
　　바야흐로 큰상에 성찬을 벌여 놓고
　　관악기 현악기는 누각에 늘어놓고

구름 같은 묘한 곡에 씩씩한 몸 상좌에 앉아 있고
도내의 제일 명창 담양 순창 명기들이
가무를 대령하여 이날을 보낸 후에
십오야 밝은 달의 후약이 어디인가
호남 소금강의 경치를 보시려고
화려한 육각 양산 청산에 나부끼고
오마(五馬) 쌍전은 단풍 숲으로 들어갈 제
옥패는 쟁그랑쟁그랑 걸음마다 울리고
낭랑한 말소리는 말 위에서 오갈 제
동산의 고상한 놀이* 용문의 눈 구경*에
기생이 따르기는 자고로 있는지라
아리따운 기생들이 의기양양 무리 지어
말 타고 군졸들과 수레를 뒤따르니
창안백발 **화순 원님** 기생에게 다정하사
굽이진 곳에서 자주 돌아보시기에
소인은 하인이라 말에 앉아 있기 황송하와
올랐다가 내렸다가 내렸다가 올랐다가
오르락내리락 몇 번인 줄 모르겠네
망망히 내렸다가 다시 올라타노라니
석양에 큰길 아래서 실족하야 넘어지니
돌들이 흩어진 곳에 콩 태 자로 자빠지니
팔다리도 부러지고 옆구리도 삐어서
어혈(瘀血)이 마구 흘러 흉격이 펴지지 않고
금령이 지엄하와 개똥도 못 먹고
병세가 기괴하와 날로 위중하니
푸닥거리 경 읽기는 다 해 봐야 헛되도다
이제는 하릴없이 죽을 줄로 알았더니
곰곰 앉아 생각하니 이것이 뉘 탓인고
강천에서 배행하던 **기생들**의 탓이로다
네 쇠뿔이 아니런들 내 담이 무너지랴
속담에 이른 말씀 예부터 이러하니
소인의 죽는 목숨 그 아니 불쌍한가
소인이 죽거든 저년들을 죽이시어
불쌍히 죽는 넋을 위로하여 주옵실까
실낱같이 남은 목숨 살려 주시길 바라나이다
(중략)
죄범이 중타 하시어 저리 행하옵시니
수화(水火)에 들라 하신들 감히 거역하리까
죽이시거나 살리시거나 ⓑ처분대로 하려니와
의녀 등도 원통하와 소회를 아뢸 것이니
일월같이 밝으신 순찰 사또님께
한 말씀만 아뢰옵고 매를 맞고 죽겠나이다
의녀 등은 기생이요 최윤재는 아전이라
기생이 아전에게 간섭할 일 없사옵고

화순 사또 뒤돌아보시기는 구태여 의녀들을 보시려 하셨던 건지
　산 좋고 물 좋은데 단풍이 우거지니
　경물을 구경하려다 우연히 보셨던 건지
　아전이 제 인사로 제 말에서 내리다가
　우연히 낙마하여 만일에 죽는다 한들
　어찌 의녀들이 살인이 되리이까

– 이운영, 「순창가」

*동산의 고상한 놀이: 진(晉)나라 사안(謝安)이 회계 땅 동산에서 은거하면서 한가로이 노닐 적에 항상 가무에 능한 기녀를 대동했다는 고사를 이름.
*용문의 눈 구경: 서도(西都)의 태수 전유연이 송나라 사희심과 구양수가 눈이 내린 용문의 향산(香山)에 이르자 용문의 눈경치를 구경할 것을 권유한 고사를 이름.

31
▶ 24051-0089

(나), (다)에 대한 설명으로 가장 적절한 것은?

① (나)는 역사적 인물의 일화를 통해 대상을 향한 예찬의 태도를 드러내고 있다.
② (다)는 유사한 통사 구조의 반복을 통해 특정 인물이 처한 상황의 심각성을 부각하고 있다.
③ (나)는 시간의 흐름에 따라, (다)는 공간의 이동에 따라 화자의 정서 변화를 보여 주고 있다.
④ (나)와 (다)는 모두 화자와 대상 인물 간의 문답을 통해 화자의 내적 갈등이 심화되는 모습을 제시하고 있다.
⑤ (나)와 (다)는 모두 대비되는 시어를 활용하여 이상과 현실 사이에서 고뇌하는 인물의 모습을 강조하고 있다.

32
▶ 24051-0090

(가)를 바탕으로 (나), (다)를 감상한 내용으로 적절하지 않은 것은? [3점]

① (나)에서는 자신이 소망하는 바가 실현되기를 바라는 화자의 심정을 '공증문서'의 발급 요청을 통해 부각하고 있군.
② (나)에서는 '제가 바라는 일'을 청원하며 황폐화된 '주천'을 '상제'께서 복구시켜 주기를 바라는 화자의 심적 지향을 표출하고 있군.
③ (나)는 '상제'가 화자의 청원을 수용하지 않는 것을 통해 개인이 지니고 있는 과도한 욕망에 대한 경계를 전달하고 있군.
④ (다)는 '속담'을 인용하여 '소인의 죽는 목숨'의 억울함이 '기생들'의 탓임을 강조하고 있군.
⑤ (다)는 '불쌍히 죽는 넋'과 관련된 억울한 사정을 권한자에게 진정하며 개인의 소망을 함께 청원하고 있군.

33
▶ 24051-0091

(다)에 대한 이해로 적절하지 <u>않은</u> 것은?

① '최윤재'는 사령의 우두머리로서 순창 사또의 행차를 따라가게 되었다.

② '십오야 밝은 달의 후약'은 '호남 소금강'의 산수를 유람하는 것이었다.

③ '소인'은 '화순 원님'이 보는 앞에서 말에 타고 있기가 민망하여 말에서 오르락내리락하였다.

④ '의녀'들은 자신들의 죄를 인정하면서도 원통한 소회를 아뢰고 싶은 마음을 표현하였다.

⑤ '의녀'들은 '화순 사또'가 뒤를 돌아보신 것은 자신들을 보고자 한 것인지 경치를 보려 한 것인지 알 수 없음을 주장하였다.

34
▶ 24051-0092

ⓐ와 ⓑ에 대한 이해로 가장 적절한 것은?

① ⓐ에는 미래 상황에 대한 화자의 상실감이, ⓑ에는 과거 상황에 대한 화자의 회한이 나타나 있다.

② ⓐ에는 상대가 처한 상황을 고려한 제안이, ⓑ에는 화자가 처한 현실을 고려한 명령이 반영되어 있다.

③ ⓐ에는 권한자의 행위에 대한 화자의 평가가, ⓑ에는 화자의 행위에 대한 권한자의 평가가 드러나 있다.

④ ⓐ에는 화자가 원하는 결과에 대한 기대가, ⓑ에는 화자가 수용해야 하는 결과에 대한 존중이 담겨 있다.

⑤ ⓐ는 화자가 마주하게 되는 문제 상황의 원인이고, ⓑ는 화자가 현재 처한 자신의 문제 상황을 해결할 수 있는 수단이다.

[35~36] 다음 글을 읽고 물음에 답하시오.

중의성은 어떤 언어 표현이 둘 이상의 의미로 해석되는 특성을 말한다. 문장에서 중의성이 생기는 원인으로 대표적인 세 가지 경우를 살펴보자.

첫째, 문장에서 동음이의어나 다의어가 사용될 때 중의성이 생길 수 있다. 예컨대 "우리 이제 이 길을 함께 걸을까요?"와 같은 문장에서 '길'은 물리적인 길을 의미할 수도 있지만 추상적으로 삶의 목적이나 방향과 같은 뜻을 지닐 수도 있기 때문에 중의적이다.

둘째, 문장의 구조가 둘 이상의 구조로 분석될 수 있을 때 중의성이 생길 수 있다. 예컨대 "씩씩한 동주와 민지가 어제 우리 집에 놀러 왔다."는 '씩씩한'이 '동주'를 꾸며 줄 수도 있고 '동주와 민지'를 꾸며 줄 수도 있기 때문에 중의적이다. 즉 '씩씩한 동주'와 '민지'가 접속되는 구조일 때와 '씩씩한'이 '동주와 민지'를 수식하는 구조일 때에 그 의미가 서로 다르다는 것이다.

셋째, ㉠<u>어떤 대상의 수나 양을 나타내는 말이 있을 때 그 말이 어떤 범위에 걸쳐 있는지에 따라 중의성이 생길 수 있다.</u> 예컨대 "그 반 학생은 컴퓨터 한 대를 사용하고 있습니다."라는 문장에서 '컴퓨터 한 대'를 사용하는 사람이 '학생 개개인'이라면 학생들이 자신의 컴퓨터를 한 대씩 사용하고 있다는 뜻이 되고, '학생 전체'라면 반 학생들이 단 하나의 컴퓨터를 사용하고 있다는 뜻이 된다.

위의 대표적인 세 가지 경우 외에도 중의성이 생기는 경우는 많다. 물론 어떤 문장이 중의성이 있다고 해도 문장이 이어지는 글에서는 대개 앞뒤의 문맥이 주어지므로, 중의성이 자연스럽게 해소되어 대부분 문제가 되지 않는다. 그러나 간혹 한 문장의 중의성이 글을 원활하게 읽는 데에 방해가 될 때도 있으므로, 가급적 중의성이 없는 문장을 쓰는 것이 좋다.

[A] 중의성을 해소하기 위해서는 중의성의 원인을 제거하는 방법이 가장 좋겠지만, 그 원인을 제거하기가 어려운 경우도 있다. 적절한 문맥을 제공하거나 어순을 바꾸거나 적절한 수식어 혹은 문장 부호를 사용하거나 상세히 풀어 써 주는 등의 방법으로 중의성을 해소할 수 있다.

35
▶ 24052-0093

㉠에 해당하는 예문으로 적절한 것은?

① 선희는 울면서 떠나가는 민호를 배웅했다.
② 준현이는 현지와 민호에게 큰 도움을 주었다.
③ 미술관에서 학생들은 전시 작품을 모두 감상했다.
④ 그 선생님은 아내보다 영화를 훨씬 더 좋아하신다.
⑤ 사람들이 다채로운 곳을 다니다 보면 견문이 넓어진다.

36
▶ 24052-0094

[A]를 바탕으로 ⓐ~ⓔ에 나타난 중의성의 원인과 중의성 해소 방법을 설명한 것으로 적절하지 <u>않은</u> 것은?

> ⓐ 그 자리에 가 보니 배가 많이 있었다.
> ⓑ 두 명의 포수가 참새 네 마리를 잡았다.
> ⓒ 언니의 사진을 보니 옛 추억이 떠오른다.
> ⓓ 대학에 합격한 영수와 철수가 함께 찾아왔다.
> ⓔ 선주는 화를 내며 변명하는 그에게 소리를 질렀다.

① ⓐ: '배'의 동음이의어가 있으므로 '배' 앞에 '큼직한'과 같은 수식어를 추가하여 '배'의 의미를 한정한다.
② ⓑ: '두 명의 포수'가 '참새 네 마리' 중 어떤 범위에 걸쳐 있는지에 따라 두 가지 이상으로 해석되므로 '두 명의 포수가' 뒤에 '각각'을 넣어 준다.
③ ⓒ: '언니의'의 뜻이 두 가지 이상으로 해석되므로 '언니의'를 '언니를 찍은'과 같이 상세히 풀어 써 준다.
④ ⓓ: 문장 구조가 두 가지로 분석되므로 '철수가'를 문장 맨 앞으로 이동하여 문장 구조를 한 가지로 한정한다.
⑤ ⓔ: 문장 구조가 두 가지로 분석되므로 '화를 내며' 뒤에 쉼표를 사용하여 문장 구조를 한 가지로 한정한다.

37
▶ 24052-0095

〈보기〉는 국어의 로마자 표기법에 따른 표기 사례이다. 이를 탐구한 내용으로 적절하지 <u>않은</u> 것은?

보기		
한글 표기	발음	로마자 표기
㉠ 파랑	[파랑]	parang
㉡ 물건	[물건]	mulgeon
㉢ 비빔밥	[비빔빱]	bibimbap
㉣ 국사	[국싸]	guksa
㉤ 칼날	[칼랄]	kallal
㉥ 뻗는	[뻔는]	ppeonneun
㉦ 치닫고	[치닫꼬]	chidatgo

① ㉠과 ㉡을 보니, 'ㄹ'은 자음 앞인지 모음 앞인지에 따라 서로 다른 로마자로 적는구나.
② ㉢과 ㉥을 비교해 보니, 된소리되기는 로마자 표기에 반영하지 않는구나.
③ ㉥과 ㉦을 비교해 보니, 비음화는 로마자 표기에 반영하는구나.
④ ㉠, ㉡, ㉤을 보니, 유음화가 일어나면 앞 'ㄹ'은 뒤 'ㄹ'의 로마자 표기에 맞추어 적는구나.
⑤ ㉢, ㉣, ㉦을 보니, 평음이면서 파열음은 초성인지 종성인지에 따라 서로 다른 로마자로 적는구나.

38
▶ 24052-0096

밑줄 친 부분이 〈보기〉의 ㉠에 해당하는 예로 적절하지 <u>않은</u> 것은?

┌ 보기 ┐

형태소는 의미를 가진 가장 작은 말의 단위이다. 하나의 형태소가 하나의 음절로 온전히 실현되는 경우가 일반적이지만, ㉠<u>두 개의 형태소가 결합하여 하나의 음절로 나타나는 경우</u>도 있다. 예를 들어, '(땅을) 기-'에 어미 '-어'가 결합된 '(땅을) 기어'가 '겨'로 나타나거나, '(불에) 타-'에 선어말 어미 '-았-'이 결합된 '타았-'이 '탔-'으로 나타나는 경우가 두 개의 형태소가 결합하여 하나의 음절로 나타난 경우에 해당한다.

└──────────┘

① 그간 책상에는 먼지가 뽀얗게 <u>쌓였</u>더군.
② 그 선비는 행색이 너무나도 초라하<u>였</u>다.
③ 형은 매일 작은 수첩에 일기를 <u>써</u> 왔다.
④ 어둠 속에서 튀어나온 것은 호랑이<u>였</u>다.
⑤ 얼른 일어나 밥 먹고 학교에 <u>가</u>!

39
▶ 24052-0097

〈보기〉의 ㉠~㉤에 대한 설명으로 적절하지 <u>않은</u> 것은?

┌ 보기 ┐

불휘㉠기픈㉡남군㉢ᄇᆞᄅᆞ매아니뮐씨㉣곶㉤됴코여름하ᄂᆞ니 (「용비어천가」 제2장)

[현대어 풀이]

뿌리가 깊은 나무는 바람에 아니 움직이므로 꽃이 좋고 열매가 많으니

└──────────┘

① ㉠: '현대어 풀이'의 '깊은'을 참고할 때, 음성 모음 뒤에서 관형사형 어미 '-은'이 쓰였군.
② ㉡: '현대어 풀이'의 '나무는'을 참고할 때, 명사 뒤에서 보조사 '은'이 쓰였군.
③ ㉢: '현대어 풀이'의 '바람에'를 참고할 때, 양성 모음 뒤에서 부사격 조사 '애'가 쓰였군.
④ ㉣: '현대어 풀이'의 '꽃이'를 참고할 때, 주격 조사 '이'가 생략된 형태로 쓰였군.
⑤ ㉤: '현대어 풀이'의 '좋고'를 참고할 때, 형용사 어간 뒤에 연결 어미 '-고'가 쓰였군.

[40~43] (가)는 텔레비전 뉴스의 일부이고, (나)는 이 방송을 시청한 학생의 메모이다. 물음에 답하시오.

(가) 진행자: 시청자 여러분 안녕하십니까? 지난달 한 신문사의 조사에 따르면 10대의 42%는 매일 세 시간 이상씩 누리 소통망[SNS]을 사용한다고 합니다. 이는 5년 전보다 두 배나 증가한 것인데요, 그러다 보니 최근 도입된 '지우개 서비스'가 학생들에게 호응을 얻고 있다고 합니다. 이때 '지우개'는 '지켜야 할 우리의 개인 정보'를 줄인 말입니다. 오늘은 이 서비스에 대해 알아보겠습니다. 박○○ 기자, 지우개 서비스가 무엇인가요?

기자: 한 사이트의 상담 게시판에 올해 중학생인 A 양의 사연이 올라왔습니다. 초등학교 3학년 때 춤을 추는 자신의 영상을 직접 인터넷에 올렸는데 지금 보니 우스꽝스럽고, 이제는 누군가가 그 영상을 퍼뜨릴까 봐 걱정된다는 것이었습니다. 이렇게 자신이 인터넷에 올린 자신의 개인 정보가 담긴 게시물을, 삭제하거나 검색되지 않도록 정부 기관에 도움을 요청하는 제도를 지우개 서비스라고 합니다.

진행자: 그런데 시청자분들 중에서는 이런 것을 궁금해할 수 있을 것 같습니다. 자신이 올린 게시물이라면 자신이 직접 삭제하면 될 텐데, 이 제도가 호응을 얻은 특별한 이유가 있을까요?

기자: 문제는 자신이 올린 게시물에 대해 시간이 한참 지나고 나서야 후회스러운 생각이 든다는 점입니다. 하지만 시간이 지나 해당 사이트의 운영이 이미 중단됐거나 커뮤니티를 이미 탈퇴했을 경우 또는 회원 가입 시 등록했던 전화번호가 바뀌어 비밀번호를 찾지 못하는 경우에는 게시물을 직접 삭제하기가 어렵다고 합니다.

진행자: 아, 그래서 이 제도가 필요했던 거군요. 그런데 게시물을 삭제하는 것과 검색되지 않게 하는 것은 어떤 차이가 있습니까?

기자: 네, 삭제는 말 그대로 원래의 게시물을 지우는 것입니다. 이 경우 국내 검색 엔진에서는 검색 결과도 삭제 처리가 됩니다. 그런데 해외의 일부 검색 엔진의 경우에는 원래의 게시물을 삭제해도 검색 결과에는 계속 나타나기도 합니다. 이뿐만 아니라 게시판 운영 사업자의 폐업과 같은 이유로 삭제가 어려울 수도 있습니다. 이때는 검색되지 않게 해 줄 것을 요청해야 합니다.

진행자: 자신이 올린 게시물이라면 누구나 이 서비스를 신청할 수 있는 건가요?

기자: 신청자의 현재 나이가 30세 미만이면 신청이 가능하지만 미성년 시기인 19세 미만에 작성한 ⓐ게시물이어야 신청할 수 있습니다. 이때 신청자가 14세 미만인 경우에는 신청할 때 법정 대리인의 동의서도 함께 제출해야 합니다. 신청자 자신이 올린 게시물 중에서 이름, 생년월일, 전화번호, 주소, 사진 등

특정 개인을 알아볼 수 있는 정보를 포함한 것들이 서비스 대상이 됩니다. 다음 화면을 보면 이해가 쉬울 것 같습니다. 지금 보시는 화면은 이 서비스를 주관하고 있는 개인 정보 포털 누리집에 소개된 예시입니다.

진행자: 현재까지 이 서비스는 누가 많이 신청하였나요?

기자: 개인 정보 위원회의 통계 자료에 따르면 고등학생인 16~18세가 전체의 34.8%를 차지하였고, 중학생 이하인 15세 미만은 34.3%로 큰 차이가 없었으며, 성인인 19세 이상은 30.9%로 나타났습니다. 따라서 주로 중고등학생들이 서비스를 신청한 것으로 보입니다.

진행자: 신청 방법에 대해 안내해 주시겠습니까?

기자: 검색창을 통해 '개인 정보 포털'에 접속해서 신청할 수 있습니다. 신청 과정에서 세 단계의 절차를 거칩니다. 먼저 게시물에 대한 삭제와 검색되지 않는 것 중 어떤 유형을 신청할 것인지를 선택합니다. 다음은 문제가 되는 게시물의 위치, 즉 URL을 입력하고 입증 자료를 첨부합니다. 이때는 법정 대리인의 동의서를 첨부해야 할 수도 있습니다. 마지막에는 처리 결과를 문자나 이메일 중 어떤 방법으로 수신할지 선택합니다. 이렇게 신청하면 서비스 담당자는 신청 내용에 맞게 적절한 조치를 할 것입니다.

(나)

시사 동아리 시간에 지우개 서비스에 대해 발표하기 위해 슬라이드를 제작해야겠어. ㉠서비스의 의미와 입증 자료 준비 방법에 대한 슬라이드에는 서비스 명칭의 줄임말과 관련한 제목을 넣고 서비스의 내용을 제시하되, 입증 자료와 관련한 정보는 추가해야지. ㉡신청 방법에 대한 슬라이드에는 신청 절차가 잘 나타날 수 있게 시각적 이미지를 활용하되, 신청 과정에서 입력하거나 첨부해야 할 것도 제시해야지.

40

▶ 24052-0098

(가)에 나타난 담화 방식으로 적절하지 않은 것은?

① 진행자는 시청자가 궁금해할 수 있는 내용을 시청자 대신 기자에게 질문하고 있군.

② 진행자는 다른 매체의 내용을 인용하여 화제에 대한 시청자의 관심을 유도하고 있군.

③ 기자는 실제 중학생의 사연을 소개하여 화제와 관련한 정보를 사실감 있게 구성하고 있군.

④ 기자는 연령대별 신청 건수를 수치로 제시하여 학생들의 신청이 많다는 점을 부각하고 있군.

⑤ 기자는 자신의 설명을 구체화하는 시각적 정보를 제시하고 출처를 밝혀 신뢰성을 높이고 있군.

41
▶ 24052-0099

다음은 (가)가 끝난 후의 시청자 게시판이다. 시청자들의 수용 태도에 대한 설명으로 적절하지 <u>않은</u> 것은?

> 시청자 게시판   ×   ＋   − ☐ ✕
> ← → ⟳ 🔒   ★ ⚙ ⋮
>
> ↳ **시청자 1**: 최근에 누군가가 제 사진을 인터넷에 올려서 난감한 상황이라 방송을 관심 있게 보았습니다. 만약 나의 개인 정보를 남이 올린 상황일 때는 어떻게 도움받을 수 있는지 다음 방송에서 알려 주면 좋겠습니다.
>
> ↳ **시청자 2**: SNS가 대중화되어 개인 정보 침해가 많이 발생하는 요즘, 오늘 방송은 많은 이에게 도움이 될 것 같습니다. 하지만 어떤 기준으로 신청 대상을 30세 미만으로 정했는지 방송에서 언급되지 않아 아쉬웠습니다. 누구나 그 서비스를 신청할 수 있다면 좋겠네요.
>
> ↳ **시청자 3**: 만약 과거에 품행이 좋지 않았던 이가 이 방송을 본다면, 자신의 이미지를 새롭게 만들기 위해 오늘 소개한 제도를 이용하여 자신의 과거 기록을 삭제할 것 같다는 생각이 들었어요.
>
> ↳ **시청자 4**: 방송을 본 후 서비스를 신청해 보니 본인 인증을 제일 먼저 해야 하던데요. 휴대 전화나 신용 카드가 없으면 본인 인증 과정이 불편했어요. 방송에서는 그런 부분은 언급하지 않고 있군요.

① '시청자 1'은 방송에서 다룬 것과는 다른 상황을 언급하며, 다음 방송에서 후속 내용으로 다루어 줄 것을 요청하였다.
② '시청자 2'는 보도 내용의 시의성 측면을 긍정적으로 판단한 후, 신청 대상의 범위에 대한 자신의 의견을 드러내었다.
③ '시청자 3'은 제도가 악용될 수 있는 측면을 지적한 매체를 언급하며, 보도 내용이 타당한지를 판단하였다.
④ '시청자 1'과 '시청자 4'는 방송에서 다루어진 내용과 자신의 경험을 관련지어서 자신의 입장을 밝혔다.
⑤ '시청자 2'와 '시청자 4'는 방송 내용에 대해 제공한 정보의 양이 충분한지를 점검하였다.

42
▶ 24052-0100

다음은 (나)에 따라 제작한 발표 자료이다. 제작 과정에서 고려한 내용으로 적절하지 <u>않은</u> 것은? [3점]

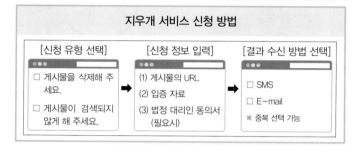

> **지켜야 할 우리의 개인 정보 서비스란?**
>
> 30세 미만이면 신청이 가능하며, 19세 미만에 작성한 '개인 정보를 포함한 게시물'에 대해 입증 자료를 제시하면 그 게시물을 삭제되도록 하거나 다른 사람이 검색하지 못하게 정부 기관이 도와주는 서비스
> ┃ ①과 ②를 모두 제출!
> ┃ ① 개인 정보가 포함된 게시물과 URL이 포함된 전체 화면을 사진 파일로 저장함.
> ┃ ② 게시물이 있는 사이트의 회원 정보(이름, 아이디, 닉네임) 화면을 사진 파일로 저장함.

> **지우개 서비스 신청 방법**
>
> [신청 유형 선택] → [신청 정보 입력] → [결과 수신 방법 선택]
> ☐ 게시물을 삭제해 주세요.   (1) 게시물의 URL   ☐ SMS
> ☐ 게시물이 검색되지 않게 해 주세요.   (2) 입증 자료   ☐ E-mail
>   (3) 법정 대리인 동의서 (필요시)   ※ 중복 선택 가능

① ㉠에 줄임말과 관련한 제목을 슬라이드 상단에 입력하되 글자의 크기와 굵기에 변화를 주자.
② ㉠에 기자가 언급한 신청 자격과 서비스의 내용에 대한 정보를 요약하여 제시하자.
③ ㉠에 입증 자료를 확보하는 방법을 선과 숫자를 활용해 제시하여 입증 관련 내용을 추가하자.
④ ㉡에 신청 방법 및 절차가 잘 나타나도록 인터넷 화면과 화살표 이미지를 활용하여 제시하자.
⑤ ㉡에 게시물 삭제나 검색 제한의 선택에 따라 첨부 자료가 추가로 필요할 수 있다는 것을 괄호 안에 표기하여 제시하자.

43
▶ 24052-0101

〈보기〉를 바탕으로 할 때, 밑줄 친 말의 '-어야'의 쓰임이 (가)의 ⓐ에서 '-어야'와 동일한 것은?

> ┃ 보기
>
> 어미 '-어야'는 앞 절의 일이 뒤 절의 조건임을 나타내는 연결 어미로 쓰이거나, 아무리 가정하여도 영향이 없음을 나타내는 연결 어미로 쓰인다. 또한 어미 '-어야'는 그러한 상황에 처할 수밖에 없음을 나타내기도 한다.

① 아무리 <u>길어야</u> 오늘을 넘지 않을 거야.
② 신발은 어느 정도 신던 <u>것이어야</u> 편하다.
③ 외삼촌은 막차를 타기 위해 <u>뛰어야</u> 했다.
④ 네가 아무리 <u>울어야</u> 아무런 소용이 없다.
⑤ 우리가 <u>겪어야</u> 할 고통은 이루 말할 수 없다.

[44~45] (가)는 카드 뉴스가 게시된 행정 기관의 블로그이고, (나)는 그 블로그의 댓글이며, (다)는 종이 신문이다. 물음에 답하시오.

(가)

[카드 뉴스]　　　　　　　　　　URL 복사　+이웃 추가　⋮　☒

냉장고 문 달기 사업을 실시합니다!
◇◇부　20××. ××. ××. 09:22

마트와 편의점 냉장고에 문을 달면 달라집니다.

1/6

식품 안전

하나! 냉장고 내부 온도가 유지되어 식중독 발생 위험이 줄어요.

2/6

탄소 중립

둘! 폐기되는 냉장 식품의 양이 줄어 CO_2 배출도 감소되어요.

3/6

에너지 절감

셋! 연간 1,780GWh의 전력 사용량을 아낄 수 있어요.

4/6

탄소는 줄이고, 식품은 안전하게

마트와 편의점은 냉장고 문 달기 사업에 많이 참여해 주세요.

5/6

정부에서 냉장고 문 달기 비용도 지원하고 있어요.

지원 금액: 소요 비용의 40%
신청 안내: ◇◇부 누리집

6/6

(나)

[댓글]

행복이: 이 정책이 실현되면 폐기되는 냉장 식품의 양도 줄어들고 전력 사용량도 아낄 수 있을 것 같아요. 그런데 연간 1,780GWh의 전력을 아낄 수 있다는 정보의 출처도 알고 싶어요.

　└ ◇◇부: 네. □□ 공학회의 연구 자료를 인용한 것입니다. 이 공학회의 누리집인 https://eng-tech1.or.kr을 클릭해서 들어가 보면, 저 수치는 인구 37만 명이 사는 도시의 연간 전력 사용량이라는 것을 알 수 있습니다.

　　└ 사랑이: 냉장고에 문을 달면 전력 사용량은 줄어들겠지만 냉장 식품의 폐기가 줄어드는 것은 아닐 것 같아요. 폐기되는 식품들은 소비자에게 인기가 없는 식품이라 그런 것 아닐까요?

(다)

10면 20××년 ××월 ××일 ×요일　**사회**　제23569호　@@ 신문

'개방형 냉장고 문 달기' 설치 비용은 누가?
― 정부 사업 강행에 편의점은 큰 압박감

　개방형 냉장고 문 달기 사업을 두고 유통업계의 반응이 엇갈리고 있다. 대형 마트는 대부분 환영하는 분위기이지만 편의점은 비용 때문에 고심하고 있다.

　개방형 냉장고는 특정한 온도를 유지하기 위해서 일반 냉장고보다 더 많은 전기가 필요하다. 그래서 ◇◇부는 냉장고에 문을 설치하여 에너지 효율을 높이자는 취지로 사업을 추진하고 있다. 또한 각종 매체와 보도 자료를 통해 그 취지를 홍보하고 있고 냉장고 문을 다는 데 소요되는 비용의 일부도 지원하고 있다.

　하지만 편의점은 설치에 소극적이다. 편의점은 대기업 브랜드를 전면에 내세우고 있지만 일부 직영점을 제외하면 대부분 소상공인들이 점포를 운영하고 있다. 편의점 관계자는 "전기 에너지 절약 및 환경 보호 취지에는 공감하나, 점포당 설치 비용이 최소 천만 원은 들어서 결국 소상공인들의 부담으로 이어진다."라고 전했다.

박△△ 기자

실전 모의고사 1회 실전 모의고사 2회 실전 모의고사 3회 실전 모의고사 4회 실전 모의고사 5회

44

▶ 24052-0102

(가)~(다)에 대한 이해로 적절하지 <u>않은</u> 것은?

매체 특징	(가)에는 카드 뉴스가 게시된 시각이 날짜와 함께 기록되지만, (다)에는 현재 면에 실린 기사가 작성된 시각이 기록되어 있지 않다. ································· ①
	(나)는 (다)와 달리 하이퍼링크를 통해 온라인상의 정보에 접근할 수 있다. ··································· ②
	(다)의 윗부분에는 현재 면에 실린 기사가 어떤 분야에 속하는지를 제시하고 있다. ······················· ③
정보 표현 방식	(가)에서는 카드 뉴스의 순서를 숫자로 표기해, 매체 자료 수용자가 비용을 신청하는 과정을 단계적으로 따라갈 수 있도록 하였다. ····························· ④
	(가)에서는 카드 뉴스에 활용된 그림들이, (다)에서는 표제의 글씨 크기가 매체 수용자의 주의를 끄는 요인으로 작용할 수 있다. ······························· ⑤

45

▶ 24052-0103

〈보기〉를 참고하여 (가)~(다)에 대해 이해한 내용으로 적절하지 <u>않은</u> 것은? [3점]

> **┌ 보기 ┐**
>
> 매체는 사건을 객관적으로 전달하기도 하지만, 의사소통의 관점에서 볼 때는 매체가 전달하는 내용이 누군가의 이해관계와 관련되기도 한다. 이 경우에 매체 자료 생산자의 선택적인 관점이, 특정한 정보를 부각하는 방식이나 제시하는 정보의 양을 조절하는 방식 등으로 드러날 수 있다. 그러므로 매체 자료 수용자는 이와 같은 매체의 특징을 이해하고 매체가 전달하는 의미를 비판적으로 수용해야 한다.

① (가)의 카드 뉴스에서 '식품 안전'과 '탄소 중립'이라는 단어는 매체 자료 생산자가 정책의 긍정적인 면을 부각하기 위해 사용하였군.

② (나)에서 '행복이'와 '사랑이'는 모두 '에너지 절감'에 대해서는 정책의 실효성이 있을 것으로 보지만, 폐기되는 냉장 식품의 양을 줄일 수 있을 것인가에 대해서는 서로 다른 입장을 보이고 있군.

③ (다)의 부제에서 '강행'과 '압박감'이라는 단어를 사용함으로써 정부 정책에 대한 매체 자료 생산자의 선택적인 관점이 드러나는군.

④ (다)에서 대형 마트가 '환영'한 이유를 제시하지 않는 것에 대해 의사소통의 관점에서는 매체 자료 생산자가 제시하는 정보의 양을 조절한 것으로 볼 수 있겠군.

⑤ (다)는 3문단에서 특정 이해관계자의 태도를 '소극적'이라는 단어로 표현함으로써 그 이해관계자에 대한 매체 자료 생산자의 부정적 관점이 드러나는군.

EBS 수능완성

국어영역

실전 모의고사
2회

문항에 따라 배점이 다릅니다. 3점 문항에는 점수가 표시되어 있습니다. 점수 표시가 없는 문항은 모두 2점입니다.

[01~05] 다음 글을 읽고 물음에 답하시오.

인간은 언어를 사용하며, 언어로 표현된 개념을 통해 사고할 수 있다는 점에서 다른 존재와 구별된다. 이런 언어 개념은 여러 특징을 가지고 있다. 우선 ㉠언어 개념은 보편성을 갖는데, 이는 실제 현실의 대상에 비해 언어 개념이 추상적이라는 것을 의미한다. 또 다른 특징은 현실의 대상은 늘 변화하는 데 반해 언어 개념은 고정적이라는 점이다. 즉 언어 개념과 실제 대상 사이에는 언제나 간극이 존재한다.

중국 춘추 전국 시대의 사상가들이 제시한 언어 개념에 대한 생각은 크게 두 가지로 구분할 수 있다. 하나는 사회 질서를 위한 언어 개념의 역할에 관심을 둔 공자와 순자의 사상이고, 또 다른 하나는 언어 개념과 실제 대상의 본질과의 관계를 탐구한 노자와 장자의 사상이다.

공자는 혼란한 사회 속에서 언어 개념을 명확히 하는 것이 사회 질서를 바로잡는 전제가 된다고 주장하였다. 공자는 모든 사람이 자기의 명분에 맞게 행동해야 하며, 그 명분은 분명한 언어로 표현되어야 한다고 생각했다. 그리고 이렇게 표현된 언어가 제대로 사용되어야 사회 질서가 잡히고 바람직한 공동체가 형성될 것이라 보았다. 이러한 공자의 사상을 정명 사상이라고 한다. 정명 사상은 순자에 이르러 체계적으로 정리되었다. 순자는 어떤 대상을 가리키는 언어적 명칭은 선천적으로 고정된 의미가 없으며, 사람들이 사회적으로 약속하여 해당 명칭을 일반적으로 사용하게 되면 그 대상의 이름, 즉 언어 개념이 되는 것이라 보았다. 순자는 사회 질서를 위해 사회적 규범이라 할 수 있는 예를 중시한 사상가인데, 예는 대상 간의 분별을 올바르게 함으로써 ⓐ이루어진다고 보았다. 이러한 입장에서 순자는 귀천을 밝히고 대상을 서로 구별하기 위해서 언어 개념이 필요하다고 보았다. 즉 순자는 사회 질서 유지라는 실용적 관점에서 언어 개념의 필요성을 인식한 것이다.

한편 노자와 장자의 사상은 문명 비판적이고 반권위주의적인 특징을 갖는다. 공자, 순자와 같은 유가가 기존 질서의 전통과 권위를 존중하고 그것을 계승하며 유지하려고 한 사상이라면, 노자, 장자와 같은 도가는 기존의 질서를 비판하고 그것에 대한 반성을 모색한 사상이다.

인위를 배제한 자연 상태인 무위자연을 추구하는 노자는 언어 개념을 인위적인 세계를 상징하는 것으로 생각하였다. 노자는 모든 것이 언어 개념을 가지고 있으며, 언어 개념을 통해 대상을 인식하는 현실 세계를 유명(有名)의 세계라 표현하였다. 그리고 이런 현실 세계에서 사용하는 언어 개념을 가짜 이름이라고 여겼다. 이는 언어 개념이 그것이 가리키는 대상의 본질과는 거리가 있다고 생각했기 때문이다. 대상의 본질은 언어 개념으로 표현되기 이전의 상태이며, 노자는 이것을 무명(無名) 혹은 무(無)로 표현했다. 노자는 유명의 세계에서 사용하는 언어 개념을 통해서 무명의 진상을 파악할 수 있다고 보았으나, 무명의 세계가 유명의 세계보다 앞서고 본질적인 것이라 생각하였다. 이런 노자의 입장은 장자에 의해서 계승되었다. 장자에 의하면 언어 개념은 상대적이며 유한성을 가지고 있으므로, 대상의 본질을 전달하기 위한 하나의 수단에 불과한 것이었다.

01

▶ 24051-0104

윗글의 내용에 대한 이해로 적절하지 <u>않은</u> 것은?

① 인간은 언어로 표현된 개념을 통해 사고를 할 수 있다.
② 공자는 사회 질서를 위한 언어 개념의 역할에 관심을 가졌다.
③ 도가는 기존 질서의 전통과 권위를 비판하고 그것에 대한 반성을 모색한 사상이다.
④ 공자는 사람들이 분명한 언어로 표현된 자신의 명분에 맞게 행동해야 한다고 생각했다.
⑤ 노자는 문명 비판적인 언어 개념을 사용하여 무명의 세계의 본질을 만들 수 있다고 보았다.

02
▶ 24051-0105

㉠을 보여 주는 사례로 가장 적절한 것은?

① 모든 사람은 얼굴과 특성이 다르지만, 우리는 그 모두를 '사람'이라고 칭한다.
② '사자'라는 이름에 사용된 문자의 형태는 실제 사자의 외적인 형태와 관련이 없다.
③ 실제 하늘이라는 대상은 하나이지만, 언어의 종류에 따라 '하늘', 'sky' 등 다양한 이름으로 불린다.
④ 하늘의 별을 '별'이라고 이름 지어 사회에서 널리 사용하고 있으므로, 별을 임의로 '발'이나 '불'로 부를 수 없다.
⑤ 중세 국어에서는 '어리다'라는 단어가 '어리석다'라는 의미이지만, 현대 국어에서는 '나이가 적다'라는 의미로 변하였다.

03
▶ 24051-0106

윗글의 순자의 입장에서 〈보기〉에 대해 보일 반응으로 가장 적절한 것은?

┌─ 보기 ─┐

말과 소는 사실 오장육부를 가지고 있는 점, 네 다리를 가지고 있는 점 등 같은 점이 많다. 이처럼 모든 대상은 같은 점에 주목하면 모두 같다고 할 수 있다. 그런 점에서 말은 소이고, 소는 말이며, 만물은 하나로 결국 동등하다.

└──────┘

① 언어 개념은 선천적으로 고정된 의미가 있으므로, 말은 소가 될 수 없다.
② 대상의 같은 점에 주목하는 것은 언어 개념의 사용을 통해 귀천을 밝히는 것에 도움이 될 수 있다.
③ 말과 소를 다른 이름으로 부르는 것은 언어 개념의 특징을 이해하지 못하는 것으로, 사회 질서를 무너뜨릴 수 있다.
④ '말은 소이고, 소는 말'이라고 하는 것은 사회의 약속에 의해 정해진 언어 개념을 어지럽혀 사회 혼란을 야기할 수 있다.
⑤ '만물은 하나로 결국 동등하다.'라고 하는 것은 대상들 간의 분별을 없애는 것으로, 예를 실천할 수 있는 방안이라 할 수 있다.

04
▶ 24051-0107

윗글을 바탕으로 〈보기〉에 대해 이해한 것으로 적절하지 않은 것은? [3점]

┌─ 보기 ─┐

㉮ 우리는 책상과 의자를 다른 이름으로 부르고 다른 대상으로 인식한다. 하지만 이들은 모두 나무를 잘라 우리가 바라는 대로 짜맞춘 것에 불과하므로, 이들의 이름은 그것이 가리키는 대상의 본질과는 차이가 있다.
㉯ 통발의 목적은 물고기를 잡는 것이니, 물고기를 잡았다면 통발은 잊어야 한다. 언어는 그 목적이 뜻을 전달하는 데 있으니, 뜻을 전달했으면 언어는 잊어야 한다.
㉰ 이름이 바르지 않으면 말이 이치에 맞지 않으며, 말이 이치에 맞지 않으면 일이 이루어지지 않으며, 일이 이루어지지 않으면 예악이 발전하지 못하며, 예악이 발전하지 못하면 형벌이 실정에 맞지 않게 되며, 형벌이 실정에 맞지 않으면 백성들의 삶이 어지럽게 된다.

└──────┘

① ㉮는 대상이 자신의 본질 그대로 인식되지 못하는 유명의 세계의 특성을 보여 준다.
② ㉮는 현실 세계에 존재하는 대상들이 언어 개념을 가지고 있다는 노자의 견해를 보여 준다.
③ ㉯는 언어 개념이 대상의 뜻을 전달하기 위한 하나의 수단에 불과하다는 장자의 견해를 보여 준다.
④ ㉰는 언어 개념을 명확히 하는 것이 사회 질서를 바로잡는 전제가 된다는 공자의 견해를 보여 준다.
⑤ ㉰는 각자 주관적 기준에 따른 언어 개념을 사용해야 바람직한 공동체를 형성할 수 있다는 정명 사상을 보여 준다.

05
▶ 24051-0108

문맥상 ⓐ와 바꿔 쓰기에 가장 적절한 것은?

① 개편(改編)된다고
② 결성(結成)된다고
③ 달성(達成)된다고
④ 설정(設定)된다고
⑤ 편성(編成)된다고

[06~11] 다음 글을 읽고 물음에 답하시오.

사회 속에서 행동하는 개인이나 집단의 의식 및 행동을 연구하는 학문을 사회 심리학이라고 한다. 사회 심리학의 개념 중 하나인 동조 현상은 집단이 구성원에게 가하는 압력에 의해 개인의 행동이나 태도가 변하는 것을 말한다. 집단의 압력이 실제로 존재하지 않더라도 집단이 압력을 가하고 있다고 개인이 느낄 수 있는데, 이런 경우에도 동조 현상이 일어날 수 있다. 동조 현상은 다양한 규모의 집단에서 일어날 수 있는데, 국가와 같은 대규모 집단은 물론 특정 상황으로 인해 모인 소수의 사람으로 구성된 소규모 집단에서도 일어날 수 있다.

구성원들의 행동이나 태도를 규율하는 기준을 의미하는 집단의 규범은 동조와 밀접한 관련이 있는데, 집단의 규범은 어떤 행동이나 의견이 적절한 것인지 부적절한 것인지를 판단하는 기준이 될 수 있기 때문이다. 집단의 규범에는 명문화되어 있거나 공식적으로 발표된 명시적 규범과, 명문화되어 있지 않으며 공식적으로 발표되지 않았지만 사람들이 암묵적으로 동의하는 묵시적 규범이 있다.

동조 현상이 일어나는 원인은 규범적 영향력과 정보적 영향력으로 구분할 수 있다. 규범적 영향력은 개인이 집단에서 고립되지 않고 구성원으로 받아들여지기 위해 집단의 명시적 규범이나 묵시적 규범을 ⓐ따르는 것을 의미한다. 개인이 집단의 규범을 잘못된 것이라 생각해도 규범적 영향력에 의해 동조가 일어날 수 있는데, 이런 경우 개인의 신념 변화와 같은 내적인 변화보다는 행동 변화와 같은 외적인 변화가 주로 일어난다.

정보적 영향력은 개인이 판단의 근거가 부족하거나 판단이 어려운 상황에서 집단의 규범이나 의견을 정보로 여기고 따르는 것을 의미한다. 어떤 생각이나 행동을 할지 판단하기 어려운 낯선 상황에 처한 개인은 상황에 맞는 적절한 생각과 행동을 하기 위하여, 집단의 규범이나 다른 구성원들의 생각을 습득해야 할 정보로 여기고 이를 습득한 후 따르게 되는 것이다. 정보적 영향력에 의한 동조는 규범적 영향력보다 쉽게 내적인 변화를 일으킬 수 있다.

[A] 동조 현상은 동조가 일어나는 상황이나 동조 정도에 따라 순응, 동일시, 내면화로 나눌 수 있다. 우선 순응은 보상을 얻거나 벌을 피하기 위해, 또는 다른 구성원들과 좋은 관계를 유지하기 위해 일시적으로 동조하는 것이다. 순응의 단계에서는 순간적인 행동의 변화가 있을 뿐, 신념이나 태도는 변화하지 않는다. 보상을 얻거나 처벌을 피하는 것 외에 구성원이 규범을 따라야 하는 다른 이유가 없다면, 특정 규범에 대한 순응은 태도나 신념의 변화로 이어지기 어렵다. 동일시는 집단의 특정 구성원과 비슷해지고 싶다는 욕구 때문에 일어나는 동조이다. 개인은 자신이 잘 모르는 행동을 해야 할 때 집단의 다른 구성원의 행동을 기준으로 삼는다. 이

때 매력적인 구성원이 있다면 그와 비슷해지고 싶다는 욕구가 생기며 이를 통해 동조가 일어나는 것이다. 동일시의 욕구를 가지는 개인은 판단이 필요한 상황에서 자신이 닮고자 하는 사람의 태도와 행동을 무비판적으로 따르게 될 가능성이 높다. 마지막으로 내면화는 집단의 규범을 자신의 내면에 완벽하게 수용한 것이다. 순응과 달리, 내면화의 단계에 이른 집단 규범은 외부 압력 없이도 자발적으로 유지되며 오랫동안 지속된다. 반복적인 순응으로 인해 내면화가 일어나기도 하지만, 모든 순응이 내면화로 이어지는 것은 아니다.

06
▶ 24051-0109

윗글에 대한 설명으로 가장 적절한 것은?

① 동조 현상의 정의와 발생 원인을 언급하고, 동조 현상을 구분하여 제시하고 있다.
② 동조 현상이 초래할 수 있는 문제 상황을 제시하고, 그에 대한 해결 방안을 모색하고 있다.
③ 동조 현상을 구성하고 있는 여러 요소를 분석하고, 다른 현상의 구성 요소와 비교하고 있다.
④ 동조 현상을 바라보는 상반된 관점을 비교하고, 각 관점이 가진 장점과 한계점을 제시하고 있다.
⑤ 동조 현상이 나타나는 배경을 언급하고, 동조 현상이 나타나기 전의 과정을 세 단계로 나누어 설명하고 있다.

07
▶ 24051-0110

윗글을 이해한 내용으로 적절하지 <u>않은</u> 것은?

① 낯선 상황에 처한 개인은 집단의 규범을 습득해야 할 정보로 여길 수 있다.
② 집단의 압력이 실제로 존재하지 않더라도 집단의 압력이 존재한다고 개인이 느낄 수 있다.
③ 집단의 규범 중 자신이 올바르지 않다고 생각하는 규범에 의해서도 동조 현상이 일어날 수 있다.
④ 자신이 속한 집단의 매력적인 구성원과 비슷해지고 싶다는 욕구에 의해서도 동조 현상이 일어날 수 있다.
⑤ 공식적인 규범은 동조 현상에 영향을 미치지 않지만 암묵적인 규범에 의해서는 동조 현상이 일어날 수 있다.

08

▶ 24051-0111

윗글을 바탕으로 〈보기〉의 실험을 이해한 것으로 적절하지 <u>않은</u> 것은? [3점]

─┤ 보기 ├─

어두운 곳에서 고정된 광점(光點)을 보면 움직이는 것처럼 보인다. 어두운 방에 있는 세 명의 피험자에게 고정된 광점을 보게 한 후, 이들을 분리하여 각자가 인식한 광점의 이동 범위를 말하게 했다(답변 1). 그 후 피험자들을 모아 이에 대해 대화를 나누게 한 후 광점의 이동 범위를 말하게 했으며(답변 2), 광점의 이동 범위에 대해 더 많은 대화를 나누게 한 후 광점의 이동 범위를 다시 말하게 했다(답변 3). 마지막으로 피험자를 따로 분리한 후 각자 최종적으로 생각한 광점의 이동 범위를 말하게 했다(답변 4). 실험의 결과는 아래 그래프와 같으며, 답변으로 인한 보상이나 처벌은 없었다.

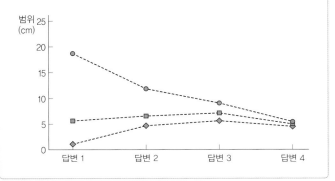

① 실험의 결과를 보면 구성원이 세 명인 소규모 집단에서도 동조 현상이 일어날 수 있음을 알 수 있다.

② '답변 1'의 결과에서 '답변 4'의 결과로 변화하는 것을 보면 집단이 개인에게 영향을 미쳤음을 알 수 있다.

③ '답변 4'의 결과를 보면 자신의 생각과 어긋나는 집단의 규범에 구성원들이 순응하고 있음을 알 수 있다.

④ 실험의 결과를 보면 집단의 규범이 생성되는 과정에서 각 구성원의 생각 변화의 폭이 다름을 알 수 있다.

⑤ 실험의 결과를 보면 정답에 대한 판단이 모호한 문제에 대해서도 집단의 묵시적 규범이 정해질 수 있음을 알 수 있다.

09

▶ 24051-0112

[A]를 바탕으로 〈보기〉를 이해한 것으로 가장 적절한 것은?

─┤ 보기 ├─

갑은 학교 방침상 모든 학생이 동아리 활동을 해야 한다는 것을 알게 되었다. 갑은 동아리 활동을 하기 싫었으나, 학교 방침에 따라 원하지 않는 환경 동아리에 가입하였다. 이후 갑은 환경 동아리 부장인 을이 많은 학우에게 신뢰와 존경을 받고 있음을 알게 되었다. 갑은 점점 을을 신뢰하고 존경하게 되면서 을처럼 되고 싶다고 생각했고, 을의 행동을 관찰하고 따라 하면서 동아리 활동에 집중하기 시작했다.

① 갑은 을에 대한 동일시로 인해 을의 태도와 행동을 비판 없이 따르게 될 가능성이 있다.

② 을과 같은 존재가 없다면 동아리 활동을 해야 한다는 학교 방침을 갑이 내면화할 가능성이 없다.

③ 갑이 동아리 활동으로 인한 이익을 인지하는 순간, 동아리 활동을 해야 한다는 학교 방침을 내면화할 것이다.

④ 갑이 학교 방침이 아니라 동아리 활동이 중요하다는 개인의 신념에 따라 동아리에 가입했다면 순응이라고 할 수 있다.

⑤ 추후 갑이 동아리 활동을 해야 한다는 학교 방침을 내면화해도 다른 구성원의 압력이 없다면 쉽게 내면화가 사라질 것이다.

실전 모의고사 1회 | 실전 모의고사 2회 | 실전 모의고사 3회 | 실전 모의고사 4회 | 실전 모의고사 5회

10

▶ 24051-0113

윗글을 참고하여 〈보기〉의 [가]에 들어갈 내용을 추론한 것으로 가장 적절한 것은? [3점]

> ┌─ 보기 ┌
>
> 연구자는 피험자에게 선분 하나가 그려진 카드 A와 서로 다른 길이의 선분 셋이 그려진 카드 B를 보여 주었다. B의 선분 중 하나는 A의 선분과 길이가 같았으며, B의 선분 중 어느 것이 A의 선분과 길이가 같은지 피험자가 명확하게 판단할 수 있게 선분이 그려져 있었다. 피험자에게 B의 선분 중 A의 선분과 길이가 같은 것이 무엇인지 물었을 때, 혼자 실험에 임한 피험자가 오답을 말한 비율은 1%가 되지 않았다. 하지만 오답을 말하도록 공모한 다수의 가짜 피험자 사이에 진짜 피험자를 두고 실험을 한 결과, 진짜 피험자가 오답을 말한 비율은 36.8%에 달했다. 이 실험을 통해 [가] 는 것을 알 수 있다.

① 규범적 영향력은 개인의 내적인 변화를 일으키기 어렵다
② 집단의 규범은 개인의 결정이 적절한 것인지 판단하는 기준이 될 수 없다
③ 정보적 영향력이 발생하기 어려운 상황에서도 동조 현상이 일어날 수 있다
④ 묵시적 규범에 의한 순응이 태도나 신념의 변화로 이어지지 않을 수도 있다
⑤ 집단이 개인에게 압력을 가할 때 개인에 따라 동조의 발생 여부가 다르지 않다

11

▶ 24051-0114

ⓐ와 문맥상 의미가 가장 가까운 것은?

① 나를 잘 따르는 후배가 있다.
② 물고기가 강을 따라 내려갔다.
③ 삼촌을 따라 시장 구경을 갔다.
④ 그 친구의 솜씨를 따를 자가 없다.
⑤ 부모님의 권유에 따라 야구를 시작했다.

[12~17] 다음 글을 읽고 물음에 답하시오.

(가) 조류는 강이나 바다, 호수, 연못과 같은 물속에 사는 작은 생물을 일컫는 말이며, 엽록소를 가지고 있어 햇빛과 이산화 탄소를 이용해 산소와 유기물을 만들어 내는 광합성 작용을 한다. 조류는 생태계 먹이 그물에서 1차 소비자의 먹이가 되는 생산자로서, 수생태계에 에너지를 공급하는 중요한 역할을 한다.

조류 중 남조류는 생물학적 특성이 다른 조류와는 차이점이 있어 남세균으로 주로 불린다. 남세균은 조류 중 지구상에 최초로 존재하였으며, 약 35억 년 전의 지층에서 화석으로 발견되었다. 남세균은 지구에서 햇빛을 이용하여 물과 이산화 탄소를 산소와 영양분으로 만든 광합성 생물로, 산소가 거의 없던 과거 지구의 대기는 남세균으로 인해 산소의 농도가 증가하게 되었다. 남세균으로 인해 만들어진 산소는 지구 대기 중에서 태양에서 오는 자외선과 만나 오존을 형성하였고, 이렇게 만들어진 오존은 20~25km 상공에서 오존층을 형성하였다. 오존이 자외선을 흡수하면 산소 원자를 방출하는데, 산소 원자는 다른 산소 분자와 결합하면서 열을 방출한다. 즉 지구 대기 상층부에 형성된 오존층은 지구에 존재하는 생명체에게 해로울 수 있는 자외선을 흡수하는 동시에 지구 온도를 조절하는 기능을 한다. 결국 남세균으로 인해 과거 지구 대기에 산소가 생겨나면서 산소가 필요한 호기성 생물이 탄생할 수 있었고, 오존층이 형성되어 지표면에 닿는 자외선이 약해지면서 물속이 아닌 육지에서도 생명체가 살아가는 것이 가능하게 되었다.

남세균은 지구상에서 오래전부터 존재한 만큼 환경 변화에 뛰어난 적응력을 가지고 있다. 일부 남세균은 대기 중의 질소를 유기 질소로 전환하여 저장하는 질소 고정 능력이 있어, 양분이 되는 질소가 부족한 환경에서도 생존할 수 있다. 또한 생존에 불리한 환경에서는 포자를 형성해 물속 퇴적층에 가라앉아 있다가, 생존에 좋은 환경이 되면 다시 포자가 발아하여 성장하기도 한다. 남세균은 세포 내에 공기 주머니를 갖고 있어 상하로 수직 이동을 하는데, 이를 통해 성장에 필요한 햇빛이나 양분이 많은 곳으로 이동한다.

남세균은 생명 활동에 필요한 물질을 합성하고 분해하는 대사 작용의 결과로 냄새를 유발하는 물질과 독소 물질을 생성하기도 한다. 물에서 나는 흙냄새나 곰팡이 냄새를 유발하는 물질은 남세균이 엽록소를 합성하는 과정에서 생성되기도 한다. 남세균이 만든 냄새를 유발하는 물질은 인체에는 큰 영향을 주지 않으나, 남세균이 만든 마이크로시스틴과 같은 독소는 포유류가 흡수할 경우 간세포나 신경계에 나쁜 영향을 줄 수 있다. 이런 독소 물질은 평상시에는 남세균의 세포 안에 존재하며 배출되지 않지만, 남세균이 사체가 되었을 때 배출된다.

(나) 녹조 현상은 강이나 호수에 남세균이 과도하게 발생하여 물

의 색깔이 짙은 녹색으로 변하는 현상이다. 담수 조류 중 옅은 녹색을 띠는 녹조류와 구별하기 위해 녹조 현상이라고 일컫는다. 남세균의 발생에 영향을 미치는 요인에는 영양물질과 수온 및 일사량, 물의 흐름이 있다.

도심에서 나오는 하수, 각종 농축산 시설 등에서 배출하는 폐수, 비가 올 때 빗물과 함께 흘러내리는 비료 등에는 질소나 인과 같은 여러 영양물질이 들어 있다. 이런 영양물질은 남세균의 증식에 필수적이며, 남세균이 영양물질을 이용하여 대량으로 증식하게 되면 녹조 현상이 발생한다.

수온은 남세균의 성장을 좌우하는 요인이며, 햇빛은 남세균의 광합성을 위해 필수적 요소이다. 녹조 현상의 원인이 되는 남세균은 20~30℃의 수온에서 가장 왕성하게 성장하며, 햇빛을 많이 받을수록 잘 자란다. 우리나라에서는 일반적으로 수온이 높아지고 일사량이 증가하는 여름철에 남세균이 성장하기 좋은 환경이 만들어진다.

또한 물의 흐름이 약하거나 정체되어 있으면 남세균이 더 많이 증식할 수 있다. 유속이 빠르면 물 표면에 떠다니는 남세균이 하류로 쓸려 내려가기 때문에 한곳에서 대량으로 증식하기 어렵다. 수심이 깊고 흐름이 정체된 강이나 호수에서는 여름철에 성층 현상이 나타난다. 성층 현상이란 따뜻하고 밀도가 낮은 물이 위에 놓이고 차갑고 밀도가 높은 물이 아래에 놓여 밀도 차에 의해 수층이 분리되어 물이 수직으로 잘 이동하지 않는 현상을 말한다. 성층 현상이 일어나 물이 잘 섞이지 않으면 수면의 온도가 더욱 올라가게 되어 남세균이 성장하기 더 좋은 여건이 만들어진다.

남세균은 수생태계에서 생산자의 역할을 하지만, 남세균이 과다하게 증식하여 녹조 현상이 일어나면 수생태계에 나쁜 영향을 미친다. 남세균이 과다하게 증식하면 물속으로 들어가는 햇빛을 차단하여 물속의 수생 식물이 광합성을 하지 못하게 만든다. 이로 인해 물속의 생물들이 산소 부족으로 폐사하기도 하고, 폐사한 생물들이 부패하면서 악취와 독소가 발생해 수생태계가 점점 파괴된다.

12
▶ 24051-0115

(가)와 (나)에 대한 설명으로 가장 적절한 것은?

① (가)는 남세균의 특징을 설명하고 있고, (나)는 녹조 현상이 발생하는 원인을 설명하고 있다.
② (가)는 조류를 유형별로 분류하고 있고, (나)는 원인에 따른 녹조 현상의 종류를 나누어 설명하고 있다.
③ (가)는 남세균의 기원에 대한 학설을 소개하고 있고, (나)는 녹조 현상에 대한 상반된 평가를 비교하고 있다.
④ (가)는 조류가 수생태계에 미치는 영향을 설명하고 있고, (나)는 녹조 현상이 인간에 미치는 영향을 분석하고 있다.
⑤ (가)는 남세균의 진화 과정을 통시적으로 살피고 있고, (나)는 남세균의 증식에 영향을 미치는 요인을 드러내고 있다.

13
▶ 24051-0116

(가)를 통해 알 수 있는 내용으로 적절하지 <u>않은</u> 것은?

① 조류는 생태계의 먹이 그물에서 중요한 역할을 담당하고 있다.
② 지구 대기의 산소와 태양에서 오는 자외선이 만나 오존층을 형성하였다.
③ 조류는 햇빛과 이산화 탄소를 사용하여 특정 물질을 만들어 내는 작용을 한다.
④ 마이크로시스틴은 특정 생물이 흡수할 경우 간세포나 신경계에 영향을 미칠 수 있다.
⑤ 조류가 가진 온도 조절 기능으로 인해 지구에 산소가 발생하여 호기성 생물이 탄생할 수 있었다.

14

▶ 24051-0117

남세균 에 대한 이해로 적절하지 않은 것은?

① 남세균이 엽록소를 합성하는 과정에서 냄새가 날 수 있다.
② 남세균이 약 35억 년 전 지구상에 존재했다는 것은 화석을 통해 알 수 있다.
③ 남세균은 생존이 불리한 환경에서 포자를 형성하여 스스로 양분을 만들 수 있다.
④ 남세균이 대사 작용을 통해 생성한 독소 물질은 사체가 되었을 때 배출될 수 있다.
⑤ 남세균 중 일부는 대기 중의 질소를 유기 질소로 전환하여 양분이 부족한 환경에서 생존하는 능력이 있다.

15

▶ 24051-0118

(가), (나)와 〈보기〉를 읽고 추론할 수 있는 내용으로 가장 적절한 것은? [3점]

┌ 보기 ┐

　물속에 조류 등 각종 플랑크톤의 양분인 영양물질이 많아진 상태를 부영양화라고 하고, 물속에 영양물질이 충분하지 않은 상태를 빈영양화라고 한다. 낙엽이나 나뭇가지 등의 유기물이나 수중 생물의 사체가 분해되는 과정을 통해 자연적으로 물속에 영양물질이 늘어날 수 있다. 이로 인해 조류와 조류를 먹이로 하는 수중 생물이 증가하게 된다. 이렇게 자연적으로 이루어지는 부영양화는 인위적인 활동으로 인해 발생한 부영양화보다 비교적 서서히 진행된다.

① 빈영양화와 부영양화는 녹조 현상의 원인이 될 수 있다.
② 수중 생물의 사체가 분해되는 과정을 통해 녹조 현상을 막을 수 있다.
③ 서서히 진행된 부영양화로 인해 발생한 녹조 현상은 쉽게 제거할 수 있다.
④ 낙엽, 나뭇가지 등이 물속으로 유입되는 것을 막아 조류의 생성을 차단해야 수생태계가 유지된다.
⑤ 인위적인 활동으로 인해 발생한 영양물질이 물속으로 유입되는 것을 막아도 녹조 현상이 일어날 수 있다.

16

▶ 24051-0119

(나)를 읽은 학생이 〈보기〉에 대해 보인 반응으로 적절하지 않은 것은?

┌ 보기 ┐

• A강 주변에는 인구 밀집 지역이 없으며, 폐수 처리 시설이 미흡한 다수의 축산 시설이 자리 잡고 있다.
• B호수 인근에는 과수 농원이 많아, 비가 오면 땅에 있는 비료의 성분이 B호수로 유입된다.

① A강의 유속을 느리게 만든다면 녹조 현상의 발생 가능성이 증가하겠군.
② A강의 주변에 자리 잡고 있는 축산 시설이 사라진다면 남세균이 감소할 가능성이 증가하겠군.
③ A강을 중심으로 도심이 형성된 후 하수 처리가 미흡할 경우 남세균이 번식하기 좋은 환경이 될 가능성이 증가하겠군.
④ B호수 인근의 과수 농원에서 사용하는 비료의 주성분이 질소라면 녹조 현상의 발생 가능성이 증가하겠군.
⑤ B호수에 비가 오기 전과 비가 온 후의 수온과 물의 흐름이 같다면 비가 온 후에 남세균이 감소할 가능성이 증가하겠군.

17

▶ 24051-0120

(나)를 바탕으로 〈보기〉를 이해한 것으로 가장 적절한 것은?

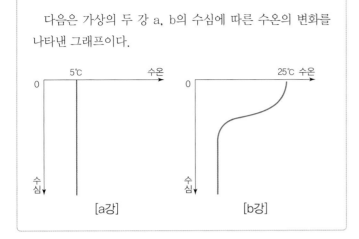

보기

다음은 가상의 두 강 a, b의 수심에 따른 수온의 변화를 나타낸 그래프이다.

① b강에 나타난 수심에 따른 수온 변화의 양상은 수심이 깊은 강보다 얕은 강에서 잘 나타날 것이다.
② a강은 b강보다 강의 수심에 따른 물의 밀도 차가 클 것이다.
③ b강은 a강보다 강물이 잘 섞이지 않아 남세균이 성장하기 좋은 환경이 될 것이다.
④ a강은 b강과 달리 현재 상태에서 일사량이 증가한다면 녹조 현상이 잘 일어날 것이다.
⑤ b강은 a강과 달리 강 속 영양물질의 양과 관계없이 녹조 현상이 잘 일어날 것이다.

[18~21] 다음 글을 읽고 물음에 답하시오.

"네 아까 읊던 글을 들으니 큰 뜻을 품었음이 분명한데, 나를 속이지 마라."

"잠결에 읊는 것이 무슨 뜻이 있겠소? 말하기 싫으니 가겠소." 일어나 **소를 끌고 가려** 하자, 양자운이 잡아 앉혔다.

"네 비록 어린아이나 예의를 모르는구나. 나는 나이 든 사람이고 너는 나이 어린 아이인데 어찌 그리 버릇없이 구느냐?"

"목동이 무슨 예를 알겠소?"

"너는 내 얼굴을 자세히 봐라."

경작이 머리를 헤쳐 쓸고 보니, 흰옷을 입은 어른이 머리에 갈건을 쓰고 오른손에는 보석으로 장식된 채를 잡고 왼손에는 명아줏대로 만든 지팡이를 짚고 있었다. 흰 수염이 가슴에 늘어졌는데 골격이 맑아 마치 신선 같았다. 경작은 마음속으로 '사람을 많이 보았지만 이러한 사람 없었으니 이 사람은 뭔가 있는 늙은이로구나.'라고 생각하였다.

"제가 대인의 기상을 보니 봉황이 그려진 궁궐의 전각 위에 홀을 받들 기질이요, 구중궁궐의 신하로 나라를 다스리고 백성을 편안하게 할 재주와 덕이 있어 보이는데 무슨 이유로 갈건과 평복 차림으로 이리저리 다니십니까?"

양자운이 웃으며 말하였다.

[A] "네 말이 우습구나. 뒤늦게 공경하는 것은 무슨 이유냐? 네 승상 양자운을 아느냐?"

"가장 어진 재상이라 들었습니다. 지척에서 만나 뵙게 되었습니다."

"알아보다니, 얼굴 보기를 좀 하는구나."

"아까 그 말씀에 깨달았습니다."

"내가 비록 보는 눈이 없지만 평생 사람을 눈여겨보았다. 너를 보니 결코 천한 신분의 사람이 아니고, 지은 글이 틀림없이 뜻이 있는 듯하니, 나를 속이지 마라."

"그렇게 물어보시니 마음속에 담은 일을 말씀드리겠습니다."

이어서 경작은 세 살에 부모를 잃고 유모에게 맡겨졌다가 일곱 살에 유모가 죽자 의지할 데 없어 장우의 집 머슴이 된 사연을 이르고 동쪽 산을 가리키며 말하였다.

"저 분묘가 제 부모의 분묘입니다."

경작이 말을 끝내고 눈물을 흘리니, 양자운이 슬퍼 탄식하며 말하였다.

"예로부터 어려운 처지에 놓인 영웅호걸이 많다 하나, 어찌 너 같은 사람이 있겠느냐? 네 나이 얼마나 되었느냐?"

"속절없이 열네 봄을 지내었습니다."

"내가 너에게 청할 말이 있는데 받아들이겠느냐?"

"들을 말씀이면 듣고 못 들을 말씀이면 못 듣는 것이지 미리 정할 수 있겠습니까?"

"다른 일이 아니다. 내가 두 아들과 두 딸을 두었는데 위로 셋은 결혼을 하고 막내만 남았다. **막내딸의 나이가 열넷인데, 결혼할 때가 되어** 제법 아름다우나 현명한 군자를 만나지 못하였다. 이제 너와 내 딸이 쌍을 이루게 하려고 하는데 허락할 수 있느냐?"

경작이 하늘을 보며 크게 웃었다.

"어르신의 따님은 재상의 천금과 같은 소저로 존귀하기가 끝이 없습니다. 저는 상민 집의 종인데 어르신의 말씀이 사실인가 의심이 갑니다. 하지만 정말로 숙녀라면 어찌 사양하겠습니까?"

[중략 부분 줄거리] 경작은 양자윤의 사위가 되지만, 그가 죽자 처가에서 쫓겨난다. 거리를 떠돌다 어려운 처지에 놓인 사람을 만나 자신이 가진 전부인 은자 삼백 냥을 준 후 하룻밤 신세를 질 집을 찾게 된다.

서당에 촛불이 휘황하고 ㉠누각이 기이하여 세상 같지 않았다. 백의 노인이 당상에 앉아 있는데, 맑고 기이하여 평범한 사람 같지 않았다. 경작이 다가가 계단 가운데에서 예를 취하였다. 노인이 팔을 들어 인사하며 말하였다.

"귀한 손님이 저녁을 못 하셨을 것이니 밥 한 그릇 내오는 것이 어떻겠느냐?"

경작이 감사히 여겨 말하였다.

"궁한 선비가 길을 잘못 들어 귀댁에 이르렀습니다. 이렇게 과하게 대접하시니 몸 둘 바를 모르겠습니다."

"대인은 작은 인사를 하지 않는다고 합니다. 어찌 작은 일에 감사하려 합니까?"

그리고 나서 동자를 불러 말하였다.

"귀한 손님의 양이 매우 많아 보이니 밥을 한 말을 짓고 반찬을 갖추어 내어 오라."

경작이 '처음 보는데도 내 양이 많은 줄을 아니 슬기로운 어른이구나.' 하고 생각하였다. 이윽고 동자가 식반을 가져오는데 과연 말밥이 푸짐하고 산채가 정결하면서도 많았다. 경작이 저물도록 주렸던 까닭에 밥술을 크게 떠서 먹었다. 노인이 말하였다.

"양에 차지 못할 터인데 더 가져오라고 하는 것이 어떠합니까?"

경작이 사양하여 말하였다.

"주신 밥이 많아서 소생의 넓은 배를 채웠으니 그만하십시오."

"그대는 양이 적군요! 나는 젊어서는 이렇게 두 그릇을 먹었습니다. 그대가 오늘 큰 적선을 하여 깊이 감동하였소."

경작이 노인장이 이렇듯 신기한 것을 보고 평범한 사람은 아닐 것이라 생각하며 의아해 마지않았다.

[B]

"어르신이 무엇을 말씀하시는 것입니까? 저는 가난하여

적선한 일이 없습니다."

"대인은 사람 속이는 일을 하지 않소. 그런데 그대 그렇게 많이 먹으면서 양식 없이 어찌 다니려 하는 것이오?"

"이처럼 얻어먹으면 못 살겠습니까?"

"젊은 사람의 말이 사정에 어둡구료. **나는 마침 그대 먹는 양을 알아 대접하였지만, 누가 그대의 먹는 양을 알겠소?** 나는 그대의 성명을 알거니와 그대는 나의 성명을 알아도 부질없으니 말하지 않겠소. 그대는 이렇게 떠도니 평안히 거처하며 학문을 하는 것이 어떻겠소? 길거리에 떠돌아다니는 것은 무익하오. 낙양 땅 청운사가 평안하고 조용한데, **그 절의 중이 의롭고 부유하여 어려운 선비를 많이 대접하였다**오. 그리로 가서 몸을 편안히 하고 공부를 착실히 하시오. 노자가 없으니 노부가 간단하게나마 차려 주겠소."

말을 마치고 문득 베개 밑에서 돈 네 꾸러미를 내어 주었다.

"이 정도면 가는 길에 풍족하게 먹을 것이오. 청운사로 가면 좋은 일이 많을 것이외다."

경작이 사례하는데 노인이 웃으며 말하였다.

"㉡삼백여 냥 은자는 통째로 주고도 사례하는 것에 대해 기뻐하지 않더니 도리어 ㉢네 냥 화폐를 사례하시오?"

그리고 이어서 말하였다.

"여행의 피로로 노곤할 것이고, 본래 잠이 많으니 어서 자고 내일 떠나시오. 그리고 다시 나를 찾지 마시오. 내일 부어 놓은 차를 마시고 가시오. 후일 영화를 이루고 부귀할 것이니 미리 축하하오."

경작이 깜짝 놀라 물었다.

"어르신의 말씀이 예사롭지 않으니 무슨 뜻입니까?"

"내 말이 그르지 않을 것이니 의심치 마시오."

경작이 의심스러웠지만 여러 날 고생한 탓에 졸음이 몰려와 잠이 들었다. 동방이 밝은 줄을 깨닫지 못하다가 막 일어나 보니 곁에 ㉣돈과 ㉤차 한 종지와 글이 쓰인 ㉥종이 한 장이 있을 따름이었다. 웅장한 누각은 없어지고 편한 바위 위에 누워 있었다. 노인의 자취가 없어 신선인가 의심하고 스스로 탄식하면서 종이를 펼쳐 보았다.

"장인 양 공이 사랑스러운 이 서방에게 부친다. **노부가 세상을 버린 뒤 너의 몸이 항상 괴롭구나.** 떠나가는 길에 행낭마저 사람에게 적선하고 밤늦도록 숙소를 찾지 못하여 배가 고픈데도 행낭을 아쉬워 않는구나. 마음이 크고 덕이 넓어 사람을 감동케 하니 푸른 하늘이 어찌 감동하지 않겠는가? 내 너를 위하여 하늘에 하루 말미를 급하게 구하였다. 가르친 말을 어기지 말고 차를 마시고 빨리 떠나라."

경작이 편지를 다 읽고 크게 놀라고 슬퍼 눈물을 흘렸다. 차를 마시니 정신이 상쾌하였다. 차 종지를 거두고 돈을 허리에 찼다.

옛일을 생각하며 어젯밤을 떠올리고는 슬픔을 금치 못하여 돌 위에 어린 듯이 앉아 있었다. 한바탕 부는 바람에 종이와 차 종지가 간데없고 다만 공중에서 어서 가라는 Ⓐ소리만 들렸다. 경작이 공중을 향해 두 번 절하고 떠났다.

– 작자 미상, 「낙성비룡」

18

▶ 24051-0121

윗글의 인물에 대한 설명으로 적절하지 않은 것은?

① '경작'은 양자윤의 혼인 제안을 과분하게 생각하면서도 받아들인다.
② '경작'은 자신이 읊은 글에 관심을 보이는 양자윤에게 처음에는 무례하게 대응한다.
③ '경작'은 양자윤에게 마음을 열고 자신의 처지와 지난 행적을 허심탄회하게 이야기한다.
④ '노인'은 경작이 떠돌이 생활을 하는 현재와는 다른 삶을 살도록 설득한다.
⑤ '노인'은 경작이 앞으로 주의해야 할 금기에 대해 미리 알려 주는 역할을 한다.

19

▶ 24051-0122

[A]와 [B]에 대한 설명으로 적절하지 않은 것은?

① [A]와 달리 [B]에서는 상대에게 혼란을 주기 위해 서로 자신에 대한 정보를 숨긴다.
② [A]와 달리 [B]에서는 서로에 대한 정보가 비대칭을 이룬 채 대화가 이루어지고 있다.
③ [B]와 달리 [A]에서는 대화를 통해 인물들이 서로의 신상에 대한 정보를 얻게 된다.
④ [B]와 달리 [A]에서는 외부 정보를 통해 상대에 대해 긍정적인 인식을 지니고 있었음이 드러난다.
⑤ [A]에서는 외양을, [B]에서는 능력을 근거로 인물이 상대에 대해 판단하는 부분이 나타난다.

20

▶ 24051-0123

㉠~Ⓐ에 대한 이해로 적절하지 않은 것은?

① ㉠은 인물의 환상 속에서 존재하다 인물이 현실로 돌아오면서 사라지는 소재이다.
② ㉡은 인물의 환상 속에 등장하여 현실 속의 ㉢과 대조를 이룬다.
③ ㉣과 ㉤은 환상 속 대화에 등장한 소재들로, 현실에서도 나타남으로써 두 세계를 이어 주는 역할을 한다.
④ ㉥에는 인물 앞에 환상 속의 세계가 등장한 사연이 소개되어 있다.
⑤ Ⓐ은 인물이 환상 속 경험을 떨치고 현실로 돌아가도록 재촉하는 역할을 한다.

21

▶ 24051-0124

〈보기〉를 바탕으로 윗글을 감상한 내용으로 적절하지 않은 것은? [3점]

| 보기 |

고전 소설 중에서 처지가 불우하거나 평범하여 남들이 알아보지 못하는 주인공의 특별한 능력을, 높은 안목을 지닌 인물이 알아보고 발탁 및 후원하는 경우를 쉽게 찾아볼 수 있다. 이때 주인공의 재능을 알아보지 못하는 주변인들과 갈등이 벌어지기도 하는데, 이러한 경우 후원자가 부재하게 되면 주인공은 시련을 겪을 수밖에 없게 된다. 하지만 주인공이 이 과정에서 오히려 다양한 기회를 얻어 견문을 넓힘으로써 자질을 발휘하게 되는 계기를 마련하기도 한다.

① 경작이 '소를 끌고 가'는 목동의 처지라는 것은 주인공의 재능이 눈에 띄기 어려운 상황임을 보여 주는군.
② '막내딸의 나이가 열넷인데, 결혼할 때가 되'었다는 것은 후원자가 주인공을 발탁하는 데 개연성을 부여하는군.
③ '나는 마침 그대 먹는 양을 알아 대접하였지만, 누가 그대의 먹는 양을 알겠소?'에서 주변과는 달리 후원자만이 주인공의 특별한 능력을 알아본다는 설정을 확인할 수 있군.
④ '그 절의 중이 의롭고 부유하여 어려운 선비를 많이 대접하였다'는 노인의 말은 주인공이 견문을 넓힐 기회를 얻는 계기가 되었겠군.
⑤ 노인이 '노부가 세상을 버린 뒤 너의 몸이 항상 괴롭구나.'라고 한 것은 후원자의 부재 후 주인공이 시련을 겪게 된 것을 보여 주는군.

[22~24] 다음 글을 읽고 물음에 답하시오.

어져 어져 저기 가는 저 사람아
네 행색 보아하니 군사 도망 네로고나
요상(腰上)으로 볼작시면 베적삼이 깃만 남고
허리 아래 굽어보니 **헌 잠방이 노닥노닥**
곱장 할미앞에 가고 **전태발이**뒤에 간다
십 리 길을 하루 가니 몇 리 가서 엎어지리
내 고을의 양반 사람 타도타관 옮겨 살면 천(賤)히 되기 상사
이거늘
본토 군정(軍丁) 싫다 하고 자네 또한 도망하면
일국 일토(一國一土) 한 인심에 근본 숨겨 살려 한들 어데 간
들 면할손가
차라리 네 살던 곳에 아무렇게나 뿌리박아
칠팔월에 삼을 캐고 구시월에 돈피(獤皮)*잡아
공채(公債) 신역(身役)*갚은 후에 그 나머지 두었다가
함흥 북청 홍원 장사꾼 돌아가며 잠매(潛賣)*할 때
후한 값에 팔아 내어 살기 좋은 넓은 곳에
가사 전토(家舍田土) 다시 사고 살림살이 장만하여
부모처자 보전하고 새 즐거움 누리려무나
어와 생원인지 초관(哨官)인지
㉮그대 말씀 그만두고 ㉯이내 말씀 들어 보소
이내 또한 갑민(甲民)이라 이 땅에서 생장하니 이때 일을 모를
소냐
우리 조상 남쪽 양반 진사 급제 계속하여
금장 옥패 빗기 차고 시종신을 다니다가
시기인의 참소 입어 전가사변(全家徙邊)*하온 후에
국내 변방 이 땅에서 칠팔 대를 살아오니
조상 덕에 하는 일이 읍중 구실 첫째로다
들어가면 좌수 별감 나가서는 풍헌 감관
유사 장의 채지*나면 체면 보아 사양터니
애슬프다 내 시절에 원수인의 모함으로 군사 강등 되단 말가
내 한 몸이 헐어 나니 좌우 전후 많은 일가 차차 충군(充軍) 되
었구나
누대봉사(累代奉祀)*이내 몸은 하릴없이 매여 있고
시름없는 친족들은 자취 없이 도망하고
여러 사람 모든 신역 내 한 몸에 모두 무니
한 몸 신역 삼 냥 오 전 돈피 두 장 의법(依法)이라
열두 사람 없는 구실 합쳐 보면 사십육 냥
해마다 맞춰 무니 석숭*인들 당할소냐
(중략)
그대 또한 내 말 들소 타관 소식 들어 보게
북청 부사 뉘실런고 성명은 잠깐 잊어 있네
많은 군정 안보(安保)하고 백골 도망(白骨逃亡) 원한 풀어 주네

부대 초관(哨官) 모든 신역 대소 민호(大小民戶) 나누니
많으면 닷 돈 푼수 적으면 서 돈이라
인읍(隣邑) 백성 이 말 듣고 남부여대(男負女戴) 모여드니
군정 허오(虛伍)*없어지고 민호(民戶) 점점 늘어 간다
나도 또한 이 말 듣고 우리 고을 군정 신역
북청같이 하여지라 **감영에 의송(議送)***보냈더니
본읍(本邑) 맡겨 제사(題辭)*맡은 본 관아(本官衙)에 부치온즉
불문 시비 올려 매고 곤장 한 번 맞단 말인가
천신만고 놓여나서 고향 생애 다 떨치고
인근 친구 하직 없이 부로휴유(扶老携幼)*한밤중에
후치령 길 비켜 두고 금창령을 허위 넘어
단천 땅을 바로 지나 성대산을 넘어서면 북청 땅이 그 아닌가
좋은 거처 다 떨치고 모든 가속 보전하고 신역 없는 군사 되세
내곧 신역 이러하면 이친 기묘(離親棄墓)*하올소냐
비나이다 비나이다 하나님께 비나이다
충군애민 북청 원님 우리 고을 들르시면
군정 도탄(塗炭) 그려다가 임금님께 올리리라
그대 또한 내년 이때 처자 동생 거느리고
이 고갯길 접어들 때 그때 내 말 깨치리라
내 심중에 있는 말씀 횡설수설하려 하면
내일 이때 다 지나도 반 정도도 모자라리
날 저물고 갈 길 머니 하직하고 가노매라

– 작자 미상, 「갑민가(甲民歌)」

*곱장 할미: 등이 굽은 노인.
*전태발이: 다리를 저는 사람.
*돈피: 담비 종류 동물의 모피.
*신역: 나라에서 부과하는 군역과 부역.
*잠매: 물건을 몰래 거래함.
*시종신: 임금 곁에서 문학으로 보필하던 벼슬아치.
*전가사변: 죄인을 그 가족과 함께 변방으로 옮겨 살게 하던 일.
*채지: 유사나 장의 같은 하급 관리를 채용할 때의 사령서.
*충군: 군대에 편입시킴.
*누대봉사: 여러 대의 조상의 제사를 받듦.
*석숭: 중국 진나라 때의 부자 이름.
*허오: 군적에 등록만 되어 있고 실제로는 없던 군정.
*의송: 고을 원의 판결에 불복하여 관찰사에게 올리던 민원서류.
*제사: 백성이 제출한 소송이나 민원에 쓰던 관부의 판결이나 지령.
*부로휴유: 늙은 부모는 업고 어린 자식은 손을 잡음.
*이친 기묘: 친족들과 이별하고 조상의 묘는 버림.

22

▶ 24051-0125

윗글에 대한 설명으로 적절하지 <u>않은</u> 것은?

① 물음의 형식을 통해 자신의 이주 행위가 정당함을 강조하고 있다.
② 구체적인 묘사를 통해 대상이 이주하고 있는 처지를 부각하고 있다.
③ 역설적인 표현을 통해 이주 과정에서 겪는 고단함을 드러내고 있다.
④ 시간의 흐름을 통해 화자의 처지가 변하게 된 과정을 보여 주고 있다.
⑤ 목적지를 향한 경로를 나열하여 새로운 공간에 대한 기대감을 보여 주고 있다.

23

▶ 24051-0126

㉮와 ㉯에 대한 이해로 적절하지 <u>않은</u> 것은?

① ㉮에서 '갑민'이 '십리 길을 하루 가'는 모습은 절망적이지만, ㉯에서 '인읍 백성'들이 '북청'으로 '남부여대 모여드'는 모습은 희망적이다.
② ㉮에서는 '군정'에 대해 백성으로서의 의무로 인식하지만, ㉯에서는 '허오'가 있어 백성들의 '원한'을 만들어 내는 원인으로 인식하고 있다.
③ ㉮에서 제안하는 '새 즐거움을 누리'기 위해 필요한 '돈피'에 대해, ㉯에서는 '열두 사람 없는 구실'까지 해야 하므로 '석숭'도 감당할 수 없는 양이라고 말한다.
④ ㉮에서 '근본 숨겨 살려' 하지 말고 '살던 곳'에 '뿌리박'으라는 의견에 대해, ㉯에서는 '우리 고을 군정 신역 / 북청같이 하여지'면 살던 곳을 떠날 일이 없다고 말한다.
⑤ ㉮에서 고향을 버리고 '타도타관 옮겨 살면 천히' 될 수 있다는 견해에 대해, ㉯에서는 '전가사변'으로 인해 '갑민'으로 살게 된 자신의 사례를 근거로 동조하고 있다.

24

▶ 24051-0127

〈보기〉를 바탕으로 윗글을 감상한 내용으로 적절하지 <u>않은</u> 것은? [3점]

> **보기**
>
> 「갑민가」는 조선 후기 삼정의 문란이 극에 달했던 시대에 창작된 작품으로, 부당한 수탈로 인해 유리(流離)하게 된 백성들의 고통을 사실적으로 보여 주는 현실 비판 가사이다. 이 가사에서는 부조리한 조세 체계의 고통이 향촌 사회를 붕괴시키고 있음에도 백성들의 목소리가 전달될 수 있는 제도가 제대로 작동하지 않는 상황을 핍진하게 보여 준다. 한편으로는 개선에 대한 막연한 희망을 가지고 현실을 제대로 직시하지 못하고 피상적으로 파악하는 이들에 대한 비판 의식을 보여 주기도 한다.

① '베적삼이 깃만 남고' '헌 잠방이 노닥노닥'하는 행색으로 '곱장 할미 앞에 가고 전태발이 뒤에' 가는 모습을 통해 유리하는 백성들의 고통을 엿볼 수 있군.
② '시름없는 친족들은 자취 없이 도망하고 / 여러 사람 모든 신역 내 한 몸에 모두 무니'를 통해 부조리한 조세 체계와 향촌 사회 붕괴의 단면을 엿볼 수 있군.
③ '감영에 의송 보냈'지만 본읍에 처리를 맡기며 '불문 시비 올려 매고 곤장'을 맞는 모습을 통해 백성들의 목소리가 전달될 수 있는 제도가 제대로 작동하지 않는 상황을 엿볼 수 있군.
④ '충군애민 북청 원님 우리 고을 들르시면 / 군정 도탄 그러다가 임금님께 올리리라'에는 제도의 개선이 선행되어야 백성들의 비참한 현실이 개선될 수 있다는 희망이 담겨 있군.
⑤ '내 심중에 있는 말씀 횡설수설하려 하면 / 내일 이때 다 지나도 반 정도도 모자라리'를 통해 화자는 상대가 현실의 문제를 제대로 직시하지 못하고 있다고 여긴다는 것을 알 수 있군.

[25~28] 다음 글을 읽고 물음에 답하시오.

[앞부분 줄거리] 서북간도로 이주하기 위해 거쳐야 할 길목에 위치한 목넘이 마을에 떠돌이 개 신둥이가 나타난다. 동장 형제는 신둥이를 미친개로 몰아 동네 개 누렁이, 검둥이, 바둑이가 신둥이와 어울렸다는 이유로 잡아먹고, 신둥이도 잡으려 든다.

동네 사람들이 방앗간의 터진 두 면을 둘러쌌다. 그리고 방앗간 속을 들여다보았다. 과연 어둠 속에 움직이는 게 있었다. 그리고 그게 어둠 속에서도 흰 짐승이라는 걸 알 수 있었다. 분명히 그놈의 신둥이 개다. 동네 사람들은 한 걸음 한 걸음 죄어들었다. 점점 뒤로 움직여 쫓기는 짐승의 어느 한 부분에 불이 켜졌다. 저게 산개의 눈이다. **동네 사람들은 몽둥이 잡은 손에 힘**을 주었다. 이 속에서 간난이 할아버지도 몽둥이 잡은 손에 힘을 주었다. 한 걸음 더 죄어들었다. 눈앞의 새파란 불이 빠져나갈 틈을 엿보듯이 획 한 바퀴 돌았다. ㉠별나게 새파란 불이었다. 문득 간난이 할아버지는 이런 새파란 불이란 눈앞에 있는 신둥이 개 한 마리의 몸에서 나오는 것이 아니고 여럿의 몸에서 나오는 것이 합쳐진 것이라는 생각이 들었다. 말하자면 지금 이 신둥이 개의 뱃속에 든 새끼의 몫까지 합쳐진 것이라는. 그러자 간난이 할아버지의 가슴속을 흘러 지나가는 게 있었다. 짐승이라도 새끼 밴 것을 차마?

이때에 누구의 입에선가, 때레라! 하는 고함 소리가 나왔다. 다음 순간 간난이 할아버지의 양옆 사람들이 욱 개를 향해 달려들며 몽둥이를 내리쳤다. 그와 동시에 간난이 할아버지는 푸른 불꽃이 자기 다리 곁을 빠져나가는 것을 느꼈다.

뒤이어 누구의 입에선가, 누가 빈틈을 냈어? 하는 흥분에 찬 목소리가 들렸다. 그리고 저마다, 거 누구야? 거 누구야? 하고 못마땅해하는 말소리 속에 간난이 할아버지 턱 밑으로 디미는 얼굴이 있어,

"아즈반*이웨다레."

하는 것은 동장네 절가였다.

그러자 저편 어둠 속에서 궁금한 듯 큰동장의,

"어떻게들 됐노?"

하는 소리가 들려왔다.

"파투*웨다."

절가의 말에 크고 작은 동장이 한꺼번에 지르는 목소리로,

"파투라니?"

하는 소리에 이어 큰동장이 이리로 걸어오는 목소리로,

"㉡틈새를 낸 놈이 누구야?"

하는 결난 소리가 들려왔다.

간난이 할아버지는 옆의 자기 집으로 들어갔다.

좀 뒤에 역시 큰동장의 결난 목소리로,

"늙은 것은 뒈데야 해, 뒈데야 해."

하는 소리가 집 안까지 들려왔다.

이런 일이 있은 지 한 달쯤 뒤, 가을도 다 끝나고 이제 곧 겨울나무 준비로 바쁜 어느 날, 간난이 할아버지는 서산 너머의 옛날부터 험한 곳이라고 해서 좀처럼 나무꾼들이 드나들지 않는, 따라서 거기만 가면 쉽게 나무 한 짐을 해 올 수 있는 여웃골로 나무를 하러 갔다. 손쉽게 나무 한 짐을 해 가지고 돌아오는 길에, 무심코 길 한옆에 눈을 준 간난이 할아버지는 거기 **웬 짐승의 새끼가 뭉켜 있는** 걸 보았다. 이게 범의 새끼나 아닌가 하고 놀라 자세히 보니, 그것은 다른 것 아닌 잠든 강아지들이었다. 그리고 저만큼에 바로 신둥이 개가 이쪽을 지키고 서 있는 것이었다. **앙상하니 뼈만 남**아 가지고.

간난이 할아버지가 강아지께로 가까이 갔다. 다섯 마린가 되는 강아지는 벌써 한 스무 날은 넉넉히 됐을 성싶었다. 그러자 간난이 할아버지는 다시 한번 속으로 놀라고 말았다. 잠이 들어 있는 다섯 마리 강아지 속에는 틀림없는 누렁이가, 검둥이가, 바둑이가 섞여 있는 게 아닌가. 그러나 다음 순간, 이건 놀랄 일이 아니라 응당 그럴 일이라고, 그 일견 험상궂게 뵈는 반백의 텁석부리 속에 저절로 미소가 지어지는 것이었다. 좀 만에 그곳을 떠나는 간난이 할아버지는 오늘 예서 본 일은 아무한테나, 집안사람한테도 이야기 말리라 마음먹었다.

[A] 이것은 내 중학 이삼 년 시절 여름 방학 때 내 외가가 있는 목넘이 마을에 가서 들은 이야기로, 그때 간난이 할아버지와 김 선달과 차손이 아버지가 서산 앞 우물가 능수버들 아래에 일손을 쉬며 와 앉아 이런 이야기 저런 이야기 끝에 한 이야기다. 간난이 할아버지가 주가 되어 이야기를 해 나가는 도중 벌써 수삼 년 전 일이라 이야기의 앞뒤가 바뀐다든가 착오가 있으면 서로 바로잡고, 빠지는 대목은 서로 보태 가며 하는 것이었다.

간난이 할아버지는 여웃골에서 강아지를 본 뒤부터는 한층 조심해서 누가 눈치채지 못하게 나무하러 가서는 이 강아지들을 보는 게 한 재미였다. 사람이 먹기에도 부족한 보리범벅이었으나, 그 부스러기를 집안사람 몰래 가져다주기도 했다. 아주 강아지가 밥을 먹게끔 됐을 때 간난이 할아버지는 집안사람들보고 아무 곳 아무개한테서 얻어 오는 것이라 하며 강아지 한 마리를 안고 내려왔다. 한동네 곱단이네도 어디서 얻어 준다고 하고 한 마리 안아다 주었다. 그리고 여웃골에서 그냥 갈 수 있는 절골 사는 아무개네도 한 마리, 서젯골 사는 아무개네도 한 마리, 이렇게 **한 마리씩 다섯 마리를 다 안아다 주었다.**

이런 이야기 끝에, 간난이 할아버지는 지금 자기네 집에 기르는 개가 그 신둥이의 증손녀라는 말과 **원체 종자가 좋**아서 지금 목넘이 마을에서 기르는 개란 개는 거의 다 이 신둥이의 증손이 아니면 고손이라고 했다. 크고 작은 동장네 두 집에서까지도 요새 자기네 개가 낳은 신둥이 개의 고손자를 얻어 갔다는 말도 했다.

– 황순원, 「목넘이 마을의 개」

* **아즈반**: '아저씨'의 방언.
* **파투**: 일이 잘못되어 흐지부지됨을 비유적으로 이르는 말.

25

▶ 24051-0128

윗글의 내용에 대한 이해로 적절하지 <u>않은</u> 것은?

① 간난이 할아버지는 산속에서 신둥이와 새끼들을 보고 놀라움을 느꼈다.

② 간난이 할아버지는 시간이 지남에 따라 점점 신둥이를 호의적으로 대한다.

③ 사람들은 신둥이가 달아난 것이 간난이 할아버지 때문이라는 사실을 알았다.

④ 신둥이는 마을 사람들로부터 벗어난 뒤 인적이 드문 곳에 가서 새끼를 낳았다.

⑤ 동장네가 신둥이 자손을 받아들인 것은 신둥이가 미친개가 아니라는 것을 알게 되었기 때문이다.

26

▶ 24051-0129

[A]에 대한 이해로 가장 적절한 것은?

① 인용을 통해, 앞선 이야기에서 등장인물이 겪은 사건의 전모를 서술하고 있다.

② 시간적 배경의 변화를 통해, 과거와 현재의 장면을 입체적으로 배치하고 있다.

③ 서술의 시점을 전환하여, 앞선 이야기가 등장인물의 회상에 의한 것임을 밝히고 있다.

④ 새로운 서술자가 등장하여, 앞선 이야기 속의 사건과 관련된 등장인물의 소회를 전달하고 있다.

⑤ 앞선 이야기 속 인물들의 대화 내용을 요약하여, 등장인물 간의 갈등을 다각도로 보여 주고 있다.

27

▶ 24051-0130

㉠, ㉡에 대한 이해로 적절하지 <u>않은</u> 것은?

① ㉠으로 인해 간난이 할아버지는 양심에 자극을 받게 된다.

② ㉠은 동네 사람들의 욕망과 야만성을 상징하는 역할을 한다.

③ ㉡은 신둥이가 위기를 모면하여 살아남는 데 결정적 역할을 한다.

④ ㉡은 신둥이에 대한, 동네 사람들과는 다른 간난이 할아버지의 태도를 보여 준다.

⑤ ㉡이 생겨나게 된 원인은 ㉠에 대한 간난이 할아버지의 해석과 관련 있다.

28

▶ 24051-0131

〈보기〉를 참고하여 윗글을 감상한 내용으로 적절하지 <u>않은</u> 것은?
[3점]

> ┌ 보기 ┐
>
> **선생님**: 소설은 작품의 제목 속에 주제를 가장 함축적으로 담기 마련입니다. 1948년 발표된 「목넘이 마을의 개」에서 '목넘이'는 어떤 곳으로 가기 위해 거쳐야 할 통로를 지나는 것으로, 어떠한 과정을 넘는 것을 의미한다고 할 수 있습니다.
>   '개'는 주인공인 신둥이를 가리키는데 신둥이는 흰둥이의 방언으로, 백의민족으로 불리던 우리 민족을 상징한다고 할 수 있습니다. 따라서 작품 속에서 신둥이가 겪는 폭력과 배척 등의 고난과 이를 헤쳐 낸 신둥이의 강인한 생명력은 작품이 발표된 격동의 시기에 우리 민족이 겪은 삶과 밀접한 관련이 있다고 할 수 있겠죠.

① '동네 사람들'의 '몽둥이 잡은 손'은 신둥이를 향한 배척과 폭력으로, 신둥이는 이를 헤쳐 나감으로써 살아남기 위한 '목넘이'를 한 것이라고 할 수 있군.

② '웬 짐승의 새끼가 뭉쳐 있는' 것은 신둥이가 고난 극복의 과정을 거쳐 얻게 된 것으로, 신둥이가 가진 강인한 생명력을 보여 주는 것이군.

③ '앙상하니 뼈만 남'은 신둥이의 모습은 격동기에 우리 민족이 겪은 삶의 고난을 보여 주는 것이라고 할 수 있겠군.

④ 각기 다른 사람에게 강아지 '한 마리씩 다섯 마리를 다 안아다 주었다'는 것은 격동기에 외부로 인해 우리 민족이 분열될 수밖에 없었던 상황을 암시하는군.

⑤ 신둥이가 '원체 종자가 좋'다는 것은 신둥이의 상징성을 고려하면 우리 민족의 우수성을 드러내는 것으로 볼 수 있겠군.

[29~34] 다음 글을 읽고 물음에 답하시오.

(가) 밤의 식료품 가게

케케묵은 먼지 속에
죽어서 하루 더 손때 묻고
터무니없이 하루 더 기다리는
북어들,
북어들의 **일 개 분대가**
나란히 꼬챙이에 꿰어져 있었다.
나는 죽음이 꿰뚫은 대가리를 말한 셈이다.
ⓐ**한 쾌의 혀가**
자갈처럼 죄다 딱딱했다.
나는 말의 변비증을 앓는 사람들과
무덤 속의 벙어리를 말한 셈이다.
말라붙고 짜부라진 ㉠눈,
북어들의 뻣뻣한 ㉡지느러미.
막대기 같은 생각
빛나지 않는 막대기 같은 사람들이
가슴에 싱싱한 ㉢지느러미를 달고
헤엄쳐 갈 데 없는 사람들이
불쌍하다고 생각하는 순간,
느닷없이
북어들이 커다랗게 입을 벌리고
거봐, 너도 북어지 너도 북어지 너도 북어지
귀가 먹먹하도록 부르짖고 있었다.

– 최승호, 「북어」

(나) 아프리카 탕가니카호(湖)에 산다는
폐어(肺魚)는 학명이 프로톱테루스 에티오피쿠스
그들은 폐를 몸에 지니고도
3억만 년 동안 양서류로 진화하지 않고
살고 있다 ㉣**네 발 대신**
가느다란 ㉤지느러미를 질질 끌며
물이 있으면 아가미로 숨 쉬고
물이 마르면 폐로 숨을 쉬며
고생대(古生代) 말기부터 오늘까지 살아
어느 날 우리나라의 수족관에
그 모습을 불쑥 드러냈다
뻘 속에서 4년쯤 너끈히 살아 견딘다는
프로톱테루스 에티오피쿠스여 뻘 속에서
수십 년 견디는 우리는
그렇다면 30억만 년쯤 진화하지 않겠구나
깨끗하게 썩지도 못하겠구나

– 오규원, 「물증」

(다) 생선은 비린 만큼 교만하다. 비린 생선들은 비린 그의 개성을 우선 존중해 주지 않으면 우리가 의도하는 맛을 내주지 않는다. 그러나 ⓑ명태는 맛에 대한 자기주장을 관철하려 들지 않는다. 줏대도 없는 놈이라고 할지 모르지만, 그건 줏대가 없는 것이 아니고 줏대 없는 그의 본성 자체가 그의 줏대인 것이다.

나는 여태껏 썩은 명태를 보지 못했다. 오늘날의 명태 말고, 냉동 산업과 운송 여건이 불비한 시절, 동해안에서 태산준령을 넘어 충청도 산읍 5일장의 어물전까지 실려 온 명태를 두고 하는 말이다. 당연하다. 명태는 썩지 않는 철에만 잡히기 때문이다. 명태는 바닷물이 섭씨 1도에서 5도가 되어야 산란을 하러 북태평양에서 동해로 떼 지어 내려오는데, 그때가 명태의 어획기다. 부패의 철을 비켜서 어획기를 설정한 주체는 어부가 아니라 명태이다. 가급적 주검을 부패시키지 않으려는 명태의 의지가 진화된 결과로 보고 싶다. 어차피 그물코에 걸릴 수밖에 없는 회유성(回游性)이 운명일 바에는 주검을 부패시켜 가지고 혐오스러워하는 사람의 손길에 뒤채이며 어물전의 천덕꾸러기가 될 필요는 없다는 게 명태의 결론이었을지 모른다. 얼마나 생선다운 고결한 결론인가.

'썩어도 준치'란 말이 있다. 참 가소롭기 그지없는 말이다. 명태가 들으면 "무슨 소리야, 썩으면 썩은 것이지—" 하고 실소를 금치 못할 것이다. 부패 직전의 살코기에서는 글리코겐이 분해되며 젖산을 발생시켜서 구수하고 단맛을 낸다는 요리학적 설명이 있긴 하지만, 그건 숙성을 뜻하는 것이지 부패를 이른 말이 아니다. 자연에서 생선의 숙성은 순식간에 지나가는 과정에 불과하다. 숙성을 보전하는 것은 기술이고 부가가치를 창출하는 것으로 요리사의 몫이지 준치의 몫이 아니다.

'썩어도 준치'란 말은 꼭 청문회장에 나온 사람의 뻔뻔스러운 변명 같아서 부패한 냄새가 코를 찌른다. 준치는 4월에서 7월까지 부패가 촉진되는 철에 잡힌다. 제 주검의 선도(鮮度)에 대한 대책도 없는 주제에 '썩어도 준치'라니, 명태에 비하면 비천하기 이를 데 없는 본성이다.

보릿고개가 준치의 어획기다. 배가 고픈 백성들은 준치의 어획을 고마워하며 먹었으리라. 어쩌다 숙성된 준치를 먹었을지 모르지만 대개 썩은 준치를 먹고 삶의 비애를 개탄하는 마음으로 짐짓 '썩어도 준치'라고 역설적인 감탄을 했을지 모른다. 얼마나 우리들의 슬픈 시대를 단적으로 대변하는 감탄구인가.

명태는 무욕으로 일관한 제 생의 담백한 육질을 신선하게 보전해서 사람들에게 보시(布施)*했다. 명태는 제 속을 비워 창난젓과 명란젓을 담게 주고 몸뚱이만 바닷가의 덕장에서 바닷바람에 말라 북어가 되고, 대관령 너머 눈벌판의 덕장에서 눈바람에 말라 더덕북어가 되었는데, 알다시피 제상의 좌포(左脯)로 진설되거나, 고사상 떡시루 위에 실타래를 감고 누워 사람들의 극진 재배를 받는 귀물(貴物)로 받들어졌다.

[A]　　명태를 생각하면 언뜻 늦가을 텃밭의 황토 흙에 하반신을 묻고 상반신을 햇살에 파랗게 드러낸 채 서 있던 청정한 조선무가 떠오른다. 그 순박 무구하고 건강하기가 과년한 산골 큰아기 같은 조선무가 없으면 명태의 담백한 맛을 살려 내기 힘들었을지 모른다. 산골 동네 텃밭에서 그 청정한 무가 가으내 담백한 맛의 진수를 보여 주려고 뼈 무르면서 명태를 기다렸다. 순박한 무와 담백한 생선의 만남, 그야말로 산해(山海)가 진미로 만나는 것이다.

– 목성균, 「명태에 관한 추억」

*보시: 자비심으로 남에게 재물이나 불법을 베풂.
*국궁 재배: 허리를 굽혀 두 번 절함.

29
▶ 24051-0132

(가)~(다)에 대한 설명으로 가장 적절한 것은?

① (가)와 (나)는 모두 공간의 대비를 통해 작품의 분위기를 변화시키고 있다.
② (가)와 (나)는 모두 질문의 형식을 통해 상황에 대한 화자의 정서를 강조하고 있다.
③ (가)와 (다)는 모두 대상을 의인화하여 대상에 관한 화자의 인식을 드러내고 있다.
④ (나)와 (다)는 모두 과거와 현재의 교차를 통해 추구하는 세계의 모습을 드러내고 있다.
⑤ (가)~(다)는 모두 대상의 변화 과정을 묘사하여 그와 관련한 화자의 태도를 드러내고 있다.

30
▶ 24051-0133

㉠~㉤에 대한 이해로 적절하지 않은 것은?

① ㉠의 '말라붙고 짜부라'졌다는 속성은 ㉠이 제 기능을 하지 못하는 것을 의미하는군.
② ㉡의 '빳빳'함은 ㉡이 본래 지녔던 속성이 변질된 모습을 의미하는군.
③ ㉢은 '싱싱'하지만 '달고 / 헤엄쳐 갈 데 없는' 것으로, 대상에게 무용(無用)한 것이라고 할 수 있군.
④ ㉣은 '양서류로 진화하지 않'은 '폐어'가 '뻘 속에서' 살아남기 위해 필요한 것이라고 할 수 있군.
⑤ ㉤은 '질질 끌'고 있다는 점에서 '폐어'가 진화를 위해 버려야 할 것이라고 할 수 있군.

31
▶ 24051-0134

〈보기〉를 바탕으로 (가), (나)를 감상한 내용으로 적절하지 않은 것은? [3점]

┌ 보기 ┐

선생님: 「북어」와 「물증」의 화자는 모두 특정한 장소에서 각각 '북어'와 '폐어'를 관찰하며 시상을 떠올립니다. 그곳에서 대상을 관찰하던 화자는 대상에 대한 인식을 통해 시상의 초점을 자신을 둘러싼 내부로 이동하는 모습을 보이죠. 이는 관찰한 대상의 특징에 착안하여 화자를 포함한 현대인들의 속성을 부각하고 있는 것인데, 그 바탕에는 그러한 속성과 관련된 부정적 현실이 암시되어 있기도 합니다.

① (가)에서 '북어'가 '밤의 식료품 가게'의 '케케묵은 먼지' 속에서 관찰된다는 점을 통해 화자가 대상에 대해 갖는 부정적 인식이 드러나는군.
② (가)의 '일 개 분대가 / 나란히 꼬챙이에 꿰어져 있'는 북어의 모습을 통해 억압된 시대 현실을 암시하고 있군.
③ (가)의 '너도 북어지 너도 북어지 너도 북어지'에서 초점이 화자 자신에게로 향하며 화자 역시 북어의 속성을 지니고 있음을 보여 주는군.
④ (나)에서는 '물이 있으면 아가미로 숨 쉬고 / 물이 마르면 폐로 숨'을 쉰다는 '폐어'의 특징에 착안해, 환경에 빠르게 적응하는 현대인의 속성을 부각하고 있군.
⑤ (나)에서 '우리'가 '수십 년 견디'며 살아가는 '뻘'은 '깨끗하게 썩지도 못하'는 곳이라는 점에서, 현대인이 살아가는 암담한 현실을 의미하는군.

32

▸ 24051-0135

ⓐ와 ⓑ에 대한 설명으로 가장 적절한 것은?

① ⓐ는 ⓑ와 달리, 대상의 특성을 실제와 반대되게 표현하고 있다.
② ⓑ는 ⓐ와 달리, 대상이 가진 특성을 긍정적으로 표현한 것이다.
③ ⓐ와 ⓑ는 모두 각각의 대상이 추구하는 본질적 가치를 드러내고 있다.
④ ⓐ와 ⓑ는 모두 화자가 대상에 대해 표현하고자 하는 동일한 특성을 담고 있다.
⑤ ⓐ와 ⓑ는 모두 대상의 특성을 통해 자연 현상을 바라보는 태도를 드러내고 있다.

33

▸ 24051-0136

[A]에 나타난 표현상의 특징으로 적절하지 않은 것은?

① 감각적 표현을 통해 대상을 예찬하고 있다.
② 비유법을 통해 대상의 속성을 드러내고 있다.
③ 열거를 통해 대상의 다양한 활용 양상을 서술하고 있다.
④ 연상을 통해 대상과 어울리는 다른 소재를 소개하고 있다.
⑤ 가정을 통해 대상의 변화에 대한 기대감을 드러내고 있다.

34

▸ 24051-0137

준치 에 대한 설명으로 가장 적절한 것은?

① 명태와의 유사성을 통해, 그 특성을 일반화하기 위한 소재이다.
② 명태와의 비교를 통해, 명태가 지닌 가치를 부각하기 위한 소재이다.
③ 명태와의 차이를 통해, 다양성에 대한 성찰을 드러내기 위한 소재이다.
④ 준치의 이중적 속성을 통해, 명태가 지닌 고유성을 강조하기 위한 소재이다.
⑤ 준치의 예외적인 속성을 통해, 다른 생선들과 명태를 차별화하기 위한 소재이다.

35

▸ 24052-0138

㉠, ㉡의 사례가 모두 올바르게 짝지어진 것은?

> 국어에서는 음절의 종성으로 'ㄱ, ㄴ, ㄷ, ㄹ, ㅁ, ㅂ, ㅇ' 중의 하나만이 발음될 수 있다는 강력한 제약이 있다. 이 제약 때문에 이 일곱 가지 이외의 자음이 종성 자리에 오면, 이 일곱 가지 중 하나로 바뀌는 음절의 끝소리 규칙이 적용된다. 또한 두 개의 자음이 종성 자리에 올 때에도 하나만 남고 하나는 탈락하는 자음군 단순화가 적용된다. 음절의 끝소리 규칙과 자음군 단순화는 단어에 따라 ㉠하나만 적용되기도 하고, ㉡두 가지가 모두 적용되기도 한다.

	㉠	㉡
①	닭과[닥꽈]	넓고[널꼬]
②	읊지[읍찌]	잃지[일치]
③	긁게[글께]	읊다[읍따]
④	잃고[일코]	넓다[널따]
⑤	않다[안타]	긁나[긍나]

36

▶ 24052-0139

〈보기〉는 이어진문장의 특성 중 하나를 설명한 것이다. ㉠에 들어갈 말로 적절한 것은?

┌ 보기 ┐

이어진문장에서 앞 절이 뒤 절의 안으로 이동하여도 문장이 성립하는 경우가 있고, 그렇지 않은 경우가 있다.

아이가 울자 엄마는 아이를 달랬다. ⇒	엄마는 아이가 울자 아이를 달랬다.
산은 아름답고 강은 깨끗했다. ⇒	*강은 산은 아름답고 깨끗했다.
책을 빌리려고 철수는 도서관에 갔다. ⇒	철수는 책을 빌리려고 도서관에 갔다.
그 사건이 발생하자 사람들은 그를 의심했다. ⇒	사람들은 그 사건이 발생하자 그를 의심했다.
나는 파란색을 좋아하지만 동생은 빨간색을 좋아한다. ⇒	*동생은 나는 파란색을 좋아하지만 빨간색을 좋아한다.

*는 비문법적 문장임.

위의 예들을 통해 (㉠) 문장은 앞 절이 뒤 절 안으로 이동할 수 있으나, 그렇지 않은 문장은 앞 절이 뒤 절 안으로 들어갈 수 없다는 사실을 알 수 있다.

① 앞 절과 뒤 절의 주어가 같은
② 앞 절과 뒤 절의 주어가 다른
③ 앞 절과 뒤 절이 대등하게 이어져 있는
④ 앞 절과 뒤 절이 종속적으로 이어져 있는
⑤ 앞 절의 서술어와 뒤 절의 서술어가 자릿수가 같은

[37~38] 다음 글을 읽고 물음에 답하시오.

동사는 목적어를 필요로 하느냐에 따라 자동사와 타동사로 구분된다. 자동사는 '녹다'와 같이 움직임이 주어에만 미치는 동사로 목적어를 필요로 하지 않는다. 이에 비해 타동사는 움직임이 주어 이외에 목적어에도 미쳐 주어는 물론 목적어를 반드시 필요로 한다. 그런데 하나의 동사가 동일한 의미로 자동사와 타동사 모두로 쓰이는 경우도 있다. 가령 '그치다'는 '울음소리가 그치다.'에서는 자동사로 쓰인 반면, '아이가 울음을 그치다.'에서는 타동사로 쓰인다.

동사의 분류는 행동의 자발성 여부에 따라 이루어지기도 한다. 주어가 자발적으로 움직임을 하는 의미를 나타내는 동사를 능동사라고 하고, 주어로 나타난 대상이 남에게 움직임을 당하는 의미를 나타내는 동사를 피동사라고 한다. 예를 들어, '경찰이 도둑을 잡다.'에서 '잡다'는 주어인 '경찰이'의 자발적인 움직임을 나타내는 능동사이다. 이에 비해 '도둑이 경찰에게 잡히다.'에서 '잡히다'는 주어인 '도둑이'의 자발적인 움직임이 아닌 '경찰에게' 잡힘을 당한 의미를 나타내므로 피동사이다. 능동사 '잡다'는 목적어를 필요로 하는 타동사인 반면, 피동사 '잡히다'는 목적어가 필요 없는 자동사이다.

동사를 '아이가 밥을 먹다.'에서 '먹다'처럼 주체가 직접 행동하는 의미를 나타내는 주동사와 '엄마가 아이에게 밥을 먹이다.'의 '먹이다'와 같이 다른 사람으로 하여금 어떤 행동을 하게 하는 의미를 나타내는 사동사로 구분하기도 한다. 주동사는 자동사인 경우도 있고, 타동사인 경우도 있으나 사동사는 모두 타동사이다.

피동사와 사동사는 능동사와 주동사에 피동 접미사와 사동 접미사가 붙어 만들어진다. 능동사 '잡다'에 피동 접미사 '-히-'가 붙어 피동사 '잡히다'가 되고, 주동사 '먹다'에 사동 접미사 '-이-'가 붙어 사동사 '먹이다'가 형성되는 것이다.

㉠한편 다의어나 동음이의어는 각각의 의미에 대한 사동사나 피동사의 형태가 같은 경우가 있어 이를 잘 구별해야 한다. 예를 들어 '머리를 감기다.'에서 '감기다'는 '머리를 물로 씻다.'라는 의미를 갖는 '감다'의 사동사인 반면, '줄이 잘 감기다.'에서 '감기다'는 '물체가 다른 물체에 말리거나 빙 둘리다.'의 의미를 갖는 '감다'의 피동사이다.

37

▶ 24052-0140

윗글을 이해한 내용으로 적절하지 <u>않은</u> 것은?

① '손에 입김을 불었다.'에서의 '불다'는 타동사인 반면, '바람이 분다.'에서의 '불다'는 자동사이다.

② '편이 둘로 갈렸다.'에서의 피동사 '갈리다'에 대응되는 능동사는 자동사이다.

③ '동생에게 시계를 보였다.'에서의 사동사 '보이다'에 대응되는 주동사는 타동사이다.

④ '막차가 끊겼다.'에서의 '끊기다'는 타동사 '끊다'에 피동 접미사가 결합해 자동사로 쓰인 것이다.

⑤ '낙엽을 불에 태웠다.'에서의 '태우다'는 자동사 '타다'에 사동 접미사가 결합해 타동사로 쓰인 것이다.

38

▶ 24052-0141

㉠을 바탕으로 〈보기〉의 ⓐ~ⓔ에 대해 이해한 내용으로 적절하지 <u>않은</u> 것은? [3점]

┌─ 보기 ┌─

보다

「1」 눈으로 대상의 존재나 형태적 특징을 알다.

「2」 대상의 내용이나 상태를 알기 위하여 살피다.

「3」 어떤 결과나 관계를 맺기에 이르다.

ⓐ 아이는 친구에게 새 장난감을 **보이며** 자랑했다.

ⓑ 멀리 건물 사이로 **보이는** 하늘이 아름답다.

ⓒ 회의가 길어지자 사장은 피곤하다는 눈치를 **보였다**.

ⓓ 반격의 기회가 **보이자**, 대포가 먼저 발사되었다.

ⓔ 주인공의 이별로 인해 이야기의 결말이 **보인다**.

└─────────

① ⓐ는 보다 「1」의 사동사가 쓰인 예이다.

② ⓑ는 보다 「1」의 피동사가 쓰인 예이다.

③ ⓒ는 보다 「2」의 사동사가 쓰인 예이다.

④ ⓓ는 보다 「2」의 피동사가 쓰인 예이다.

⑤ ⓔ는 보다 「3」의 사동사가 쓰인 예이다.

39

▶ 24052-0142

〈보기〉의 ㉠~㉢에 해당하는 예로 적절하지 <u>않은</u> 것은?

┌─ 보기 ┌─

청유문은 일반적으로 ㉠화자가 청자에게 어떤 행동을 함께하기를 요청하는 문장이다. 그런데 청유형 어미가 쓰인 문장이 ㉡서술어가 나타내는 행동을 화자가 할 수 있도록 요청하거나 ㉢서술어가 나타내는 행동을 청자가 하도록 요청할 때 쓰이기도 한다.

└─────────

① ㉠ ┌ A: 우리 영화 보러 가자.
     └ B: 뭐 재미있는 영화 개봉했어?

② ㉡ ┌ A: (버스에서 문 앞 사람에게) 좀 내립시다.
     └ B: (몸을 비키며) 잠시만요.

③ ㉡ ┌ A: (신문을 찾으며) 오늘 신문 좀 보자.
     └ B: (신문을 건네며) 다 보시고 저 좀 도와주세요.

④ ㉢ ┌ A: (기차에서 전화하는 사람에게) 조용히 합시다.
     └ B: (일어나며) 미안해요. 나가서 받을게요.

⑤ ㉢ ┌ A: 너의 취업 계획 좀 들어 보자.
     └ B: 저는 취업보다는 창업을 하고 싶어요.

[40~41] 다음은 강연을 준비하기 위한 화상 회의의 내용이다. 물음에 답하시오.

화연: 약속 시간이 된 것 같으니 이제 회의를 시작하자. 아직 접속을 못 한 친구는 잠시 후 접속한다고 연락이 왔으니 우리끼리 먼저 시작하면 될 것 같아.

창민: 응. 오늘 회의를 하자고 한 것은 다음 주 동아리 프로그램에서 친구들을 대상으로 강연을 진행해야 하는데, 이에 대한 의견을 나누기 위해서야.

태현: 다음 주 동아리 프로그램에서 강연할 내용이 우리 학교 학생들을 대상으로 '생활 속 경제 현상'에 대해 소개하는 것이었지?

화연: 맞아. 학생들이 일상생활 속에서 쉽게 떠올릴 수 있는 내용의 주제를 선정하면 좋을 것 같은데.

(☞ 알림: '동욱'이 화상 회의에 입장하였습니다.)

동욱: (소리 없음.)

화연: 동욱이가 참여했다는 메시지가 떴는데, 다들 봤어?

태현: 응, 봤어. 화면에는 동욱이가 보이는데, 목소리가 안 들려. 아마 화면 왼쪽 밑의 마이크 버튼을 눌러야 할 것 같아.

동욱: 아. 아. 이제 제 목소리가 잘 들리나요?

화연: 응. 이제 잘 들려. 조금 전까지 다음 주 동아리 프로그램의 강연 주제를 무엇으로 선정할지에 대한 의견을 이야기하고 있었어.

동욱: 아! 내가 얼마 전에 뉴스를 보다가 '슈링크플레이션'이라는 용어를 들었는데, 이에 대해 소개해 보는 것은 어때?

창민: 슈링크플레이션? 무슨 말이야?

동욱: 슈링크플레이션은 가격은 그대로 두면서 제품의 크기나 수

량을 줄이거나 품질을 낮추는 것을 말해. 영상 공유 기능을 통해 내가 본 뉴스 영상을 공유할게.

창민: 그리고 보니 나도 얼마 전에 편의점에서 과자를 샀었는데, 가격은 그대로였는데 포장지 안에 과자의 양이 많이 줄어 있는 것을 보고 실망한 적이 있었어.

화연: 학생들의 일상생활과 밀접하게 관련되어 있는 주제인 것 같아. '슈링크플레이션'을 주제로 강연 내용을 준비하는 것이 좋을 것 같은데, 너희는 어때?

태현: 좋아. 그럼 강연의 내용을 어떻게 구성해야 할지에 대해서도 같이 이야기를 해 보자. 그리고 자신의 의견은 화면의 공유 메모장에 간략히 적어 주면 정리할 때 참고할 수 있을 거야.

동욱: 많은 친구들이 창민이와 같은 경험을 가지고 있을 것 같으니, 비슷한 경험을 강연의 첫 부분에 제시하면서 친구들의 관심을 유도하면 좋을 것 같아.

화연: 그리고 '슈링크플레이션'이라는 용어를 처음 들어 본 친구들이 있을 수 있으니, 중간 부분에서는 용어의 어원을 제시하면서 그 의미를 구체적으로 설명하여 친구들의 이해를 돕는 것이 필요할 것 같아. 아울러 슈링크플레이션의 구체적 예를 들어 주면 강연 내용을 이해하는 데 큰 도움이 될 것 같아.

창민: 친구들에게 개념이나 용어가 낯설 수 있으니, 개념 설명과 예시를 제시하면 많은 도움이 될 것 같네. 추가로 슈링크플레이션이 일어나는 원인도 함께 알려 줘야 하지 않을까? 그리고 슈링크플레이션으로 인해 소비자들이 피해를 입게 되는 문제점을 다양한 측면에서 분석한 내용을 설명해 주면 생활 속 경제 현상에 대한 이해를 높일 수 있을 것 같아. 앞의 친구들처럼 나도 공유 메모장에 적어 놓을게.

태현: 그러면서 슈링크플레이션을 대하는 현명한 소비자의 태도를 강연 마무리 부분에 제시한다면 친구들에게 유익한 정보를 제공해 줄 수 있을 것 같아.

창민: 공유 메모장을 참고하여 지금까지 이야기한 내용을 간단하게 개요로 정리해 보자. 그럼, 지금 강연 개요서를 작성할 수 있는 링크 주소를 공유 메모장에 공유할게.

http://.document.강연 개요서(양식)/kr/

실전 모의고사 2회 **177**

창민: 링크 주소를 클릭하면 개요서 양식이 보일 거야. 이 양식에 함께 작성하는 것이 가능하니까 함께 개요서를 써 볼까?

화연, 태현, 동욱: 좋아.

40

▶ 24052-0143

위 화상 회의에 나타난 매체 활용 방식으로 적절하지 <u>않은</u> 것은?

① '화연'은 회의 참여자들에게 '알림' 메시지의 내용을 확인시키며 '동욱'의 회의 참여를 알리고 있다.

② '태현'은 '동욱'이 회의에 원활하게 참여할 수 있도록 마이크 기능을 작동할 수 있는 방법을 안내하고 있다.

③ '화연'은 뒤늦게 회의에 참여하는 친구가 회의 내용을 이해할 수 있도록 진행 상황을 메모하여 화면으로 제시하고 있다.

④ '동욱'은 상대방이 궁금해하는 정보를 알려 주기 위해 자신이 시청했던 뉴스 영상을 영상 공유 기능을 통해 상대방에게 공유하고 있다.

⑤ '창민'은 회의에 참여한 다른 친구들과 함께 개요서 양식을 작성하기 위해 문서 양식으로 이동할 수 있는 링크 주소를 전송하고 있다.

41

▶ 24052-0144

다음은 위 화상 회의를 바탕으로 작성한 강연 개요서이다. 적절하지 <u>않은</u> 것은?

- 처음
  - 강연의 주제를 언급하고, 일상생활 속 '슈링크플레이션'의 경험을 언급하여 청중의 공감을 유도 ··········· ①

- 중간
  - '슈링크플레이션'의 어원을 밝히며, 용어의 의미를 설명 ··· ②
  - '슈링크플레이션'이 발생하는 이유와 '슈링크플레이션'의 대표적 사례를 제시 ······························ ③
  - '슈링크플레이션'으로 인해 발생하는 문제점의 유형을 소비자와 생산자의 측면으로 나누어 제시 ··········· ④

- 끝
  - 소비자로서 '슈링크플레이션'을 대하는 현명한 자세와 태도를 안내 ··· ⑤

[42~45] (가)는 텔레비전 뉴스이고, (나)는 잡지에 실린 인쇄 광고이다. 물음에 답하시오.

(가)

[장면 1]

침체된 노트북 시장······ 게이밍 노트북은 인기

진행자: ㉠<u>노트북은 보통 간단한 업무나 학습용으로 주로 사용되는데요.</u> 이와 달리 큰 용량의 게임을 무리 없이 실행하는 데 적합한 노트북을 게이밍 노트북이라 부른다고 합니다. 최근 침체된 노트북 시장에서도 게이밍 노트북의 수요는 꾸준히 증가한다고 하는데, 이와 관련하여 김○○ 기자가 취재했습니다.

[장면 2]

기자: 시장 조사 업체 □□ 리서치에 따르면 최근 노트북 판매량이 감소하고 있다고 합니다. ㉡<u>해당 조사업체의 박×× 연구원과 전화 인터뷰를 해 보았습니다.</u>

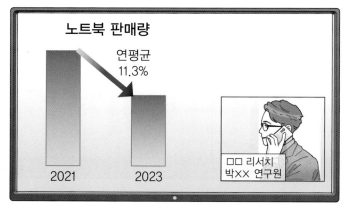

노트북 판매량

연평균
11.3%

2021   2023

□□ 리서치
박×× 연구원

연구원: 작년 2023년까지 2년간 연평균 11.3%씩 노트북 판매량이 감소했습니다. ㉢<u>이는 코로나-19 완화 분위기로 인해 원격 근무와 온라인 수업이 줄어들면서 노트북의 수요도 줄어든 것으로 분석됩니다.</u>

[장면 3]

기자: 그런데 가전업계에서 출간한 보고서에 따르면 노트북 시장의 침체 속에서도 노트북 판매량 중 게이밍 노트북의 비중은 2021년부터 매년 7%씩 증가하고 있습니다. ㉣<u>일반적으로 고사양의 게임은 노트북보다 데스크톱 컴퓨터가 더 적합하다고</u>

알려져 있습니다. 하지만 최근 소비자들이 게이밍 노트북을 더 선호하는 이유를 들어 보았습니다.

시민 인터뷰

이△△/대학생

게임을 어디서나 할 수 있어서 (게이밍 노트북을) 선택했습니다. 요즘에는 데스크톱만큼 성능도 좋고 화면도 크니까 (게임할 때 몰입감도 좋습니다.)

시민: 그게, 게임을 음…… 어디서나 할 수 있어서 선택했습니다. 요즘에는 데스크톱만큼 성능도 좋고, 어…… 화면도 크니까…….

기자: 이처럼 휴대성이 높고, 성능도 데스크톱 못지않게 우수하다는 것이 인기의 비결입니다. 또한 업무용과 게임용 컴퓨터를 따로 구매하는 것보다 게이밍 노트북 하나면 업무도 볼 수 있으니 비용을 아낄 수 있어 좋다는 소비자의 의견도 인터뷰 과정에서 다수 있었습니다.

[장면 4]

기자: ⓜ게이밍 노트북이 하루에도 수백 대가 생산되고 있는 한 제조업체를 찾아가 보았습니다. 업체 관계자의 말에 따르면 게이밍 노트북이 안정적으로 작동하기 위해서는 고성능 쿨링 장치를 이용하여 노트북 내부의 열기를 잘 배출시키는 것이 중요하다고 합니다. 또한 업무용 노트북의 화면 크기는 15인치 이하가 주로 사용되지만, 게이밍 노트북은 17인치가 가장 인기가 있다고 합니다. 하지만 게이밍 노트북은 일반 노트북에 비해 무게가 무겁고, 가격도 비쌉니다. 따라서 자신의 필요와 용도에 맞춰 현명한 선택을 하시기 바랍니다. 지금까지 저녁 8시 뉴스 김○○였습니다.

(나)

17인치의 몰입감,
어디서든 게임을 즐겨 보세요!

고성능 쿨링

장소로부터 자유롭다!

제품 작동 영상을 보고 싶다면 아래 QR 코드를 찍어 보세요.

42

▶ 24052-0145

〈보기〉는 제작 회의에서 방송을 준비하며 계획한 내용이다. ㄱ~ㅁ 중 (가)에 반영된 것만을 고른 것은?

보기

ㄱ. 뉴스의 주제를 첫 화면에 자막으로 제시하여 시청자가 방송의 내용을 예측할 수 있도록 해야겠군.

ㄴ. 노트북 판매량이 변화한 원인을 그래프와 화살표로 제시하여 시청자가 한눈에 확인할 수 있도록 해야겠군.

ㄷ. 제품이 생산되고 있는 모습을 화면으로 보여 주어 시청자들이 현장감 있는 정보를 접할 수 있도록 해야겠군.

ㄹ. 동일한 질문으로 전문가와 시민을 인터뷰하여 시청자에게 주제와 관련한 다양한 입장을 전달하도록 해야겠군.

ㅁ. 인터뷰 내용을 정확하게 전달하기 위해 인터뷰 대상자의 발화에서 생략된 내용을 보충하여 자막으로 제시해야겠군.

① ㄱ, ㄴ, ㄹ   ② ㄱ, ㄴ, ㅁ   ③ ㄱ, ㄷ, ㅁ
④ ㄴ, ㄷ, ㄹ   ⑤ ㄷ, ㄹ, ㅁ

43

▶ 24052-0146

(가), (나)에 대한 설명으로 가장 적절한 것은? [3점]

정보 구성의 방식	(가)와 (나)는 모두 영상과 음성 언어를 활용하여 매체 자료 수용자에게 한정된 시간 안에 정보를 전달하는 것을 목적으로 한다. …………… ①
정보의 성격	(가)의 방송이 제공될 때는 원격 근무의 증가로 노트북의 수요가 높으므로, 뉴스가 다루고 있는 정보는 시의성이 있는 것으로 볼 수 있다. ……… ②
	(나)는 매체 자료 수용자와 매체 자료 생산자가 제품에 대한 정보를 실시간으로 주고받을 수 있다는 측면에서, 제품의 판매를 촉진하려는 성격을 지니고 있음을 알 수 있다. …………… ③
정보의 질	(가)의 기자는 정보의 출처를 밝히고 있다는 점에서, (나)의 인쇄된 내용에 비해 신뢰성 있게 내용을 전달하고 있음을 알 수 있다. …………… ④
	(나)의 인쇄된 내용에는 제품의 장단점을 모두 언급하고 있다는 점에서, (가)의 방송 내용에 비해 정보를 균형감 있게 구성하고 있음을 알 수 있다. …………… ⑤

44

▶ 24052-0147

(가)를 본 학생이 (나)를 활용하여 다음의 [학습 활동]을 수행한 결과로 적절하지 <u>않은</u> 것은?

[학습 활동]

〈자료〉는 검색 누리집에 게시된 배너 광고이다. 이미지, 문구 등을 활용한 표현 방법을 중심으로 (나)와 〈자료〉를 비교해 보자.

〈자료〉

노트북 하나로 업무와 고사양 게임을 동시에 할 수 있다고?

자사 기존 제품 대비 10% 저렴한 신제품

제품 작동 영상을 보고 싶다면 배너를 클릭하세요.

① (나)는 화면 밖으로 돌출된 게임 이미지를 이용해 정적인 인쇄 매체의 한계를 보완하고 있다.

② (나)는 공기의 흐름을 연상할 수 있는 그림 위에 글자를 배열하여 제품 내부 장치의 성능을 부각하고 있다.

③ (나)와 〈자료〉는 모두 어떠한 요청에 따른다면 제품 작동과 관련한 정보를 추가로 볼 수 있음을 안내하고 있다.

④ 제목을 통해 (나)는 제품이 가진 화면의 크기를, 〈자료〉는 제품이 가진 범용성을 부각하고 있다.

⑤ (나)는 신체 위에 놓인 제품 이미지와 신체 아래의 문구를 통해, 〈자료〉는 수치를 이용하여 제품의 휴대성을 강조하고 있다.

45

▶ 24052-0148

㉠~㉤에 대한 설명으로 적절하지 <u>않은</u> 것은?

① ㉠: 부사 '주로'를 사용하여 노트북을 사용하는 경우가 간단한 업무나 학습할 때 외에도 있을 수 있음을 나타낸다.

② ㉡: 보조 용언 '보다'를 사용하여 주어가 박×× 연구원과 전화 인터뷰를 하는 것을 시도하였음을 나타낸다.

③ ㉢: '…로 인해'를 사용하여 원격 근무와 온라인 수업이 줄어든 것이 코로나−19 완화 분위기의 결과임을 나타낸다.

④ ㉣: '−어지−' 피동 표현을 사용하여 내용을 알리는 주체를 숨기고 내용 자체를 부각함을 나타낸다.

⑤ ㉤: '−고 있−'을 사용하여 발화시인 현재 시점보다 이전 시점에 게이밍 노트북이 생산되었음을 나타낸다.

EBS 수능완성

국어영역

실전 모의고사
3회

문항에 따라 배점이 다릅니다. 3점 문항에는 점수가 표시되어 있습니다. 점수 표시가 없는 문항은 모두 2점입니다.

[01~03] 다음 글을 읽고 물음에 답하시오.

능숙한 학습자는 학습 자료를 읽고 내용을 기억하기 위해 독서를 하면서 전략을 선택하고 조정한다. 이러한 과정을 전통적으로 '학습'이라 불러 왔다. 학습을 위한 독서는 글에 내포된 지식, 가치관, 정서 등을 이해하는 것에서 시작하여 새로운 의미를 창출하는 것으로 나아갈 수 있다. 이때 새로운 의미 창출이란 독서의 과정에서 사회 문화적 맥락 같은 여러 요인과 학습자가 상호 작용하면서 새로운 의미를 만들어 가는 것이다. 학습자는 이러한 독서를 통해 지식의 활용 능력, 창의적 사고 능력, 올바른 가치관 등을 획득할 수 있다.

학습을 위한 독서를 잘하기 위해서는 다양한 독서 전략의 활용이 필요하다. 먼저 학습자는 글을 읽기 전에 '예측하기'를 통해 제목과 그림 등을 훑어보면서 화제에 대한 자신의 배경지식을 떠올리고, 앞으로 전개될 글의 내용을 예상하면서 글의 윤곽을 그려 볼 수 있다. 그리고 학습자는 글을 읽으면서 스스로 예측한 것이 얼마나 적중했는지 확인하고 중간중간 자신의 이해 정도를 확인하면서 독서 능력을 점검한다.

학습자는 학습 자료를 읽을 때 글의 주요 부분에 선택적으로 관심을 기울이면서 메모하기 등의 활동으로 중요한 내용을 단기 기억*에서 장기 기억*으로 전이하는 '시연하기' 전략을 사용할 수 있다. 여기에서의 시연은 기억해야 하는 내용을 단순히 반복하는 것이 아니라, 학습자가 정보 간의 관계를 생각해 보는 것이다. 시연은 주로 학습자가 사전 질문에 답하거나, 중심 내용에 밑줄을 긋고 메모할 때 이루어진다. 정보의 획득과 기억을 쉽게 하기 위해서는 글을 모두 읽은 후 시연을 한 번만 하는 것보다는 읽기 중간에 문단이 끝날 때마다 시연하는 것이 좋다.

학습한 내용을 잘 기억하기 위해서 학습자는 '회상하기' 전략을 사용할 수 있다. 글의 구조를 회상할 수도 있고, 읽으면서 표시한 메모나 밑줄 등을 다시 보면서 중심 내용을 떠올릴 수도 있다. 회상은 의미를 생각하지 않은 채 단순하게 표시된 부분을 반복하여 읽는 것이 아니라, 내용을 다시 떠올릴 수 있을 정도로 기억하는 것이다. 이를 위해 읽은 내용을 범주화하거나, 기억하고자 하는 단어나 구절을 단어의 첫 글자나 음절을 이용하여 기억하는 방법을 활용할 수 있다.

학습을 위한 독서를 잘하기 위한 전략은 매우 많고 독서의 상황에 따라 다를 수 있다. 학습자가 학습을 위한 독서를 잘하기 위해서는 독서 과정에 맞는 다양한 전략을 적절하게 활용하는 능력이 필요하다. 또한 학습자는 여가를 위한 독서보다 학습을 위한 독서를 할 때, 독서 과정에서 추가적인 활동이 더 필요하다는 사실을 기억해야 한다. 학습을 위한 독서를 할 때에는 여가를 위한 독서를 할 때보다 기억을 위해 노력해야 하는 부분이 많기 때문이다. 따라서 학습을 위한 독서를 잘하기 위해 학습자는 독서 상황과 목적에 맞는 다양한 전략을 활용하고, 독서 과정에서 필요한 추가적인 활동을 시도해야 한다.

* **단기 기억:** 경험한 것을 짧은 시간 동안만 의식 속에 유지해 두는 작용.
* **장기 기억:** 경험한 것을 오랫동안 의식 속에 유지해 두는 작용.
* **범주화:** 일정한 기준에 따라 동일한 성질을 가진 부류나 범위로 묶음.

01

▶ 24051-0149

윗글에 대한 이해로 적절하지 않은 것은?

① 학습을 위한 독서는 글의 이해에서 시작하여 새로운 의미를 창출하는 것으로 나아갈 수 있다.

② '시연하기'에서 학습자는 기억해야 하는 내용을 단순히 반복하여 읽는 것이 아니라 정보 간의 관계를 생각하며 읽어야 한다.

③ '회상하기'를 위해 학습자는 표시한 메모나 밑줄을 다시 보면서 글의 중심 내용을 떠올려 본다.

④ 여가를 위한 독서는 학습을 위한 독서보다 독서 과정에서 추가적인 활동을 더 필요로 한다.

⑤ 학습자가 학습을 위한 독서를 잘하기 위해서는 독서 과정에 맞는 다양한 전략을 활용해야 한다.

02

▶ 24051-0150

윗글을 참고하여 학습을 위한 독서 전략을 제시한 것으로 가장 적절한 것은?

① '예측하기'를 위해서는 배경지식을 최대한 활용하지 말아야 겠군.
② '예측하기'를 위해서는 글을 읽기 전에 예측의 적중 여부를 확인해야겠군.
③ '시연하기'를 위해서는 사전 질문에 답하거나 중심 내용을 메모해야겠군.
④ '회상하기'를 위해서는 글을 읽으며 표시한 부분의 의미를 생각하지 않고 반복하며 읽어야겠군.
⑤ '회상하기'를 위해서는 기억하고자 하는 단어의 첫 글자를 이용하는 단순한 방법을 사용할 수 없겠군.

03

▶ 24051-0151

〈보기〉는 학습 독서를 위한 전략이다. 윗글과 〈보기〉를 이해한 내용으로 적절하지 <u>않은</u> 것은? [3점]

> **보기**
>
> **코넬 메모법**
>
>   코넬 메모법은 미국의 한 대학에서 학생들이 강의 내용을 필기하고 학습하는 방법으로 개발되었다고 하며, 다음의 세 단계로 진행된다.
>
> • 1단계: 학습자가 일정한 기준에 따라 페이지를 옮길 수 있도록 페이지 순서를 조정할 수 있는 노트를 준비한 후 페이지마다 세로로 긴 하나의 선을 그어 구역을 나누고 오른쪽에 수업 내용을 메모한다.
> • 2단계: 수업 내용을 오른쪽에 필기한 후 수업 내용을 떠올릴 단서가 되는 핵심어와 중심 내용 등을 왼쪽에 위계*적으로 간략히 적는다.
> • 3단계: 아래쪽에는 위에서 적은 내용을 점검하고 통합하여 중심 내용을 정리한다.
>
> ＊**위계**: 지위나 계층 따위의 등급.

① 〈보기〉의 메모 전략과 윗글의 독서 전략은 모두 학습을 위한 방법과 관련된다.
② 〈보기〉의 메모 전략은 학생들이 수업 내용을 필기하고 기억하는 데 활용할 수 있다.
③ 〈보기〉의 1단계에서 세로로 긴 하나의 선을 긋고 오른쪽에 메모하는 것은 윗글에서 글을 읽기 전에 글의 전개를 예상하여 정리하는 '예측하기'와 관련된다.
④ 〈보기〉의 2단계에서 핵심어와 중심 내용을 왼쪽에 위계적으로 정리하는 것은 윗글에서 정보 간의 관계를 생각해 보는 '시연하기'와 관련된다.
⑤ 〈보기〉의 3단계에서 아래쪽에 내용을 정리하고 요약하는 것은 윗글에서 중심 내용을 떠올리는 '회상하기'와 관련된다.

[04~08] 다음 글을 읽고 물음에 답하시오.

(가) 논증이란 전제를 근거로 결론을 도출하는 논리적 증명의 과정을 의미한다. 대표적인 논증의 방법으로는 연역법과 귀납법이 거론된다. 연역법은 전제로부터 결론이 필연적으로 나오는 '진리 보존적 논증법'이고, 귀납법은 결론이 확률적으로 나오는 '진리 확장적 논증법'이다. 예를 들어, 연역법은 모든 포유류는 심장을 가진다는 일반적 사실에서 각각의 말과 소 등이 심장을 가진다는 개별적 사실을 결론으로 도출하지만, 귀납법은 각각의 말과 소 등이 심장을 가진다는 개별적 사실에서 모든 포유류는 심장을 가진다는 일반적 사실을 결론으로 도출한다.

베이컨은 연역법이 전제된 내용으로부터 결론을 도출하기 때문에 새로운 지식을 얻어 낼 수 없다는 점에 주목하여, 새로운 지식을 만들어 낼 수 있는 귀납법에 집중했다. 그러나 귀납법으로 얻은 결론은 확률적으로 참이어서 거짓일 수도 있다. 그래서 '참의 정도', 다시 말해 '귀납적 강도'를 높일 방법을 찾아야만 했다. 그 결과 베이컨은 앞서 언급한 귀납법보다 복잡한 사고 과정을 가진 새로운 귀납법을 구상해 냈다. 그 한 예로, ㉠'열'의 개념을 도출하기 위한 베이컨의 논증은 다음과 같은 사고 과정을 거친다.

우선 햇빛, 번개, 불꽃, 뜨거운 증기, 동물의 몸 등 열이 있다고 판단되는 모든 '긍정적 사례'를 모은 '존재표'를 만든다. 그런 다음 각 긍정적 사례에 대응하는 '부정적 사례'를 모은 '부재표'를 만든다. 예를 들어 햇빛에는 달빛이, 뜨거운 증기에는 차가운 공기가 각각 부정적 사례로 대응된다. 그다음에는 열의 정도가 서로 다른 사례를 모아 '정도표'를 만든다. 예를 들어 가만히 있는 동물보다 움직이는 동물의 몸에서 열이 더 많이 난다는 등의 사례를 적는 것이다. 이렇게 존재표를 통해 열이 있을 때의 성질을, 부재표를 통해 열이 없을 때의 성질을, 그리고 정도표를 통해 열이 증감하는 성질을 정리한 다음, 이들 중 열에 대한 성질로 합당하지 않은 것들만을 모아서 '배제표'를 만든다. 예를 들어 끓는 물은 열이 있는데도 빛나지 않기 때문에 빛나는 성질은 열의 성질에서 제외하는 식으로 범위를 좁혀 나가는 것이다.

이렇게 귀납적 추리를 거쳐 베이컨이 열에 대해 얻은 결론은 놀랍게도 현대적 열 개념과 거의 일치한다. 베이컨은 개별적 사실에서 일반적 결론을 도출한다는 논증 구조를 유지하면서도, 배제표를 사용하여 귀납적 강도를 높여 감으로써 논증의 우수성을 확보한 것이다.

[A] 베이컨은 개미가 먹이를 모으듯 경험을 모으기만 하는 '개미의 방법'이나, 거미가 자기 속에서 하나의 실을 뽑아내듯 자신의 확신에 따라 독자적으로 사고를 전개해 나가는 '거미의 방법'에서 벗어나, 꿀벌이 꽃들에서 구해 온 재료를 꿀로 바꾸어 내듯 경험을 통해 얻은 재료를 지성의 힘으로 변화시켜 소화하는 '꿀벌의 방법'이 참된 귀납법에 가장 부합한다고 보았다.

(나) 데카르트는 수학처럼 다른 어떤 것의 도움 없이 자신의 확실성을 스스로 드러내는 것을 '자명하다'라고 정의했다. 그리고 철학도 수학처럼 명료(clear)하고 분명(distinct)해야 한다고 보았다. 이를 위해 데카르트는 명료함과 분명함이 어떤 것인지부터 확실히 알아야 한다고 보고, 다음과 같이 통증을 예로 들어 설명했다.

어떤 사람이 통증을 느낄 때, 그 통증은 그에게 명료하더라도 분명하지는 않을 수 있다. 그것이 심리적 통증인지, 신체 어느 부위의 통증인지 확실치 않다면 통증의 적용 범위가 모호해져 분명하지 않게 되기 때문이다. 반면에 통증이 어느 부위인지 분명하더라도 그 증상이 가벼워서 가려운 것인지 아픈 것인지조차 혼동이 된다면 그때는 통증이 애매해져 그에게 통증은 명료하지 않게 된다.

데카르트는 이렇게 애매하거나 모호한 판단에서 벗어나 명료하고 분명한 절대적 지식을 파악하고자 했다. 연역적 사고의 결과로 얻은 지식이 참이 되려면 아무도 의심할 수 없는 전제가 필요하므로, 데카르트는 자신이 자명하게 그러하다고 믿고 있었던 것들도 모두 참이 아닐 수 있다고 의심하는 사고를 계속해 나갔다. 그리고 그 과정에서 착시 현상과 같이 인간의 감각이 부정확하다는 것을 근거로 하여 감각적 경험을 통해 얻은 모든 지식을 의심하고 부정하였다.

또한 데카르트는 연역법을 바탕으로 한 고전적 논리학이 새로운 지식을 만들어 낼 수 없다는 데 반감을 가지고 있었다. 그래서 데카르트는 수학이나 기하학에서의 증명법과 같이 의심의 여지가 없는 자명한 명제에서 시작하여 또 다른 명제들을 하나씩 도출해 나가는 '데카르트적 연역'을 시도했다. 예를 들어 '삼각형의 내각의 합은 180도이다.'라는 불변의 명제를 통해 사각형과 오각형의 내각의 합을 증명해 내고, 또 이를 일반화하여 다각형 내각의 합을 구하는 공식을 추론해 내는 방식을 반복한 것이다.

이렇게 데카르트는 고전적 연역법 대신 자신이 개발해 낸 ⓐ생산적인 연역법을 통해 기본이 되는 전제의 틀 안에서 다른 지식들을 하나씩 연역해 냄으로써 지식 체계 전체를 만들어 나갔다. 그는 모든 철학 지식이 책상에 가만히 앉아 사고하는 것만으로도 얼마든지 증명될 수 있는 것이라고 믿었으며, 그렇게 연역의 사고 과정을 거쳐 하나씩 진흙을 바르고 청동을 붓는 '첨가 방식'을 통해 절대적인 지식이라는 하나의 조각상을 완성해 나가고자 하였다.

04

▶ 24051-0152

(가)와 (나)에 대한 설명으로 가장 적절한 것은?

① (가)와 (나)는 모두 특정 학자가 제시한 논증 방법이 사회에 끼친 영향을 인과적으로 서술하고 있다.

② (가)와 (나)는 모두 특정 논증 방법이 가지고 있는 한계를 보완해 나가기 위한 학자의 시도를 소개하고 있다.

③ (가)는 (나)와 달리 두 논증 방법의 대비를 통해 논증 방법에 대한 통념적 인식이 유발하는 문제를 지적하고 있다.

④ (나)는 (가)와 달리 서로 다른 두 논증 방법이 하나의 논증 방법으로 통합되는 원리에 대해 설명하고 있다.

⑤ (가)는 과학 이론의 증명을 통해, (나)는 인식적 사고를 통해 새로운 논증 방법이 등장하게 된 배경을 제시하고 있다.

05

▶ 24051-0153

(가), (나)를 통해 알 수 있는 내용으로 적절하지 <u>않은</u> 것은?

① (가): 연역법은 새로운 지식을 만들어 내지 못하는 한계를 갖는다.

② (가): 귀납법에 의해 도출된 결론은 절대적인 참으로 인정을 받기 어렵다.

③ (나): 연역법을 바탕으로 한 사고에서는 전제가 참이어야만 결과도 참일 수 있다.

④ (나): 착시 현상은 인간의 신체 감각이 부정확하다는 사실을 보여 주는 근거가 된다.

⑤ (나): 통증이 느껴지는 범위가 모호하다면 그 통증은 분명하지만 명료하지는 않은 것이다.

06

▶ 24051-0154

㉠에 대해 이해한 내용으로 적절하지 <u>않은</u> 것은?

① 경험적으로 확인할 수 있는 사례를 모아 일반적 결론을 도출해 내는 과정이다.

② 배제표에 포함이 되어 있는 성질은 존재표, 부재표, 정도표에는 포함되지 않는다.

③ 달빛은 천체의 빛이라는 점에서는 햇빛과 같으나 열기가 없다는 점에서 대비되므로 부재표에서 햇빛에 대응된다.

④ 적도와 같이 햇빛을 수직으로 받는 곳이 그렇지 않은 곳보다 열이 높다는 사실은 정도표에 기록될 사례에 해당한다.

⑤ 최종적으로 도출된 결론이 현대에 와서 확립된 열 개념과 거의 일치한다는 점에서 논증의 우수성을 확인할 수 있다.

07

▶ 24051-0155

[A]에 대한 이해를 바탕으로 ⓐ에 대해 설명한 내용으로 가장 적절한 것은?

① 수학이나 기하학의 증명법을 모으기만 한다는 점에서 '개미의 방법'에 가깝다고 볼 수 있다.

② 명료하고 분명한 사례에서 일반적 명제를 도출한다는 점에서 '개미의 방법'에 속한다고 볼 수 있다.

③ 전제의 범위에서 벗어나 새로운 지식이 도출된다는 점에서 '거미의 방법'에 해당한다고 볼 수 있다.

④ 기존의 확정적 명제로부터 지식을 순차적으로 도출해 낸다는 점에서 '거미의 방법'을 바탕으로 한 것이라 볼 수 있다.

⑤ 연역해 낸 여러 지식을 바탕으로 지식 체계 전체를 만들 수 있다는 점에서 '꿀벌의 방법'이 적용된 것이라 볼 수 있다.

08

▶ 24051-0156

(가)와 (나)를 읽은 독자가 〈보기〉에 대해 보인 반응으로 적절하지 않은 것은? [3점]

┌─ 보기 ─┐

소크라테스는 일반인들이 아무런 근거 없이 그저 믿고 있는 불분명하고 막연한 상식을 뭉툭한 돌덩이처럼 생각했다. 그래서 불필요한 부분을 계속 쪼아 내다 보면 원하는 조각품이 완성되듯 그 상식 가운데 거짓이 될 수 있는 것들을 하나씩 제거해 나가는 작업을 더 이상 거짓이 발견되지 않을 때까지 반복하면 참된 진리를 파악할 수 있다고 보았다. 이때 이런 과정을 통해 소크라테스가 얻고자 했던 참된 진리란 개인의 주관이나 인식과는 상관없이 이미 돌덩이 안에 확정되어 있는 절대적인 것이었다.

└──────┘

① 뭉툭한 돌덩이 안에 참된 진리가 이미 들어 있다고 여기고 논증을 전개했다는 점에서, 소크라테스의 논증은 '진리 확장적 논증법'에 해당하는 것이라고 볼 수 있겠군.

② 참된 진리를 개인의 주관이나 인식과는 무관하게 확정되어 있는 것이라 여긴 소크라테스의 인식은, 참된 지식에 대한 데카르트의 인식과 유사한 측면이 있다고 볼 수 있겠군.

③ 돌덩이의 불필요한 부분을 제거하는 논증 방식을 추구했다는 점에서, 소크라테스는 진흙을 바르고 청동을 붓는 첨가 방식을 추구했던 데카르트와는 차이가 있다고 볼 수 있겠군.

④ 막연한 상식 가운데 거짓일 수 있는 것들을 제거해 나가는 소크라테스의 논증 방식은, 배제표를 통해 귀납적 강도를 높인 베이컨의 논증 방식과 유사한 측면이 있다고 볼 수 있겠군.

⑤ 불분명하고 막연한 상식을 다듬어야 할 돌덩이처럼 여긴 소크라테스의 생각은, 애매하거나 모호한 판단에서 벗어나야 한다고 보았던 데카르트의 생각과 유사한 측면이 있다고 볼 수 있겠군.

[09~13] 다음 글을 읽고 물음에 답하시오.

형법상 범죄가 성립하려면 행위자의 행위가 구성 요건에 해당해야 하며 위법성과 유책성을 갖추어야 한다. 여기서 구성 요건이란, 형법상 금지되는 행위가 무엇인가를 추상적·일반적으로 기술해 놓은 것을 말한다.

자신이 하는 행위가 구성 요건에 해당함을 알고도 그 행위를 의도적으로 실현한 경우를 '고의'라고 하고, 자신의 행위가 타인의 법익*을 해칠 것임을 몰랐더라도 사회적으로 요구되는 주의 의무를 준수하지 못한 것을 '과실'이라고 한다. ㉠자동차 운전자가 보복 운전의 목적으로 앞차를 뒤에서 들이받아 추돌 사고를 낸 경우라면 고의에 의한 범죄 행위에 해당할 수 있다. 반면, ㉡운전자가 수면 부족으로 피로한 상태에서 졸음운전을 하다 앞차를 뒤에서 들이받는 사고를 낸 경우는 과실에 의한 범죄 행위에 해당할 수 있다. 의도적인 규범 불복종에 해당하는 고의에 비해서 과실은 불법성이나 책임의 정도가 약한 것으로 간주된다. 그래서 우리나라는 원칙적으로 고의범만을 처벌하되, '정상적으로 기울여야 할 주의를 게을리하여 죄의 성립 요소인 사실을 인식하지 못한 행위는 법률에 특별한 규정이 있는 경우에만 처벌한다.'라고 명시한 형법 제14조에 따라 법률에 특별한 규정이 있는 경우에만 예외적으로 과실범*을 처벌하고 있다.

형법 제14조는 과실의 개념 요소로 '주의를 게을리'함을 명시적으로 밝히고 있다. 이는 행위자가 자신의 부주의, 즉 주의 의무의 불이행으로 인해 예견하거나 피할 수 있었던 법익 침해의 결과를 초래한 경우를 이른다. 달리 말하면, 행위자가 주의 의무를 다하였더라도 결과가 발생하였으리라고 인정되는 경우에는 과실범이 성립하지 않는다. 이처럼 과실범의 본질은 주의 의무 위반에 있다. 따라서 과실범의 성립 요건을 검토하는 과정에서 일차적으로 그 행위와 관련된 주의 의무의 규정을 확인할 필요가 있다. 예를 들어, 도로 교통법 제31조 제1항에서는 '모든 차 또는 노면 전차의 운전자는 다음 각 호의 어느 하나에 해당하는 곳에서는 서행하여야 한다.'라고 주의 의무를 규정하면서 세부 항목 중 제4호로 '가파른 비탈길의 내리막'을 명시하였다. 즉 규정에 명시된 장소에서 주행 중인 모든 운전자는 서행해야 할 의무가 있으므로, ㉢운전자가 도로에 사람이 있다는 것을 인식하지 못하여 고의가 인정되지 않더라도 가파른 비탈길의 내리막에서 감속하지 않고 주행하다가 교통사고로 사람을 다치게 한 경우라면 과실범으로 인정될 수 있다.

한편, 법문에서는 '정상적으로 기울여야 할 주의'라는 개념을 통해 사회생활에서 요구하는 일정한 주의 의무가 있음을 밝혔으나, 그 수준과 정도에 대해 무엇을 표준으로 삼을 것인지를 명시하지는 않았다. 주의 의무의 표준에 대한 견해로 객관설과 주관설, 절충설 등이 있다.

객관설은 사회 일반인의 주의 능력을 기준으로 하여 주의 의무 위반의 유무를 판단하려는 견해로, '평균인 표준설'이라고도 한다. 이는 주의 의무의 척도가 추상적 · 객관적이어야 한다는 것을 전제하므로, 과실 유무와 과실의 경중을 판단할 때 행위자의 구체적인 사정이 아니라 일반적인 사람들이 취할 수 있는 주의의 정도를 표준으로 삼는다. 단, 의료나 운전 등과 같이 전문화된 업무와 관련된 행위는 동일한 업무와 직종에 종사하는 사람들을 표준으로 삼는다. 반면, 주관설은 행위자 개인의 주의 능력을 기준으로 하여 주의 의무 위반 여부를 판단하려는 견해로 '행위자 표준설'이라고도 한다. 귀책의 근거가 행위자의 주관적인 요소에 있으므로, 주의 의무의 척도로 행위자 개개인의 주의력을 표준으로 하는 구체적 과실을 상정한다. 이는 법 규범이 개인에게 불가능한 것을 요구할 수 없음을 전제한다. 한편, 절충설은 주의 의무의 정도에 대해서는 일반인을 표준으로 삼되 주의 능력에 대해서는 행위자를 기준으로 삼는 견해로 '이중 표준설'이라고도 한다. 우리나라는 평균인 표준설을 따르는 것이 통설이다.

평균인 표준설은 법 규범의 선도적 · 예방적 기능을 강화하고, 과실로 인한 사고가 대량으로 발생하는 영역에서 행위자가 준수해야 할 주의 의무가 정형화 · 표준화되어 적용되도록 만든다는 장점이 있다. 하지만 이는 사회 구성원에게 일상에서 남다른 주의를 기울이면서 살아가도록 강요하므로 정상적인 사회생활을 영위하는 것을 어렵게 만들 수 있다. 예를 들어, 자동차 교통, 의료, 건설, 공장, 원자력 발전 등은 현대의 복잡한 산업 사회에서 유용성이 있는 필수 불가결한 영역이지만, 항상 일정한 위험을 수반한다. 여기에 일반적인 주의 의무를 적용한다면, 예견된 결과를 피하기 위해서는 업무를 중단하거나 시설을 제거할 수밖에 없으므로 사회 전체가 정체될 수 있다.

그래서 과실의 주의 의무 범위를 제한하기 위해 등장한 이론이 바로 '허용된 위험'이다. 행위자가 구성 요건에 해당하는 결과를 피하기 위한 조치를 충분히 했다면, 비록 그 행위가 중대한 피해를 초래하더라도 행위자에게 과실 책임을 ⓐ지울 수 없다는 것이다. 도로 교통법이나 의료법에는 위험의 발생 빈도가 높은 영역에 대해 사회생활상 요구되는 주의 의무의 기준을 명문화한 규정이 있는데, 규정에 명시된 기준을 충족했는지에 따라 구성 요건의 배제 여부가 결정된다. 예를 들어, 의료법에서는 의사가 환자에게 수술 전 지켜야 할 주의 사항이나 의료 행위에 따른 부작용에 대해 구체적으로 설명할 의무가 있다고 명시했다. 이러한 명문화된 기준에 따라 행위자가 필요한 안전 조치를 했다면 주의 의무를 다한 것이므로, 그 행위가 법익을 침해했더라도 과실범으로 처벌할 수 없다.

*법익: 형법에서 침해가 금지되는 개인이나 공동체의 이익 또는 가치.
*고의범: 죄를 범할 의사를 가지고 저지른 범죄. 또는 그런 범인.
*과실범: 부주의로 인하여, 어떤 결과의 발생을 미리 내다보지 못함으로써 성립하는 범죄. 또는 그런 죄를 저지른 사람.

09
▶ 24051-0157

윗글에 대한 설명으로 적절하지 않은 것은?

① 형법상 범죄의 성립 요건에 해당하는 개념을 밝히고 있다.
② 인용된 법 규정이 의미하는 바를 세부적으로 밝혀 그에 대한 이해를 돕고 있다.
③ 과실범의 성립 요건을 제시하고 그와 관련된 사례를 들어 의미를 구체화하고 있다.
④ 기존의 법 규정이 갖는 한계를 지적하면서 새롭게 개정된 법 규정과 기존의 법 규정을 비교하고 있다.
⑤ 주의 의무의 표준에 대한 다양한 입장을 소개하고 그중 하나의 입장에 대한 장단점을 분석하고 있다.

10
▶ 24051-0158

윗글의 내용과 일치하는 것은?

① 우리나라는 통상적으로 행위자 개인의 주의 능력을 기준으로 과실 유무를 판단하는 견해를 따르고 있다.
② 이중 표준설은 주의 의무의 정도에 대해서는 객관설을 따르고, 주의 능력에 대해서는 주관설을 따르는 입장이다.
③ 주의 의무의 척도로 행위자의 구체적 과실을 상정하는 관점은, 대량의 사고가 우려되는 영역의 주의 의무를 정형화하여 적용되도록 만든다는 장점이 있다.
④ 행위자가 의도적으로 구성 요건에 해당하는 행위를 한 경우, 주의 의무를 다하지 못하여 법익을 침해한 정도가 크다고 판단되면 형법 제14조에 의해 처벌받는다.
⑤ '허용된 위험' 이론에 따르면, 위험의 발생 빈도가 높은 영역에 속하는 업무 종사자들은 위험을 동반하는 기술의 특성상 주의 의무에서 전적으로 배제되어 과실 책임이 없다.

11

▶ 24051-0159

㉠~㉢의 사례를 이해한 내용으로 가장 적절한 것은?

① 의도적으로 사고를 낸 ㉠의 운전자와 달리, 비의도적으로 사고를 낸 ㉡의 운전자는 구성 요건에서 제외된다.

② ㉠의 운전자와 ㉡의 운전자가 사고를 낸 이유를 기준으로 비교했을 때, ㉡의 행위가 ㉠의 행위보다 불법성이나 책임의 정도가 더 약한 것으로 간주될 수 있다.

③ ㉡의 운전자가 자신이 수면 부족으로 피로한 상태임을 자각하고 있었다면, 예견된 사고를 피할 의무를 다하지 않았으므로 고의범으로 인정될 수 있다.

④ ㉢의 운전자가 감속했는데도 사고가 났다면, 주의 의무는 다하였으나 사고를 피할 수 있는 조치를 충분히 하지 않은 것이므로 '허용된 위험'에 해당한다고 볼 수 없다.

⑤ ㉢의 운전자가 서행해야 할 주의 의무를 명시한 도로 교통 법규를 알지 못해서 사고를 초래했다면, 의도적으로 주의 의무 위반을 한 것이 아니므로 과실이 인정되지 않는다.

12

▶ 24051-0160

윗글을 바탕으로 〈보기〉의 [사례 1]과 [사례 2]를 분석한 내용으로 적절하지 <u>않은</u> 것은? [3점]

> **보기**
>
> [사례 1]
>
> 의사인 '갑'에게 수술을 받던 중에 환자 '을'이 과다 출혈로 사망했다. 조사 결과, 평소 고혈압을 앓던 '을'이 지속적으로 먹던 아스피린을 수술을 앞두고도 복용한 것이다. 아스피린은 혈소판의 응고를 막아 지혈을 방해하는 약물로, 과다 출혈이 우려되는 수술을 앞두고 의사가 환자에게 일정 기간 복용 중단을 지시해야 하는 약물 중 하나이다.
>
> [사례 2]
>
> 숙련된 택시 기사인 '병'은 택시 기사에게 요구되는 주의를 기울이며 안전 운전을 하고 있었다. 보행자가 다닐 수 없는 자동차 전용 도로에서 규정 속도에 맞게 운전하던 중, 중앙 분리대의 덤불 속에 숨어 있다가 갑자기 도로로 뛰어든 행인 '정'을 발견하고 즉시 급정거를 했다. 하지만 '정'이 '병'의 차 바로 앞에서 뛰어든 탓에 사고를 피할 수 없었다.

① 객관설에 따르면, [사례 1]의 '갑'이 실수로 '을'에게 수술 전 주의 사항 중 복용 금지 약물에 대해 안내하지 않은 경우라면 '갑'의 과실 책임이 인정된다.

② '허용된 위험' 이론에 따르면, [사례 1]의 '갑'이 복용 중단을 지시했으나 '을'이 이를 어기고 몰래 약물을 복용한 경우라면 '갑'의 과실 책임이 인정되지 않는다.

③ 객관설에 따르면, [사례 2]의 '병'이 숙련된 택시 기사라는 행위자의 구체적인 사정을 배제해야 하므로 택시 운전 업무에 종사하지 않는 일반인들의 주의력을 기준으로 삼아 '병'의 과실 책임이 인정된다.

④ '허용된 위험' 이론에 따르면, [사례 2]의 '병'은 '정'이 등장할 가능성을 예견할 수 없는 상황에서도 필요한 안전 조치를 충분히 했으므로 '병'의 과실 책임이 인정되지 않는다.

⑤ 주관설에 따르면, [사례 1]의 '갑'과 [사례 2]의 '병' 모두 동일 업무의 종사자들과 비교하지 않고 행위자 개개인의 주의력을 기준으로 삼아 과실 유무와 과실의 경중을 판단한다.

13

▶ 24051-0161

문맥상 의미가 ⓐ와 가장 가까운 것은?

① 농부는 소에게 쟁기를 <u>지우고</u> 목덜미를 만져 주었다.
② 아무리 노력해도 내 잘못이라는 생각을 <u>지울</u> 수 없다.
③ 노인은 젊은이에게 짐을 <u>지우고</u> 자신은 빈 몸으로 갔다.
④ 헌법은 국가 존립을 위해 국민에게 납세의 의무를 <u>지운다</u>.
⑤ 돌아오는 길에는 열이틀 달이 <u>지우는</u> 그늘만 골라 다녔다.

[14~17] 다음 글을 읽고 물음에 답하시오.

단백질은 세포 내에서 가장 다양하고 중요한 기능을 가지는 고분자 화합물로서, 생체 반응을 중계하며 생명체의 질서를 유지하는 역할을 한다. 아미노산은 이러한 단백질을 구성하는 기본 단위로, 아미노산이 결합되어 있는 구조를 폴리펩타이드라고 한다. 단백질은 이러한 폴리펩타이드 사슬로 구성되어 있으며 대개 100개 이상의 아미노산으로 구성된다. 아미노산의 서열은 단백질의 구조 뿐만 아니라 단백질의 고유한 기능도 결정한다.

단백질은 어떤 구조를 이루는지에 따라 여러 단계로 나눌 수 있다. 1차 구조는 단백질을 구성하는 아미노산의 서열을 뜻한다. 단백질을 구성하는 아미노산의 서열은 생물의 유전 정보에 의해서 결정되는데, 아미노산 중 하나라도 다른 아미노산으로 대체된다면 단백질의 모양, 기능에 영향을 미칠 수 있다. 아미노산 간의 수소 결합에 의해 형성되는 2차 구조는 폴리펩타이드 사슬의 일부가 꼬이거나 접히면서 나타나는 특정한 패턴을 의미한다. 이러한 패턴의 모양에 따라 2차 구조는 α 나선 구조, β 병풍 구조 등으로 구분된다. 단백질이 제대로 기능하기 위해서는 이러한 특정 패턴을 지닌 긴 폴리펩타이드 사슬이 복잡한 3차원의 형태로 바뀌어야 한다. 2차 구조를 가진 단백질은 다시 3차원적으로 접혀 입체 구조를 가지게 된다. 이 구조를 3차 구조라고 하는데, 이때 폴리펩타이드 사슬이 접히는 과정을 '단백질 접힘'이라고 한다. 4차 구조는 3차 구조가 여러 개 결합하여 이루어진 것을 가리킨다. 1차, 2차 구조는 생체 내에서 단독으로 존재할 수 없지만, 3차 구조부터는 안정화되어 단독으로 존재할 수 있다.

단백질 접힘이 일어나는 원리 중 하나로 아미노산 사이의 상호 작용이 있다. 아미노산에는 물과 강한 친화력을 가진 친수성 아미노산과 물을 싫어하는 성질을 가진 소수성 아미노산이 있는데, 폴리펩타이드 사슬에는 친수성 아미노산이 촘촘하게 존재하는 부분과 소수성 아미노산이 모여 있는 부분이 혼재되어 있다. 세포의 내부는 거의 수분으로 가득 차 있으므로 소수성 아미노산들끼리는 물에 닿는 부분을 최소화하기 위해 서로 뭉쳐 단백질 안쪽으로 접혀 들어간다. 이러한 과정과 수소 결합 등의 여러 가지 힘이 상호 작용하여 폴리펩타이드 사슬이 완전히 접혀 3차 구조를 이루게 되면 각 단백질 고유의 구조를 형성하게 된다. 이때 열 충격 단백질이라고도 알려진 샤페론이 폴리펩타이드 사슬과 상호 작용하며 단백질 접힘에 관여하기도 한다. 샤페론은 폴리펩타이드 사슬이 미리 접히지 않도록 안정화시켜 단백질이 제대로 접히도록 도와주거나, 잘못 접힌 단백질이 다른 단백질과 응집되어 만들어진 응집체의 분해를 돕는 등의 역할을 한다.

이러한 단백질의 접힘은 복잡한 과정이므로 때로는 부적절하게 접힌 분자들이 만들어지기도 한다. 잘못 접힌 단백질은 보통 세포 내에서 분해되지만, 노화 등의 이유로 세포 내부나 외부에 쌓이기도 한다. 이처럼 잘못 접힌 단백질이 쌓이게 되면 병을 유발할 수 있다. 예를 들어 알츠하이머병은 정상 단백질이 비정상적 과정을 거쳐 잘못 접힌 독특한 입체 형태가 누적되면, 이것이 신경 독성을 나타내거나 정상 단백질의 작용을 막아 발생하는 것으로 알려져 있다.

한편 단백질의 접힘이 풀리거나 해체되면 단백질의 변성이 일어난다. 열, 강산 또는 강염기는 변성을 일으키는 대표적인 요인에 해당한다. 예를 들어 세포 내에서 기능하는 단백질 중 효소는 보통 중성 pH에서 3차 구조를 유지할 수 있으며 강산 또는 강염기, 혹은 높은 온도에서는 수소 결합이 대부분 파괴된다. 변성이 일어나면 단백질의 아미노산의 서열에는 변함이 없지만 2차 및 3차 구조에 손상이 가해져 단백질은 제대로 기능을 하지 못하게 된다. 변성은 특별한 경우에는 가역적이기 때문에 변성의 요인이 제거되면 원래 고유의 구조로 다시 접힐 수 있다. 그러나 대부분의 단백질에는 일단 변성이 일어나면 영구적으로 변형된 채로 남는 비가역적인 변화가 일어난다.

14

▶ 24051-0162

윗글의 내용과 일치하지 않는 것은?

① 소수성 아미노산은 물을 피해 서로 뭉치려는 성질을 가진다.
② 단백질은 고분자 화합물로서 세포 내에서 생체 반응을 중계한다.
③ 단백질을 구성하는 아미노산의 서열은 생물의 유전 정보에 의해 결정된다.
④ 대부분의 단백질은 일단 변성이 일어나면 영구적으로 변형된 채로 남는다.
⑤ α 나선 구조는 2차 구조가 복잡한 3차원의 형태로 접혀 만들어진 구조이다.

15

▶ 24051-0163

단백질의 구조 에 대한 이해로 적절하지 않은 것은?

① 1차 구조에 따라 단백질의 고유한 기능이 결정된다.
② 2차 구조를 가진 단백질은 다시 3차원적으로 접혀 입체 구조를 가지게 된다.
③ 2차 구조가 3차 구조가 되는 원리 중 하나로 아미노산 사이의 상호 작용이 있다.
④ 3차 구조는 2차 구조와 달리 구조가 형성될 때 수소 결합에 의한 영향을 받지 않는다.
⑤ 4차 구조는 여러 개의 3차 구조가 결합하여 이루어진 것을 가리킨다.

16

▶ 24051-0164

윗글을 바탕으로 〈보기〉를 설명한 내용으로 가장 적절한 것은?

> ┌ 보기 ┐
>
> 달걀 프라이를 만들 때 투명했던 흰자가 새하얗게 변하는 것은 그 부위에 함유된 단백질의 구조가 열에 의해 파괴되어서 서로 응집되며 생기는 현상이다.

① 흰자에 열이 가해지더라도 흰자의 단백질은 제대로 기능할 수 있다.
② 흰자에 열을 가하는 것을 멈추면 흰자의 단백질은 원래 고유의 구조로 접힐 수 있다.
③ 흰자에 열을 가해 흰자가 새하얗게 변하더라도 흰자의 아미노산의 서열은 변하지 않는다.
④ 흰자에 열을 가하면 흰자 단백질을 구성하는 폴리펩타이드 사슬의 일부가 꼬이거나 접힌 원래의 형태가 유지된다.
⑤ 흰자에 열을 가하면 흰자 단백질을 구성하는 아미노산 간의 수소 결합은 유지되지만 3차 구조는 유지되지 못한다.

17

▶ 24051-0165

윗글을 바탕으로 〈보기〉를 이해한 것으로 적절하지 <u>않은</u> 것은?
[3점]

> [보기]
>
> 　미국 ○○ 의대의 연구 팀이 샤페론 단백질의 활동을 촉진하여 알츠하이머병의 치료 가능성을 보여 주는 약물을 개발 중이라고 밝혔다. 샤페론 단백질은 보호자 매개 자가 포식 과정에서 정상 단백질과는 다른 독특한 입체 형태를 가진 타우 단백질을 분해한다. 연구 팀은 약물을 이용해 샤페론 단백질이 이러한 결함이 있는 타우 단백질과 결합하여 결함이 있는 타우 단백질을 세포 소기관으로 운반해 분해하는 과정을 원활히 수행하도록 하였다.
>
> 　샤페론 단백질이 결함이 있는 타우 단백질을 세포 소기관으로 운반하기 위해서는 세포 소기관 수용체에 잘 접촉할 수 있어야 하는데, 연구 팀이 개발한 약물은 바로 이 수용체의 수를 증가시켜 샤페론 단백질의 활동 가능성을 높이고자 한 것이다.

① 보호자 매개 자가 포식 과정에서는 비정상적인 과정을 거쳐 잘못 접힌 단백질이 세포 내에서 분해되는 과정이 나타나기도 하겠군.

② 샤페론 단백질의 활동 가능성을 높이고자 한 것은 샤페론 단백질이 폴리펩타이드 사슬이 미리 접히지 않도록 돕는 역할을 활용한 것이겠군.

③ 약물을 통해 세포 소기관에 존재하는 수용체의 수를 늘리고자 한 것은 세포 내부에 쌓인 잘못 접힌 단백질의 분해가 원활히 이루어지도록 하기 위함이겠군.

④ 결함이 있는 타우 단백질을 원활히 분해하고자 한 것은 잘못 접힌 단백질이 신경 독성을 나타내거나 정상 단백질의 작용을 막는 것을 방지하기 위함이겠군.

⑤ 정상 단백질과는 다른 독특한 입체 형태를 가진 타우 단백질은 폴리펩타이드 사슬이 복잡한 3차원의 형태로 만들어지는 과정에서 문제가 발생한 결과이겠군.

[18~21] 다음 글을 읽고 물음에 답하시오.

　흥부는 집도 없어, 집을 지으려고 집 재목을 내려가려고 만첩청산에 들어가서 소부등·대부등을 와드렁 퉁탕 베어다가 안방·대청·행랑·몸채·내외 분합 물림퇴에 살미살창 가로닫이 입 구자로 지은 것이 아니라, 이놈은 집 재목을 내려 하고 수수밭 틈으로 들어가서 ㉠수수깡 한 뭇을 베어다가 안방·대청·행랑·몸채 두루 짚어 아주 작은 말집을 꽉 짓고 돌아보니, 수숫대 반 뭇이 그저 남았다. 방 안이 넓든지 말든지 양주* 드러누워 **기지개를 켜면**, 발은 마당으로 가고 대가리는 뒤꼍으로 맹자 아래 대문하고 **엉덩이는 울타리 밖으로 나가니**, 동리 사람이 출입하다가,

　"이 엉덩이 불러들이소."

하는 소리를 흥부 듣고 깜짝 놀라 대성통곡 우는 것이었다.

[A] ┌ "애고 답답 서럽구나. 어떤 사람은 팔자 좋아 대광보국숭록대부 삼정승과 육조 판서로 태어나서 고대광실 좋은 집에 부귀공명 누리면서 호의호식 지내는가. 내 팔자는 무슨 일로 말만 한 오막집에 별빛이 빈 뜰에 가득하니 지붕 아래 별이 뵈고, 청천한운세우시에 우대량이 방중이라. 문밖에 가랑비 오면 방 안에 큰비 오고, 해어진 자리와 허름한 베잠방이, 찬 방 안에 헌 자리 벼룩 빈대 등이 피를 빨아먹고, 앞문에는 살만 남고 뒷벽에는 외만 남아 동지섣달 한풍이 살 쏘듯 들어오고, 어린 자식 젖 달라 하고 자란 자식 밥 달라니 차└ 마 서러워 못 살겠네."

　가난한 중에 웬 자식은 풀마다 낳아서 한 **서른남은** 되니, 입힐 길이 전혀 없어, **한방에 몰아넣고 멍석으로 씌우고** 대강이만 내어놓으니, 한 녀석이 똥이 마려우면 뭇 녀석이 시배*로 따라간다. 그중에 값진 것을 다 찾는구나. 한 녀석이 나오면서,

　"애고 어머니, 우리 열구자탕에 국수 말아 먹었으면."

　또 한 녀석이 나앉으며,

　"애고 어머니, 우리 벙거지전골 먹었으면."

　또 한 녀석이 내달으며,

　"애고 어머니, 우리 개장국에 흰밥 조금 먹었으면."

　또 한 녀석이 나오며,

　"애고 어머니, 대추찰떡 먹었으면."

　"애고 이 녀석들아, **호박국도 못 얻어먹는데**, 보채지나 말려무나."

　또 한 녀석이 나오며,

　"애고 어머니, 왜 올부터 불두덩이 가려우니 날 장가들여 주오."

　이렇듯 보챈들 무엇 먹여 살려 낼까. 집 안에 먹을 것이 있든지 없든지 소반이 네 발로 하늘에 축수하고, 솥이 목을 매어 달렸고, 조리가 턱걸이를 하고, 밥을 지어 먹으려면 책력을 보아 갑자일이면 한 때씩 먹고, 생쥐가 **쌀알을 얻으려고** 밤낮 보름을 다니다가 다리에 가래톳이 서서 종기를 침으로 따고 **앓는 소리에 동리 사람이 잠을 못 자니**, 어찌 아니 서러울 건가.

[중략 부분 줄거리] 흥부는 다리를 다친 제비를 치료해 주고, 이듬해 봄 그 제비가 물어온 박씨를 심자 박 네 통이 열린다.

그달 저 달 다 지나가고 8, 9월이 다다라서 아주 견실하였으니, ⓒ박 한 통을 따 놓고 양주가 켰다.

"슬근슬근 톱질이야, 당기어 주소 톱질이야. 북창한월성미파에 동자박도 좋도다. 당하자손만세평에 세간박도 좋도다. 슬근슬근 톱질이야."

툭 타 놓으니, 오운이 일어나며 **청의동자 한 쌍**이 나오는데, 저 동자 거동 보소. 만일 봉래에서 학을 부르던 동자가 아니면 틀림없이 천태채약동이라. 왼손에 유리반 오른손에 대모반을 눈 위에 높이 들어 재배하고 하는 말이,

"천은병에 넣은 것은 죽은 사람을 살려 내는 환혼주요, 백옥병에 넣은 것은 소경 눈을 뜨이는 개안주요, 금잔지로 봉한 것은 벙어리 말하게 하는 개언초요, 대모 접시에는 불로초요, 유리 접시에는 불사약이니, 값으로 의논하면 억만 냥이 넘사오니 매매하여 쓰옵소서."

하고 간데없는지라, 흥부 거동 보소.

"얼씨고절씨고 즐겁도다. 세상에 부자 많다 한들 **사람 살리는 약**이 있을소냐."

흥부의 아내가 하는 말이,

"우리 집 약국을 연 줄 알고 약 사러 올 사람이 없고, 아직 효험 빠르기는 밥만 못하외."

흥부 말이,

"그러하면 저 통에 밥이 들었나 타 봅세."

하고 또 한 통을 탔다.

"슬근슬근 톱질이야, 우리 가난하기 일읍에 유명하매 주야 설워하더니, 부지허명 고대하던 천 냥을 일조에 얻었으니 어찌 좋지 않을 건가. 슬근슬근 톱질이야. 어서 타세 톱질이야."

[B]
툭 타 놓으니, 온갖 세간이 들었는데, 자개함롱·반닫이·용장·봉방·제두주·쇄금들미 삼층장·게자다리 옷걸이·쌍룡 그린 빗접고비·용두머리·장목비·놋촛대·광명두리·요강·타구 벌여 놓고, 선단이불 비단요며 원앙금침 잣베개를 쌓아 놓고, 사랑 기물로 보자면 용목쾌상·벼룻집·화류책장·각게수리·용연벼루·앵무 연적 벌여 놓고, 『천자』·『유합』·『동몽선습』·『사략』·『통감』·『논어』·『맹자』·『시전』·『서전』·『소학』·『대학』 등 책을 쌓았고, 그 곁에 안경·석경·화경·육칠경·각색 필묵 퇴침에 들어 있고, 부엌 기물을 의논하자면 노구새옹·곱돌솥·왜솥·전솥·통노구·무쇠두멍 다리쇠 받쳐 있고, 왜화기·당화기·동래 반상·안성 유기 등물이 찬장에 들어 있고, 함박·쪽박·이남박·항아리·옹박이·동체·깁체·어레미·김칫독·장독·가마·승교 등물이 꾸역꾸역 나오니, 어찌 좋지 않을쏜가.

– 작자 미상, 「흥부전」

*양주: 부부를 이르는 말.
*시배: 따라다니며 시중을 드는 일. 또는 그 하인.

18
▶ 24051-0166

[A]에 활용된 표현 방식에 대한 설명으로 적절하지 않은 것은?

① 특정 상황을 과장되게 표현하여 열악한 주거 환경을 부각한다.
② 타인과 자신의 처지를 비교하여 자신의 부정적 운명을 강조한다.
③ 감정을 직접적으로 언급하여 상황에 대한 부정적 인식을 토로한다.
④ 공간을 비유적으로 표현하여 과거로부터 현재까지 그 공간의 변화를 드러낸다.
⑤ 안팎, 앞뒤 등 대응되는 상황을 나열하여 자신과 가족들이 겪는 고통을 나타낸다.

19
▶ 24051-0167

[B]에 대한 설명으로 가장 적절한 것은?

① 책을 가까이해야 하는 선비로서 갖추어야 할 태도를 부각하고 있다.
② 여러 살림살이에 대한 사람들의 반응을 대조적으로 보여 주고 있다.
③ 살림살이가 위치하는 장소를 기준으로 물건을 분류하여 나열하고 있다.
④ 살림살이를 지나치게 탐하는 인물에 대한 비판적 인식을 강조하고 있다.
⑤ 물건에 대한 인물의 선호도에 따라 살림살이를 점층적으로 제시하고 있다.

20
▶ 24051-0168

㉠과 ㉡을 비교하여 이해한 내용으로 가장 적절한 것은?

① ㉠은 인물이 가지고 있는 포부를 상징하고, ㉡은 인물이 가지고 있는 의구심을 보여 준다.
② ㉠은 여러 인물이 대립하는 원인을 제시하고, ㉡은 여러 인물이 힘을 합쳐 이룬 결과를 제시한다.
③ ㉠은 인물이 처한 상황을 강조해서 보여 주고, ㉡은 인물이 처한 상황의 반전을 가져오는 소재에 해당한다.
④ ㉠은 인물이 현실에 대해 한탄하는 이유에 해당하고, ㉡은 인물이 진실을 깨우치게 되는 이유에 해당한다.
⑤ ㉠은 현실을 긍정적으로 수용하려는 인물의 태도를 보여 주고, ㉡은 현실에서 벗어나려는 인물의 의지를 보여 준다.

21

▶ 24051-0169

〈보기〉를 바탕으로 윗글을 감상한 내용으로 적절하지 <u>않은</u> 것은? [3점]

| 보기 |

「흥부전」에서는 구체적인 현실의 한 단면을 포착하여 당대 현실을 사실적으로 보여 주는 반면, 현실에서는 일어날 수 없는 비현실적 사건을 다루기도 한다. 한편으로는 인물이 처한 상황을 터무니없이 과장되게 그려 내기도 한다. 이를 통해 이 작품은 당대의 문제 상황을 고발하고 그에 대한 당대 사람들의 인식을 보여 주며, 대상에 대한 공감과 연민, 쾌감을 유발하거나 웃음을 유발하기도 한다.

① 방에서 '기지개를 켜면' '엉덩이는 울타리 밖으로 나가'는 장면은, 터무니없는 상황을 제시함으로써 흥부 일가의 가난함에 대한 연민을 이끌어 내는군.

② '서른남은'이나 되는 자식들을 '한방에 몰아넣고 멍석으로 씌'워 두는 장면은, 상황을 과장함으로써 자식들을 제대로 돌보지 못하는 흥부 부부의 상황에 대한 웃음을 유발하는군.

③ 흥부 아내가 '호박국도 못 얻어먹는'다고 말하며 자식들을 달래는 장면은, 구체적 상황을 언급함으로써 먹고살 길이 막막한 흥부 가족의 상황을 사실적으로 보여 주는군.

④ 흥부네 집에서 '쌀알을 얻으려'던 생쥐의 '앓는 소리에 동리 사람이 잠을 못 자'는 장면은, 상황을 비현실적으로 그려 냄으로써 경제적 어려움으로 인해 이웃과 갈등을 겪는 흥부 부부의 모습을 보여 주는군.

⑤ '청의동자 한 쌍'으로부터 흥부가 '사람 살리는 약'을 건네받는 장면은, 비현실적 상황을 제시함으로써 흥부가 일확천금을 얻게 될 것에 대한 쾌감을 이끌어 내는군.

[22~27] 다음 글을 읽고 물음에 답하시오.

(가) 산중을 매양 보랴 동해로 가쟈스라
　　남여(藍輿) 완보(緩步)하야 산영누의 올나하니
　　㉠녕농(玲瓏) 벽계(碧溪)와 수성(數聲) 뎨됴(啼鳥)는 니별을 원(怨)하는 듯
　　정긔(旌旗)를 떨치니 오색이 넘노는 듯
　　고각(鼓角)을 섯부니 해운(海雲)이 다 것는 듯
　　명사 길 니근 말이 취션(醉仙)을 빗기 시러
　　바다를 겻태 두고 해당화로 드러가니
　　백구야 나디 마라 네 버딘 줄 엇디 아냐

[A]　금난굴 도라드러 총셕뎡 올라하니
　　백옥누 남은 기동* 다만 네히 셔 잇고야
　　공슈(工倕)*의 셩녕*인가 귀부(鬼斧)로 다드믄가
　　구태야 뉵면은 므어슬 샹(象)톳던고

　　고성을란 뎌만 두고 삼일포를 차자가니
　　단셔(丹書)는 완연하되 사션(四仙)*은 어디 가니
　　예 사흘 머믄 후의 어디 가 또 머믈고
　　㉡션유담 영낭호 거긔나 가 잇는가
　　청간뎡 만경대 몃 고대 안돗던고
　　　　　　　　　(중략)

　　텬근(天根)을 못내 보와 망양뎡의 올은말이
　　바다 밧근 하늘이니 하늘 밧근 므서신고
　　㉢갓득 노한 고래 뉘라셔 놀내관대
　　블거니 뿜거니 어즈러이 구는디고
　　은산(銀山)을 것거 내여 뉵합(六合)의 나리는 듯
　　오월 댱텬(長天)의 백셜(白雪)은 므사 일고
　　져근덧 밤이 드러 풍낭이 뎡(定)하거늘
　　부상(扶桑) 지척(咫尺)의 명월을 기다리니
　　셔광(瑞光) 천댱(千丈)이 뵈는 듯 숨는고야
　　쥬렴을 고텨 것고 옥계를 다시 쓸며
　　계명셩* 돗도록 곳초 안자 바라보니
　　백년화(白蓮花) 한 가지를 뉘라셔 보내신고
　　㉣일이 됴흔 셰계 남대되 다 뵈고져
　　뉴하쥬(流霞酒)* 가득 부어 달다려 무론 말이
　　영웅은 어디 가며 사션(四仙)은 긔 뉘러니
　　아매나 맛나 보아 녯 긔별 뭇쟈 하니
　　션산(仙山) 동해(東海)예 갈 길히 머도 멀샤
　　숑근(松根)을 베여 누어 풋잠을 얼픗 드니
　　꿈애 한 사람이 날다려 닐온 말이
　　그대를 내 모르랴 **샹계(上界)예 진션(眞仙)**이라
　　황뎡경(黃庭經)* 일자(一字)를 엇디 **그릇 닐거 두고**
　　인간의 내려와셔 우리를 딸오는다
　　져근덧 가디 마오 이 술 한 잔 머거 보오

북두셩(北斗星) 기우려 창해슈(滄海水) 부어 내여
저 먹고 날 머겨늘 서너 잔 거후로니
화풍(和風)이 습습(習習)하야 *냥액(兩腋)을 추혀 드니
구만리 댱공(長空)애 져기면 날리로다
이 술 가져다가 사해(四海)예 고로 난화
억만 창생을 다 취케 맹근 후의
그제야 고텨 맛나 또 한 잔 하쟛고야
ⓒ **말 디쟈 학을 타고 구공(九空)의 올나가니**
공듕 옥쇼(玉簫) 소래 어제런가 그제런가
나도 잠을 깨여 바다할 구버보니
기픠를 모르거니 가인들 엇디 알리
명월이 천산 만낙(千山萬落)의 아니 비쵠 대 업다

– 정철, 「관동별곡」

* **남여 완보하야:** 남여(가마)가 천천히 나아가.
* **백옥누 남은 기동:** 총석정 앞의 돌기동.
* **공슈:** 중국 고대의 솜씨 좋은 장인의 이름.
* **성녕:** 솜씨.
* **사선:** 신라 때의 선도(仙徒) 네 사람.
* **계명성:** 샛별.
* **뉴하쥬:** 신선이 먹는다는 술.
* **황뎡경:** 도가의 경서로, 이 경서의 한 글자만 잘못 읽어도 이 세상에 내쳐진다는 말이 있음.
* **화풍이 습습하야:** 바람이 부드럽게 부는 모양.
* **냥액:** 양 겨드랑이.
* **천산 만낙:** 온 세상.

(나) 사장(沙場)은 물새가 없이 너무 너르고 그 건너 포플러의 행렬은 이 개포의 돛대들보다 더 위엄이 있다. 오래 머물지 못하는 돛대들이 쫓겨 달아나듯이 하구(河口)를 미끄러져 도망해 버린다. 나무 없는 건넌산들은 키가 돛대보다 낮다. 피부 빛은 사공들의 잔등보다 붉다. 물속에 들어간 닻이 얼마나 오래 있나 보자고 산들은 물 위를 바라보고들 있는 듯하다.

개포에는 낮닭이 운다. 기슭 핥는 물결 소리가 닭의 소리보다 낮게 들린다. 저 아래 철교 아래 사는 모터보트가 돈 많은 집 서방님같이 은회색 양복을 잡숫고* 호기 뻗친 노라리* 걸음으로 내려오곤 한다. 빈 매생이가 발길에 차이고 못나게 출렁거리며 운다.

커다란 금 휘장의 모자를 쓴 운전수들이 빈손 들고 내려서는 동둑을 넘어서 무엇을 찾는 듯이 구차한 거리로 들어간다. **구멍 나간 고의를 입은** 사공들을 돌아다보지 않는 것이 그들의 예의이다. 모두 머리를 모으고 몸을 비비대고 들어선 배들 앞에는 언제나 운송점의 빨간 트럭 한 대가 놓여 있다. 때때로 풍풍풍풍…… 거리는 것은 아마 시골 손들에게 서울의 연설을 하는지 모른다.

여의도에 비행기가 뜨는 날 **먼 시골 고장의 배가 들어서는 때**가 있다. 돛대 꼭두마리의 팔랑개비를 바라보던 버릇으로 뱃사람들은 비행기를 쳐다본다. 그리고 돛대의 흰 깃발이 말하듯이

그렇게 하늘이 무서운 것이 아니라고 생각한다. 이럴 때에 영등포를 떠나오는 기차가 한강 철교를 건넌다. 시골 운송점과 정미소에서 내는 **신년 괘력(掛曆)*의 그림**이 정말이 되는 때다.

"마포는 참 좋은 곳이여!" 뱃사람의 하나는 반드시 이렇게 감탄한다.

흰 수염 난 늙은이가 매생이에서 낚대를 드리우지 않는 날을 누가 보았나? 요단강의 영지(靈智)*가 물 위에 차 있을 듯한 곳이다. 강상(江上)에 흐늑이는* 나룻배를 보면 「비파행」*의 애끊는 노래가 들리지 않나 할 곳이다.

뗏목이 먼저 강을 내려와서 강을 올라오는 배를 맞는 일이 많다. 배가 떠난 뒤에도 얼마를 지나서야 뗏목이 풀린다. 뗏목이 낯익은 배들을 보내고 나는 때에 개포의 작은 계집아이들이 빨래를 가지고 나와서 그 잔등에 올라앉는다. 기름 바른 머리 분칠한 얼굴이 **예가 어덴가 하고 묻고 싶어 할** 것이 **뗏목의 마음인지** 모른다.

뱃지붕을 타고 먼산바라기를 하는 사람들은 저 산 그 너머 산 그 뒤로 보이는 하이얀 산만 넘으면 고향이 보인다고들 생각한다. 서울 가면 아무 데 산이 보인다고 마을에서 말하고 떠나온 그들이 서울의 개포에 있는 탓이다.

배들은 낯선 개포에서 **본(本)과 성명을 말하기를 싫어**한다. 그들은 머리에다 커다랗게 붉은 글자로 백천(百川), 해주(海州), 아산(牙山)…… 이렇게 뻐젓한 본을 달고 금파환(金波丸), 대양환(大洋丸), 순풍환(順風丸), 이렇게 아름답고 길상(吉祥)한 이름을 써 붙였다. **그들은** 이 개포의 맑은 하늘 아래 뽈사납게 서서 흰 구름과 눈빨기*를 하는 **전기 공장의 시꺼먼 굴뚝이 미워서** 이 강에 정을 못 들이겠다고 **말없이 가 버린다.**

– 백석, 「마포」

* **개포:** 마포의 포구.
* **잡숫고:** 입고.
* **노라리:** 건달처럼 빈둥거리는 짓.
* **매생이:** 돛이 없는 작은 배.
* **괘력:** 벽이나 기둥에 걸어 놓고 보는 일력(日曆)이나 달력.
* **영지:** 신령스럽고 기묘한 지혜.
* **흐늑이는:** 느리고 부드럽게 흔들리는.
* **비파행:** 중국 당나라 시인 백거이가 지은 칠언 고시.
* **눈빨기:** '눈 흘기기'의 평북 방언.

22

▶ 24051-0170

(가)와 (나)의 공통점으로 가장 적절한 것은?

① 인용의 방식을 통해 글쓴이의 과거 행적을 제시하고 있다.
② 역사적 인물들을 거론하며 회고적 분위기를 조성하고 있다.
③ 명령적 어조를 통해 세태에 대한 부정적 시각을 나타내고 있다.
④ 구체적인 청자를 설정하여 자연에서 얻은 깨달음을 밝히고 있다.
⑤ 사물에 인격을 부여하여 공간에 대한 글쓴이의 인식을 드러내고 있다.

23

▶ 24051-0171

〈보기〉를 바탕으로 (가)의 화자에 대해 이해한 내용으로 적절하지 않은 것은? [3점]

┌─ 보기 ┌

　　고전 문학에서 적강 모티프는 일반적으로 천상계의 신선이 죄를 지어 인간계로 쫓겨나 죗값을 치른 후에 다시 복귀하는 것을 의미한다. (가)에서 적강 모티프는 화자가 남다른 자질과 능력을 지닌 인물임을 드러내는 데 효과적인 장치로 작용한다. 화자는 이러한 자질과 능력을 통해 목민관으로서 먼저 백성을 즐겁게 한 후에 나중에 자신이 즐기겠다는 선우후락(先憂後樂)을 고려한 선정의 포부를 밝히고 있다. 그리고 자신이 다스리는 관동 지방을 교화시켜 백성들이 임금의 덕을 누리게 하겠다는 소망을 상징적인 자연물을 통해 드러내고 있다.

① 자신을 '취션'과 '샹계예 진션'에 빗대어 천상계에서 내려온 존재임을 드러내고 있군.
② 자신과 '사션'을 비교하여 '영웅은 어디 가며 사션은 긔 뉘러니'라고 평가함으로써 인간계에서 자신의 능력이 가장 뛰어남을 드러내고 있군.
③ '황뎡경'을 '그릇 닐거 두고' 인간계로 내려왔다는 것을 통해 자신의 현재의 삶이 천상계에서 지은 죗값을 치르는 과정과 관련이 있음을 드러내고 있군.
④ '이 술 가져다가' '억만 창생을 다 취케 맹근'다는 말을 통해 자신이 목민관으로서 먼저 백성을 즐겁게 만드는 선정을 베풀겠다는 포부를 드러내고 있군.
⑤ '명월이 천산 만낙의 아니 비쵠 대 업다'를 통해 백성들이 임금의 덕을 누리는 상황을 드러내고 있군.

24

▶ 24051-0172

〈보기〉는 (가)의 총석뎡을 소재로 한 다른 작품의 일부이다. 〈보기〉와 [A]를 비교한 내용으로 적절하지 않은 것은?

┌─ 보기 ┌

총석정 좋단 말을 일찍이 들었거니
바람 불면 못 보려니 몰아라 어서 보자
벽해 위의 높은 집이 저것이 총석정인가
올라 보니 후면이라 전면으로 보오리라
배 대어라 사공들아 풍랑이 일지 않아
층파로 돌아 저어 총석 전면 보게 하라
배 띄워라 굽이마다 따라 저어 볼 양이면
영소전 태을궁*을 지으려고 경영턴가
돌기둥 천백 개를 육각으로 깎아 내어
개개이 묶어 세워 몇만 년이 되었던지
황량한 데 벌였으니 배 없어 못 실린가

　　　　　　　　　　　　　　– 구강, 「총석곡」에서

＊태을궁: 옥황상제가 사는 궁궐.

① 〈보기〉와 달리 [A]에서는 총석정으로 이동하기 전에 경유한 장소를 제시하고 있다.
② [A]와 달리 〈보기〉에서는 바다에서 배를 타고 총석정 일대를 둘러보고 있다.
③ [A]와 달리 〈보기〉에서는 총석정을 방문할 때 기상 상황에 신경을 쓰는 모습을 보이고 있다.
④ 〈보기〉와 [A]는 모두 구체적 수치를 통해 돌기둥의 외양을 나타내고 있다.
⑤ 〈보기〉와 [A]는 모두 총석정 주변의 절경을 감상하는 시간이 짧다는 아쉬움을 드러내고 있다.

25

▶ 24051-0173

㉠~㉢에 대한 설명으로 가장 적절한 것은?

① ㉠: 떠나기 싫은 자신의 심정을 자연물이 느끼는 것처럼 표현하고 있다.
② ㉡: 일행과 헤어진 후 그들의 행동을 추측해서 나열한 후 재회를 기대하고 있다.
③ ㉢: 관찰한 동물의 역동적인 움직임을 묘사하며 현장감을 부각하고 있다.
④ ㉣: 신하로서 임금에게 아름다운 광경을 보여 드리고 싶다는 충성심이 담겨 있다.
⑤ ㉤: 꿈에서 깨어나 현실로 돌아오는 장면을 구체적으로 묘사하고 있다.

26

▶ 24051-0174

〈보기〉를 참고하여 (나)를 감상한 내용으로 적절하지 <u>않은</u> 것은?

> ┌ 보기 ┐
>
> (나)는 1930년대 경성의 남서쪽에 위치한 마포의 풍광을 묘사한 수필이다. 글쓴이는 이 작품에서 새롭고 화려한 느낌을 주는 근대적 요소와 오래된 느낌을 주는 전통적 요소가 공존하는 상황을 통해 마포의 양면적 특성을 나타내고 있다. 그리고 마포를 드나드는 사람들의 모습을 통해 도시에 대한 타지 사람들의 반응을 나타내고 있다.

① '커다란 금 휘장의 모자를 쓴'과 '구멍 나간 고의를 입은'은 사람들의 차림새의 대비를 통해 도시에 근대적 요소와 전통적 요소가 공존하는 상황을 나타낸 것이군.
② '먼 시골 고장'의 '뱃사람의 하나'가 포구에서 '신년 괘력의 그림'을 살펴보며 감탄하는 태도는 타지 사람이 도시의 문물에 대해 긍정적 반응을 나타낸 것이군.
③ '흰 수염 난 늙은이'가 매일 여유롭게 '매생이에서 낚대를 드리우'는 모습은 도시에서 발견할 수 있는 전통적 요소를 나타낸 것이군.
④ '예가 어덴가 하고 묻고 싶어 할' '뗏목'과 '본(本)과 성명을 말하기를 싫어'하는 '배들'은 도시에 들어선 타지 사람의 심리를 투영하여 나타낸 것이군.
⑤ '그들'이 '전기 공장의 시꺼먼 굴뚝이 미워서' '말없이 가 버'리는 광경은 '그들'이 도시의 환경에 대해 부정적 인상을 지닌 채 고향으로 돌아가는 상황을 나타낸 것이군.

27

▶ 24051-0175

(나)에 대한 설명으로 적절하지 <u>않은</u> 것은?

① 마포 포구의 건너편에는 헐벗어 붉은색을 띠고 있는 민둥산들이 자리 잡고 있다.

② 철교 밑에 있던 은회색 모터보트가 물결을 일으키며 마포 포구로 이동하고 있다.

③ 마포 포구에 정박한 배들 앞에 엔진 소리를 내는 빨간 트럭이 주차되어 있다.

④ 예쁘게 단장한 계집아이들이 마포 포구에 정박한 배 위로 올라가 빨래를 하고 있다.

⑤ 마포 포구에 있는 뱃사람들이 뱃지붕에 올라가 고향 쪽을 바라보고 있다.

[28~31] 다음 글을 읽고 물음에 답하시오.

어제 우연히 책 정리를 하다 보니 낯익은 배경을 두르고 윤정이의 어깨에 팔을 걸뜨린 채 다정스레 찍은 **사진**이 발등에 떨어졌다. 둘은 너무나도 환히 웃고 있었다. 특히 이마가 초가집 지붕 선처럼 푸근하고 서늘했던 그녀. 우리에게도 이렇게 환한 웃음이 깃들인 적이 있었던가. 그는 갑자기 **콧마루가 시큰**해져 왔다. 둘 뒤에 **이파리 무성한 갈매나무**가 눈에 띄었던 것이다. 그 갈매나무만 아니었다면 두현이 불현듯 출판사에 지독한 몸살이라는 전화를 넣고 ㉠이렇듯 '아름다운 지옥'을 향해 실성한 사내처럼 마음만 급해 허둥지둥 비바람 부는 들판을 가로질러 가고 있진 않았을 것이다.

갈매나무는 두현의 기억이 미칠 수 있는 어린 시절부터 **내면에 자리 잡아 온** 움직일 수 없는 한 풍경이었다. 어릴 적 한때 할머니의 손에서 자란 두현이도 그 갈매나무와 더불어 컸다. 할머니 집 안마당에 어른 키의 갑절만큼 자라 있던 그 늙은 나무는 노년 들어 홀로 대청마루에 나앉는 일이 잦았던 할머니에게는 무언의 친구이기도 했을 터였다.

가지 끝에 뾰족뾰족한 가시를 달고 있는 **그 갈매나무**는 두현에겐 **지옥이자 천당**이었다. 갈매나무 아래서 윤정이와 사진을 찍고 난 다음 그녀와 가진 첫 입맞춤이 천당에 대한 기억에 해당한다면 아내가 됐던 윤정이와 이 년이 채 안 돼 헤어지기로 동의한 다음 이혼 서류에 마지막으로 도장을 찍고 내려가 찾아뵌 **할머니 집 앞의 갈매나무**는 바로 캄캄한 지옥이었다.

현아 니 맴이 많이 아프제…….

두현은 두렵고 송구스런 마음 때문에 엎드려 드린 큰절을 차마 일으키지 못하고 등짝을 들썩거리며 흐느꼈다. ㉡그 격정의 잔등을 삭정이처럼 야윈 할머니의 손길이 잔잔히 더듬고 지나갔다.

할머니…… 이 매욱한* 손자가 세상에 다시없는 불효를 저지르고 이렇게 찾아뵈었으니 이 일을 어쩌면 좋습니까? 호되게 꾸짖어 주세요, 부디!

꾸짖긴 눌로? 어림도 없지러. 니가 아프면 낼로(나를) 찾아와야지 그럼 눌로(누구를) 찾아…… 옹냐 잘 왔네라. 에구 불쌍한 내 새끼야, 니 맴 할미가 알제 하모 하모…….

부엌 문짝에 옆 이마를 기대어 집게손가락으로 눈가를 꼭꼭 찍어 누르고 섰던 작은숙모한테 더운밥을 지어 내오도록 한 할머니는 그가 물에 만 밥그릇을 앞에 두고 천근만근으로 무거워진 깔깔한 밥술을 놀리는 걸 지켜보다가 숙모의 부축을 받아 갈매나무 아래 평상에 나앉으셨다. 그러고는 등을 돌린 채 눈물을 지으셨다. ㉢두현은 밥이 아니라 눈물을 떠 넣고 씹었다.

지집한테 찔리운 까시는 오래가는 벱인디…….

할머니가 갈매나무 우듬지께를 망연자실한 눈길로 쳐다보시며 중얼거렸다. 그러자 그도 어릴 적 겁도 없이 갈매나무에 오르려다 **가시에 찔려 떨어졌던** 기억이 났던 것이다. 아마 할머니도 그

실전 모의고사 1회 실전 모의고사 2회 실전 모의고사 3회 실전 모의고사 4회 실전 모의고사 5회

때 기억 때문에 더 북받치시는 것일지도 모를 일이었다. 눈물이 그렁그렁한 어린 손자의 손바닥에 깊숙이 박힌 가시를 입김을 몇 번이고 호호 불어 가면서 빼 주실 때 해 주던 할머니의 말씀이 새삼 엊그제 일인 양 생생할 뿐이었다.

까시 아프제? 앞으로두 세상의 숱해 많은 까시가 널 괴롭힐지도 모르제. 그래도 사내니깐 울지는 말그래이. 그럴수록 **더 독한 까시를 가슴속에 품어야** 하니라. 알긋제?

야아…… 할무이.

세상의 독한 가시를 이기라는 그 말씀은 삼 년 전 늦깎이 시인으로 등단한 그가 여태껏 **시의 화두로** 삼아 온 것이었다.

[중략 부분 줄거리] 두현이 찾아간 '아름다운 지옥'은 이제 찻집이 아닌 오리탕 전문점으로 바뀌어 있었고, 두현은 그 식당의 여주인과 이야기를 나눈다.

아내가 가고 없는 그 신혼방에서 두현은 한사코 자신에게서 달아나려는 어떤 아이에 대한 꿈을 서너 번 꾸었다. 힐끗 뒤를 돌아다보는 꿈속의 작은 아이는 그를 닮아 보일 때도 있었고 얼굴이 하얗게 지워져서 나타날 때도 있었다. 아주 무서운 꿈이었다. ㉣꿈자리에서 깨어날 때마다 그는 눈물이 핑 돌아 낯선 곳에서 잠이 설깬 아이처럼 훌쩍거리곤 했다.

그래서요?

그래서 그렇다는 말이죠.

에이, 시시해. 그럼 전 부인은 진짜 유학을 갔어요?

아직까지 한 번도 못 만났으니 그럴 가능성도 있을 겝니다.

그럼 요즘도 아이 꿈을 꾸세요?

아뇨. 요즘은 한 나무에 대한 꿈을 꾸는 편이죠.

나무요?

나뭅니다. 아주 헌걸차고 씩씩한 녀석이죠. 바로 **수칼매나무**입니다. 갈매나무가 암수딴그루 나무인 건 아시죠?

암수딴그루라뇨?

왜, 은행나무처럼 암수가 따로 있다 이겁니다. 제가 여태껏 보아 온 건 모두 암그루였죠. 아직 수그루를 한 번도 보지 못했죠. ㉤아마 어느 깊은 계곡 어디에선가 뿌리를 박고 홀로 눈보라와 찬비와 거친 바람을 맞으며 **추운 계절을 꿋꿋이 견디며** 힘차게 수액을 높은 우듬지 위로 뽑아 올리는 자태를 간직한 수그루를 알아보게 될 겁니다. 그런 날이 꼭 올 겁니다. 제 꿈이 그렇거든요. 그놈을 봤어요. 한 번도 아니고, 두 번도 아니고…… 몹시 앓을 땐 내가 직접 그 수칼매나무가 되는 꿈을 꿔요. 아주 편안한 나무가 되는 꿈을 꿔요.

– 김소진, 「갈매나무를 찾아서」

*매욱한: 하는 짓이나 됨됨이가 어리석고 둔한.

28
▶ 24051-0176

윗글의 서술상 특징으로 가장 적절한 것은?

① 작품 속 등장인물을 서술자로 설정하여 인물의 내면 심리가 직접적으로 드러나고 있다.
② 인물의 상상과 현실의 사건을 구분하지 않고 서술하여 비현실적 성격이 부각되고 있다.
③ 부분적으로 역전적 구성을 활용하여 현재의 상황과 과거의 기억이 혼재되어 나타나고 있다.
④ 모든 대화를 인용 부호 없이 제시하여 특정 인물의 입장에서 대화 내용이 재구성되고 있다.
⑤ 인물의 행동이 변화하는 양상을 자세히 묘사하여 인물 간 갈등이 심화되는 과정이 제시되고 있다.

29
▶ 24051-0177

윗글의 인물들에 대한 설명으로 적절하지 않은 것은?

① '두현'은 '윤정'과 헤어진 일이 '할머니'에게 불효를 저지른 것이라고 여기고 있다.
② '할머니'는 '윤정'으로 인한 '두현'의 아픔이 오랫동안 지속될 수 있음을 우려하고 있다.
③ '두현'은 '할머니'와의 대화를 통해 '윤정'과의 이별이 치유될 수 없는 상처임을 깨닫고 있다.
④ '할머니'는 '두현'이 '윤정'으로 인해 힘든 상황에서 자신을 찾아온 것에 대해 포용적 입장을 보이고 있다.
⑤ '두현'은 자신과 '윤정'으로 인해 속상해하는 '할머니'를 보며 어릴 적 보살핌을 받았던 경험을 떠올리고 있다.

30

► 24051-0178

㉠~㉤에 대해 이해한 내용으로 적절하지 <u>않은</u> 것은?

① ㉠: 인물이 이동하는 모습을 실성한 사내에 비유하여 불안정한 심리를 부각하고 있다.

② ㉡: 촉각적인 표현을 활용하여 상대를 위로하고자 하는 인물의 마음을 보여 주고 있다.

③ ㉢: 밥을 마치 눈물인 것처럼 여기는 발상을 바탕으로 인물의 무거운 마음을 부각하고 있다.

④ ㉣: 낯선 곳에서 잠이 설깬 아이에 빗대어 인물이 처한 상황에 따른 서럽고 무서운 심리를 나타내고 있다.

⑤ ㉤: 대상의 외양을 구체적으로 묘사하여 상대가 자신의 가치를 알아주기를 바라는 인물의 마음을 표현하고 있다.

31

► 24051-0179

〈보기〉를 바탕으로 윗글을 감상한 내용으로 적절하지 <u>않은</u> 것은?

[3점]

> ┌ 보기 ┐
>
> 문학 작품에서 자연물은 작품 속 인물이 살아가는 현실에 실재하는 사실적 배경으로 기능하기도 하지만, 인물의 내면 의식을 상징적으로 드러내는 가상적 소재로 기능하기도 한다. 「갈매나무를 찾아서」에는 이러한 두 가지 유형의 자연물이 혼재되어 나타난다. 작품 속에서 인물이 자신의 과거 경험들에 대해 가지고 있는 인식과 자신의 삶을 대하는 자세는 모두 특정 자연물을 중심으로 제시되고 있는데, 이때 이러한 두 유형의 자연물이 각기 지니고 있는 속성과 함축적 의미가 서로 관련을 맺으면서 인물이 추구하는 삶의 방향이 우회적으로 드러난다.

① 두현이 '사진'을 보며 '콧마루가 시큰해'지는 것을 느끼게 만든 '이파리 무성한 갈매나무'는, 두현에게 문득 과거의 시간을 떠올리게 만드는 사실적 배경으로 기능하고 있다고 볼 수 있겠어.

② 두현이 자신의 '내면에 자리 잡아 온' '그 갈매나무'를 '지옥이자 천당'으로 여기는 것은, 두현에게 그 갈매나무가 사랑과 이별의 상반된 경험이 공존하는 이중적 대상으로 인식되고 있음을 보여 준다고 할 수 있겠어.

③ 두현이 윤정과 헤어진 뒤 찾아간 '할머니 집 앞의 갈매나무'는, '가시에 찔려 떨어졌던' 어린 날의 기억을 상기하게 하여 두현이 현재 겪고 있는 심리적 아픔을 유발하는 실질적 원인을 상징하는 것이라 볼 수 있겠어.

④ 두현이 '더 독한 까시를 가슴속에 품어야' 아픔을 이길 수 있다는 할머니의 말씀을 '시의 화두'로 삼았다는 것은, 두현이 갈매나무 가시에 함축된 역설적 의미에 주목한 삶의 자세를 추구하고 있음을 드러낸다고 볼 수 있겠어.

⑤ 두현이 '추운 계절을 꿋꿋이 견디며' 서 있는 '수칼매나무'에 대한 꿈을 계속 꾼다는 것은, 현실의 아픔에 정면으로 맞서 나가고자 하는 두현의 내면 의식이 가상적 자연물을 통해 우회적으로 드러난 것이라 할 수 있겠어.

[32~34] 다음 글을 읽고 물음에 답하시오.

(가) 오렌지에 아무도 손을 댈 순 없다
오렌지는 **여기 있는 이대로의 오렌지**다
더도 덜도 안 되는 오렌지다
내가 보는 오렌지가 나를 보고 있다

마음만 낸다면 나도
오렌지의 포들한 껍질을 벗길 수 있다
마땅히 그런 오렌지
만이 문제가 된다

마음만 낸다면 나도
오렌지의 찹잘한 속살을 깔 수 있다
㉠마땅히 그런 오렌지
만이 문제가 된다

그러나 오렌지에 아무도 손을 댈 순 없다
대면 순간
오렌지는 오렌지가 아니 되고 만다
내가 보는 오렌지가 나를 보고 있다

㉡나는 지금 위험한 상태다
오렌지도 마찬가지 위험한 상태다
㉢시간이 똘똘
배암의 또아리를 틀고 있다

그러나 다음 순간
오렌지의 포들한 껍질에
한없이 **어진 그림자**가 비치고 있다
누구인지 잘은 아직 몰라도.

― 신동집, 「오렌지」

(나) 거울속에는소리가없소
저렇게까지조용한세상은참없을것이오

거울속에도내게귀가있소
내말을못알아듣는딱한귀가두개나있소

거울속의나는왼손잡이오
㉣내악수(握手)를받을줄모르는―악수를모르는왼손잡이오

거울때문에나는거울속의나를만져보지를못하는구료마는
㉤거울이아니었던들내가어찌거울속의나를만나보기만이라

도했겠소

나는지금(至今)거울을안가졌소마는거울속에는늘거울속의
내가있소
잘은모르지만외로된사업(事業)에골몰할게요

거울속의나는참나와는반대(反對)요마는
또꽤닮았소
나는거울속의나를근심하고진찰(診察)할수없으니퍽섭섭하오

― 이상, 「거울」

32
▶ 24051-0180

(가), (나)의 공통점으로 가장 적절한 것은?

① 인간과 사물을 대비하며 인간의 위선을 고발하고 있다.
② 공간 이동에 따라 달라지는 대상의 특징을 제시하며, 대상이 가진 한계를 부각하고 있다.
③ 대상과 화자의 관계성을 제시하며, 화자의 소망이 쉽게 이루어질 수 없음을 드러내고 있다.
④ 감각적으로 파악할 수 없는 상황을 제시하며, 화자와 대상이 결합된 상황을 강조하고 있다.
⑤ 대상이 변화하는 과정을 순차적으로 제시하며, 대상에 대한 화자의 인식을 드러내고 있다.

33

▶ 24051-0181

㉠~㉤에 대한 이해로 적절하지 않은 것은?

① ㉠: '나'에 의해 달라질 수 있는 오렌지를 드러낸다.

② ㉡: 대상을 파악하고픈 욕구로 인해 오히려 대상을 변질되게 만들 수 있는 상황에 놓여 있음을 드러낸다.

③ ㉢: 추상적인 관념을 감각적으로 형상화하여 긴장감을 조성하고 있다.

④ ㉣: 소통하고 싶지만 소통할 수 없는 상황을 드러내고 있다.

⑤ ㉤: 사물이 지닌 이중성으로 인해 발생한 다른 대상과의 단절감을 부각하고 있다.

34

▶ 24051-0182

〈보기〉를 참고하여 (가), (나)를 감상한 내용으로 적절하지 않은 것은? [3점]

| 보기 |

인간은 나는 누구인가, 혹은 나의 본질적 자아는 무엇인가에 대한 고민을 오랫동안 해 왔다. 이와 같은 고민은 (가)에서는 자신과 다른 대상의 본질에 다가가고자 하는 '나'의 소망으로 드러나고, (나)에서는 자신이 본질적 자아와 현실적 자아로 분열되어 있다고 느끼는 '나'가 이러한 분열을 극복하기 위해 자신을 성찰하는 모습으로 드러난다. 두 작품은 모두 본질을 파악하거나 분열을 극복하는 것에는 어려움이 따르고, 때로는 그 단절감이 더욱 깊어지는 듯한 괴로움이 있음을 드러내며 인간의 오랜 고민을 해결하는 것이 쉽지 않음을 보여 준다. 그러나 이렇게 어렵기에 지속적으로 고민할 가치가 있는 문제임을 드러내는 것이기도 하다.

① (가)의 '여기 있는 이대로의 오렌지'는 '오렌지'라는 대상이 지닌 본질을 그대로 가지고 있는 상태임을 의미하겠군.

② (가)의 '오렌지가 나를 보고 있다'는 것은 인간이 분열된 자아로 인해 겪는 괴로움을 드러낸 것이겠군.

③ (나)의 '나는지금거울을안가졌소마는거울속에는늘거울속의내가있소'는 본질적 자아와 현실적 자아가 분열된 상태를 드러낸 것이겠군.

④ (가)의 '오렌지는 오렌지가 아니 되고 만다'와 (나)의 '거울때문에나는거울속의나를만져보지를못하는구료마는'은 본질 탐색의 어려움을 드러낸 것이겠군.

⑤ (가)의 '어진 그림자'는 어려움에도 불구하고 본질 탐색을 지속할 것을 암시하고, (나)의 '나는거울속의나를근심하고진찰할수없으니퍽섭섭하오'는 성찰을 통한 분열 극복이 쉽지 않음을 보여 주는 것이겠군.

[35~36] 다음 글을 읽고 물음에 답하시오.

하나의 형태소는 언제나 똑같은 소리로 실현되는 경우도 있지만, 앞뒤 환경에 따라 음운 변동이 일어나서 다른 소리로 실현되는 경우도 있다. 가령 '땅'이라는 말은 어떤 경우에도 음운 변동이 일어나지 않아 언제나 똑같은 소리로 실현된다. 그러나 '밭'은 그렇지 않다.

> (가) 밭을[바틀] …… [바ㅌ]
> (나) 밭이[바치] …… [바ㅊ]
> (다) 밭도[받또] …… [받]
> (라) 밭만[반만] …… [반]
> (마) 텃밭을, 텃밭이, 텃밭도, 텃밭만

원래의 소리가 유지되는 (가)와 달리 (나)~(라)에서는 '밭'이 그 뒤에 어떤 형태소가 오느냐에 따라 음운 변동이 일어나고 있다. 이에 더해 (마)에서 각각의 '밭'은 모두 'ㅂ'이 'ㅃ'으로 바뀌는 음운 변동이 일어난다. 결국 '밭'이라는 형태소는 앞뒤 환경에 따라 총 여덟 가지의 소리로 실현된다.

만약 한글 맞춤법에서 소리를 그대로 적는 것을 원칙으로 한다면, 이 경우 하나의 똑같은 형태소를 여덟 가지의 다른 표기로 적게 되어 매우 복잡한 문자 생활을 하게 될 것이다. 그러나 현행 한글 맞춤법에서는 표준어를 소리대로 적되, 어법에 맞도록 함을 원칙으로 한다고 규정하고 있다. '어법에 맞도록 함'은 하나의 형태소가 여러 소리로 실현되더라도 그것을 하나의 표기로 고정한다는 뜻으로서 문자 표기와 해독의 효율을 추구하기 위한 것이다.

그러나 어법에 맞도록 한다는 원칙에는 예외가 있다. 한글은 기본적으로 소리를 적는 문자이기 때문에 현대 국어의 음운 변동 규칙으로 설명할 수 없는 경우에는 어법에 맞도록 적는 것을 포기하고 소리대로 적는 경우가 대표적이다. 가령 '아름답-'과 '-어'가 결합할 때 '아름답어'가 아니라 '아름다워'로 활용되는데, 이는 음운 변동 규칙으로 설명할 수 없으므로 소리 나는 대로 표기된다. 이 밖에도 ([A]   )는 것과 같은 예를 더 들 수 있다.

35
▶ 24052-0183

(가)~(마)의 '밭'의 발음을 설명한 것으로 적절하지 <u>않은</u> 것은?

① (가): 앞 음절 종성이 뒤 음절로 연음이 되었고 어떠한 음운 변동도 일어나지 않았다.
② (나): 구개음화가 적용되어 'ㅌ'이 'ㅊ'으로 바뀌는 음운 변동이 한 번 일어났다.
③ (다): 음절의 끝소리 규칙이 적용되어 'ㅌ'이 'ㄷ'으로 바뀌는 음운 변동이 한 번 일어났다.
④ (라): 음절의 끝소리 규칙, 비음화가 적용되어 두 번의 음운 변동이 일어났다.
⑤ (마): 'ㅂ'이 앞에 있는 마찰음 'ㅅ'의 영향을 받아 된소리되기가 한 번 일어났다.

36
▶ 24052-0184

ㄱ~ㅁ 중 [A]에 들어갈 수 있는 사례로 알맞은 것만을 있는 대로 고른 것은? [3점]

> ㄱ. '푸르다'처럼 어간 '푸르-'에 어미 '-었-'이 결합할 때 '었'의 바뀐 소리인 '렀'을 그대로 적는다
> ㄴ. '딱하다'처럼 어근에 '하다'가 붙어서 된 용언은 그 '하다'를 밝혀 적는다
> ㄷ. '집만'처럼 체언에 조사가 결합했을 경우에는 체언과 조사를 구별하여 적는다
> ㄹ. '섣달'처럼 끝소리가 원래 'ㄹ'이었던 말이 다른 말과 어울릴 때 'ㄹ'이 'ㄷ' 소리로 나면 'ㄷ'으로 적는다
> ㅁ. '굳이'처럼 'ㄷ' 뒤에 조사, 어미, 접사의 '이'가 와서 구개음화가 일어나도 'ㅈ'이 아닌 'ㄷ'을 그대로 적는다

① ㄱ, ㄴ   ② ㄱ, ㄹ   ③ ㄴ, ㄹ
④ ㄴ, ㄷ, ㅁ   ⑤ ㄷ, ㄹ, ㅁ

37

▶ 24052-0185

〈보기〉의 설명에 따라 ㉠~㉤의 밑줄 친 부분을 이해한 내용으로 적절하지 <u>않은</u> 것은?

┌ 보기 ┐

'-았/었-'은 사건시가 발화시보다 앞서 있음을 나타내는 과거 시제 형태소이고, '-ㄴ/는-'은 사건시가 발화시와 일치함을 나타내는 현재 시제 형태소이다. 그런데 간혹 시제 형태소가 다른 시간을 나타내거나 동작상을 나타내는 경우가 있다.

㉠ 저 나무 위의 감이 참 잘 <u>익었구나</u>.
㉡ 커피를 많이 마셨으니 오늘 잠은 다 <u>잤다</u>.
㉢ 인간은 언제나 때가 되면 반드시 <u>죽는다</u>.
㉣ 드디어 내일 그 가수의 콘서트를 보러 <u>간다</u>.
㉤ 나는 매일 하루를 돌아보기 위해 일기를 <u>쓴다</u>.

① ㉠: 과거 사건의 결과 상태가 현재까지 지속됨을 나타낸다.
② ㉡: 미래의 사건을 확정적인 사실로 받아들임을 나타낸다.
③ ㉢: 어떠한 시간에도 성립하는 보편적 진리임을 나타낸다.
④ ㉣: 머지않은 미래에 일어날 일임을 나타낸다.
⑤ ㉤: 특정한 시간에 사건이 일어날 예정임을 나타낸다.

38

▶ 24052-0186

〈보기 1〉의 ㉮에 들어갈 수 있는 문장을 〈보기 2〉에서 모두 고른 것은?

┌ 보기 1 ┐

사람을 가리키는 대명사인 인칭 대명사 가운데 재귀 대명사는 선행 내용에 제시된 사람을 도로 가리키는 3인칭 대명사이다. 우리말 재귀 대명사에는 '저', '저희', '당신' 등이 있는데, 이들은 동일한 형태로 1인칭이나 2인칭 대명사로도 쓰일 수 있어 사용에 주의해야 한다. 예를 들어 (㉮   )에서 밑줄 친 대명사는 재귀 대명사이다.

┌ 보기 2 ┐

㉠ 자네는 <u>제</u> 일을 남에게 시키지 말게.
㉡ 동생은 뭐든지 <u>제</u>가 하고 싶은 일만 해.
㉢ <u>저희</u> 때문에 부모님께서 고생하시는 것 같습니다.
㉣ 그 녀석들도 이제 다 컸으니 <u>저희</u>끼리 잘 다닐 거요.
㉤ 우리는 <u>당신</u>의 고귀한 희생을 절대 잊지 않겠습니다.

① ㉠, ㉡, ㉣
② ㉠, ㉡, ㉤
③ ㉡, ㉢, ㉣
④ ㉡, ㉢, ㉤
⑤ ㉢, ㉣, ㉤

39

▶ 24052-0187

〈보기〉는 우리말의 변화를 확인하기 위해 수집한 자료이다. ㉠~㉣에 대해 설명한 내용으로 적절한 것은?

┌─ 보기 ─────────────────────────┐

㉠ ᄉᆡ〉 사이

㉡ 플〉 풀

㉢ 아ᄎᆞᆷ 〉 아츰 〉 아침

㉣ 브티다 〉 부치다

└──────────────────────────────┘

① ㉠에서 반치음 'ㅿ'이 연구개음 'ㅇ'으로 바뀌었음을 알 수 있다.

② ㉡에서 원순 모음 'ㅡ'가 평순 모음 'ㅜ'로 바뀌었음을 알 수 있다.

③ ㉢에서 'ㅊ' 뒤에서 고모음 'ㆍ'가 저모음 'ㅣ'로 바뀌었음을 알 수 있다.

④ ㉣에서 모음 'ㅣ' 앞에서 'ㅌ'이 경구개음 'ㅊ'으로 바뀌었음을 알 수 있다.

⑤ ㉠, ㉢에서 'ㆍ'는 첫째 음절과 둘째 음절에서 모두 전설 모음으로 바뀌었음을 알 수 있다.

[40~42] (가)는 다회용 컵 사용을 권장하는 글이 작성된 블로그이고, (나)는 (가)를 바탕으로 만든 카드 뉴스의 초안이다. 물음에 답하시오.

(가)

블로그 35개의 글　　　　　　　　　　목록 열기

[함께해요] 환경을 지키는 다회용 컵 사용

🔵 에너지 지킴이, 3시간 전　　　　　URL 복사　＋이웃 추가　⋮

안녕하세요.
에너지 지킴이입니다.

이번 달은 '**다회용 컵 사용**' 캠페인을 진행해 보고자 합니다.

우리나라의 일회용 컵 사용량이 최근 10년 동안 6배가량이나 급증했다는 것을 알고 계시나요? 최근 자료에 따르면 국내 **일회용 플라스틱 컵 사용량은 연간 33억 개**가 넘는다고 해요. 😫 생각해 보니 저도 하루에 한두 개는 사용하고 있는 것 같아요. 한 사람의 한두 개는 많지 않아 보이지만 이것이 모여 일 년에 33억 개의 쓰레기를 만들고 있는 것이지요. 저부터 반성합니다. 🙂

한 번 쓰고 버려지는 **일회용 컵**은 **많은 쓰레기**를 남기고, 이 쓰레기를 처리하기 위해 소각하면 **탄소 배출도 증가**하여 환경 오염을 일으킵니다.

혹시 **일회용 컵을 재활용하면 된다**고 생각하고 계시나요?

일회용 컵은 종이나 플라스틱으로 만들어지니 재활용된다고 생각할 수 있지만, **재활용 회수율이 낮고** 지저분해진 컵은 **재활용이 불가**하여 대부분은 쓰레기로 버려집니다. 이렇게 발생한 쓰레기는 결국 매립되거나 소각되고, 이 과정에서 많은 탄소를 배출하여 환경 오염을 일으키게 됩니다.

또한 일회용 컵을 만드는 데 사용되고 버려지는 자원은 얼마나 많을까요? 우리의 편리함을 위해 얼마나 많은 나무가 베어지고 있을까요?

일회용품 사용을 줄이기 위해 매장 내 일회용 컵 사용을 금지하거나, 일회용 컵을 반납하면 보증금을 돌려주는 등의 노력이 있었지만, 본격적인 시행까지는 갈 길이 멉니다.

 저는 **우리의 실천 의지가 가장 중요**하다고 생각합니다. 우리가 불편함을 조금 감수한다면 일회용 컵의 사용은 충분히 줄일 수 있어요.^^

 자, 아래 사진을 보세요. 다양한 다회용 컵이 보이시나요?
 요즘에는 **편리하고 예쁜 다회용 컵**도 많아요. ♥

 가게에서 일회용품을 요청할 필요가 없도록 우리가 **다회용 컵을 항상 가지고 다니면서 사용하는 습관**을 들이면, 일회용 컵으로 인한 환경 오염을 줄일 수 있겠죠?

우리 모두 환경을 지키기 위해
다회용 컵을 사용합시다!

♡ 공감 20 | ⌄   💬 댓글 8 | ⌃

(나)

다회용 컵 사용 캠페인
환경 지키기, 함께 실천해요!

[카드 1]

국내 일회용 컵 사용량

일회용 컵 사용량
1년에 33억 개 이상

국내 일회용 플라스틱 컵 사용량이
연간 무려 33억 개가 넘는다는 사실 알고 계셨나요?

[카드 2]

일회용 컵 사용, 왜 문제일까?

일회용 컵을 만들기 위해서는
많은 자원이 소모됩니다.

일회용 컵을 많이 사용하면
버려지는 쓰레기의 양이
많아집니다.

[카드 3]

일회용 컵과 재활용

"분리배출을 열심히 해서
일회용 컵을 재활용하면
괜찮지 않을까요?"

**일회용 컵이 모두
재활용되는 것은 아닙니다.**

일회용 컵의 분리배출이 잘
되지 않아 쓰레기로 소각되거나
매립되는 경우가 많습니다.

[카드 4]

ⓐ

이번 한 달 동안은
일회용 컵이 아닌
다회용 컵을 들고
다녀 보는 것은
어떨까요?

[카드 5]

40

▶ 24052-0188

(가)에 대한 설명으로 가장 적절한 것은?

① 소리와 동영상을 활용하여 내용을 보완하고 있다.

② 글이 작성된 시간을 통해 글의 수정된 부분을 확인할 수 있다.

③ 실시간 채팅을 통해 매체 수용자의 궁금증을 즉각적으로 해결하며 소통하고 있다.

④ 독자의 흥미를 유발하고 내용 이해를 돕기 위해 글과 시각 자료를 함께 제시하고 있다.

⑤ 내용을 시간이나 공간적 순서로 제시하여 매체 수용자가 중심 내용을 파악하는 데 편리하도록 구성하고 있다.

41

▶ 24052-0189

(가)를 바탕으로 (나)를 제작하는 과정에서 반영된 학생의 계획으로 적절하지 않은 것은?

① [카드 1]은 (가)에 드러난 작성자의 주장을 부각할 수 있도록 큰 글씨로 표현해야겠다.

② [카드 2]는 (가)에 제시된 문제의 현황을 수치로 드러내야겠다.

③ [카드 3]에는 문답 형식을 활용하여 (가)에서 언급한 두 가지 문제점에 대해 제시해야겠다.

④ [카드 4]에는 (가)에 제시된 작성자의 의견에 반대하기 위한 시각적 기호(×)를 넣어야겠다.

⑤ [카드 5]에는 (가)와 달리, 매체 수용자의 실천을 유도하기 위해 구체적인 기간을 문구에 추가해야겠다.

42

▶ 24052-0190

다음 〈조건〉에 따라 ⓐ에 들어갈 문장을 작성한 것으로 가장 적절한 것은?

┌─ 조건 ┐

1. 청유형 문장으로 표현할 것.
2. 대조적인 소재를 사용할 것.
3. 블로그 글의 주제를 드러낼 것.

└─────────────┘

① 환경을 지키는 영웅 다회용 컵

② 환경을 위해 일회용 컵을 버릴 수 있을까?

③ 다회용 컵이 좋거나 싫은 이유를 말해 보자.

④ 다회용 컵은 일회용 컵보다 환경의 보호에 좋다.

⑤ 일회용 컵보다 다회용 컵을 사용하여 환경을 지키자.

[43~45] 다음은 텔레비전 방송 프로그램의 일부이다. 물음에 답하시오.

진행자: 여러분 안녕하십니까? '생방송, 동물과 친해지기' 시간입니다. 이번 주에도 동물 행동 학자 백○○ 교수님을 모셨습니다. 교수님, 오늘은 어떤 이야기를 들려주실 건가요?

백 교수: 네. 지난주 시청자 게시판을 보니 어미 새가 새끼에게 먹이를 주는 원리가 궁금하다는 의견이 있었는데요. 오늘은 이와 관련된 이야기를 나눠 볼게요. ⓐ혹시 어미 새가 왜 새끼에게 먹이를 주는지 생각해 보신 적이 있나요?

진행자: 음, 한 번도 생각을 못 해 본 질문이네요. 인간이 그러하듯 새도 자신의 새끼를 사랑하기 때문이 아닐까요?

백 교수: 네. 많은 사람이 그렇게 답할 겁니다. 그런데 그건 사람의 눈높이에서 동물의 행동을 이해한 거예요. 나뭇가지에 찔린 지렁이가 아파서 꿈틀거린다고 여기는 것도 그런 통념이죠. 지렁이는 사람처럼 아픔을 느낀다는 과학적 증거가 없거든요. 어미 새의 사랑도 과학적으로 증명할 수 없죠. 동물의 행동을 연구하려면 논리적 가설과 실험을 통해 객관적이고 과학적인 방법으로, 동물의 눈높이에서 증명해야 합니다.

진행자: ⓑ동물의 행동을 연구하려면 주관적, 통념적 인식이 아니라 객관적 사고와 과학적 실험이 필요하다는 말씀이군요.

백 교수: 그렇습니다. 잘 살펴보면 어미 새는 한 마리의 새끼에게 먹이를 주면 다음에 물고 온 먹이는 다른 새끼에게 줍니다. 그렇게 모두가 먹이를 먹게 하지요. 그런데 이때 어미 새는 먹이 주는 순서를 미리 정해 놓고 먹이는 걸까요?

진행자: 새가 그 정도의 기억과 판단을 하기는 어려울 것 같은데요.

백 교수: ⓒ네, 틴베르헌이라는 동물학자도 그렇게 생각했어요. 그래서 어미 새가 새끼가 벌린 입의 크기에 자극을 받는다는 가설을 세우고 실험을 했습니다. 화면에 보시는 바와 같이 다양한 크기의 모형 입을 만들어서 새끼 새의 입에 가져다 댄 거죠. ⓓ그랬더니 어미 새는 큰 모형 입을 달고 있는 새끼에게만 계속 먹이를 주었다고 합니다. 결국, 배고픈 새가 입을 가장

크게 벌릴 테니. 입을 크게 벌린 새에게 먹이를 주는 어미의 본능이 새끼 모두가 먹이를 먹게 만든다는 걸 입증해 낸 거죠.

진행자: 간단한 실험으로 그런 원리를 밝혀내다니 놀랍습니다. 그런데요. 만약 다른 새의 새끼들도 함께 섞여 있는 상황이라면 어미 새는 입을 크게 벌린 순서대로 다른 새의 새끼에게도 먹이를 줄까요?

백 교수: 그렇지는 않을 겁니다. ⓔ새들은 저마다 고유한 소리를 지니고 있는데. 어미와 새끼는 새끼가 알 속에 있을 때부터 서로의 소리를 익혀서 다른 새와 구별할 수 있거든요.

진행자: 제가 듣기에는 다 비슷하기만 한데. 새들은 그 차이를 구분할 수 있다니 신기합니다.

백 교수: 네. 새끼 새의 소리는 생존을 위해 중요해요. 심지어 어미 닭은 병아리가 눈앞에 있어도 삐악거리는 소리를 못 듣게 차단하면 병아리를 돌보려 하지 않아요. 반면에 눈앞에 병아리가 안 보여도 소리가 들리면 찾아서라도 새끼를 돌보는 모습을 보인답니다.

진행자: 그럼. 삐악삐악 소리가 어미 닭이 새끼를 돌보게 하는 자극인 거군요. 동물의 세계는 정말 흥미롭습니다.

백 교수: 네. 다음 주에는 새끼들의 생존 전략에 대해 더 재미있는 이야기를 들려드릴 테니 기대해 주세요.

진행자: 네. 시청자 여러분, 오늘 방송 재미있으셨나요? 이번 주에도 시청자 이벤트는 계속됩니다. 지금 화면 아래에 나가고 있는 웹사이트 주소로 홈페이지에 접속하셔서 다음 주 방송 전까지 ㉠시청자 게시판에 동물에 대한 궁금증을 남겨 주세요. 답변도 해 드리고, 추첨을 통해 상품도 보내 드립니다. 그럼, 다음 주 이 시간에 다시 찾아오겠습니다.

43
▶ 24052-0191

위 방송에 대한 설명으로 적절하지 않은 것은?

① 음성 언어의 한계를 보완하는 시각 자료를 제시하여 시청자의 이해도를 높이고 있다.

② 방송 말미에 다음 시간의 방송 내용을 예고하여 시청자의 관심과 기대를 이끌어 내고 있다.

③ 출연자들이 대화를 주고받는 장면을 실황으로 방송하여 시청자와 실시간으로 공유하고 있다.

④ 진행자를 통해 시청자의 질문이 전문가에게 전달되어 시청자의 궁금증이 해소되도록 돕고 있다.

⑤ 인터넷 매체를 활용한 소통 방법을 안내하여 방송 후에도 시청자의 참여가 이루어지도록 유도하고 있다.

44
▶ 24052-0192

〈보기〉는 위 방송의 시청자들이 ㉠에 올린 글이다. 이에 대해 이해한 내용으로 적절하지 <u>않은</u> 것은? [3점]

┌─ 보기 ┐

시청자 1: 예전에 어느 다큐멘터리에서 어미 새가 새끼에게 먹이를 주는 장면을 본 적이 있는데, 그 영상을 떠올리며 시청했더니 말씀하시는 내용이 더 잘 이해가 되었어요.

시청자 2: 잠자리를 잡으려고 하면 매번 바로 날아가 버리잖아요. 전에는 잠자리가 무서워서 도망가는 거라고 생각했는데, 그건 어디까지나 사람을 중심으로 한 생각이었다는 걸 깨달았어요.

시청자 3: 어미 새가 입을 크게 벌린 새끼에게만 먹이를 주는, 어찌 보면 매우 불합리한 원칙을 고수할 때, 결국 모든 새끼가 골고루 먹이를 먹고 살아남을 수 있다는 역설적 상황이 참 인상적이었어요.

시청자 4: 아델리펭귄은 새끼 펭귄들이 가득 모여 있는 무리에서도 자신의 새끼만 찾아 먹이를 준다고 알고 있는데요, 그것도 목소리를 구분하기 때문이겠지요?

시청자 5: 어미 닭이 병아리를 돌보는 원리를 설명해 주시는 걸 들으면서 어떤 과학적 실험으로 그 원리를 찾아낼 수 있을지 생각해 봤어요. 투명한 플라스틱 상자를 이용하면 볼 수는 있지만 들을 수는 없게 만들 수 있을 것 같아요.

└──────────────────────────┘

① '시청자 1'은 이전에 다른 매체에서 접한 영상의 영향으로 인해 이번에 시청하게 된 방송 프로그램의 내용을 더 잘 이해할 수 있었음을 언급하였다.

② '시청자 2'는 동물의 눈높이에서 동물의 행동을 이해해야 한다는 방송 내용에 대한 이해를 바탕으로 동물의 행동을 통념적으로 인식했던 과거 자신의 경험을 성찰하였다.

③ '시청자 3'은 인간의 관점에서는 불합리해 보이는 원칙이 동물에게는 생존의 원칙이 될 수 있음에 주목하여 동물 행동의 원리를 밝혀내기 어려운 이유를 파악하였다.

④ '시청자 4'는 어미와 새끼가 서로의 소리를 익힌다는 보편적 사실을 자신이 알고 있던 상식에도 적용해 봄으로써 방송을 통해 알게 된 지식을 확장해 나가는 모습을 보였다.

⑤ '시청자 5'는 가설과 실험을 통해 동물 행동의 원리를 밝혀야 한다는 방송 내용에 따라 어미 닭의 행동 원리를 밝혀내는 방법으로 자신이 구상한 실험 아이디어를 제시하였다.

45
▶ 24052-0193

매체의 언어적 특성을 고려할 때, ⓐ~ⓔ에 대한 설명으로 적절하지 <u>않은</u> 것은?

① ⓐ: 문장 부사 '혹시'를 활용하여 진행자와 시청자의 관심을 일으키며 질문을 하고 있다.

② ⓑ: 관형사형 어미 '-는'을 활용하여 상대방이 한 말을 요약적으로 제시하고 있다.

③ ⓒ: 감탄사 '네'를 활용하여 상대방의 말을 긍정하며 관련되는 이야기를 이어 가고 있다.

④ ⓓ: 인용격 조사 '고'를 활용하여 다른 사람의 연구 결과를 간접적으로 인용하고 있다.

⑤ ⓔ: 연결 어미 '-는데'를 활용하여 앞 절의 내용을 뒤 절의 내용과 대립되도록 이어 주고 있다.

EBS 수능완성

국어영역

실전 모의고사
4회

정답과 해설 53쪽

문항에 따라 배점이 다릅니다. 3점 문항에는 점수가 표시되어 있습니다. 점수 표시가 없는 문항은 모두 2점입니다.

[01~06] 다음 글을 읽고 물음에 답하시오.

사르트르는 『존재와 무』에서 존재의 영역을 '사물', '나', '타자'라는 셋으로 나누어 제시한다. 사르트르는 존재 영역을 의식의 유무에 따라 인간과 사물로 먼저 나누고, 의식이 있는 인간을 다시 나와 타자로 구분했다. 사르트르는 타자를 나의 지옥이라 규정하면서도 나에게 반드시 필요한 존재라고 주장했다. 사르트르는 왜 지옥이라 표현한 타자를 나에게 필요한 존재라고 생각했을까? 이를 이해하기 위해 사르트르의 존재론을 살펴볼 필요가 있다.

사르트르는 존재의 영역을 ㉠'즉자 존재'와 ㉡'대자 존재'라는 두 가지 유형으로 나누어 생각했다. 먼저 즉자 존재는 타자로 인한 의식의 변화 가능성이 없는 존재이다. 즉 즉자 존재는 돌멩이 같은 사물로 의식이 없으니, 자신에게 질문을 던질 수 없으며 긍정이나 부정을 판단하거나 타자와 관계를 맺을 수도 없다. 따라서 다른 무언가가 비집고 들어갈 틈이 없기에 고정적이다. 반면 대자 존재는 고정될 수 없는 존재로 계속 변화하며 본질적으로 자유와 초월을 의미한다. 자유와 초월의 힘은 의식이 있을 때 가질 수 있다. 의식을 지닌 인간은 끊임없이 자신을 규정하려 한다. 그러나 고정될 수 없는 존재인 대자 존재로서의 인간은 자신을 분명하게 규정할 수 없다. 대자 존재로서의 인간은 의식을 가지고 자신을 소멸시키며 스스로를 ⓐ넘어선다. 스스로를 넘어서는 것을 '초월'이라 하는데, 이러한 초월을 경험한 인간은 존재의 의미를 자신이 선택해 갈 수 있음을 깨달으며 자유를 느낀다.

사르트르는 대자 존재인 인간을 다시 '나'와 '타자'로 나누며, 타자를 '나를 바라보는 자'로 정의하였다. 사르트르는 타자가 나와 짝을 이뤄 이 세계에 우연히 출현한다고 보았는데, 사르트르는 신의 존재를 부정했기에 이러한 출현을 우연성으로 설명할 수밖에 없었다. 그리고 사르트르는 나를 바라보는 타자의 시선을 '그 끝에 닿는 모든 것을 객체화*해 버리는 무서운 힘'이라 하였다. 사르트르는 타자가 시선을 통해 나를 사물처럼 일정한 이미지로 만들어 고정하려 한다고 보았으며, 인간은 나를 고정하려는 타자의 시선을 부정하기 위해 타자와 시선 투쟁을 벌이며 갈등 관계를 맺는다고 하였다. 따라서 사르트르는 타자를 나의 지옥이라 말하였다.

사르트르의 주장에 따르면 인간은 타자를 거울삼아 자신의 존재를 파악하고 변화할 수 있다. 인간이 자신의 존재를 찾아가는 과정은 인간이 자신과는 다른 타자를 지속적으로 부정하면서 이루어진다. 인간은 자신이 타자와 다름을 인식하면서 자신의 존재를 만들어 나간다. 존재를 만들어 가는 과정에서 인간은 자신이 존재라고 믿었던 자아상을 바꾸기도 한다. 변화가 가능하다는 것은 자아에 대한 고정적인 존재의 결핍과 결여를 보여 준다. 존재의 변화 과정은 쌍방적이라 타자의 초월 또한 상대에게는 타자인 나를 부정하면서 이루어진다.

사르트르는 나와 타자가 갈등하지만, 타자는 나와 내가 미처 모르는 나를 연결하는 중재자의 역할도 한다고 보았다. 타자는 나를 보면서 나에 대한 이미지를 만드는데, 이 이미지는 타자의 시선으로 확인할 수 있는 내 존재에 대한 근거라 할 수 있다. 사르트르의 주장에 따르면 인간은 타자의 시선을 통해 자신을 살피고 특성을 파악해 간다. 사르트르는 이 세계에서 나의 존재 이유와 근거를 제공해 줄 수 있는 유일한 존재는 타자뿐이라고 생각했다. 따라서 사르트르는 인간이 진정한 나를 알기 위해서는 타자와 관계를 맺으며 자기 모습을 성찰하는 과정이 필요하며, 인간관계에서 자아의 존재 근거를 제공해 주는 나와 타자의 갈등은 필수 불가결한 것으로 보았다.

＊객체화: 사람의 인식이나 실천의 대상이 주체로부터 독립하여 객관적인 것으로 됨.

01
▶ 24051-0194

윗글에 대한 설명으로 적절하지 <u>않은</u> 것은?

① 존재 영역의 유형을 비교하여 특성을 밝히고 있다.
② 존재의 영역을 사물, 나, 타자로 분류하여 설명하고 있다.
③ 타자의 개념을 밝히고, 개념과 관련된 내용을 부연 설명하고 있다.
④ 일상적인 사물로 즉자 존재의 예를 들어서 독자의 이해를 돕고 있다.
⑤ 타자에 대한 이론이 발전되어 가는 과정을 시간 순서대로 정리하고 있다.

02

▶ 24051-0195

윗글에 대한 이해로 가장 적절한 것은?

① 사르트르는 존재의 영역을 제시할 때 사물은 제시하지 않고 인간을 나와 타자로 나누어 설명했다.

② 사르트르는 타자를 나의 지옥으로 규정하면서 타자가 나와 짝을 이뤄 이 세계에 우연히 출현한다고 생각했다.

③ 사르트르는 나를 바라보는 자로 타자를 정의하고 타자는 나와 갈등을 유발하기에 나에게 불필요한 존재라고 말했다.

④ 사르트르는 스스로를 넘어서는 초월을 경험한 인간은 존재의 의미를 자신이 선택할 수 있음을 깨달으며 억압을 느낀다고 보았다.

⑤ 사르트르는 타자의 시선을 나를 객체화해 버리는 무서운 힘이라고 표현하면서 타자와 관계를 맺는 것을 회피해야 한다고 주장했다.

03

▶ 24051-0196

㉠, ㉡을 이해한 것으로 적절하지 않은 것은?

① ㉠은 타자로 인한 의식의 변화 가능성이 없다.

② ㉡은 계속 변화하며 본질적으로 자유와 초월을 의미한다.

③ ㉠은 사물로 고정적이지만, ㉡은 고정될 수 없는 존재이다.

④ ㉠은 의식이 없지만, ㉡으로서의 인간은 의식을 가지고 있다.

⑤ ㉠은 긍정이나 부정을 판단하거나 타자와 관계를 맺을 수 있지만, ㉡은 타자와 관계를 맺을 수 없다.

04

▶ 24051-0197

윗글과 〈보기〉를 이해한 내용으로 가장 적절한 것은?

> ┌ 보기 ┐
>
> 카뮈는 인간관계를 '계약'이나 '연합'에 의해 조정 가능한 관계, 서로 도움을 줄 수 있는 관계, 좋은 일에는 같이 기뻐하고 슬픈 일에는 같이 슬퍼할 수 있는 관계로 파악했다. 따라서 카뮈에게 타자는 '나'와 화해, 협력, 공감이 가능한 존재이다. 카뮈는 "만약 '우리'가 존재하지 않는다면 '나'도 존재하지 않는다."라고 말하면서 '우리'의 선재성*을 주장했다. 카뮈는 '우리'를 집단적 연대 관계로 생각하면서 '나'는 개인적이고 고독을 느낄 수 있지만, '나'가 '우리' 속에 있을 때는 연대성을 가진다고 보았다.
>
> *선재성: 시간적이나 심리적으로 앞서는 성질.

① 사르트르는 카뮈와 달리 인간관계를 '계약'에 의해 조정 가능한 것으로 보았다.

② 사르트르의 '나'는 고독을 느낄 수 있지만, 카뮈의 '나'는 고독을 느낄 수 없다.

③ 사르트르가 말한 '즉자 존재'와 카뮈가 주장한 "'우리'의 선재성'은 궁극적으로 동일한 관념이다.

④ 사르트르는 '나'와 '타자'의 갈등을 필수 불가결한 것으로 보았지만, 카뮈는 '타자'를 '나'와 화해가 가능한 존재로 보았다.

⑤ 사르트르는 '나'를 '타자'와 시선 투쟁을 벌이는 존재로 파악했지만, 카뮈는 '나'를 '우리'보다 앞서는 존재로 파악하고 중시했다.

05

▶ 24051-0198

윗글과 〈보기〉를 읽고 보인 반응으로 가장 적절한 것은? [3점]

┌─ 보기 ┐

　사르트르는 『문학이란 무엇인가』에서 작가는 작품에 주체성을 담으며 자신의 존재를 정당화하고자 한다고 하였다. 작가가 이러한 목표를 달성하기 위해서는 독자의 작품 읽기가 필요하다. 작품에는 작가의 의도가 담기고, 의도는 작가의 주체성이며, 주체성의 존재 방식은 '대자 존재'이다. 다만 이러한 대자 존재가 책으로 만들어지면 종이와 글자라는 물질적인 형태를 띠게 된다. 다시 말해 작품은 작가의 물질화된 대자 존재라고 할 수 있다. 물질화된 대자 존재로서의 작품을 읽는 과정에서, 독자는 작품에 자신의 주체성을 투사하며 작품에 담긴 작가의 의도를 파악한다. 사르트르는 이러한 독자의 읽기를 중시하며 작가에게 타자인 독자의 필요성을 주장했다.

└─────────────┘

① 작가는 독자의 존재를 정당화하기 위해 작품에 독자의 주체성을 담으려 노력하겠군.
② 작가가 쓴 작품을 읽는 독자는 작가에게 타자의 역할을 하면서 즉자 존재로 존재하겠군.
③ 대자 존재인 작가의 작품에 독자가 존재 근거를 제공하려면 독자의 작품 읽기가 필요하겠군.
④ 작가가 작품을 통해 자신의 존재를 파악하고 변화하기 위해서는 독자의 필요성을 부정해야겠군.
⑤ 작가의 작품은 종이와 글자라는 물질적인 형태를 띠고 있으므로 작가의 물질화된 즉자 존재라고 할 수 있겠군.

06

▶ 24051-0199

문맥상 ⓐ의 의미와 가장 가까운 것은?

① 그는 고개를 넘어섰다.
② 소녀가 문지방을 넘어섰다.
③ 소년이 체력의 한계를 넘어섰다.
④ 그녀의 나이는 이미 사십 줄이 넘어섰다.
⑤ 긴 설득 끝에 그도 우리 편으로 넘어섰다.

[07~12] 다음 글을 읽고 물음에 답하시오.

(가) 실업이란 일자리를 잃거나 일할 기회를 얻지 못하는 것을 의미한다. 경제학자들은 실업을 여러 종류로 구분한다. 가령 크리스마스 전에는 전국의 백화점과 쇼핑몰에서 판매 인력에 대한 수요가 급증한다. 많은 지역에서 날씨 때문에 겨울철에는 건설 경기가 둔화된다. 동일한 이유로 관광객은 여름에 증가하며, 관광객과 관련된 직장의 수도 여름에 증가한다. 이처럼 계절에 따라 달라지는 실업을 계절적 실업이라고 한다. 따라서 특정한 시기에 우리가 뉴스에서 듣는 실업률 통계는 이러한 계절적 실업의 평균값에 따라 조정된 실업률인 계절 조정 실업률이다. 이는 계절적 요인을 제거하고 순수한 경기적 요인만으로 작성된 실업률을 의미한다.

그리고 노동자들이 한 직장에서 다른 직장으로 이동하는 과정에서 나타나는 실업은 마찰적 실업이라고 부르며 다른 실업들과는 달리 자발적 실업으로 분류된다. 지금까지 얻을 수 있었던 일자리보다 더 나은 일자리를 찾는 과정에서 발생하는 실업이기 때문이다. 마찰적 실업이 주는 고통은 단기적인 경우가 대부분이다. 한편 6개월 이상의 실직 상태가 지속되는 장기 실직은 경제의 구조적 요인에 ⓐ기인하는 경우가 많아 구조적 실업이라고 부른다. 대량의 구조적 실업은 직업에 대한 수요가 많은 경우에도 발생할 수 있는데, 노동자가 새로이 ⓑ창출되는 직업에 대한 숙련도를 충족하지 못한 경우 실업이 많이 발생할 수 있다. 즉 노동자가 공급하는 기술 수준과 기업에서 요구하는 기술 수준 간의 불합치로 인해 발생하며 이는 직업 숙련과 관련된 재교육 등으로 해결할 수 있기에 정부의 정책적 지원이 요구된다.

또한 경기의 하강과 상승에 따른 실업은 순환적 실업이라고 부른다. 이는 노동 시장에서 노동의 수요와 공급이 균형을 이루고 있을 때 경기 침체로 인한 물가 하락으로 기업이 생산량을 줄이면서 노동에 대한 수요가 감소할 때 발생하는 것이다. 이러한 순환적 실업은 다양한 문제를 발생시킬 수 있지만 경기 침체를 벗어나면 해결될 수 있으므로, 경기 침체를 해결하기 위한 여러 가지 방안들이 나타나게 되었다.

(나) 경제학에서는 GDP가 장기간 하락하고 실업이 상당히 증가하는 상황을 불황이라고 부르며, 이러한 불황이 더욱 장기화되고 수치가 심각한 상황이 되는 것을 공황이라고 부른다. 이러한 상황에서는 상품이 부족해서가 아니라 너무 많아져서 문제가 된다. 물건을 아무리 많이 만들어도 ㉠소비가 감소하여 팔리지 않는다면 생산을 하지 않는 것만 못하게 된다. 이러한 현상이 개별 기업이 아닌 경제 전반에 걸쳐 지속적으로 발생한다면 심각한 사회 문제가 되는데, 공황 중에서도 야기한 충격이 컸기에 대공황이라고 불렸던 시대를 살아온 경제학자였던 하이에크와 슘페터는 공황을 다음과 같이 설명했다.

하이에크는 신용이 발달한 경제에서는 호황과 불황이 잇달아 일어나는 경기 변동 현상이 일어나게 마련이라고 보았다. 그가 주목하는 대공황의 근본 원인은 과잉 투자였다. 신용과 투자 그리고 이윤이 서로를 강화하는 과정에서 호황과 불황이 번갈아 발생하게 마련이며 호황은 불황의 씨앗을, 불황은 호황의 씨앗을 품고 있다는 것이다. 하이에크는 대출 금리가 가계의 저축과 기업의 투자가 균형을 이룰 수 있다고 보는 수준의 이자율에서 벗어나기 때문에 산출량의 변동이 발생한다고 보았다. 즉 적정한 이자율보다 금리가 낮으면 신용과 투자는 빠르게 증가하는 반면 가계는 저축을 줄이게 된다. 이 과정에서 투자 증가로 인해 미래의 산출량은 늘어나지만 저축은 감소하고 미래의 소비도 줄어들어 결국 미래의 산출과 수요의 불일치가 일어나게 된다. 또한 이러한 과잉 투자는 설비 과잉을 초래하여 기업의 수익률을 떨어뜨리고, 수익률 하락을 목격한 은행이 신규 대출을 줄이고 기존 대출을 ⓒ회수하며 금리도 상승하게 된다. 이에 따라 기업의 투자가 빠르게 줄어들고 불황이 찾아오지만, 이후 불황으로 기업이 ⓓ도산하거나 과잉 설비가 정리되면 자연히 이윤과 투자가 다시 늘면서 호황 국면으로 진입하게 된다.

슘페터 역시 공황은 저지해야 할 악이 아니라 혁신의 잠재력이 쇠퇴할 때 불가피하게 발생하는 것이며, 경제의 혁신을 위해 반드시 필요한 조정의 수단으로 보았다. 따라서 하이에크와 슘페터는 공황 해결을 위해 누군가가 개입해서 조정을 하면 오히려 문제가 심각해질 수 있기 때문에 시장에 자율적 조정을 맡겨야 한다고 보았다.

이처럼 인위적 개입을 반대하는 **자유 시장주의자**의 입장과 대비되는 입장을 가진 학자에는 **케인스**가 있었다. 케인스는 경제에는 장기적으로 균형을 회복하는 힘이 있으므로 정부의 개입 없이 두어야 한다는 일련의 입장에 대해 대단히 비판적이었다. 또한 그는 경기 침체를 사회가 자원을 ⓔ탕진한 결과로 감수해야 하는 징벌이 아닌, 얼마든지 극복할 수 있는 질병이라고 보았다. 그리고 침체의 원인도 생산이 아닌 수요의 부족에 있다고 보았다. 민간 부문에서 수요란 가계의 소비와 기업의 투자로 구성된다. 케인스는 투자 감소에서 시작된 침체가 소비의 위축을 통해 더욱 심화된다고 보았다. 투자재에 대한 수요가 축소되면 투자재 부문에 고용된 사람들의 소득이 줄어들거나 이들이 실업으로 인해 소득을 상실한다. 이는 다시 소비재 부문에 대한 수요 축소로 연결되어 경제 전반에 걸쳐 소비가 감소한다. 사람들이 미래에 대한 불안으로 소비를 미루며, 화폐 자체에 대한 수요가 높아지는 현상을 그는 유동성 선호라고 불렀다. 따라서 그는 정부의 적극적인 개입을 통해 수요를 살리는 정책을 펼쳐야 경기 침체를 극복할 수 있다고 보았다.

정답과 해설 55쪽

07

▶ 24051-0200

(가)와 (나)에 대한 설명으로 가장 적절한 것은?

① (가)와 (나)는 모두 불황을 극복하기 위한 정부 차원의 대응 방안을 설명하고 있다.

② (가)와 (나)는 모두 투자 증가로 인해 발생하는 문제점을 해결하는 방안을 설명하고 있다.

③ (가)와 (나)는 모두 노동의 수요와 공급의 균형점을 찾는 방법에 대한 전문가의 주장을 제시하고 있다.

④ (가)는 실업이 발생하는 여러 요인과 이를 극복하기 위한 사회적 제도들을 각각 제시하고 있고, (나)는 경기 변동이 일어나는 현상의 원인을 설명하고 있다.

⑤ (가)는 실업의 개념 및 실업의 여러 종류를 제시하고 있고, (나)는 불황의 개념과 자유 시장주의자 및 그 반대 입장에서의 불황 극복 방안에 대해 설명하고 있다.

08

▶ 24051-0201

(가), (나)의 내용에 대한 이해로 적절하지 <u>않은</u> 것은?

① (가): 실업 중에는 계절에 영향을 받는 실업과 경제의 구조적 요인에 영향을 받는 실업이 있다.

② (가): 경기 침체로 인해 기업이 생산량을 줄이면, 물가가 상승하게 되면서 노동에 대한 수요가 증가하게 된다.

③ (나): 슘페터는 공황을 혁신의 잠재력이 쇠퇴할 때 불가피하게 발생하는 것으로 보았다.

④ (나): 하이에크는 신용이 발달한 경제에서는 호황과 불황이 잇달아 일어나는 경기 변동 현상이 나타나게 된다고 보았다.

⑤ (나): 하이에크는 설비 과잉이 기업의 수익률 하락을 불러오면서 은행은 기존 대출을 회수하게 되고, 이로 인해 기업의 투자가 줄어들게 된다고 보았다.

09

▶ 24051-0202

(가)를 바탕으로 〈보기〉를 이해한 것으로 가장 적절한 것은? [3점]

┌─ 보기 ┌

ㄱ. 20년 동안 비디오테이프 제조 회사에서 비디오테이프 기술자로 근속했던 A는 새로운 영상 저장 방식 기술의 등장으로 인해 회사의 수익이 악화되고, 회사가 실적 개선을 위한 새로운 기술력을 가진 사람들을 찾게 되면서 실직을 하게 되었다.

ㄴ. ○○ 회사에서 웹 디자이너로 활동하고 있었던 B는 자신이 근무하고 싶었던 회사에서 경력직 직원을 모집한다는 소식을 접하고 이를 준비하기 위해 다니던 회사에 사표를 제출하였다.

ㄷ. 대학생인 C는 여름휴가 시즌에 아르바이트를 했었던 백화점에서, 겨울에도 아르바이트를 할 수 있는지 연락이 와서 근무를 했는데 연말 행사가 끝나자 근무를 하지 않게 되었다.

① ㄱ과 달리 ㄴ은 실업률 통계에 경기적 요인만을 반영하기 위해 조정할 수 있는 값을 제공하는 실업에 해당하겠군.

② ㄴ과 달리 ㄱ은 노동자의 기술 수준과 기업의 요구 수준의 불일치로 인해 발생했겠군.

③ ㄴ과 달리 ㄷ은 경기의 순환에 따른 실업에 해당하겠군.

④ ㄱ과 ㄴ은 모두 6개월 미만의 단기적인 실직이 발생할 가능성이 높겠군.

⑤ ㄴ과 ㄷ은 모두 직업 숙련을 위한 재교육과 같은 정부의 정책적 지원이 요구되는 실업이겠군.

10

▶ 24051-0203

㉠에 대해 이해한 내용으로 적절하지 <u>않은</u> 것은?

① 하이에크는 투자 증가로 인한 미래의 산출량 증가가 미래 소비의 감소를 가져올 수 있다고 보았다.

② 슘페터는 소비 감소 역시 시장의 자율 조정 기능에 의해 해결될 문제라고 보았다.

③ 케인스는 소비의 위축이 투자 감소가 가져온 침체를 더욱 심화시킨다고 보았다.

④ 케인스는 가계의 저축 감소가 생산물의 공급과 수요의 불일치를 가져와 소비가 감소한다고 보았다.

⑤ 케인스는 투자재에 대한 수요 축소로 인한 실업에서 발생한 소득 상실이 소비 감소로 연결된다고 보았다.

11

▶ 24051-0204

〈보기〉의 상황에 대해 '자유 시장주의자'와 '케인스'가 보였을 반응으로 적절하지 <u>않은</u> 것은? [3점]

┌ 보기 ┐

A국의 경기 침체가 지속되며 2.8%이었던 실업률이 5.5%로 상승하였다. 정부에서는 개인 소득세를 감면한다면 소비를 증대시킬 수 있을 것으로 생각하였다. 정부의 자문 위원들은 실업률이 높아진 원인이 노동자와 기계들이 남아도는 상태, 즉 생산 능력 과잉 상태에 있었다고 보았기 때문이다. 그래서 개인 소득세를 감면하여 소비의 여력을 높인다면 더 많은 생산을 해야 할 것이고 그렇게 되면 자연스럽게 생산 능력 과잉 상태가 균형의 상태로 이동할 것이라 생각하였다.

B국의 경우 A국과 마찬가지로 경기 침체로 인해 실업률이 높아진 상태에서 정부가 감세 정책을 펼쳤다. 그런데 A국과 달리 적정한 이자율보다 금리가 훨씬 높은 상태에 있었기에 정부의 감세 효과보다 고금리가 경기에 미치는 영향이 훨씬 컸고, 사람들도 미래에 대한 불안으로 화폐 소유를 선호하였기에 소비가 살아나지 못했다. 결국 6%이었던 실업률은 11%를 넘어서게 되었다.

① A국의 생산 능력 과잉 상태에 대해 하이에크는 과잉 투자로 인해 발생한 것으로 보고, 그 근본적인 원인이 대출 금리가 적정한 이자율보다 낮은 상황에 있다고 생각하겠군.

② A국 정부의 자문 위원들의 의견에 대해 슘페터는 경기 침체는 혁신을 위한 조정의 수단인데 정부의 간섭으로 인해 혁신이 결과적으로 방해받을 것이라고 생각하겠군.

③ A국 정부의 자문 위원들이 개인 소득세 감면으로 소비의 여력을 높이려는 것에 대해 케인스는 수요의 부족을 해결할 수 있을 것이라고 평가하겠군.

④ B국의 상황에 대해 하이에크는 자연스럽게 호황 국면으로 넘어갈 수 있었던 상황을 오히려 불황의 상태가 이어지게 한 것이라고 평가하며 정부의 개입을 비판하겠군.

⑤ B국의 상황에 대해 케인스는 자원을 탕진한 상황에서 발생한 징벌적인 경기 침체의 상황이므로 유동성 선호 현상으로 인해 정부의 개입에도 불구하고 효과가 없었던 것이라고 평가하겠군.

12

▶ 24051-0205

ⓐ~ⓔ의 사전적 의미로 적절하지 <u>않은</u> 것은?

① ⓐ: 어떠한 것에 원인을 둠.
② ⓑ: 전에 없던 것을 처음으로 생각하여 지어내거나 만들어 냄.
③ ⓒ: 도로 거두어들임.
④ ⓓ: 피하거나 쫓기어 달아남.
⑤ ⓔ: 재물 따위를 다 써서 없앰.

[13~17] 다음 글을 읽고 물음에 답하시오.

브레이크는 주행 중인 자동차를 감속 또는 정지시키거나 주차 상태를 유지하기 위해 사용되는 핵심적인 장치이다. 자동차의 운동 에너지는 브레이크의 마찰력을 이용하여 열에너지 형태로 대기 중에 방출된다. 브레이크는 자동차의 속도를 0으로 만들어 자동차를 정지시키거나, 자동차의 속도를 줄이는 감속 작용과 긴 경사로를 내려갈 때의 연속적인 제동 작용을 수행해야 한다. 또한 평지나 경사로에서 주차할 때 자동차를 오랫동안 고정시켜야 한다.

브레이크는 운전자가 브레이크 페달을 밟는 힘을 유압을 통해 증대시켜 각 바퀴에 전달하고 그 힘으로 마찰력을 발생시켜 제동 작용을 하는 유압식이 가장 많이 ⓐ쓰인다. 유압식 브레이크는 파스칼의 원리를 이용한다.

[A]
파스칼의 원리란 밀폐된 용기에 담긴 유체에 압력을 가하게 되면 가한 압력과 같은 크기의 압력이 방향에 상관없이 용기 안의 모든 임의의 지점에 전달된다는 것이다. 예를 들어 유체가 담겨 있고, 연결관으로 연결되어 있는 두 개의 실린더에 단면적이 같은 피스톤 A와 B가 하나씩 있다고 하자. 이때 피스톤 A에 힘을 가하면 발생한 압력과 같은 크기의 압력이 실린더 내의 유체에 가해지므로 피스톤 B도 피스톤 A가 받았던 힘과 같은 힘을 받게 될 것이다. 그런데 만약 피스톤 A와 피스톤 B의 단면적이 다르다면 어떤 일이 발생할까? 압력이란 단위 면적에 작용하고 있는 힘이다. 그래서 우리는 압력을 표현할 때 힘을 단위 면적으로 나눈 값으로 나타낸다. 따라서 밀폐된 용기 안의 모든 임의의 지점에 동일한 압력이 작용할 때, 피스톤의 단위 면적이 다르다면 각 피스톤에 작용하는 힘 또한 달라질 수밖에 없을 것이다. 이러한 점에 착안하면 피스톤의 단면적 비율에 따라 작은 힘을 가하더라도 큰 힘을 얻을 수 있게 된다.

이처럼 유압식은 파스칼의 원리를 활용하여 제동력을 모든 바퀴에 전달할 수 있으며, 페달을 밟는 힘이 작아도 되는 이점이 있다. 브레이크 페달을 밟게 되면 그 힘이 마스터 실린더의 피스톤을 거쳐 실린더 내의 밀폐된 브레이크 오일에 즉시 전달되고, 압력이 형성되어 브레이크 패드를 누르면서 제동이 이루어진다. 유압식 브레이크를 구성하는 장치에는 브레이크 페달, 마스터 실린더, 휠 실린더 등이 있다. 이 중 마스터 실린더는 운전자가 브레이크 페달을 밟았을 때 제동 기구를 작동시킬 수 있도록 유압을 발생시키는 핵심적인 장치로, 마스터 실린더의 내부는 피스톤, 피스톤 컵과 필러 디스크, 복원 스프링 등으로 구성되어 있다. 마스터 실린더는 각각의 피스톤을 가진 두 개의 마스터 실린더를 직렬로 연결하여 하나에 문제가 발생하더라도 다른 쪽에서 안전하게 작동할 수 있도록 고안된 태덤 마스터 실린더가 널리 사용된다.

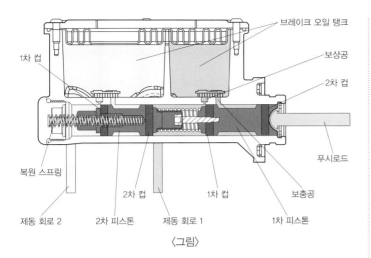

〈그림〉

〈그림〉과 같이 운전자의 제동력이 전달되는 순서에 따라, 즉 피스톤을 미는 역할을 하는 푸시로드에 가까운 쪽 피스톤을 1차 피스톤, 안쪽에 있는 피스톤을 2차 피스톤이라 한다. 각각의 피스톤에 설치된 고무로 된 컵들은 피스톤과는 반대로 푸시로드와 가까운 것이 2차 컵, 스프링과 가까운 것이 1차 컵이며, 〈그림〉에서 보이지는 않지만 1차 컵 뒤에는 필러 디스크가 붙어 있다. ㉠각 1차 컵들은 브레이크 작동 전에는 각각 브레이크 오일 탱크와 연결된 구멍인 보상공을 막지 않아야 한다. 각 피스톤과 연결된 두 개의 압력실은 모두 각각의 보상공을 통해 브레이크 오일 탱크와 연결되어 있으며 오일이 들어 있다. 또한 각 압력실과 연결된 각 제동 회로에도 브레이크 오일이 들어 있다.

브레이크 페달을 밟으면 푸시로드가 먼저 1차 피스톤을 밀게 된다. 그러면 1차 피스톤의 스프링이 압착되면서, 1차 피스톤의 운동을 2차 피스톤에 전달한다. 따라서 두 개의 피스톤 각각에 설치된 1차 컵들은 각각의 보상공을 막고 지나며 압력실을 밀폐시키고 이때 1차 컵 뒤에 붙어 있는 필러 디스크는 1차 컵이 피스톤 쪽에 있는 보충공 쪽으로 밀리는 것을 막는 역할을 한다. 한편 2차 컵은 형성된 유압의 누설을 방지하는 역할을 한다. 이렇게 압력실의 밀폐를 통해 유압이 형성되면 두 개의 제동 회로에 있던 브레이크 오일에도 동시에 제동 압력이 형성되며 제동 작용이 일어나게 된다. 이후 페달에서 발을 떼면 스프링은 피스톤을 초기 위치로 급속히 복귀시키는데 그 과정에서 1차 컵은 휘어지고, 1차 컵 뒤쪽에 설치된 필러 디스크도 약간 휘어지면서 틈이 생기고, 오일이 압력실 쪽으로 유입되면서 피스톤도 원래 위치로 돌아오게 되어 브레이크가 풀리게 된다.

한편 휠 실린더는 유압이 작용했을 때 마스터 실린더에서 발생된 유압을 통해 실제 제동 작용을 수행하여 제동 작용에 관여한다. 이 외에도 제동을 위한 여러 장치들의 협업이 달리는 자동차를 안전하게 멈출 수 있도록 하는 유압식 브레이크의 작동을 돕는다.

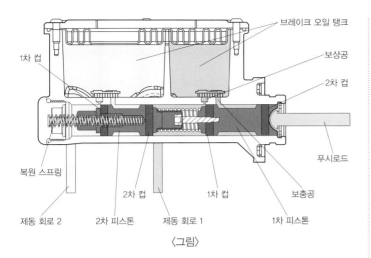

〈그림〉

〈그림〉과 같이 운전자의 제동력이 전달되는 순서에 따라, 즉 피스톤을 미는 역할을 하는 푸시로드에 가까운 쪽 피스톤을 1차 피스톤, 안쪽에 있는 피스톤을 2차 피스톤이라 한다. 각각의 피스톤에 설치된 고무로 된 컵들은 피스톤과는 반대로 푸시로드와 가까운 것이 2차 컵, 스프링과 가까운 것이 1차 컵이며, 〈그림〉에서 보이지는 않지만 1차 컵 뒤에는 필러 디스크가 붙어 있다. ㉠각 1차 컵들은 브레이크 작동 전에는 각각 브레이크 오일 탱크와 연결된 구멍인 보상공을 막지 않아야 한다. 각 피스톤과 연결된 두 개의 압력실은 모두 각각의 보상공을 통해 브레이크 오일 탱크와 연결되어 있으며 오일이 들어 있다. 또한 각 압력실과 연결된 각 제동 회로에도 브레이크 오일이 들어 있다.

브레이크 페달을 밟으면 푸시로드가 먼저 1차 피스톤을 밀게 된다. 그러면 1차 피스톤의 스프링이 압착되면서, 1차 피스톤의 운동을 2차 피스톤에 전달한다. 따라서 두 개의 피스톤 각각에 설치된 1차 컵들은 각각의 보상공을 막고 지나며 압력실을 밀폐시키고 이때 1차 컵 뒤에 붙어 있는 필러 디스크는 1차 컵이 피스톤 쪽에 있는 보충공 쪽으로 밀리는 것을 막는 역할을 한다. 한편 2차 컵은 형성된 유압의 누설을 방지하는 역할을 한다. 이렇게 압력실의 밀폐를 통해 유압이 형성되면 두 개의 제동 회로에 있던 브레이크 오일에도 동시에 제동 압력이 형성되며 제동 작용이 일어나게 된다. 이후 페달에서 발을 떼면 스프링은 피스톤을 초기 위치로 급속히 복귀시키는데 그 과정에서 1차 컵은 휘어지고, 1차 컵 뒤쪽에 설치된 필러 디스크도 약간 휘어지면서 틈이 생기고, 오일이 압력실 쪽으로 유입되면서 피스톤도 원래 위치로 돌아오게 되어 브레이크가 풀리게 된다.

한편 휠 실린더는 유압이 작용했을 때 마스터 실린더에서 발생된 유압을 통해 실제 제동 작용을 수행하여 제동 작용에 관여한다. 이 외에도 제동을 위한 여러 장치들의 협업이 달리는 자동차를 안전하게 멈출 수 있도록 하는 유압식 브레이크의 작동을 돕는다.

13

▶ 24051-0206

윗글을 통해 알 수 있는 내용으로 적절하지 않은 것은?

① 자동차의 운동 에너지는 브레이크의 마찰력을 이용하여 열에너지 형태로 방출된다.
② 마스터 실린더의 2차 컵은 파스칼의 원리가 작용할 수 있는 밀폐 상태를 유지하는 데 기여한다.
③ 브레이크는 감속 작용 및 연속적인 제동 작용, 주차 시 자동차를 고정시키는 작용을 모두 수행할 수 있어야 한다.
④ 휠 실린더는 마스터 실린더가 자동차의 실제 제동 작용을 수행할 수 있도록 마스터 실린더에 오일을 전달하는 장치이다.
⑤ 탠덤 마스터 실린더는 두 개의 마스터 실린더를 직렬로 조합하여 하나가 고장이 나더라도 나머지 실린더가 작동하도록 한 것이다.

14

▶ 24051-0207

[A]에 대한 이해로 가장 적절한 것은?

① 피스톤 A와 피스톤 B에 작용한 압력이 같다면 각 피스톤의 단면적은 다르다.
② 연결관이 파손되어도 피스톤 A에 작용한 압력이 그대로 모든 실린더 내부에 전달된다.
③ 피스톤 A와 피스톤 B에 작용하는 압력이 서로 다른 이유는 유체가 압축되는 성질이 있기 때문이다.
④ 피스톤 B가 받는 힘은 실린더 사이를 연결하는 관의 단면적과 피스톤 B의 단면적이 작을수록 커진다.
⑤ 피스톤 A와 피스톤 B의 단면적 비가 1 : 10이라면 피스톤 B가 받는 힘은 피스톤 A에 가해지는 힘의 10배이다.

15

▶ 24051-0208

㉠의 이유를 추론한 것으로 가장 적절한 것은?

① 보상공을 막고 있으면, 스프링을 밀어내는 힘이 발생하지 않기 때문이다.
② 보상공을 막고 있으면, 유압이 작용하여 브레이크가 작동할 수 있기 때문이다.
③ 보상공을 막고 있으면, 브레이크 오일이 제동 회로에 들어갈 수 없기 때문이다.
④ 보상공을 막고 있으면, 1차 피스톤의 운동을 2차 피스톤에 전달할 수 없기 때문이다.
⑤ 보상공을 막고 있으면, 각각의 제동 회로에 동시에 제동 압력이 발생하지 않기 때문이다.

16

▶ 24051-0209

탠덤 마스터 실린더에 대해 이해한 내용으로 적절하지 않은 것은?
[3점]

① 푸시로드 쪽에 있는 1차 피스톤에서 푸시로드 쪽에 가까이 있는 1차 컵은 보상공을 막고 지나는 역할을 하는군.
② 브레이크가 작동할 때, 2차 컵은 유압의 누설을 방지하고, 필러 디스크는 1차 컵이 보충공 쪽으로 밀리는 것을 방지하겠군.
③ 푸시로드가 1차 피스톤을 밀어, 압력실들이 밀폐되면 압력실의 오일이 받는 압력과 각 제동 회로에 있는 오일이 받는 압력은 동일하겠군.
④ 페달에서 발을 떼면 스프링이 피스톤을 초기 위치로 복귀시키는 과정에서 1차 컵 뒤에 있는 필러 디스크도 휘어지겠군.
⑤ 브레이크 작동 과정에서 제동 회로 1에 문제가 발생하더라도, 다른 장치들이 정상적으로 작동한다면 2차 피스톤 쪽에서 형성된 압력을 통해 브레이크가 작동하겠군.

17

▶ 24051-0210

문맥상 의미가 ⓐ와 가장 가까운 것은?

① 도리깨는 잡곡을 터는 데 널리 쓰인 물건이다.
② 인재들이 적재적소에 쓰일 때에 나라가 발전한다.
③ 그 편지에는 김치를 맛있게 담그는 방법이 자세하게 쓰여 있었다.
④ 어제 일로 자꾸 친구에게 신경이 쓰여 수업에 집중하기가 매우 어려웠다.
⑤ 예전에는 그러한 문맥에는 외래어가 쓰였으나 요즈음은 고유어로 바뀐 경우가 많다.

[18~21] 다음 글을 읽고 물음에 답하시오.

하루는 감사가 이생을 위하여 주연을 베풀고 방자를 보내어 이생을 초대했다.

[A] ┌ "오늘은 바로 형이 급제하고 처음 맞는 날이니 시인으로서
 │ 의 시상을 어찌 능히 폐할 수 있겠나. 날씨가 따뜻하고 바람
 │ 도 화창하여 친구에 대한 생각이 간절하니 형은 금옥 같은
 │ 귀한 몸을 아끼지 말고 한번 찾아와서 성긴 우정을 펴 봄이
 └ 어떠한가."

이생은 마음속으로는 비록 뜻에 맞지 않았으나 거절할 만한 이유가 없어서 책을 덮고 읽기를 그만두고 바로 통인을 따라 선화당으로 오니, 차려 놓은 음식은 처음 보는 이생의 귀와 눈을 놀라게 하였다. 여러 고을의 원님들이 좌우로 늘어앉았고, 수많은 기녀들이 앞뒤로 모시고 앉아서 금슬관현 등의 오음을 방 안에서 연주하고 있으며, 뜰에서는 금석포토 등의 팔음을 번갈아 연주하고 있었다. 술잔과 쟁반은 헝클어졌고, 안주 그릇은 얽혀 있었다.

이생을 맞이하여 좌석을 정하고 인사를 겨우 마치고 나니, 좌우에 앉아 있던 기생들이 다투어 이생에게 술잔을 권하며 노래를 부르기 시작했다. 이에 이생은 **불끈 화를 내**며 소매를 뿌리치고 갑자기 일어나,

"오늘의 이 잔치는 실로 **인간의 도리를 위한 것이 아니오.**"

하며 물러가겠다고 했다.

감사가 소매를 붙잡고 웃으며,

"형은 일찍부터 독서하는 사람이 아닌가. 정백자*를 본받고자 아니 하고, 또 내 진심으로 거리낌 없이 일러 주는 **말을 들으려고도 하지 않**으니, 무엇 때문에 이렇듯이 상을 찡그리고 지나친 행동을 하는가."

하며 누누이 타일렀으나 끝내 만류하지 못했다.

이날 잔치하는 자리에서 이생의 행동을 보고 그 지나친 고집에 대하여 눈살 찌푸리고 비웃지 않은 사람이 없었다. 잔치가 파하자 감사는 수노에게 분부하였다.

"기녀 가운데서 지혜롭고 쓸 만한 자가 누구냐."

"오유란이란 애가 있습니다. 나이 십구 세로서 가르쳐 주지 아니하여도 잘할 것입니다."

감사는 즉시 오유란을 불러 ㉠분부하였다.

"너는 별당의 이랑을 알고 있느냐."

"네, 알고 있습니다."

"그러면 네가 **한번 이랑을 모실** 수 있겠느냐."

"하룻저녁으로는 할 수 없거니와 한 달 동안의 말미만 주신다면 반드시 할 수 있겠습니다."

[중략 부분 줄거리] 오유란은 이생을 유혹한 뒤 속여 이생이 사람들 앞에서 큰 망신을 당하도록 한다. 그길로 이생은 공부에 매진하고, 어사가 되어 감사가 있는 곳으로 간다.

"고인은 평안하셨는가."

어사가 보고도 못 본 체하고 듣고도 못 들은 체하니 감사는 앞으로 나아가서 손목을 잡으며 말했다.

[B] ┌ "형은 정말로 남아로서 뜻있는 사람이라고 말할 수 있으니,
 │ 자네 일은 드디어 이루어졌네. 오늘 동생이 경악하고 황급
 │ 하고 곤경에 빠졌던 것으로 말하면 오히려 형이 옛날에 속임
 │ 을 당한 것보다 못하지는 않을 것일세. 한번 깊이 생각해 보
 │ 게. 형이 별안간 영화의 길에 올랐음은 어찌 나의 한 정성의
 │ 소치로 말미암은 것이 아닌가. 이로써 말할진댄 형이 안 졌
 └ 다고 말할 수 있으나 진 사람은 어사 자네일세."

이 말을 들은 어사가 되풀이해서 생각해 보고 또 생각해 보니, 마음은 스스로 시원히 열리고 입에서는 절로 웃음이 나와서,

"때도 이미 지났고 일도 오래되어 할 수 없군."

하고는, **곧 술을 가져오게 해서 감사와 즐겁게 마셨다.**

감사가 너무 지나치게 속인 장난을 책망하고 용서를 입은 영광을 사례하니, 어사는 얼굴을 붉히고 웃으며 말했다.

"오늘은 소유문이 되어 친구와 더불어 술을 마시고, 내일은 기주자사가 되어 일을 살핌이 마치 나를 두고 이름일세."

이튿날 날이 밝자 어사는 공청에 나아가 앉고 여러 형장을 갖추어 놓고 오유란이란 여인을 묶어 오게 해서 거적자리에 앉혀 섬돌 아래에 엎드리게 하고는 문을 닫고 날카로운 목소리로 ㉡문초를 했다.

"너의 죄를 네가 스스로 알고 있으니 매로써 죽이리라."

오유란은 나지막한 소리로 간곡히 아뢰었다.

"소녀가 어리석어서 무슨 죄인지 알지 못하겠나이다."

어사가 크게 노하여 문지방을 두드리며 꾸짖었다.

"관청에 매여 있는 여자로서 장부를 속여 희롱하기를, 산 사람을 죽었다고 하고 사람을 가리켜 귀신이라 하였으니, 어찌 죄없다고 하느냐. 빨리 처치하고 늦추지 말라."

오유란은 다시 빌면서 말했다.

"원하옵건대 어사께서는 잠시 문을 열고 한 번만 보아 주시어 소녀가 다만 한 말씀만 드린다면 회초리 아래 귀신이 된다 할지라도 다시는 원통함이 없겠사옵니다."

어사는 일찍이 인정이 없는 사람이 아닌지라, 그 말을 듣고 낯익은 얼굴을 한 번 보니, 오유란이 몸을 나타내고 살짝 쳐다보고 생긋 웃으며 말했다.

"산 것을 보고 죽었다고 한 것은 산 사람이 스스로 죽지 아니한 것을 판단 못 함이요, 사람을 가리켜 귀신이라고 한 것은 스스로 귀신이 아님을 깨닫지 못한 것이니, 속인 사람이 나쁩니까, 속임을 당한 사람이 나쁩니까. 너무 지나치게 속인 사람은 혹 있다고 할지라도 속임을 당한 사람으로서는 차마 말할 수 없을 것입니다. 또한 저는 사졸이 되어 **오직 장군의 명령을 받**들 따름입니다. 일을 주장한 사람에게 책임이 돌아가야 할 것

이어늘, 어찌 사졸을 베려 하십니까."

어사 듣기를 마치고 보니 사정이 또한 없을 수 없고 사실이 또한 그러하였으므로, 즉시 풀어 주도록 명하고 당상으로 오르게 하여 한번 웃어 얼굴을 보여 주며,

"너는 묘기가 되고 나는 소년이 되어 일이 조금도 괴이함이 없으며, 가운데서 일을 꾸민 사람이 매우 나쁘고 또 괴이하였으나 지금에 와서 생각한들 어찌 말할 수 있겠는가."

하고는, 술을 가져오게 해서 잔치를 베풀고 그 옛날의 정회를 다 털어놓고 이야기했다.

– 작자 미상, 「오유란전」

＊정백자: 중국 송대의 철학자.

18

▶ 24051-0211

윗글의 내용과 일치하지 않는 것은?

① 감사는 자신이 마련한 잔치에 이생을 초대하고자 심부름꾼을 보낸다.
② 이생이 잔치에 참여한 것은 거절할 이유를 마련하지 못했기 때문이다.
③ 잔치에 참석한 이생에게 기녀들은 앞다투어 술을 권하며 노래를 부른다.
④ 연회장에서의 이생의 행동으로 인해 주변 사람들은 불쾌함을 느낀다.
⑤ 오유란은 어사가 되어 돌아온 이생과 다시 만났을 때 첫눈에 그를 알아보지 못한다.

19

▶ 24051-0212

[A]와 [B]에 나타난 말하기 방식에 대한 설명으로 가장 적절한 것은?

① [A]는 과거에 있었던 일을 회상하며, [B]는 미래에 벌어질 일을 전망하며 자신의 처지를 강조한다.
② [A]는 상대방의 외양을 묘사하며, [B]는 상대방의 품성을 언급하며 상대방의 우월함을 추켜세운다.
③ [A]는 상대방의 생각을 짐작하며, [B]는 상대방이 했던 말을 언급하며 상대방의 주장을 반박한다.
④ [A]는 상대방의 처지가 변화하였음을 언급하며, [B]는 상대방과 자신의 경험을 비교하며 자신의 억울함을 호소한다.
⑤ [A]는 상대방과 자신의 관계가 친밀함을 내세우며, [B]는 상대방에게 자신이 했던 일을 상기시키며 상대방을 설득한다.

20

▶ 24051-0213

㉠과 ㉡에 대한 설명으로 가장 적절한 것은?

① ㉠에서 촉발된 사건이 계기가 되어 ㉡이 발생한다.
② ㉠으로 인해 발생한 오해가 ㉡으로 인해 해소된다.
③ ㉠에서 드러나지 않았던 사실이 ㉡ 이후에 밝혀진다.
④ ㉠에서 빚어진 인물 간의 갈등은 ㉡으로 인해 심화된다.
⑤ ㉠에서 드러나는 인물의 내적 갈등은 ㉡의 원인이 된다.

21

▶ 24051-0214

〈보기〉를 바탕으로 윗글을 감상한 내용으로 적절하지 않은 것은?
[3점]

┃ 보기 ┃

「오유란전」은 '훼절*을 모의함.', '훼절을 수행함.', '훼절 대상이 훼절의 주체를 용서함.'의 순서로 사건이 전개되는데, 각 사건은 인물들 간 가치 체계의 충돌 또는 공유로 인해 벌어진다. 감사가 이생을 훼절하려는 동기는 유흥을 부정하고 선비로서의 고고한 면모만을 중시하는 이생의 가치 체계를 깨뜨림으로써 관리 사회의 유흥 문화에 대한 긍정이라는 자신의 가치 체계를 정당화하려는 데 있으며, 이생이 감사를 용서하는 것은 이생이 감사의 가치 체계를 인정하게 되었기 때문이다. 또한 신분 질서 안에서 기생은 관리의 말을 따라야 한다는 가치 체계를 인물들이 공유함으로써 감사는 오유란에게 이생의 훼절을 지시하고 오유란은 훼절을 수행하는 한편, 이생은 사건의 전말이 밝혀진 후 그녀를 용서하게 된다.

*훼절: 절개나 지조를 깨뜨림.
---

① 이생이 잔치가 '인간의 도리를 위한 것이 아니'라며 '불끈 화를 내'는 것은, 선비로서의 고고한 면모만을 중시하는 가치 체계에서 비롯된 것이군.

② 감사가 이생에게 자신의 '말을 들으려고도 하지 않'는다며 그를 타이르는 것은, 관리 사회의 유흥 문화를 긍정적인 것으로 인식하는 가치 체계를 반영하는군.

③ 감사가 오유란에게 '한번 이랑을 모'시라고 명하는 것은, 이생의 가치 체계를 깨뜨리고 자신의 가치 체계를 정당화하려는 의도에서 비롯된 것이군.

④ 이생이 감사를 용서하고 '술을 가져오게 해서 감사와 즐겁게 마'시는 것은, 오유란에 대한 용서를 바탕으로 이생이 감사의 가치 체계를 받아들이게 되었기 때문이군.

⑤ 오유란이 이생을 속인 것이 '오직 장군의 명령을 받들'기 위함이었다고 말하는 것은, 신분 질서에 대한 순응이라는 가치 체계를 자신이 행했던 일의 근거로 내세우는 것이군.

[22~26] 다음 글을 읽고 물음에 답하시오.

(가) "오늘 온댔으니 꼭 올 텐데……."

성두가 못단을 왼손에 쥐며 말했다.

"글쎄…… 꼭 올 텐데…… 요새 모를 못 내면 금년에는 상을 못 탈 거 아냐."

기울어지는 햇살을 쳐다보며 진도 애비가 말했다.

"너 원통할 게 무어 있니? 길서가 상을 탄대두 너는 마꼬* 한 개 못 얻어먹어, 이 자식아!"

기억이가 툭 쏘았다.

"그래도 올랴고 한 날에는 올 텐데……."

은근히 기다리던 성두가 다시 말했다.

길서는 그 마을에서 가장 칭찬을 받는 사람이다. 물론 사촌 형뻘이 되면서도 기억이 같은 몇 사람은 길서를 시기하고 속으로는 미워하기까지 했으나, 동네 전체로 보아 소학교 졸업을 혼자 했고, 군청과 면사무소에 혼자서 출입하고, 공부를 많이 한 사람에게도 지지 않으리만큼 동네 사람들을 가르치며 지도했다. 나이 젊은 사람으로 일을 부지런히 해서 돈도 해마다 벌며 저축을 하여 마을의 진흥회니 조기회니, 회마다 회장을 도맡고 있는 관계로 무식하고 착한 농부들은 길서를 잘난 위인이라고 생각하지 않을 수가 없었다.

더욱이 서울서 모이는 농사 강습회에 군에서 보내는 세 사람 중에 한 사람으로, 한 주일 전에 그리로 떠난 뒤로 길서를 칭찬하는 소리는 더 커졌다.

(중략)

길서는 인사를 하고 서울 갔던 이야기를 보고했다.

보고를 듣고 수고했다는 말을 한 뒤는 곧장,

"그런데 이번 호세(戶稅)*는 자네 동네에서도 조금 많이 부담해야겠네. 보통학교를 육 학급으로 증축해야겠으니까."

하고, 길지도 않은 수염을 쓸며 Ⓐ호세 이야기를 했다.

"거야 제가 압니까!"

"아니야. 자네 동네서야 자네만 승낙하면 되는 게니까. 그렇다구 자네에게 해로운 것은 없을 게고……."

"글쎄요."

길서는 면장의 말에 무엇이라고 대답할 수가 없었다. 만약 그에게 조금이라도 재미없는 말을 해서 비위에 거슬리게 하면, 자기도 끼니때를 굶고 지내는 동네 소작인들이나 다름이 없는 생활을 해야 할 것을 잘 알고 있다. 일본은 둘째로 하고라도 묘목*도 못 팔아먹을 것이며, 그런 말이 보통학교 교장 귀에 들어가면 돈도 빌려다 쓸 수 없게 된다.

그러면 묘목 심었던 밭에 조를 심게 되고, 면사무소 사무원들과 학교 선생들에게 팔던 감자와 파도 썩어 버리게 된다. 삼백 평밖에 안 되는 논에 비료를 많이 내지 않으면 미곡 품평회(米穀品評會)에 출품도 못 해 볼 것이며, 그러면 상금을 못 탈 뿐 아니

실전 모의고사 1회 | 실전 모의고사 2회 | 실전 모의고사 3회 | 실전 모의고사 4회 | 실전 모의고사 5회

라 벼가 겨우 넉 섬밖에 소출* 못 날 것이다. 그러면 동네 사람들과 똑같이 일 년 양식도 부족할 것이 아닌가.

"자네 동네 사람들은 얌전하게 근심 없이 사는 모양이던데."

면장이 다시 말을 꺼낼 때 길서는 곧 대답했다.

"그럼요. 근심이 조금도 없다고야 할 수 없지마는 무던한 편은 됩니다."

벼는 누릇누릇해서 이삭들이 뭉친 것이 황금 덩이 같았다. 그러나 얼굴의 주름살을 편 사람이라고는 하나도 없었다.

강충이가 먹어 예년에 비해서 절반도 곡식을 거둘 수가 없었기 때문이었다.

길서만이 평양 가서 북어 기름을 통으로 사다가 쳤기 때문에 그의 논만은 작년보다도 더 잘되었으나, 다른 논들은 털 빠진 황소 가죽같이 민숭민숭해졌다.

이[虱] 새끼만 한 작은 벌레까지도 못 살게 하는 것이 원통했으나, 여름내 땀을 빼고도 제 입으로 들어올 것이 없을 것을 생각하니 눈물이 솟아오를 지경이었다.

그들은 할 수 없으므로 성두의 말대로 길서를 시켜 읍내 지주 서재당*에게 가서 금년만 도지를 조금 감해 달래 보자고 했다.

그러나 길서는 자기와 관계가 없을 뿐 아니라 정해 놓은 도지를 곡식이 안 되었다고 감해 달라는 것은 흔히 일어나는 소작 쟁의와 같은 당치 않은 짓이라고 해서 거절했다. 그러고는 며칠 있다가 일본 시찰단으로 뽑히어 떠나가 버렸다.

동네 사람들은 어찌할 줄을 몰랐다. 더구나 금년 겨울에는 기어이 잔치를 하려고 하던 성두는 가끔 우는 얼굴을 하곤 했다. 그들은 할 수 없이 큰마음을 먹고 떼를 지어 읍내로 들어가 서재당에게 사정을 말해 보았으나, 물론 들어주지 않았다. 오히려 아들을 분가시킨 관계로 돈이 물린다는 근심까지를 들었다.

"너희들 마음대로 그렇게 하려거든 명년부터는 논을 내놓아라." 하는 말에는 더 할 말이 없어 갈 때보다도 더 기운 없이 돌아왔다. 그들은 돌아가는 길에 길서의 논 앞에 서서 '모범 경작'이라고 쓴 말뚝을 부럽게 내려다보았다.

볏대가 훨씬 큰데 이삭이 한 길만큼 늘어선 것이 여간 부럽지 않았다. 그러나 말도 잘하고 신망도 있다고 해서 대신 교섭을 해 달라고 부탁했음에도 불구하고 못 들은 체 들어주지 않은 길서가 미웠다.

"나도 내 땅이 있어 비료만 많이 하면 이삼 곱을 내겠다. 그까짓 것……."

기억이가 침을 탁 뱉으며 말했다. 며칠 뒤 그들이 다시 놀란 것은 값도 모르는 뽕나뭇값이 엄청나게 비싸진 것과, 십삼 등 하던 호세가 십일 등으로 올라간 것이다.

그것보다도 십 등이던 길서네만은 그대로 십 등에 있는 것이 너무도 이상했다. 길서네는 그래도 작년에 돈을 모아 빚을 주었으나, 다른 사람들은 흉년까지 만나 먹고살 수도 없는데 호세만

올랐다는 것이 우스우면서도 기막힌 일이었다. 무엇을 보고 호세를 정하는지 알 수 없었다.

흉년, 그러면서도 도지를 그대로 바쳐야 하는 데다가 호세까지 오른 그들의 세상은 캄캄했다.

'아마 북간도나 만주로 바가지를 차고 떠나야 하는가 보다.'

성두는 혼자 생각했다. 그들은 마을에 대한 애착심도 잊었고, 제 고장이라는 것도 생각하기 싫었다. 다만 못살 놈의 땅만 같았다.

마을 사람들은 길서의 장난으로 호세까지 올랐다는 것을 다음에야 알고 누구 하나 그를 곱게 이야기하는 이가 없게 되었다. 길서 때문에 동네를 떠나야겠다는 오빠의 말을 들은 의숙이도 눈물을 흘리며 길서가 그렇지 않기를 속으로 바랐다.

길서는 일본서 돌아올 때 우선 자기 논두렁에서 가슴이 서늘함을 느꼈다. 논에 박은 '김길서'라고 쓴 푯말은 간 곳도 없고, '모범 경작생'이라고 쓴 말뚝은 쪼개져서 흐트러져 있었다.

– 박영준, 「모범 경작생」

* 마꼬: 담배 이름.
* 호세: 살림살이를 하는 집을 표준으로 하여 집집마다 징수하던 지방세.
* 묘목: 옮겨 심는 어린나무. 여기서는 길서가 관청에 판매하는 뽕나무를 의미함.
* 소출: 논밭에서 나는 곡식. 또는 그 곡식의 양.
* 도지: 풍년이나 흉년에 관계없이 해마다 일정한 금액으로 정하여진 소작료.

(나) 상범: (체념하기에는 너무나 억울하다는 태도로) …… 이거…… 결혼 상대자를 빼앗긴 데다가 아버지 환갑잔치 비용도 내가 주선해야만 하는 팔자입니다. 이젠 할 말이 없습니다. 저의 나이는 서른한 살입니다. 앞으로 살아 봤자 한 이십 년……. 나머지 이십 년마저 밤낮 손해만 보는 세월일 것이라고 생각하니 앞이 캄캄해집니다. 저는 여태까지의 모든 생활을 제가 아는 상식의 테두리 안에서 해 왔습니다. 인천서 근무할 때의 일입니다. 여름에 하도 무덥기에 해수욕장에 나갔죠. 갑자기 저쪽 바위 밑에 옷을 입은 채 기어들어 가는 젊은 여자를 보았습니다. 틀림없는 자살입니다. 저는 밀짚모자를 내던지고 달려가 그 여자를 끌어냈습니다. 얼굴도 예쁜데 왜 자살을 하려고 했는지, 모래 위에 끌어내서 살렸더니 그 여자는 고맙다는 말 대신에 저의 뺨을 갈겼습니다. 그러니까 경찰은 저를 파출소로 연행하더군요. 이 사회에선 저의 상식이 통용 안 되는 것 같습니다. 이제부터 물에 빠진 놈에겐 돌을 안겨 줘야겠습니다. 자리를 양보하느니 발로 걷어차 길을 터야겠습니다. 즉 기존 상식을 거부하는 겁니다.

(중략)

문 여사: 아 글쎄, 이 아파트의 관리인이 저녁에 돌아가셨대요.

상범: 네? 관리인이요?

문 여사: 본래 심장이 약하신 분이었는데…….

상범: 그럼 또 심장 마비로…….

문 여사: 그래요, 심장 마비로 돌아가셨어요. 참 안됐어요. 식구도 많은데…… ㉠그래서 우리 아파트에 들어 있는 사람들끼리 돈을 좀 모아서 조의금이라도 갖다 드릴까 해서요…….

상범: 그거 좋은 생각입니다.

문 여사: 여유가 있는 대로 내일 아침 저희 방으로 갖다주세요.

상범: 그러죠. (문 여사가 나가려고 한다.) 저…… 어떻게 돌아가셨다죠?

문 여사: 식사를 하시다 그대로 쓰러졌다는걸요.

상범: 마지막에 남긴 말도 없이…… 유언도 없으셨군요?

문 여사: ㉡유언이 다 뭡니까. 그대로 푹 쓰러졌다는데.

상범: 그대로 푹 쓰러졌군. 그럼 내일 아침 뵙겠습니다.

문 여사: 네, 전 이 방 저 방을 좀 돌아다녀야 합니다.

(문 여사가 나간다. 상범은 소파 밑에서 관리인이 맡긴 돈 보따리를 꺼낸다.)

상범: (관객에게) 이 돈 5만 원! 관리인이 저한테 맡긴 귀중한 돈입니다. 자, 이 돈을 어떡하지? 밥 먹다 푹 쓰러졌다니 이 돈에 대해 말할 여유도 없었을 겁니다. 아니, 도대체 이 돈은 비밀로 해 달라고 했으니까. 이 돈에 대해 말을 했을 리가 없어…… 내 옛 상식에 따를 것 같으면 이 돈은 관리인의 미망인에게 돌려줘야 하겠지만…… 아니지, 이미 내 상식은 버리고 ⒝새 상식에 따라 생활을 하고 있는 이 마당에 돈을 돌려줄 필요가 없어. ㉢본시 관리인은 자기의 아내를 싫어했으니까. 오히려 나를 좋아했어. 그러니 이 돈을 내가 쓰는 것을 더 좋아할 거야. 질서 정연한 논리야. (또다시 관객에게) 그래서 이 돈을 제가 쓰기로 했습니다. 다음 날 내 동생, 그 이상한 이름의 회사에 들어갈 시험 준비에 골몰하는 내 동생을 시내 어떤 다방에서 만났습니다.

(상출이 무대 전면 좌측에 의자를 들고 들어와 앉는다. 현소희가 조그만 티 테이블을 들고 들어온다.)

소희: 무슨 차 드실까요?

상출: …… 저…… 사람을 기다리는데…… 그 사람이 온 다음에 같이 들겠습니다.

소희: 좋도록 하세요.

(소희가 들어간다. 상출은 주머니에서 책을 꺼내 연필로 줄을 그으며 읽는다. 시험 준비. 잠시 후 상범이 의자를 갖고 들어와 앉는다.)

상범: 오래 기다렸니?

상출: 아니.

상범: 다방에서도 시험공부야?

상출: 할 수 있나.

상범: 차 들었니?

상출: 형이 안 오면 혼날라고? 주머니엔 버스표 두 장밖에 없어. 근데 왜 나오라고 했어?

상범: (뒤로 몸을 돌려 소리 지른다.) 여보시오! 파인주스 두 개만 부탁합니다.

상출: 한 잔에 50원인데…….

상범: 괜찮아. 나…… 경리과장 됐다.

상출: 뭐? 형이? 경리과장? 굉장한데! 어떻게 벌써?

상범: ㉣사장이 날 신임하지. 또…… 나도 잘살 수 있는 비결을 배웠고…….

상출: 봉급도 두 배쯤 오르겠네?

상범: 봉급이 문제냐. 그런데…… ㉤너도 그 입사 시험인가 하는 데 합격되려면…… 운동이 좀 필요하지 않을까!

상출: 무슨 운동?

상범: 돈을 좀 써야 하지 않을까? 세상은 다 그런 거야. (안주머니에서 돈을 꺼내 상출에게 쥐어 준다.) 이거 5,000원인데…….

상출: 5,000원?

상범: 돈을 좀 쓰란 말이야. 세상이 그렇게 단순하지 않단다. 문제는 방 안에 들어가야 하는데 앞문으로 들어가건 뒷문으로 들어가건 문제가 아냐. 어떻게 해서든지 그저 들어가면 돼.

– 이근삼, 「국물 있사옵니다」

22

▶ 24051-0215

(가), (나)에 대한 설명으로 가장 적절한 것은?

① (가)는 구체적인 외양 묘사를 통해 인물의 성격을 암시하고 있다.

② (가)는 다른 장소에서 동시에 벌어진 사건을 병치하여 서사의 진행을 지연시키고 있다.

③ (나)는 역순행적 구성을 통해 갈등의 원인을 드러내고 있다.

④ (나)는 과거와 현재의 처지를 대비하여 인물의 태도 변화를 부각하고 있다.

⑤ (가)와 (나)는 모두 시간의 경과에 따라 인물 간 갈등이 심화되고 있다.

23
▶ 24051-0216

Ⓐ와 Ⓑ에 대한 설명으로 가장 적절한 것은?

① Ⓐ는 Ⓑ와 달리 중심인물이 자신의 과오를 반성하는 계기가 된다.
② Ⓐ는 Ⓑ와 달리 중심인물이 비양심적인 행동을 하는 요인으로 작용한다.
③ Ⓑ는 Ⓐ와 달리 중심인물과 주변 인물의 갈등이 표면화되도록 만든다.
④ Ⓐ와 Ⓑ는 모두 중심인물에게 가해지는 타인의 압박에 해당한다.
⑤ Ⓐ와 Ⓑ는 모두 중심인물이 경제적 이득을 얻을 수 있도록 기능한다.

24
▶ 24051-0217

(가)를 이해한 내용으로 가장 적절한 것은?

① 성두와 기억은 처음부터 길서가 주민의 편을 들어줄 대표가 아님을 간파하고 있었다.
② 서울에서 돌아온 길서는 마을 주민들의 형편이 곤궁하다는 사실을 알지 못한 상태에서 면장과 만났다.
③ 면장은 보통학교 건물을 증축하는 데 필요한 자금을 충당하기 위해 길서네 동네에서 거두는 호세를 올리고자 했다.
④ 성두를 포함한 동네 사람들은 풍년이 들어 많은 벼를 수확할 수 있었으나 대부분을 읍내 지주에게 도지로 내야 했다.
⑤ 동네 주민들이 서재당에게 내야 하는 소작료가 일제히 인상되었으나 길서의 소작료는 오르지 않고 그대로 유지되었다.

25
▶ 24051-0218

㉠~㉤에 대한 이해로 가장 적절한 것은?

① ㉠: 문 여사의 제안은 상범이 추구하는 새로운 가치관에 부합한다고 볼 수 있군.
② ㉡: 상범이 이후에 취할 행동을 결정하는 데 영향을 주고 있군.
③ ㉢: 관리인이 남긴 유언을 토대로 상범이 자신의 결정을 합리화하고 있군.
④ ㉣: 상범이 새 상식을 따르기 전에 옛 상식을 따르고도 사회적 출세를 이루어 냈음을 알려 주고 있군.
⑤ ㉤: 상범은 시험공부를 무리해서 하는 상출에게 경제적 이득보다 건강이 더 중요하다는 점을 조언하고 있군.

26

▶ 24051-0219

〈보기〉를 바탕으로 (가), (나)를 감상한 내용으로 적절하지 <u>않은</u>
것은? [3점]

| 보기 |

　　문학 작품은 당대 사회의 모습을 현실적으로 반영한다.
박영준의 「모범 경작생」은 농촌 경제가 피폐해진 일제 강점
기에 조선 총독부가 조선인 중 우수 농민을 선발한 뒤 이들
을 이용해 통치 질서를 공고히 했던 농촌 진흥 정책을 보여
준다. 선발된 농민은 지배 계층의 이익을 대변했기에 다른
농민들의 분노를 샀다. 한편, 이근삼의 「국물 있사옵니다」
는 개인에게 입신과 출세를 종용하는 근대화의 개발 논리
하에서 평범하고 정직한 사람만 손해를 보는 사회의 부조
리로 인해 진실하고 성실했던 개인이 도덕적으로 타락하는
과정을 보여 준다. 두 작품의 주인공 모두 자신의 안정을
위협하는 환경에 대항하기보다는 그러한 환경에 결탁하거
나 편승하는 방식으로 생존하고자 한다. 이처럼 두 작품은
인물을 둘러싼 외부 환경이 개인에게 미치는 부정적 영향
을 보여 줌으로써 독자로 하여금 당대의 사회 구조적 모순
을 비판적으로 바라보게 만든다.

① (가)에서 길서가 참석한 '농사 강습회'와 '일본 시찰단'은 일제
　가 시행한 농촌 진흥 정책의 일환이라고 볼 수 있겠군.
② (가)에서 길서의 논에 박힌 '모범 경작생'이라고 쓰인 말뚝이
　쪼개진 것은, 선발된 농민이 지배 계층의 이익을 대변하는 것
　을 알게 된 조선인들의 분노를 형상화한다고 볼 수 있겠군.
③ (나)에서 상범이 여자를 구하려다 파출소로 연행된 사건은, 윤
　리적인 행위를 한 개인이 오히려 손해를 보는 부조리한 사회
　의 모습을 보여 주는 것이라고 볼 수 있겠군.
④ (나)에서 상범이 상출에게 돈을 주면서 '어떻게 해서든지 그저
　들어가면' 된다고 말하는 것은, 성실한 개인이 입신과 출세를
　종용하는 근대화의 논리에 동화되어 도덕적으로 타락한 모습
　이라고 볼 수 있겠군.
⑤ (가)에서 길서가 면장의 제안을 거절하지 못한 것과 (나)에서
　상범이 아파트 관리인의 부탁을 거절하지 못한 것은, 개인이
　자신의 안정을 위협받지 않기 위해서 지배 세력과 결탁할 수
　밖에 없는 사회 구조적 모순을 드러낸다고 볼 수 있겠군.

[27~30] 다음 글을 읽고 물음에 답하시오.

(가) ㉠연하(煙霞)의 깊이 든 병(病) 약이 효험 없어
　　강호(江湖)에 버려진 지 십 년 넘게 되어세라
　　그러나 이제 다 못 죽음도 긔 성은(聖恩)인가 하노라.
　　　　　　　　　　　　　　　　　　　　　　〈제3수〉

　　전나귀 바삐 몰아 다 저문 날 오신 손님
　　보리피 거친 밥에 찬물(饌物)* 이 아주 없다
　　㉡아희야 배 내어 띄워라 그물 놓아 보리라.
　　　　　　　　　　　　　　　　　　　　　　〈제4수〉

　　달 밝고 바람 자니 물결이 비단 같다
　　단정(短艇)*을 빗기 놓아 오락가락하는 흥을
　　백구(白鷗)야 하 즐겨 말고려 세상 알까 하노라.
　　　　　　　　　　　　　　　　　　　　　　〈제5수〉

　　식록(食祿)을 그친 후로 어조(漁釣)를 생애(生涯)하니
　　혬* 업슨 아이들은 괴롭다 하건마는
　　㉢두어라 강호한적(江湖閑適)이 내 분(分)인가 하노라.
　　　　　　　　　　　　　　　　　　　　　　〈제9수〉
　　　　　　　　　　　　　　　　　　－ 나위소, 「강호구가」

* 찬물: 반찬거리가 되는 것.
* 단정: 자그마한 배.
* 혬: 생각.

(나) ㉣앞 개에 안개 걷고 뒤 뫼에 해 비친다
　　배 떠라 배 떠라
　　밤물은 거의 지고 낮물이 밀려온다
　　지국총(至匊恩) 지국총(至匊恩) 어사와(於思臥)
　　강촌 온갖 꽃이 먼 빛이 더욱 좋다
　　　　　　　　　　　　　　　　　　　　　　〈춘 1〉

　　마름 잎에 바람 나니 봉창(篷窓)* 이 서늘코야
　　돛 달아라 돛 달아라
　　여름 바람 정할소냐 가는 대로 배 두어라
　　지국총 지국총 어사와
　　북포(北浦) 남강(南江)이 어디 아니 좋을런가
　　　　　　　　　　　　　　　　　　　　　　〈하 3〉

　　수국에 가을이 드니 고기마다 살져 있다
　　닻 들어라 닻 들어라
　　만경징파(萬頃澄波)에 실컷 용여(容與)하자*
　　지국총 지국총 어사와
　　인간을 돌아보니 멀수록 더욱 좋다
　　　　　　　　　　　　　　　　　　　　　　〈추 2〉

　　기러기 떴는 밖에 못 보던 뫼 뵈는고야
　　이어라 이어라
　　낚시질도 하려니와 취한 것이 이 흥이라

지국총 지국총 어사와

ⓔ석양(夕陽)이 비치니 천산(千山)이 금수(錦繡) ㅣ 로다

〈추 4〉

물가의 외로운 솔 혼자 어이 씩씩한고

배 매어라 배 매어라

머흔* 구름 한(恨)치 마라 세상을 가리온다

지국총 지국총 어사와

파랑성(波浪聲)*을 염(厭)치 마라 진훤(塵喧)*을 막는도다

〈동 8〉

– 윤선도, 「어부사시사」

*봉창: 배의 창문.
*용여하자: 느긋한 마음으로 여유 있게 놀자.
*머흔: 험하고 사나운.
*파랑성: 파도 소리.
*진훤: 속세의 시끄러움.

27

▶ 24051-0220

(가)와 (나)에 대한 설명으로 가장 적절한 것은?

① (가)의 '전나귀'와 (나)의 '고기'는 모두 화자가 시련을 극복하는 데 도움을 주는 것이다.

② (가)의 '달'과 (나)의 '구름'은 모두 화자가 그 속성을 본받으려는 자연물을 제시한 것이다.

③ (가)의 '바람 자니'와 (나)의 '바람 나니'는 모두 화자가 만족감을 느낄 수 있는 상황을 조성하는 것이다.

④ (가)의 '백구'와 (나)의 '기러기'는 모두 화자와 동일시되는 대상을 의인화하여 나타낸 것이다.

⑤ (가)의 '세상 알까 하노라'와 (나)의 '세상을 가리온다'는 모두 화자가 세상 사람들과의 갈등을 해소하기 위해 애쓰는 심정을 담은 것이다.

28

▶ 24051-0221

〈보기〉를 바탕으로 (가), (나)를 감상한 내용으로 적절하지 <u>않은</u> 것은? [3점]

> ┌ 보기 ┐
>
> (가)와 (나)는 17세기에 창작된 '어부가' 계열의 연시조로 작가가 강호에서 유유자적하는 즐거움을 노래한 작품이다. 두 작품의 작가는 모두 사대부로, (가)와 (나)의 제재 중 '강호'는 정치에 참여하는 관인적(官人的) 삶의 공간을 벗어난 자연을 의미하고, '어부'는 관인적 삶의 공간을 떠난 은자를 의미하는 것으로 이해할 수 있다. 그런데 (가)와 (나)의 작가는 정치 현실을 떠난 후 머무르는 강호에서 관인적 삶을 의식하며 관인적 삶의 공간에 있는 대상을 떠올리거나 그 공간을 부정적으로 인식하는 태도를 보이기도 한다.

① (가)의 '식록을 그친 후로 어조를 생애하니'를 통해 작가가 사대부 출신이며 정치 현실을 떠나 강호에서 어부의 삶을 살고 있음을 알 수 있겠군.

② (나)의 '여름 바람 정할소냐 가는 대로 배 두어라'를 통해 작가가 강호에서 유유자적한 은자의 생활을 추구하고 있음을 알 수 있겠군.

③ (가)의 '강호에 버려진'과 (나)의 '혼자 어이 씩씩한고'는 모두 작가가 어쩔 수 없이 정치 현실을 떠나게 된 구체적 사건을 드러낸 것으로 볼 수 있겠군.

④ (가)의 '긔 성은인가 하노라'는 작가가 관인적 삶의 공간에 있는 특정 대상을 떠올리는 것과, (나)의 '멀수록 더욱 좋다'는 작가가 관인적 삶의 공간을 부정적으로 인식하는 것과 관련이 있겠군.

⑤ (가)의 '오락가락하는 흥'과 (나)의 '취한 것이 이 흥'은 모두 작가가 자신이 머무르고 있는 강호에서 얻는 즐거움을 드러낸 것으로 볼 수 있겠군.

29

▸ 24051-0222

㉠~㉤에 대한 이해로 적절하지 않은 것은?

① ㉠: 과장적 표현을 통해 화자가 겪은 힘겨운 과정을 강조하고 있다.
② ㉡: 서로 다른 종결 어미를 활용하여 청자가 해야 할 일과 화자의 다짐을 드러내고 있다.
③ ㉢: 화자의 현재 생활을 압축적으로 나타내는 시어를 활용하여 주제 의식을 나타내고 있다.
④ ㉣: 대구를 통해 시간의 흐름을 제시함으로써 배를 탈 수 있는 조건이 갖추어졌음을 알리고 있다.
⑤ ㉤: 계절감을 느낄 수 있는 비유를 통해 아름다운 풍경을 묘사하고 있다.

30

▸ 24051-0223

(나)를 이해한 내용으로 가장 적절한 것은?

① 〈춘 1〉과 〈추 2〉에서는 모두 공간의 이동에 따라 화자의 심리가 바뀌고 있다.
② 〈춘 1〉과 〈추 4〉에서는 모두 시선을 이동하며 먼 곳의 사물을 바라보고 있다.
③ 〈하 3〉에서는 의태어를 나열하여 배의 이동을, 〈추 4〉에서는 의성어를 나열하여 배의 정지를 나타내고 있다.
④ 〈하 3〉과 〈동 8〉에서는 모두 촉각적 이미지를 활용하여 현장감을 높이고 있다.
⑤ 〈추 2〉에서는 과거를 떠올리며 풍류적 가치를, 〈동 8〉에서는 미래를 전망하며 정신적 가치를 부각하고 있다.

[31~34] 다음 글을 읽고 물음에 답하시오.

(가) 깨진 그릇은
칼날이 된다.

㉠절제(節制)와 균형(均衡)의 중심에서
빗나간 힘,
㉡부서진 원은 모를 세우고
이성(理性)의 차가운
눈을 뜨게 한다.

㉢맹목(盲目)의 사랑을 노리는
사금파리여,
지금 나는 맨발이다.
베어지기를 기다리는
살이다.
상처 깊숙이서 성숙하는 혼(魂)

깨진 그릇은
칼날이 된다.
무엇이나 깨진 것은
칼이 된다.

– 오세영, 「그릇·1」

(나) 멀리 있어도 나는 당신을 압니다
귀먹고 눈먼 당신은 추운 땅속을 헤매다
누군가의 입가에서 잔잔한 웃음이 되려 하셨지요

부르지 않아도 당신은 옵니다
생각지 않아도, 꿈꾸지 않아도 당신은 옵니다
㉣당신이 올 때면 먼발치 마른 흙더미도 고개를 듭니다

당신은 지금 내 안에 있습니다
당신은 나를 알지 못하고
나를 벗고 싶어 몸부림하지만

내게서 당신이 떠나갈 때면
내 목은 갈라지고 실핏줄 터지고
내 눈, 내 귀, 거덜 난 몸뚱이 갈가리 찢어지고

나는 울고 싶고, 웃고 싶고, 토하고 싶고
벌컥벌컥 물 사발 들이켜고 싶고 길길이 날뛰며
㉤절편보다 희고 고운 당신을 잎잎이, 뱉아 낼 테지만

부서지고 무너지며 당신을 보낼 일 아득합니다
굳은 살가죽에 불 댕길 일 막막합니다
불탄 살가죽 뚫고 다시 태어날 일 꿈 같습니다

지금 당신은 내 안에 있지만
나는 당신을 어떻게 보내 드려야 할지 모르겠습니다
조막만 한 손으로 뻣센 내 가슴 쥐어뜯으며 발 구르는 당신

— 이성복, 「꽃 피는 시절」

31

▶ 24051-0224

(가), (나)에 대한 설명으로 가장 적절한 것은?

① (가)는 과거와 현재를 대비하면서 대상이 지닌 한계를 드러내고 있다.
② (나)는 반어적인 표현을 사용하여 대상이 지닌 부정적인 속성을 부각하고 있다.
③ (가)는 (나)와 달리 표면에 드러난 화자가 자신이 처한 상황을 제시하고 있다.
④ (나)는 (가)와 달리 높임의 종결 어미를 사용하여 대상에 대한 화자의 존중을 드러내고 있다.
⑤ (가)와 (나)는 모두 공간의 대조를 통해 이상과 현실의 괴리를 드러내고 있다.

32

▶ 24051-0225

㉠~㉤에 대한 이해로 적절하지 않은 것은?

① ㉠: '그릇'이 깨지기 전 유지하고 있던 상태를 보여 준다.
② ㉡: '원'이 '균형'을 잃고 부서져 '모를 세'운 상태로 변화하였음을 드러내고 있다.
③ ㉢: '그릇'의 깨어짐이 그 전의 상태가 이성의 눈을 뜨지 못한 '맹목'의 상태였음을 직시하게 한다는 화자의 인식을 드러내고 있다.
④ ㉣: '나'의 부름에 화답하여 이루어진 '당신'과의 만남의 순간을 '마른 흙더미'에 생명력을 부여하여 드러내고 있다.
⑤ ㉤: '나'를 결국 떠나가게 될 '당신'의 아름다운 모습을 시각적으로 형상화하고 있다.

33

▶ 24051-0226

(가), (나)의 지금에 대한 설명으로 가장 적절한 것은?

① (가)와 (나)의 '지금'은 모두 화자의 아픔이 치유되는 시간이다.
② (가)와 (나)의 '지금'은 모두 화자가 회피하고자 하는 일이 일어나는 시간이다.
③ (가)의 '지금'은 이성이 눈을 뜬 순간이고, (나)의 '지금'은 화자가 다시 태어나는 순간이다.
④ (가)의 '지금'은 중심을 찾아가는 순간이고, (나)의 '지금'은 '당신'이 화자를 알아채는 순간이다.
⑤ (가)의 '지금'은 성숙을 기대하고 있는 시간이고, (나)의 '지금'은 화자가 이별의 막막함을 느끼는 시간이다.

34

▶ 24051-0227

〈보기〉를 바탕으로 (가)와 (나)를 감상한 내용으로 가장 적절한 것은? [3점]

┌─ 보기 ┐

시인은 작품을 통해 우리 삶에 대해 노래한다. 그 안에는 인생의 법칙이나 자연의 섭리와도 같은 것들이 담겨 있다. 예를 들어 안정된 상태가 해체되며 헤어짐과 같은 불안정한 상태로 변하고 이러한 불안정한 상태를 거치면서 새로운 만남이나 삶의 성숙으로 나아간다는 것을 보여 주는 것이다. 이러한 삶의 모습을 보여 줌으로써 성숙을 위해 겪을 수 있는 불안정한 상태나 고통의 순간들을 견딜 수 있는 힘을 독자에게 주고자 하는 것이다.

└──────────────────────────────────┘

① (가)의 '맹목'은 '모를 세'운 '이성'을 깨우기 위한 고통을, (나)의 '귀먹고 눈먼 당신'의 모습은 헤어짐으로 인한 '당신'의 방황을 의미하겠군.

② (가)의 '사금파리'는 '중심'에서 벗어난 불안정한 상태를, (나)의 '몸부림'은 헤어짐을 피하려는 '나'의 마음을 보여 주겠군.

③ (가)의 '맨발'은 안정된 상태를 벗어나려는 모습과 대비되는 모습이고, (나)의 '실핏줄 터지고'와 '몸뚱이 갈가리 찢어지고'는 성숙을 위한 고통의 순간을 보여 주는 것이겠군.

④ (가)의 '상처'는 안정을 벗어나기 위한 계기가 되고, (나)의 '웃음'은 '나'가 헤어짐을 기다리게 하는 계기가 되겠군.

⑤ (가)의 '무엇이나 깨진 것은 / 칼이 된다.'는 불안정한 상태를 겪는 존재들은 성숙의 과정에 있다는 것을, (나)의 '부르지 않아도 당신은 옵니다'는 개화가 일어날 수밖에 없는 자연의 섭리임을 보여 주고자 한 것이겠군.

35

▶ 24052-0228

㉠, ㉡에 대한 설명으로 적절하지 <u>않은</u> 것은?

┌──────────────────────────────────┐

㉠ 덮- + -고 → [덥꼬]

㉡ 앓- + -는 → [알른]

└──────────────────────────────────┘

① ㉠에서는 교체에 속하는 음운 변동만 두 번 일어났다.

② ㉡에서는 탈락과 교체에 속하는 음운 변동이 각각 한 번 일어났다.

③ ㉠에서 일어난 음운 변동과 동일한 음운 변동이 일어난 예로 '섞지[석찌]'를 들 수 있다.

④ ㉡에서 일어난 음운 변동의 횟수와 동일한 횟수의 음운 변동이 일어난 예로 '많아[마:나]'를 들 수 있다.

⑤ ㉠과 ㉡에서는 모두 종성에서 발음될 수 있는 자음의 수나 종류를 제한하는 음운 변동이 일어났다.

36

▶ 24052-0229

〈보기 1〉은 유의어 간의 의미 차이를 알아보는 학습 활동이다. 학습 활동의 결과로 적절한 것만을 〈보기 2〉에서 있는 대로 고른 것은?

┌ 보기 1 ┐

　유의 관계에 있는 말들이 의미가 완전히 똑같은 경우는 매우 드물고, 대개는 약간씩 다른 뜻을 가지는 경우가 많다. 유의 관계에 있는 말들의 의미 차이는 실제 쓰임을 통해 파악할 수 있다. '기르다, 키우다, 양육하다'의 예문에서 알 수 있는 사실을 모두 써 보자.

- 정부는 첨단 산업을 {*길렀다/키웠다/*양육했다}.
- 형은 집에서 거북을 {길렀다/키웠다/*양육했다}.
- 아이를 {기르는/키우는/양육하는} 것은 참 어렵다.
- 주희는 꽃나무를 정성껏 {길렀다/키웠다/*양육했다}.
- 좋은 습관을 {기르도록/키우도록/*양육하도록} 해라.

*는 부적절한 표현임.

┌ 보기 2 ┐

ㄱ. '기르다'와 '키우다'는 둘 다 동물을 목적어로 쓸 수 있다.
ㄴ. '양육하다'는 사람이나 동물이 목적어일 경우에만 쓸 수 있다.
ㄷ. 식물이 목적어일 때에는 '기르다'를 대신하여 '키우다'를 쓸 수 있다.
ㄹ. 목적어가 생물이 아닌 경우 '기르다'와 '키우다'를 쓸 수 있는지의 여부는 경우에 따라 다르다.

① ㄱ, ㄴ　　　② ㄱ, ㄹ　　　③ ㄴ, ㄷ
④ ㄱ, ㄷ, ㄹ　　　⑤ ㄴ, ㄷ, ㄹ

37

▶ 24052-0230

〈보기〉는 인용 표현에 관한 수업의 한 장면이다. [A]에 들어갈 말로 적절하지 <u>않은</u> 것은? [3점]

┌ 보기 ┐

선생님: 직접 인용 표현은 원 발화자의 말이나 생각이 그대로 표현된 것이고, 간접 인용 표현은 화자의 현재 관점에서 표현된 것입니다. 글에서는 직접 인용된 내용 앞뒤에 따옴표를 씁니다. 직접 인용을 간접 인용으로 바꿀 때에는 시간 표현, 공간 표현, 지시 표현, 높임 표현, 종결 표현, 인용 조사 등에서 변화가 생길 수 있습니다. 그럼 다음의 직접 인용 표현을 간접 인용 표현으로 바꾸면 ㉠～㉢이 어떻게 바뀔지 말해 볼까요?

　할머니께서는 나에게 어저께 그 공원에서 "㉠네 동생이 심심해해서 ㉡내가 ㉢어저께 ㉠네 동생을 데리고 ㉣여기서 ㉢놀았어."라고 말씀하셨다.

학생: 네, 선생님. (　　　　　　[A]　　　　　　)
선생님: 그래요. 잘 대답했어요.

① ㉠은 '할머니'가 아닌 '나'의 관점에서 본 대상으로 표현되어야 하니까 '내'로 바뀝니다.
② ㉡은 '할머니'를 높이는 재귀 대명사를 사용해야 하니까 '당신께서'로 바뀝니다.
③ ㉢은 발화 시점이 기준이 아니라 현재 시점이 기준이 되어야 하니까 '그저께'로 바뀝니다.
④ ㉣은 '내'가 현재의 관점에서 본 '그 공원'의 위치를 표현해야 하니까 '거기서'로 바뀝니다.
⑤ ㉢은 종결 표현, 인용 조사, 높임 표현이 간접 인용에 맞게 쓰여야 하니까 따옴표가 없어지고 '놀았다고'로 바뀝니다.

[38~39] 다음 글을 읽고 물음에 답하시오.

　모음은 발음하는 도중에 입술과 혀의 모양이 고정되어 달라지지 않는 단모음과 혀의 위치나 입술의 모양이 달라지는 이중 모음으로 나뉜다. 이때 이중 모음은 반모음과 단모음이 결합된 복합체로 볼 수 있다. 예를 들어 이중 모음 'ㅛ'는 반모음 'j'와 단모음 'ㅗ'가 결합된 복합체이다.

　단모음이나 이중 모음과 달리, 한글 글자 가운데 반모음을 표기하기 위한 글자는 존재하지 않는다. 그러나 이중 모음을 나타내는 모음자를 보면 한글에서 반모음을 표시하는 방식을 알 수 있다. 이중 모음을 반모음과 단모음이 결합된 복합체라고 했을 때 이중 모음에서 단모음을 나타내는 부분을 제거하면 반모음의 표기를 확인할 수 있기 때문이다. 예를 들어, 반모음 'j'와 단모음 'ㅏ'로 이루어진 이중 모음 'ㅑ'에서 'ㅏ'를 제외하면 〈그림〉에서 점선 동그라미로 표시된 짧은 선만 남게 된다. 이 짧은 선이 반모음 'j'를 표시하는 것으로 볼 수 있다. 이 짧은 선은 훈민정음 창제 당시에는 점으로 표시했으므로 'ㅑ'나 'ㅛ'에서 반모음 'j'의 표시는 점으로 동일하였다.

〈그림〉

　이러한 한글의 반모음 'j'의 표시는 현대 국어에서 반모음 'j'와 단모음으로 이루어진 모든 이중 모음에 적용된다. 현대 국어의 이중 모음 'ㅑ, ㅕ, ㅛ, ㅠ, ㅒ, ㅖ' 등에서 현대 국어 단모음에 해당하는 'ㅏ, ㅓ, ㅗ, ㅜ, ㅐ, ㅔ'를 제외하면 반모음 'j'는 모두 짧은 선으로 표시되는 것이다.

　한편 반모음 'j'가 단모음 뒤에 오는 경우를 살펴보기 위해서는 중세 국어의 이중 모음 'ㅐ, ㅔ, ㅚ, ㅟ' 등을 살펴보아야 한다. 현대 국어와 달리 중세 국어에서 'ㅐ, ㅔ, ㅚ, ㅟ' 등은 모두 반모음 'j'가 단모음 뒤에 더해진 이중 모음이었는데, 여기서도 'ㅏ, ㅓ, ㅗ, ㅜ'를 제거하면 단모음에 후행하는 'ㅣ'가 반모음 'j'를 나타내고 있음을 알 수 있다.

　반모음 'w'가 단모음 앞에 오는 경우는 이중 모음 'ㅘ, ㅝ, ㅙ, ㅞ'이다. 이 글자에서 단모음을 표시하는 'ㅏ, ㅓ, ㅐ, ㅔ'를 제거하면 'w'가 단모음 앞의 'ㅗ'나 'ㅜ'로 표시됨을 알 수 있다. 여기서 반모음 'j'와 달리, 반모음 'w'는 'ㅗ', 'ㅜ'라는 두 가지 다른 표기가 있다는 점이 주목된다. 이것은 모음 조화와 관련되는데, 반모음 'w'가 양성 계열 'ㅏ, ㅐ'와 결합될 때는 양성 계열인 'ㅗ'로 표기하고, 음성 계열 'ㅓ, ㅔ'에 대해서는 음성 계열 'ㅜ'로 표기한 것이다. 이를 통해 (　㉮　) 이유를 설명할 수 있다.

38
▶ 24052-0231

㉮에 들어갈 말로 가장 적절한 것은?

① 'ㅒ'나 'ㅖ'와 같은 글자가 존재하는
② 'ㅝ'나 'ㅕ'와 같은 글자가 존재하지 않는
③ 'ㅠ'나 'ㅕ'와 같은 글자는 존재하지 않는
④ 반모음 'j'에 대해 하나의 표기만 존재하는
⑤ 반모음 'w'에 대해 하나의 표기만 존재하는

39
▶ 24052-0232

윗글을 바탕으로 'ㅢ'에 대해 이해한 내용으로 적절한 것은?

① 'ㅢ'는 단모음이었다.
② 'ㅢ'는 반모음 'j'가 단모음 앞에 오는 이중 모음이었다.
③ 'ㅢ'는 반모음 'j'가 단모음 뒤에 오는 이중 모음이었다.
④ 'ㅢ'는 반모음 'w'가 단모음 앞에 오는 이중 모음이었다.
⑤ 'ㅢ'는 반모음 'w'가 단모음 뒤에 오는 이중 모음이었다.

[40~43] (가)는 신문 기사의 일부이고, (나)는 텔레비전 뉴스의 일부이다. 물음에 답하시오.

(가)

○○ 신문

건강해지기 위해서는 운동이나 음식 조절로 인한 괴로움을 감수해야 한다고 여겼던 과거와 달리, 건강과 즐거움을 동시에 챙기는 것이 대세로 떠오르고 있다. 최근 누리 소통망을 통해 운동 인증 사진이나 자신만의 건강 관리 비법, 식단 등을 공유하며 즐겁게 건강을 관리하려는 사람들이 늘어나고 있다. ☆☆ 연구소에서 20~30대 성인 100명을 대상으로 실시한 설문 조사에 따르면, 73%의 응답자가 현재 주기적으로 하고 있는 운동이 있다고 응답하였으며, 이들 중 약 53%는 꾸준히 운동하는 이유로 운동이 삶에 즐거움과 활력을 주기 때문이라고 응답하였다.

이러한 열풍에 식품업계에서도 새로운 바람이 불고 있다. 맛있으면서도 건강을 챙길 수 있는 식품을 찾는 사람들이 늘어나면서, 설탕 대신 인공 감미료와 같은 식품 첨가물을 이용해 열량은 ⓐ줄이고 맛은 유지하는 이른바 '제로 식품'이 속속 등장하고 있다. 설탕을 대신해 단맛을 내는 감미료에 대한 수요가 늘고 있다는 점이 이를 뒷받침한다. 식품 의약품 안전처에 따르면 이러한 감미료의 수입량은 2015년 630톤에서 지난해 4,379톤으로 7년 새 약 7배로 늘어난 반면, 같은 기간 설탕 수입량은 19만 5천 톤에서 11만 5천 톤으로 감소했다. 또한 건강 관리에 도움을 주는 단백질을 쉽게 섭취할 수 있는 식품들도 계속해서 개발되고 있다. △△ 대학교 소비자학과 □□□ 교수는 '무설탕 탄산음료나 단백질 쿠키와 같은 간식거리를 찾는 사람들이 많아지고 있다'면서 '앞으로도 식품업계에서 열량을 낮추거나 영양소를 보강한 다양한 제품들이 출시될 것으로 ⓑ예상된다'고 말했다.

이처럼 건강을 챙기는 것이 즐거움과 일상이 된 경향의 원인을 경쟁이 심화된 현대 사회의 모습에서 찾는 견해도 있다. ▽▽대 사회학과 ◇◇◇ 교수는 코로나-19 이후의 사회적 변화를 다룬 저서에서 '건강 관리가 최신 유행이 되면서 신선해지고 있다.'라고 하면서 '특히 젊은 세대가 건강에 관심을 두기 시작하면서 과정과 결과 모두 지속 가능한 건강 관리가 대세가 되고 있다.'라고 진술하였다. 또한 '경쟁 사회 속에서 번아웃 증상을 호소하는 사람들이 증가하는 것도 건강 관리에서 즐거움을 찾으려는 추세가 확장되는 원인으로 분석된다.'라고 설명하면서 '번아웃을 경험한 사람이라면 이를 극복하기 위해 즐겁고 지속 가능한 건강 관리를 할 필요가 있다.'라고 강조하였다.

(나)

[진행자 멘트]
요즘 식품업계에서는 이른바 제로 열풍이 불고 있다고 합니다. 건강 관리에 관심을 가지고 당 섭취를 제한하려는 사람들이 많아지면서 설탕이 첨가되지 않았다는 점을 내세워 홍보 효과를 노리는 건데요. 이 제로 식품들이 또 다른 건강상의 문제를 야기할 수도 있다는 지적이 나오고 있습니다. ◎◎◎ 기자가 보도합니다.

[기자 멘트]
제로 과자, 제로 음료, 제로 도넛. 이른바 제로 식품이 열풍입니다. 제로 식품이란 여러 대체재를 사용해 설탕을 첨가하지 않고도 단맛을 ⓒ내는 식품들을 가리키는 말로 쓰입니다. 건강을 위해 당 섭취를 줄이려는 사람들이 늘면서 업계에서는 경쟁적으로 설탕 대체재를 활용한 식품들을 출시하고 있습니다. 소비자들 역시 대체로 건강을 생각해 제로 식품을 선택하겠다는 반응을 보이고 있습니다.

[소비자 인터뷰]
설탕을 많이 먹는 게 안 좋다고 하니까, 줄이려고는 하죠. 그런데 맛있게 먹는 것도 포기할 수 없으니까 제로 식품들을 선택하고 있어요.

[기자 멘트]
그러나 이러한 제로 식품, 과연 당 섭취를 줄이는 데 도움을 줄 수 있을까요? 이 제품은 제로 식품으로 홍보되고 있는 제과류 중 하나로, 이렇게 상품 전면에 '설탕 무첨가', '제로'라는 문구가 ⓓ적혀 있습니다. 하지만 설탕 대신 단맛을 내기 위한 첨가물의 안전성에 대한 문제는 끊임없이 제기되고 있습니다.

[전문가 인터뷰]
무설탕을 내세워 광고하는 다양한 식품 중에는 설탕보다 열량은 낮지만 단맛을 낼 수 있는 당알코올을 사용하는 경우가 많습니다. 그런데 당알코올 중 과자, 젤리에 많이 쓰이는 말티톨은 다른 당알코올에 비해 혈당 지수가 높아 섭취 시 혈당을 ⓔ올립니다. 그리고 한 번에 많은 양을 섭취하면 설사와 복통을 유발하기도 합니다.

[기자 멘트]
이처럼 설탕이 첨가되지 않았다고 해서 무조건 건강에 좋은 것은 아닙니다. 몸에 나쁘지 않다고 믿고 무분별하게 섭취했다가는 오히려 건강을 해칠 수 있는 만큼, 식품업계의 홍보를 전적으로 신뢰하기보다 식품 첨가물에 대해 더 깐깐하게 살펴보아야 한다고 전문가들은 말합니다. 지금까지 ◎◎◎ 기자였습니다.

40
▶ 24052-0233

(가)를 작성할 때 기자가 떠올린 생각 중 (가)에 반영되지 <u>않은</u> 것은?

① 주기적으로 운동하는 사람들의 응답 내용을 제시하여 운동으로 즐거움과 활력을 얻으려는 경향이 나타나고 있음을 보여 주어야겠군.

② 예상 독자가 낯설게 느낄 수 있는 전문 용어의 개념을 설명하면서 제로 식품에 대한 인식이 긍정적으로 전환된 배경을 제시해야겠군.

③ 단맛을 내는 감미료와 설탕의 수입량 변화에 대한 수치를 제시하여 제로 식품에 대한 소비가 증가하는 추세라는 내용을 뒷받침해야겠군.

④ 최근의 식품 소비 경향을 분석하는 전문가 인터뷰를 인용하여 건강과 관련한 식품 시장의 변화에 대한 전망을 보여 주어야겠군.

⑤ 사회적 변화에 대해 다루고 있는 책의 내용을 활용하여 즐겁고 지속 가능한 건강 관리를 실시할 때 얻을 수 있는 이점을 제시해야겠군.

41
▶ 24052-0234

(가)와 (나)의 '기자'가 가진 관점을 추론한 것으로 가장 적절한 것은?

① (가)와 달리 (나)에서는 당알코올 섭취의 부작용을 다룬 것을 볼 때, (나)의 기자는 제로 식품에 대한 홍보 내용을 비판적으로 수용해야 한다고 생각할 것이다.

② (가)와 달리 (나)에서는 당알코올 섭취 시 인체에 나타나는 변화를 언급한 것을 볼 때, (나)의 기자는 적정량의 당 섭취는 건강에 도움이 된다고 생각할 것이다.

③ (나)와 달리 (가)에서는 단백질 섭취의 장점을 설명한 것을 볼 때, (가)의 기자는 당 섭취를 제한하는 것보다 영양소를 골고루 섭취하는 것이 더 중요하다고 생각할 것이다.

④ (나)와 달리 (가)에서는 건강에 대한 인식이 과거와 달라졌음을 언급한 것을 볼 때, (가)의 기자는 건강에 대한 사회적 인식의 급격한 변화를 견제해야 한다고 생각할 것이다.

⑤ (가)와 (나) 모두 제로 식품의 수요가 증가하고 있음을 언급한 것을 볼 때, (가)와 (나)의 기자 모두 단맛을 내는 첨가물이 설탕의 단점을 전부 보완할 수 있다고 생각할 것이다.

42

▶ 24052-0235

〈보기〉는 (가)와 (나)를 모두 접한 학생들의 반응이다. 이에 대한 이해로 적절하지 <u>않은</u> 것은? [3점]

보기

학생 1: 제로 식품이 몸에 좋을 것 같아서 자주 먹었는데, 제로 식품이더라도 식품 첨가물에 대해 깐깐하게 살펴보는 것이 중요하구나. 제로 식품에 사용되는 첨가물에는 구체적으로 무엇이 있는지 알아봐야겠어.

학생 2: 건강 관리에서 즐거움을 찾으려는 추세가 확장되는 원인이 과연 경쟁의 심화로 인한 번아웃 때문일까? 분명 다른 이유가 있을 것 같은데. 즐거움을 추구하는 것이 특정 세대에서 전반적으로 나타나는 특징은 아닌지 조사해 봐야겠어.

학생 3: 제로 식품이라는 말이 낯설었는데, 무엇을 의미하는 것인지 알 수 있어서 좋았어. 그런데 당알코올 섭취와 설탕 섭취를 비교해서 혈당 상승에 어떤 차이가 있는지 설명해 주지 않아 아쉬웠어.

---

① '학생 1'은 자신의 경험을 바탕으로 (나)에서 주장하는 내용을 긍정적으로 수용하고 있다.

② '학생 1'은 (가)와 (나)에서 공통적으로 언급된 제재와 관련하여 추가적으로 정보를 조사할 계획을 세우고 있다.

③ '학생 2'는 (나)에 제시된 정보를 근거로 하여 (가)에 제시된 전문가의 주장을 지지하고 있다.

④ '학생 3'은 (가)와 (나)에서 소개된 용어의 개념을 알게 된 점을 긍정적으로 평가하고 있다.

⑤ '학생 3'은 (나)에서 충분히 설명되지 않은 내용이 있다는 점에 대해 아쉬움을 표현하고 있다.

43

▶ 24052-0236

〈보기〉의 ㉠과 ㉡에 해당하는 예를 ⓐ～ⓔ에서 찾아 올바르게 짝지은 것은?

보기

주어가 남에게 동작을 하도록 시키는 것을 사동이라고 하고, 주어가 다른 힘에 의해 동작을 당하게 되는 것을 피동이라고 한다. 사동과 피동은 보통 동사나 형용사 어간에 사동 또는 피동 접미사가 결합된 파생어, 즉 ㉠사동사나 ㉡피동사로 표현되는 경우가 많다.

	㉠	㉡
①	ⓐ, ⓑ	ⓒ, ⓓ, ⓔ
②	ⓐ, ⓔ	ⓑ, ⓒ, ⓓ
③	ⓑ, ⓒ	ⓐ, ⓓ, ⓔ
④	ⓐ, ⓒ, ⓔ	ⓑ, ⓓ
⑤	ⓑ, ⓒ, ⓔ	ⓐ, ⓓ

[44~45] 다음은 실시간 인터넷 방송이다. 물음에 답하시오.

우리 달리기 초보자들 안녕! 건강한 삶을 추구하며 운동을 하고픈 사람들을 위해, 초보자의 눈높이에서 운동법을 소개하는 초보 운동인들의 동반자, 무한 체력입니다. 오늘은 모든 운동의 기본이 되는 올바른 달리기 자세에 대해 설명해 보려고 해요. 여러분도 실시간 채팅으로 참여해 주세요. 요새 달리기에 대한 관심이 높아서인지 동시 접속자가 1,200명이나 되네요. 감사합니다!

자, 그럼 올바른 달리기 자세와 관련하여 궁금하신 점들이 있으시면 채팅 창에 지금 바로 올려 주세요. 실시간으로 해결해 드리겠습니다!

> 🧑 **헤라클레스:** 달리기가 진짜 중요한 운동이라고 하더라고요. 근데 저는 달리는 방법을 잘 몰라서 그런지 달릴 때마다 다리 관절들이 아파서 힘들었어요.

헤라클레스 님, 혹시 본인이 달리는 모습을 찍은 사진이나 영상을 가지고 계신다면, 발이 착지하는 순간의 영상이나 사진을 찾아서 바로 올려 주시겠어요?

[사진]

오, 빠르게 올려 주셨네요. 발이 착지할 때 몸보다 훨씬 앞에서 뒤꿈치가 먼저 땅에 닿는 자세로 달리고 계시는군요. 이렇게 달리면 아플 수밖에 없죠.

> 🧑 **씽씽이:** 어? 제가 달리는 모습도 저렇던데. 저 자세가 어떤 문제가 있는 건가요?

음, 먼저 올바른 자세부터 설명해 드리고 잘못된 자세를 자세히 설명드리려 했는데 씽씽이 님께서 질문을 하시니 잘못된 자세부터 말씀을 드리겠습니다. 방금 사진 속 달리기 모습은 달리기 초보자분들에게서 많이 볼 수 있는 잘못된 자세입니다. 이 자세로 뛰게 되면 내가 뛰는 관성의 힘과 무게를 모두 발뒤꿈치가 받게 되기 때문에 그 충격이 무릎과 허리로 전달되어 관절들이 아플 수밖에 없습니다. 게다가 저 자세는 발이 브레이크의 역할을 해서 달리기라는 목적에도 맞지 않을뿐더러 충격도 더 클 수밖에 없죠.

> 🧑 **운동 엔진:** 와, 그렇군요. 그럼 어떤 자세가 좋은지 구체적으로 알고 싶은데 무한 체력 님께서 자세에 대해 좀 더 자세히 알려 주실 수 있으신가요?

초보 운동인들의 건강한 삶을 위해서라면 제가 아는 것들을 기꺼이 알려 드려야죠. 보다 정확한 모습을 보여 드리기 위해 좋지 못한 자세와 좋은 자세를 미리 준비해 놓았습니다. 비교 화면을 보면서 설명드리겠습니다.

[화면 그림]

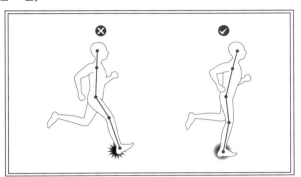

자, 왼쪽 동작은 많은 분이 실수하는 모습입니다. 앞서 질문하신 분의 모습과 비슷하죠? 오른쪽 동작이 제가 여러분에게 추천을 드리고 싶은 달리기 자세입니다. 이 주법을 미드풋 주법이라고 합니다.

> 🧑 **무한 질주:** 무한 체력 님, 제가 다른 영상을 보니 포어풋을 추천을 하던데요? 무엇이 더 좋은가요?

무한 질주 님께서 포어풋 주법에 대해서 질문을 하셨군요. 앞발부터 땅을 딛는 포어풋 주법은 지면 접촉 시간이 다른 착지법에 비해 짧아 전력 질주에 유용한 주법입니다. 다만 우리는 단거리 전력 질주를 하는 것이 아니라 장거리 달리기를 하는 것이기 때문에 미드풋 주법이 보다 적합합니다.

> 🧑 **달려 달려:** 저는 외국에서 살고 있는데, 주변에 공원이 많다 보니 달리기를 즐겨 하곤 했어요. 여태까지 별다른 생각 없이 달리곤 했는데 오늘 배운 달리기 방식으로 달려 봐야겠어요. 배운 대로 달리는 모습을 상상해 보니 기분이 벌써 좋아지네요.

와! 국내에서뿐만 아니라 외국에서도 제 방송을 시청해 주시고 계시는군요. 감사합니다. 자 여러분, 오늘 방송이 여러분의 운동 생활에 도움이 되었다면 제 방송에 대한 좋은 평가의 댓글을 달아 주시고, 지속적인 구독도 부탁드립니다. 구독자가 많아질수록 방송의 인기가 높아지는 것은 물론 높은 인지도를 인정받게 되어서 보다 많은 분께 도움을 드릴 수 있답니다. 오늘도 좋은 하루 보내세요!

44

▶ 24052-0237

위 방송에 대한 이해로 적절하지 <u>않은</u> 것은?

① 진행자가 동시 접속자 수를 언급하는 것을 보니, 방송을 실시간으로 시청하고 있는 사람들의 숫자를 알 수 있군.

② 진행자가 시청자들을 언급할 때 이름이 아닌 닉네임을 부르는 것을 보니, 실명을 밝히지 않고도 방송에 참여할 수 있군.

③ 진행자가 시청자에게 방송 전에 받은 사연을 바탕으로 문제를 해결할 수 있는 방법을 제시하는 것을 보니, 쌍방향 소통이 가능한 것이겠군.

④ 진행자가 외국에 있다고 밝힌 시청자를 언급한 것에서 시청자가 물리적 공간에 의한 제약을 넘어 실시간으로 방송에 참여할 수 있음을 알 수 있군.

⑤ 진행자가 시청자에게 방송에 대한 평가와 방송 구독을 부탁하는 데에서 구독자 숫자가 방송의 인지도를 측정하는 데 연관된 지표임을 알 수 있군.

45

▶ 24052-0238

〈보기〉를 바탕으로 위 방송의 채팅 창 반응을 이해한 내용으로 적절하지 <u>않은</u> 것은?

보기

실시간 인터넷 방송에서는 실시간 쌍방향 채팅을 통해 방송에 참여하는 수용자가 진행자의 방송 진행에 영향을 주거나, 자신이 가진 자료를 올려 이를 바탕으로 진행자나 방송 참여자들과 소통하는 역할을 하기도 한다. 또한 수용자가 자신의 사연이나 의견을 자유롭게 전달할 수 있기 때문에 진행자로부터 방송 내용을 이끌어 낼 수 있으며, 진행자로 하여금 자료 등을 제시하게 하거나, 추가 또는 수정하게 할 수 있다.

---

① '헤라클레스'는 운동을 하면서 생긴 고민을 이야기함으로써 진행자가 준비한 내용을 이끌어 내고 있다.

② '헤라클레스'는 자신이 운동하는 사진을 올림으로써 자신이 가진 자료를 바탕으로 진행자와 소통하고 있다.

③ '씽씽이'는 진행자에게 질문을 던지며 방송 진행에 영향을 미치고 있다.

④ '운동 엔진'은 진행자에게 구체적인 설명을 요구함으로써 진행자가 미리 준비한 자료를 제시하도록 하고 있다.

⑤ '무한 질주'는 제시된 내용에 동의하면서, 진행자에게 주장을 뒷받침할 수 있는 영상 자료를 추가하도록 요구하고 있다.

EBS 수능완성

국어영역

실전 모의고사
5회

정답과 해설 **70**쪽

문항에 따라 배점이 다릅니다. 3점 문항에는 점수가 표시되어 있습니다. 점수 표시가 없는 문항은 모두 2점입니다.

[01~03] 다음 글을 읽고 물음에 답하시오.

현대 사회는 정보 통신망과 인공 지능의 발달로 인간과 사물의 연결 범위가 확장되고 시·공간의 제약이 극복되는 초연결 사회이다. 현대인들은 초연결 상태에서 소외되지 않기 위해 디지털 기기에 과몰입하는 경향을 띠게 되는데, 전문가들은 이런 경향이 현대인들의 공감 능력 결여 및 주체적 판단력 저하, 집중력 약화, 의존적 성향 등의 부정적 양상으로 이어지고 있다고 지적한다. 일각에서는 이러한 문제 상황에 대한 해결책의 하나로 책 읽기의 순기능에 주목하고 있다.

초연결 사회에서 책 읽기는 인간과 디지털 미디어의 과한 연결에 균열을 일으킬 수 있다. 가상의 온라인 세계와 지나치게 밀착되면 자기 자신이나 실재하는 주변에 관한 관심이 부족해지게 되고, 이는 공감 능력과 주체적 판단력의 결여를 초래한다. 이때 능동적인 책 읽기 활동은 현대인이 디지털 미디어와의 자발적인 거리 두기를 통해 자신과 주변을 돌아보며 소통할 수 있게 하고, 다양한 현실 세계를 근거로 하여 비판적으로 사고하는 주체성을 회복할 수 있게 돕는다. 평론가 아즈마 히로키는 『관광객의 철학』에서 풍요로운 삶을 위해서는 특정 공동체에만 소속된 '마을 사람'도, 어느 공동체에도 소속되지 않은 '나그네'도 아닌, '관광객' 같은 존재가 되는 것이 중요하다고 보았다. 초연결 사회를 살고 있더라도, 책을 통해 우리는 강한 연결 속에 함몰된 마을 사람도, 연결로부터 완전히 분리된 나그네도 아닌, '자신의 의지대로' 자유롭게 연결되고 분리될 수 있는 관광객이 될 수 있다. 현실 세계의 다양한 측면을 깊이 있게 다루고 있는 책을 스스로 찾아 읽는 것은 다양한 '관광지'를 돌아다니는 것과 같으며, 그 과정에서 형성된 올바른 현실 인식은 공감 능력과 주체적 판단력의 토대가 된다.

또한 초연결 사회에서 책 읽기는 현대인이 긴 글을 읽고 사고하는 집중력을 갖추도록 도울 수 있다. 블로그의 글과 같이 짧고 단편적인 글을 많이 접하게 되는 현대인들은 장문을 집중해서 읽고 깊이 있게 사고하는 데 비교적 어려움을 느끼는 경우가 많다. 특히 ㉠디지털 미디어에 실린 글을 읽는 경우에는 하이퍼텍스트 구조로 인해 하나의 글을 온전히 다 읽기도 전에 다른 화면으로 손쉽게 옮겨 가는 상황이 반복될 수도 있어서, 깊이가 없는 단편적인 정보들이 과도하게 쌓일 수 있다. 이로 인해 선형적 구조를 띠는 ㉡한 권의 책을 읽는 경우와는 다르게 정보를 깊이 있게 습득하지 못하는 상황이 나타나기 쉽다. 그 결과 긴 글을 읽고 중요

한 내용을 요약하거나, 지속성 있게 종합적으로 사고하는 능력이 점차 저하되는 문제가 발생하고 있기도 하다. 또한 단편적인 정보가 과도하면 집중력의 결핍을 초래할 수 있다. 이에 대처하려면, 선형적 독서가 초연결 사회의 다양한 소음 속에서도 현대인들이 집중력을 발휘하여 일련의 사고 과정을 온전하게 밟아 나갈 수 있게 하는 동력이 되어 준다는 사실에 주목할 필요가 있다.

다음으로, 초연결 사회에서 책 읽기는 현대인이 스스로 선택한 고독의 시간을 통해 의존적 성향에서 벗어나 혼자서도 외로움을 이겨 내는 힘을 기르도록 이끌 수 있다. 현대인들은 현실의 정서적 결핍과 외로움을 해소하고자 온라인 세계 속 타인에게 의존하고 집착하지만, 오히려 더 외로워지는 것을 경험하곤 한다. 사회 심리학자 셰리 터클은 외로운 현대인에게 네트워크는 매력적 대상이지만, 항상 그 안에 머물다 보면 고독의 보상을 스스로 내치는 수가 있다고 말했다. 책 읽기는 원하지 않게 소외되는 외로움이 아니라, 내 의지로 선택한 고독과 사색의 시간을 마련해 준다. 이러한 자발적 책 읽기를 통해 독자는 자기 자신에게 집중하고 자신의 삶을 성찰하게 되며, 자신의 독립적이고 고유한 가치를 깨닫게 된다. 그리고 읽기에 깊이 몰입함으로써 얻게 되는 깨달음과 지혜는 우리의 삶에 지속적인 자양분이 되어 줄 수 있다.

01
▶ 24051-0239

윗글을 통해 알 수 있는 내용으로 적절하지 않은 것은?

① 책 읽기는 디지털 미디어에 과몰입하는 경향을 약화할 수 있다.

② 단편적인 정보의 과잉에 의해 정보 수용자의 집중력이 저하될 수 있다.

③ 정서적 결핍과 외로움을 극복해야 책 읽기를 통한 자발적 고독을 경험할 수 있다.

④ 현대인은 초연결 상태를 유지하기 위한 수단으로 디지털 기기에 의존하는 경향을 보인다.

⑤ 가상의 온라인 세계에 대한 지나친 집착은 주체적 판단력에 부정적인 영향을 끼칠 수 있다.

02

▶ 24051-0240

㉠과 ㉡을 비교하여 이해한 내용으로 가장 적절한 것은?

① ㉠은 ㉡보다 정보 수용자의 집중력을 더 많이 필요로 하는 경향을 보인다.
② ㉠은 ㉡과 달리 하이퍼텍스트 구조로 인해 하나의 글이 온전히 제공되지 않는 경우가 많다.
③ ㉡은 ㉠보다 선형적 독서를 통한 일련의 사고 과정을 경험하기 어려울 확률이 높다.
④ ㉡은 ㉠보다 긴 글을 종합적으로 사고하며 읽을 기회를 얻기에 유리한 측면이 있다.
⑤ ㉠과 ㉡은 모두 깊이가 없는 단편적인 정보들이 과도하게 쌓이는 상황이 발생하기 쉽다.

03

▶ 24051-0241

윗글을 바탕으로 다음의 '독서 일지'에 대해 보인 반응으로 적절하지 <u>않은</u> 것은? [3점]

독서 일지

2024년 ○월 △일

온종일 SNS만 하며 방학을 보내다가, 문득 독서 일지 과제가 떠올라 『기후 위기』라는 책을 펼쳤다. 평소 기후 위기 관련 소식을 인터넷 블로그 같은 데서 잠깐씩 보긴 했지만, 그 원인과 결과를 지질 시대의 흐름에 따라 순차적으로 살펴본 건 이번이 처음이었다. 나는 기후 위기가 인류의 욕심에서 비롯되었음에 주목하여, 모처럼 나의 생활 습관과 사고방식을 반성하는 시간을 가졌다. 그리고 이 책을 읽은 뒤 지구 온난화와 대멸종에 관한 책도 추가로 읽으면서 기후 위기의 현실을 더 정확히 이해해야겠다고 생각했다. 책을 읽는 동안 휴대 전화에서 메시지와 댓글 알림이 수차례 울렸지만, 오늘은 평소와 달리 휴대 전화보다 책에 집중하면서 세상에 대해 알아 가는 데서 더 큰 즐거움을 느낄 수 있었다.

① 평소 기후 위기 관련 소식을 인터넷 블로그 같은 데서 잠깐씩 접했었다는 것에서 디지털 미디어가 주변에 대한 관심과 공감 능력을 약화한다는 것을 알 수 있군.
② 책을 읽으며 기후 위기의 원인과 결과를 순차적으로 살펴볼 수 있었다는 것에서 책 읽기가 일련의 사고 과정이 온전히 이루어지게 하는 동력이 될 수 있음을 알 수 있군.
③ 책 읽기를 통해 자신의 생활 습관과 사고방식을 반성하는 시간을 가졌다는 것에서 책 읽기가 자신에게 집중하고 자신의 삶을 성찰하는 사색의 기회를 제공해 줄 수 있음을 확인할 수 있군.
④ 지구 온난화와 대멸종 관련 책을 더 읽어 기후 위기의 현실을 더 정확히 이해하겠다는 것에서 다양한 '관광지'를 돌아다니듯 책을 읽으며 올바른 현실 인식을 갖추려는 능동적 태도를 엿볼 수 있군.
⑤ 휴대 전화보다 책에 집중하면서 세상에 대해 알아 가는 즐거움을 느낄 수 있었다는 것에서 디지털 미디어와의 자발적인 거리 두기를 실천하는 주체적인 '관광객'으로서의 면모를 찾아볼 수 있군.

[04~07] 다음 글을 읽고 물음에 답하시오.

영화의 초기 이론을 살펴보면 영화적 표현을 어떻게 규정해야 하는가에 대한 상반된 입장이 존재했다. 예술가의 목적을 가장 잘 나타낼 수 있는 의미화 작업이라는 입장과 현실을 충실하게 재현하는 작업이라는 입장이 대립하였는데, 전자를 대표하는 인물이 러시아의 세르게이 예이젠시테인이고, 후자를 대표하는 인물이 프랑스의 앙드레 바쟁이다.

예이젠시테인은 편집이 생산적 기능을 수행하며 영화에 필수적인 요소라고 주장하는 이론가들의 입장을 대변한다. 그는 따로따로 촬영한 화면을 적절하게 떼어 붙여서 하나의 긴밀하고도 새로운 장면이나 내용으로 만든 몽타주가 영화 예술의 기초라고 믿었다. 그래서 그는 한자의 생성 원리 중의 하나인 회의*에 주목해 서로 다른 두 숏*의 결합이 새로운 개념을 발생시킬 수 있다는 유명한 가설을 설정했다. 예이젠시테인은 영화에서 개개의 숏이 상호 보완적이며 불완전하다고 보았으며, 편집에서 숏 A와 숏 B의 결합은 새로운 의미를 만들어야 한다고 생각했다. 예이젠시테인은 현실을 사각의 틀로 분리하여 화면에 담을 때 탄생하는 의미는 감독의 이데올로기적 입장에 따라 선택되는 것으로 보았다.

예이젠시테인에 따르면 현실은 예술가가 자신의 의도대로 재구성할 수 있게 일정한 단위로 분해되어야 하는데, 그는 이렇게 분해하는 과정을 중립화로 규정하였다. 그는 영화에서 모든 구성 요소들은 자극을 유발할 수 있는 평등한 권리를 가진다고 주장하였으며, 감독은 각각의 숏을 대등한 수준으로 이용하는 중립화를 통해 자신이 원하는 의미를 얻는다고 보았다. 그는 영화에 나타나는 다양한 청각적 요소들인 말, 소음, 음악 등도 영상의 부속물로 취급하지 않았다. 예이젠시테인의 영화에서 청각적 요소들은 영상과 대등하게 사용되며 의미 형성에 기여한다. 그는 특히 청각적 요소들이 때로는 영상의 내용이나 분위기를 강화하는 긍정적 역할을 하고, 때로는 영상의 내용이나 분위기에 어긋나는 부정적 역할을 하는 병행적 담화가 의미 형성에 많은 영향을 끼친다고 생각했다. 예이젠시테인은 새롭게 발전한 영화 기술을 활용하는 데 개방적인 편이었으나, 바쟁처럼 이러한 영화 기술을 활용해 사실주의적 이상을 추구한 것이 아니라, 소리나 색채 또는 입체 화면이 갖는 자연스러운 사실성에서 벗어나 중립화를 시도하였다.

바쟁은 몽타주가 현실을 사실적으로 재현하는 데 훼손을 가할 위험이 있으므로 매우 한정된 범위에서만 사용되어야 한다고 보았다. 그는 관객이 아무런 사고를 하지 않고 자신도 모르게 편집자의 선택을 수용하는데, 그 결과 관객은 자신의 권리를 박탈당한다고 주장했다. 바쟁은 하나의 신*의 본질이 분리나 고립 같은 속성을 지니고 있다면 편집이 이 같은 속성을 표현하는 효과적인 기법이 될 수 있으나, 하나의 신 안에 둘 이상의 연관된 속성들이 있고 이를 동시에 표현해야 할 경우, 현실적인 시·공간의 연속성이나 발생 가능성 등을 고려해야 한다고 생각했다. 예를 들어 ㉠맞수인 사냥꾼과 호랑이가 대결하는 사건에서 사냥꾼 숏과 호랑이 숏을 교차 편집한 후 최종적으로 사냥꾼이 패배하는 숏을 보여 주는 것은 관객에 대한 기만이라고 주장했다. 그는 이 경우 몽타주가 하나의 의미나 결과만을 강요하여 현실에서 발생할 수 있는 모든 가능성을 광범위하게 재현할 수 없다고 생각한 것이다.

그래서 바쟁은 디프 포커스*나 롱 테이크*에 주목했다. 그는 디프 포커스나 롱 테이크 기법이 현실을 사실적으로 지각하고 반영하기 위해 영화의 기본적 요소들과 그것들의 상호 관계 및 사실적 결합 등을 강조한다고 생각했다. 반면에 몽타주는 그 같은 요소들을 감독의 이데올로기적 입장에 따라 추상적인 시간과 공간으로 대체시킨다고 생각했다. 이로 인해 몽타주는 관객이 현실을 사실적으로 지각하게 하는 것이 아니라, 감독의 의도에 따라 관객이 심리적 영향을 받아 현실을 왜곡하게 만들 수 있다고 보았다. 바쟁은 디프 포커스가 관객의 주의력을 영화에 집중시키고 동시에 현실의 다양한 모습을 느낄 수 있게 만들기 때문에 예술적 가치를 지닌다는 사실을 강조했다. 그리고 롱 테이크로 촬영한 장면의 의미가 모호하다는 예이젠시테인의 비판에 대해 이러한 현실의 모호성이야말로 보존해야 하는 것이며, 관객이 자율적으로 모호성 속에 담긴 여러 가능성을 인지해 내도록 해야 한다고 주장했다. 그는 롱 테이크가 사건의 현실성을 보장하며 관객의 시선에도 자유를 부여하는 것이라고 판단했다.

* 회의(會意): 한자 육서(六書)의 하나. 둘 이상의 한자를 합하고 그 뜻도 합성하여 글자를 만드는 방법.
* 숏(shot): 한 번의 연속 촬영으로 찍은 장면을 이르는 말.
* 신(scene): 숏의 결합으로 구성됨. 같은 장소와 시간 내에서 이루어지는 일련의 대사와 연기를 통합하여 구성한 단위.
* 디프 포커스(deep focus): 원경과 근경 모두가 화면 전체에 선명하게 나오도록 초점을 맞추어 촬영하는 기법.
* 롱 테이크(long take): 1~2분 이상의 숏이 편집 없이 길게 진행되는 기법.

04

▶ 24051-0242

윗글에 대한 이해로 적절하지 <u>않은</u> 것은?

① 예이젠시테인은 영화를 통해 감독이 지향하는 이데올로기를 구현할 수 있다고 생각했다.

② 예이젠시테인은 예술가가 현실을 일정한 단위로 분해하여 재구성할 수 있다고 생각했다.

③ 예이젠시테인은 청각적 요소와 영상을 개별적으로 사용하면 사실성에서 벗어날 수 있다고 생각했다.

④ 바쟁은 영화에서 개별적인 신의 속성을 고려하여 제한적으로 몽타주를 사용해야 한다고 생각했다.

⑤ 바쟁은 관객이 영화에 집중하면서, 현실 속의 여러 가능성도 인지할 수 있게 만들어야 한다고 생각했다.

05

▶ 24051-0243

윗글의 '예이젠시테인'의 관점에서 〈보기〉를 이해한 내용으로 적절하지 <u>않은</u> 것은?

┌ 보기 ┐

　○○○ 감독은 그의 영화에서 '귀부인이 감미롭게 노래를 하고 있다.'라는 의미를 표현하기 위해 귀부인이 입을 벌리고 있는 숏 다음에 하프를 연주하는 숏을 결합시켰다.

① 감독이 표현하려는 의미를 관객이 이해했다면 성공한 몽타주로 볼 수 있겠군.

② 감독이 원하는 의미를 얻기 위해 각각의 숏은 대등한 수준으로 이용되었겠군.

③ 각각의 숏은 개별적으로는 불완전하지만 상호 결합을 통해 새로운 의미를 만들었다고 볼 수 있겠군.

④ 한자에서 '해'를 뜻하는 '일(日)'과 '달'을 뜻하는 '월(月)'이 결합되어 '밝다'를 뜻하는 '명(明)'을 생성한 원리와 관련이 있겠군.

⑤ 감독의 의도를 살펴볼 때 둘째 숏에서 부드러운 하프 소리가 들린다면 이 소리는 병행적 담화에서의 부정적 역할을 한다고 볼 수 있겠군.

06

▶ 24051-0244

㉠에 담긴 '바쟁'의 생각을 추론한 내용으로 가장 적절한 것은?

① 짐승을 사람과 대등하게 취급해 독립적인 숏으로 나타내지 말아야 한다.

② 지배적인 숏과 보조적인 숏으로 구성한 몽타주를 사용하여 현장감을 높여야 한다.

③ 숏의 교차 편집은 관객이 사실적 지각을 추구하게 만들기 때문에 사용을 금지해야 한다.

④ 현실에서의 발생 가능성을 고려하지 않은 채 관객에게 일방적인 결과를 담은 숏을 제시하지 말아야 한다.

⑤ 영화를 통해 관객의 인기를 얻는 것이 중요하므로 최종적으로 호랑이가 큰 상처를 입은 숏을 보여 주어야 한다.

07

▶ 24051-0245

윗글을 바탕으로 〈보기〉의 ⓐ, ⓑ를 이해한 내용으로 적절하지 <u>않</u>은 것은? [3점]

┌ 보기 ┐

선생님: 어떤 학자는 영화와 관련된 정신 분석학적 사고의 중요성과 그 영향을 설명하면서 예이젠시테인과 바쟁의 이론이 프레임*과 창문이라는 비유의 작용에 영향을 받았다고 지적했어요. 이에 따르면 두 사람의 이론은 관객이 프레임으로 제시된 ⓐ하나의 그림을 보는 것처럼 영화를 감상한다는 입장과, 관객이 현실의 다양성을 느낄 수 있는 ⓑ열린 창문을 보는 것처럼 영화를 감상한다는 입장으로 구별할 수 있습니다.

*프레임: 영화의 특정한 장면.

① ⓐ는 감독이 목적을 위해 현실의 모호성을 없앤 내용을 담은 것으로 볼 수 있겠군.

② ⓐ를 관객이 보는 것은 감독이 강요한 의미나 결과를 수용하는 상황과 관련이 있겠군.

③ ⓑ는 감독이 주로 디프 포커스나 롱 테이크 기법을 통해 현실을 사실적으로 재현한 것으로 볼 수 있겠군.

④ ⓐ와 ⓑ는 모두 감독이 필요에 따라서 새로운 영화 기술을 활용해 만들 수 있겠군.

⑤ ⓐ는 감독이 관객의 시선을 프레임 밖의 새로운 장면으로 이동시킨 상황과, ⓑ는 관객이 자신의 시선을 창문이 아닌 새로운 장면으로 이동시킨 상황과 관련이 있겠군.

[08~11] 다음 글을 읽고 물음에 답하시오.

산업 사회가 등장하면서 대중이 출현하고, 그들의 문화가 평준화되는 경향은 많은 학자의 관심을 끌었다. 획일적인 문화를 가진 대중이 주도하는 대중 사회를 분석하는 사회학자들은 현대 사회 대부분의 개인들이 서로 비슷하고 균등할 뿐만 아니라 개개인의 특성을 보여 주지 못한다고 보았다. 이런 관점은 특히 미국 문화에 대한 분석에 주로 적용되었다.

미국의 사회학자 데이비드 리스먼은 대중 사회의 이중성을 분석하였다. 그에 따르면, 현대 미국 사회는 경쟁과 개인의 성취를 지나치게 강조하는 개인주의적이고 자유로운 경쟁 사회가 되었다. 하지만 그 사회는 자신만의 개성을 가진 개인들의 사회가 아니라 권력을 가진 소수에 의해 좌우되는 사회이다. 개인은 스스로 판단하는 대신 고도로 발전한 매체에 의해 조종당한다. 대다수의 미국인이 자신보다 우월하다고 생각하는 타인을 추종하고, 권력과 매체가 조작한 행위 유형을 모방한다. 즉 미국인은 철저하게 고립된 고독한 개인으로 변한 동시에 유사한 생활 방식과 개성을 상실한 가치관을 추구하는 거대한 군중이 되었다는 것이다. 리스먼은 이러한 특성을 타인 지향적 사회라는 개념으로 설명한다.

리스먼은 인구의 증가 및 감소 경향에 따라 사회 전반의 특성이 달라지며, 그에 따라 인간의 행동에 영향을 미치는 요인이 달라진다고 보았다. 그는 우선 출생률과 사망률이 모두 높아 인구수의 변동이 크지 않은 사회를 ㉠전통 지향적 사회라고 명명하였다. 그러면서 전통 지향적 사회에서는 관습, 의식, 종교 등이 구성원들의 사회화에 중요한 역할을 하며, 구성원들은 일반적으로 자신을 하나의 독립적인 존재라고 생각하지 않으므로 사회 규범을 준수하지 않을 경우 느끼게 될 '수치심'에 의해 행동이 통제된다고 설명하였다. 한편 보건 위생의 발달, 원활해진 식량 공급, 농사법의 개량 등으로 인구의 증가 현상을 보이는 사회를 ㉡내면 지향적 사회라고 명명하였다. 이러한 사회는 개인의 이동성 급증, 자본의 축적, 끊임없는 경제 확장 등의 현상을 보이며 개인에게 선택의 자유를 부여한다. 이러한 자유로 인해 개인의 내면적 사고가 행동의 지침이 되며, 사람들은 내면화된 규범을 준수하지 않을 때 느끼는 '죄의식'에 따라 행동을 통제한다.

현대 사회로 접어들면서 사회 구성원의 생활 양식과 가치관이 대가족보다는 핵가족을 지향하게 되고, 출생률과 사망률이 더불어 계속 감소하는 경향을 보이게 되었다. 리스먼은 이러한 사회에 있어서는 타인 지향적 성격이 중요한 의미를 지니게 된다고 보았다. 그에 따르면 현대 사회에서는 노동 시간이 단축되고 생활 수준이 높아지면서 사람들이 여가와 소비 생활에 많은 시간을 소요하게 된다. 이러한 사회에서는 근면이라는 가치의 중요성이 감소하고, 타인과의 타협이 중요해진다. 타인과의 접촉 기회가 늘어나면서 기존의 관습과 전통은 약해지고 접촉하는 타인의 태도와 반응이 중요한 의미를 가지게 된다는 것이다. 이러한 사회에서는 인간 행동의 지침이 가까운 동료들의 반응에 좌우된다. 끊임없이 타인이 보내는 신호에 세세하게 주의를 기울이면서 사람들은 공동체나 조직으로부터 소외될지도 모른다는 불안감의 영향을 받게 된다.

리스먼은 타인 지향적 사회의 모순을 극복하기 위해서는 자율형 인간이 되어야 한다고 강조하였다. 전통 지향형, 내면 지향형, 타인 지향형의 유형이 역사적 단계와 함께 나타난 사회적 유형이기는 하지만, 이 세 가지 유형은 어느 시대에든 나타날 수 있다. 리스먼은 적응형, 무규제형, 자율형의 인간 유형이 있다고 주장하였는데, 이때 적응형은 세 가지 사회적 성격의 전형적인 모습을 보여 주는 유형을, 무규제형은 사회적 성격에서 벗어나는 모습을 보여 주는 유형을 가리킨다. 한편 자율형은 사회에 적응할 능력이 있으면서도 적응 여부에 대한 선택의 자유를 가지는 유형을 가리킨다. 그는 인간은 제각기 다른 존재임에도 서로 똑같아지기 위해 사회적 자유와 개인적 자율성을 상실하고 있다고 지적하면서, 집단의 가치 체계로부터 자유로워짐으로써 자신의 능력을 키우고 자율성에 이르는 길을 개척해 나갈 수 있다고 강조한다.

08

▶ 24051-0246

윗글에 대한 설명으로 가장 적절한 것은?

① 특정 학자가 대중 사회를 분석한 이론의 의의와 한계를 설명하고 있다.

② 현대 사회에서 나타나는 전반적 특징을 역사적 사건을 통해 유형화하고 있다.

③ 시간의 흐름에 따라 특정 학자의 이론이 어떻게 변화하였는지 설명하고 있다.

④ 현대 사회의 상황에 대한 특정 학자의 문제 제기와 해결 방안을 소개하고 있다.

⑤ 대중 사회에 대해 상반된 주장을 담고 있는 이론을 비교하여 절충안을 제시하고 있다.

09

▶ 24051-0247

'리스먼'이 현대 미국 사회의 '대중'에 대해 주장한 내용으로 가장 적절한 것은?

① 타인에 비해 우월해지기 위해 끊임없이 노력한다.
② 산업 사회 이후 문화가 다원화되는 데 기여하였다.
③ 권력을 가진 소수에 의해 지배되는 것에 저항한다.
④ 획일화되어 개인 고유의 특성을 보여 주지 못한다.
⑤ 타인과의 단절에 의한 불안감 해소를 삶의 목표로 삼는다.

10

▶ 24051-0248

㉠과 ㉡을 비교하여 이해한 것으로 가장 적절한 것은?

① ㉠과 ㉡은 모두 인구수가 변동되지 않을 때 고유의 사회적 특성이 나타난다.
② ㉠은 ㉡과 달리 내면의 '죄의식'에 의해 개인의 행동이 통제된다.
③ ㉡은 ㉠과 달리 개인에게 선택의 자유를 부여한다.
④ ㉠은 개인의 독립성이 보장될 때, ㉡은 자본의 가치가 축소될 때 형성된다.
⑤ ㉠은 사회적 관습이, ㉡은 사회 구성원과의 관계가 사회 규범의 내면화에 중요한 역할을 한다.

11

▶ 24051-0249

'리스먼'의 관점에서 〈보기〉를 분석한 내용으로 적절하지 않은 것은? [3점]

┌─ 보기 ┐

사회 관계망 서비스(SNS)의 등장 이후, 전 세계적으로 SNS를 이용해 타인과 접촉하여 자신의 개성과 성공을 전시하려는 사람들의 수가 폭발적으로 증가하였다. 사람들은 SNS를 통해 자신의 개성을 전시하기 시작하였지만, 가장 개인적인 취향을 전시하는 공간처럼 여겨지는 SNS에서 개인의 개성을 발견하기란 어려운 일이다. 개성이라 여겨지는 것도 결국 매체에서 접하는 유행에 따른 것이기 때문이다. 사람들은 SNS를 통해 끊임없이 타인과 연결되지만, SNS에 번듯하게 전시된 타인의 삶의 일면을 바라보며 외로움을 느낄 뿐이다.

└────────────┘

① 매체에 등장하는 유행을 따라 하는 것은 타인 지향적 사회에 적응한 모습을 보여 주는 것이겠군.
② SNS에 자신의 성공을 전시하는 것은 개인의 성취를 강조하는 경쟁 사회의 분위기가 반영된 것이겠군.
③ SNS 이용자가 폭증한 것을 통해 타인의 태도와 반응이 사람들에게 중요한 의미를 가지게 되었음을 짐작할 수 있겠군.
④ SNS에 전시된 개인의 취향에서 개성을 발견하기 어려운 현실은 사회적 자유와 개인적 자율성을 상실한 모습에 해당하는 것이겠군.
⑤ SNS를 통해 타인과 연결되지만 외로움을 느끼는 것은 현대인들이 고립된 개인에서 벗어나 유사한 생활 방식을 추구하는 군중으로 변했기 때문이겠군.

실전 모의고사 1회 / 실전 모의고사 2회 / 실전 모의고사 3회 / 실전 모의고사 4회 / 실전 모의고사 5회

[12~17] 다음 글을 읽고 물음에 답하시오.

초음파는 사람이 들을 수 있는 주파수보다 높은 주파수를 가지는 음파이다. 이를 이용한 초음파 진단기는 신체에 탐촉자*를 대고 초음파를 발생시킨 뒤, 인체 조직을 통과하는 초음파 빔 중에서 되돌아오는 신호를 탐촉자가 수신하여 영상으로 변환해 화면에 나타내는 기기이다.

초음파는 소리의 파동이기 때문에 전파되기 위해서는 매개체, 즉 매질이 필요하다. 매질의 특성에 따라 초음파의 전파 속도에 차이가 나며, 동일한 매질 내에서는 동일한 전파 속도를 가진다. [자료 1]은 매질별 초음파의 전파 속도와 음향 저항을 나타낸 표이다. 인체는 대략 65%가 수분으로 구성되어 있어 평균적인 전파 속도가 1,540m/s와 유사한 값을 갖는다. 뼈조직에서의 전파 속도는 4,080m/s로 가장 빠르고, 대부분이 공기로 채워진 폐에서의 전파 속도는 가장 느리다. 전파 속도는 통과하는 매질의 체적 탄성률*에 비례하고 매질의 밀도에 반비례한다.

매질	초음파의 전파 속도 (m/s)	음향 저항 (g/cm²·s)
공기	331	0.0004
지방	1,450	1.38
물	1,540	1.54
혈액	1,570	1.61
근육	1,585	1.70
뼈	4,080	7.80

[자료 1]

탐촉자에서 송신한 초음파 빔은 인체 조직을 통과하면서 조직의 경계면에서 반사되거나 조직 내에서 산란되어 되돌아오는데, 초음파 진단기는 이러한 반사파나 산란파를 이용한다. 음향 저항이 서로 다른 두 조직의 경계면에 초음파가 입사*되면, 일부는 반사되고 나머지는 투과된다. 음향 저항은 음파에 대한 매질의 저항을 의미하는 것으로, 매질의 밀도(g/cm³)와 매질 내 전파 속도(m/s)를 곱한 값으로 결정된다. 이때, 두 매질 사이에 음향 저항의 차이가 클수록 반사되는 초음파의 세기가 증가한다. 같은 매질 내에서는 같은 전파 속도를 가지므로, 음향 저항의 차이를 유발하는 것은 두 매질 간의 밀도 차이이다. 근육, 힘줄, 인대 등과 같은 연부 조직의 평균 음향 저항은 1.70g/cm²·s로 지방보다 공기와의 음향 저항의 차이가 더 크므로, 지방과 근육의 경계면보다 공기와 근육의 경계면에서 반사파의 세기가 더 크다. 초음파 검사 시에 ㉠탐촉자와 피부 표면 사이에 점성이 높은 액체형 젤(gel)을 바르는 것도 탐촉자와 피부 사이의 공기로 인한 음향 저항의 차이를 고려하는 것이다.

또한 음파의 반사는 입사각의 영향을 크게 받는다. 입사각은 입사되는 초음파와 법선*이 이루는 각도를 말한다. 표면이 평평한 두 매질의 경계면에 초음파 빔이 입사할 경우, 법선을 기준으로 입사각과 반사각은 같다. 초음파 빔이 조직의 경계면에 수직으로 입사하면, 탐촉자로 돌아오는 반사파가 많아져서 초음파 영상이 명료하게 나타난다. 하지만 입사각이 커질수록, 즉 입사파와 경계면이 이루는 각도가 작아질수록 빔은 탐촉자의 반대 방향으로 반사되어 탐촉자로 돌아오는 빔이 적어져서 영상에 포함되지 않게 된다. [자료 2]는 초음파가 조직의 경계면에 수직으로 입사한 경우의 반사 계수를 나타낸 표이다. 반사 계수란 입사파 대비 반사파의 비율로, 이 값이 1에 가까울수록 입사파 대부분이 반사됨을 의미한다.

경계면	반사 계수
지방 – 근육	0.10
혈액 – 근육	0.03
근육 – 뼈	0.64
신장 – 간	0.01
연부 조직 – 물	0.05
연부 조직 – 공기	0.99

[자료 2]

한편, 산란은 초음파 빔이 표면이 균일하지 않은 반사면에 부딪히거나 초음파 파장보다 크기가 작은 산란체*를 만났을 때 여러 방향으로 흩어지는 것을 ⓐ말한다. 반사가 두 조직의 경계면에서 발생하는 것과 달리, 산란은 조직 내 표면이 울퉁불퉁한 부분적인 부위에서 발생한다. 산란체의 크기가 초음파 파장의 길이보다 작을수록 산란의 강도가 증가한다. 또한 산란 강도는 주파수의 네제곱에 비례하기 때문에 주파수를 높일수록 산란 강도가 증가하여 더 좋은 초음파 영상을 얻을 수 있다. 초음파가 산란되는 강도는 조직마다 상이한데, 2.5MHz 초음파를 인체에 입사했을 때 혈액은 0.001로 가장 작은 반면에 지방은 1로 매우 큰 편이다.

초음파 검사 시 주의 사항이 있다. 위장, 간, 담낭 등의 장기를 살펴볼 수 있는 상복부 초음파 검사를 할 경우, 물을 포함한 음식물의 섭취가 소화액과 장내 가스를 발생시켜 반사파가 증가한다. 즉 위장에서 분비하는 소화액과 장내 가스는 위장의 깊숙한 부위 혹은 팽창된 위장에 가려지는 췌장이나 간 등의 장기에 초음파가 도달하는 것을 방해할 수 있다. 따라서 상복부 초음파 검사 전에는 8~12시간 이상 물을 마시지 말고 금식해야 한다. 또한 껌을 씹거나 흡연하는 과정에서 삼킨 많은 공기가 위장으로 들어가 초음파의 전파를 방해하므로, 검사 전에 껌 씹기와 흡연을 하지 않아야 한다. 방광, 자궁, 전립선 등 골반 내 장기를 살펴볼 수 있는 하복부 초음파 검사의 경우, 방광 속 가스를 없애기 위해서 많은 양의 물을 마시되 가스를 생성하는 탄산음료는 마시지 말아야 하며 검사가 끝나기 전까지 소변을 참아야 한다. 이러한 번거로움이 있음에도 인체 진단용 초음파는 인체에 무해하고 별도의 상처를 내지 않고도 내부 장기를 검사할 수 있으며 실시간 영상을 제공하는 장점이 있어 의학적 응용 범위가 꾸준히 확대되고 있다.

* **탐촉자:** 초음파를 발생시켜 송신하고 되돌아오는 음파를 수신하는 장비.
* **체적 탄성률:** 물체의 모든 방향에서 균일한 압축력이 가해졌을 때, 압축되지 않으려고 저항하는 정도를 나타내는 값.
* **입사:** 소리나 빛의 파동이 매질 속을 지나 다른 매질의 경계면에 이르는 일.
* **법선:** 어떤 면에 수직으로 세운 가상의 선.
* **산란체:** 입자나 전자기파의 산란을 일으키는 물체.

12

▶ 24051-0250

윗글에 대한 설명으로 가장 적절한 것은?

① 초음파의 의학적 응용이 이루어진 배경을 밝히고, 초음파가 발전해 온 변천 과정을 설명하였다.

② 초음파와 관련된 용어의 개념을 밝히고, 입사한 초음파에서 나타나는 반사와 산란 현상의 특징을 설명하였다.

③ 초음파 진단기의 성능을 결정하는 요인을 분석하고, 현재의 초음파 진단기가 지닌 한계와 해결 방안을 제시하였다.

④ 반사와 산란을 통해 초음파 빔의 세기가 변화하는 양상을 밝히고, 초음파 영상을 얻는 방법을 유형별로 제시하였다.

⑤ 초음파와 관련된 특정한 학자의 이론을 바탕으로 주파수와 음향 저항의 관계를 밝히고, 초음파 검사 시의 주의점을 제시하였다.

14

▶ 24051-0252

윗글을 읽고 추론한 내용으로 적절한 것만을 〈보기〉에서 있는 대로 고른 것은?

┌─ 보기 ┐

ㄱ. 근육과 뼈의 경계면에서보다 지방과 근육의 경계면에서 반사되는 초음파의 세기가 더 작겠군.

ㄴ. 매질의 특성을 바탕으로 비교했을 때, 초음파의 전파 속도는 혈관 속보다 폐 속에서 더 빠르겠군.

ㄷ. 초음파가 조직의 경계면에 수직으로 입사한 경우를 기준으로 했을 때, 연부 조직과 공기의 경계면보다 연부 조직과 물의 경계면에서 입사파가 반사되는 정도가 더 크겠군.

※ ㄱ~ㄷ에 언급한 조건 외에, 다른 조건들은 모두 동일함.
└──────────────────────────┘

① ㄱ   ② ㄴ   ③ ㄷ

④ ㄱ, ㄷ   ⑤ ㄴ, ㄷ

13

▶ 24051-0251

윗글을 읽고 답할 수 있는 질문이 <u>아닌</u> 것은?

① 초음파의 전파 속도에 차이를 유발하는 요인은 무엇인가?

② 초음파로 인체를 진단할 때 어떠한 경계면에서 반사파의 세기가 증가하는가?

③ 초음파의 신체 내 평균 전파 속도가 물에서의 전파 속도와 유사한 까닭은 무엇인가?

④ 초음파가 인체 조직을 통과하는 과정에서 일어나는 반사와 산란의 차이점은 무엇인가?

⑤ 특정한 인체 조직에 입사된 초음파 빔의 산란 강도를 줄이기 위해서 초음파를 어떻게 차단해야 하는가?

15

▶ 24051-0253

㉠의 이유로 가장 적절한 것은?

① 공기로 인한 산란의 발생을 증가시키기 위함이다.

② 초음파의 전파 속도를 높여 음향 저항의 차이를 크게 만들기 위함이다.

③ 음향 저항의 차이를 감소시켜 초음파가 신체 내로 쉽게 투과되도록 만들기 위함이다.

④ 표면을 매끄럽게 하여 매질에 대한 초음파 빔의 입사각이 감소하지 않도록 만들기 위함이다.

⑤ 매질의 경계면에서 밀도 차이를 크게 만들어 탐촉자가 수신하는 반사파의 세기를 감소시키기 위함이다.

16

▶ 24051-0254

윗글을 바탕으로 〈보기〉의 상황에서 진행되는 초음파 검사에 대해 보일 수 있는 반응으로 가장 적절한 것은? [3점]

┌─ 보기 ┌

[상황]

　A는 건강 검진을 하던 중 지방간이 의심된다는 소견이 있어 정밀 진단을 받기로 했다. 그래서 초음파 검사를 통해 간에 지방이 축적된 정도를 파악하기로 했다. 한편, B는 종종 피가 섞인 소변이 나온 적이 있어서 방광의 이상 유무를 확인하기 위해 초음파 검사를 받기로 했다.

① A와 B가 검사받고자 하는 인체 조직을 고려했을 때, A와 B 모두 상복부 초음파 검사를 받아야겠군.

② 정밀한 진단을 위해서 A는 초음파 탐촉자를 대는 피부 표면에 액체형 젤을 발라야 하지만, B는 하복부 쪽 피부 표면에 액체형 젤을 사용할 필요가 없겠군.

③ A가 심각한 정도의 지방간을 지닌 것에 해당한다면, 지방이 쌓이지 않은 간을 검사한 영상보다 A의 간을 검사한 영상이 초음파의 산란 강도가 더 약하겠군.

④ A가 상복부 초음파 검사를 받기 직전에 흡연했다면, 흡연하는 과정에서 위장에 들어간 공기로 인해 반사파가 증가하여 간을 정밀하게 검사하기 힘들겠군.

⑤ B가 하복부 초음파 검사를 정밀하게 받고자 한다면, 소변으로 인해 초음파가 방광 내부에 도달하지 못하는 현상을 막기 위해서 검사 전 최소 8시간 이상 물을 마시지 않도록 해야겠군.

17

▶ 24051-0255

ⓐ의 문맥적 의미와 가장 유사한 것은?

① 사람들은 흔히 내 글을 관념적이라고 말한다.

② 결혼이란 두 사람의 결합만을 말하는 것이 아니다.

③ 청중에게 자신의 느낌을 말하는 일은 매우 어렵다.

④ 아저씨에게 아이가 오면 문을 열어 달라고 말해 두었다.

⑤ 동생에게 남의 물건을 훔치지 말라고 아무리 말해도 듣지를 않는다.

[18~21] 다음 글을 읽고 물음에 답하시오.

[앞부분 줄거리] 한림학사였던 남편 춘매가 유배지에서 죽자 시신을 수습하러 떠난 유씨 부인은 도중에 회평 원이 밤에 자신의 방을 무단으로 침입하자 그의 팔을 베어 위기를 모면한다.

'어떠한 부인이 이곳에 와서 계시면서 머물렀는데 간밤에 이경에 무단이 앉은 **사또님을 목을** 벤 연유로 고하나이다.'
라고 하니 감사가 크게 놀라시면서 엄중하게 다스리라고 하시고 급히 와 ㉠형벌을 다스리면서 유씨 부인을 잡아 올 때, 저놈들 거동 보소. 구름 같은 머리카락을 왼손으로 거두어 잡고 가늘고 연약한 몸이 큰칼을 견디지 못하여 휘어지는 듯하고 허리는 백공단을 자른 듯하고 눈 가운데 옥매화가 핀 듯하였다. 고귀한 광채와 정결한 태도는 비할 데가 없었다. 연약한 허리를 형틀에 걸치고 여쭈기를,

┌ "소녀는 본래 양주 땅에 사는 유 판관의 여식이고 한림학사 이춘매의 아내였는데, 낭군이 애매한 누명을 입고 수만 리 땅에 귀양을 가서 죽었으므로 신체나 운구하였다가 조상의 산소가 있는 땅에 묻고자 하여 신첩이 분상을 차려 가는 중이었습니다. 마침 회평관에 들어왔을 때 날이 저물어 여기에서 하룻밤을 묵고 이튿날 아침에 가려 하는데 회평 원이
[A] 문안하되 그날 출행 길이 불행하다고 하면서 머물렀다가 가라고 하므로 가지 못할 뿐이었습니다. 종들도 발이 아파서 머무르자고 하므로 확실하게 알지 못하여 거기서 머물렀습니다. 그날 밤에 원이 내가 자는 방에 들어오므로 분명히 도적인 줄 알고 큰 칼을 잡고 목을 쳤는데 목은 맞지 않고 팔이 맞아 떨어졌거늘 목을 선참하지 못한 것이 지금도 한이로소
└ 이다."

감사가 이 말을 들으시고 크게 놀라 얼굴빛이 하얗게 질려 즉시 형틀에 매인 것을 풀고 세초*를 정하라고 한 후,
"이렇게 놀라운 일이 어찌 있으리오!"
라고 하면서 즉시 절도사와 원주 목사에게 ㉡보고하였다. 원주 목사가 그 연유를 들으시고 깜짝 놀라 와 계시면서 유 부인을 모시고는 보시기 위해 바닥에 내려와서,
"한림학사의 상사에 대한 말씀은 할 말이 없거니와 중도에서 이렇듯이 욕을 당하시오니 이런 참혹한 일이 어디에 있겠습니까!"
라고 하였다. 유 씨가 원통한 심정으로 사례하면서 말하기를,
"소녀의 끝이 없는 원통함은 일을 속히 결정을 짓고 급히 정사를 결단하옵소서. 빨리 낭군의 원통하신 우리 군자님의 신체를 찾아보고자 하나이다."
라고 하며 원통한 심정에도 말하는 모습이 흐트러짐이 없었으니, 조롱이 대강론*하시는 듯하였다. 급히 회평 원의 죄목을 나라에 보고하니 전하께서 들으신 후 별도로 ㉢교지를 보내어,

'즉시 회평 원의 죄목을 엄중하게 다스려 죽이고, 유씨 부인을 가둔 하인을 모두 죽이고 자손을 다 잡아 죽이라. 또한 유씨 부인 부부의 설욕을 낱낱이 다 헤아려 주라.'
라고 하셨다.
유씨 부인이
"치욕스러운 일은 잊고자 하니, 소녀의 망극한 일을 갚아 주시니 하해 같으신 은혜를 백골난망이로소이다. 또한 옛글에 이른 것처럼, 머리를 깨어 신을 삼고 이를 빼내어 총을 박아 갚아도, 백골이 진토가 되어도 잊지 못할 것입니다."
원주 목사가 말하기를,
"한림학사가 귀양 가실 때 내 집에 머물렀다가 가셨고, 약간 노비를 딸려 보낸 후에 다시 연락할 길이 없어 매양 한탄하던 바였습니다. 또한 내 자식과 나이가 같은데 같이 벼슬을 하다 귀양을 갔고, 유 판관께서도 우리 어머니와 친하시고 친자식과 같이 여기시는데, 수만 리 험한 길에 이러한 일이 있을 수 있습니까?"

(중략)

유씨 부인이 삼 일 밤낮으로 울어 그치지 않으니 염라대왕이 들으시고 춘매를 불러 분부하기를,
"너의 아내가 저기 왔으니 너 나가서 잠깐만 만나 보고 들어오너라!"
라고 하셨다. 춘매가 즉시 깨어나 보니 유 씨가 혼미한 가운데 잠깐 ㉣잠이 와 졸고 있거늘 춘매가 깨워서 말하기를,
"어떠한 부인이 이리 와서 슬퍼하는가?"
라고 하므로 반갑게 붙들고 울면서 말하기를,
"어찌 이 땅에 오게 하며 늙으신 모친은 문에 기대어 비스듬히 서서 오늘 올까 내일 올까 바라는 것이 전부인데, 이렇도록 속이는고. 신첩은 수만 리 험한 길에 힘든 줄을 모르는 것처럼 이렇듯이 속이는고."
하면서 마음속에 품은 생각과 정을 다 풀지 못한 채 날이 새었다. 춘매가 말하기를,
"내 몸을 가져다가 고향에 묻고 **어머님을 지극정성으로 섬기**시니 내가 죽었다고 말씀드려 주시오."
라고 하니 유씨 부인이 울면서 말하였다.
"나를 버리고 어디로 가려 하는지요."
춘매가,
"밝은 달이 지기 전에 계수나무에 이슬이 마르기 전에 들어오라고 하시는데 인간 세상의 임금과 같으니 따라야 합니다."
하고 자는 듯이 사라졌다. **유씨 부인이 함께 죽어 들어가므로** 춘매가 부인을 데리고 염라대왕에게 가니 대왕이 말하기를,
"너는 어떠한 계집을 데려왔느냐?"
하니 춘매가 여쭈었다.
"저의 아내로소이다."

유 씨가 여쭙기를,

"소녀는 유 판관의 여식이고 이 학사의 아내옵더니 낭군이 억울한 일로 수만 리 가서 죽었으므로 팔십 노모는 내내 문에 기대어 서서 오늘 올까 내일 올까 주야장천으로 바라는 것이 전부이옵니다."

절하고 백배사죄하면서 말하였다.

"비나이다, 비나이다. 대왕님 앞에 비나이다. 대왕님이시어 적선하소서. 대왕님이시어 적선하소서. 소녀는 이십 세 전이로소이다. 대왕님께서는 적선하소서. 낭군과 원앙 녹수 되자마자 이별되었사오니 어찌 슬프지 않겠습니까!"

대왕이 말하기를,

"저 불행한 몰골은 안됐으나 **이곳에 온 사람의 삶을 내 마음대로 출입하게 하기 쉽겠느냐!**"

라고 하니, 유 씨가 다시 당 아래에서 네 번 절하고 여쭙기를,

"대왕님요, 적선하소. 소녀는 청춘이 만 리 같고, 모친은 연세가 팔십이니 이곳을 매일 바라보는 것이 전부로소이다. 대왕님요, 적선하여 주소."

밤낮으로 칠 일로써 땅에 엎드려 애걸하니, 대왕이 말하기를,

"너의 마음이 간절하니 **너희 둘이 나갔다가 팔십 살이 되거든 같은 날 같은 시에 들어오너라.**"

라고 하시니 춘매가 유 씨를 데리고 나와서 금강을 지나는데, 밧줄을 놓아서 건너가라고 하므로 다음 디딜 곳을 몰라 밧줄에 올라섰다가 발이 꺾어 자빠지니 깨어나 ⓜ생시가 되었다.

- 작자 미상, 「춘매전」

*세초: 범죄의 사실을 기록한 글을 가리킴.
*조롱이 대강론: 말이 규모가 크고 넓음을 비유적으로 이르는 말.

18
▶ 24051-0256

윗글을 이해한 내용으로 적절하지 않은 것은?

① 춘매는 유 씨와 짧은 결혼 생활 후 헤어지게 되었다.
② 유 씨 일행은 회평 원의 권유에 따라 회평관에 더 머물게 되었다.
③ 하인들은 유 씨를 잡아들일 때 함부로 대했다가 벌을 받게 되었다.
④ 원주 목사는 춘매에 대해 잘 알고 있으며 그를 각별하게 생각했다.
⑤ 염라대왕은 아내를 위하는 춘매의 마음에 감동하여 아내를 만나게 해 준다.

19
▶ 24051-0257

[A]에 대한 이해로 적절하지 않은 것은?

① 자신의 행위에 대한 정당성을 주장하고 있다.
② 자신의 신분과 처지를 우선적으로 밝히고 있다.
③ 사건이 벌어진 경위를 순차적으로 서술하고 있다.
④ 사건의 결과와 관련한 자신의 감정을 표출하고 있다.
⑤ 사건과 관련하여 자신의 과실이 있었음을 인정하고 있다.

20
▶ 24051-0258

㉠~㉤에 대한 설명으로 적절하지 않은 것은?

① ㉠은 회평 원의 일방적인 진술에 의해 이루어진 것이며, 이로 인해 유 씨는 고초를 겪지만 그 속에서도 고귀한 모습을 드러낸다.
② ㉡은 유 씨의 입장이 들어간 공정한 세초에 의해 이루어진 것이며, 이로 인해 남편이 과거에 신세를 졌던 사람과도 만나게 된다.
③ ㉢은 유 씨의 원한을 해소할 수 있는 내용을 담고 있는 것이며, 이로 인해 유 씨는 임금에게 평생 갚지 못할 은혜를 입었다고 생각한다.
④ ㉣은 유 씨가 염라대왕에게 들릴 정도로 밤낮없이 울다 잠시 이루어진 것으로, 춘매에 의해 깸으로써 현실 세계에서 짧은 시간이나마 춘매와 만날 수 있게 된다.
⑤ ㉤은 춘매와 유 씨가 염라대왕이 말한 주의 사항을 실천함으로써 도달한 곳이며, 이를 통해 저승에서의 죽음이 현실 세계의 살아남이라는 것을 보여 준다.

21

▶ 24051-0259

〈보기〉를 바탕으로 윗글을 감상한 내용으로 적절하지 <u>않은</u> 것은? [3점]

| 보기 |

재생 모티프는 우리 서사 문학에 있어 초월적이고 비현실적인 문제를 현실 속으로 끌어들이는 데 빈번히 사용된다. 재생은 '사후 영혼의 재생'과 '이승으로의 복귀'라고 하는 두 가지 양상으로 나눌 수 있는데 전자는 전통 사회의 보편적인 영혼 재생 관념으로, 산 자가 죽은 후 영혼을 통해 저승에서 부활하는 것을 이른다. 후자는 특수한 재생의 면모로 망자가 된 인물이 다시 살아나 이승으로 돌아가는 것을 말한다. 「춘매전」에서는 이 두 가지 요소가 함께 나타나는데, 특히 후자는 인물의 의지와 도덕성에 대한 보답으로 유 씨를 남편과 결합시켜 이승으로 보내 주는 것을 통해 드러난다. 이들이 현실 세계로 돌아가 선행을 이어 가게 함으로써 사람들에게 유교 덕목을 고취시키려는 한편 영계(靈界)의 공정성과 위대성을 과시하려는 데 그 의미가 있다고 할 수 있다.

① 유 씨가 무단 침입한 '사또님을 목을' 베려 한 것과 '어머님을 지극정성으로 섬기'고 있다는 것에 절행과 효행이라는 당대 도덕적 가치가 드러나는군.

② '너의 아내가 저기 왔으니 너 나가서 잠깐만 만나 보고 들어오너라!'라고 한 데에는 유 씨와 춘매를 현실 세계로 보냄으로써 사람들에게 유교 덕목을 고취시키려는 의도가 담겨 있겠군.

③ '유씨 부인이 함께 죽어 들어'간 저승에서 염라대왕과 대화를 나누는 것은 전통 사회의 보편적인 영혼 재생의 면모를 보여 주는 것이군.

④ '이곳에 온 사람의 삶을 내 마음대로 출입하게 하기 쉽겠느냐!'라는 말에서 망자의 이승 복귀는 영계의 공정성을 바탕으로 한 것으로, 유 씨의 의지와 도덕성이 이들의 복귀에 영향을 미쳤음을 짐작할 수 있군.

⑤ '너희 둘이 나갔다가 팔십 살이 되거든 같은 날 같은 시에 들어오너라.'라는 말에는 유 씨와 춘매를 함께 재생시켜 선행을 이어 가게 하려는 의도가 담겨 있다고 볼 수 있군.

[22~26] 다음 글을 읽고 물음에 답하시오.

(가) 서경(西京)이 아즐가 서경이 서울이지마는
　　위 두어렁셩 두어렁셩 다링디리
　　닦은 곳 아즐가 닦은 곳 쇼셩경* 고외마른*
　　위 두어렁셩 두어렁셩 다링디리
　　여히므론* 아즐가 ㉠여히므론 길쌈베 버리고
　　위 두어렁셩 두어렁셩 다링디리
　　괴시란딘* 아즐가 괴시란딘 ㉡우러곰* 좃겠나이다
　　위 두어렁셩 두어렁셩 다링디리

　　구스리 아즐가 ㉢구스리 바위에 떨어진들
　　위 두어렁셩 두어렁셩 다링디리
　　끈이야 아즐가 끈이야 끊어지리까 나난*
　　위 두어렁셩 두어렁셩 다링디리
　　천 년을 아즐가 천 년을 홀로 살아간들
　　위 두어렁셩 두어렁셩 다링디리
　　신(信)이야 아즐가 신(信)이야 끊어지리까 나난
　　위 두어렁셩 두어렁셩 다링디리

　　대동강 아즐가 **대동강 넓은 줄** 몰라서
　　위 두어렁셩 두어렁셩 다링디리
　　배 내어 아즐가 **배 내어놓느냐 사공아**
　　위 두어렁셩 두어렁셩 다링디리
　　네 각시 아즐가 네 각시 럼난디* 몰라서
　　위 두어렁셩 두어렁셩 다링디리
　　가는 배에 아즐가 가는 배에 얹었느냐 사공아
　　위 두어렁셩 두어렁셩 다링디리
　　대동강 아즐가 대동강 건너편 꽃을
　　위 두어렁셩 두어렁셩 다링디리
　　배 타 들면 아즐가 배 타 들면 꺾으리이다 나난
　　위 두어렁셩 두어렁셩 다링디리

– 작자 미상, 「서경별곡」

*쇼셩경: 작은 서울. 지금의 평양.
*고외마른: 사랑하지마는.
*여히므론: 이별할 바엔.
*괴시란딘: 사랑하신다면.
*우러곰: 울면서.
*나난: 의미 없이 흥을 일으키는 여음구.
*럼난디: 음란한 줄.

실전 모의고사 1회　실전 모의고사 2회　실전 모의고사 3회　실전 모의고사 4회　실전 모의고사 5회

(나) 배를 민다

배를 밀어 보는 것은 아주 드문 경험
희번덕이는 잔잔한 가을 바닷물 위에
배를 밀어 넣고는
온몸이 아주 추락하지 않을 순간의 한 허공에서
밀던 힘을 한껏 더해 밀어 주고는
ⓔ아슬아슬히 배에서 떨어진 손, 순간 환해진 손을
허공으로부터 거둔다

ⓜ사랑은 참 부드럽게도 떠나지
뵈지도 않는 길을 부드럽게도

배를 한껏 세게 밀어내듯이 슬픔도
그렇게 밀어내는 것이지

배가 나가고 남은 빈 물 위의 흉터
잠시 머물다 가라앉고

[A] ⌈ 그런데 오, 내 안으로 들어오는 배여
    ⌊ 아무 소리 없이 밀려 들어오는 배여

– 장석남, 「배를 밀며」

22
▶ 24051-0260

(가), (나)의 공통점으로 가장 적절한 것은?

① 상대방이 부재하는 상황에 대한 화자의 대응 태도가 나타나 있다.
② 스스로의 잘못을 인정하며 문제를 해결하려는 화자의 인식이 나타나 있다.
③ 자신의 경험에 비추어 상대방의 처지에 공감하는 화자의 모습이 드러나 있다.
④ 과거와 현재의 대비를 통해 현재의 삶을 성찰하는 화자의 자세가 드러나 있다.
⑤ 상대방의 변화되는 모습을 바탕으로 상대방을 염려하는 화자의 의식이 드러나 있다.

23
▶ 24051-0261

(가)와 (나)의 표현상 특징에 대한 설명으로 적절하지 않은 것은?

① (가)는 (나)와 달리 예상되는 상황을 가정하며 대상에 대한 화자의 걱정을 나타내고 있다.
② (가)는 (나)와 달리 설의적 표현을 활용하여 대상을 향한 화자의 변함없는 심정을 강조하고 있다.
③ (나)는 (가)와 달리 특정한 형태의 종결 어미를 반복하여 화자의 정서를 담담한 어조로 전달하고 있다.
④ (나)는 (가)와 달리 말을 건네는 형식을 통해 청자가 마주한 현실의 문제점과 어려움을 드러내고 있다.
⑤ (가)와 (나)는 모두 유사한 시구를 반복적으로 변주하여 화자의 정서를 효과적으로 표현하고 있다.

24

▶ 24051-0262

〈보기〉를 바탕으로 (가), (나)를 감상한 내용으로 적절하지 <u>않은</u> 것은? [3점]

┌─ 보기 ┌

(가)와 (나)에서는 '물'과 '배'를 활용하여 이별의 상황을 비유적으로 나타내고 있다. (가)에서 '물'은 애정 관계가 끊어지게 된 이별의 상황을 암시하며, '배'는 이별의 상황이 일어나게 되는 구체적 사건을 의미하는 것이다. 더불어 (가)에서는 보조적 인물을 등장시켜 그에게 이별의 원인을 전가하여 임에 대한 사랑을 지키려는 화자의 모습이 나타나기도 한다. 반면, (나)의 '배'는 화자와 애정 관계에 있는 대상을 의미하며 '물'은 '배'가 이동하게 되는 공간이다. '물' 위의 '배'를 밀어내는 화자의 행위를 통해 애정 관계가 끊어지게 되는 변화를 보여 주고 있다. 또한 '물'을 통해 애정 관계의 변화에 따른 화자의 심정을 비유적으로 표현하고 있다.

① (가)의 '배 내어놓느냐'는 임이 떠날 수 있도록 부추긴다고 생각하며 '사공'을 원망하는 화자의 인식을 보여 주는군.

② (나)의 '배가 나가고 남은 빈 물 위의 흉터'가 가라앉는 것은 단절된 애정 관계를 받아들이는 화자의 심정을 보여 주는군.

③ (가)의 '넓은' '대동강'과 (나)의 '희번덕이는 잔잔한 가을 바닷물'은 이별 후 화자가 느끼는 상대방과의 거리감을 보여 주는군.

④ (가)의 '가는 배'와 (나)의 물 위로 '배가 나가'는 모습을 통해 화자와 상대방의 애정 관계가 변화하게 된 상황을 비유적으로 보여 주는군.

⑤ (가)의 '배 타 들면'은 상대방이 화자를 떠나는 상황을, (나)의 '배를 밀어 보는 것'은 화자가 상대방을 떠나보내는 상황을 보여 주는군.

25

▶ 24051-0263

〈보기〉를 참고할 때, (나)의 [A]에 대한 이해로 가장 적절한 것은?

┌─ 보기 ┌

(나)에서 화자는 소중한 사람을 떠나보내고 이를 잊어야 하는 상황이 힘들지만, 이별을 수용하며 극복하려는 모습을 보여 준다. 하지만 [A]에서는 이러한 화자의 노력이 무색하게, 떠나보낸 사람에 대한 그리움의 감정이 무의식적으로 피어오르는 화자의 심정을 제시하며 시상을 전환하고 있다. (나)는 이러한 의도적인 시상 전환을 통해 진정한 사랑의 의미가 무엇인지를 깊이 생각해 보게 하는 여운을 주고 있다.

① '그런데'를 통해 시상이 다른 분위기로 전환되고 있음을 보여 주면서 이별을 수용하는 화자의 자세를 강조하는 것 같아.

② '오'는 화자의 심정을 나타내는 감탄사로, 무의식적으로 밀어낸 '배'를 다시 찾아야 하는 상황에 대한 당혹감을 보여 주는 것 같아.

③ '내 안으로 들어오는 배'는 이전에 화자가 극복하지 못했던 그리움의 감정 대신에 화자가 기대하는 새로운 현실의 모습을 드러내는 것 같아.

④ '아무 소리 없이'는 [A] 이전에 화자가 처한 부정적 상황이 화자의 노력에도 무색하게 앞으로도 지속될 것이라는 의미인 것 같아.

⑤ 밀어낸 배가 '밀려 들어오는' 상황은 화자가 예상하지 못한 상황을 제시하며 이별의 슬픔 속에서도 잊히지 않는 그리움의 심정을 표현하려는 것 같아.

26

▶ 24051-0264

㉠~㉤에 대한 이해로 적절하지 <u>않은</u> 것은?

① ㉠: 임과의 동행을 포기하지 않겠다는 화자의 의지를 드러내고 있다.

② ㉡: 임을 향한 화자의 사랑과 함께 그로 인해 겪어야만 하는 화자의 괴로움이 함께 나타나 있다.

③ ㉢: 화자와 임이 함께할 수 없는 상황을 구체적 사물에 빗대어 제시하고 있다.

④ ㉣: 배를 밀어 보내고 자신의 할 일을 다 해낸 것에 대한 만족감을 표현하고 있다.

⑤ ㉤: 막막한 상황에서도 자연스레 떠나가는 사랑의 모습을 형상화하고 있다.

[27~30] 다음 글을 읽고 물음에 답하시오.

(가) 사람들은 일반적으로 집단 내에 다수가 옳다고 주장하면 그들의 주장으로 기울어지는 경향을 보인다. 이는 르 봉이 말한 '군중 심리'와도 관련이 있으며, 상황에 따라서 강력하게 작용할 수 있다. 개인의 생각과 전혀 다른 선택을 하거나, 눈에 보이는 명백한 사실을 부정하기도 하며, 특히 다른 사람들이 많이 선택한 것을 따라 하게 되는 것이다. 이는 '다수에 속해 있어야 안전하며 그렇지 않으면 위험해질 수 있다.'라는 심리와 관련이 있으며 경우에 따라 합리적이지 못한 선택을 유도하기도 한다.

이러한 경향은 때로 '집단 극화' 현상을 일으키기도 한다. 집단 극화란 집단의 의사 결정이 구성원 개개인의 평균치보다 극단으로 치우치게 되는 현상으로, 집단 내에서 추진되는 특정한 의견에 사람들이 휩쓸리게 되는 것을 말한다. 때로는 마치 집단 최면에 걸린 듯 많은 사람이 집단이 지시하는 데에 따라 행동하여 진실과 허위의 구분이 애매해지기도 한다. 이러한 경우 군중은 진실을 갈망하지 않게 되며 그들은 자신들의 마음에 들지 않는 증거 앞에서는 얼굴을 돌리고, 자신들의 마음을 끄는 오류를 따르게 된다.

이러한 현상은 @집단 내의 권력 구조와 인간관계의 영향하에서 더욱 공고해지며 특히 폐쇄적이고 수직적인 집단일수록 더욱 강하게 나타난다. 「빙청과 심홍」은 군대라는 특수한 집단을 배경으로, 집단과 개인 사이에 일어나는 허위와 진실의 문제를 다루고 있다.

(나) **건의서 내용을 소상히 밝**힐 만큼 우 하사의 동기생들은 친절하지 않았다. 다만 도장을 지참하고 일렬로 주욱 늘어서게 한 다음 이렇게 말하는 것이었다.

"뒈지기 전에 불쌍헌 놈 호강이나 시키자구!"

그러나 우리는 우리가 찍는 도장이 장차 무엇에 소용될 것인지를 곧 알았고, 각자가 도장으로 확인해 준 내용의 엄청남에 경악을 금할 수 없었다. 우 하사의 동기생들은 술을 진탕 마시고는 비틀걸음으로 각 내무반을 돌면서 엉엉 소리 내어 울다가 우 하사의 이름을 부르다 했다. 누구도 그들의 서슬을 꺾을 수는 없었다. 그들이 보이는 광란에 가까운 전우애는 누가 만약 입바른 소리라도 할라치면 당장 때려죽일 것 같은 기세였으며, 그들의 눈물겨운 노력이 대대 분위기를 점점 최면시켜 진실과 허위의 구분을 애매하게 만들어 놓았다. 목석이 아닌 이상 그것은 감동하지 않고는 못 배기는 신들린 상태였다. 우리 주위에 그런 인물이 있었던가 새삼스레 돌아다보아질 정도였다. 심지어는 건의서 상으로 우 하사에 의해 구출된 것으로 지목된 **세 명의 사병마저도 정말 자기를 구한 것이 우 하사 그 사람인 줄로 믿어 버릴 정**도였다. **우리는 모두 합심해서 하나의 미담을 엮어** 내었고, 그 미담 속에서 우 하사는 하루가 다르게 완벽한 영웅의 모습을 갖

추어 나갔다.

대대장 또한 마찬가지였다. 전체 사병의 귀감이 될 영웅적인 하사관 한 명쯤 자기 휘하에 두었대서 조금도 손해날 일은 아니었다. 대대장의 확인을 거쳐 단본부에 제출된 우리들의 진정 내용은 일차로 단장을 감동시켰다. 그는 자기 권한으로 할 수 있는 모든 조처를 취했다. 우선 빈사의 하사관을 장교 병동에 입실시킨 다음 민간인 연고자가 영내에 거주하면서 간호에 임하도록 했다. 훈장은 시간이 걸리는 거니까 먼저 비행단 이름으로 표창장을 수여함으로써 아쉬운 대로 성의를 표시했다. 그리고 각 언론 기관에 연락하여 일단의 기자들을 초청해서 취재를 하도록 했다.

(중략)

[회견]은 예정된 순서에 따라 톱니바퀴가 물리듯 한 치의 오차도 없이 정연하게 진행되었다. 육하원칙에 의해서 각자가 겪은 일들을 진술하는데, 누구를 막론하고 결정적인 순간에 가서는 한 개인의 ㉠경험을 떠나 우 하사의 행위와 교묘하게 결부시키는 ㉡화법들을 썼다. 기자들은 열심히들 기록을 하고 사진을 찍었다. 누가 봐도 ㉢결과는 만족할 만한 것임이 거의 확실해진 순간이었다.

"혼자서 간호를 전담하다시피 해 오셨다죠?"

여태껏 한쪽 구석지에 우두커니 앉아만 있던 신 하사에게 일제히 ㉣시선이 집중되었다.

"연일 수고가 많으시겠군요. 어때요, 신 하사가 보는 우 하사의 인간 됨됨이랄까 병상에서 있었던 일화 같은 걸 소개해 주실까요?"

자리나 메우는 역할이라면 몰라도 직접 입을 열어 뭔가를 조리 있게 설명해야 할 사람치고는 분명히 자격 미달이었다. 신 하사를 그런 자리에 끌어들인 그 자체가 애당초 잘못된 배역임이 뒤늦게 드러나기 시작했다. 신 하사는 꿀 먹은 벙어리였다.

"어떻습니까, 평소의 그답게 투병 생활도 영웅적입니까?"

"……."

"사고 당시 격납고 안에서 우 하사를 본 적이 있습니까?"

기자들은 쉽게 포기하지 않았다. 신 하사가 맡은 몫을 기어코 감당하게 만들 작정으로 그들은 번갈아 가며 질문을 던져 말문을 열게 하려 했다.

"예."

하고 마침내 신 하사의 입에서 대답이 떨어졌다.

"그때 우 하사가 뭘 어떻게 하고 있던가요?"

"불에 타고 있었습니다."

신 하사가 입을 열었을 때 깜짝 반가워하는 표정이던 기자들은 이 예상 밖의 답변에 점잖지 못하게 웃음을 터뜨렸다. 이때부터 그들은 신 하사를 노골적으로 깔아 보기 시작했다.

"그가 불에 탔다는 건 우리도 압니다. 내가 묻고 싶은 건 그냥 불에 타기만 했냐는 겁니다."

"예."

회견장이 소란해졌다. 여기저기에서 웅성거리는 ⑩소리가 들렸다.

"좀 더 자세히 말씀해 주실까요? 불이 붙기 전에 우 하사는 무슨 일을 했습니까? 그리고 불이 붙은 다음에 어떻게 행동했습니까?"

아아, 가엾은 신 하사…….

"작업이 거의 끝나 가던 참이었습니다. 우 하사는 작업복이 기름투성이였습니다. 펑 소리가 나더니 눈앞이 캄캄해졌다가 훤해졌습니다. 정신을 차리고 보니 우 하사가 불덩이가 되어서 훌쩍훌쩍 뛰고 있었습니다. 너무 갑자기 당한 일이라서 무슨 영문인지……."

[A] ┌ 그날 오후에는 누구나 다 그렇게 당했다. 일과가 끝나 갈 무렵에 격납고 안에 있었던 사람들의 공통된 이야기가 그랬다. 펑 하고 터지는 폭발음이 울림과 동시에 졸지에 주위가 불바다로 변하더라는 것이었다. 때마침 운 좋게 격납고 밖에 있다가 사고를 목격하게 된 사람들의 얘기는 격납고 안에 있던 사람들이 얼이 빠져 가지고 불길 속을 우왕좌왕하는 것도 무리가 아니었음을 뒷받침해 주었다. 순간적이었다는 것이다. 훈련 비행기 한 대가 착륙 자세를 잡은 채 내려오고 있었는데 그간 뜨고 내리는 비행기를 숱하게 보아 왔지만 불길한 예감과 함께 유독 그것만은 눈길을 끌더라는 것이다. 똑바로 자기를 겨냥하듯이 눈 깜짝할 사이에 접근해 오는 걸 보니 조종사가 낙하산 탈출할 때 조종석 덮개가 벗겨져 나가면서 꼬리 날개를 자른 흔적이 얼핏 눈에 띄었고, 그것은 바람을 가르는 쇳소리를 거느리면서 활공 비행으로 내려오다가는 활주로를 멀리 벗어나 퍼런 스파크를 튀기면서 용하게 주기장(駐機場) 빈터에 접지한 다음 횅하게 개방된 격납고 └ 문 안으로 마치 골인하듯이 곧장 뛰어들더라는 것이다.

"신 하사가 목격한 것은 아마 쓰러지기 직전의 마지막 광경이었을 겁니다. 자아, 그럼 이것으로 회견을 모두 마치겠습니다."

사회를 보던 정훈 장교가 서둘러 질문을 마감해 버렸다. 이렇게 해서 모처럼 마련한 기자 회견의 자리는 **더 이상의 불상사** 없이 끝마칠 수 있었다.

회견이 끝난 그 직후부터 신 하사는 **몹시 바쁜 몸이** 되었다. 여기저기 오라는 데는 많은데 몸뚱이는 하나여서 그야말로 오줌 싸고 뒷 볼 틈조차 없어 보였다. 회견석상에서의 신 하사의 마지막 언급이 그만 단장과 대대장의 비위를 상하게 만들었던 것이다. 일단 그 양반들의 비위를 건드려 놓은 이상 신 하사가 온전치 못할 것임을 상상하기는 어렵지 않았다.

― 윤흥길, 「빙청과 심홍」

27

▶ 24051-0265

[A]에 대한 설명으로 가장 적절한 것은?

① 특정 인물의 회고적 서술을 통해 화자의 심리 변화를 드러내고 있다.
② 특정 상황에 대한 경험적 진술을 종합하여 요약적으로 제시하고 있다.
③ 특정 상황에 대한 묘사와 함께 사건이 지닌 비현실적 요소를 부각하고 있다.
④ 특정 인물의 고백적 진술을 바탕으로 갈등이 해소되는 과정을 보여 주고 있다.
⑤ 특정 상황에 대한 주관적 평가와 함께 사건에 대한 다양한 관점이 제시되어 있다.

28

▶ 24051-0266

회견을 중심으로 ㉠~㉤을 이해한 것으로 적절하지 않은 것은?

① ㉠은 부대원들이 실제 겪은 일이지만, 회견의 취지와 맞지 않는 내용이 포함되어 있다.
② ㉡은 부대원들이 실제 겪은 일과 거리가 멀지만, 회견이 암묵적으로 요구하고 있는 것을 담고 있다.
③ ㉢은 개최한 인물들의 의도에 따라 회견이 성공적으로 마무리되고 있다는 것을 의미한다.
④ ㉣은 회견에서 특정 인물에 의해 반전이 일어날 것을 예고하는 역할을 한다.
⑤ ㉤은 회견에서 새로운 발언이 등장한 것에 대한 노골적인 반감을 드러내는 역할을 한다.

29

▶ 24051-0267

ⓐ와 관련하여 (나)를 이해한 것으로 적절하지 <u>않은</u> 것은?

① '대대장'은 권력을 이용하여 사실을 조작하고 진실을 은폐하는 데 앞장서는군.

② '신 하사'는 집단 내에서 소외되어 합리적이지 못한 선택을 하게 된 것이겠군.

③ '동기생'들은 우 하사와의 인간관계를 바탕으로 집단 내에 자신들의 의견을 강요하는군.

④ '우리'가 건의서에 도장을 찍은 데에는 집단 권력화된 우 하사 동기생들의 힘이 영향을 미쳤군.

⑤ '군대'라는 집단이 가진 성격으로 인해 권력 구조와 인간관계의 영향이 더욱 강하게 나타나겠군.

30

▶ 24051-0268

(가)를 바탕으로 (나)를 감상한 내용으로 적절하지 <u>않은</u> 것은?
[3점]

① 우 하사의 동기생들이 '건의서 내용을 소상히 밝'히지 않은 것은 진실과 허위의 구분을 애매하게 하기 위한 것이겠군.

② '세 명의 사병마저도 정말 자기를 구한 것이 우 하사 그 사람인 줄로 믿'게 된 것은 군중 심리에 휩쓸려 집단 최면에 걸린 듯한 모습을 보여 주는군.

③ '우리는 모두 합심해서 하나의 미담을 엮어' 냈다는 것은 부대 내에서 일어난 집단 극화의 결과물이라고 할 수 있군.

④ '더 이상의 불상사'는 군중이 자신들의 마음에 들지 않는 증거인 신 하사의 증언을 외면하는 것을 말하는군.

⑤ 신 하사가 '몹시 바쁜 몸이' 된 것은 다른 사람의 선택을 따라 하지 않음으로써 안전하지 않은 상태가 된 것을 보여 주는군.

[31~34] 다음 글을 읽고 물음에 답하시오.

[앞부분 줄거리] 백제 위덕왕의 아들인 장은 왕권을 탈취하려는 세력의 음모를 피해 신라의 '하늘재 학사'라는 공방에서 자신의 정체를 숨기고 살아간다. 그러던 중 장은 우연히 신라 진평왕의 딸 선화 공주를 만나 사랑에 빠지게 된다. 한편, 신라 화랑 김도함은 선화 공주와의 결혼을 조건으로 '사택기루'라는 이름으로 '하늘재 학사'에 잠입한다. 그는 장과 선화 공주가 서로 사랑하는 사이라는 것을 알고 충격을 받게 되고, 자신의 집안이 몰락하게 된 것이 장 때문이라고 생각하며 장과 치열하게 대립한다.

S#7. 사당 안(밤)

두 사람의 힘겨루기가 있고, 어느 순간 칼이 바닥에 나뒹군다. 두 사람 모두 칼을 향해 돌진하는데…… 장이 먼저 칼을 집으려는데 뒤의 기루가 장을 때려눕힌다.

둘의 육박전이 이어지다가 다시 칼을 잡는 기루, **장의 목에 또다시 칼을 들이대고**……

기루: 너만 아니었으면 신라의 충신으로 살 수 있었어! 너만 아니었으면 선화 공주와 신라가 내 것이었어! 너만 아니었으면 존경하지 않는 부여선을 주군으로 받들지도 않았어!

장: ㉠…….

기루: 니가 내 자릴 뺏어 간 순간, 내게 남은 건 배신자의 길밖에 없었어. 그게 벗어날 수 없는 내 운명이 되었어! (하며 절규하는데)

장: (가련한 듯 보고)

기루: ㉡그러니 같이 가자! 나를 나락으로 빠뜨린 너를 데리고 가야 해!

장: (자신의 지난날을 돌이켜 보듯) 벗어날 수 없는 게 운명이 아니라, 피할 수 있는데도 그 길로 가는 게 운명이야!

기루: ……!

장: 벗어날 수 없었다고? 넌 언제나 벗어날 수 있었어! 다만 처음부터 가고자 하는 네 길! 네 길이 틀렸을 뿐이야.

기루: …….

장: 소중한 것을 위해서, 꼭 지켜야 할 것을 위해서, 죽을지도 모르면서 악행에 맞서는 길이어야 하고, 죽기보다 힘들 줄 알면서 지키는 연모여야 해!

기루: ……!

장: 네 자신의 영달을 위해 배신을, 악행을, 권력을 선택했으면서, 이제 와서, 벗어날 수 없었다? 그렇게 쉬운 변명이 어딨어?

기루: (바로 받아) 사람은 누구나 자신의 영달을 원해.

장: ㉢너처럼? 누구나 너처럼?

(중략)

S#9. 사당 안(밤)

기루와 장, 서로 뚫어지듯 보고 있는데⋯⋯.

장: 넌 신라도, 공주님도, 하늘재 사람들도, 격물도, 니 인생도 진심으로 사랑하지 않았어.

기루: ⋯⋯!

장: **필요에 따라** 연모를 선택하고, 필요에 따라 나라를 선택하고, 필요에 따라 존경하지도 않는 주군을 따랐지! 니가 말하는 영달을 위해. 니가 가지고 싶은 자리를 위해. 마치 자리가 너인 것처럼⋯⋯. 하지만 자리는 자리일 뿐 네가 아냐. 넌 자리만 흠모했지. 너를 진심으로 사랑한 적이 없어. **스스로를 존경하고 사랑**했다면. 자리 따위를 위해 너를 그렇게 망가뜨리지 않아.

기루: ⋯⋯!

장. 이제는 칼을 의식하지 않는 듯 담담해지고, 기루, 고통스러운데⋯⋯.

장: 내가 공주님을 만나기 위해 연지를 만들고 「서동요」를 만들던 시각에 넌 뭘 했어?

기루: (어린 기루가 진평왕에게 거래하는 장면이 회상으로 깔리면) ⋯⋯.

장: 넌 **신라 황제에게 공주님을 놓고 거래를** 했어. 설레고 가슴 뛰며 사랑을 해야 할 시각에 넌 계산을 하고 있었다구!

기루: ⋯⋯.

장: 그러고도 벗어날 수 없었다고? 벗어날 수 없었던 게 아니라 피할 수 있는데도 언제나 피할 수 있었는데도 넌 니 운명의 길을 걸어왔어. 악행의 길인 줄 뻔히 알면서도 그런 운명의 길을 니가 선택해 여기까지 왔다고!

기루, 장을 노려보는데⋯⋯.

장. ⓔ이제는 죽음도 각오한 듯 담담하게 앞을 본다.

장: 그러니 이제 마지막 선택을 해.

기루: ⋯⋯.

장: 죽이든지! 죽든지!

[A] ┌ 기루, 장을 내려칠 듯 손을 떨기 시작한다. 장은 그런 기루를 보고⋯⋯.
│ 기루는 떨고⋯⋯ 장은 보고⋯⋯ 기루는 떨고⋯⋯ 장은 보고⋯⋯.
│ 갑자기 칼을 힘없이 놓아 버리는 기루.
│ 장, 그런 기루를 보는데⋯⋯.
└ 기루, 장을 보더니⋯⋯ 천천히 문을 향해 걸어가기 시작한다.

순간, 극단적 선택을 할 것임을 아는 장. 정신이 드는 듯 기루를 부른다.

장: ⓜ기루야! 기루야!

— 김영현, 「서동요」

31

▶ 24051-0269

윗글을 통해 알 수 있는 내용으로 적절하지 <u>않은</u> 것은?

① 장이 담담해질수록 기루의 자책감은 커진다.
② 장은 처음부터 기루를 죽이려고 계획을 세웠다.
③ 기루를 향한 장의 질책은 그를 일깨우기 위한 것이다.
④ 장과 기루는 선화 공주의 사랑을 얻기 위해 경쟁했다.
⑤ 기루는 자신의 결정이 잘못된 것이었음을 인정하며 죽음을 결심한다.

32

▶ 24051-0270

〈보기〉를 바탕으로 윗글을 감상한 내용으로 적절하지 <u>않은</u> 것은?
[3점]

┌─ 보기 ┐

서동과 선화 공주의 애정담(愛情談)을 핵심으로 삼고 있는 향가 「서동요」는 오랫동안 민중 사이에 향유되며 전승되어 온 작품으로, 현재까지도 그 변용(變容)과 수용(受容)이 다양한 장르에서 진행되고 있다. 이 과정에서 서동과 선화 공주의 애정담에 비중을 두기보다는 인간의 현실적인 삶의 모습과 사회적인 상황에 초점을 맞추어 형상화가 시도되기도 하였다. 그것은 애정의 갈망과 성취라는 기존의 해석을 넘어서, 개인의 세속적인 욕망 추구와 이를 부추기는 사회 현실에 대한 비판이라는 다양한 감상의 경험을 제공하고자 하는 시도이다. 동시에 삶과 감정의 원형을 추적해 가면서 진정한 삶의 가치와 의미를 성찰하며 인간에 대한 이해를 증진하려는 노력으로 볼 수도 있다.

└─────────────────┘

① '장의 목에' '칼을 들이대'며 기루와 장이 서로 갈등하는 모습에 초점을 둔 것은 애정의 갈망과 성취라는 기존의 해석을 넘어서기 위한 노력이 반영된 것이군.
② 기루가 '필요에 따라' 연모의 대상과 나라 등을 선택하는 것은 세속적인 욕망을 추구하는 현실적인 삶의 모습에 초점을 맞춘 것이군.
③ '스스로를 존경하고 사랑'해야 한다고 역설한 장의 말을 통해 진정한 삶의 의미에 대한 성찰의 기회를 제공하고자 한 것이군.
④ '신라 황제에게 공주님을 놓고 거래를' 한 기루가 선택한 삶의 방식을 통해 애정담보다는 개인의 영달과 욕망만을 추구하는 삶에 대한 문제의식을 드러내는 데 비중을 두고 있군.
⑤ 장과의 대화에서 대꾸하지 못하며 괴로워하는 기루의 모습은 사회적 상황으로 개인의 욕망 추구가 제한되는 현실을 형상화하려고 한 것이군.

33

▶ 24051-0271

윗글을 드라마로 만들 때, ㉠～㉤에 대한 감독의 요구 사항으로 적절하지 <u>않은</u> 것은?

① ㉠: 육박전 직후이므로 숨을 몰아쉬는 듯 가쁜 호흡으로 기루의 대사를 듣고 있는 모습을 보여 주세요.
② ㉡: 분노가 고조되어 장을 몰아붙이는 듯한 어조의 대사로 연기해 주세요.
③ ㉢: 기루의 말을 듣고 기루에 대한 격앙된 감정이 드러나도록 말투를 조절해 주세요.
④ ㉣: 기루의 시선을 받으면서도 움츠러들지 않는 장의 차분한 태도가 드러나도록 연기해 주세요.
⑤ ㉤: 다급한 목소리로 기루를 부르며 주위를 두리번거리면서 기루의 행방을 찾는 모습을 연기해 주세요.

34

▶ 24051-0272

[A]에 대한 이해로 가장 적절한 것은?

① 공동의 대상을 향한 인물의 회한이 나타나 있다.
② 서로의 이익을 위해 죽기를 각오한 다짐을 보이고 있다.
③ 인물의 행동을 통해 두 인물의 상반된 심리를 보이고 있다.
④ 자신의 불행을 상대방의 탓으로 돌리는 인물의 인식이 나타나 있다.
⑤ 과거를 회상하며 자신의 꿈이 이루어지지 않는 현재 상황에 대한 괴로움을 표출하고 있다.

35

▶ 24052-0273

밑줄 친 부분에서 〈보기〉의 ㉠, ㉡을 모두 확인할 수 있는 것은?

| 보기 |

　피동은 피동사나 '-어지다'를 통해 표현된다. 또 '명사 + -하다' 형식의 능동사는 '명사 + -되다' 형식의 피동사가 되기도 한다. 그런데 이러한 피동의 형식들 중 둘 이상이 함께 쓰이는 경우가 있다. 이는 ㉠피동 형식의 불필요한 중복이므로 바람직하지 않다. 한편, 사동은 사동사나 '-게 하다'를 통해 표현된다. 또 '명사 + -하다' 형식의 주동사는 '명사 + -시키다' 형식의 사동사가 되기도 한다. 그런데 '명사 + -하다' 형식의 주동사를 써야 할 곳에 '명사 + -시키다' 형식의 사동사를 쓰는 경우가 있다. 이는 ㉡사동 형식의 잘못된 사용이므로 바람직하지 않다.

① 현주가 나한테 소개시켜 준 친구는 이번 학년도에 나하고 같은 반에 배치되었다.
② 어머니께서 편찮으시니 빨리 입원시켜 드리는 것이 필요하다고 생각되어집니다.
③ 준수가 그 약하던 몸을 이 정도까지 단련시켰다고 하니 도무지 믿겨지지 않는다.
④ 그에게 탁구 칠 때의 바른 자세를 오래 연습시켰는데도 그의 자세는 고쳐지지 않았다.
⑤ 이 선을 저 선에 연결시키고 나서 시동을 다시 걸어 보시면, 잘 수리되었음을 아실 겁니다.

36

▶ 24052-0274

〈보기〉의 설명을 바탕으로 할 때, 밑줄 친 부분이 적절하지 않은 것은? [3점]

| 보기 |

　중세 국어의 의문문에서는 인칭이나 의문문의 종류에 따라 의문 보조사나 의문형 어미의 형태가 다르게 쓰였다. 예를 들어 체언 다음에 오는 의문 보조사는 판정 의문문에서는 '가', 설명 의문문에서는 '고'가 쓰였다. 또 의문형 어미는 현대 국어의 해라체에 해당하는 문장에서 판정 의문문 어미로 '-녀'가, 설명 의문문 어미로 '-뇨'가 쓰였다. 한편 주어가 2인칭일 때에는 의문문의 종류에 상관없이 '-ㄴ다'가 쓰였다.

① 이는 賞(상)가 [이는 상인가?]
② 이 일후미 므스고 [이 이름이 무엇인가?]
③ 功德(공덕)이 하녀 [공덕이 많으냐?]
④ 네 엇데 아니 가느뇨 [네가 어찌 안 가는가?]
⑤ 그듸는 보디 아니ᄒᆞᄂᆞ다 [그대는 보지 않는가?]

[37~38] 다음 글을 읽고 물음에 답하시오.

합성 동사는 '본받다', '앞서다', '돌아오다' 등과 같이, 둘 이상의 어근이 결합된 동사이다. 이들 합성 동사는 대응되는 구 구성을 상정할 수 있다. 예를 들어, '본받다'는 '본을 받다.'와 같은 구성과 대응되고, '앞서다' 역시 '앞에 서다.'와 대응된다. '돌아오다'는 '모퉁이를 돌아 집에 왔다.'와 같은 문장을 고려하면, '돌아오다'와 대응되는 합성 동사라고 할 수 있다.

이러한 합성 동사와 구 구성의 관련성으로 인해, '-아/-어'로 용언 어간이 연결된 구성이 합성 동사인지 구 구성인지 구분이 쉽지 않을 수 있다. 특히 보조 용언이 쓰인 구 구성의 경우, 보조 용언을 앞말과 띄어 쓰는 것이 원칙이지만, 붙여 쓸 수도 있어 더욱 구분이 어렵다. 이때는 ⓐ'-아/-어' 뒤에 '서'가 붙을 수 있으면 구 구성, 그렇지 못하면 합성 동사 또는 보조 용언 구성으로 판별한다. 그리고 보조 용언은 합성 동사를 구성하는 어근보다 그 의미가 더 추상적이라는 점을 통해 합성 동사와 보조 용언 구성을 구분할 수 있다.

그런데 모든 합성 동사가 이처럼 대응되는 구 구성을 갖는 것은 아니다. 예를 들어 '남의 말을 듣고 그 뜻을 알다.'의 의미를 갖는 '알아듣다'는 '알다'와 '듣다'의 순서의 결합으로는 그 의미를 적절히 도출할 수 없다. 들은 이후에 알게 된다는 의미를 고려할 때, '알아듣다'에서는 '알다'와 '듣다'의 결합이 거꾸로 이루어져 있기 때문이다. 또한 '깨물다'의 경우, '사탕을 깨물다.'는 '사탕을 깨어서 물다.'라는 대응되는 구 구성을 상정할 수 있으나 '혀를 깨물다.'는 '깨다'와 '물다'의 두 동작을 상정할 수 없으므로 대응되는 구 구성이 없다고 할 수 있다.

한편 합성 동사를 구성하는 어근의 결합 방식이 일반적인 문장 구성 방식과 같은지 여부에 따라 합성어를 통사적 합성어와 비통사적 합성어로 구분하기도 한다. 비통사적 합성어는 일반적인 문장 구성 방식이 아니므로 애초에 대응되는 구 구성을 상정할 수 없다. 이에 비해 통사적 합성어는 대응되는 구 구성이 있는 경우도 있으나, ⓑ통사적 합성어이지만 대응되는 구 구성이 없는 경우도 있다.

37

▶ 24052-0275

ⓐ에 대한 이해로 적절하지 **않은** 것은?

① '사과를 깎아 먹었다.'에서 '깎아 먹다'는 구 구성이다.
② '학생이 연필을 가져갔다.'에서 '가져가다'는 합성 동사이다.
③ '문을 열어 놓아라.'에서 '열어 놓다'는 보조 용언 구성이다.
④ '편지를 부쳐 주었다.'에서 '부쳐 주다'는 보조 용언 구성이다.
⑤ '아이는 돌멩이를 집어 던졌다.'에서 '집어 던지다'는 보조 용언 구성이다.

38

▶ 24052-0276

ⓑ에 해당하는 예를 〈보기〉의 ㉠~㉣에서 모두 고른 것은?

┌ 보기 ┐

㉠: (밧줄을) 잡아당기다.
㉡: (땅을) 팔아먹다.
㉢: (시냇물을) 건너뛰다.
㉣: (재산을) 긁어모았다.

└─────────────┘

① ㉠, ㉡   ② ㉠, ㉢
③ ㉠, ㉣   ④ ㉡, ㉢
⑤ ㉡, ㉣

39

▶ 24052-0277

〈보기 1〉의 ㉠, ㉡에 대한 예를 〈보기 2〉의 ⓐ~ⓒ 중에서 골라 올바르게 짝지은 것은?

┃ 보기 1 ┃

우리말에서 '이, 그, 저'는 그 용법이 매우 다양하다. 대표적으로 '이'를 살펴보면, ㉠말하는 이에게 가까이 있거나 말하는 이가 생각하고 있는 대상을 가리키는 지시 대명사나 관형사로 쓰인다. 그리고 ㉡바로 앞에서 이야기한 진술을 가리키는 관형사 혹은 지시 대명사 용법을 모두 갖는다. 또한 '이'는 3인칭 대명사로도 쓰여 담화에서 다양한 대상이나 인물을 지시할 수 있다.

┃ 보기 2 ┃

• 모든 일에 최선을 다해라. ⓐ이 점을 네가 항상 기억했으면 좋겠다.
• 그가 얼마나 열심히 했는지는 ⓑ이를 보면 알 수 있다.
• 너 옷 골랐니? 나는 ⓒ이 바지가 마음에 드는데.

	㉠	㉡
①	ⓐ	ⓑ
②	ⓐ	ⓒ
③	ⓑ	ⓐ
④	ⓑ	ⓒ
⑤	ⓒ	ⓐ

[40~42] (가)는 학생들이 휴대 전화 메신저로 나눈 대화이고, (나)는 (가)를 바탕으로 제작한 스토리보드이다. 물음에 답하시오.

(가)

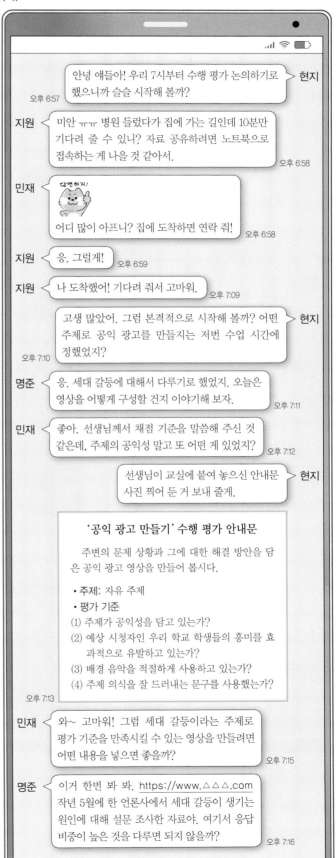

지원 음, 보니까 소통 부족이라고 응답한 사람들이 제일 많았구나. 그럼 세대 간 소통이 부족한 상황을 제시하고, 소통을 통해 갈등이 해소되는 과정을 보여 주면 좋겠다. 오후 7:20

민재 좋아. 배경 음악은 어떤 걸 사용하면 좋을까? 나는 소통이 잘 안되는 상황에서는 좀 슬프고 무거운 음악이 깔렸으면 좋겠어. 문제가 해결된 상황과 확실히 대조될 수 있게 말이야. 오후 7:22

명준 음악 두 곡을 사용하는 것은 좋은데, 앞부분에는 박자가 빠르고 높은음을 주로 활용한 음악을 삽입 하면 어떨까? 갈등 상황에서의 긴장감을 잘 표현 할 수 있을 것 같아. 오후 7:23

나도 명준이 말에 동의해. 분위기가 너무 무거우면 학생들도 지루하다고 느낄 수 있을 것 같고. 현지 오후 7:24

지원 그럼 음악은 상황에 맞게 두 곡을 골라 보자. 세대 갈 등을 보여 줄 수 있는 구체적인 에피소드는 우리가 평소에 흔히 경험할 수 있는 것으로 하면 어떨까? 오후 7:25

좋은 생각이야. 내가 얼마 전에 친구와 갈등이 있었 는데 할아버지께 조언을 구했더니 너무 현명한 말씀 을 해 주신 거야. 그래서 문제가 잘 해결된 적이 있었 어. 대신 할아버지께서 휴대 전화를 조작하기 어려워 하실 때마다 내가 도와드리곤 해. 각 세대는 이렇게 서로 다른 분야에 능숙한 것이지 누가 맞고 틀린 것이 아니라는 걸 강조하면 어떨까? 현지 오후 7:26

명준 좋은 생각이다. 우리한테 익숙한 얘기니까 청소년들 이 쉽게 공감할 수 있고 흥미롭게 여길 거야. 그럼 지 금까지 나온 얘기를 바탕으로 내가 스토리보드를 한 번 만들어 볼게. 오후 7:28

지원 클로즈업 같은 시각적 기법을 활용해서 짧은 시간 안에 내용을 효과적으로 전달하는 게 중요할 것 같 아. 광고에 삽입될 문구는 내가 만들어 볼게. 오후 7:30

좋아. 다음 주 월요일에 수업이 있으니까, 그때까지 만들어 오면 같이 논의해 보자. 현지 오후 7:31

민재 그렇게. 그럼 오늘은 이 정도로 얘기하면 될까? 오후 7:32

응. 다들 정말 고생 많았어. 현지 오후 7:33

(나)

장면	화면	화면 설명	제작 시 고려 사항
S#1	철없는 녀석. 당연히 말이 안 통할 거야. / 해 보나 마나 할아버지랑 얘기 하면 답답하겠지.	노인과 소년 간의 소통이 이루어지지 않음.	박자가 빠르고 높은음을 주로 활용한 음악을 삽입
S#2		노인이 스마트폰 다루는 것을 어려워함.	S#1의 음악이 이어짐. 곤란을 겪는 두 인물의 상반신을 클로즈업
S#3	싸운 친구와 어떻게 화해하지?	소년이 친구와 갈등이 생겨 괴로워함.	
S#4	알려 달라고 해 볼까? / 할아버지께서는 해결책을 가지고 계실까?	등을 지고 있는 두 사람이 서로의 존재를 필요로 함.	음악을 잠시 멈추고 두 사람이 서로를 떠올리는 것에 집중하게 함.
S#5		소년이 노인에게 스마트폰 사용법을 알려 줌.	따뜻하고 부드러운 음악
S#6	그 상황에서 나라면……	노인이 소년에게 조언해 줌.	
S#7		두 사람이 마주 보며 활짝 웃음.	[자막] 세대는 달라도 소통하면 모두가 행복해집니다.

40
▶ 24052-0278

(가)의 대화를 이해한 내용으로 적절하지 <u>않은</u> 것은?

① '민재'는 시각적 이미지를 활용하여 '지원'의 발화에 응답하고 있다.

② '현지'는 자신의 경험을 언급하여 '지원'의 발화 내용을 구체화하고 있다.

③ '지원'은 설문 조사 결과를 토대로 '명준'이 제시한 의견에 자신의 의견을 덧붙이고 있다.

④ '명준'은 의문문의 형식을 활용하여 '민재'의 발화 내용에 대한 추가 정보를 요구하고 있다.

⑤ '명준'은 하이퍼링크를 제공하여 대화 내용과 관련하여 도움이 될 만한 자료를 공유하고 있다.

41
▶ 24052-0279

(가)의 내용을 고려하여 세운 제작 계획 중, (나)를 제작할 때 반영되지 <u>않은</u> 것은?

① 예상 시청자의 공감을 유발하기 위해 등장인물 중 한 명을 소년으로 설정해야겠군.

② 상황의 전환을 강조할 수 있도록 상반된 분위기의 음악 두 곡을 배경 음악으로 활용해야겠군.

③ 주제가 담고 있는 공익성을 강조하기 위해 예상 시청자와 함께 경험했던 여러 사례를 활용해야겠군.

④ 인물의 감정을 효과적으로 나타낼 수 있도록 클로즈업 기법을 활용해 인물의 표정을 전달해야겠군.

⑤ 주제 의식을 부각하기 위해 광고 내용과 직접적으로 관련되는 단어를 활용하여 자막을 제작해야겠군.

42
▶ 24052-0280

〈보기〉를 접한 학생이 (나)에 대해 보인 반응으로 가장 적절한 것은? [3점]

> ┌ 보기 ┐
>
> 공익 광고의 메시지 효과를 높이고 시청자의 행동 변화를 유도하기 위해서는 프레이밍과 지향성을 적절히 설정해야 한다. 프레이밍이란 사건을 바라보는 관점을 설정하는 것을 의미하는데, 혜택의 측면을 강조하면 긍정적 프레이밍, 피해의 측면을 강조하면 부정적 프레이밍에 해당한다. 지향성에는 혜택이나 피해가 행동 주체에게 돌아가는 것을 강조하는 자기 지향과, 행동 주체가 아닌 타인에게 돌아가는 것을 강조하는 타인 지향이 있다. 예를 들어, 금연 공익 광고 중 금연하면 나에게 이득이 된다는 내용을 강조하는 것은 자기 지향과 긍정적 프레이밍이, 흡연은 타인에게 피해를 준다는 내용을 강조하는 것은 타인 지향과 부정적 프레이밍이 반영된 것이다.

① 타인의 도움 없이는 문제가 해결되기 어려운 상황에 초점을 맞추고 있으므로, 타인 지향적 메시지를 활용한 것으로 볼 수 있군.

② 세대 간의 소통이 행동 주체에게 도움이 된다는 주제 의식을 다루고 있으므로, 자기 지향적 메시지를 활용한 것으로 볼 수 있군.

③ 세대 간의 소통이 원활하지 않은 것이 세대 갈등의 원인임을 강조하고 있으므로, 긍정적 프레이밍을 활용한 것으로 볼 수 있군.

④ 노년 계층이 겪는 어려움을 외면하는 사회 개선에 대한 의지를 드러내고 있으므로, 부정적 프레이밍을 활용한 것으로 볼 수 있군.

⑤ 행동 주체가 소통을 거부하면 타인에게 피해가 돌아간다는 점에 주목하고 있으므로 자기 지향적 메시지를 활용한 것으로 볼 수 있군.

[43~45] 다음은 재판매에 관한 내용이 제시된 블로그이다. 물음에 답하시오.

블로그 157개의 글 | 목록 열기

[시사] '재판매'를 아시나요?

🔘 반리셀 2024. ×. ××. 12:00 | URL 복사 [+이웃 추가] ⋮

　재판매(Re-sell)는 말 그대로 구매한 것을 다시 파는 행위로 전매(轉賣)라고도 합니다. 보통 재판매하는 사람을 '재판매자'라고 칭하는데, 재판매자는 사전적 의미로 제품이나 서비스를 재판매할 목적으로 사들이는 기업이나 개인을 말합니다.

　이러한 재판매가 점점 많아지고 있습니다. 예를 들어 A 기업과 B 기업 등에서 특정 제품을 받아 와 소비자에게 판매하는 C 사이트는 특정 제품의 재판매자입니다. 이러한 사이트는 한 곳에서 다양한 기업의 제품을 구매할 수 있어서 많은 사람이 이용하고 있습니다. 그러나 허가를 받지 않은 재판매는 불투명한 세금 문제와 위조품(모조) 논란으로 비판의 대상이 되기도 합니다.

　만약 코로나-19로 마스크가 부족할 때, 많은 사람에게 필요한 마스크를 일부 사람들이 사들여 비싸게 팔았다면 이는 비판의 대상이 될 것입니다. 또한 많은 사람이 가고 싶어 하는 공연의 티켓을 예매한 후 ㉠웃돈을 붙여 되파는 행위는 법적인 처벌을 받을 수도 있습니다. 일부 사람들은 재판매를 수요에 따라 가치가 올라가는 경제 현상으로 보기도 하지만, 허가받지 않은 재판매는 사회 문제를 유발합니다.

　이러한 재판매가 성행하면 다음과 같은 문제가 발생할 수 있습니다. 첫째, 소비자 경쟁으로 인해 웃돈이 붙으면 정가의 의미가 없어지면서 물품 가격의 관리가 힘들어집니다.

　둘째, 식품이나 의약품처럼 성분이나 유통 기한이 중요한 품목의 경우 품질 보증에 대한 우려가 생깁니다.

　셋째, 물품 생산 업체에서 재판매 방지를 위해 1인당 구매 수량을 제한하거나 구매 절차를 늘리는 등의 제약을 만들면 결국 소비자가 불편을 겪게 됩니다.

　　　　재판매의 문제점을 알고 있는
　　현명한 소비자의 공정한 소비가 필요합니다.

#재판매　#판매자　#재판매자　#소비　#사재기　#세금

♡ 공감 20 | ∨　　👎 반대 2 | ∨

💬 댓글 10 | ∧

43

▶ 24052-0281

위 블로그에 대한 설명으로 적절하지 **않은** 것은?

① 제목 아래 제시된 글의 작성 날짜와 시간을 통해 매체 수용자가 글의 생산 시기를 파악할 수 있다.

② 글의 마지막 부분에 공감이나 반대를 표시할 수 있게 하여 매체 수용자가 글을 읽고 자신의 공감 여부를 표현할 수 있다.

③ 글 아래에 '#' 기호와 함께 핵심 어휘를 별도로 제시하여 매체 수용자가 글의 주요 정보와 핵심어를 쉽게 파악할 수 있다.

④ 글자의 크기와 진하기를 이용해 강조하고 싶은 내용을 다르게 표현하여 강조되는 내용을 매체 수용자가 빠르게 파악할 수 있다.

⑤ 제목 앞에 주제별 카테고리를 표현하는 별도의 기호([ ])를 제공하여 매체 수용자가 같은 카테고리로 분류한 소재의 글을 한쪽에 모아 볼 수 있다.

44

▶ 24052-0282

〈보기〉를 활용하여 블로그 내용을 수정하는 방안으로 가장 적절한 것은?

┤ 보기 ├

┌─────────────────────────────┐
│ 사설   ○○일보   2024년 ××월 ××일자 │
│   │
│ ## 입장권의 온라인 재판매, 이대로 괜찮은가   │
│   │
│   최근 입장권의 온라인 재판매로 인한 문제가 증가하   │
│ 고 있다. 입장권의 재판매를 막기 위해 공연자와 예매   │
│ 업체 등이 노력하고 있지만, 이를 완벽하게 제재할 방   │
│ 안이 현실적으로 존재하지 않아 어려움이 크다. 일각   │
│ 에서는 입장권의 재판매를 합법화하자는 의견도 있으   │
│ 나, 전문가들은 재판매로 형성된 높은 가격이 소비자   │
│ 의 부담을 키우고 재판매자의 부당한 수익으로 이어질   │
│ 수 있다는 점에서 위험하다고 지적한다.   │
│   □□ 대학교 소비자학과 ◇◇◇ 교수는 "입장권의   │
│ 온라인 재판매에 대한 법규가 부족하여 이를 처벌하기   │
│ 어려운 부분이 있으므로, 온라인 재판매도 현재 불법   │
│ 인 오프라인 재판매처럼 법적으로 처벌해야 한다."라   │
│ 고 말했다. 처벌을 위해서는 입장권의 온라인 재판매   │
│ 를 규제하는 법안이 제정되어야 하는데, 미국의 △△   │
│ 주에서는 콘서트 입장권 재판매 규제 법안이 제정되어   │
│ 내년 1월 1일부터 시행될 예정이다. 우리도 이러한 법   │
│ 안을 제정하여 입장권의 온라인 재판매를 규제할 필요   │
│ 가 있다. …   │
└─────────────────────────────┘

① 〈보기〉를 활용하여 재판매 행위를 옹호하는 입장의 근거를 보완해야겠어.

② 〈보기〉를 활용할 때 공정성을 위해 전문가의 소속 학과는 익명으로 처리하여 전문가의 의견을 제시해야겠어.

③ 〈보기〉를 활용하면서 재판매로 인한 사회 현상과 그 현상이 우리의 삶에 미치는 긍정적인 영향을 보여 줘야겠어.

④ 〈보기〉를 활용하면서 온라인으로 입장권을 재판매했을 때 받을 수 있는 처벌의 기준을 제시하여 경고의 의미를 부각해야겠어.

⑤ 〈보기〉를 활용하여 온라인 재판매 관련 법규가 부족함을 밝히고 해외 사례를 들어 입장권의 온라인 재판매 규제 법안의 필요성을 강조해야겠어.

45

▶ 24052-0283

〈보기〉는 ㉠과 관련한 수업 장면이다. [A], [B]에 들어갈 말로 적절한 것은?

┤ 보기 ├

학생: 선생님, ㉠의 의미를 잘 몰라서 사전을 찾아보았는데요, 재미있는 뜻이더라고요. 그런데 이 말의 발음과 표기는 어떻게 결정된 건가요?

선생님: 좋은 질문이에요. 이 단어와 관련한 표준어 규정이 있어요. 같이 볼까요?

┌─────────────────────────────┐
│ 제12항 '웃-' 및 '윗-'은 명사 '위'에 맞추어 '윗-'으로   │
│   통일한다.   │
│ 다만 1. 된소리나 거센소리 앞에서는 '위-'로 한다.   │
│ 다만 2. '아래, 위'의 대립이 없는 단어는 '웃-'으로 발   │
│   음되는 형태를 표준어로 삼는다.   │
└─────────────────────────────┘

학생: 아, 그렇군요.

선생님: 그럼 다음 단어들 중에서 표준어 규정에 맞게 쓴 단어를 고르고, ㉠과 같이 '웃-'으로 고쳐 써야 할 단어를 모두 말해 볼까요?

┌─────────────────────────────┐
│ ⓐ 웃입술   ⓑ 윗눈썹   ⓒ 윗층   │
│ ⓓ 윗어른   ⓔ 위쪽   │
└─────────────────────────────┘

학생: 네, 맞게 쓴 단어는 (　　[A]　　)이고, '웃-'으로 고쳐 써야 할 단어는 (　　[B]　　)입니다.

선생님: 잘 말해 주었어요.

	[A]	[B]
①	ⓐ, ⓒ	ⓑ
②	ⓑ, ⓔ	ⓓ
③	ⓐ, ⓓ	ⓒ, ⓔ
④	ⓑ, ⓒ	ⓓ, ⓔ
⑤	ⓓ, ⓔ	ⓑ, ⓒ

EBS 수능완성 국어영역

한눈에 보는 정답

실전 모의고사 1회
본문 134~156쪽

01 ③	02 ②	03 ⑤	04 ⑤	05 ③
06 ④	07 ④	08 ③	09 ⑤	10 ②
11 ⑤	12 ③	13 ③	14 ②	15 ⑤
16 ②	17 ③	18 ④	19 ①	20 ④
21 ①	22 ②	23 ②	24 ④	25 ③
26 ③	27 ②	28 ④	29 ①	30 ⑤
31 ②	32 ②	33 ⑤	34 ④	35 ③
36 ①	37 ④	38 ②	39 ①	40 ④
41 ③	42 ⑤	43 ②	44 ④	45 ⑤

실전 모의고사 4회
본문 210~236쪽

01 ⑤	02 ②	03 ⑤	04 ④	05 ③
06 ③	07 ⑤	08 ②	09 ②	10 ④
11 ⑤	12 ④	13 ④	14 ⑤	15 ②
16 ①	17 ①	18 ⑤	19 ⑤	20 ①
21 ④	22 ④	23 ⑤	24 ⑤	25 ②
26 ⑤	27 ③	28 ③	29 ①	30 ②
31 ④	32 ④	33 ⑤	34 ④	35 ③
36 ④	37 ⑤	38 ③	39 ③	40 ②
41 ①	42 ③	43 ④	44 ③	45 ⑤

실전 모의고사 2회
본문 158~180쪽

01 ⑤	02 ①	03 ④	04 ⑤	05 ③
06 ①	07 ⑤	08 ③	09 ①	10 ③
11 ⑤	12 ①	13 ⑤	14 ③	15 ⑤
16 ⑤	17 ③	18 ⑤	19 ①	20 ②
21 ③	22 ⑤	23 ⑤	24 ④	25 ⑤
26 ③	27 ②	28 ④	29 ③	30 ④
31 ④	32 ②	33 ⑤	34 ⑤	35 ⑤
36 ④	37 ②	38 ⑤	39 ⑤	40 ③
41 ④	42 ③	43 ④	44 ⑤	45 ⑤

실전 모의고사 5회
본문 238~263쪽

01 ③	02 ④	03 ①	04 ③	05 ⑤
06 ④	07 ⑤	08 ④	09 ④	10 ③
11 ⑤	12 ②	13 ⑤	14 ①	15 ③
16 ④	17 ②	18 ⑤	19 ⑤	20 ⑤
21 ②	22 ①	23 ④	24 ③	25 ⑤
26 ④	27 ②	28 ⑤	29 ②	30 ④
31 ②	32 ⑤	33 ⑤	34 ④	35 ⑤
36 ④	37 ⑤	38 ④	39 ③	40 ④
41 ③	42 ②	43 ⑤	44 ⑤	45 ②

실전 모의고사 3회
본문 182~208쪽

01 ④	02 ③	03 ③	04 ②	05 ⑤
06 ②	07 ④	08 ①	09 ④	10 ②
11 ②	12 ③	13 ④	14 ⑤	15 ④
16 ③	17 ②	18 ④	19 ③	20 ③
21 ④	22 ⑤	23 ②	24 ⑤	25 ①
26 ⑤	27 ④	28 ③	29 ④	30 ⑤
31 ③	32 ④	33 ⑤	34 ②	35 ⑤
36 ②	37 ⑤	38 ①	39 ④	40 ④
41 ④	42 ⑤	43 ④	44 ⑤	45 ⑤

취업률
전국 1위

205개 4년제 대학 전체 1위 (82.1%. 2019 교육부 정보공시)
졸업생 1,500명 이상 5년 연속 1위 (2019~2023 정보공시)

www.kduniv.ac.kr

취업률 전국1위

"꿈을 현실로,
경동대학교에서 만들어요"

205개 4년제 대학 전체 1위 (82.1%. 2019 교육부 정보공시)
졸업생 1,500명 이상 5년 연속 1위 (2019~2023 정보공시)

2025학년도 신입학 수시 원서접수
2024.09.09.(월)~09.13.(금)
입학문의 : **033.738.1288**

메트로폴캠퍼스
|경기도 양주|
Metropol Campus

메디컬캠퍼스
|원주문막|
Medical Campus

글로벌캠퍼스
|고성|
Global Campus

취/업/사/관/학/교
경동대학교
KYUNGDONG UNIVERSITY

국어영역 | 독서 · 문학 · 언어와 매체

2025학년도
수능 연계교재
수능완성
★★★★★

수능완성을 넘어 수능완벽으로
EBS 모의고사 시리즈

FINAL 실전모의고사	국어, 수학, 영어, 한국사, 생활과 윤리, 한국지리, 사회 · 문화, 물리학 Ⅰ, 화학 Ⅰ, 생명과학 Ⅰ, 지구과학 Ⅰ
만점마무리 봉투모의고사	국어, 수학, 영어, 한국사, 생활과 윤리, 사회 · 문화, 화학 Ⅰ, 생명과학 Ⅰ, 지구과학 Ⅰ
만점마무리 봉투모의고사 시즌2	국어, 수학, 영어
만점마무리 봉투모의고사 BLACK Edition	합본(국어 + 수학 + 영어)
수능 직전보강 클리어 봉투모의고사	국어, 수학, 영어, 생활과 윤리, 사회 · 문화, 생명과학 Ⅰ, 지구과학 Ⅰ

정가 **14,000원**

53710

9 788954 784450
ISBN 978-89-547-8445-0

교재 구입 문의 | TEL 1588-1580
교재 내용 문의 | EBS*i* 사이트(www.ebs*i*.co.kr)의 학습 Q&A 서비스를 활용하시기 바랍니다.

저작권 침해 제보
사이트 home.ebs.co.kr/copyright | 이메일 copyright@ebs.co.kr | 전화 1588-1580

EBS

2025학년도
수능 연계교재
수능완성

한 권에 수능 에너지 가득
YOU MADE IT!

5 회분
실전 모의고사 수록

유형편 + 실전편

국어영역

정답과 해설

독서 · 문학 · 언어와 매체

문제를 사진 찍고
해설 강의 보기
Google Play | App Store

EBS*i* 사이트
무료 강의 제공

본 교재는 대학수학능력시험을 준비하는 데 도움을 드리고자 국어과 교육과정을 토대로 제작된 교재입니다.
학교에서 선생님과 함께 교과서의 기본 개념을 충분히 익힌 후 활용하시면 더 큰 학습 효과를 얻을 수 있습니다.

MY **BRIGHT** FUTURE

수요일 3교시
빅벤

네가
원하는
곳에서
배우면 돼!

미래형대학 동서대학교 이런 대학 없습니다

- 전세계에 글로벌체험학습장(GELS)을 1000곳 이상 개발합니다
- '유목적 교과 시스템'으로 현장에서 전문가가 앞선 교육을 진행합니다
- 전국 도시와의 유기적 연계를 통해 다양한 도시에서 배움의 장이 열립니다
- 전세계와 지·산·학 협력체계를 구축, 학생들의 진출기반을 넓힙니다
- '문화콘텐츠'를 아시아 최고로 성장시키기 위한 과감한 투자를 하고 있습니다

DSU Dongseo University
동서대학교

본 교재 광고의 수익금은 콘텐츠 품질개선과 공익사업에 사용됩니다.
모두의 요강(mdipsi.com)을 통해 동서대학교의 입시정보를 확인할 수 있습니다.

광운대학교
KwangWoon University

첨단학문,
광운이 기준이 되다

차세대 전력반도체 소자제조 전문인력양성

산업혁신인재성장지원(R&D)사업

대학혁신지원(R&D)사업 부처협업형 반도체 전공트랙사업 선정

광운대 IDEC 아카데미 인력양성

민간공동투자 반도체 고급인력양성사업

 입학 관련 문의
입학관리팀 02)940.5640~3 / 입학사정관실(학생부종합전형) 02)940.5797~9

 홈페이지 주소
https://iphak.kw.ac.kr

2025 대구가톨릭대학교

DCU UNIV

다솜마을 참인재관
100주년 기념광장
DAEGU CATHOLIC UNIVERSITY
체리로드

대구·경북 대형사립대학 중
취업률 1위, 10년 연속

110
대구가톨릭대학교
개교 110주년

✓ **초역세권 대학**
대구도시철도 1호선으로 대구가톨릭대까지~!
하양대구가톨릭대역, 2024년 개통

✓ **최고 수준의 학생복지**
중앙도서관, 체력증진센터, 푸드스퀘어, 학생원스톱지원센터 등
ALL 리뉴얼, 우수한 교육환경~!

✓ **의료보건 특성화**
대구가톨릭대학교병원 '세계최고병원' 선정
지방대학병원 유일, 앞서가는 대구가톨릭대학교~!

▶ 입학처 홈페이지 바로가기
입학문의 ☎ 053-850-2580

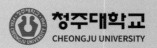
청주대학교
CHEONGJU UNIVERSITY

청춘의 주인공이 되는 대학교

청주대학교

청주대학교는 4차 산업혁명 시대를 주도할
창의적인 실용 융합형 미래인재 양성을 위해
다양한 분야에서 학생중심 특성화 교육혁신 대학으로
새롭게 도약하고 있습니다.

홈페이지 ipsi.cju.ac.kr
입학상담 (043)229-8033,8034

디자인·콘텐츠
REDDOT 디자인어워드
세계 7위, 국내 1위 대학
(2019년 기준)

BT-보건의료과학
오송첨단의료복합지
바이오캠퍼스 구축

ICT-Energy
충북혁신도시
산학융합캠퍼스 구축

항공
최첨단 비행교육용
항공기, 시뮬레이터,
항공정비 실습장

청운대학교
CHUNGWOON UNIVERSI

내 꿈을 향한
첫 무대
청운대학교

첨단 생활과학의 메카 인천캠퍼스   창의 융합교육의 산실 홍성캠퍼스

2024년 대학일자리플러스센터   2024년 취업연계중점대학
(거점형) 선정   9년 연속 선정

인천캠퍼스·홍성캠퍼스
입학상담 청운대학교 입학처 041-630-3333~9
입학처 홈페이지 http://enter.chungwoon.ac.kr

* 본 교재 광고의 수익금은 콘텐츠 품질개선과 공익사업에 사용됩니다.
* 모두의 요강(mdipsi.com)을 통해 청운대학교의 입시정보를 확인할 수 있습니다.

2025학년도

수능 연계교재

수능완성

✦✦✦

국어영역

독서 · 문학 · 언어와 매체

정답과 해설

01 ③	02 ②	03 ⑤	04 ⑤	05 ③
06 ④	07 ④	08 ③	09 ⑤	10 ②
11 ⑤	12 ③	13 ⑤	14 ②	15 ⑤
16 ②	17 ③	18 ④	19 ①	20 ④
21 ①	22 ②	23 ②	24 ④	25 ③
26 ③	27 ②	28 ④	29 ①	30 ⑤
31 ②	32 ②	33 ④	34 ④	35 ④
36 ①	37 ④	38 ②	39 ①	40 ④
41 ③	42 ⑤	43 ②	44 ④	45 ⑤

[01~03] 독서 – 독서 이론

교과서 제재의 선정

해제 교과서를 효율적으로 활용하기 위해서는 교과서에 포함된 글의 성격을 아는 것이 중요하다. 교과서에 포함된 글은 기능에 따라 메타 텍스트, 서술 텍스트, 자료 텍스트로 나뉜다. 이때 자료 텍스트를 '제재'라고도 부르는데, 제재는 서술 텍스트에서 배운 내용을 적용해 볼 수 있고 학습을 위한 활동의 대상이 되는 글이다. 제재를 학년에 맞게 선정하기 위해서는 양적 평가와 질적 평가를 함께 사용하는 것이 권장되며, 제재를 선정할 때는 대자성, 균형성, 계열성도 함께 고려된다.

주제 교과서에 포함된 글의 분류와 제재의 선정 방법

구성
- 1문단: 기능에 따라 분류한 교과서에 포함된 글
- 2문단: 제재의 수준을 측정할 때 사용되는 평가법
- 3문단: 제재를 선정할 때 고려하는 요소들

01 세부 내용 파악   답 ③

정답이 정답인 이유

③ 2문단에서 글의 수준을 측정할 때 양적 평가와 질적 평가를 함께 사용하는 것이 권장된다고 하였다.

오답이 오답인 이유

① 1문단에서 메타 텍스트는 교과서 전체나 단원이 어떻게 구성되어 있는지 안내하는 부분이라고 하였다.

② 1문단에서 제재는 서술 텍스트에서 배운 내용을 적용해 볼 수 있고 학습을 위한 활동의 대상이 되는 글이라고 하였다.

④ 2문단에서 질적 평가는 전문가 주관에 기초하여 글의 수준을 종합적으로 평가하는 방법이라고 하였다.

⑤ 2문단에서 글을 이해하는 데 필요한 배경지식은 어느 정도인지와 관련한 것은 질적 평가에서 사용하는 것이라고 하였다.

02 글에 드러난 관점, 내용 비판   답 ②

정답이 정답인 이유

② 2문단에서 양적 평가만으로 글의 수준을 완벽하게 평가하기 어려운 것은 단어와 단어가 만나면 개별 단어의 의미를 넘어서는 이면적인 의미가 만들어지기도 하기 때문이라고 하였다. 따라서 쉬운 단어의 비율이 높아도 이들의 조합에 의해 어려운 글이 생성될 수 있다는 것은 양적 평가에 대한 비판으로 적절하다.

오답이 오답인 이유

① 글의 표면적 특성을 활용하는 것은 양적 평가의 방식이므로, 양적 평가를 비판하는 것이 아니라 옹호하는 것으로 볼 수 있다.

③ 전문가마다 글의 수준을 측정한 결과의 편차가 클 수도 있다는 것은 질적 평가의 단점을 언급한 것으로 볼 수 있다.

④ 독서의 목적과 관습적인 글의 구조의 사용은 양적 평가가 아닌 질적 평가에서 고려하는 사항이므로 적절한 비판으로 볼 수 없다.

⑤ 글의 수준을 평가할 때 양적 평가는 쉬운 단어의 비율뿐만 아니라 문장의 길이도 함께 고려한다. 하지만 이는 양적 평가에 대한 설명이지 양적 평가에 대한 비판이라고는 할 수 없다.

03 구체적 사례 적용   답 ⑤

정답이 정답인 이유

⑤ 「진달래꽃」 제재를 이용하여 화자의 정서와 태도가 이별의 정한이라는 주제로 계승되는 양상을 배우는 것으로 심화되고 있고, 고등학교에서 배우는 것과 중학교에서 배우는 것이 서로 관련이 되고 있으므로 〈보기〉에 제시된 고등학교 국어 교과서에는 계열성이 나타난다.

오답이 오답인 이유

① 3문단에서 균형성을 갖추기 위해서는 설명문, 논설문, 문학이 모두 수록되어야 한다고 하였고, ㉠에는 모두 수록되어 있다. 따라서 수록된 순서가 달라지더라도 균형성이 사라지지는 않는다.

② ㉡에 포함된 '화자의 정서와 태도'를 설명한 글은 학습해야 하는 내용을 직접 서술한 글이므로, 1문단에 따르면 서술 텍스트에 해당한다.

③ ㉠에 실린 「속미인곡」과 ㉡에 실린 「진달래꽃」은, 1문단에 따르면 학습을 위한 활동의 대상이 되는 글이므로 모두 자료 텍스트에 해당한다.

④ ㉡에 실린 「진달래꽃」의 마지막 구절은 중의적이어서 토론을 했다고 하였으므로, 3문단에 따르면 이 작품은 다양하게 해석할 수 있는 글인 대자성이 있는 글에 해당한다. 따라서 ㉡이 대자성이 없다는 진술은 적절하지 않다.

[04~07] 독서 – 인문·예술

화음과 화성

해제 화음은 음높이가 다른 음들이 동시에 울리는 것이고, 이 화음을 일정한 규칙에 따라 이어지게 만든 것을 화성이라 한다. 이 글은 4성부 합창에서 3화음을 표현하는 방법과 화성의 진행과 관련된 규칙들에 대해 설명하고 있다. 4성부의 경우 소프라노가 가장 높은 음을 내고 알토, 테너, 베이스 순으로 낮은음을 내는데, 4성부가 주요 3화음을 낼 때는 한 성부가 음 하나를 중복하여 화음을 표현한다. 화성의 진행에서 한 성부의 진행과 관련된 규칙에는 상행, 하행, 순차 진행, 도약 진행이 있으며, 두 성부의 진행과 관련된 규칙에는 반진행, 경사 진행, 병진행, 유사 진행이 있다.

주제 4성부로 화음을 표현하는 방법과 화성의 진행

구성
- 1문단: 화음의 의미와 화음을 만드는 방법
- 2문단: 주요 3화음이 주는 느낌과 화음의 자리바꿈
- 3문단: 큰보표에서 4성부를 기보하는 방법
- 4문단: 4성부에서 3화음을 표현하는 방법
- 5문단: 화성의 의미와 화성 진행의 종류

04 세부 내용 파악 답 ⑤

정답이 정답인 이유

⑤ 5문단에서 화성의 진행에 대해 언급하고 있으며, 병진행은 두 성부의 진행에 해당하는 것이고, 도약 진행은 한 성부의 진행에 해당하는 것이라고 하였다.

오답이 오답인 이유

① 2문단에서 둘째 자리바꿈을 한 으뜸화음의 경우 근음은 '솔'이라는 것을 확인할 수 있다.

② 3문단에서 소프라노와 베이스를 외성이라 한다고 하였다.

③ 5문단에서 일정한 규칙에 따라 이어지는 화음을 화성이라 한다고 하였다.

④ 3문단에서 화음을 기보하기 위해서는 높은음자리 보표와 낮은음자리 보표를 묶은 것을 사용하는데, 이를 큰보표라 한다고 하였다.

05 세부 내용 파악 답 ③

정답이 정답인 이유

③ 4문단에서 주요 3화음을 내기 위해서는 4성부 중에서 한 성부가 음 하나를 중복하여 화음을 표현하는데, 근음이나 5음만 중복이 가능하다고 하였다. '도'가 근음인 으뜸화음에서

'미'는 3음이므로 중복할 수 없다.

오답이 오답인 이유

① 3문단에서 알토와 테너를 내성이라 하고, 소프라노, 알토, 테너를 상 3성이라 한다고 하였으므로 내성에 해당하는 두 개의 성부는 모두 상 3성에 포함된다.

② 1문단에서 두 음높이 사이의 간격을 음정이라 한다고 하였으므로, '파와 도', '도와 솔'은 모두 음정이 5도이다.

④ 5문단에서 병진행은 두 성부 간의 음정이 동일한 진행이라 하였다. 알토와 테너가 병진행 중이고 알토가 상행이면 같은 음정을 유지하기 위해 테너도 반드시 상행이다.

⑤ 3문단에서 하 3성은 맨 위의 성부를 제외한 나머지 성부라고 하였으므로 알토, 테너, 베이스가 하 3성에 해당한다. 이 중 알토는 높은음자리 보표에 기보되는 성부이다.

06 구체적 사례 적용 답 ④

정답이 정답인 이유

④ ㄱ: 2문단에서 으뜸화음은 안정감을 준다고 하였으므로 [마디 1]과 [마디 4]에 적합하며, 으뜸화음은 곡의 출발로 쓰이는 경우가 많다고 하였으므로 [마디 1]에 적합하다. 또한 〈보기 1〉에서 [마디 1]과 [마디 4]에는 동일한 화음을 사용한다고 하였으므로 두 마디에 모두 으뜸화음이 오는 것이 적절하다.

ㄷ: [마디 2]에 사용할 버금딸림화음은 '파–라–도'로 구성되며 '첫째 자리바꿈'의 결과 '라–도–파'가 되어 근음은 '라'이다. [마디 3]에 사용할 딸림화음은 '솔–시–레'로 구성되며 '둘째 자리바꿈'의 결과 '레–솔–시'가 되어 근음은 '레'이다. '라'와 '레'는 모두 으뜸화음에 없는 음이다.

오답이 오답인 이유

ㄴ: [마디 2]는 [마디 1]과 달리 '흥분'과 같은 들뜬 감정이 드러난다. 또한 '집을 나와 타지를 떠'도는 것은 안정에서 긴장 상태로의 변화라고 볼 수 있으므로 버금딸림화음이 적절하다. [마디 3]은 으뜸화음을 사용하는 [마디 4]와 이어지며, 내용상으로도 고향에 돌아가기 직전의 긴장 상태에 대응되므로 딸림화음을 사용하는 것이 적절하다.

07 구체적 사례 적용 답 ④

정답이 정답인 이유

④ [A]에서 [B]로 진행할 때 테너는 '시'에서 '도'로 상행하고, 베이스는 '솔'에서 '도'로 하행하는 반진행이 나타난다. [B]에서 [C]로 진행할 때 테너는 같은 높이의 음을 내지만 그동안 베

이스는 상행하므로 경사 진행이 나타난다.

오답이 오답인 이유

① [A]에서 [B]로 진행할 때 소프라노는 '레'에서 '미'로 2도 움직이므로 순차 진행을 한다.

② [A]에서 높은음자리 보표에서는 '솔', '레' 음이, 낮은음자리 보표에서는 '솔', '시' 음이 나므로 '솔' 음이 중복되었다. [C]에서 높은음자리 보표에서는 '라', '파' 음이, 낮은음자리 보표에서는 '파', '도' 음이 나므로 '파' 음이 중복되었다.

③ [B]에서 [C]로 진행할 때 높은음자리 보표에서는 두 성부 간의 음정이 6도를 유지하며 진행하고 있으므로 병진행이 나타난다.

⑤ 상 3성의 음역을 고려할 때 [C]는 소프라노와 테너의 음역이 1 옥타브를 넘으므로 현악기로 연주하는 것이 유리하다.

[08~13] 독서 - 주제 통합(사회·문화)

(가) 퍼트넘의 사회적 자본

해제 이 글은 집단행동의 딜레마를 사회적 자본을 통해 해결할 것을 제안한 퍼트넘의 견해를 소개하고 있다. 그가 제시한 사회적 자본에는 호혜성, 신뢰, 네트워크가 있다. 특히 사회 통합을 위해서는 일반화된 호혜성과 엷은 신뢰가 필요하다고 보았고, 이것이 증진되기 위해서는 그 집단이 수평적 네트워크 형태, 즉 구성원이 동등한 권력으로 연결되어 있어야 한다고 보았다. 또한 사회적 자본이 오랜 기간 축적된 집단의 구성원일수록 도덕적 경향을 보인다고 주장하고, 이를 이탈리아에서 자치 제도가 정착되는 과정과 관련지어 자신의 주장을 입증하려 했다.

주제 사회적 자본의 필요성을 주장한 퍼트넘

구성

• 1문단: 퍼트넘이 사회적 자본을 제안한 배경
• 2문단: 호혜성의 의미와 종류
• 3문단: 신뢰의 의미와 종류
• 4문단: 사회적 자본의 축적이 사회 발전에 미치는 영향

(나) 퍼트넘의 사회적 자본에 대한 비판

해제 이 글은 퍼트넘의 사회적 자본 이론을 비판하고 있다. 수평적 네트워크에서 호혜성과 신뢰가 항상 증진되는 것은 아니라고 주장하며, 이를 사회학자 뉴턴의 지적과 북아일랜드의 예를 통해 뒷받침하고 있다. 또한 20세기 이탈리아에서 자치 제도를 실시했을 때 나타난 남북 간의 차이가, 두 지역 간의 시민적 전통 차이에 기인한 것이라는 퍼트넘의 관점이 논리적 비약일 수 있다고 지적하고 있다.

주제 퍼트넘의 사회적 자본에 대한 비판

구성

• 1문단: 퍼트넘의 사회적 자본에 대한 설명
• 2문단: 수평적 네트워크의 순기능만을 강조한 점 비판
• 3문단: 이탈리아 남북 차이 분석에 대한 논리적 비약 지적

---

08 글의 구조와 전개 방식   답 ③

정답이 정답인 이유

③ A: (가)의 1문단에서 물적 자본의 의미를 설명하기 위해 물고기를 잡기 위해 사용한 낚싯대와 배를 예로 들고 있다. (나)의 2문단에서 북아일랜드에서 갈등이 심화된 것을 예로 들고 있다.

B: (가)와 (나) 모두 개념의 변화 과정을 제시하지 않았다.

오답이 오답인 이유

C: (나)는 2문단에서 퍼트넘의 사회적 자본에 대한 주장을 약화시키기 위해 사회학자 뉴턴의 견해를 언급하고 있으므로 '적절'하다고 평가해야 한다.

---

09 세부 내용 파악   답 ⑤

정답이 정답인 이유

⑤ (나)의 입장에서 과거 이탈리아가 군주적 귀족제에 가까웠다는 견해가 언급되어 있으나, 이것이 사라지게 된 이유에 대해 퍼트넘이 어떤 견해를 밝혔는지에 대한 답은 이 글에서 찾을 수 없다.

오답이 오답인 이유

① (가)의 1문단에서 집단행동의 딜레마란 집단 구성원이 공통의 이해관계가 걸려 있는 문제를 스스로 해결하지 못하는 현상이라 하였고, 이는 무임승차 심리 때문에 발생한다고 하였다.

② (가)의 3문단에서 신뢰는 상대방의 행동에 대해 예측이 가능하고 그 행동이 일관될 것이라고 기대할 때 형성된다고 하였다.

③ (가)의 4문단에서 퍼트넘은 20세기 이전에 이탈리아의 남부가 북부에 비해 수직적 네트워크가 더 강했다고 언급하고 있다.

④ (나)의 1문단에서 물적 자본은 일종의 소모품이므로 사용할수록 가치가 감소하지만 사회적 자본은 그 집단에 축적되는 경향이 있다고 하였다.

---

10 세부 내용 파악   답 ②

정답이 정답인 이유

② (가)의 2문단에서 일반화된 호혜성은 지속적인 교환 관계를 통

해 미래에 보상을 받을 수 있다는 상호 기대를 전제로 한다고 하였다.

오답이 오답인 이유

① (가)의 2문단에서 호혜성은 모두에게 이익이 되는 방향으로 문제를 해결하고자 하는 경향성이라고 하였다.

③ (가)의 1문단에서 퍼트넘은 집단행동의 딜레마를 사회적 자본으로 해결할 것을 제안했다고 하였고, 호혜성은 제시한 사회적 자본 중 하나이다. 또한 2문단에서 퍼트넘은 일반화된 호혜성이 통용되어야 무임승차의 심리를 억제할 수 있다고 하였으므로 일반화된 호혜성은 균형적 호혜성에 비해 사회적 자본 형성에 많은 도움을 준다고 볼 수 있다.

④ (가)의 2문단에서 균형적 호혜성은 특정한 보상을 동시에 주고받을 것을 요구하는 것으로, 상호 간 합의가 쉽게 이루어지기 어렵다고 하였다.

⑤ (가)의 2문단에서 균형적 호혜성은 특정한 보상을 동시에 주고 받을 것을 요구하는 것이라고 하였으므로, 상대방에게 베푼 호의가 즉시 이익으로 돌아올 것이라 믿는 것은 균형적 호혜성에 해당한다.

11 생략된 내용 추론　　　　　답 ⑤

정답이 정답인 이유

⑤ (가)의 4문단에 따르면, 20세기 이탈리아에서 자치 제도를 실시했을 때, 동일한 국가 내에서도 수평적 네트워크의 경험의 축적에 따라 자치 제도가 정착되는 모습은 북부와 남부가 다르게 나타났다. 따라서 신생 국가가 독립하기 이전부터 구성원을 동등한 권력으로 연결한 공동체가 그곳에 존재해 왔다면, 협력으로 문제를 해결해 본 시민들의 경험이 누적되어 있을 것이므로 공적인 일을 협력으로 해결할 가능성이 충분히 있다고 퍼트넘의 관점에서 반박할 수 있다.

오답이 오답인 이유

① (가)에 따르면, 퍼트넘은 사회 구성원의 협력은 사회적 자본을 갖추었을 때 이루어진다고 하였으므로, 물적 자본과 관련지어 반박하는 것은 적절하지 않다.

② (가)의 4문단에 따르면, 퍼트넘은 수평적 네트워크가 활성화된 사회의 구성원이 문화 단체, 동호회 등의 소규모 공동체 조직에서 협력으로 문제를 해결하는 경험이 쌓이는 과정이 있어야 사회적 자본이 증진될 수 있다고 보고 있다. 따라서 사회적 자본이 단기간에 국가 주도로 형성될 수 있다는 것은 적절하지 않다.

③ (가)의 4문단에 따르면, 퍼트넘은 사회적 자본이 오랜 기간 축적된 집단의 구성원일수록 도덕적인 경향을 보인다고 하였

다. 따라서 사회적 자본이 축적된 집단의 구성원도 비도덕적인 경향을 보인다는 것은 퍼트넘의 관점으로 볼 수 없다.

④ (가)의 4문단에 따르면, 퍼트넘은 수직적 네트워크의 경우 공적인 일들은 정치인이나 최고 책임자의 일이라고만 여기게 되므로 사회적 자본의 축적이 미미하다고 하였다.

12 구체적 사례 적용　　　　　답 ③

정답이 정답인 이유

③ P 씨 및 커뮤니티 회원들, 그리고 ◇◇ 지역민들은 모두 처음 만나 힘을 합하였으니 짧은 기간 만난 사이로 볼 수 있으므로 두터운 신뢰가 나타날 조건으로 보기 어렵다. 그리고 (가)의 3문단에서 퍼트넘은 두터운 신뢰보다, 낯선 사람들 사이에서도 협력이 촉진되는 엷은 신뢰의 수준이 높은 것이 사회의 통합에 더 유용하다고 보았다고 하였다.

오답이 오답인 이유

① (가)의 1문단에서 퍼트넘은 집단행동의 딜레마를, 강제력을 가진 제삼자의 개입이 아닌 사회적 자본을 통해 해결할 것을 제안했다고 하였다. 하지만 몇몇 학생은 집단행동의 딜레마의 '문제'를 스스로 해결하지 못하고, 담임 선생님이 개입하여 불참한 학생들에게 불이익을 줄 것을 요구하고 있다.

② K 마을의 관습은 오랫동안 알고 지낸 사이에서 행해지는 두터운 신뢰를 바탕으로 한다. (가)의 3문단에서 신뢰는 상대방의 행동에 대해 예측이 가능하고 그 행동이 일관될 것이라고 기대할 때 형성된다고 하였다. '공동 작업'을 할 수 있는 것은 과거에 해 왔던 것처럼 앞으로도 각 가정이 협동적인 행동을 일관되게 할 것으로 기대하기 때문이라고 볼 수 있다.

④ '나누어' 받은 양에 대한 불만은 자신에게 돌아오는 혜택이 불균형적으로 분배된다고 여기는 태도에 해당한다. (나)의 2문단에서 이 경우 신뢰 수준이 낮아질 수 있고 이는 분열을 야기할 수 있다고 하였다.

⑤ '반응'에서는 수평적 네트워크인 인터넷 커뮤니티에서 집단의 이익을 우선시하는 모습이 나타난다. 이는 (나)의 2문단에서 수평적 네트워크하에서 공공의 이익보다 개별 집단의 이익을 우선하는 사례에 해당한다.

13 단어의 의미 파악　　　　　답 ③

정답이 정답인 이유

③ '제시'는 '어떠한 의사를 말이나 글로 나타내어 보임.'의 의미이다. 따라서 단어의 의미를 고려할 때, '그는 소유권 반환 소

송을 제시하였다.'라는 문장은 적절하지 않다. '제시' 대신 '의견이나 문제를 내어놓음. 소송을 일으킴.'의 의미인 '제기'를 사용하는 것이 적절하다.

오답이 오답인 이유
① '촉진'은 '다그쳐 빨리 나아가게 함.'의 의미이다.
② '통용'은 '일반적으로 두루 씀.'의 의미이다.
④ '추구'는 '목적을 이룰 때까지 뒤좇아 구함.'의 의미이다.
⑤ '비약'은 '논리나 사고방식 따위가 그 차례나 단계를 따르지 아니하고 뛰어넘음.'의 의미이다.

[14~17] 독서 - 기술

풍력 발전기의 구조와 작동 원리

해제 이 글은 풍력 발전기의 구조와 작동 원리에 대해 설명하고 있다. 풍력 발전기는 바람 에너지를 날개의 회전 운동으로 변환한 후 이를 전기 에너지로 변환하는 장치이다. 풍력 발전기는 날개의 회전축이 불어오는 바람의 방향과 평행한 것은 수평축형, 수직인 것은 수직축형으로 구분한다. 바람이 날개에 부딪히면 양력이 발생하여 그 힘으로 날개가 회전하는데, 바람의 방향이나 풍속은 실제로 시시각각 변하므로 제어기의 요잉 장치로 회전축의 방향을, 피치 장치로 회전 속력을 적절히 제어하여 전기를 출력한다. 베츠의 연구에 의하면 바람으로 얻을 수 있는 최대 발전 효율은 59.4%이다. 수직축형은 수평축형보다 최대 발전 효율은 낮지만 제어기의 구조가 간단하다.

주제 풍력 발전기의 구조와 작동 원리

구성
• 1문단: 풍력 발전기의 종류와 구성 장치
• 2문단: 풍력 발전기의 날개가 회전하는 원리
• 3문단: 증속기와 제너레이터의 작동 과정
• 4문단: 제어기를 구성하는 장치와 작동 과정
• 5문단: 풍력 발전기의 발전 효율

---

14 세부 내용 파악   답 ②

정답이 정답인 이유
② 1문단에서 타워는 날개와 나셀을 높은 곳에 위치시켜 주는 구조물이라고 설명하며 타워의 기능에 대해서는 언급하고 있으나, 타워의 높이는 얼마여야 하는가에 대해서는 설명하고 있지 않다.

오답이 오답인 이유
① 3문단에서 나셀 내부에는 증속기, 제너레이터, 제어기가 들어 있다고 하였다.
③ 5문단에서 독일의 물리학자인 베츠에 의해 풍력 발전기의 발전 효율은 59.4%를 넘을 수 없음이 증명되었다고 하였다.
④ 2문단에서 수평축형의 날개 중 한 개의 단면을 〈그림〉으로 나타내면서 이를 유선형이라고 설명하고 있다.
⑤ 3문단에서 제너레이터의 내구성을 고려해 정해 둔 전기의 출력량의 최댓값을 정격 출력이라고 하였고, 과도한 고속 회전은 제너레이터를 손상시키므로 정격 출력을 정해 둔다고 하였다.

---

15 세부 내용 파악   답 ⑤

정답이 정답인 이유
⑤ 4문단에서 요잉 장치는 나셀을 움직여서 회전축을 바람의 방향에 평행하도록 이동시킨다고 하였다. 그리고 5문단에서 수직축형은 여러 방향의 바람에도 날개 회전이 가능해서 요잉 장치가 필요 없다고 하였다.

오답이 오답인 이유
① 1문단에서 바람은 날개와 나셀 및 타워를 순서대로 통과한다고 하였으므로, 이 순서에 따르면 나셀이 바람을 모아 날개 쪽으로 전달한다고 보기 어렵다. 또한 나셀은 발전에 필요한 각종 장치를 모아 둔 상자이다.
② 2문단에서 수평축형 풍력 발전기의 날개는 양력 방향으로 회전하게 된다고 하였다.
③ 2문단에서 곡면을 따라 흐르는 바람은 평탄한 면을 따라 흐르는 바람보다 속력이 빠르다고 하였다.
④ 3문단에서 증속기는 날개의 회전축의 회전 속력보다 제너레이터 축의 회전 속력을 더 증가시켜 준다고 하였다.

---

16 중심 내용 파악   답 ②

정답이 정답인 이유
② 1문단에서 풍력 발전기는 날개의 회전축이 불어오는 바람의 방향과 평행한 것은 수평축형, 수직인 것은 수직축형으로 구분한다고 하였다. 따라서 발표의 맥락에 따라 ㉠에는 '날개의 회전축'이 들어가는 것이 적절하다. 5문단에서 수평축형의 발전 효율이 수직축형보다 더 높은데, 수직축형은 한쪽 날개에 바람이 닿는 동안 반대쪽 날개에는 바람이 닿지 않기 때문이라고 하였다. 따라서 발표의 맥락에 따라 ㉡에는 '[가]가

[나]보다 적습니다'가 들어가는 것이 적절하다.

17 구체적 사례 적용 답 ③

정답이 정답인 이유

③ 3문단에서 날개의 회전축과 연결된 제너레이터 축이 회전하면서 전기가 출력된다고 하였다. 또한 4문단에서 풍속 15m/s부터 25m/s까지는 정격 출력보다 더 많은 출력이 가능하나 정격 출력을 넘지 않게 하기 위해 피치 장치는 양력이 증가하는 만큼 받음각을 조절하여 날개의 회전 속력을 일정하게 만든다고 하였다. 2문단에서 받음각이 클수록 동일한 풍속에서 발생하는 양력도 커진다고 하였으므로, T4에서는 받음각을 감소시켜 제너레이터 축의 회전 속력을 일정하게 유지했을 것이라고 판단할 수 있다.

오답이 오답인 이유

① 2문단에서 날개를 회전시킬 수 있는 최소의 풍속은 3m/s라고 하였다. T1은 이보다 풍속이 약하므로 날개가 회전할 수 없으므로 발전기의 제너레이터에서 전기가 출력되지 못한다. 하지만 T2의 경우에는 날개가 회전하므로 전기가 출력된다.

② 3문단에서 정격 출력을 얻기 위해서는 풍속이 15m/s에 도달해야 한다고 하였다. T3의 풍속은 이보다 약하므로 2문단에 따라 풍속에 비례하여 양력도 증가하는 구간이다. 따라서 풍속이 증가하면 발전기의 제너레이터에서 출력되는 전기의 양, 즉 전기의 출력량이 증가한다.

④ 4문단에서 풍속이 25m/s를 초과하면 브레이크 장치가 작동되어 날개 회전을 중단한다고 하였다. 이때는 제너레이터 축도 회전하지 않을 것이므로 전기의 출력량은 없다. 따라서 정격 출력을 얻었다는 것은 적절하지 않다.

⑤ 3문단에서 증속기는 날개의 회전축의 회전 속력보다 제너레이터 축의 회전 속력을 더 증가시켜 주는 장치라고 하였다. 따라서 바람이 점차 증가하거나 감소하는 것과는 무관하게 날개가 회전하면 증속기는 작동이 된다.

[18~21] 문학 – 고전 소설

작자 미상, 「유씨삼대록」

해제 이 작품은 유씨 가문의 3대에 걸친 자손들의 결혼 생활과 그들의 충효담을 담은 국문 장편 소설이다. 삼대록계 소설의 전형적인 구조를 갖추고 3대에 걸친 가문의 이야기를 다루고 있다. 이 작품에는 유씨 가문의 주요 인물의 이야기가 유장하게 펼쳐져 있는데, 1대는 유우성, 2대는 유세형, 3대는 유현이 각 세대의 중심인물로 설정되어 있으며 유세형과 유현에 의해 야기되는 사건이 가장 많은 비중을 차지한다. 제시된 부분은 2대인 유세창의 혼인과 관련된 이야기이다. 이 작품은 각 세대의 중심인물을 중심으로 가문의 창달과 번영을 비롯하여 인생살이의 다채로운 모습을 밀도 있게 보여 준다는 평가를 받고 있다.

주제 유씨 가문 3대의 이야기

전체 줄거리 유씨 가문의 3대(1대 유우성, 2대 유세기, 유세형, 유세창, 3대 유관, 유현, 유몽)의 이야기를 담고 있다. 1대는 유우성의 계속적인 승진 및 전장에서의 무훈, 2대는 유우성의 여덟 자녀의 혼사와 입신(立身), 부부 생활에서의 갈등 및 시련, 3대는 유세형의 자녀 중 관, 현 형제의 무훈과 가족 간의 갈등, 유세창의 아들인 몽의 영웅담 등을 중심으로 이야기가 진행된다.

18 작품의 내용 이해 답 ④

정답이 정답인 이유

④ 태우(영릉후)는 '설생이 객수에 가득 차 있는 것을 잊지 못할 뿐만 아니라 남자인지 여자인지가 미심쩍어 마음이 갈리니 이 밤을 겨우 새워 아침 문안 인사를 끝낸 후 바로 송죽헌에 가 설생을 보았다'고 하였다.

오답이 오답인 이유

① 태우가 경사에 다다라 먼저 천자의 성은에 감사를 드리고 집안에 돌아와 부모를 뵈었으나, 기한을 어긴 지 석 달이 지났다고 하였다.

② 태우가 집으로 돌아와 설생을 데리고 왔음을 고하자 모두 놀라고 괴이하게 여겼다고 하였으므로, 승상과 그의 모든 자식들은 태우가 설생을 데리고 오는 것을 몰랐음을 짐작할 수 있다.

③ 이부상서 유세기는 한 번 설생을 보자 결단코 남자가 아닌 것을 알았지만 입을 열어 말하지 않았다고 하였다.

⑤ 천자는 설초벽이 문무 장원에 뽑히자 그의 재능을 칭찬하고 있다. 하지만 설초벽이 자신의 정체를 천자에게 고하기 전까지 천자는 설초벽의 정체를 파악하지 못하였다.

19 대화의 특징 파악

답 ①

정답이 정답인 이유

① [A]는 설생이 타향 사람으로 서먹하게 느낄 수 있다고 말하면서 설생의 처지를 고려하여 그를 편히 있게 하라고 당부하며 상대에게 배려를 요구하고 있다. [B]는 조정을 속이며 자신의 정체를 아뢰지 못한 처지를 고백하며 자신의 이러한 잘못을 용서해 준다면 진정을 아뢰겠다고 말하고 있다. 즉 상대에게 자신의 잘못을 고백하며 관용을 요청하고 있음을 알 수 있다.

오답이 오답인 이유

② [A]는 상대에게 특정 행위에 대한 요구와 주의를 주고 있을 뿐, 상대의 실수를 수용하고 있는 것은 아니다. [B]는 일월을 속이고 음양을 바꾼 자신의 죄를 인정하고 있다. 하지만 상대와의 관계 회복을 기대하고 있지는 않다.

③ [A]는 상황의 불가피성을 지적하고 있지 않으며, 상대의 행위를 다그치고 있지도 않다. [B]는 자신이 소망하는 바를 제시하여 이에 대한 상대의 도움을 기대한다고 볼 수 있다.

④ [A]는 타향 사람으로 낯선 집안사람들을 서먹하게 느낄 수 있는 설생의 처지가 제시되어 있으나, 유세기의 당부를 듣고 있는 상대의 과거 행적이 제시되어 있지는 않다. [B]는 타인과 자신의 경험을 비교하고 있지 않다.

⑤ [A]와 [B]는 모두 상대나 제삼자와 자신의 관계를 언급하고 있지 않다.

20 작품의 맥락 이해

답 ④

정답이 정답인 이유

④ ㉠은 남장을 한 것을 속이고 과거 시험을 치른 설초벽의 선택으로 인한 것이다. ㉡은 부모의 죽음 이후, 가문의 후사를 이을 사람이 자신밖에 없으므로 목숨을 끊어 후사를 끊기게 하는 처지를 이르는 것이다. 설초벽은 이를 막기 위한 계책으로 남장한 채로 과거 시험을 치르고 유세창과 결혼하고자 하였다. 이로 보아, 설초벽은 ㉡이 되지 않기 위해 ㉠을 스스로 선택한 것으로 볼 수 있다.

오답이 오답인 이유

① 유세창은 설초벽의 정체를 알지 못했으므로, 유세창이 설초벽의 정체를 사실대로 말하지 않은 것 때문에 ㉠을 받게 된 것은 아니다.

② 천자는 설초벽의 뛰어난 재주를 칭찬하면서도 설초벽의 사정을 불쌍히 여겨 중매가 되어 설초벽과 세창을 혼인시키고자 한다. 설초벽은 일찍이 부모를 여의고, 생존하기 위해 남장을 하였고 이후 유세창을 만나 지기를 맺게 된다. 이 때문에 설초벽은 유세창에게 혼인을 구하기가 어려워져 후사를 끊기게

하는 상황에 놓이게 된다. 천자는 설초벽의 이러한 사정을 불쌍히 여겨 유 승상에게 혼인을 명령한 것이므로, ㉡에 이르게 된 것과 함께 ㉠을 청하게 된 것 역시 천자가 설초벽의 사정을 불쌍하게 여기는 일로 작용한다고 볼 수 있다.

③ ㉠은 남장을 하고 과거 시험에 응시하여 조정과 천자를 속인 것과 관련된 것이고, ㉡은 자신의 죽음으로 가문의 후사를 잇지 못하는 스스로의 처지를 일컫는 것이다. 이로 보아, 유세창에 대한 불신으로 인해 ㉠을 얻고, ㉡이 된 것은 아니다.

⑤ ㉠은 남장을 하고 과거 시험에 응시하여 조정과 천자를 속인 것과 관련된 것이다. 유세창을 만나기 전부터 남장을 하였고 유세창을 만난 후 유세창과 혼인을 맺기 위해 남장을 한 채로 과거 시험에 응시하였다. ㉡은 유세창을 만난 후, 스스로 다른 사람에게 시집을 가지 못할 처지이므로 목숨을 끊어 몸을 깨끗하게 마치겠다는 결심을 하며 후사를 끊기게 만드는 자신의 처지를 이르는 것이다.

21 외적 준거에 따른 작품 감상

답 ①

정답이 정답인 이유

① 이 글의 내용에 따르면, 설초벽이 남장을 한 것은 부모를 여읜 후 눈앞에 닥친 위험을 피하기 위함이다. 유세창과 지기의 관계를 맺기 위해 남장을 한 것이 아니다. 또한 〈보기〉에서 여성의 주체적인 모습은 자신의 애정을 관철시키기 위해 늑혼을 이용하는 모습을 통해 보여 주고자 한다고 하였다.

오답이 오답인 이유

② 설초벽이 자신의 '마음속에 품은 것'을 천자에게 아뢰는 것은 절대적 권력을 지닌 천자를 자신과 유세창의 혼인 중개자로 끌어들여 혼사를 성사시키기 위한 것이다. 이로 보아 설초벽이 천자에게 자신의 '마음속에 품은 것'을 아뢰는 것은 자신의 애정을 관철시키기 위한 것임을 알 수 있다.

③ 〈보기〉에서 늑혼은 한쪽의 혼인 주체가 권력이나 재물 등을 활용하여 상대 혼인 주체에게 강요하는 혼사를 말한다고 하였다. 설초벽은 천자의 권력을 활용하여 자신의 혼사를 성사해 나가려 하고 있다. 천자가 유 승상에게 설초벽과의 혼인을 명령하는 것은 설초벽이 천자라는 권력을 활용하여 유세창에게 혼인을 구하고자 함을 보여 준다고 할 수 있다.

④ 설초벽이 과거 시험에 응시한 것은 유세창에게 혼인을 구하는 것이 순탄치 않을 것이라 보고, '방목에 이름'을 걸어 이를 빌미로, 천자께 유세창과의 혼사를 부탁하기 위함이다. 〈보기〉에서도 「유씨삼대록」은 제도적 관습에 구속되어 있던 여성의 지위에 대한 한계를 인식하면서도 이를 극복하며 자신의 욕망을 충족해 나가기 위한 여성의 적극적인 태도를 형상

화하고 있다고 하였다.

⑤ 설초벽이 '스스로 구하여 유세창에게 시집'가는 것을 '비루한 행실과 다를 것이 없'다고 하며 인륜을 폐하고 몸을 깨끗하게 마치는 것이 소원이라고 생각한 것은 당시 가부장제 체제하의 제도적 관습 속에서 여인이 남성에게 혼사를 먼저 청하는 것이 떳떳하지 못한 일이었던 여성의 지위를 보여 주는 것이다.

[22~26] 문학 – 현대시 + 현대 수필

(가) 김광규, 「뺄셈」

해제 이 작품은 평이한 시어를 통해 일상에서 발견한 삶의 의미를 그려 내고 있다. 덧셈과 뺄셈이라는 셈법에 삶의 자세를 빗대어 채우는 삶에 대한 반성과 비우는 삶에 대한 다짐을 드러내고 있다. 일상적인 행동을 구체적으로 나열하거나 의문형 어미를 사용하여, 산다는 것의 의미를 되새겨 보고 있다.

주제 욕망을 버리고 마음을 비우며 사는 삶

구성
• 1~3행: 줄이는 삶인 뺄셈 같은 삶에 대한 다짐
• 4~6행: 가진 것 없는 현재
• 7~13행: 품위 없고 부질없는 삶의 허망함에 대한 깨달음
• 14~18행: 조용한 마음으로 비우며 사는 삶

(나) 이태준, 「낙화의 적막」

해제 이 작품은 뜰 안에서 꽃이 핀 나무를 보며 꽃의 아름다움을 감상하던 글쓴이가 간밤에 내린 비로 땅에 떨어져 버린 꽃잎을 보며 느낀 생각을 전하고 있다. 낙화를 보며 낙화가 가지는 진정한 아름다움을 깨달으면서, 낙화의 아름다움을 제대로 인식하지 못했던 자신을 반성하는 모습을 보여 주고 있다. 글쓴이는 자신이 꽃을 사랑하는 사람이라고 생각하였으나, 정작 낙화가 가지는 아름다움에 대해서는 제대로 인식하지 못했던 자신의 태도를 성찰하고 있다.

주제 낙화의 가치와 진정한 아름다움

구성
• 1~2문단: 봄이 되어 뜰을 거닐며 나무에 핀 꽃의 아름다움을 감상함.
• 3~5문단: 간밤의 비에 떨어진 꽃잎을 보며 안타까워함.
• 6~7문단: 낙화를 생각하지 않았던 과거 자신의 태도를 성찰함.
• 8문단: 낙화가 지닌 가치와 아름다움에 대해 고찰함.
• 9문단: 낙화의 아름다움을 제대로 인식하지 못한 자신의 태도를 반성함.

22 작품 간의 공통점, 차이점 파악　　답 ②

정답이 정답인 이유

② (가)는 '옛날 서류를 뒤적거리고', '낡은 사전을 들추어 보는 것'과 같은 '나'의 경험을 바탕으로 '덧셈'과 '뺄셈'으로 상징되는 삶의 의미를 생각하면서 채우는 삶을 살았던 자신의 삶을 반성하고 있다. (나)는 정원에 떨어진 낙화를 목격하게 된 '나'의 경험을 바탕으로 적멸의 경지인 낙화의 가치를 알지 못했던 자신의 지난날을 반성하고 있다.

오답이 오답인 이유

① (가), (나)는 과거의 경험이나 현재의 경험을 바탕으로 주제 의식을 드러내고 있으나, 특정한 상황을 가정하고 있지는 않다.
③ (가)와 (나) 모두 타인의 삶의 모습을 제시하고 있지 않다. 또한 (가)에는 사라진 것들에 대한 아쉬움이 나타나 있지 않다. (나)의 경우, 꽃잎이 떨어진 것에 대한 안타까움을 나타내고 있으나 사라진 것들에 대한 아쉬움을 드러내는 것은 아니다.
④ (가)는 채우며 살아가는 삶의 방식과 관련된 세태를 관찰하여 제시하고 있다고 볼 수 있지만, (나)에는 세태에 대한 관찰이 나타나 있지 않다. 또한 (가)에는 채우는 삶 대신, 비우는 삶에 대한 다짐을 통해 미래에 대한 낙관적 전망을 기대하는 화자의 심정이 드러나 있다고 볼 수 있으나, (나)에는 미래에 대한 글쓴이의 낙관적 전망이 나타나 있지 않다.
⑤ (가)와 (나) 모두 특정 대상에 주목하며 삶의 자세를 강조하고 있다. 다양한 사례를 비교 대상으로 삼고 있다고 보기 어려우며, 모순된 현실에 대한 비판도 나타나지 않는다.

23 표현상의 특징 파악　　답 ②

정답이 정답인 이유

② (나)에서 글쓴이는 겨울에는 잎사귀 하나 가지에 남지 않아 쓸쓸하였으나, 나무에 꽃이 핀 봄에는 즐거움을 느낀다. 그러다가 간밤 비에 꽃이 진 모습을 보고 슬픔과 함께 스스로에게 부끄러움을 느끼고 있다. 이처럼 대상으로 인한 글쓴이의 변화하는 정서를 시간의 흐름에 따라 나타내고 있다고 볼 수 있다.

오답이 오답인 이유

① (가)는 현재형 어미를 사용하여 비우는 삶에 대한 다짐을 나타내고 있다. 하지만 시적 대상인 자신의 삶의 방식 및 태도에 대한 친근감을 드러내고 있지는 않다.
③ (나)는 질문을 통해 스스로의 삶의 태도를 반성하고, 낙화의 가치와 아름다움을 묻고 있다. 하지만 대상과 단절된 처지를 부각하고 있는 것은 아니다.
④ (가)에는 자연과 인간의 대비가 드러나 있지 않다.

⑤ (가)와 (나)는 모두 감각적 이미지를 활용하고 있다. (나)는 그동안 제대로 인식하지 못했던 '낙화'의 가치를 강조하고 있지만, (가)에는 예찬의 대상이 나타나 있지 않다.

24 외적 준거에 따른 작품 감상   답 ④

정답이 정답인 이유

④ '찾았다가 잃어버리고', '만났다가 헤어지는 것'을 부질없다고 여기는 화자의 모습은 그동안의 일상적 삶이 부질없다고 여기는 것을 보여 주는 것이라 할 수 있다. 이를 통해 진솔한 삶의 가치가 무엇인지를 되돌아보며 이에 대한 진지한 고민을 이어 나가고 있다. 따라서 이러한 화자의 모습이, 진솔한 삶의 가치를 버리고 거짓된 가치에 매몰된 현대인의 삶을 나타낸다고 볼 수는 없다.

오답이 오답인 이유

① 〈보기〉에서 덧셈과 뺄셈이라는 단순한 셈법에 삶의 자세를 빗대어 비우며 살아가는 삶의 의미를 되새겨 보고 있다고 하였다. 이로 보아 '덧셈은 끝났다'와 '뺄셈을 시작해야 한다'는 시인이 추구하는 진솔한 삶의 가치를 빗대어 표현한 것으로 생각할 수 있다.

② '때 묻은 문패'와 '해어진 옷'은 화자가 자신에게 남아 있는 것이라고 말하는 것이다. 이는 화자가 살아온 삶의 모습과 자신이 가진 전부에 대해 성찰하게 하여 삶의 태도를 반성하게 만드는 소재라 할 수 있다.

③ '옛날 서류를 뒤적거리고'와 '낡은 사전을 들추어 보는 것'은 화자가 이전에 추구하던 가치로, 이제는 '품위 없는 짓'이라 여기는 것이다. 이로 보아 '옛날 서류를 뒤적거리고'와 '낡은 사전을 들추어 보는 것'은 덧셈의 삶의 방식을 추구하는 화자의 모습을 형상화한 것으로, 시인이 버리고자 했던 거짓된 가치를 의미하고 있다고 볼 수 있다.

⑤ '바깥의 저녁을 바라보면서 / 뺄셈을' 하는 화자의 모습은 자신의 삶을 정리하는 모습을 그린 것으로, 삶을 돌아보며 비우는 삶의 의미를 되새겨 보고 있는 것이라 할 수 있다.

25 작품의 내용 파악   답 ③

정답이 정답인 이유

③ 글쓴이는 가지에 달린 꽃을 감상하며 행복한 시간을 보냈다. 하지만 간밤 비에 떨어진 꽃잎을 보며 침묵, 적막, 슬픔을 느낀다. 이는 '나'가 떨어진 꽃에 애정을 가지고 있기 때문이다. 즉 '가만히 보면 엎어진 꽃만 아니라 모두가 쓸쓸한 모양'은

낙화를 초라하게 생각한 '나'의 태도를 보여 주는 것이 아니라 나무의 꽃이 떨어진 것에 대한 글쓴이의 아쉬움과 안타까움을 드러낸 것이라 할 수 있다.

오답이 오답인 이유

① 글쓴이는 꽃이 피는 봄이 오기를 간절히 기다렸으며 봄이 되자 아침마다 뜰을 거닐며 꽃을 구경하는 즐거움을 누리고 있다. 이러한 모습으로 보아, '아침마다 훤하면 일어나 뜰을 거'니는 '나'의 모습은 '봄'을 간절히 기다렸던 심정을 나타내는 것이라 할 수 있다.

② '밥상을 대하면 눈엔 아직 붉고 누른 꽃만 보이'는 것은 아침 일찍 꽃구경을 하다가 거리에 나올 시간이 닥쳐 밥상을 대하여도 아직 눈에 꽃잎의 색깔이 아른거리는 글쓴이의 모습을 나타낸 것으로, 꽃 감상에 푹 빠져 있는 글쓴이의 모습을 강조한 것이라 할 수 있다.

④ 글쓴이는 '꽃이 열릴 나뭇가지'는 자주 손질을 하였지만, '꽃이 떨어질 자리'는 한 번도 보살펴 주지 못한 것을 반성하며 낙화에 관심을 가지지 못했던 자신의 무심함에 대해 부끄러움을 느끼고 있다.

⑤ 글쓴이는 '낙화는 꽃이 아니냐 하는 옛 말씀'에서 '적멸의 경지에서처럼 위대한 예술감'을 느끼며 이전에 생각하지 못했던 '낙화'의 아름다움을 부각하고 있다.

26 시어, 시구의 의미와 기능 파악   답 ③

정답이 정답인 이유

③ '그때'는 '나무 있는 뜰 안을 거닐며 살아 보'고 싶은 소망을 이룬 시점이지만, 글쓴이는 '그때'가 봄이 아니라 '나무마다 벌레 먹은 잎사귀 하나 가지에 남지 않은 쓸쓸한 겨울'이었음을 아쉬워하고 있다.

오답이 오답인 이유

① ㉠은 이전과 달라지지 않은 화자의 모습을 의미하는 것으로 화자 자신의 모습에 대한 반성과 성찰을 담고 있다.

② ㉡은 덧셈을 하며 사는 삶을 버리고 뺄셈을 하며 사는 삶을 살겠다는 화자의 의지를 내포하고 있는 것으로 지난 시간에 대한 그리움은 드러나지 않는다.

④ ㉣은 아침저녁으로 나무의 꽃을 반복해서 구경한 시간을 나타내는 것이다. 하지만 이러한 상황 속에서 벗어나고 싶어 하는 고뇌가 나타나 있지는 않다.

⑤ ㉤은 다른 봄에도 낙화를 보았던 것처럼 이번 봄에도 낙화를 보았으나, 과거와 달리 글쓴이가 쓸쓸함과 부끄러움을 느끼게 되었음을 드러내고 있다.

[27~30] 문학 – 현대 소설

이범선, 「고장 난 문」

해제 이 작품은 평소 그림 그리기에 열정을 쏟던 화가가 자신의 작업 공간에 갇혀 질식사에 이르는 과정을 그리고 있다. 화가는 문이 고장 나 자신의 작업 공간에 갇힌 채 밖으로 나갈 수 없는 상황에서, 괴로워하며 점점 미쳐 간다. 이러한 화가의 모습을 통해 외적 요소에 의해 개인의 자유가 억압당하는 절망적 현실을 비유적으로 그려 내고 있다. 한편, 화가가 폐쇄된 공간에서 밖으로 나오기 위해 절규하는 모습을 진심으로 이해하지 못하는 인물들의 모습을 통해 진정한 소통이 이루어지지 않는 현실을 폭로하고 있다.

주제 개인의 자유를 억압하는 사회와 진정한 소통이 이루어지지 않는 부조리한 현실에 대한 비판

전체 줄거리 열여덟 살 만덕은 자신이 모시던 화가 선생님의 질식사로 경찰서에서 수사를 받고 있다. 경찰 수사관은 화가의 죽음이 만덕과 관련이 있다고 보고 화가의 죽음에 대한 의문점을 끈질기게 추궁하지만, 만덕은 억울함을 주장한다. 화가는 집이 서울이지만 그림 작업을 위해 서울에서 이십 리나 떨어진 별장 화실에서 지내고 있었다. 만덕은 그러한 화가의 심부름을 하고 화가의 작업실을 관리하는 청년이다. 그러던 어느 날 만덕이 화가에게 편지를 전해 주러 갔는데 화실의 문이 안으로 잠겨 열리지 않는 일이 발생했다. 만덕은 화가에게 받은 열쇠로 밖에서 문을 열어 보려 했지만, 결국 문은 열리지 않았다. 문이 고장 난 것이다. 문이 열리지 않아 화실에 갇혀 있는 시간이 점점 길어질수록 화가는 난폭해졌고, 만덕은 고장 난 문을 고치기 위해 목수를 부르러 읍내로 달려갔다. 하지만 목수는 술에 취해 깊은 잠에 빠져 버렸고 아주머니와 실랑이해 보았지만 내일 아침 목수를 깨워 보낸다는 말뿐 더 이상 상대를 해 주지 않았다. 다음 날 목수가 화가가 갇힌 화실로 찾아와 문을 고쳐 보려 했지만, 소용이 없었다. 결국 문을 통째로 떼어 내고 화실 안으로 들어가자 엉망으로 흐트러진 화실에서 화가는 꼼짝도 하지 않은 채로 쓰러져 있었다.

27 서술상의 특징 파악   답 ②

정답이 정답인 이유

② 이 글에는 문이 고장 난 화실에 갇혀 답답해하는 선생님과 대화하거나, 문을 열기 위해 읍내에 목수를 부르러 가는 등의 '나'의 경험이 나타나 있다. 또한 그러한 경험 속에서 '나'가 느끼는 두려움의 심리가 함께 서술되어 있다.

오답이 오답인 이유

① 이 글에는 '나'가 화실에 갇힌 화가 선생님과 대화를 나누는 장면과, 고장 난 문을 고치기 위해 '나'가 목수를 데리러 읍내로 달려가 목수네 부부와 대화를 나누는 장면이 제시되어 있다. 장면 전환이 빈번하게 일어나고 있다고 보기 어려우며, 화실에 갇혀 답답해하는 화가 선생님의 심정을 이해하지 못하는 주변 인물들의 시선을 보여 주고 있어 사건 양상을 다각적으로 제시하고 있다고 보기도 어렵다.

③ 이 글에서는 사건이 시간의 흐름에 따라, 화가의 작업 공간에서 목수네 부부의 집으로 공간이 이동되며 제시되고 있다.

④ 서술자는 작중 인물인 '나'만 등장하며, '나'의 시선을 통해 사건이 서술되고 있다.

⑤ 공간적 배경에 대한 세밀한 묘사는 나타나지 않는다. 또한 이 글에서 인물들의 우울한 내면을 보여 주고 있는 것도 아니다.

28 작품의 내용 이해   답 ④

정답이 정답인 이유

④ 선생님이 역정을 낸 것은 기다리던 목수가 오지 않았기 때문이다. '나'는 선생님에게 목수에게 꼭 와 달라는 부탁을 했으니 기다리라는 말을 한다. 하지만 '나'가 선생님에게 목수가 늦게 올 것이라고 알려 준 적은 없다.

오답이 오답인 이유

① '무서웠어요. 난 전엔 그런 선생님의 무서운 얼굴을 본 일이 없었거든요.', '나는 겁이 나서 그렇게 말하고는 돌아서서 읍내로 달렸습니다.'라는 내용을 통해 쇠창살을 잡고 소리 지르는 선생님의 모습에 두려움을 느끼는 '나'의 모습을 확인할 수 있다.

② '나'가 "어디 제 말이 틀렸어요. 뭐 불편하신 게 있어요, 서울 가실 일이라도 있다면 모르지만요."라고 언급한 부분에서 화실에 갇힌 선생님이 생활하는 데 있어 불편함이 없을 것으로 여기는 '나'의 생각을 확인할 수 있다.

③ "이 녀석 봐라! 그거야 내가 나가고 싶지 않아서 안 나간 거구 지금은 내가 안 나가는 게 아니라 못 나가는 거 아냐."라는 선생님의 말에 '나'는 '마찬가지죠 뭘. 안 나가나 못 나가나 화실 안에 있는 건 같지 않아요.'라고 말하고 있다. 이를 통해 '나'가 화실 안에 갇혀 있는 선생님의 상황을 이해하지 못하고 있음을 알 수 있다. 이에 선생님은 '너하고 이야길 하느니 차라리 우리 안의 돼지하고 하겠다.'라고 말하며 '나'에게 답답함을 느끼고 있다.

⑤ "총각, 웬만하면 낼 아침 일찍 고치지. 저렇게 취했으니 뭐가 되겠어 어디."라는 목수네 아주머니의 말에서 '나'가 목수를 데리고 가려는 것을 만류하고 있음을 확인할 수 있다.

29 소재의 기능 파악 답 ①

정답이 정답인 이유

① ㉠을 통해 선생님은 현재의 상황과 형편에 대한 정보를 '나'와 주고받고 있다. 따라서 ㉠은 내부와 외부의 소통을 가능하게 하는 통로라 할 수 있다.

오답이 오답인 이유

② ㉠은 외부에서 발생한 문제로 인해 선생님이 겪을 수 있는 곤란함을 막아 주는 것이 아니라, 외부로 나가지 못하는 선생님의 심정을 보여 주는 역할을 한다.

③ ㉠은 외부로 나가고 싶은 선생님의 갈망이 표출된 것으로 볼 수 있으나, 내적 갈등을 해소해 주는 것은 아니다.

④ ㉠은 외부와의 연락을 가능하게 하는 통로인 것이지, 외부의 현실을 투영하여 내부에 전달하는 역할을 하지 않는다.

⑤ ㉠을 통해 외부와 자유로운 소통이 가능하나, 선생님은 내부에 고립된 상황으로 외부와 내부를 자유롭게 넘나들 수 있는 것은 아니다. 또한 ㉠이 현실을 외면하려는 인물의 의식을 보여 주고 있는 것도 아니다.

30 외적 준거에 따른 작품 감상 답 ⑤

정답이 정답인 이유

⑤ 선생님이 사방에 창문이 설치되어 있음에도 화실 안에 갇혀 답답함을 호소하는 것은 문이 열리지 않아 나갈 수 없는 선생님 자신의 처지 때문이다. 이는 외적 요소에 의해 자유가 억압당하는 인간의 내면을 보여 주는 것이라 할 수 있다. 하지만 외부 세계와 단절된 상황이 소통의 부재를 심화하고 있는 것은 아니다. 〈보기〉에 따르면 선생님의 주변 인물들은 문제를 인식하지 못해 해결을 위한 소통에 적극적으로 참여하지 않는다고 하였다. 소통의 부재는 문제 상황에 대한 인식 부족이 원인이라고 할 수 있다.

오답이 오답인 이유

① 〈보기〉에서 고립된 상황에 놓인 화가는 자유를 억압하는 외적 요소에 적극적으로 저항한다고 하였다. 또한 '열리지 않는 문'은 개인의 자유를 억압하는 사회 현실, 권력 등의 외적 요소를 상징한다고도 하였다. 이러한 문을 열기 위해 목수를 불러오라고 소리치는 선생님의 모습은 자유를 억압하는 외적 요소를 해소하고자 적극적인 저항의 태도를 보여 주는 것으로 볼 수 있다.

② 〈보기〉에서 이 작품의 화가는 문제를 인식하지 못해 해결을 위한 소통에 적극적으로 참여하지 않는 주변 인물들로 인해 결국 파멸에 이르게 된다고 하였으며, 이를 통해 당대 사회의 부조리와 현실의 모순을 인식하지 못하고 진정한 소통을 거

부하는 당대 소시민들의 행태를 비판하고 있다고 하였다. '문이 열리지 않는다고 발광이야 그래!'라고 답하는 목수의 아내는 선생님이 처한 상황을 이해하지 못하는 인물로 자유를 억압하는 현실의 부조리를 인식하지 못하는 당대 소시민의 모습을 나타낸다고 볼 수 있다.

③ 고장 난 문을 고쳐 달라는 '나'의 요청을 대수롭지 않게 여기는 목수의 태도는 진지한 소통을 거부하는 당대 소시민들의 행태를 보여 주는 것이라 할 수 있으며, 〈보기〉에서는 이 작품이 이러한 소시민들의 행태를 비판하고 있다고 하였다.

④ 〈보기〉에서 화실 안에 갇혀 고립된 화가는 문제 해결을 위한 소통에 적극적으로 참여하지 않는 주변 인물들로 인해 결국 파멸에 이르게 된다고 하였다.

[31~34] 문학 – 문학 이론 + 고전 시가

(가) 소지형 시가의 특징

해제 이 글은 고문서의 한 양식인 '소지(所志)' 형식이 국문 시가와 교섭하며 나타난 소지형 시가에 대해 소개하고 있다. 소지형 시가는 청원 및 진정을 자유롭게 진술하며 다양한 문학적 수사 장치를 활용하여 작가의 심적 지향을 진술하거나 소망하는 바를 청원하는 시가를 일컫는다. 소지형 시가는 시적 화자의 소망이 다양하게 발현되는 과정에서 말놀음, 극한 과장, 전고(典故) 차용 등 다양한 수사적 장치가 동원된다는 특성을 지니고 있다.

주제 소지형 시가의 특징

구성

• 1문단: 소지형 시가의 등장 배경
• 2문단: 소지형 시가의 특징

(나) 작자 미상, 「삼가 뜻하는 바를 아뢰오니 ~」

해제 이 작품은 풍류, 취락(醉樂) 같은 현세적 삶에 대한 강한 욕구를 표출하면서도 과도한 욕망을 경계해야 한다는 작가 의식을 드러내고 있다. 화자는 오랫동안 방치되어 있는 주천(酒泉)을 자신에게 내려 달라고 청원하고 있다. 주천은 중국 감숙성의 지명으로 술맛 나는 물이 샘솟는 곳이라 하여 붙여진 이름인데, 역대 풍류 소객(騷客)들의 심상 공간으로 널리 회자되었다. 화자는 이런 장소를 자신에게 내려 달라는 것인데, 이는 풍류와 취락 관련 즐거움을 독차지하고 싶은 화자의 욕구를 드러낸 것이다. 이에 대해 상제는 화자의 청원을 거부함으로써 과도한 욕망에 대한 경계를 보이고 있다.

주제 세속적 욕망 추구와 이에 대한 경계

구성

- 초장: 상제께 청원하는 화자
- 중장: 주천을 내려 줄 것을 청원하는 화자
- 종장: 청원을 거부하는 상제

(다) 이운영, 「순창가」

해제 이 작품은 전라도 순창현의 서리 최윤재가 담양 부사를 배행해 강천사를 유람하다가 실족해 다친 후에 관기(官妓)를 가해자로 지목하여 전라도 관찰사에게 올린 소장(訴狀)을 중심으로 최윤재, 관찰사, 관기가 갈등하는 내용을 노래하고 있다. 이를 통해 자신보다 지위가 높은 양반에게는 아무 말도 못 하면서 자신보다 신분이 낮은 기생들에게 죄를 떠넘기는 비겁한 아전과, 인간 대접을 받지 못하고 고통을 겪는 힘없는 기녀라는 전형적 인물상을 그려 내고 있다.

주제 부도덕한 지배층의 횡포

구성

- 1~2행: 사또에게 소장을 올림.
- 3~13행: 담양 부사를 배행하며 모심.
- 14~18행: 산수를 유람하는 행렬의 모습
- 19~44행: 낙마의 억울함을 하소연하는 최윤재
- 45~58행: 억울함을 하소연하는 기생

31 표현상의 특징 파악   답 ②

정답이 정답인 이유

② (다)는 '어혈이 마구 흘러 흉격이 펴지지 않고 / 금령이 지엄하와 개똥도 못 먹고 / 병세가 기괴하와 날로 위중하니'에서 유사한 통사 구조의 반복을 확인할 수 있다. 이를 통해 '최윤재'가 실족하여 입은 부상이 심각함을 부각하고 있다.

오답이 오답인 이유

① (나)는 '유령', '이백' 등의 역사적 인물을 차용하였으나 그들의 일화를 제시한 것은 아니다. 또한 역사적 인물의 일화를 통해 대상을 향한 예찬의 태도를 드러내고 있지도 않다.

③ (다)에서는 공간의 이동에 따른 시상 전개를 볼 수 있으나, (나)에는 시간의 흐름에 따른 시상 전개가 나타나지 않는다. 또한 (나), (다) 모두 화자의 정서 변화는 드러나지 않는다.

④ (나)와 (다)는 모두 화자가 권한자에게 청원을 요청하는 형식을 취하고 있다. 하지만 이를 통해 화자의 내적 갈등이 심화되는 모습을 제시하고 있는 것은 아니다.

⑤ (나)와 (다) 모두 대비되는 시어는 나타나지 않는다. 또한 이상과 현실 사이에서 고뇌하는 인물의 모습도 찾아볼 수 없다.

32 외적 준거에 따른 작품 감상   답 ②

정답이 정답인 이유

② (가)에 따르면 소지형 시가는 소지의 형식을 활용하여 작가가 지니고 있는 심적 지향을 진술하거나 소망하는 바를 청원하는 특성을 지니고 있다. (나)의 '제가 바라는 일'은 화자가 소망하는 바라고 할 수 있다. 종장에서 '상제'가 화자의 청원을 거절하는 것을 통해 '제가 바라는 일'이 '세상의 공적 물건'인 '주천'을 화자 자신에게 줄 것을 요청한 것임을 알 수 있다. 이로 보아, '제가 바라는 일'을 '상제'께 청원한 것이 황폐화된 '주천'을 '상제'께서 복구시켜 주기를 바라는 화자의 심적 지향을 표출한 것은 아니다.

오답이 오답인 이유

① (가)에서 소지형 시가의 경우, 시적 화자의 소망이 다양하게 발현되는 과정에서 말놀음, 극한 과장, 전고(典故) 차용 등 다양한 수사적 장치가 동원된다고 하였다. (나)의 중장에서 '제가 바라는 일'을 허락함을 '공증문서'로 발급해 달라고 요청하고 있는데, 이는 공식적 문서의 효력을 통해 자신이 소망하는 바가 꼭 이루어지기를 바라는 화자의 심정을 부각한 것으로 볼 수 있다.

③ (가)에서 소지형 시가 작품은 작품 말미에서 권한자의 처분을 제시하여 화자의 과도한 욕망을 경계하는 주제 의식을 보여 주기도 한다고 하였다. (나)에서도 '상제'가 화자의 청원을 수용하지 않음을 종장에서 제시하고 있는데, 이는 화자의 과도한 욕망을 경계하려는 의도를 보여 주는 것이라 할 수 있다.

④ (다)에서 인용한 속담은 '네 쇠뿔이 아니런들 내 담이 무너지랴'로 자신의 상황이 모두 '기생들' 때문에 발생한 것임을 하소연하기 위해 이를 인용한 것이다.

⑤ (다)에서 '불쌍히 죽는 넋'은 '최윤재'가 실족하게 된 자신의 억울한 처지를 나타낸 것으로, 그는 이러한 자신의 억울한 사정을 권한자에게 하소연하며 올바르게 처결해 주기를 청원하고 있다.

33 작품의 내용 파악   답 ④

정답이 정답인 이유

④ '의녀'들은 죄가 중하다 하니, 처분을 거역하지 않을 것이라 말하면서도 자신들의 억울함을 아뢰고자 한다. 하지만 '의녀'들이 자신들의 죄를 인정하고 있는 것은 아니다.

오답이 오답인 이유

① 순창의 서리인 '최윤재'는 사령의 우두머리로서 순창 사또의 행차를 따라갔다.

② 담양 부사 생일잔치 후 '십오야 밝은 달의 후약이 어디인가'

하며 찾은 곳이 '호남 소금강'이다.
③ '창안백발 화순 원님'이 기생에게 다정하여 돌아보기를 자주 하시니 '소인'은 하인이라 말에 앉아 있기 황송하여 말에서 올랐다가 내렸다가를 반복하였다고 하였다.
⑤ '의녀'들은 '화순 사또'가 뒤돌아보신 것이 자신들을 보고자 한 것인지, 단풍이 우거진 경물을 완상하려다 우연히 보셨던 것인지 모르겠다는 주장을 하였다.

34 시어, 시구의 의미와 기능 파악   답 ④
정답이 정답인 이유
④ ⓐ는 화자가 '주천'의 소유를 허락해 줄 것을 '상제'께 청원하는 것으로, 여기에는 화자가 원하는 결과에 대한 기대가 담겨 있다. ⓑ에는 기생들이 '최윤재'의 청원으로 처벌을 받을 상황에 놓인 것에 대해 억울함이 있으나 거역하지 않고 따르겠다는 존중의 태도가 담겨 있다.

오답이 오답인 이유
① ⓐ는 '상제'의 합리적인 처분을 바라는 것이므로 미래 상황에 대한 화자의 상실감과는 거리가 멀다. ⓑ는 '최윤재'의 소지로 인한 처분으로 아직 결정된 것이 아니다. 따라서 과거 상황에 대한 화자의 회한이 담겨 있다는 것은 적절하지 않다.
② ⓐ에서는 상대가 자신의 요청을 들어주기를 바라는 화자의 태도를 짐작할 수 있으나 상대의 처지를 고려하여 제안을 하는 것은 아니다. ⓑ는 '최윤재'의 청원에 따른 명령이나, 의녀가 처한 현실을 고려한 것은 아니다.
③ ⓐ에는 권한자의 행위에 대한 화자의 평가는 나타나지 않는다. ⓑ에는 화자의 행위에 대한 권한자의 평가가 드러나 있지 않다.
⑤ ⓐ는 화자가 현재 처한 문제 상황을 해결하기 위한 수단이며, ⓑ는 화자가 현재 처한 자신의 문제 상황의 심각성을 보여 주는 것이다.

35 문장의 짜임과 활용   답 ③
정답이 정답인 이유
③ 이 문장은 '학생들 모두'가 전시 작품을 감상했다는 뜻도 될 수 있고(전시 작품은 일부만을 감상했을 수 있음.), 학생들이 '전시 작품 모두'를 감상했다는 뜻도 될 수 있다(학생들 중 일부만이 감상했을 수 있음.). 이 문장에서 '모두'는 전부를 나타내는 말이고, 그 말이 어떤 범위에 걸쳐 있는지에 따라 의미가 달라지므로 ㉠에 해당한다.

오답이 오답인 이유
① 우는 행위를 한 사람이 '선희'인 해석과 '민호'인 해석 두 가지가 모두 가능하다. 전자에서는 '선희는 울면서'가 '-면서'로 연결된 앞 절이고, 후자에서는 '울면서 떠나가는'이 '민호'를 꾸미는 관형사절이다. 따라서 ㉠에 해당하지 않는다.
② 큰 도움을 준 행위를 한 사람이 '준현'인 해석과 '준현'과 '현지'인 해석 두 가지가 모두 가능하다. 전자에서 '현지와 민호'는 접속 조사로 이어진 명사구이고, 후자에서 '현지와'는 전체 문장의 부사어이다. 따라서 ㉠에 해당하지 않는다.
④ 조사 '보다'를 통해 비교하는 대상이 '그 선생님'과 '아내'인 해석과 '아내'와 '영화'인 해석 두 가지가 모두 가능하다. 전자에서는 '그 선생님은 아내보다'가 먼저 해석되고, 후자에서는 '아내보다 영화를'이 먼저 해석된다. 따라서 ㉠에 해당하지 않는다.
⑤ '사람들이'가 '다채로운'의 주어인 해석과 '다니다 보면'의 주어인 해석 두 가지가 모두 가능하다. 전자에서는 '사람들이 다채로운'이 '곳'을 꾸미는 관형사절이고, 후자에서는 '다채로운 곳을 다니다 보면'이 '사람들이'를 주어로 하는 절의 목적어와 서술어이다. 따라서 ㉠에 해당하지 않는다.

36 문장의 짜임과 활용   답 ①
정답이 정답인 이유
① '배'는 신체의 일부분, 과일의 한 종류, 교통수단의 한 종류 등의 뜻을 나타내는 동음이의어인데, ⓐ는 문장의 의미상 신체의 일부분을 나타내기가 거의 불가능하다. 그러나 과일의 한 종류와 교통수단의 한 종류 둘 중 무엇으로도 해석될 수 있으므로 중의적인데, 이 중의성은 '큼직한'이라는 수식어를 추가한다고 해도 해소되지 않는다.

오답이 오답인 이유
② '두 명의 포수'가 각각 '참새 네 마리'를 잡아 총 여덟 마리의 참새를 잡은 해석과 '두 명의 포수'가 합쳐서 총 네 마리의 참

새를 잡은 해석 둘 다 가능하다. '두 명의 포수가' 뒤에 '각각'을 넣어 주면 전자로 해석이 고정되어 중의성이 해소된다.
③ '언니의 사진'은 '언니가 소유한 사진', '언니가 찍은 사진', '언니를 찍은 사진', '언니가 보내 준 사진' 등 여러 가지로 해석될 수 있다. '언니의 사진'을 '언니를 찍은 사진'과 같이 상세히 풀어 써 주면 중의성이 해소된다.
④ 대학에 합격한 사람이 '영수'인 해석과 '영수와 철수'인 해석 두 가지가 모두 가능하다. '철수가'를 문장 맨 앞으로 옮기면 대학에 합격한 사람이 '영수'인 해석으로 한정된다.
⑤ 화를 낸 사람이 '선주'인 해석과 '그'인 해석 두 가지가 모두 가능하다. '화를 내며' 뒤에 쉼표를 사용하면, '선주는 화를 내며'가 이어진문장의 앞 절로 해석되므로 화를 낸 사람이 '선주'인 해석으로 한정된다.

37 로마자 표기법
답 ④

정답이 정답인 이유

④ ㉠과 ㉡에서 'ㄹ'이 초성으로는 'r'로, 종성으로는 'l'로 달리 표기되었음을 알 수 있다. 그런데 유음화가 일어나 'ㄹㄹ' 발음이 된 ㉢에서는 앞 'ㄹ'의 로마자 표기인 'l'에 맞추어 뒤 'ㄹ'의 로마자 표기인 'r'을 'l'로 바꾸어 적고 있다. 따라서 앞 'ㄹ'을 뒤 'ㄹ'의 로마자 표기에 맞추어 적는다는 진술은 적절하지 않다.

오답이 오답인 이유

① ㉠의 'ㄹ'은 모음 앞에 쓰였고, ㉡의 'ㄹ'은 자음 앞에 쓰였다. 그런데 'ㄹ'을 ㉠에서는 'r'로 적었고, ㉡에서는 'l'로 적었다. 따라서 'ㄹ'이 자음 앞인지 모음 앞인지에 따라 로마자가 서로 다르게 표기된다는 진술은 적절하다.
② ㉠의 [ㅃ]은 'pp'로 적었고, ㉢의 [ㅃ]은 'b'로 적었다. ㉠의 [ㅃ]은 원래부터 된소리였고, ㉢의 [ㅃ]은 된소리되기가 적용되어 바뀐 소리이다. 따라서 된소리되기를 로마자 표기에 반영하지 않는다는 진술은 적절하다.
③ ㉠의 'ㄷ'은 비음화가 일어나지 않으나 ㉢의 'ㄷ'은 비음화가 일어나 'ㄴ'으로 바뀐다. ㉠의 'ㄷ'은 't'로 표기되었으나, 비음화가 일어난 ㉢의 'ㄷ'은 'n'으로 표기되었다. 따라서 비음화는 로마자 표기에 반영한다는 진술은 적절하다.
⑤ ㉢에서 'ㅂ'은 초성일 때 'b'로, 종성일 때 'p'로 적었다. ㉣에서 'ㄱ'은 초성일 때 'g'로, 종성일 때 'k'로 적었다. ㉠에서 'ㄷ'은 초성일 때 'd'로, 종성일 때 't'로 적었다. 'ㅂ, ㄱ, ㄷ'은 모두 평음이면서 파열음이므로 초성인지 종성인지에 따라 로마자가 서로 다르게 표기된다는 진술은 적절하다.

38 형태소의 결합 형태
답 ②

정답이 정답인 이유

② '초라하였다'는 어간 '초라하-'에 선어말 어미 '-였-'과 종결 어미 '-다'가 결합한 형태이다. 선어말 어미 '-였-'은 '하-'와 결합할 때만 나타나는 과거 시제 선어말 어미이다. 따라서 '-였-'은 형태소들이 결합한 형태가 아니므로 ㉠에 해당하지 않는다.

오답이 오답인 이유

① '쌓였더군'은 어간 '쌓-'에 피동 접사 '-이-', 과거 시제 선어말 어미 '-었-', 종결 어미 '-더군'이 결합한 형태이다. 따라서 '-였-'은 피동 접사 '-이-'와 선어말 어미 '-었-'이 결합한 형태이므로 ㉠에 해당한다.
③ '써'는 어간 '쓰-'에 연결 어미 '-어'가 결합한 형태이므로 ㉠에 해당한다.
④ '호랑이였다'는 명사 '호랑이'에 서술격 조사 '이다'의 '이-', 선어말 어미 '-었-', 종결 어미 '-다'가 결합한 형태이다. 따라서 '-였-'은 서술격 조사 '이다'의 '이-'와 선어말 어미 '-었-'이 결합한 형태이므로 ㉠에 해당한다.
⑤ '가'는 어간 '가-'에 어말 어미 '-아'가 결합한 형태이므로 ㉠에 해당한다.

39 중세 국어의 문법
답 ①

정답이 정답인 이유

① '현대어 풀이'의 '깊은'을 참고할 때, '기픈'은 형용사 어간 '깊-'에 관형사형 어미 '-은'이 결합한 형태임을 알 수 있다. 관형사형 어미는 양성 모음 뒤에서는 '-ᄋᆞᆫ', 음성 모음 뒤에서는 '-은', 중성 모음인 'ㅣ' 뒤에서는 두 형태 모두 쓰일 수 있다. '기픈'의 '깊-'은 중성 모음이 쓰인 경우이다. 따라서 음성 모음 뒤에서 관형사형 어미 '-은'이 쓰였다는 설명은 적절하지 않다.

오답이 오답인 이유

② '현대어 풀이'의 '나무는'을 참고할 때, '남ᄀᆞᆫ'은 나무를 뜻하는 명사에 보조사가 결합한 형태임을 알 수 있다. '남ᄀᆞᆫ'은 나무에 해당하는 '낡'에 보조사 'ᄋᆞᆫ'이 결합한 형태이다. 보조사는 결합하는 체언이 자음으로 끝나고 양성 모음인 경우에는 'ᄋᆞᆫ'이 쓰이고, 결합하는 체언이 모음으로 끝나고 양성 모음인 경우에는 'ᄂᆞᆫ'이 쓰인다. 따라서 명사 뒤에서 보조사 'ᄋᆞᆫ'이 쓰였다는 설명은 적절하다.
③ '현대어 풀이'의 '바람에'를 참고할 때, '브ᄅᆞ매'는 '브룸'에 부사격 조사 '애'가 결합된 형태임을 알 수 있다. 부사격 조사는 양성 모음 뒤에서는 '애', 음성 모음 뒤에서는 '에', 'ㅣ' 모음 뒤에서는 '예'로 나타난다. 따라서 양성 모음 뒤에서 부사격 조사 '애'가 쓰였다는 설명은 적절하다.

④ '현대어 풀이'의 '꽃이'를 참고할 때, '곳'은 조사와 결합하지 않고 주어로 쓰이고 있으므로 주격 조사가 생략된 형태임을 알 수 있다. 주격 조사는 자음으로 끝나면 '이', 'ㅣ'나 반모음 'j' 이외의 모음으로 끝나면 'ㅣ', 'ㅣ'나 반모음 'j'로 끝나면 Ø로 나타난다. '곳'은 자음으로 끝났으므로 주격 조사 '이'가 생략된 형태로 쓰였다는 설명은 적절하다.

⑤ '현대어 풀이'의 '좋고'를 참고할 때, '됴코'는 형용사 어간 '둏-'에 연결 어미 '-고'가 결합된 형태임을 알 수 있다. 따라서 형용사 어간 뒤에 연결 어미 '-고'가 쓰였다는 설명은 적절하다.

[40~43] 언어 + 매체

40 매체의 정보 구성 방식   답 ④

④ 기자는 연령대별 신청 건수가 아니라 연령대별 신청 비율을 수치로 제시하고 있다.

오답이 오답인 이유

① 진행자는 '그런데 시청자분들 중에서는 이런 것을 궁금해할 수 있을 것 같습니다.'라고 말하며 시청자가 궁금해할 수 있는 내용을 기자에게 질문하고 있다.

② 진행자는 한 신문사의 조사 내용을 지우개 서비스가 호응을 얻는 배경으로 설명하며 소개 내용과 관련지어 시청자의 관심을 유도하고 있다.

③ 기자는 상담 게시판에 올라온 중학생 A 양의 사연을 소개하여 정보를 사실감 있게 구성하고 있다.

⑤ 기자는 개인 정보와 관련한 시각 자료를 화면으로 제시하고 출처가 개인 정보 포털 누리집이라는 것을 밝혀 신뢰성을 높이고 있다.

41 매체에 대한 수용 태도   답 ③

정답이 정답인 이유

③ '시청자 3'은 제도가 악용될 수 있는 측면을 언급하고 있으나, 이러한 측면을 지적한 매체를 언급하고 있는 것은 아니다.

오답이 오답인 이유

① '시청자 1'은 자신의 개인 정보를 남이 올린 상황을 언급하고 있는데, 방송에서 기자가 소개한 사례는 자신이 올린 개인 정보를 삭제하지 못하는 사례이므로 서로 다른 상황이라 할 수 있다. 그러면서 '시청자 1'은 이럴 때 도움을 받을 수 있는 방

법을 다음 방송에서 알려 주면 좋겠다고 하였다.

② '시청자 2'는 SNS의 대중화로 인해 개인 정보 침해가 많이 발생하는 요즘, 오늘 방송이 도움이 될 것 같다고 하였으므로 시의성 측면을 긍정적으로 판단하고 있다. 그리고 신청 대상의 범위를 확대하기를 원하는 자신의 의견을 드러내고 있다.

④ '시청자 1'은 자신의 사진이 인터넷에 올려진 경험을, '시청자 4'는 방송을 본 후 서비스를 신청해 본 경험을 언급하며 자신의 입장을 밝히고 있다.

⑤ '시청자 2'는 신청 대상이 30세 미만으로 정해진 기준을, '시청자 4'는 본인 인증 과정과 관련한 정보를 언급하지 않았음을 언급하며 방송에서 제공한 정보의 양이 충분한지를 점검하였다.

42 발표 자료의 정보 구성 방식   답 ⑤

정답이 정답인 이유

⑤ (가)에서 기자의 발화를 통해 볼 때 법정 대리인 동의서는 신청자가 14세 미만일 때 제출하는 서류이다. 따라서 괄호 안에 '필요시'라고 적힌 서류는 신청자의 연령에 따라 첨부 자료가 추가되는 것으로 이해할 수 있으며, 신청 유형에 따른 첨부 서류로 볼 수 없다.

오답이 오답인 이유

① '지켜야 할 우리의 개인 정보 서비스란?'은 서비스 명칭의 줄임말과 관련한 제목으로, 이때 '지', '우', '개', '서비스'는 글자의 크기와 굵기에 변화를 주고 있다.

② 기자가 언급한 내용을 요약하여 신청 자격과 서비스의 내용에 대한 정보 등을 제시하고 있다.

③ 입증 자료를 확보하는 방법은 방송에서 언급되지 않았는데, 슬라이드에서는 선과 숫자 표지를 활용하여 추가로 제시하고 있다.

④ 기자가 언급한 세 단계의 절차가 잘 드러나도록 인터넷 화면을 보여 주는 그림과 화살표를 활용하여 제시하고 있다.

43 어미의 쓰임   답 ②

정답이 정답인 이유

② '게시물이어야'에서 '-어야'는 조건임을 나타내는 연결 어미인데, '신발은 어느 정도 신던 것이어야 편하다.'에서 '것이어야'의 '-어야'도 마찬가지로 조건을 나타낸다.

오답이 오답인 이유

① '아무리 길어야 오늘을 넘지 않을 거야.'에서 '길어야'의 '-어

야'는 아무리 가정을 하여도 그 결과에 영향이 없음을 나타내는 말이다.

③ '외삼촌은 막차를 타기 위해 뛰어야 했다.'에서 '뛰어야'의 '-어야'는 '하다' 앞에 쓰여 그러한 상황에 처할 수밖에 없음을 나타내는 말이다.

④ '네가 아무리 울어야 아무런 소용이 없다.'에서 '울어야'의 '-어야'는 아무리 가정하여도 그 결과에 영향이 없음을 나타내는 말이다.

⑤ '우리가 겪어야 할 고통은 이루 말할 수 없다.'에서 '겪어야'의 '-어야'는 '하다' 앞에 쓰여 그러한 상황에 처할 수밖에 없음을 나타내는 말이다.

[44~45] 매체

44 매체의 유형에 따른 특성 답 ④

정답이 정답인 이유

④ (가)의 카드 뉴스 아래에 있는 숫자는 뉴스 정보를 제공하는 순서를 기록한 것일 뿐, 비용을 신청하는 과정을 단계적으로 설명하는 것이 아니다.

오답이 오답인 이유

① (가)에는 카드 뉴스가 게시된 날짜와 시각이 기록된다. 하지만 (다)에는 신문이 발행된 날짜와 요일만 기록되고 기사가 작성된 시각은 기록되어 있지 않다.

② 종이 매체인 (다)와 달리 (나)는 인터넷 매체이다. (나)의 댓글에서 볼 수 있듯이 (나)는 하이퍼링크를 사용하여 외부의 정보에 접근할 수 있다.

③ (다)의 종이 신문 상단에 있는 '사회'는 그 면 전체가 사회 분야와 관련한 기사를 싣고 있다는 것을 의미한다.

⑤ 문자와 그림을 활용하여 가독성을 높인 뉴스가 카드 뉴스이므로 (가)에 사용된 그림은 독자의 주의를 끌 수 있다. 또한 (다)의 표제의 글씨 크기는 기사의 다른 부분보다 크게 표현함으로써 독자의 주의를 끌 수 있다.

45 매체의 주체적 수용 답 ⑤

정답이 정답인 이유

⑤ (다)의 3문단에서 편의점을 운영하는 소상공인들이 설치에 '소극적'이라고 표현한 것은 소상공인들이 해당 정책에 부담

을 느끼기 때문이고, 이 기사문의 매체 자료 생산자는 그러한 부담이 왜 발생하고 있는지를 설명하고 있다. 따라서 소상공인들에 대한 매체 자료 생산자의 부정적 관점이 드러난다는 것은 적절하지 않다.

오답이 오답인 이유

① (가)의 카드 뉴스에서는 두 번째 카드와 세 번째 카드에서 각각 '식품 안전'과 '탄소 중립'을 언급함으로써 마트와 편의점의 개방형 냉장고에 문을 달면 좋아지는 점에 대해 설명하고 있다.

② (나)에서 정책이 실현되면 '행복이'와 '사랑이'는 모두 네 번째 카드에 언급된 '에너지 절감'이 이루어질 것으로 판단하고 있다. 한편 '행복이'는 정책이 실현되면 폐기되는 냉장 식품의 양을 줄일 수 있을 것으로 보지만, '사랑이'는 그렇지 않을 것이라고 보고 있으므로 서로 다른 입장이 드러난다.

③ (다)의 부제에서 '강행'과 '압박감'이라는 단어를 사용함으로써 정부 정책에 대한 매체 자료 생산자의 중립적이지 않은 태도가 드러난다.

④ (다)의 1문단에 언급된 대형 업체가 '환영'하는 이유는 기사에서 제시되지 않았다. 의사소통의 관점에서 볼 때는 매체 자료 생산자가 편의점의 입장을 중심으로 기사를 구성하기 위해 정보의 양을 조절한 것으로 볼 수 있다.

01 ⑤	02 ①	03 ④	04 ⑤	05 ③
06 ①	07 ⑤	08 ③	09 ①	10 ③
11 ⑤	12 ①	13 ⑤	14 ③	15 ⑤
16 ⑤	17 ③	18 ⑤	19 ①	20 ②
21 ③	22 ③	23 ⑤	24 ④	25 ⑤
26 ③	27 ②	28 ④	29 ③	30 ④
31 ④	32 ②	33 ④	34 ②	35 ③
36 ④	37 ②	38 ⑤	39 ⑤	40 ③
41 ④	42 ③	43 ④	44 ⑤	45 ⑤

[01~05] 독서 - 인문

언어 개념에 대한 동양 사상가들의 생각

해제 이 글은 언어 개념의 특징과 언어 개념에 대한 중국 춘추 전국 시대 사상가들의 생각을 서술하고 있다. 언어 개념은 보편성과 고정적이라는 특성을 가지고 있다. 공자는 언어 개념을 명확히 하는 것이 사회 질서를 바로잡는 전제가 된다고 주장하였고, 순자는 귀천을 밝히고 대상을 서로 구별하여 사회 질서를 이루기 위해 언어 개념이 필요하다고 하였다. 노자와 장자의 사상은 문명 비판적이고 반권위주의적인 특징을 가지는데, 노자는 언어 개념이 그것이 가리키는 대상의 본질과는 거리가 있다고 생각하고, 본질은 언어 개념으로 표현되기 이전의 상태라고 생각했다. 장자는 언어 개념이 상대적이며 유한성을 가지고 있어, 대상의 본질을 전달하기 위한 하나의 수단에 불과하다고 생각했다.

주제 언어 개념의 특징과 언어 개념에 대한 공자, 순자, 노자, 장자의 생각

구성
• 1문단: 언어 개념의 특징
• 2문단: 언어 개념에 대한 춘추 전국 시대 사상가들의 생각
• 3문단: 언어 개념에 대한 공자와 순자의 생각
• 4문단: 노자와 장자의 사상의 특징
• 5문단: 언어 개념에 대한 노자와 장자의 생각

01 세부 내용 파악   답 ⑤

정답이 정답인 이유

⑤ 5문단에서 노자는 언어 개념으로 표현되기 이전의 상태가 대상의 본질이며, 이것을 무명(無名) 혹은 무(無)로 표현했다고 하였다. 노자는 유명 세계에서 사용하는 언어 개념을 통해서 무명의 진상을 파악할 수 있다고 보았을 뿐, 문명 비판적인 언어 개념을 사용하여 무명의 세계의 본질을 만들 수 있다고

본 것은 아니다.

오답이 오답인 이유

① 1문단에서 인간은 언어를 사용하며, 언어로 표현된 개념을 통해 사고할 수 있다는 점에서 다른 존재와 구별된다는 것을 알 수 있다.

② 2문단에서 공자는 사회 질서를 위한 언어 개념의 역할에 관심을 두었다는 것을 알 수 있다.

③ 4문단에서 도가는 기존의 질서를 비판하고 그것에 대한 반성을 모색한 사상이라는 것을 알 수 있다.

④ 3문단에서 공자는 모든 사람이 자기의 명분에 맞게 행동해야 하며, 그 명분은 분명한 언어로 표현되어야 한다고 생각하였음을 알 수 있다.

02 구체적 사례 적용   답 ①

정답이 정답인 이유

① 얼굴과 특성이 다른 여러 사람을 모두 '사람'이라고 칭하는 것은, 실제 현실의 여러 대상을 우리가 하나의 언어 개념으로 가리키는 것을 보여 주는 것으로, 실제 현실의 대상에 비해 언어 개념이 추상적이라는 것을 보여 주는 사례라고 할 수 있다.

오답이 오답인 이유

② '사자'라는 이름에 사용된 문자의 형태가 실제 사자의 외적인 형태와 관련이 없다는 것은, 언어 개념에 사용된 표음 문자의 형태와 언어 개념이 가리키는 실제 대상의 외적 형태가 관련이 없다는 것을 보여 주는 사례이다.

③ 하늘이라는 하나의 대상이 언어의 종류에 따라 '하늘', 'sky' 등 다양한 이름으로 불리는 것은, 실제 현실의 대상과 언어 개념 사이에는 필연적인 관련이 없다는 것을 보여 주는 사례이다.

④ 하늘의 별을 '별'이라고 이름 지어 사회에서 널리 사용하고 있으면 개인이 별을 임의로 '발'이나 '불'로 부를 수 없다는 것은, 언어가 그 언어를 사용하는 사회의 약속이어서 개인이 임의로 바꿀 수 없다는 것을 보여 주는 사례이다.

⑤ 중세 국어에서는 '어리다'라는 단어가 '어리석다'라는 의미이지만 현대 국어에서는 '나이가 적다'라는 의미로 변한 것은, 언어가 시간의 흐름에 따라 사라지고 새로 생기며 변할 수 있다는 것을 보여 주는 사례이다.

03 다른 견해와의 비교   답 ④

정답이 정답인 이유

④ 순자는 어떤 대상을 가리키는 언어적 명칭은 선천적으로 고정된 의미가 없으며, 사람들이 사회적으로 약속하여 해당 명칭

을 일반적으로 사용하게 되면 그 대상의 이름, 즉 언어 개념이 되는 것이라 보았다. 또한 귀천을 밝히고 대상을 서로 구별하기 위해서 언어 개념이 필요하다고 보았다. 그러므로 대상 간의 분별을 통해 순자가 말하는 예가 이루어지며, 예는 사회 질서를 위한 사회적 규범이라 할 수 있다. 그런데 〈보기〉에서는 여러 대상이 모두 동등하므로 '말은 소이고, 소는 말'이라고 할 수 있다고 이야기하고 있다. 이런 〈보기〉에 대해 순자는 사회의 약속에 의해 정해진 언어 개념을 어지럽혀, 사회 혼란을 야기할 수 있다는 반응을 보일 수 있다.

오답이 오답인 이유

① 순자는 어떤 대상을 가리키는 언어적 명칭이 선천적으로 고정된 의미가 있는 것이 아니라고 보았다.

② 〈보기〉에서 대상의 같은 점에 주목하는 것은, 순자가 말하는 언어 개념을 사용하는 목적인 대상을 구별하여 귀천을 밝히는 것과 상반되는 것이다.

③ 말과 소를 다른 이름으로 부르는 것은 대상을 언어 개념을 통해 구별하는 것으로, 사회 질서를 무너뜨리는 행위가 아니다.

⑤ 순자는 사회 질서를 위해 사회적 규범이라 할 수 있는 예를 중시한 사상가로서, 예는 대상 간의 분별을 통해 이루어진다고 보았다.

04 구체적 사례 적용　답 ⑤

정답이 정답인 이유

⑤ 3문단에서 공자는 혼란한 사회 속에서 언어 개념을 명확히 하는 것이 사회 질서를 바로잡는 전제가 되며, 언어가 제대로 사용되어야 사회 질서가 잡히고 바람직한 공동체가 형성될 것이라 보는 정명 사상을 제시하였음을 알 수 있다. ㉕는 이러한 정명 사상을 보여 주는 것으로, 공자는 언어 개념을 명확히 하여 사회 질서를 바로잡을 수 있다고 본 것이지, 각자 주관적 기준에 따라 언어 개념을 사용해야 한다고 본 것은 아니다.

오답이 오답인 이유

① 5문단에서 노자는 모든 것이 언어 개념을 가지고 있으며, 언어 개념을 통해 대상을 인식하는 현실 세계를 유명(有名)의 세계라 표현했음을 알 수 있다. ㉑는 대상이 자신의 본질 그대로 인식되지 못하는 유명의 세계를 보여 준다.

② 5문단에서 노자는 현실 세계의 모든 것이 언어 개념을 가지고 있고, 언어 개념을 통해 대상을 인식하고 있다고 보았음을 알 수 있다.

③ 5문단에서 장자는 언어 개념이 상대적이며 유한성을 가지고 있으므로, 대상의 본질을 전달하기 위한 하나의 수단에 불과한 것으로 보았음을 알 수 있다. ㉣에서 언어의 목적이 뜻을

전달하는 데 있고 뜻을 전달했으면 언어는 잊어야 한다는 것은, 장자의 견해와 부합한다.

④ 3문단에서 공자는 언어가 제대로 사용되어야 사회 질서가 잡히고 바람직한 공동체가 형성될 것이라 보았음을 알 수 있다. ㉕는 이러한 공자의 사상을 보여 준다.

05 단어의 의미 파악　답 ③

정답이 정답인 이유

③ ⓐ는 '어떤 대상에 의하여 일정한 상태나 결과가 생기거나 만들어지다.'라는 의미를 가지고 있다. ⓐ와 문맥상 바꿔 쓰기에 가장 적절한 것은 '목적한 것이 이루어지다.'라는 의미를 가진 '달성되다'이다.

오답이 오답인 이유

① '책이나 과정 따위가 고쳐져 다시 엮이다.'라는 의미이다.

② '조직이나 단체 따위가 짜여 만들어지다.'라는 의미이다.

④ '새로 만들어져 정해지다.'라는 의미이다.

⑤ '엮여 모아져서 책·신문·영화 따위가 만들어지다.'라는 의미이다.

[06~11] 독서 – 사회

동조 현상에 대한 이해

해제 이 글은 동조 현상에 대해 설명하고 있다. 동조 현상은 집단이 구성원에게 가하는 압력에 의해 개인의 행동이나 태도가 변하는 것이며, 집단의 규범과 밀접한 관련이 있다. 동조 현상이 일어나는 원인 중 규범적 영향력은 개인이 집단에서 고립되지 않기 위해 집단의 규범을 따르는 것이며, 정보적 영향력은 개인이 판단하기 어려울 때 집단의 규범이나 의견을 정보로 여기고 따르는 것이다. 동조 현상은 순응, 동일시, 내면화로 나눌 수 있는데, 순응은 보상을 얻거나 벌을 피하기 위해 일시적으로 동조하는 것이고, 동일시는 집단의 특정 구성원과 비슷해지고 싶다는 욕구 때문에 일어나는 동조이며, 내면화는 집단의 규범을 자신의 내면에 완벽하게 수용한 것이다.

주제 동조 현상의 원인과 분류

구성

• 1문단: 동조 현상의 정의
• 2문단: 동조 현상과 집단의 규범
• 3문단: 동조 현상의 원인 1 – 규범적 영향력
• 4문단: 동조 현상의 원인 2 – 정보적 영향력
• 5문단: 동조 현상의 분류 – 순응, 동일시, 내면화

06 글의 구조와 전개 방식　답 ①

정답이 정답인 이유

① 이 글은 동조 현상의 정의와 동조 현상의 발생 원인인 규범적 영향력과 정보적 영향력을 언급하고 있으며, 동조 현상을 동조 현상이 일어나는 상황이나 정도에 따라 순응, 동일시, 내면화로 구분하여 제시하고 있다.

오답이 오답인 이유

② 동조 현상 중 동일시가 일어나면 자신이 닮고자 하는 사람의 태도와 행동을 무비판적으로 따르게 될 가능성이 높아진다는 문제 상황을 제시하고 있지만, 그에 대한 해결 방안을 모색하고 있지는 않다.

③ 동조 현상을 구성하고 있는 여러 요소를 분석하거나, 다른 현상의 구성 요소와 비교하고 있지는 않다.

④ 동조 현상을 바라보는 상반된 관점을 제시하고 있지는 않다.

⑤ 동조 현상을 상황이나 정도에 따라 세 가지로 분류하여 설명하고 있지만, 동조 현상이 나타나기 전의 과정을 세 단계로 나누어 설명하고 있지는 않다.

07 세부 내용 파악　답 ⑤

정답이 정답인 이유

⑤ 2문단에서 집단의 규범에는 명문화되어 있거나 공식적으로 발표된 명시적 규범과, 명문화되어 있지 않으며 공식적으로 발표되지 않았지만 사람들이 암묵적으로 동의하는 묵시적 규범이 있다는 것을 알 수 있다. 그리고 3문단에서 동조 현상이 일어나는 원인 중에는 개인이 집단에서 고립되지 않고 구성원으로 받아들여지기 위해 집단의 명시적 규범이나 묵시적 규범을 따르는 규범적 영향력이 있다는 것을 알 수 있다. 즉 집단의 공식적인 규범에 의해서도 동조 현상이 일어난다는 것을 알 수 있다.

오답이 오답인 이유

① 4문단에서 낯선 상황에 처한 개인은 상황에 맞는 적절한 생각과 행동을 하기 위하여, 집단의 규범이나 다른 구성원들의 생각을 습득해야 할 정보로 여기고 이를 습득한 후 따르게 된다는 것을 알 수 있다.

② 1문단에서 집단의 압력이 실제로 존재하지 않더라도 집단이 압력을 가하고 있다고 개인이 느낄 수 있는데, 이런 경우에도 동조 현상이 일어날 수 있다는 것을 알 수 있다.

③ 3문단에서 개인이 집단의 규범을 잘못된 것이라 생각해도 규범적 영향력에 의해 동조가 일어날 수 있다는 것을 알 수 있다.

④ 5문단에서 개인은 자신이 잘 모르는 행동을 해야 할 때 집단

의 다른 구성원의 행동을 기준으로 삼는데, 이때 매력적인 구성원이 있다면 그와 비슷해지고 싶다는 욕구가 생기며 이를 통해 동조가 일어날 수 있다는 것을 알 수 있다.

08 구체적 사례 적용　답 ③

정답이 정답인 이유

③ 〈보기〉에서 '답변 1'을 통해 세 명의 피험자가 처음에는 광점의 이동 범위에 대한 생각이 모두 달랐음을 알 수 있다. '답변 2'와 '답변 3'을 통해 피험자들이 집단을 이루어 광점의 이동 범위에 대한 생각을 말하면서 광점의 이동 범위에 대한 묵시적 규범이 점차 생기고 있음을 알 수 있다. '답변 4'는 각각의 피험자들을 분리한 후 다른 피험자들의 압력 없이 자신이 최종적으로 생각한 광점의 이동 범위를 말하게 한 것인데, 각각의 피험자들은 모두 유사한 범위를 말했다. 즉 '답변 4'를 통해 피험자 집단에 생긴 묵시적 규범을 각각의 피험자가 스스로 옳다고 생각하고 받아들이고 있음을 알 수 있다.

오답이 오답인 이유

① 〈보기〉의 실험의 결과를 보면 구성원이 세 명인 소규모 집단에서도 묵시적 규범이 생겨나 동조 현상이 나타날 수 있음을 알 수 있다.

② 〈보기〉의 '답변 1'의 결과에서 '답변 4'의 결과로 변화하는 것은 피험자 집단에서 광점의 이동 범위에 대한 묵시적 규범이 생겨나 집단의 규범이 개인에게 영향을 미쳤음을 보여 준다.

④ 〈보기〉의 각 피험자의 '답변 1'과 '답변 4'의 수치를 비교하면 피험자마다 광점의 이동 범위에 대해 생각이 변화하는 정도가 다르다. 즉 집단의 묵시적 규범이 생성되는 과정에서 각 구성원의 생각 변화의 폭이 다르다는 것을 알 수 있다.

⑤ 〈보기〉에서 피험자들이 답하는 광점의 이동 범위는 정답에 대한 판단이 모호한 문제이다. 〈보기〉를 통해 이런 문제에 대해서도 집단의 묵시적 규범이 정해질 수 있다는 것을 알 수 있다.

09 구체적 사례 적용　답 ①

정답이 정답인 이유

① 〈보기〉에서 갑은 점점 을을 신뢰하고 존경하게 되면서 을처럼 되고 싶다고 생각했으므로, 갑은 을에 대해 동일시의 욕구를 가진 것이다. [A]에서 동일시의 욕구를 가지는 개인은 판단이 필요한 상황에서 자신이 닮고자 하는 사람의 태도와 행동을 무비판적으로 따르게 될 가능성이 높다는 것을 알 수 있다.

오답이 오답인 이유

② [A]에서 동일시 없이 반복적인 순응으로 인해 내면화가 일어나기도 한다는 것을 알 수 있다. 즉 을과 같은 존재가 없더라도 갑이 동아리 활동을 해야 한다는 학교 방침에 대해 반복적으로 순응한다면 이를 내면화할 가능성이 있다.

③ [A]에서 보상을 얻기 위해서는 내면화 없이 일시적으로도 동조할 수 있다는 것을 알 수 있다. 즉 〈보기〉에서 갑이 동아리 활동으로 인한 이익을 인지한다고 해도, 그것이 곧바로 집단의 규범을 자신의 내면에 완벽하게 수용한 내면화로 이어지는 것은 아니다.

④ [A]에서 순응은 보상을 얻거나 벌을 피하기 위해, 또는 다른 구성원들과 좋은 관계를 유지하기 위해 일시적으로 동조하는 것임을 알 수 있다. 갑이 학교 방침이 아니라 동아리 활동이 중요하다는 신념으로 인해 동아리에 가입했다면 순응이라 할 수 없다.

⑤ [A]에서 내면화의 단계에 이른 집단 규범은 외부 압력 없이도 자발적으로 유지되며 오랫동안 지속됨을 알 수 있다. 갑이 동아리 활동을 해야 한다는 학교 방침을 내면화한다면 오랫동안 내면화가 지속될 것이다.

10 생략된 내용 추론 　　　　　　　　　　답 ③

정답이 정답인 이유

③ 4문단에서 정보적 영향력은 개인이 판단의 근거가 부족하거나 판단이 어려울 때 집단의 규범이나 의견을 정보로 여기고 따르는 것을 의미함을 알 수 있다. 〈보기〉에서는 B에 있는 선분 중 A에 있는 선분과 길이가 같은 선분을 피험자가 명확하게 판단할 수 있다고 하였다. 즉 〈보기〉의 실험은 피험자에게 정보적 영향력이 발생하기 어려운 상황이며, 이를 통해 정보적 영향력이 발생하기 어려운 상황에서도 동조 현상이 일어나는 것을 알 수 있다.

오답이 오답인 이유

① 〈보기〉에서 집단의 묵시적 규범이 개인의 답변에 영향을 미치는 것을 알 수 있다. 하지만 〈보기〉에서는 외적인 변화만 알 수 있을 뿐, 내적인 변화가 일어났는지는 알 수 없다.

② 2문단에서 집단의 규범은 어떤 행동이나 의견이 적절한 것인지 부적절한 것인지를 판단하는 기준이 될 수 있다고 하였다. 또한 〈보기〉의 실험을 통해 집단의 규범이 개인의 결정이 적절한 것인지 판단하는 기준이 되는지는 알 수 없다.

④ 〈보기〉에서 집단의 묵시적 규범에 의해 피험자가 순응하는 모습이 나타난다. 하지만 순응이 피험자의 태도나 신념의 변화로 이어졌는지는 알 수 없다.

⑤ 〈보기〉에서 가짜 피험자가 포함된 집단이 압력을 가할 때 진짜 피험자가 오답을 말한 비율이 36.8%에 달했다는 것은, 집단이 압력을 가할 때 많은 피험자에게 동조 현상이 발생할 수 있다는 것을 보여 준다. 하지만 반대로 정답을 말한 비율이 63.2%에 달했다는 것은, 집단이 압력을 가할 때 동조 현상이 일어나지 않는 경우도 있다는 것을 보여 준다. 이로 인해 집단이 개인에게 압력을 가할 때 개인에 따라 동조의 발생 여부가 다르다는 것을 알 수 있다.

11 단어의 의미 파악 　　　　　　　　　　답 ⑤

정답이 정답인 이유

⑤ ⓐ와 ⑤의 '따르다'는 '관례, 유행이나 명령, 의견 따위를 그대로 실행하다.'라는 의미이다.

오답이 오답인 이유

① '좋아하거나 존경하여 가까이 좇다.'라는 의미이다.

② '일정한 선 따위를 그대로 밟아 움직이다.'라는 의미이다.

③ '다른 사람이나 동물의 뒤에서, 그가 가는 대로 같이 가다.'라는 의미이다.

④ '앞선 것을 좇아 같은 수준에 이르다.'라는 의미이다.

[12~17] 독서 – 과학·기술

(가) 남세균의 특징

해제 이 글은 남세균에 대해 설명하고 있다. 남세균은 조류 중 지구상에 최초로 존재하였으며 광합성 생물이다. 남세균으로 인해 지구 대기에 산소가 생기면서 호기성 생물이 탄생할 수 있었고 오존층이 형성되었다. 남세균은 질소 고정 능력이나 포자 형성, 공기 주머니를 통한 수직 이동 등 환경 변화에 대한 적응력을 가지고 있다. 남세균은 대사 작용의 결과로 냄새를 유발하는 물질과 독소 물질을 생성하기도 한다.

주제 남세균으로 인한 영향과 남세균의 특징

구성

• 1문단: 조류의 정의와 특징

• 2문단: 남세균이 지구 생태계에 미친 영향

• 3문단: 남세균의 환경 변화 적응력

• 4문단: 남세균의 대사 작용의 결과로 발생한 물질

(나) 녹조 현상에 대한 이해

해제 이 글은 녹조 현상에 대해 설명하고 있다. 녹조 현상은 강이나 호수에 남세균이 과도하게 발생하여 물의 색깔이 짙은 녹색으로 변하는 현상이다. 남세균의 발생에 영향을 미치는 요인에는 영양물질과 수온 및 일사량, 물의 흐름이 있다. 질소와 인을 포함한 남세균의 성장에 필수적인 여러 영양물질이 증가하거나, 강이나 호수의 수온이 높아지고 일사량이 증가하거나, 물의 흐름이 약하고 정체되어 있으면 남세균이 더 많이 증식할 수 있다. 남세균은 수생태계에서 생산자의 역할을 하지만, 과다하게 증식하여 녹조 현상이 일어나면 수생태계에 나쁜 영향을 미칠 수 있다.

주제 녹조 현상의 발생에 영향을 미치는 요인

구성
- 1문단: 녹조 현상의 정의
- 2문단: 녹조 현상의 발생에 영향을 미치는 영양물질
- 3문단: 녹조 현상의 발생에 영향을 미치는 수온과 일사량
- 4문단: 녹조 현상의 발생에 영향을 미치는 물의 흐름
- 5문단: 녹조 현상이 수생태계에 미치는 영향

12 글의 구조와 전개 방식   답 ①

정답이 정답인 이유

① (가)에서는 남세균의 환경 변화 적응력과 남세균이 생성하는 물질 등 남세균의 특징을 설명하고 있으며, (나)에서는 녹조 현상이 발생하는 원인인 영양물질과 수온 및 일사량, 물의 흐름을 설명하고 있다.

오답이 오답인 이유

② (가)에서는 조류 중 남세균에 대해 설명하고 있으나 다른 조류에 대해 언급하고 있지는 있다. (나)에서는 녹조 현상의 다양한 원인을 설명하고 있지만, 원인에 따른 녹조 현상의 종류를 나누어 설명하고 있지는 않다.

③ (가)에서는 남세균의 기원에 대해 언급하고 있지만, 이와 관련한 학설은 소개하고 있지 않다. (나)에서는 녹조 현상에 대한 상반된 평가를 비교하고 있지 않으며, 수생태계에 나쁜 영향을 미친다는 녹조 현상에 대한 부정적인 평가만 언급하고 있다.

④ (가)에서는 조류가 수생태계에 에너지를 공급하는 것을 언급하며 조류가 수생태계에 미치는 영향을 설명하고 있다. (나)에서는 녹조 현상이 수생태계에 미치는 영향을 언급하고 있지만, 인간에 미치는 영향을 분석하고 있지는 않다.

⑤ (가)에서는 과거 남세균에 대해 언급하고 있지만, 남세균이 진화한 과정을 통시적으로 살피고 있지는 않다. (나)에서는 남세균의 증식에 영향을 미치는 요인을 드러내고 있다.

13 세부 내용 파악   답 ⑤

정답이 정답인 이유

⑤ (가)의 2문단에서 남세균은 광합성을 통해 물과 이산화 탄소를 산소와 영양분으로 만들었으며, 이렇게 발생한 산소로 인해 지구 대기 상층부에 형성된 오존층이 지구 온도를 조절하는 기능을 한다는 것을 알 수 있다. 즉 조류가 온도 조절 기능을 가지고 있는 것은 아니다.

오답이 오답인 이유

① (가)의 1문단에서 조류는 생태계 먹이 그물에서 1차 소비자의 먹이가 되는 생산자로서, 수생태계에 에너지를 공급하는 중요한 역할을 한다는 것을 알 수 있다.

② (가)의 2문단에서 산소는 지구 대기 중에서 태양에서 오는 자외선과 만나 오존을 형성하고, 이렇게 만들어진 오존은 20~25km 상공에서 오존층을 형성하였다는 것을 알 수 있다.

③ (가)의 1문단에서 조류는 엽록소를 가지고 있어 햇빛과 이산화 탄소를 이용해 산소와 유기물을 만들어 내는 광합성 작용을 한다는 것을 알 수 있다.

④ (가)의 4문단에서 남세균이 만든 마이크로시스틴과 같은 독소는 포유류가 흡수할 경우 간세포나 신경계에 나쁜 영향을 줄 수 있다는 것을 알 수 있다.

14 세부 내용 파악   답 ③

정답이 정답인 이유

③ (가)의 3문단에서 남세균은 생존에 불리한 환경에서는 포자를 형성해 물속 퇴적층에 가라앉아 있다가, 생존에 좋은 환경이 되면 다시 포자가 발아하여 성장하기도 한다는 것을 알 수 있다. 즉 남세균이 포자를 형성하여 스스로 양분을 만들 수 있는 것은 아니다.

오답이 오답인 이유

① (가)의 4문단에서 물에서 나는 흙냄새나 곰팡이 냄새를 유발하는 물질은 남세균이 엽록소를 합성하는 과정에서 생성되기도 한다는 것을 알 수 있다.

② (가)의 2문단에서 남세균은 약 35억 년 전의 지층에서 화석으로 발견되었다는 것을 알 수 있다. 즉 남세균은 화석을 통해 약 35억 년 전 지구상에 존재했다는 것을 알 수 있다.

④ (가)의 4문단에서 남세균이 생성한 독소 물질은 평상시에는 남세균의 세포 안에 존재하며 배출되지 않지만, 남세균이 사체가 되었을 때 배출될 수 있다는 것을 알 수 있다.

⑤ (가)의 3문단에서 일부 남세균은 대기 중의 질소를 유기 질소로 전환하여 저장하는 질소 고정 능력이 있어, 양분이 되는 질소가 부족한 환경에서도 생존할 수 있다는 것을 알 수 있다.

15 생략된 내용 추론   답 ⑤

정답이 정답인 이유

⑤ 〈보기〉에서 자연적으로 물속에 녹조 현상의 원인이 되는 영양물질이 생성되기도 한다는 것을 알 수 있다. 즉 인위적인 활동으로 인해 발생한 영양물질이 없어도 녹조 현상이 일어날 수 있다는 것을 추론할 수 있다.

오답이 오답인 이유

① 〈보기〉에서 부영양화란 물속에 조류 등 각종 플랑크톤의 양분인 영양물질이 많아진 상태라는 것을 알 수 있다. 즉 부영양화는 영양물질이 증가하는 것이므로 녹조 현상의 원인이 될 수 있다. 하지만 빈영양화는 물속에 영양물질이 충분하지 않은 상태를 의미하므로 녹조 현상의 원인이 될 수 없다.

② 〈보기〉에서 수중 생물의 사체가 분해되는 과정을 통해 자연적으로 물속에 녹조 현상의 원인이 되는 영양물질이 생성되기도 한다는 것을 알 수 있다. 즉 수중 생물의 사체가 분해되는 과정을 통해 녹조 현상을 막을 수 있는 것은 아니다.

③ 〈보기〉에서 부영양화는 영양물질이 많아진 상태라는 것을 알 수 있고, (나)를 통해 영양물질의 증가는 녹조 현상의 원인이 된다는 것을 알 수 있다. 하지만 서서히 진행된 부영양화로 인해 발생한 녹조 현상을 쉽게 제거할 수 있는지에 대한 정보는 〈보기〉와 (가), (나)를 통해 추론할 수 없다.

④ (가)에서 조류는 수생태계에 에너지를 공급하는 중요한 역할을 한다는 것을 알 수 있다. 즉 조류의 생성을 차단하면 수생태계가 유지되기 어렵다는 것을 추론할 수 있다.

16 구체적 사례 적용   답 ⑤

정답이 정답인 이유

⑤ 〈보기〉에서 비가 오면 땅에 있는 비료의 성분이 B호수로 유입되는 것을 알 수 있으며, (나)의 2문단에서 비가 올 때 빗물과 함께 흘러내리는 비료 등에는 질소나 인과 같은 여러 영양물질이 들어 있다는 것을 알 수 있다. 즉 B호수는 비가 온 후에 영양물질이 늘어남을 알 수 있다. 남세균의 발생에 영향을 미치는 수온과 물의 흐름이 같다면, 비가 온 후 영양물질이 늘어나므로 남세균이 증가할 것이다.

오답이 오답인 이유

① (나)의 4문단에서 물의 흐름이 약하거나 정체되어 있으면 남세균이 더 많이 증식할 수 있다는 것을 알 수 있다. 즉 A강의 유속을 느리게 만든다면 녹조 현상의 발생 가능성이 증가할 것이다.

② (나)의 2문단에서 각종 농축산 시설 등에서 배출하는 폐수에는 남세균의 성장에 필수적인 여러 영양물질이 들어 있다는 것을 알 수 있다. 즉 A강의 주변에 자리 잡고 있는 축산 시설이 사라진다면 남세균이 감소할 가능성이 증가할 것이다.

③ (나)의 2문단에서 도심에서 나오는 하수 등에는 질소와 인을 포함한 남세균의 성장에 필수적인 여러 영양물질이 들어 있다는 것을 알 수 있다. 즉 A강을 중심으로 도심이 형성된 후 하수 처리가 미흡할 경우에는 남세균이 번식하기 좋은 환경이 될 가능성이 증가할 것이다.

④ (나)의 2문단에서 비료 등에 포함된 질소는 남세균의 성장에 필수적인 영양물질이라는 것을 알 수 있다. B호수 인근의 과수 농원에서 사용하는 비료의 주성분이 질소라면 녹조 현상의 발생 가능성이 증가할 것이다.

17 구체적 사례 적용   답 ③

정답이 정답인 이유

③ (나)의 4문단에서 성층 현상이란 따뜻하고 밀도가 낮은 물이 위에 놓이고 차갑고 밀도가 높은 물이 아래에 놓여 밀도 차에 의해 수층이 분리되면서 물이 수직으로 잘 이동하지 않는 현상이라는 것을 알 수 있다. 즉 〈보기〉의 b강은 성층 현상이 일어난 상태를 보여 준다. 성층 현상이 일어나 물이 잘 섞이지 않으면 수면의 온도가 더욱 올라가게 되어 남세균이 성장하기 더 좋은 환경이 만들어진다는 것을 (나)를 통해 알 수 있다.

오답이 오답인 이유

① b강에 나타난 수심에 따른 수온 변화의 양상을 볼 때, b강은 성층 현상이 일어난 상태이다. (나)의 4문단에서 성층 현상은 수심이 깊고 흐름이 정체된 강이나 호수에서 잘 일어남을 알 수 있다.

② (나)의 4문단에서 따뜻하고 밀도가 낮은 물이 위에 놓이고 차갑고 밀도가 높은 물이 아래에 놓이면 밀도 차에 의해 수층이 분리되면서 물이 수직으로 잘 이동하지 않음을 알 수 있다. 즉 a강보다 b강이 수심에 따른 물의 밀도 차가 클 것이다.

④ (나)의 3문단에서 햇빛은 남세균의 광합성을 위해 필수적 요소임을 알 수 있다. 즉 a강과 b강 모두 현재 상태에서 일사량이 많아질수록 녹조 현상이 잘 일어날 것이다.

⑤ (나)의 2문단에서 영양물질은 남세균의 증식에 필수적이라는 것을 알 수 있다. b강의 수온이 남세균이 왕성하게 성장할 수 있는 수온이지만, 남세균의 증식에 필수적인 영양물질의 양과 관계없이 녹조 현상이 잘 일어나는 것은 아니다.

작자 미상, 「낙성비룡」

해제 이 작품은 중국을 배경으로 한 영웅 소설로, 비범한 인물이 처지가 몰락한 후 자신을 알아주는 사람을 만나 결연하게 되지만 그 후 장애를 겪다 결국 능력을 발휘하게 된다는 내용을 담고 있다. 특히 다른 영웅 소설과는 달리 주인공이 잠꾸러기에 먹성이 엄청난 먹보로 설정된 것이 특징이다. 작품의 내용에서 한문투가 아닌 순우리말 어구가 발견되는 점이 주목할 만하다.

주제 영웅 이경모(경작)의 고난 극복과 승리

전체 줄거리 명나라 북경 유화촌에 이주현이라는 선비가 있었다. 그의 부인 오 씨가 어느 날 큰 별이 방 안에 떨어졌다가 황룡이 되어 승천하는 꿈을 꾸고 잉태한 뒤, 18개월 만에 아들을 낳아 경모(아명 경작)라고 이름을 지었다. 경모는 어려서 부모를 잃은 뒤, 남의 집 머슴살이를 하며 떠돌아다니다가 퇴임 재상 양 승상의 눈에 띄어 그의 사위가 된다. 그러나 승상이 죽자 처가의 박대를 견디지 못한 그는 집을 나가 청운사로 들어가 학문을 닦아 장원 급제를 하게 된다. 마침 번왕이 모반하여 쳐들어오자 그는 원수가 되어 이를 평정하고 평원왕에 봉해져서 양 승상의 딸과 해로하게 된다.

18 작품의 내용 이해 답 ⑤

정답이 정답인 이유

⑤ 노인이 경작에게 금기를 알려 주는 내용은 찾아볼 수 없다.

오답이 오답인 이유

① 경작이 "어르신의 따님은 재상의 천금과 같은 소저로 존귀하기가 끝이 없습니다. ~ 하지만 정말로 숙녀라면 어찌 사양하겠습니까?"라고 말한 데에서 경작이 양자윤의 혼인 제안을 과분하게 생각하면서도 이를 받아들인다는 것을 알 수 있다.

② 양자윤이 경작에게 '네 비록 어린아이나 예의를 모르는구나.'라고 말한 데에서 경작이 양자윤에게 무례한 태도를 보였음을 확인할 수 있다.

③ "그렇게 물어보시니 마음속에 담은 일을 말씀드리겠습니다." 이후 경작이 조실부모한 이후 고생한 자신의 행적을 이야기하는 모습을 찾아볼 수 있다.

④ '그대는 이렇게 떠도느니 평안히 거처하며 학문을 하는 것이 어떻겠소?'라는 말에서 노인이 경작에게 떠돌이 생활을 하는 현재와는 다른 삶을 살도록 설득하는 것을 확인할 수 있다.

19 작품의 내용 이해 답 ①

정답이 정답인 이유

① [B]에서 경작이 '저는 가난하여 적선한 일이 없습니다.'라고 말한 데에서 자신의 행동에 대해 바르게 말하지 않는 모습을 찾아볼 수 있지만, 이는 경작의 겸손함에서 비롯된 행동일 뿐 노인에게 혼란을 주기 위한 의도라고 할 수 없다. 또한 노인이 자신의 정체를 감춘 것 역시 경작에게 혼란을 주기 위한 의도라고 보기 어렵다.

오답이 오답인 이유

② [A]는 경작과 양자윤이 서로에 대해 탐색하며 알아 가는 과정을 보여 주는 장면이지만, [B]에서는 노인이 이미 경작이 대식가라는 것과 그가 적선을 했다는 사실을 알고 있는 것을 통해 [A]와 달리 [B]에서 두 사람이 서로에 대해 가진 정보가 비대칭적이라는 것을 알 수 있다.

③ [A]에서는 '네 승상 양자윤을 아느냐?'를 통해 경작이 상대가 양자윤이라는 재상임을 알게 되고 또한 경작도 자신의 상황과 처지를 양자윤에게 털어놓지만, [B]에서는 경작이 노인의 정체를 알게 되는 부분이 나타나지 않는다.

④ [A]에서는 '가장 어진 재상이라 들었습니다.'라는 경작의 말에서 경작이 외부에서 얻은 정보를 통해 상대인 양자윤에 대해 긍정적인 인상을 가지고 있었음을 알 수 있다.

⑤ [A]에서는 '경작이 머리를 헤쳐 쓸고 보니, 흰옷을 입은 어른이 머리에 갈건을 쓰고 오른손에는 보석으로 장식된 채를 잡고 왼손에는 명아줏대로 만든 지팡이를 짚고 있었다. ~ 이 사람은 뭔가 있는 늙은이로구나.'라고 생각하였다.'에서 경작이 양자윤의 외양을 통해 그가 평범한 사람이 아니라고 생각하는 것을 확인할 수 있으며, [B]에서는 경작이 자신이 노인의 집에 오기 전에 적선을 하고 온 것을 이미 알고 있는 노인의 특별한 능력을 근거로 그가 평범한 사람은 아닐 것이라 생각하는 것을 확인할 수 있다.

20 소재의 기능 파악 답 ②

정답이 정답인 이유

② ⓛ은 경작이 노인의 집에 오기 전에 적선한 금액으로, 현실 속에 등장하는 소재이며, ⓒ은 노인이 경작에게 노잣돈으로 건네준 것으로, 환상 속 세계에 등장하는 것이다.

오답이 오답인 이유

① 뒷부분의 '웅장한 누각은 없어지고 편한 바위 위에 누워 있었다.'에서 누각이 환상 속 소재로 금세 사라지고 마는 일시성을 지닌 것임을 확인할 수 있다.

③ 환상 속에서 노인이 '노자가 없으니 노부가 간단하게나마 차

려 주겠소.', '내일 부어 놓은 차를 마시고 가시오.'라고 말하였으며, 현실에서 경작이 '차 종지를 거두고 돈을 허리에 찼다'는 부분을 통해 돈과 차는 환상과 현실에 모두 등장한다는 것을 알 수 있으므로 두 세계를 이어 준다고 할 수 있다.

④ 종이에 노인의 정체가 죽은 양자윤이며 경작을 돕기 위해 하늘에 하루 말미를 구하여 그의 앞에 나타났다는 사연이 적혀 있는 것을 통해 알 수 있다.

⑤ 슬픔에 잠겨 있던 경작이 공중에서 나는 '어서 가라는 소리'를 듣고 '공중을 향해 두 번 절하고 떠났다'고 했으므로 '소리'는 경작이 환상 속에서 장인(노인)을 만나 느낀 감정을 떨치고 현실로 돌아가도록 재촉하는 역할을 한다고 할 수 있다.

21 외적 준거에 따른 작품 감상　　　답 ③

정답이 정답인 이유

③ 경작이 밥을 많이 먹는 것을 그가 지닌 특별한 능력이라고 하기 어려우며, 주변과는 달리 노인(양자윤)이 그러한 사실을 아는 것도 후원자로서의 안목에 의한 것이 아니라 경작과 함께 살았기 때문에 경험을 통해 알고 있었던 것이다.

오답이 오답인 이유

① 경작이 소를 끌고 가는 목동의 처지라는 것을 통해 주인공이 비천한 신분이라 아무도 그를 주목하지 않았을 것임을 예상할 수 있으므로 그의 재능이 눈에 띄기 어려운 상황임을 보여 준다고 할 수 있다.

② 막내딸의 나이가 열넷인데, 결혼할 때가 되었다는 것은 양자윤이 사위를 발탁하기 위해 여러 인물을 탐색하던 중이었으며 그러한 때에 경작을 만나게 된 것이므로 경작이 후원자를 만나게 되는 데 개연성을 부여한다고 할 수 있다.

④ 청운사의 중이 의롭고 부유하여 어려운 선비를 많이 대접하였다는 것은 경작이 그 절에 가서 공부를 함으로써 견문을 넓힐 기회를 얻게 될 것임을 짐작하게 해 준다.

⑤ 노인이 '노부가 세상을 버린 뒤 너의 몸이 항상 괴롭구나.'라고 말한 것에서 양자윤이 죽은 후 경작의 삶이 순탄치 않았음을 알 수 있다.

[22~24] 문학 – 고전 시가

작자 미상, 「갑민가」

해제 이 작품은 창작 시기와 작가는 분명히 밝혀지지 않았지만 조선 영·정조 때(18세기) 성대중이 함경도 북청 부사로 있을 당시 근처 갑산(甲山) 지역에 살았던 사람이 지은 것으로 추정된다. 갑산은 변방인 함경남도 북동부에 위치한 곳으로, 조선 시대에 삼수와 더불어 유명한 귀양지 중 하나였다. 기온이 낮고 지형이 험준하여 경작지가 많지 않았기 때문에 이곳의 사람들은 신역으로 인한 부담이 클 수밖에 없었다. 특히 몰락 양반이나 힘이 없는 민중은 족징(族徵)과 지방 관리의 학정 등으로 신역에 대한 부담이 더욱 커졌는데, 이를 견디다 못한 사람들은 결국 고향을 떠날 수밖에 없었다. 이처럼 조선 후기 백성들의 삶을 힘겹게 하는 당대 사회의 모습을 작품 속 갑민의 삶의 모습을 통해 고발하고 있다는 점에서 이 작품은 현실 비판적인 성격의 가사 작품으로 평가받고 있다. 또한 갑민과 생원이라는 두 사람의 대화 형식을 통해 내용이 전개된다는 점이 특징이다.

주제 부조리한 현실 비판

구성

• 서사: 유리하는 갑민을 본 생원의 말
• 본사: 생원의 제안에 대한 갑민의 반박
• 결사: 갑민의 소원과 작별 인사

22 표현상의 특징 파악　　　답 ③

정답이 정답인 이유

③ 역설적인 표현을 통해 이주 과정에서 겪는 고단함을 드러내고 있는 부분은 찾아볼 수 없다.

오답이 오답인 이유

① '내곧 신역 이러하면 이친 기묘 하올소냐'에서 물음의 형식을 통해 부당한 신역 문제가 자신이 갑산을 떠날 수밖에 없는 이유임을 강조함으로써 자신의 이주 행위에 대한 정당성을 드러내고 있다.

② '요상으로 볼작시면 베적삼이 깃만 남고 / 허리 아래 굽어보니 헌 잠방이 노닥노닥'에서 구체적인 묘사를 통해 갑민의 가족이 이주하고 있는 처지를 부각하고 있다.

④ '우리 조상 남쪽 양반 진사 급제 계속하여 ~ 내 시절에 원수인의 모함으로 군사 강등 되단 말가'에서 시간의 흐름을 통해 화자의 처지가 양반에서 군역을 부과받는 대상으로 변하게 된 과정을 보여 주고 있다.

⑤ '후치령 길 비켜 두고 ~ 신역 없는 군사 되세'에서 목적지인 북청을 향한 경로를 나열하여 북청에서의 삶에 대한 기대감을 보여 주고 있다.

23 작품의 내용 파악
답 ⑤

정답이 정답인 이유

⑤ ④의 '시기인의 참소 입어 전가사변 하온'을 통해 갑민은 자신의 의지와 관계없이 변방 땅으로 강제 이주해 왔다는 것을 알 수 있으므로, ㉮에서 고향을 버리고 '타도타관 옮겨 살면 천히' 될 수 있다는 견해에 동조한다고 볼 수 없다.

오답이 오답인 이유

① ㉮에서 고향을 버리고 떠나는 갑민은 남루한 복장으로 병든 가족과 함께 이주하며 '십리 길을 하루 가'는 절망적인 상태로 표현되고 있지만, ④에서 북청이 살기 좋다는 소문을 듣고 '인읍 백성'들이 '남부여대 모여드'는 모습은 새로운 삶에 대한 희망을 안고 있는 것으로 표현되고 있으므로 적절하다.

② ㉮에서 '본토 군정 싫다 하고 자네 또한 도망'해서는 안 된다고 만류하는 것을 통해 ㉮에서는 군정을 백성의 의무로 인식하고 있는 것을 엿볼 수 있는 반면, ④에서는 '여러 사람 모든 신역 내 한 몸에 모두 무니'를 통해 군정에 '허오'가 많다고 여긴다는 것을 알 수 있으며 북청에서는 이러한 허오가 없어져 '군정 안보'함으로써 '백골 도망 원한 풀어' 준다는 것을 통해 군정의 허오가 원한의 원인이라고 여긴다는 것을 알 수 있다.

③ ㉮에서 이주하려는 갑민에게 '돈피'를 잡아 신역을 갚고 나머지로 살림살이를 장만하여 새 즐거움 누리라고 말한 것과 관련하여 ④에서는 도망간 친척들의 몫까지 감당해야 하는 과도한 신역으로 그러한 것이 불가능하다고 답하고 있는 것을 찾아볼 수 있다.

④ ㉮에서 이주를 만류하고 살던 고향에 계속 살라고 하는 의견에 대해, ④에서 '우리 고을 군정 신역 / 북청같이 하여지라', '내곧 신역 이러하면 이친 기묘 하올소냐' 등과 같이 답한 것에서 자신의 고을에 북청 부사와 같은 사람이 있어 신역의 부담이 덜어지면 이렇게 이주하지 않을 것이라고 말하는 것을 확인할 수 있다.

24 외적 준거에 따른 작품 감상
답 ④

정답이 정답인 이유

④ '충군애민 북청 원님 우리 고을 들르시면 / 군정 도탄 그려다가 임금님께 올리리라'에는 북청 원님과 같은 충군애민하는 사람이 우리 고을에 들르게 되면 임금에게 백성의 고통을 전달할 것이고, 임금에게 실상이 전달되면 현실이 개선될 것이라는 희망이 담겨 있다. 이는 같은 제도하에서도 다스리는 인물에 따라 민생이 달라질 수 있다는 것이므로 제도의 개선이 선행되어야 한다는 것과는 거리가 멀다.

오답이 오답인 이유

① 제시된 내용은 갑민이 자신의 가족과 함께 갑산 지역을 떠나는 모습을 묘사한 것으로, 유리하는 백성들의 고통이 담겨 있는 부분이다.

② 도망간 친족들의 신역을 갑민이 혼자 감당하고 있는 것을 통해 부조리한 조세 체계와 신역 담당 계층의 감소로 향촌 사회가 붕괴되어 가는 모습을 엿볼 수 있다.

③ 갑민이 신역의 부당함을 호소하기 위해 감영에 의송을 보냈지만 오히려 본읍에 처리를 맡겨 곤장을 맞고 돌아왔다고 한 데에서 백성들의 고통이 전달될 수 있는 제도가 제대로 마련되어 있지 않았다는 것을 알 수 있다.

⑤ 갑민인 화자가 상대에게 현실의 문제와 관련하여 하고 싶은 말을 다 하려면 매우 많은 시간이 걸릴 것이라고 말하는 데에서 상대가 현실을 제대로 파악하지 못하고 있다고 여긴다는 것을 알 수 있다.

[25~28] 문학 – 현대 소설

황순원, 「목넘이 마을의 개」

해제 이 작품은 동물을 주인공으로 한 설화적인 성격의 소설로, 마을 사람들에 의해 죽을 위기에 처한 개 '신둥이'와 그 개를 도망치게 도와준 한 노인의 이야기를 통해서 우리 민족의 수난을 암시하는 한편, 휴머니즘을 통해서 고난을 극복할 수 있음을 보여 주고 있다. 노인이 들려준 이야기를 다시 '나'가 전해 주는 액자식 구성 방식을 취하고 있다.

주제 (신둥이로 상징되는) 우리 민족의 수난과 강인한 생명력. 생명에 대한 외경감

전체 줄거리 서북간도로 떠나는 사람들이 반드시 지나가야 하는 곳에 위치해 '목넘이 마을'이라 불리는 곳에 어느 날 떠돌이 개 신둥이(흰둥이)가 나타난다. 신둥이는 방앗간을 근거지로 삼고서 마을 개들의 먹이 그릇을 뒤지며 목숨을 부지하던 중 마을 사람들에 의해 미친개 취급을 받으며 뒷산으로 쫓겨난다. 마을 사람들은 마을의 개 누렁이, 검둥이, 바둑이 세 마리가 신둥이와 함께 사라졌다가 돌아오자 마을 개들도 미친개라고 여겨 잡아먹는다. 다시 신둥이가 마을의 방앗간으로 돌아오자 마을 사람들은 신둥이를 잡기 위해 모인다. 그중 간난이 할아버지는 신둥이가 새끼를 밴 것을 보고 차마 죽이지 못하고 빠져나가도록 내버려둔다. 겨울이 오자 간난이 할아버지는 산에 나무를 하러 갔다가 우연히 신둥이의 새끼들을 보게 되어 그들을 몰래 보살펴 준다. 그러고는 신둥이의 새끼들이 자라자 한 마리씩 다섯 마리를 모두 데려와 이웃에 나누어 주고, 그로 인해 마을의 개들은 신둥이의 피를 이어받게 된다.

25 작품의 내용 이해 답 ⑤

정답이 정답인 이유

⑤ 신둥이가 새끼를 낳은 사실을 간난이 할아버지가 아무에게도 알리지 않았다고 했으므로, 동장네 역시 자신들이 얻어 간 강아지가 신둥이의 자손이라는 것을 알 수 없었을 것이다. 따라서 신둥이가 미친개가 아니라는 것을 알게 되어 신둥이 자손을 받아들인 것이라고 할 수 없다.

오답이 오답인 이유

① 간난이 할아버지가 산속에서 신둥이의 새끼들을 보고 '다시 한번 속으로 놀라고 말았다'는 것에서 알 수 있다.

② 간난이 할아버지도 처음에는 마을 사람들과 함께 신둥이를 죽이려고 했지만, 신둥이가 새끼를 뱄다는 것을 알고 놓아주었으며 이후 신둥이의 새끼들에게 먹이를 가져다주며 돌봐 준 것을 통해 신둥이를 대하는 태도가 호의적으로 바뀌었다는 것을 알 수 있다.

③ '누기 빈틈을 냈'냐는 질문에 동장네 절가가 "아즈반이웨다

레."라고 말한 것과 신둥이를 놓치게 만든 간난이 할아버지를 두고 큰동장이 "늙은 것은 뒈데야 해. 뒈데야 해."라고 말한 것에서 사람들이 간난이 할아버지 때문에 신둥이가 달아났다는 사실을 알고 있다는 것을 확인할 수 있다.

④ 신둥이가 달아난 뒤, '서산 너머의 옛날부터 험한 곳이라고 해서 좀처럼 나무꾼들이 드나들지 않는' 곳에 새끼를 낳은 것을 통해, 마을 사람들로부터 벗어나 인적이 드문 곳에서 새끼를 낳았다는 것을 알 수 있다.

26 서술상의 특징 파악 답 ③

정답이 정답인 이유

③ 앞선 부분이 전지적 시점에서 서술된 반면, [A]에서는 1인칭 서술자가 등장함으로써 시점이 전환되었으며, 앞선 이야기가 등장인물의 회상에 의한 것임을 밝히고 있다.

오답이 오답인 이유

① 인용이 나타나지 않으며, 사건의 전모를 서술하는 부분이라고 할 수도 없다.

② 신둥이와 관련된 앞선 이야기가 과거의 이야기임이 드러나는 부분으로, 앞부분과의 관계를 고려하면 시간적 배경이 변화한다고 할 수 있지만, [A] 안에서 과거와 현재가 입체적으로 배치된 내용이 드러나지는 않는다.

④ 액자식 구성인 이 글의 [A]에 외부 이야기의 서술자인 '나'가 새롭게 등장하지만, 앞선 이야기(내부 이야기) 속 사건에 대한 인물의 소회가 드러나는 부분은 찾아볼 수 없다.

⑤ 앞선 이야기 속 인물들의 대화 내용을 요약한 부분을 찾아볼 수 없으며, 인물 간의 갈등을 보여 주고 있지도 않다.

27 작품의 내용 이해 답 ②

정답이 정답인 이유

② '별나게 새파란 불'은 자신을 해치려는 동네 사람들에 대한 신둥이의 공포와 생존 본능이 드러난 것이다. 따라서 이러한 신둥이의 눈빛은 동네 사람들의 욕망과 야망성을 상징하는 것이 아니라 그에 대응되는 것이다.

오답이 오답인 이유

① 신둥이 눈에서 나오는 새파란 불을 보고 '새끼 밴 것을 차마?' 라고 하며 틈새를 만들어 준 것을 통해 간난이 할아버지가 양심에 자극을 받았다는 것을 알 수 있다.

③ 간난이 할아버지가 만든 틈새를 통해 신둥이가 달아나므로 틈새는 신둥이가 위기를 모면하는 데 결정적 역할을 한다는

것을 알 수 있다.

④ 동네 사람들은 신둥이를 미친개라고 생각해서 죽이려고 하지만 간난이 할아버지는 신둥이를 측은하게 생각하여 틈새를 만들어 달아나게 해 주므로, 틈새는 신둥이에 대한 간난이 할아버지와 동네 사람들의 태도 차이를 보여 준다고 할 수 있다.

⑤ 간난이 할아버지는 신둥이 눈에서 나오는 새파란 불을 보고 신둥이가 수태한 상태라는 것을 눈치채고, 틈새를 만들어 도망가게 해 주므로 틈새가 생겨난 원인은 신둥이 눈에서 나온 별나게 새파란 불에 대한 간난이 할아버지의 해석과 관련이 깊다고 할 수 있다.

28 외적 준거에 따른 작품 감상   답 ④

정답이 정답인 이유

④ 간난이 할아버지가 마을 사람들에게 신둥이 새끼 다섯 마리를 한 마리씩 안아다 줌으로써 신둥이의 자손이 마을에 퍼지게 된다. 이는 격동의 시기를 헤쳐 낸 우리 민족의 생명력을 드러낸 것으로, 민족이 분열될 수밖에 없었던 상황을 암시한다는 내용은 적절하지 않다.

오답이 오답인 이유

① 타지에서 흘러 들어온 신둥이가 목넘이 마을에서 살아남아 새끼를 낳기까지 자신을 해치려는 사람들의 배척과 폭력을 이겨 내야 했으므로, 이는 생존을 위한 신둥이의 '목넘이'에 해당한다고 할 수 있다.

② 신둥이가 굶주림과 폭력을 딛고 개의 본성 중 하나인 번식에 성공한 것으로 보아, 신둥이의 새끼들은 신둥이가 어려움을 딛고 얻은 산물이며 신둥이가 가진 강인한 생명력의 결과라고 할 수 있다.

③ 신둥이가 우리 민족을 의미하는 대상이라고 한다면, 앙상하니 뼈만 남은 신둥이의 모습은 해방 이후 궁핍한 삶에 시달렸던 우리 민족의 모습을 보여 주는 것이라고 할 수 있다.

⑤ 신둥이가 우리 민족을 상징한다는 〈보기〉의 내용을 고려할 때 신둥이의 종자가 좋다는 것은 신둥이의 유전적 우수성을 나타내는 것으로, 우리 민족의 우수성을 드러내고자 하는 의도가 담긴 것으로 볼 수 있다.

[29~34] 문학 – 현대시 + 현대 수필

(가) 최승호, 「북어」

해제 이 작품은 밤의 식료품 가게에 놓인 말라비틀어진 '북어'의 모습을 통해 비판적으로 생각하고 말하는 능력을 잃어버린 현대인들을 비판하고 있다. 전반부에서 화자는 꼬챙이에 나란히 꿰어진 북어를 관찰하다가 어느 순간 북어의 모습에서 현대인의 모습을 발견하고 연민을 느끼게 된다. 후반부에서는 북어들이 화자를 향해 외치는 소리를 듣고, 화자 자신도 다른 사람들과 다를 바 없다는 것을 인식하고 자신에 대한 반성을 하게 된다. 이 부분에서 시상의 반전이 일어나 비판의 주체였던 화자는 비판의 대상이 된다.

주제 비판 정신과 삶의 지향성을 잃은 현대인에 대한 비판

구성
• 1~7행: 가게에 진열된 북어의 모습 묘사
• 8~19행: 북어를 통해 무기력한 현대인 비판
• 20~23행: 비판의 대상이 된 화자 자신

(나) 오규원, 「물증」

해제 이 작품은 화자가 수족관에서 우연히 발견한 '폐어'의 모습에서 현대인의 모습을 연상하고, 그에 대한 비판의 내용을 담은 시이다. 폐어는 아가미로 숨을 쉬는 어류의 성격과 폐를 통해 숨을 쉬는 양서류의 성격을 모두 가지고 있음에도 불구하고, 보다 진화된 단계인 양서류로 넘어가지 못하고 정체된 상태의 생물이다. 화자는 폐어에서 현대인의 모습을 발견하게 되는데, 현대인들 역시 날로 진화하기보다는 폐어처럼 정체되거나 답보된 삶을 살아가고 있음을 지적한다. 이는 마지막 행의 '깨끗하게 썩지도 못하겠구나'라는 진술에 드러난 자조적이며, 부정적 인식을 통해 다시 한번 확인할 수 있다.

주제 현대 문명 속에서 살아가는 인간의 삶에 대한 반성

구성
• 1~11행: 수족관에 모습을 드러낸 폐어의 내력
• 12~16행: 폐어와 견주어 본 인간의 모습

(다) 목성균, 「명태에 관한 추억」

해제 이 글은 명태에 관한 글쓴이의 경험과 추억을 통해 명태가 가진 속성을 예찬하고 있는 수필이다. 다른 생선들이 비릿함을 개성으로 내세우는 반면 명태는 비릿하지 않고 담백하며 어획 시기의 특성상 거의 부패하지 않는데, 이것이 바로 명태가 가진 개성임을 강조하며 명태의 다양한 쓰임과 명태와 어울리는 식재료 등을 소개하고 있다.

주제 명태의 담백한 맛과 개성

구성
• 1~2문단: 명태의 담백함과 썩은 명태를 보기 어려운 이유
• 3~5문단: '썩어도 준치'라는 말이 생겨난 배경
• 6문단: 명태의 다양한 쓰임
• 7문단: 명태와 가을무의 어울림

29 표현상의 특징 파악 답 ③

정답이 정답인 이유

③ (가), (다)는 각각 '북어', '명태'를 의인화하여 각 대상에 관한 화자의 인식을 드러내고 있다.

오답이 오답인 이유

① (가)에서는 북어가 있는 식료품 가게 안과 화자가 있는 밖의 공간이 대비된다고 볼 수 있지만, 이를 통해 작품의 분위기가 변화되지는 않으며, (나)에서는 공간의 대비가 드러나지 않는다.

② (가)는 '너도 북어지'라는 질문을 통해 부정적인 시대 상황과 그러한 시대를 살아가는 태도에 대한 화자의 비판적 정서가 드러나지만, (나)에는 질문이 나타나지 않는다.

④ (다)에는 냉동 산업과 운송 여건이 갖추어지기 전과 후의 모습이 제시되어 있지만 이는 과거와 현재가 교차되는 모습이라고 하기 어려우며, 추구하는 세계의 모습을 드러내는 것도 아니다. (나)에는 폐어가 고생대 말기부터 오늘까지 살아왔다는 표현이 있지만, 이를 과거와 현재의 교차로 보기는 어렵다.

⑤ (다)는 3문단에서 생선의 숙성과 관련된 내용과 이에 대한 화자의 태도가 언급되긴 하지만, (가), (나)에서는 대상의 변화 과정이 묘사된 부분이 나타나지 않는다.

30 배경 및 소재의 기능 파악 답 ④

정답이 정답인 이유

④ '네 발'은 양서류의 신체적 조건으로, 폐어가 폐를 가졌음에도 양서류로 진화하지 않고 어류에 머물며 살고 있다는 내용을 통해 '네 발'은 폐어가 진화 대신 '뻘'로 상징되는 현실에 안주함으로써 버린 가치 혹은 포기한 가치로 이해할 수 있다. 따라서 '네 발'이 폐어가 뻘 속에서 살아남기 위해 필요한 것이라는 진술은 적절하지 않다.

오답이 오답인 이유

① '말라붙고 짜부라진' 눈은 눈앞의 대상을 똑바로 바라볼 수 없는 모습을 나타내는 것으로, 눈이 제 기능을 하지 못하는 것을 의미한다고 할 수 있다.

② '빳빳한'은 굳어 버린 북어의 지느러미를 나타내는 표현으로, '싱싱'했던 본래의 속성이 변질된 것을 의미한다고 할 수 있다.

③ '싱싱한 지느러미를 달고 / 헤엄쳐 갈 데 없'다는 것을 통해 지느러미를 갖고는 있지만 쓰일 데가 없다는 의미로 이해할 수 있다.

⑤ 양서류가 되기를 포기한 채 어류로 살아가는 폐어가 지느러미를 '질질 끌'고 있다는 것을 통해 지느러미는 폐어에게 진화를 위해 버려야 할 대상이라고 이해할 수 있다.

31 외적 준거에 따른 작품 감상 답 ④

정답이 정답인 이유

④ (나)의 '물이 있으면 아가미로 숨 쉬고 / 물이 마르면 폐로 숨을' 쉰다는 것은 어류와 양서류의 중간적인 정체성을 지닌 폐어의 특징을 서술한 것으로, 이는 진화의 중간 단계에서 정체되어 버린 폐어의 특징을 나타낸 것이다. 따라서 이 표현은 정체된 삶에 안주한 현대인의 속성을 드러낸 것으로 환경에 빠르게 적응하는 현대인의 속성을 부각한다고 보기 어렵다.

오답이 오답인 이유

① (가)의 '밤의 식료품 가게'의 '밤'이 가지는 의미와 '케케묵은 먼지'의 '먼지'가 가지는 이미지를 통해 시상 전개의 출발에서부터 대상인 '북어'를 바라보는 화자의 부정적인 인식을 엿볼 수 있다.

② (가)의 '북어들의 일 개 분대가 / 나란히 꼬챙이에 꿰어져 있었다'에서 '분대'는 군대 용어로, 군사 독재 시절을 연상시키는 표현이다. 이는 북어의 경직된 면모를 현대인과 화자에게 적용시켜 가는 시상의 전개를 고려하면 독재 시대 당시 억압된 현실을 암시하는 것이라고 할 수 있다.

③ (가)의 '너도 북어지 너도 북어지 너도 북어지 / 귀가 먹먹하도록 부르짖고 있었다'에서 시상의 초점이 북어에서 현대인, 그리고 마지막으로 화자 자신에게로 향하는 것을 알 수 있다.

⑤ (나)의 '뻘'은 폐어와 현대인들이 살아가는 공간으로, 폐어가 진화를 거부하고 정체된 삶을 사는 대상임을 고려하면 현대인의 정체된 삶이 이루어지고 있는 곳이다. 또한 뻘 자체가 가진 속성과 '깨끗하게 썩'기도 힘든 곳이라는 표현을 고려하면 현대인이 살아가는 암담한 현실을 의미한다고 할 수 있다.

32 시어, 시구의 의미와 기능 파악 답 ②

정답이 정답인 이유

② ⓐ는 명태가 죽은 후 말린 북어가 되어 딱딱해진 모습을 통해 비판적인 말을 하지 못하는 현대인의 모습을 보여 주는 부분이며, ⓑ는 명태가 담백한 맛을 지닌 것을 표현한 것이다. 즉 ⓐ와 달리 ⓑ는 대상의 속성을 긍정적으로 표현한 부분이라고 할 수 있다.

오답이 오답인 이유

① ⓐ와 ⓑ 모두 대상의 속성을 실제와 반대로 표현하고 있다고 볼 수 없다.

③ ⓐ는 북어의 딱딱한 속성을 통해 북어에 빗댄 대상의 경직된 모습을 표현한 내용으로, 대상이 추구하는 본질적 가치를 드러내고 있는 표현으로 보기 어렵다.

④ ⓐ는 북어의 굳고 경직된 모습을 통해 비판의 목소리를 잃은

현대인들을 표현한 것이며, ⓑ는 명태가 다른 생선과 달리 비릿한 맛을 지니지 않는 것을 긍정적으로 표현한 것으로, ⓐ와 ⓑ가 대상에 대해 화자가 표현하고자 하는 동일한 특성을 담고 있다는 것은 적절하지 않다.

⑤ ⓐ는 북어의 모습에 빗대어 현대인의 속성과 현대 사회를 비판한 것으로 자연 현상을 바라보는 태도를 드러낸다고 보기 어려우며, ⓑ 역시 명태가 다른 생선과는 달리 비릿한 맛이 나지 않는다는 의미로 자연 현상에 대한 태도가 드러난다고 보기 어렵다.

33 표현상의 특징 파악   답 ⑤

정답이 정답인 이유

⑤ '조선무가 없으면 명태의 담백한 맛을 살려 내기 힘들었을' 것이라는 데에서 가정은 나타나지만, 이것이 명태의 변화에 대한 기대감을 드러내는 것은 아니므로 적절하지 않다.

오답이 오답인 이유

① '늦가을 텃밭의 황토 흙에 하반신을 묻고 상반신을 햇살에 파랗게 드러낸' 등에서 감각적 표현을 통해 대상을 예찬하고 있다.

② 명태와 무를 모두 의인화하여 각각의 속성을 드러내고 있다.

③ '명태는 제 속을 비워 창난젓과 명란젓을 담게 주고 몸뚱이만 바닷가의 덕장에서 바닷바람에 말라 북어가 되고, 대관령 너머 눈벌판의 덕장에서 눈바람에 말라 더덕북어가 되었는데, 알다시피 제상의 좌포로 진설되거나, 고사상 떡시루 위에 실타래를 감고 누워 사람들의 국궁 재배를 받는 귀물로 받들어졌다.'에서 열거를 통해 명태의 다양한 활용 양상을 서술하고 있다.

④ '명태를 생각하면 언뜻 늦가을 텃밭의 황토 흙에 하반신을 묻고 상반신을 햇살에 파랗게 드러낸 채 서 있던 청정한 조선무가 떠오른다.'에서 연상을 통해 명태와 어울리는 조선무를 소개하고 있다.

34 배경 및 소재의 기능 파악   답 ②

정답이 정답인 이유

② '준치'는 중심 소재인 명태와 비교하기 위해 제시된 대상이다. 겨울철에 잡혀서 좀처럼 썩지 않는 명태와 달리, 준치는 여름철에 잡혀서 쉽게 부패하는 특성을 보인다. 따라서 준치는 명태와의 비교를 통해 명태가 지닌 가치를 돋보이게 하기 위한 소재라고 할 수 있다.

오답이 오답인 이유

① 준치와 명태의 유사성을 언급한 부분을 찾아볼 수 없으며, 그 특징을 일반화하여 소개한 부분도 나타나지 않는다.

③ 준치와 명태의 속성이 대조적으로 제시되었지만, 이것이 다양성에 대한 화자의 성찰을 드러낸다고 할 수 없다.

④ 준치가 썩기 쉬운 고기였지만 보릿고개에 잡힘으로써 배고픈 백성들의 요긴한 식량이 되었다는 것을 이중적 속성으로 보기 어려우며, 이것이 명태의 고유성을 강조하는 것이라고 볼 수도 없다.

⑤ 준치 역시 다른 생선과 마찬가지로 부패로 인해 비릿한 맛이 난다는 특징이 있으므로, 준치가 예외적인 속성을 가졌다고 보기 어렵다.

[35~39] 언어

35 국어의 음운 변동   답 ③

정답이 정답인 이유

③ '긁게 → (긁께) → [글께]'에서는 된소리되기(경음화)와 자음군 단순화가 적용되었으므로 ㉠에 해당한다. '읊다 → (읖다) → (읖따) → [읍따]'에서는 음절의 끝소리 규칙, 된소리되기, 자음군 단순화가 적용되었으므로 ㉡에 해당한다.

오답이 오답인 이유

① '닭과 → (닭꽈) → [닥꽈]'에서는 된소리되기와 자음군 단순화가 적용되었으므로 ㉠에 해당한다. '넓고 → (넓꼬) → [널꼬]'에서는 된소리되기와 자음군 단순화가 적용되었으므로 ㉠에 해당한다.

② '읊지 → (읖지) → (읖찌) → [읍찌]'에서는 음절의 끝소리 규칙, 된소리되기, 자음군 단순화가 적용되었으므로 ㉡에 해당한다. '잃지 → [일치]'에서는 자음 축약인 거센소리되기가 적용되었으므로 ㉠, ㉡ 중 어디에도 해당하지 않는다.

④ '잃고 → [일코]'에서는 거센소리되기가 적용되었으므로 ㉠, ㉡ 중 어디에도 해당하지 않는다. '넓다 → (넓따) → [널따]'에서는 된소리되기, 자음군 단순화가 적용되었으므로 ㉠에 해당한다.

⑤ '않다 → [안타]'에서는 거센소리되기가 적용되었으므로 ㉠, ㉡ 중 어디에도 해당하지 않는다. '긁나 → (극나) → [궁나]'에서는 자음군 단순화, 비음화가 적용되었으므로 ㉠에 해당한다.

36 문장의 짜임   답 ④

정답이 정답인 이유

④ 첫째, 셋째, 넷째 문장은 종속적으로 연결된 이어진문장이라는 점에서 공통적이고, 둘째 문장과 다섯째 문장은 대등하게 연결된 이어진문장이라는 점에서 공통적이다. 앞 절이 뒤 절 안으로 들어갈 수 있는 것은 첫째, 셋째, 넷째 문장이므로 '앞 절과 뒤 절이 종속적으로 이어져 있는'은 ㉠에 들어갈 말로 적절하다.

오답이 오답인 이유

① 앞 절과 뒤 절의 주어가 같은 것은 셋째 문장이고, 나머지 문장들은 앞 절과 뒤 절의 주어가 다르다. 그러므로 앞 절의 주어와 뒤 절의 주어가 같은 것은 앞 절이 뒤 절 안으로 들어갈 수 있는지를 결정하는 요인이 아니다.

② 앞 절과 뒤 절의 주어가 같은 것은 셋째 문장이고, 나머지 문장들은 앞 절과 뒤 절의 주어가 다르다. 그러므로 앞 절의 주어와 뒤 절의 주어가 다른 것은 앞 절이 뒤 절 안으로 들어갈

수 있는지를 결정하는 요인이 아니다.

③ 첫째, 셋째, 넷째 문장은 종속적으로 연결된 이어진문장이라는 점에서 공통적이고, 둘째, 다섯째 문장은 대등하게 연결된 이어진문장이라는 점에서 공통적이다. 그런데 둘째, 다섯째 문장에서는 앞 절이 뒤 절 안으로 들어갈 수 없으므로 '앞 절과 뒤 절이 대등하게 이어져 있는'은 ㉠에 들어갈 말로 적절하지 않다.

⑤ '아름답다'와 '깨끗하다'는 모두 한 자리 서술어이므로, 앞 절의 서술어와 뒤 절의 서술어가 자릿수가 같은 것은 둘째 문장이다. 그러므로 앞 절의 서술어와 뒤 절의 서술어가 자릿수가 같은 것은 앞 절이 뒤 절 안으로 들어갈 수 있는지를 결정하는 요인이 아니다.

37 동사의 유형   답 ②

정답이 정답인 이유

② '편이 둘로 갈렸다.'에서 피동사 '갈리다'에 대응되는 능동사 '가르다'는 '편을 가르다.'와 같이 목적어가 필요한 타동사이다. 따라서 '갈리다'에 대응되는 능동사가 자동사라는 설명은 적절하지 않다.

오답이 오답인 이유

① '손에 입김을 불었다.'의 '불다'는 목적어 '입김을'을 필요로 하는 타동사이고, '바람이 분다.'의 '불다'는 목적어를 필요로 하지 않는 자동사이다. 따라서 '손에 입김을 불었다.'의 '불다'는 타동사인 반면, '바람이 분다.'의 '불다'는 자동사라는 설명은 적절하다.

③ '동생에게 시계를 보였다.'에서 사동사 '보이다'에 대응되는 주동사 '보다'는 '시계를 보다.'와 같이 목적어가 필요한 타동사이다. 따라서 '보이다'에 대응되는 주동사가 타동사라는 설명은 적절하다.

④ '막차가 끊겼다.'의 '끊기다'는 '운행을 하지 않다.'의 의미를 갖는 자동사이다. '끊기다'는 타동사 '끊다'에 피동 접미사 '-기-'가 결합된 피동사이다. 따라서 '막차가 끊겼다.'의 '끊기다'가 타동사 '끊다'에 피동 접미사가 결합한 자동사라는 설명은 적절하다.

⑤ '낙엽을 불에 태웠다.'에서 '태우다'는 자동사 '타다'에 사동 접미사 '-이우-'가 결합된 사동사, 즉 타동사이다. 따라서 '태우다'가 자동사 '타다'에 사동 접미사가 결합한 타동사라는 설명은 적절하다.

38 다의어의 사동사와 피동사 답 ⑤

정답이 정답인 이유

⑤ ⓔ에서 '보인다'는 '어떤 결과나 관계를 맺기에 이르다.'의 뜻을 갖는 '보다'의 피동사이다. 따라서 ⓔ가 보다 「3」의 사동사가 쓰인 예라는 진술은 적절하지 않다.

오답이 오답인 이유

① ⓐ에서 '보이며'는 '눈으로 대상의 존재나 형태적 특징을 알다.'의 뜻을 갖는 '보다'의 사동사이다. 따라서 ⓐ가 보다 「1」의 사동사가 쓰인 예라는 진술은 적절하다.

② ⓑ에서 '보이는'은 '눈으로 대상의 존재나 형태적 특징을 알다.'의 뜻을 갖는 '보다'의 피동사이다. 따라서 ⓑ가 보다 「1」의 피동사가 쓰인 예라는 진술은 적절하다.

③ ⓒ에서 '보였다'는 '대상의 내용이나 상태를 알기 위하여 살피다.'의 뜻을 갖는 '보다'의 사동사이다. 따라서 ⓒ가 보다 「2」의 사동사가 쓰인 예라는 진술은 적절하다.

④ ⓓ에서 '보이자'는 '대상의 내용이나 상태를 알기 위하여 살피다.'의 뜻을 갖는 '보다'의 피동사이다. 따라서 ⓓ가 보다 「2」의 피동사가 쓰인 예라는 진술은 적절하다.

39 간접 발화 답 ⑤

정답이 정답인 이유

⑤ 화자 A는 청자 B에게 취업 계획을 듣고자 요구하고, 청자 B는 자신의 계획을 말하고 있으므로, 화자 A가 자신이 하고자 하는 행동을 할 수 있도록 요청하고 있음을 알 수 있다. 따라서 ⓒ에 해당하는 대화로 적절하지 않다.

오답이 오답인 이유

① 화자 A는 청자 B에게 함께 영화를 보러 가기를 요구하고, 청자 B도 관심을 보이고 있으므로, 화자 A는 화자와 청자가 함께 행동하기를 요청하고 있음을 알 수 있다. 따라서 ㉠에 해당하는 대화로 적절하다.

② 화자 A는 청자 B에게 자신이 내릴 수 있게 비켜 주기를 요구하고, 청자 B가 화자의 요구를 따르고 있으므로, 화자 A가 자신이 하고자 하는 행동을 할 수 있도록 요청하고 있음을 알 수 있다. 따라서 ㉡에 해당하는 대화로 적절하다.

③ 화자 A는 청자 B에게 자신이 신문을 보고자 함을 알리고, 청자 B가 화자에게 신문을 다 보고 자신을 돕기를 부탁하고 있으므로, 화자 A가 자신이 하고자 하는 행동을 할 수 있도록 요청하고 있음을 알 수 있다. 따라서 ㉡에 해당하는 대화로 적절하다.

④ 화자 A는 청자 B에게 조용히 하기를 요청하고, 청자 B가 화자의 요구를 따르고 있으므로, 화자 A는 서술어가 나타내는

행동을 청자 B가 하도록 요청하고 있음을 알 수 있다. 따라서 ㉢에 해당하는 대화로 적절하다.

[40~41] 매체

40 매체 언어의 표현 방법 답 ③

정답이 정답인 이유

③ 화연의 네 번째 발화에서 화상 회의에 늦게 참여한 동욱에게 회의의 내용을 요약하여 전달하고 있는 화연의 발언 내용을 확인할 수 있다. 하지만 화연이 회의의 진행 상황을 메모하여 화면으로 제시하고 있지는 않다.

오답이 오답인 이유

① 동욱이 화상 회의에 입장하였으나 소리가 없자, 화연은 회의 참여자들에게 동욱이 화상 회의에 참여했다는 알림 메시지를 확인하도록 하여 동욱의 회의 참여 사실을 회의에 참여한 다른 친구들에게 알리고 있다.

② 태현은 동욱이 화상 회의에 입장하였으나, 목소리가 들리지 않는 상황을 파악하고 마이크 버튼을 누르도록 안내하여 마이크 기능이 작동되도록 도와주고 있다.

④ 동욱은 창민이 슈링크플레이션에 대해 궁금해하자 자신이 본 뉴스 영상을 공유하고 있다.

⑤ 창민은 회의 내용을 바탕으로 개요로 정리하자고 제안하며 강연 개요서를 작성할 수 있는 링크 주소를 공유하고 있다.

41 정보의 전달과 설득 답 ④

정답이 정답인 이유

④ 창민의 네 번째 발화에서 슈링크플레이션으로 인해 소비자들이 피해를 입게 되는 문제점을 다양한 측면에서 분석한 내용을 설명해 주자고 하였다. 하지만 강연 개요서에는 슈링크플레이션으로 인해 발생하는 문제점의 유형을 소비자와 생산자의 측면으로 나누어 제시한다고 하여 화상 회의에서 언급하지 않은 내용이 포함되어 있다.

오답이 오답인 이유

① 동욱이 '많은 친구들이 창민이와 같은 경험을 가지고 있을 것 같으니, 비슷한 경험을 강연의 첫 부분에 제시하면서 친구들

의 관심을 유도하면 좋을 것 같아.'라고 말한 내용을 통해 확인할 수 있다.

② 화연이 '그리고 '슈링크플레이션'이라는 용어를 처음 들어 본 친구들이 있을 수 있으니, 중간 부분에서는 용어의 어원을 제시하면서 그 의미를 구체적으로 설명하여 친구들의 이해를 돕는 것이 필요할 것 같아.'라고 말한 내용을 통해 확인할 수 있다.

③ 창민이 '개념 설명과 예시를 제시하면 많은 도움이 될 것 같네. 추가로 슈링크플레이션이 일어나는 원인도 함께 알려 줘야 하지 않을까?'라고 말한 내용을 통해 확인할 수 있다.

⑤ 태현이 '현명한 소비자의 태도를 강연 마무리 부분에 제시한다면 친구들에게 유익한 정보를 제공해 줄 수 있을 것 같아.'라고 말한 내용을 통해 확인할 수 있다.

[42~45] 언어 + 매체

42 매체 자료의 생산 　　　　　답 ③

정답이 정답인 이유

③ ㄱ: [장면 1]에서 뉴스의 주제를 첫 화면에 자막으로 제시하여 시청자가 방송의 내용을 예측할 수 있게 하고 있다.

ㄷ: [장면 4]에서 제품이 생산되는 모습을 화면으로 보여 주어 시청자가 현장감 있는 정보를 접할 수 있게 하고 있다.

ㅁ: [장면 3]에서 인터뷰 대답을 정확하게 전달하기 위해 특정 대학생의 발화 내용을 실제 발화보다 정돈하여 자막으로 제시하고 있다.

오답이 오답인 이유

ㄴ: [장면 2]에서 그래프와 화살표로 제시하고 있는 것은 노트북 판매량이 변화한 원인이 아니라 노트북 판매량의 변화이다.

ㄹ: 동일한 질문으로 전문가와 시민의 인터뷰를 실시하고 있지는 않다.

43 매체 자료에 포함된 의사소통 방식 　　답 ④

정답이 정답인 이유

④ (나)의 인쇄된 내용과 달리, (가)의 기자는 '시장 조사 업체 □ □ 리서치', '가전업계에서 출간한 보고서'라는 정보의 출처를

밝히고 있으므로 신뢰성 있게 내용을 전달하고 있다.

오답이 오답인 이유

① 영상과 음성 언어를 활용하여 매체 자료 수용자에게 '저녁 8시'라는 한정된 시간 안에 정보를 전달하는 것을 목적으로 하는 것은 (가)에 해당한다.

② [장면 2]에서 원격 근무가 줄어들면서 노트북의 수요도 줄어들었다고 하였으므로, (가)의 방송이 제공될 때 원격 근무가 증가한다는 내용은 적절하지 않다.

③ (나)는 제품 판매를 촉진하려는 성격을 지니고 있다. 하지만 인쇄 매체이므로 매체 자료 수용자와 매체 자료 생산자가 정보를 실시간으로 주고받기는 어렵다.

⑤ (나)의 인쇄된 내용에는 제품의 장점만을 언급하고 있지만, (가)는 제품과 관련한 장점, 단점, 구매 시 유의 사항 등의 정보를 다루고 있다. 따라서 (가)가 (나)보다 정보를 균형감 있게 구성하였다.

44 매체 자료의 특성 비교 　　　　　답 ⑤

정답이 정답인 이유

⑤ (나)는 손 위에 놓인 제품의 이미지와 손 아래에 적힌 어디서든지 사용할 수 있다는 의미의 문구를 통해 휴대성을 강조하고 있지만, 〈자료〉는 수치를 이용하여 제품의 가격 인하를 강조하고 있다.

오답이 오답인 이유

① (나)는 화면 밖으로 게임이 돌출된 이미지를 이용해 정적인 인쇄 매체에 생동감과 같은 효과를 주고 있다.

② (나)는 공기의 흐름을 연상하게 하는 곡선 형태의 그림 위에 글자를 배열하여 쿨링 장치의 성능을 부각하였다.

③ (나)는 QR 코드를 이용하여, 〈자료〉는 배너를 클릭하여 제품의 작동을 동영상으로 볼 수 있음을 안내하고 있다.

④ 제목을 통해 (나)는 17인치 화면의 노트북임을, 〈자료〉는 업무와 고사양 게임을 모두 할 수 있음을 부각하고 있다.

45 매체 언어의 표현 방법 　　　　　답 ⑤

정답이 정답인 이유

⑤ 연결 어미와 보조 용언이 결합된 구성 '-고 있-'은 이 문맥에서 현재의 진행상을 나타낸다. 제시된 설명은 과거 시제를 설명하는 것이므로 적절하지 않다.

오답이 오답인 이유

① '주로'는 일반적인 것을 가리킬 때 사용하는데, 이는 거꾸로 일반적이지 않은 특수한 경우가 있을 수 있음을 의미한다.

② 보조 용언 '보다'는 어떤 행위를 시험 삼아 함을 나타낼 때 사용된다.

③ '…(으)로 인해'는 앞엣것이 원인이 되어 뒤엣것이 결과가 될 때 사용하는 말이다.

④ 문맥상 '알리는' 행위의 주체는 중요하지 않고 '알려진' 내용이 중요하므로 내용을 부각하기 위해 능동이 아닌 피동 표현을 사용하였다.

실전 모의고사 **3회**   본문 182~208쪽

01 ④	02 ③	03 ③	04 ②	05 ⑤
06 ②	07 ④	08 ①	09 ④	10 ②
11 ②	12 ③	13 ④	14 ⑤	15 ④
16 ③	17 ②	18 ④	19 ③	20 ③
21 ④	22 ⑤	23 ②	24 ⑤	25 ①
26 ②	27 ④	28 ③	29 ③	30 ⑤
31 ③	32 ③	33 ⑤	34 ②	35 ⑤
36 ②	37 ⑤	38 ①	39 ④	40 ④
41 ④	42 ⑤	43 ④	44 ③	45 ⑤

[01~03] 독서 – 독서 이론

학습 독서

해제 이 글은 학습을 위한 독서에 관해 설명하고 있다. 학습을 위한 독서를 잘하기 위해 학습자는 독서의 상황과 목적에 맞는 독서 전략을 다양하게 활용해야 한다. 이를 위한 독서 전략의 예로 '예측하기', '시연하기', '회상하기' 전략을 제시하고 각 전략에 관해 구체적으로 설명하고 있다.

주제 학습을 위한 독서

구성
• 1문단: 학습을 위한 독서의 의의
• 2문단: 학습을 위한 독서 전략 – '예측하기'
• 3문단: 학습을 위한 독서 전략 – '시연하기'
• 4문단: 학습을 위한 독서 전략 – '회상하기'
• 5문단: 학습을 위한 독서를 위해 필요한 학습자의 능력

01 세부 내용 파악   답 ④

정답이 정답인 이유

④ 5문단에서 여가를 위한 독서보다 학습을 위한 독서를 할 때, 독서 과정에서 추가적인 활동이 더 필요하다고 하였다. 따라서 여가를 위한 독서가 학습을 위한 독서보다 독서 과정에서 추가적인 활동을 더 필요로 한다는 것은 적절하지 않다.

오답이 오답인 이유

① 1문단에서 학습을 위한 독서는 글에 내포된 지식, 가치관, 정서 등을 이해하는 것에서 시작하여 새로운 의미를 창출하는 것으로 나아갈 수 있다고 하였다.

② 3문단에서 '시연하기'는 기억해야 하는 내용을 단순히 반복하는 것이 아니라, 학습자가 정보 간의 관계를 생각해 보는 것이라고 하였다.

③ 4문단에서 '회상하기' 전략을 사용할 때는 글을 읽으면서 표

시한 메모나 밑줄 등을 다시 보면서 중심 내용을 떠올릴 수도 있다고 하였다.

⑤ 5문단에서 학습을 위한 독서를 잘하기 위해서는 독서 과정에 맞는 다양한 전략을 적절하게 활용하는 능력이 필요하다고 하였다.

02 구체적 사례 적용 　　　　　　　　　　답 ③

정답이 정답인 이유

③ 3문단에서 '시연하기'는 주로 학습자가 사전 질문에 답하거나, 중심 내용을 메모할 때 이루어진다고 하였다.

오답이 오답인 이유

① 2문단에서 '예측하기'는 학습자가 글을 읽기 전에 제목과 그림 등을 훑어보면서 화제에 대한 자신의 배경지식을 떠올리고, 앞으로 전개될 글의 내용을 예상하면서 글의 윤곽을 그려 보는 것이라고 하였다. 따라서 배경지식을 최대한 활용하지 말아야겠다는 것은 적절하지 않다.

② 2문단에서 학습자는 글을 읽으면서 스스로 예측한 것이 얼마나 적중했는지 확인한다고 하였다. 따라서 글을 읽기 전에 적중 여부를 확인한다는 것은 적절하지 않다.

④ 4문단에서 '회상하기'는 의미를 생각하지 않은 채 단순하게 표시된 부분을 반복하여 읽는 것이 아니라, 내용을 다시 떠올릴 수 있을 정도로 기억하는 것이라고 하였다. 따라서 표시한 부분의 의미를 생각하지 않고 반복해서 읽는 것은 적절하지 않다.

⑤ 4문단에서 '회상하기'를 위해 기억하고자 하는 단어나 구절을 단어의 첫 글자나 음절을 이용하여 기억하는 방법을 활용할 수 있다고 하였다.

03 구체적 사례 적용 　　　　　　　　　　답 ③

정답이 정답인 이유

③ 〈보기〉의 1단계에서 노트의 오른쪽에 수업 내용을 메모하는 것은 수업을 들으면서 하는 활동이고, '예측하기'는 글을 훑어보면서 윤곽을 그려 보는 전략이다. 따라서 '예측하기'와 관련된 활동이라는 것은 적절하지 않다.

오답이 오답인 이유

① 〈보기〉의 메모 전략은 강의 내용을 필기하고 학습하는 방법이고, 이 글의 독서 전략은 학습을 위한 독서 방법의 일환이기에 모두 학습을 위한 방법과 관련이 있다.

② 〈보기〉의 메모 전략은 강의 내용을 필기하고 학습하는 방법이므로 학생들이 수업 내용을 필기하고 기억하는 데 활용할 수 있다.

④ 〈보기〉의 2단계에서 핵심어와 중심 내용을 왼쪽에 위계적으로 정리하는 것은 이 글의 '시연하기'에서 학습자가 정보 간의 관계를 생각해 보는 것과 관련이 있다.

⑤ 〈보기〉의 3단계에서 메모를 점검하고 통합하여 중심 내용을 정리하는 것은 글을 읽으면서 표시한 메모나 밑줄 등을 다시 보면서 중심 내용을 떠올리는 '회상하기'와 관련이 있다.

[04~08] 독서 – 주제 통합(인문)

(가) 베이컨의 귀납법

해제 이 글은 근대 경험주의의 선구자인 베이컨이 기존 귀납법의 한계를 보완하고자 새롭게 제안한 참된 귀납법에 관해 소개하고 있다. 베이컨은 연역법이 새로운 지식을 얻어 낼 수 없는 한계를 갖는다는 점에 주목하여 새로운 지식을 만들어 낼 수 있는 귀납법에 관심을 가졌다. 그런데 귀납법 역시 결론이 확률적으로 참이라는 점에서 한계가 있으므로, 베이컨은 일반적 귀납법보다 복잡한 사고 과정을 거쳐 참의 정도를 강화한 새로운 귀납법을 구상해 내게 된다.

주제 기존의 귀납법을 보완하기 위한 베이컨의 참된 귀납법

구성

• 1문단: 대표적인 논증 방법인 연역법과 귀납법의 기본 개념
• 2문단: 베이컨이 새로운 귀납법을 구상하게 된 배경
• 3문단: '열'의 개념을 도출하기 위한 베이컨의 논증 과정
• 4문단: 베이컨이 제시한 새로운 귀납법의 우수성
• 5문단: 베이컨이 제시한 새로운 귀납법의 의의

(나) 데카르트의 연역법

해제 이 글은 근대 합리적 이성주의 철학의 기초를 마련한 데카르트가 새로운 지식을 만들어 낼 수 없는 고전적 연역법의 한계를 보완하기 위해 제안한 생산적인 연역법에 관해 소개하고 있다. 데카르트는 명료하고 분명한 절대적 지식을 파악하기 위해 자명하다고 여겨지는 것들까지 참이 아닐 수 있다고 의심하는 사고를 계속해 나갔으며, 확정적 명제로부터 다른 지식들을 하나씩 연역해 내는 생산적인 연역법을 통해 지식 체계 전체를 정립해 나가고자 했다.

주제 고전적 연역법의 한계를 보완하기 위한 데카르트의 생산적인 연역법

구성

• 1문단: 데카르트가 생각한 철학의 요건
• 2문단: 데카르트가 언급한 명료함과 분명함의 차이

- 3문단: 기존 지식에 대한 의심을 통해 절대적 지식을 파악하고자 한 데카르트
- 4문단: 데카르트적 연역의 사고 과정
- 5문단: 데카르트가 제안한 생산적인 연역법의 의의

04 글의 공통점과 차이점   답 ②

정답이 정답인 이유

② (가)에서는 기존의 귀납법이 결론의 귀납적 강도가 낮을 수 있다는 한계를 가지므로 이를 보완하기 위해 새로운 귀납법을 만들어 낸 베이컨의 시도를 소개하고 있다. 그리고 (나)에서는 고전적 연역법이 새로운 지식을 만들어 낼 수 없다는 한계를 가지므로 이를 보완하기 위해 새로운 연역법을 만들어 낸 데카르트의 시도를 소개하고 있다.

오답이 오답인 이유

① (가)에는 베이컨의 논증 방법이, (나)에는 데카르트의 논증 방법이 제시되어 있다는 점에서 (가)와 (나) 모두 특정 학자가 제시한 논증 방법이 언급되어 있기는 하나, 그들의 논증 방법이 사회에 끼친 영향에 대해서는 서술되어 있지 않다.

③ (가)에는 두 논증 방법, 즉 연역법과 귀납법의 특징이 대비되어 설명되고 있기는 하나, 논증 방법에 대한 통념적 인식이 유발하는 문제는 언급되어 있지 않다.

④ (가)에는 일반적 귀납법의 한계를 보완하기 위한 베이컨의 새로운 귀납법이, (나)에는 고전적 연역법의 한계를 보완하기 위한 데카르트의 새로운 연역법이 각각 소개되어 있을 뿐, 서로 다른 두 논증 방법이 하나의 논증 방법으로 통합되는 원리에 대해서는 (가)와 (나) 어디에도 제시되어 있지 않다.

⑤ (나)에는 데카르트의 인식적 사고를 통해 생산적인 연역법이 등장하게 된 배경이 제시되어 있다고 볼 수 있으나, (가)에는 베이컨의 사고 과정이 제시되어 있을 뿐 과학 이론에 대해서는 언급되어 있지 않다.

05 세부 내용 파악   답 ⑤

정답이 정답인 이유

⑤ (나)의 2문단을 통해, 어떤 사람이 통증을 느낄 때 그가 느끼는 통증의 적용 범위가 모호하면 그 통증은 명료하더라도 분명하지는 않을 수 있다는 사실을 확인할 수 있다.

오답이 오답인 이유

① (가)의 2문단에서 연역법은 전제된 내용으로부터 결론을 도출하기 때문에 새로운 지식을 얻어 낼 수 없다는 내용을 확인

할 수 있다. 따라서 연역법이 새로운 지식을 만들어 내지 못하는 한계를 갖는다고 보는 것은 적절하다.

② (가)의 2문단에서 귀납법으로 얻은 결론은 확률적으로 참이어서 거짓일 수도 있다고 하였다. 따라서 귀납법에 의해 도출된 결론은 절대적인 참으로 인정받기 어렵다는 것을 알 수 있다.

③ (나)의 3문단에서 연역적 사고의 결과로 얻은 지식이 참이 되려면 아무도 의심할 수 없는 전제가 필요하다고 하였다. 따라서 연역법을 바탕으로 한 사고에서는 전제가 참이어야만 결과도 참일 수 있다는 것을 알 수 있다.

④ (나)의 3문단에 인간의 감각이 부정확하다는 예로 착시 현상이 언급되어 있음을 확인할 수 있다.

06 세부 내용 파악   답 ②

정답이 정답인 이유

② (가)의 3문단에서 존재표, 부재표, 정도표를 정리한 다음 이들 중 열에 대한 성질로 합당하지 않은 것들을 배제표에 기록한다고 했으므로 배제표에 포함되어 있는 성질은 모두 존재표, 부재표, 정도표 중 어딘가에 이미 포함되어 있던 것임을 추측할 수 있다.

오답이 오답인 이유

① (가)의 2문단에서 '열'의 개념을 도출하기 위한 베이컨의 논증은 베이컨이 고안해 낸 새로운 귀납법의 한 예로 제시된 것임을 알 수 있다. 그러므로 '열'의 개념을 도출하기 위한 베이컨의 논증 역시 경험적으로 확인할 수 있는 사례를 모아 일반적 결론을 도출해 내는 귀납법의 기본 속성을 가지고 있음을 파악할 수 있다.

③ (가)의 3문단을 통해 '부재표'는 '존재표'에 적힌 모든 '긍정적 사례', 즉 열이 있다고 판단되는 모든 사례에 대응하는 '부정적 사례'를 정리한 것임을 알 수 있다. 달빛은 햇빛과 같이 천체의 빛에 해당하기는 하나, 열기가 느껴지지 않는다. 그러므로 달빛이 부재표에서 햇빛에 대한 부정적 사례로 대응되는 것은, 달빛이 햇빛과는 달리 열기가 없다는 차이점을 가지기 때문임을 추측할 수 있다.

④ (가)의 3문단에서 열의 정도가 서로 다른 사례를 모아 '정도표'를 만들며, 똑같은 동물이라도 가만히 있는 동물보다 움직이는 동물의 몸에서 열이 더 많이 난다는 내용이 '정도표'에 기록될 수 있는 사례임을 확인할 수 있다. 그러므로 똑같이 햇빛이 내리비치는 곳이라도 적도처럼 햇빛을 수직으로 받는 곳이냐 아니냐에 따라 열의 정도가 다르다는 것은 '정도표'에 기록될 내용임을 추측할 수 있다.

⑤ (가)의 4문단에서 '열'의 개념을 도출하기 위한 논증을 통해

베이컨이 열에 대해 얻은 최종 결론은 현대적 열 개념과 거의 일치함을 확인할 수 있고, 이러한 베이컨의 논증 방법은 귀납적 강도를 높여 감으로써 논증의 우수성을 확보한 것임을 확인할 수 있다.

07 구체적 사례 적용   답 ④

정답이 정답인 이유

④ 데카르트의 생산적인 연역법은 감각적 경험에 의한 사례는 철저히 배제한 채, 의심의 여지가 없는 자명한 명제, 즉 기존의 확정적 명제로부터 또 다른 명제들을 도출해 나가는 연역법에 해당한다. 그러므로 데카르트가 개발한 생산적인 연역법은 경험을 모으지 않고 자기 내부의 확정적인 것으로부터 독자적으로 사고를 전개해 나가는 '거미의 방법'에 해당하는 논증법이라 볼 수 있다.

오답이 오답인 이유

① 경험을 모으기만 하는 '개미의 방법'은 개별적 사실들을 모으기만 하는 귀납법을 의미한다고 볼 수 있는데, (나)의 4문단에서 수학이나 기하학에서의 증명법은 의심의 여지가 없는 자명한 명제, 즉 연역법에서의 전제에 해당한다는 것을 알 수 있다.

② 개별적 사례에서 일반적 명제를 도출하는 것은 귀납법에 해당하는 것이다.

③ 생산적인 연역법은 기본이 되는 전제로부터 다른 지식들을 하나씩 연역해 내는 것이므로 전제의 범위에서 벗어나 새로운 지식이 도출된다는 이해는 적절하지 않다.

⑤ 꿀벌이 꽃들에서 구해 온 재료를 꿀로 바꾸어 내듯 경험을 통해 얻은 재료, 즉 외부의 경험에서 얻은 개별적 사실들을 지성의 힘으로 변화시켜 소화하는 '꿀벌의 방법'은, 복잡한 사고 과정을 거쳐 귀납적 강도를 높인 결론을 도출해 내는 과정이라고 볼 수 있다는 점에서 베이컨의 새로운 귀납법에 해당하는 것이라 볼 수 있다. 연역해 낸 지식은 외부의 경험에서 얻어진 것이 아니므로 데카르트의 생산적인 연역법은 '꿀벌의 방법'이 적용된 것이라 보기 어렵다.

08 다른 견해와의 비교   답 ①

정답이 정답인 이유

① 뭉툭한 돌덩이 안에 참된 진리가 이미 들어 있다고 보는 소크라테스의 논증은 전제를 확정된 진리로 여기는 연역법에 해당하므로 '진리 확장적 논증법'이 아니라 '진리 보존적 논증법'으로 보는 것이 적절하다.

오답이 오답인 이유

② 개인의 주관이나 인식과는 무관하게 참된 진리가 확정되어 있다고 보는 논증은 연역법에 해당한다. 그러므로 소크라테스의 인식은 연역법을 추구했던 데카르트의 인식과 유사한 측면이 있다고 볼 수 있다.

③ 불필요한 부분을 제거함으로써 진리에 다가가는 방식을 택했다는 점에서, 소크라테스는 기본이 되는 전제를 바탕으로 다른 지식들을 계속해서 연역해 나가며 지식 체계 전체를 만들어 나가는 '첨가 방식'을 추구했던 데카르트와는 차이가 있음을 알 수 있다.

④ 거짓이 될 수 있는 부분을 하나씩 제거해 나감으로써 진리에 가까워지고자 한 소크라테스의 논증 방식은, 배제표를 통해 자신이 찾고자 하는 일반적 결론에 부합하지 않는 것들을 제외해 나감으로써 '참의 정도', 즉 '귀납적 강도'를 높이고자 했던 베이컨의 논증 방식과 유사한 측면이 있다고 볼 수 있다.

⑤ 불필요한 부분을 쪼아 내어 불분명하고 막연한 상식을 다듬음으로써 참된 진리를 찾고자 했던 소크라테스의 생각은, 애매하거나 모호한 판단에서 벗어나 명료하고 분명한 절대적 지식에 이르고자 했던 데카르트의 생각과 유사한 측면이 있다고 볼 수 있다.

[09~13] 독서 – 사회·문화

형법상 과실

해제 이 글은 형법상 과실의 개념과 처벌 규정을 소개하며 과실범의 성립 요건과 그 사례에 대해 설명하고 있다. 과실이란 구성 요건에 해당하는 행위를 비의도적으로 실현하여 법익을 침해하는 경우로, 의도적인 규범 불복종에 해당하는 고의와 구별된다. 우리나라 형법 제14조에서는 과실범의 성립 요건으로 '정상적으로 기울여야 할 주의를 게을리'함을 명시하고 있다. '주의를 게을리'함은 행위자가 주의 의무의 불이행으로 인해 예견하거나 피할 수 있었던 법익 침해의 결과를 초래한 경우를 말한다. '정상적으로 기울여야 할 주의'는 사회생활에서 요구하는 일정한 주의 의무를 말하는데, 주의 의무의 표준에 대한 견해로 객관설, 주관설, 절충설 등이 있다. 우리나라는 평균인 표준설이라고도 불리는 객관설을 따르는데, 이는 법 규범의 선도적·예방적 기능을 강화하고 행위자가 준수해야 할 주의 의무가 정형화·표준화되어 적용되도록 만든다는 장점이 있다. 다만, 일정한 위험이 수반되는 영역에 이러한 주의 의무를 적용하면 그 행위가 제한되고 사회 전체가 정체될 수 있다는 한계가 있다. 이러한 한계를 해결하기 위해 등장한 '허용된 위험' 이론은, 사회생활상 요구되는 주의 의무의 기준을 명문화한 규정에 따라 행위자가 필요한 안전 조치를 충분히 한 경우에는 과실범으로 처벌할 수 없도록 한다.

주제 형법상 과실의 개념과 과실범 처벌의 기준

구성
• 1문단: 형법상 범죄의 성립 요건
• 2문단: 고의와 과실의 비교 및 과실범의 처벌 규정
• 3문단: 과실의 개념 중 '주의를 게을리'함의 의미와 예
• 4문단: 과실의 개념 중 '정상적으로 기울여야 할 주의'의 의미와 표준
• 5문단: 주의 의무의 표준에 대한 세 가지 견해
• 6문단: 평균인 표준설의 장점과 한계
• 7문단: 주의 의무의 범위를 제한하는 '허용된 위험' 이론

09 글의 구조와 전개 방식   답 ④

정답이 정답인 이유

④ 6문단에서 현대의 복잡한 산업 사회에서 위험을 수반하는 필수 불가결한 업무를 수행하는 일에 일반적인 주의 의무를 적용한다면 업무를 수행하기가 어려워져서 사회 전체가 정체될 수 있다고 하였다. 이는 2문단에서 제시한 과실범의 처벌 규정인 형법 제14조가 갖는 한계를 지적한 것이라고 볼 수 있다. 더불어 주의 의무의 규정을 담은 '도로 교통법 제31조 제1항'을 제시하고 있기는 하지만, 이것은 기존의 법 규정에서 명시되지 않은 기준을 구체적으로 밝힌 규정일 뿐, 기존의 법 규정을 새롭게 개정한 것이라고 볼 수 없다. 따라서 기존의 법 규정과 새롭게 개정된 법 규정을 비교하는 내용도 찾아볼 수 없다.

오답이 오답인 이유

① 1문단에서 형법상 범죄가 성립하는 요건으로 구성 요건, 위법성, 유책성이라는 개념이 있음을 밝히고 있다.

② 2문단에서 형법 제14조의 규정을 인용하였고, 3, 4문단에서 그 규정에 쓰인 '주의를 게을리'함과 '정상적으로 기울여야 할 주의'라는 표현이 의미하는 바를 세부적으로 밝힘으로써 해당 법 규정에 대한 이해를 돕고 있다.

③ 3문단에서 과실범의 본질은 주의 의무 위반에 있으며, 과실범의 성립 요건을 검토하는 과정에서 주의 의무의 규정을 확인할 필요가 있다고 했으므로, 과실범의 성립 요건을 제시했다고 볼 수 있다. 그와 관련하여 도로 교통법 제31조 제1항의 사례를 들어 주의 의무 위반의 의미를 구체화하고 있다.

⑤ 4, 5문단에서 주의 의무의 표준을 무엇으로 삼을 것인가를 판단하는 다양한 입장으로 객관설, 주관설, 절충설을 소개하고 있다. 그중 우리나라의 통설에 해당하는 객관설의 장점과 한계를 6문단에서 설명하고 있다.

10 세부 내용 파악   답 ②

정답이 정답인 이유

② 5문단에 따르면 절충설, 즉 이중 표준설은 주의 의무의 정도에 대해서는 일반인을 표준으로 삼되 주의 능력에 대해서는 행위자를 기준으로 삼는 견해이다. 즉 주의 의무의 정도에 대해서는 객관설을 따르고 주의 능력에 대해서는 주관설을 따른다고 볼 수 있다.

오답이 오답인 이유

① 5문단에 따르면 우리나라는 평균인 표준설을 따르는 것이 통설이다. 즉 행위자 개인의 주의 능력이 아니라 사회 일반인의 주의 능력을 기준으로 하여 주의 의무 위반의 유무를 판단하는 견해를 따르고 있다.

③ 6문단에 따르면 과실로 인한 사고가 대량으로 발생하는 영역에서 행위자가 준수해야 할 주의 의무가 정형화·표준화되어 적용되도록 만든다는 장점이 있는 것은 평균인 표준설, 즉 객관설이다. 5문단에 따르면 객관설은 주의 의무의 척도가 추상적·객관적이어야 한다는 입장이다. 주의 의무의 척도로 행위자의 구체적 과실을 상정하는 것은 주관설이므로 적절하지 않다.

④ 2문단에 따르면 '과실'은 자신의 행위가 타인의 법익을 해칠 것임을 몰랐더라도 사회적으로 요구되는 주의 의무를 준수하지 못한 것으로, 의도적으로 구성 요건에 해당하는 행위를 하는 '고의'와 구별된다. 더불어 형법 제14조는 과실범에 대한 처벌 규정이다. 따라서 행위자가 의도적으로 구성 요건에 해당하는 행위를 한 경우는 과실에 해당하지 않으므로 형법 제14조에 의해 처벌받는다고 볼 수 없다.

⑤ 7문단에 따르면 '허용된 위험'은 사회생활에서 유용성을 인정받지만 위험을 동반하는 업무나 시설에 대하여 과실의 주의 의무 범위를 제한하기 위한 것이다. 필요한 안전 조치 등과 같이 사회생활상 요구되는 주의 의무의 기준을 제시하여 그 기준을 충족한 경우에만 처벌에서 제외될 수 있다고 했으므로, 주의 의무에서 전적으로 배제된다고 볼 수 없다.

11 중심 내용 파악   답 ②

정답이 정답인 이유

② ㉠의 운전자가 사고를 낸 이유는 보복 운전이므로, 고의에 해당한다. 반면 ㉡의 운전자가 사고를 낸 이유는 수면 부족에 따른 졸음운전이므로, 과실에 해당한다. 2문단에 따르면 의도적인 규범 불복종에 해당하는 고의보다 과실이 불법성이나 책임의 정도가 약한 것으로 간주된다. 따라서 사고를 낸 이유를 기준으로 비교했을 때, ㉡의 행위가 ㉠의 행위보다 불법

성이나 책임의 정도가 더 약한 것으로 간주될 수 있다.

① ㉠과 ㉡의 운전자 모두 앞차를 들이받는 사고를 일으켰기 때문에 법익을 침해한 행위에 해당한다. 다만, ㉠은 의도적으로 사고를 냈으므로 고의, ㉡은 비의도적으로 사고를 냈으므로 과실에 해당한다는 차이가 있을 뿐이다. 따라서 ㉡의 운전자가 구성 요건에서 제외된다고 볼 수 없다.

③ ㉡의 운전자가 자신이 수면 부족으로 피로한 상태임을 자각하고 있었다면, 사고 발생을 피할 주의 의무를 다하지 않은 것이므로 주의 의무 위반에 해당한다. 3문단에서 주의 의무 위반이 과실범의 본질이라고 했으므로, ㉡의 운전자는 고의범이 아니라 과실범의 구성 요건에 해당한다고 볼 수 있다.

④ ㉢의 운전자가 감속했다면, 도로 교통법 제31조 제1항에 명시된 규정에 따라 서행의 주의 의무를 다한 것이다. 7문단에 따르면 위험의 발생 빈도가 높은 영역에서 예견된 결과를 피하기 위한 조치를 충분히 할 경우에 처벌에서 제외된다. 감속은 위험성이 높은 장소에서 예견된 결과를 피하기 위한 안전 조치에 해당한다. 따라서 '허용된 위험'에 해당한다고 볼 수 있다.

⑤ ㉢의 운전자가 서행해야 할 주의 의무를 명시한 도로 교통 법규를 알지 못한 경우라도 가파른 비탈길의 내리막에서 감속을 하지 않은 것은, 행위자가 사회생활에서 요구하는 주의 의무를 불이행한 것에 해당하므로 과실이 인정된다고 볼 수 있다.

12 구체적 사례 적용 답 ③

③ [사례 2]의 '병'은 '숙련된 택시 기사'이므로 전문화된 업무와 관련된 행위자로서 '택시 기사에게 요구되는 주의를 기울이며 안전 운전을 하'는 등 동일한 업무 종사자들이 준수할 만한 통상적인 주의 의무를 제대로 이행하였다. 5문단에 따르면 객관설은 의료나 운전 등과 같이 전문화된 업무와 관련된 행위는 동일한 업무와 직종에 종사하는 사람들을 표준으로 삼아야 한다는 견해이다. 따라서 택시 운전 업무에 종사하지 않는 일반인들이 아니라, 택시 운전 업무에 종사하는 전문화된 사람들의 주의력을 기준으로 삼아야 한다.

① [사례 1]에서 의사는 과다 출혈이 우려되는 수술을 앞두고 환자에게 아스피린 복용 중단을 지시해야 한다고 하였다. 의사와 같이 고도로 전문화된 업무에서는 동일한 업무 종사자를 표준으로 삼는다는 객관설에 따르면, '갑'은 '을'의 복용 약물을 확인하여 복용 중단을 지시해야 한다. 그런데 '갑'이 실수로 '을'에게 수술 전 주의 사항에 해당하는 복용 중단 안내를 하지 않은 경우라면, 과실 책임이 인정된다고 볼 수 있다.

② [사례 1]의 '갑'이 '을'에게 수술 전 주의 사항을 안내하면서 투약 중단을 지시했다면 의사로서의 주의 의무를 다한 것에 해당한다. 7문단에 따르면, '허용된 위험' 이론은 명문화된 기준에 따라 행위자가 필요한 안전 조치를 했다면 주의 의무를 다한 것이므로 과실범으로 처벌할 수 없다는 것이다. 따라서 의사 '갑'이 주의 의무를 다하였으나 환자 '을'이 '갑'의 지시를 어겨 사고가 발생한 것이라면, '갑'의 과실 책임은 인정되지 않는다고 볼 수 있다.

④ [사례 2]의 '병'은 운전 중 택시 기사에게 요구되는 수준의 주의를 기울이며 규정 속도에 맞게 운전하고 있었고, '정'을 발견하자 바로 급정거를 하는 등 사고를 피하기 위한 조치를 충분히 하였다. 7문단에 제시된 '허용된 위험' 이론에 따르면, 행위자가 필요한 안전 조치를 충분히 한 경우에는 그 행위가 법익을 침해했더라도 과실범으로 처벌할 수 없다. 따라서 '병'에게는 과실 책임이 인정되지 않는다고 볼 수 있다.

⑤ [사례 1]의 '갑'과 [사례 2]의 '병'은 의사와 숙련된 택시 기사로 의료와 운전이라는 전문화된 업무의 종사자이다. 그런데 주관설은 동일한 업무와 직종에 종사하는 사람들을 표준으로 삼는 것이 아니라, 행위자 개개인의 주의 능력을 기준으로 하여 주의 의무 위반 유무를 판단하는 견해이다. 따라서 주관설에 따르면, [사례 1]의 '갑'과 [사례 2]의 '병' 모두 동일 업무의 종사자들과 비교하지 않고 행위자 개개인의 주의력을 기준으로 삼아서 과실 유무 및 과실의 경중을 판단한다고 볼 수 있다.

13 단어의 의미 파악 답 ④

④ ⓐ는 '책임이나 의무를 맡기다.'를 뜻하므로, '의무를 지우다'의 '지우다'와 문맥적 의미가 유사하다.

① '물건을 짊어서 등에 얹게 하다.'라는 뜻이다.
② '생각이나 기억 따위를 의식적으로 없애거나 잊어버리다.'라는 뜻이다.
③ '물건을 짊어서 등에 얹게 하다.'라는 뜻이다.
⑤ '아래로 떨어뜨리거나 놓다.'라는 뜻이다.

단백질의 구조와 단백질 접힘

해제 이 글은 단백질의 구조와 단백질의 접힘에 대해 설명하고 있다. 단백질은 어떤 구조를 이루는지에 따라 1~4차 구조로 구분할 수 있다. 2차 구조가 복잡한 3차원의 형태로 접혀 입체 구조인 3차 구조가 되는데, 이때 2차 구조가 접히는 것을 단백질 접힘이라고 한다. 단백질은 아미노산 사이의 상호 작용과 수소 결합 등 여러 힘이 작용하여 3차 구조를 이루게 되며, 단백질의 접힘에는 샤페론이라는 단백질이 관여하기도 한다. 잘못 접힌 단백질이 세포 내부나 외부에 쌓이게 되면 알츠하이머병 등의 질병이 발생할 수 있다. 한편 강산, 강염기, 높은 온도 등으로 인해 단백질의 접힘이 풀리거나 해체되면 단백질의 변성이 일어난다.

주제 단백질의 구조와 단백질 접힘의 원리

구성
- 1문단: 단백질의 구조와 기능을 결정하는 아미노산의 서열
- 2문단: 단백질의 1~4차 구조
- 3문단: 단백질 접힘이 일어나는 원리
- 4문단: 잘못 접힌 단백질로 인해 발생하는 질병
- 5문단: 단백질의 변성

14 세부 내용 파악   답 ⑤

정답이 정답인 이유

⑤ 2문단에 따르면 α 나선 구조는 폴리펩타이드 사슬의 일부가 꼬이거나 접히면서 특정한 패턴을 나타내는 2차 구조를 의미한다. 2차 구조가 복잡한 3차원의 형태로 접혀 이루어지는 구조는 3차 구조에 해당한다.

오답이 오답인 이유

① 3문단에 따르면 소수성 아미노산은 물을 싫어하는 성질을 가졌으며, 세포 내부의 수분을 피해 서로 뭉쳐 단백질 안쪽으로 접혀 들어간다.

② 1문단에 따르면 단백질은 세포 내에서 가장 다양하고 중요한 기능을 가지는 고분자 화합물로, 세포 내에서 생체 반응을 중계한다.

③ 2문단에 따르면 아미노산의 서열은 생물의 유전 정보에 의해서 결정된다.

④ 5문단에 따르면 대부분의 단백질에는 일단 변성이 일어나면 영구적으로 변형된 채로 남는 비가역적인 변화가 일어난다.

15 중심 내용 파악   답 ④

정답이 정답인 이유

④ 2문단에 따르면 2차 구조는 아미노산 간의 수소 결합에 의해 형성되며, 3문단에 따르면 2차 구조가 3차 구조로 안정화되기 위해서는 수소 결합 등의 여러 힘이 상호 작용해야 한다. 따라서 3차 구조는 2차 구조와 달리 수소 결합에 의한 영향을 받지 않는다는 설명은 적절하지 않다.

오답이 오답인 이유

① 2문단에 따르면 1차 구조는 아미노산의 서열을 뜻하는데, 1문단에 따르면 이 서열에 따라 단백질의 고유한 기능이 결정된다.

② 2문단에 따르면 2차 구조를 가진 단백질은 다시 3차원적으로 접혀 입체 구조를 가지게 된다.

③ 3문단에 따르면 단백질 접힘이 일어나는 원리 중 하나로는 아미노산 사이의 상호 작용이 있다.

⑤ 2문단에 따르면 4차 구조는 3차 구조가 여러 개 결합하여 이루어진 것을 가리킨다.

16 구체적 사례 적용   답 ③

정답이 정답인 이유

③ 5문단에 따르면 열로 인한 변성으로 흰자가 새하얗게 변하더라도 아미노산의 서열이 변하는 것은 아니다.

오답이 오답인 이유

① 5문단에 따르면 변성이 일어나면 단백질의 2차 및 3차 구조에 손상이 가해져 단백질은 제대로 기능을 하지 못하게 된다.

② 5문단에 따르면 대부분의 단백질은 일단 변성이 일어나면 영구적으로 변형된 채로 남게 된다.

④ 2문단에 따르면 흰자 단백질을 구성하는 폴리펩타이드 사슬의 일부가 꼬이거나 접힌 형태는 2차 구조에 해당한다. 5문단에 따르면 흰자에 열을 가해 단백질의 변성이 일어나면 2차 및 3차 구조에 손상이 가해지므로 2차 구조의 원래의 형태를 유지하기는 어렵다.

⑤ 5문단에 따르면 열은 변성의 요인으로서 2차 및 3차 구조에 손상을 입히게 된다. 2문단에 따르면 단백질을 구성하는 아미노산 간의 수소 결합은 2차 및 3차 구조의 형성에 관여하므로, 흰자에 열을 가하면 아미노산 간의 수소 결합과 3차 구조 모두 유지되기 어렵다.

17 구체적 사례 적용   답 ②

정답이 정답인 이유

② 3문단에 따르면 샤페론 단백질은 폴리펩타이드 사슬이 미리

접히지 않도록 안정화시켜 단백질이 제대로 접히도록 도와주는 기능을 한다. 그런데 〈보기〉에 따르면 연구 팀이 샤페론 단백질의 활동 가능성을 높이고자 한 것은 이미 잘못 접힌 단백질을 분해하는 활동을 활성화하기 위한 것이다. 따라서 연구 팀이 샤페론 단백질의 활동 가능성을 높이고자 한 것은 샤페론 단백질이 폴리펩타이드 사슬이 미리 접히지 않도록 돕는 역할을 활용한 것이라는 설명은 적절하지 않다.

오답이 오답인 이유

① 〈보기〉에 따르면 보호자 매개 자가 포식 과정은 정상 단백질과는 다른 독특한 입체 형태를 가진 타우 단백질이 세포 내에서 분해되도록 하는 과정이다. 4문단에 따르면 알츠하이머병은 정상 단백질이 비정상적 과정을 거쳐 잘못 접힌 독특한 입체 형태가 누적되어 발생하는 것으로 알려져 있으므로, 보호자 매개 자가 포식 과정에서는 비정상적 과정을 거쳐 잘못 접힌 단백질이 세포 내에서 분해되는 과정이 나타나기도 한다고 볼 수 있다.

③ 〈보기〉에서 세포 소기관에 존재하는 수용체의 수를 증가시키고자 한 것은 결함이 있는 단백질을 세포 소기관으로 운반해 분해하는 과정이 원활히 수행되도록 하기 위한 것이다. 4문단에 따르면 알츠하이머병은 잘못 접힌 단백질이 누적되어 발생한 것으로 알려져 있다. 따라서 세포 소기관에 존재하는 수용체의 수를 늘리고자 한 것은, 세포 내부에 쌓인 잘못 접힌 단백질의 분해가 원활히 이루어지도록 하기 위한 것이라는 설명은 적절하다.

④ 〈보기〉에서 결함이 있는 타우 단백질을 원활히 분해하고자 한 것은, 4문단에서 설명한 비정상적 과정을 통해 잘못 접힌 단백질이 신경 독성을 나타내거나 정상 단백질의 작용을 막는 것을 방지하기 위함이다.

⑤ 〈보기〉의 정상 단백질과는 다른 독특한 입체 형태를 가진 타우 단백질은, 4문단에 따르면 단백질 접힘이 일어나는 과정, 즉 폴리펩타이드 사슬이 복잡한 3차원의 형태로 만들어지는 과정에서 정상 단백질이 비정상적 과정을 거쳐 잘못 접힌 독특한 입체 형태에 해당한다.

[18~21] 문학 – 고전 소설

작자 미상, 「흥부전」

해제 이 작품은 조선 후기의 대표적인 판소리계 소설로서 당시 대중에게 많은 사랑을 받았다. 「흥부전」은 다른 판소리계 소설과 마찬가지로, 설화가 판소리로, 판소리가 소설로 정착되는 과정을 거쳤을 것이라고 여겨지며, 선인이 우연히 선행으로 행운을 얻은 뒤 악인이 선인의 행위를 흉내 내다가 불운의 결과를 얻는다는 민담의 구조를 따른 것으로 보기도 한다. 또한 「흥부전」은 선인은 복을 받고 악인은 벌을 받는다는 주제가 표면에 드러나지만, 이면적으로는 빈부 격차 등 조선 후기 사회에 대한 비판적 의식이 발견되기도 한다.

주제 형제간의 우애와 권선징악

전체 줄거리 경상도와 전라도 접경 지역에 심술궂은 형 놀부와 착하고 어진 동생 흥부 형제가 살고 있었는데, 부모가 돌아가신 뒤 놀부는 유산을 독차지하고 흥부를 쫓아낸다. 흥부는 놀부의 집에 쌀을 구하러 갔다가 매만 맞기도 하고, 매품을 팔러 갔다가 이마저도 실패하는 등 가난하게 살아간다. 어느 날 흥부는 자신의 집에 둥지를 틀고 살던 제비의 다리가 부러지자, 제비를 치료해 주고 정성껏 돌본다. 이듬해 제비가 흥부에게 박씨를 물어다 주었는데, 그것을 심자 박 속에서 온갖 금은보화가 나와 흥부는 부자가 된다. 그 소식을 들은 놀부는 일부러 제비의 다리를 부러뜨려 이를 치료하고, 이듬해 제비는 놀부에게도 박씨를 물어다 준다. 그러나 그 박씨를 심어 자란 박에서는 온갖 몹쓸 것들이 나와 놀부는 패가망신하게 된다. 흥부는 놀부에게 자신의 재물을 나누어 주고, 이에 놀부도 개과천선한다.

18 표현상의 특징 파악 답 ④

정답이 정답인 이유

④ '말만 한 오막집에'에서 공간을 비유적으로 표현하고 있으나, 이를 통해 과거로부터 현재까지 그 공간이 어떻게 변화했는지를 드러내고 있지는 않다.

오답이 오답인 이유

① '문밖에 가랑비 오면 방 안에 큰비 오고'에서 비가 새는 방 안의 상황을 과장되게 표현하여 주거 환경이 열악함을 부각하고 있다.

② '어떤 사람은 팔자 좋아', '내 팔자는 무슨 일로'와 같이 타인과 자신의 처지를 비교하여, 타고난 운명에 의해 자신이 처한 상황이 부정적임을 강조하고 있다.

③ '애고 답답 서럽구나.', '차마 서러워 못 살겠네.'에서 감정을 직접적으로 언급하여, 가난한 생활에 대한 서러움을 토로하고 있다.

⑤ '문밖에 가랑비 오면 방 안에 큰비 오고', '앞문에는 살만 남고

뒷벽에는 '외만 남아'에서 대응되는 상황을 제시하여, 자신과 가족들이 가난에 시달리고 있음을 나타내고 있다.

19 내용의 전개 방식 파악 답 ③

정답이 정답인 이유

③ '사랑 기물로 보자면', '부엌 기물을 의논하자면'과 같이 살림 살이가 위치하는 장소를 기준으로 물건을 분류하여 나열하고 있다.

오답이 오답인 이유

① 『천자』, 『유합』 등의 책이 나열되어 있기는 하지만, 이를 통해 책을 가까이해야 하는 선비로서 갖추어야 할 태도를 부각하고 있지는 않다.

② 나열된 세간살이에 대해 '어찌 좋지 않을쏜가.'라는 반응이 제시되어 있지만, 사람들의 반응을 대조적으로 보여 주고 있지는 않다.

④ 흥부가 수많은 살림살이를 얻게 된 상황에 대해 '어찌 좋지 않을쏜가.'라고 하면서 긍정적인 반응을 보이고 있으며, 살림 살이를 지나치게 탐하는 인물에 대한 비판적 인식을 강조하고 있지는 않다.

⑤ 여러 공간에서 활용되는 살림살이들을 나열하고 있지, 물건에 대한 인물의 선호도에 따라 살림살이를 점층적으로 제시하고 있지는 않다.

20 소재의 기능 파악 답 ③

정답이 정답인 이유

③ ㉠ '수수깡 한 뭇'은 제대로 된 집을 갖추지 못하고 열악한 주거 환경에서 살아가는 흥부의 처지를 보여 주는 소재에 해당한다. ㉡ '박 한 통'은 제비의 다리를 고쳐 준 흥부가 그에 대한 보답을 받아 일확천금을 얻게 된다는 상황 반전의 계기를 보여 주는 소재에 해당한다.

오답이 오답인 이유

① ㉠은 가난한 상황에서 흥부가 집을 짓기 위해 궁여지책으로 선택한 재료이므로 이것이 인물의 포부를 상징한다고 보기는 어렵다. ㉡은 흥부가 기대감을 가지고 톱질하고 있는 소재이므로 인물의 의구심을 보여 준다고 보기는 어렵다.

② ㉠이 여러 인물의 갈등을 유발하는 소재에 해당하는 것은 아니다. 또한 흥부와 그의 아내가 ㉡을 켜기 위해 힘을 합치는 것이지, 여러 인물이 힘을 합쳐 이룬 결과가 ㉡이라고 보기는 어렵다.

④ ㉠은 흥부의 가난한 처지를 보여 주는 소재이며, 흥부는 이러한 자신의 처지로 인해 '애고 답답 서럽'다며 한탄하고 있다. 그러나 ㉡으로 인해 흥부가 진실을 깨우치고 있다고 보기는 어렵다.

⑤ ㉠은 흥부의 가난한 처지를 보여 주는 소재이므로 현실을 긍정적으로 수용하려는 인물의 태도를 보여 준다고 보기는 어렵다. 또한 흥부가 현실에서 벗어나려는 의지에서 ㉡을 탄다고 보기도 어렵다.

21 외적 준거에 따른 작품 감상 답 ④

정답이 정답인 이유

④ 흥부네 집에서 '쌀알을 얻으려'던 생쥐의 '앓는 소리에 동리 사람이 잠을 못 자'는 장면은 집에 먹을 것이 없는 상황을 과장되게 제시함으로써 흥부 가족의 가난한 상황을 강조하여 전달하고 있다. 경제적 어려움 때문에 흥부 부부가 이웃과 갈등을 겪는다는 내용은 나타나 있지 않다.

오답이 오답인 이유

① 방에서 '기지개를 켜면' '엉덩이는 울타리 밖으로 나가'는 장면은 제대로 갖춰진 주거지를 가지지 못한 흥부 가족의 처지를 터무니없는 상황을 통해 표현함으로써 흥부 일가의 가난함에 대한 연민을 유발하고 있다.

② '서른남은'이나 되는 자식들을 '한방에 몰아넣고 멍석으로 씌'워 두는 장면은 가난한 상황에서 많은 수의 자식들을 제대로 입히고 돌보지 못하는 상황을 과장되게 표현함으로써 웃음을 유발하고 있다.

③ 흥부 아내가 '호박국도 못 얻어먹는'다고 말하며 자식들을 달래는 장면은 인간의 삶에서 가장 기본이 되는 먹는 것조차 제대로 챙기기 힘든 상황을 현실적으로 제시함으로써 흥부 가족이 처한 상황을 사실적으로 보여 주고 있다.

⑤ '청의동자 한 쌍'으로부터 흥부가 '사람 살리는 약'을 건네받는 장면은 비현실적인 존재를 등장시켜 흥부가 '값으로 의논하면 억만 냥이 넘'는 약을 얻게 되는 장면을 환상적으로 제시함으로써 흥부의 상황이 반전된 것에 대한 쾌감을 이끌어 내고 있다.

[22~27] 문학 – 고전 시가 + 현대 수필

(가) 정철, 「관동별곡」

해제 이 작품은 정철이 선조 13년에 강원도 관찰사로 부임하여 강원도를 순회하면서 금강산과 관동 팔경을 유람한 내용을 노래한 기행 가사이다. 아름다운 자연을 감상하면서 관찰사로서의 선정의 포부와 연군의 정을 나타내고 있다. 그리고 자연에 동화되어 신선의 풍류를 지향하는 개인적 욕망도 나타나는데, 관리로서의 공적인 임무와 개인적 욕망 사이의 내적 갈등과 해소 과정을 적절하게 형상화하고 있다. 표현에 있어서는 역동적이며 생동감 넘치는 풍경 묘사와 속도감 있는 내용 전개 등이 인상적이다.

주제 관동 지방의 절경 감상과 선정의 포부

구성

- 산중을 매양 보랴 ~ 네 버던 줄 엇디 아난: 동해로 이동하며 흥취를 드러냄.
- 금난굴 도라드러 ~ 멋 고대 안돗던고: 총석정의 장관에 감탄하고 삼일포에서 사선을 회고함.
- 텬근을 못내 보와 ~ 백셜은 므사 일고: 망양정에서 동해를 바라봄.
- 져근덧 밤이 드러 ~ 갈 길히 머도 멀샤: 망양정에서 월출을 보며 애민 정신을 드러냄.
- 송근을 볘여 누어 ~ 아니 비췬 대 업다: 꿈속에서 신선을 만남.

(나) 백석, 「마포」

해제 이 글은 1935년 『조광』 창간호에 '자연의 전당 대경성 풍광'이라는 기획 아래 수록된 수필 중의 하나로, 백석이 문예지에 발표한 최초의 수필이다. 이 글은 마포의 풍경과 그에 투영된 글쓴이의 단상이 체계적인 의미 단위를 이루고 있다. 1930년대 중반 마포 포구와 그 주변의 모습을 보여 주면서 지난 시절의 풍경을 되돌아보게 하는 작품으로, 글쓴이의 사색과 비판 의식을 담고 있으며 감각적인 문체에 정교한 형식까지 갖추고 있어 높은 평가를 받고 있다.

주제 마포의 풍광이 지닌 양면적 특성

구성

- 1문단: 마포 포구 주변의 풍경
- 2문단: 마포 포구 안의 모습
- 3문단: 부둣가의 풍경
- 4문단: 마포에서 볼 수 있는 비행기와 기차
- 5~6문단: 마포에서 발견할 수 있는 전통적 요소
- 7문단: 마포에 정박한 뗏목과 그 위에서 빨래를 하는 계집아이들의 모습
- 8문단: 타지에서 마포에 온 뱃사람들의 반응
- 9문단: 뱃사람들의 귀향과 자연을 해치는 공장에 대한 거부감

22 표현상의 특징 파악 답 ⑤

정답이 정답인 이유

⑤ (가)의 '녕농 벽계와 수성 데됴는 니별을 원하는 듯', '백구야 나디 마라 네 버던 줄 엇디 아난'과 (나)의 '그 건너 포플러의 행렬은 이 개포의 돛대들보다 더 위엄이 있다.', '물속에 들어간 닻이 얼마나 오래 있나 보자고 산들은 물 위를 바라보고들 있는 듯하다.', '아마 시골 손들에게 서울의 연설을 하는지 모른다.', '그들은 이 개포의 맑은 하늘 아래 뽈샤납게 서서 흰 구름과 눈빨기를 하는 전기 공장의 시꺼먼 굴뚝이 미워서 이 강에 정을 못 들이겠다고 말없이 가 버린다.' 등은 사물에 인격을 부여한 의인법으로 볼 수 있다. 이를 활용하여 (가)의 화자는 동해안을 따라 이동하며 체험한 공간에 대한, (나)의 글쓴이는 마포라는 공간에 대한 자신의 인식을 드러내고 있다.

오답이 오답인 이유

① (가)에서는 꿈속에 나타난 신선의 말을 인용하고 있고, (나)에서는 "마포는 참 좋은 곳이여!" 같은 뱃사람의 말을 인용하고 있다. (가)의 꿈속에 나타난 신선의 말을 통해 (가)의 화자의 전생을 알 수는 있지만, (나)의 뱃사람의 말은 (나)의 글쓴이의 과거 행적과는 전혀 관련이 없다.

② (가)의 '사선'을 역사적 인물로 볼 여지는 있으나, (나)에서 역사적 인물을 거론한 내용은 찾을 수 없다. 「비파행」은 시의 제목일 뿐이다.

③ (나)의 경우 뒷부분에 세태에 대한 부정적 시각이 나타난다고 볼 수 있으나, (가)에는 세태에 대한 부정적 시각이 구체적으로 나타나지 않는다. 그리고 (나)에서 명령적 어조는 찾을 수 없다.

④ (가)의 꿈속에 나타난 신선과의 대화에서 '그대'는 구체적인 청자를 설정한 것으로 볼 수 있으나, (나)에서 구체적인 청자를 설정한 내용은 찾을 수 없다.

23 외적 준거에 따른 작품 감상 답 ②

정답이 정답인 이유

② (가)의 '사션'은 신라 시대의 네 명의 선도(화랑)를 가리키는 것이다. '영웅은 어디 가며 사션은 긔 뉘러니'는 지금 존재하지 않는 영웅이나 네 명의 선도를 떠올리며 안타까움을 드러내는 것이지 화자의 자질과 능력이 인간계에서 가장 뛰어남을 부각하는 것은 아니다.

오답이 오답인 이유

① '명사 길 니근 말이 취션을 빗기 시러'의 '취션'은 화자가 스스로를 취한 신선에 빗댄 것이고, '그대를 내 모르랴 샹계예 진션이라'는 꿈속에 나타난 신선의 말을 통해 화자를 천상계의

신선에 빗댄 것이다. 즉 화자 자신이 천상계에서 내려온 존재임을 드러내는 것으로 볼 수 있다.

③ '황뎡경'은 도가의 경서로 신선이 옥황상제 앞에서 이 경서의 한 글자만 잘못 읽어도 그 죄로 지상으로 내쳐진다는 말이 있다. 그러므로 '황뎡경'을 '그릇 닐거 두고' 인간계로 내려왔다는 것은 꿈속에 나타난 신선의 말을 인용해 화자의 전생이 신선이며, 현재의 삶이 천상계에서 지은 죗값을 치르는 과정과 관련이 있음을 드러내는 것으로 볼 수 있다.

④ 좋은 술을 온 백성들이 먼저 마시게 하여 취하게 만든다는 것은, 먼저 백성을 즐겁게 한 후에 나중에 자신이 즐기는(선우후락의 자세) 선정을 베풀겠다는 목민관의 포부로 볼 수 있다.

⑤ '명월'은 임금의 은혜를 상징하는 자연물이다. '명월이 천산만락의 아니 비춘 대 업다'는 화자가 다스리는 관동 지방의 백성들이 선정을 통해 임금의 덕을 누리는 상황을 드러낸 것으로 볼 수 있다.

24 작품 간의 공통점, 차이점 파악   답 ⑤

정답이 정답인 이유

⑤ [A]의 '백옥누 남은 기동 다만 네히 셔 잇고야 / 공슈의 셩녕인가 귀부로 다드믄가'와 〈보기〉의 '배 띄워라 굽이마다 따라 저어 볼 양이면 / 영소전 태을궁을 지으려고 경영턴가'는 총석정 주변의 경치(돌기둥)에 대한 감탄을 드러내는 표현으로 볼 수 있다. 그러나 [A]와 〈보기〉에 총석정 주변의 절경을 감상하는 시간이 짧다는 아쉬움을 드러내는 내용은 나타나지 않는다.

오답이 오답인 이유

① [A]의 '금난굴 도라드러'를 통해 총석정으로 이동하기 전에 '금난굴'을 경유했음을 알 수 있다.

② 〈보기〉의 '배 대어라 사공들아 풍랑이 일지 않아 / 충파로 돌아 저어 총석 전면 보게 하라 / 배 띄워라 굽이마다 따라 저어 볼 양이면 / 영소전 태을궁을 지으려고 경영턴가'를 통해 알 수 있다.

③ 〈보기〉의 '바람 불면 못 보려니 몰아라 어서 보자'는 총석정을 방문할 때 기상 상황에 신경을 쓰는 모습으로 볼 수 있다.

④ [A]의 '구태야 뉵면은 므어슬 샹톳던고'와 〈보기〉의 '돌기둥 천백 개를 육각으로 깎아 내어'는 총석정 주변의 돌기둥(주상절리)이 육각형 모양임을 구체적 수치를 통해 나타낸 것이다.

25 시어, 시구의 의미와 기능 파악   답 ①

정답이 정답인 이유

① ㉠은 주객전도의 방식으로 떠나기 싫은 화자의 심정을 시냇물과 산새들이 그렇게 느끼는 것처럼 표현하고 있다.

오답이 오답인 이유

② ㉡에서 떠올린 사람들은 '사선(신라 시대의 네 명의 선도)'으로 화자의 일행이 아니며, 그들과의 재회를 기대하는 것도 아니다.

③ ㉢은 망양정 앞의 커다란 파도가 출렁이는 모습과 물보라가 일어나는 장관을 비유적으로 묘사한 것이다.

④ ㉣은 망양정에서 월출을 바라보는 화자가 바다 위에 달이 뜬 아름다운 광경을 모든 백성에게 보이고 싶다는 관찰사로서의 애민 정신과 선정의 포부를 드러낸 표현이다. 임금에게 보여 드리고 싶다는 충성심이 담긴 표현으로 보기 어렵다.

⑤ ㉤은 화자와 대화를 하던 신선이 학을 타고 하늘로 오르는 모습으로 꿈속의 장면이다. ㉤ 다음의 '공듕 옥쇼 소래 어제런가 그제런가 / 나도 잠을 깨여 바다할 구버보니'가 잠에서 어렴풋이 깨어 비몽사몽임을 나타낸 말로 꿈에서 현실로 돌아오는 장면으로 볼 수 있다.

26 외적 준거에 따른 작품 감상   답 ②

정답이 정답인 이유

② '먼 시골 고장'의 '뱃사람의 하나'는 마포를 드나드는 타지 사람이다. 타지 뱃사람이 마포에 도착해 여의도에 뜨는 비행기나 한강 철교를 건너는 기차를 직접 보면서 감탄하는 것이지, '신년 괘력의 그림'을 살펴보며 감탄하는 것은 아니다. '신년 괘력의 그림'은 시골 운송점과 정미소에서 발간하는 것으로, 비행기나 기차의 사진이 실려 있는 달력을 말한다.

오답이 오답인 이유

① '커다란 금 휘장의 모자를 쓴'은 새로운 운송 수단인 차를 모는 운전수들의 화려한 차림새를, '구멍 나간 고의를 입은'은 오래된 매생이를 모는 사공들의 초라한 모습을 묘사한 것이다. 이를 통해 근대적 요소와 전통적 요소가 공존하는 도시의 상황을 나타냈다고 볼 수 있다.

③ '매생이'는 오래전부터 사용된 배이고, '「비파행」의 애끓는 노래'는 오래전부터 불린 노래로 전통적 특성을 상징하는 소재로 볼 수 있다. '흰 수염 난 늙은이'가 매일 매생이에서 여유롭게 낚시하는 모습을 「비파행」과 연결하여 도시에서 발견할 수 있는 전통적 요소를 나타냈다고 볼 수 있다.

④ '뗏목이 먼저 강을 내려와서 강을 올라오는 배를 맞는 일이 많다.'로 볼 때 뗏목은 타지 사람들이 한강 상류에서 마포로 내려오는 수단이고, 배는 타지 사람들이 바다를 통해 한강 하

류를 거슬러 마포로 올라오는 수단임을 알 수 있다. 글쓴이는 뗏목과 배를 통해 '예가 어덴가 하고 묻고 싶어 할', '본(本)과 성명을 말하기를 싫어'하는 타지 사람의 심리를 투영했다고 볼 수 있다.

⑤ '그들'은 배를 타고 마포에 온 타지 사람들을 가리킨다. '이 개포의 맑은 하늘 아래 뿔사납게 서서 흰 구름과 눈빨기를 하는'과 연결할 때, '그들'은 마포의 자연환경을 훼손하는 '전기 공장의 시꺼먼 굴뚝'을 부정적으로 인식하며 고향으로 돌아간다고 볼 수 있다.

27 작품의 내용 파악   답 ④

정답이 정답인 이유

④ 7문단의 '뗏목이 낯익은 배들을 보내고 나는 때에 개포의 작은 계집아이들이 빨래를 가지고 나와서 그 잔등에 올라앉는다.'로 볼 때 계집아이들은 배가 아닌 뗏목 위에서 빨래를 하는 것이다.

오답이 오답인 이유

① 1문단의 '나무 없는 건넌산들은 키가 돛대보다 낮다. 피부 빛은 사공들의 잔등보다 붉다.'를 통해 알 수 있다.

② 2문단의 '저 아래 철교 아래 사는 모터보트가 돈 많은 집 서방님같이 은회색 양복을 잡숫고 호기 뻗친 노라리 걸음으로 내려오곤 한다. 빈 매생이가 발길에 차이고 못나게 출렁거리며 운다.'를 통해 알 수 있다.

③ 3문단의 '모두 머리를 모으고 몸을 비비대고 들어선 배들 앞에는 언제나 운송점의 빨간 트럭 한 대가 놓여 있다. 때때로 퐁퐁퐁퐁…… 거리는 것은 아마 시골 손들에게 서울의 연설을 하는지 모른다.'를 통해 알 수 있다.

⑤ 8문단의 '뱃지붕을 타고 먼산바라기를 하는 사람들은 저 산 그 너머 산 그 뒤로 보이는 하이얀 산만 넘으면 고향이 보인다고들 생각한다. 서울 가면 아무 데 산이 보인다고 마을에서 말하고 떠나온 그들이 서울의 개포에 있는 탓이다.'를 통해 알 수 있다.

[28~31] 문학 – 현대 소설

김소진, 「갈매나무를 찾아서」

해제 이 작품은 백석의 시 「남신의주 유동 박시봉방」과 상호 텍스트성을 갖는 소설이다. 「남신의주 유동 박시봉방」에는 타향에서 슬픔을 안고 살아가는 화자의 내적 지향을 상징하는 소재인 '굳고 정한 갈매나무'가 등장한다. 이 작품의 주인공인 두현은 심리적 아픔으로 고통받고 있는 상황에서 「남신의주 유동 박시봉방」을 떠올리면서, 추운 계절도 꿋꿋이 견디며 서 있는 수칼매나무를 상상하며 그러한 자세로 자신의 아픔을 극복해 나갈 것을 다짐하는 모습을 보인다. 이 작품의 핵심 소재인 갈매나무는 아름다운 기억과 지옥 같은 기억을 동시에 떠올리게 만드는 역설적 성격을 띠는데, 이를 통해 독자는 우리의 삶이 '아름다운 지옥'이라는 찻집의 이름과도 같이 본래 역설적인 것임을 이해하게 된다. 그리고 수칼매나무를 꿈꾸며 살아가는 두현의 모습을 통해 우리의 역설적 삶 안에 이미 아픔과 고통을 이겨 낼 힘이 숨어 있다는 사실을 깨닫게 된다.

주제 삶의 의지를 회복하고자 하는 열망

전체 줄거리 두현은 이혼한 아내 윤정과 '아름다운 지옥'이라는 찻집의 갈매나무 앞에서 찍은 사진을 발견하고는 바로 그 찻집으로 향하면서 과거를 회상한다. 윤정과 이혼하자마자 두현은 할머니를 찾아갔고, 할머니의 위로를 받던 두현은 할머니 집 안마당에 있는 갈매나무와 관련한 어린 시절의 기억을 떠올렸다. 두현이 찾아간 '아름다운 지옥'은 오리탕 전문점으로 바뀌어 있었으나 갈매나무는 그대로 있다. 식당의 여주인과 술을 마시며 윤정과의 일, 수칼매나무 꿈에 대해 이야기하던 두현은 식당 앞 갈매나무를 보며 백석의 시 「남신의주 유동 박시봉방」을 떠올리고, 시의 화자의 처지가 자신과 비슷하다고 느낀다. 식당을 나서면서 두현은 여주인의 시어머니가 기다리고 있다는 시동생을 만나게 되고, 여주인이 자신에게 들려준 이야기가 사실이 아닐 것이라는 생각을 한다.

28 서술상의 특징 파악   답 ③

정답이 정답인 이유

③ 이 글에는 두현이 '아름다운 지옥'을 향해 가고 있는 상황에서 어린 시절 할머니께 위로를 받았던 과거의 기억이 삽입되어 나타나고 있다. 또한 두현이 식당의 여주인과 이야기를 나누고 있는 상황에서도 아내가 가고 없는 신혼방에서 어떤 아이에 대한 꿈을 꾸던 과거의 기억이 삽입되어 나타나고 있다. 이를 통해 현재에서 과거로 이어지는 역전적 구성을 부분적으로 활용하여 현재의 상황과 과거의 기억이 혼재되어 나타나고 있음을 확인할 수 있다.

오답이 오답인 이유

① 작품 속 등장인물이 서술자라면 작품 속에 서술자인 '나'가

등장해야 하는데, 이 글은 '나'에 의해 서술되고 있지 않다. 이 글은 작품 밖 서술자가 '두현'의 생각과 심리를 위주로 서술하고 있다.

② 두현이 꿈에서 본 작은 아이와 수칼매나무는 상상에 해당한다고 볼 수 있다. 그러나 그 작은 아이와 수칼매나무는 둘 다 두현이 꿈속에서 본 대상임이 분명하게 제시되어 있으므로, 인물의 상상과 현실의 사건을 구분하지 않고 서술하고 있다는 이해는 적절하지 않다. 또한 이 작품은 두현이 현실에서 겪은 일과 그에 따른 감정을 중심으로 전개되고 있으므로 비현실적 성격이 부각되고 있다는 진술은 적절하지 않다.

④ 모든 대화가 인용 부호 없이 나타나 있기는 하나 발화자의 말이 그대로 제시되고 있으므로 특정 인물의 입장에서 대화 내용이 재구성되고 있다는 이해는 적절하지 않다.

⑤ 윤정과의 이별로 인해 힘겨워하는 두현의 모습과, 그런 두현을 지켜보며 속상해하는 할머니의 모습은 나타나 있으나, 인물 간의 갈등이 심화되는 과정은 제시되고 있지 않다.

29 인물의 심리, 태도 파악   답 ③

정답이 정답인 이유

③ 어릴 적 갈매나무 가시에 찔렸던 때 할머니가 해 주신, 세상의 독한 가시를 이기라는 말씀에 주목하게 된 두현이 이를 여태껏 시의 화두로 삼고 있다고 말한 것으로 보아 두현은 자신의 상처를 극복하기 위해 노력하고자 하는 마음을 지니고 있다고 볼 수 있다. 그런 점에서 두현이 할머니와의 대화를 통해 이별이 치유될 수 없는 상처임을 깨닫고 있다는 이해는 적절하지 않다.

오답이 오답인 이유

① 윤정과 헤어진 두현이 할머니를 찾아가 '이 매욱한 손자가 세상에 다시없는 불효를 저지르고 이렇게 찾아뵈었다'고 말하는 부분에서 확인할 수 있다.

② 할머니가 '갈매나무 우듬지께를 망연자실한 눈길로 쳐다보'며 '지집한테 찔리운 까시는 오래가는 뱁'이라고 중얼거리는 데서 두현의 아픔이 오랫동안 지속될 수 있는 상황을 우려하고 있음을 확인할 수 있다.

④ 할머니가 자신을 찾아온 두현을 보고 '니가 아프면 널로(나를) 찾아와야지 그럼 눌로(누구를) 찾아…… 옹냐 잘 왔네라.'라고 말하며 반기는 모습에서, 두현이 심리적으로 힘든 상황에서 자신을 찾아온 것에 대해 포용적 입장을 보이고 있음을 확인할 수 있다.

⑤ 망연자실한 눈길로 갈매나무를 쳐다보는 할머니의 모습을 보며 두현이 어릴 적 자신의 '손바닥에 깊숙이 박힌 가시를 입

김을 몇 번이고 호호 불어 가면서 빼 주'시던 할머니에 대한 기억을 떠올리는 것에서 어릴 적 보살핌을 받았던 경험을 떠올리고 있음을 확인할 수 있다.

30 구절의 의미 이해   답 ⑤

정답이 정답인 이유

⑤ ㉤은 수칼매나무에 대한 구체적 묘사를 통해 자신이 생각하는 삶의 지향을 감각적으로 드러내고 있는 것일 뿐, 이를 여주인이 자신의 가치를 알아주기를 바라는 마음을 표현한 것이라고 이해하는 것은 적절하지 않다.

오답이 오답인 이유

① 윤정과의 추억이 담긴 사진을 우연히 발견하고는 심리적으로 동요하여 갑작스럽게 '아름다운 지옥'을 향해 가게 된 두현의 모습을 '실성한 사내처럼 마음만 급해 허둥지둥' 가고 있다고 했으므로, ㉠은 인물이 이동하는 모습을 실성한 사내에 비유하여 불안정한 심리를 부각하고 있다고 볼 수 있다.

② 두현을 위로하는 할머니의 손길을 '그 격정의 잔등을 삭정이처럼 야윈 할머니의 손길이 잔잔히 더듬고 지나갔다'고 표현했으므로, ㉡은 손자를 위로하고자 하는 할머니의 마음을 촉각적인 표현을 활용하여 보여 주고 있다고 볼 수 있다.

③ 두현은 속상해하는 할머니를 보며 마음이 무거워져서 자신이 밥을 떠 넣고 씹는 상황을 마치 눈물을 떠 넣고 씹는 상황인 것처럼 느끼고 있으므로, ㉢은 밥을 마치 눈물인 것처럼 여기는 발상을 바탕으로 두현의 무거운 마음을 부각하고 있다고 볼 수 있다.

④ 두현은 '아내가 가고 없는 그 신혼방'에 혼자 남겨진 상황에서 '어떤 아이에 대한 꿈'으로 인해 자신이 느꼈던 서럽고 무서운 심리를 낯선 곳에서 잠이 설깬 아이가 훌쩍거리며 우는 심리에 빗대고 있으므로, ㉣은 낯선 곳에서 잠이 설깬 아이에 빗대어 인물이 처한 상황에 따른 서럽고 무서운 심리를 나타내고 있다고 볼 수 있다.

31 외적 준거에 따른 작품 감상   답 ③

정답이 정답인 이유

③ 두현이 현재 겪고 있는 심리적 아픔은 윤정과의 이별에 의한 것이지 어릴 때 가시에 찔렸던 경험에 의한 것은 아니므로, '할머니 집 앞의 갈매나무'가 '가시에 찔려 떨어졌던' 어린 날의 기억을 상기하게 하여 두현이 현재 겪고 있는 심리적 아픔을 유발하는 실질적 원인을 상징한다고 이해하는 것은 적절하지 않다.

오답이 오답인 이유

① '사진' 속 갈매나무는 두현이 윤정과 함께 갔던 '아름다운 지옥'에 실재하는 나무로, 두현은 이 갈매나무를 통해 윤정과의 추억을 떠올리고 있다. 그러므로 '사진' 속 갈매나무는 과거의 시간을 떠올리게 만드는 사실적 배경으로 기능하고 있다고 볼 수 있다.

② 두현은 어린 시절부터 자신의 '내면에 자리 잡아 온 움직일 수 없는 한 풍경'인 '그 갈매나무'를 떠올리며, '갈매나무 아래서 윤정이와 사진을 찍고 난 다음 그녀와 가진 첫 입맞춤'을 '천당에 대한 기억'으로, '아내가 됐던 윤정이와 이 년이 채 안 돼 헤어지기로 동의한 다음 이혼 서류에 마지막으로 도장을 찍고' 할머니 집으로 찾아갔을 때 보았던 갈매나무를 '캄캄한 지옥'으로 회상하고 있다. 그러므로 두현의 '내면에 자리 잡아 온' '그 갈매나무'는 두현에게 '천당에 대한 기억'에 해당하는 사랑과 '캄캄한 지옥'에 해당하는 이별의 상반된 경험이 공존하는 이중적 대상으로 인식되고 있다고 볼 수 있다.

④ 갈매나무 가시에 찔려 아파하는 두현에게 할머니는 '세상의 숱해 많은 까시가 널 괴롭힐지도 모르'지만 '그럴수록 더 독한 까시를 가슴속에 품어야' 한다고 말한다. 가시가 아프게 할수록 더 독한 가시를 품으라는 것은 가시에 함축된 역설적 의미를 드러낸 것이라 볼 수 있으며, 그런 할머니의 말씀을 '시의 화두'로 삼았다는 것은 두현이 갈매나무 가시에 함축된 역설적 의미에 주목한 삶의 자세를 추구하고 있음을 드러낸 것이라 볼 수 있다.

⑤ '아름다운 지옥'이나 '할머니 집 앞'에 있는 갈매나무는 실재하는 자연물이나, 두현이 꿈에서 보는 수칼매나무는 두현의 내면에 상상으로 존재하는 가상적 자연물이다. 두현은 '추운 계절을 꿋꿋이 견디며 힘차게 수액을 높은 우듬지 위로 뽑아 올리는' 수칼매나무의 능동적이고 진취적인 모습을 상상하며 현실의 아픔에 정면으로 맞서 나가겠다는 의지를 우회적으로 드러내고 있다고 볼 수 있다.

[32~34] 문학 – 현대시

(가) 신동집, 「오렌지」

해제 이 작품은 사물의 본질을 파악해 그 사물의 정수를 꿰뚫고 싶은 욕망과 그 욕망을 이루기 어려운 상황을 노래하고 있다. '오렌지'를 소재로 하여 일상적으로 접하기 쉬운 사물조차도 본질을 파악하기 어렵다는 것을 보여 주며, 더불어 본질을 규명하고자 하는 의지와 이러한 의지의 실현 가능성도 보여 준다.

주제 존재의 본질을 파악하고자 하는 의지

구성
• 1연: 본질을 파악하고 싶은 대상으로서의 오렌지
• 2~3연: 손을 대면 파악할 수 없는 본질
• 4연: 본질적 존재로서의 오렌지
• 5연: 파악하기 어려운 본질로 인한 고민의 시간
• 6연: 어쩌면 본질을 이해할 수도 있을 듯한 희망

(나) 이상, 「거울」

해제 이 작품은 현실적 자아와 본질적 자아의 갈등을 표현한 시로, 스스로 분열된 자아를 인식하고 이 분열에 대한 자의식을 드러내면서 자아의 대립과 갈등, 그로 인한 비극성을 표현하고 있다.

주제 자아 분열로 인한 갈등

구성
• 1연: 밀폐된 거울 속 세계
• 2연: 의사소통이 단절된 거울 속 세계
• 3연: 분열된 자아와의 단절된 관계
• 4연: 거울이 지닌 모순과 이중적 구조
• 5연: 심화되는 자아 분열의 양상
• 6연: 분열된 자아로부터 소외된 또 다른 자아

32 작품 간의 공통점, 차이점 파악 답 ③

정답이 정답인 이유

③ (가)는 '오렌지'라는 대상을 바라보며 대상의 본질을 훼손하지 않으면서 본질을 파악하고자 하는 화자의 모습이 나타난다. 본질 파악은 쉽지 않지만 노력을 지속하며 그 가능성을 살펴보고 있다. (나)는 '거울속의나'를 대상으로 거울에서 나타나는 또 다른 나에 대한 고찰을 이어 가는 화자의 모습과 '거울속의나'와 소통할 수 없는 어려움이 드러나고 있다.

오답이 오답인 이유

① (가)와 (나) 모두 인간과 사물을 대비하고 있지는 않으며, 겉으로만 착한 체하는 인간의 위선을 드러내거나 비판하고 있지도 않다.

② (가)와 (나)에서는 공간의 이동이 드러난다고 보기 어렵다. 또

한 대상인 '오렌지'나 '거울속의나'가 가진 한계를 부각하고 있다고 보기도 어렵다.

④ (가)와 (나) 모두 시각적 감각을 활용한 상황을 주로 드러내고 있으며 (나)의 '나는지금거울을안가졌소마는거울속에는늘거울속의내가있소'의 경우 감각적으로 파악할 수 없는 상황을 제시하였다고 볼 수 있지만, 그것을 통해 화자와 대상이 결합된 상황을 강조한 것이라고 보기는 어렵다.

⑤ (가)의 '오렌지'와 (나)의 '거울속의나'가 순차적으로 변화하는 과정은 드러나지 않는다.

33 시어, 시구의 의미와 기능 파악   답 ⑤

정답이 정답인 이유

⑤ '거울이아니었던들내가어찌거울속의나를만나보기만이라도했겠소'를 통해 거울이 있기에 '거울속의나'를 만났다는 것, 즉 단절이 아닌 만남을 이야기하고 있다. 따라서 이 시구를 통해 거울이 지닌 이중성으로 인한 단절감이 부각된다는 것은 적절하지 않다.

오답이 오답인 이유

① '나'가 '찹찹한 속살'을 까서 달라질 수 있는 '그런 오렌지'가 문제임을 이야기하고 있다.

② '오렌지'의 본질을 알고 싶은 욕구가 있지만 이로 인해 '오렌지'에 손을 대는 순간 화자가 알고픈 '오렌지'가 아니게 되는 위험성을 인식하고 있는 상황이다.

③ '시간'이라는 눈으로 볼 수 없는 추상적인 관념을 '배암의 또아리'를 튼 모습으로 형상화함으로써 위험한 상태에 놓인 상황에 대한 긴장감을 조성하고 있다.

④ 화자가 '거울속의나'와 악수하고 싶지만 오른손잡이인 거울 밖의 화자와 달리 왼손잡이인 '거울속의나'와 악수를 할 수 없는 상황임이 드러난다. 이는 거울로 인해 발생하는 현상으로, 거울로 인해 볼 수 있지만 거울로 인해 소통할 수 없는 역설적 상황을 드러낸 것이다.

34 외적 준거에 따른 작품 감상   답 ②

정답이 정답인 이유

② (가)에서 '나'는 '오렌지'라는 다른 대상을 보며 다른 대상의 본질에 다가가고 싶은 소망을 드러낸다. '내가 보는 오렌지가 나를 보고 있다'는 것은 무생물인 오렌지에 생명력을 부여하여 '나'와 동등한 위상을 가진 대상으로 만물의 본질을 파악하고픈 모습을 보여 줄 뿐, 자신의 자아 분열로 인한 괴로움을 드러낸 것은 아니다.

오답이 오답인 이유

① (가)의 '여기 있는 이대로의 오렌지'는 외부의 영향을 받지 않은 본질적인 모습을 드러낸다고 볼 수 있다.

③ (나)에서 '거울'을 보지 않더라도 '거울속에는늘거울속의내가 있'다는 것은 본질적 자아와 현실적 자아가 늘 분열된 상황임을 드러낸 것으로 볼 수 있다.

④ (가)의 '오렌지'에 손을 대면 '오렌지가 아니 되'는 상황과 (나)의 '거울'로 인해 직접 만날 수 없는 본질적 자아와 현실적 자아의 상황은 본질 탐색의 어려움을 드러낸 것이라 볼 수 있다.

⑤ (가)의 '오렌지'에 비쳐진 '그림자'는 '어진' 것, 즉 마음이 너그럽고 슬기로운 것이라는 점에서, 비록 어려운 상황이지만 본질에 다가갈 수 있다는 희망을 버리지 않았기에 볼 수 있는 것으로, 본질 탐색의 지속을 암시한다고 볼 수 있다. (나)에서 '거울속의나'를 '근심하고진찰할수없으니퍽섭섭하'다고 한 것은 성찰을 통해 분열을 극복하기가 쉽지 않음을 드러낸 것으로 볼 수 있다.

[35~39] 언어

35 국어의 음운 변동   답 ⑤

정답이 정답인 이유

⑤ 'ㅅ'이 음절의 끝소리 규칙에 따라 [ㄷ]으로 바뀐 후에 뒤의 첫 소리인 'ㅂ'에 영향을 주어 [ㅃ]으로 발음이 바뀐 것이므로, 마찰음 'ㅅ'이 영향을 주었다는 진술은 적절하지 않다.

오답이 오답인 이유

① 형태소의 원래 모습은 'ㅌ'이 종성 자리에 있는 것이지만, 뒤에 모음이 오면 뒤 음절의 초성으로 연음된다. 음운이 자리만 옮긴 것이고 음운이 바뀌는 변동은 일어나지 않았다.

② 'ㅌ'이 'ㅣ' 모음 앞에서 'ㅊ'으로 바뀌는 구개음화가 한 번 일어났다.

③ 종성의 'ㅌ'이 다른 자음 앞에서 음절의 끝소리 규칙의 적용을 받아 'ㄷ'으로 바뀌는 변동이 한 번 일어났다.

④ 종성의 'ㅌ'이 다른 자음 앞에서 음절의 끝소리 규칙의 적용을 받아 'ㄷ'으로 바뀌는 변동이 일어난 후, 'ㄷ'이 뒤의 비음 'ㅁ'의 영향을 받아 'ㄴ'으로 되는 비음화가 일어났다. 따라서 두 번의 음운 변동이 일어났다.

36 한글 맞춤법   답 ②

정답이 정답인 이유

② ㄱ: '-었-'이 '-렀-'으로 소리가 바뀌었을 때 '었'으로 적지 않고 '렀'으로 적는 것은 소리대로 적은 것이다. 이는 음운 변동 규칙으로 설명할 수 없다.

ㄹ: '설'과 '달'이 합성되어 '섣달'이 되었을 때 그 소리가 [섣ː딸]이므로, 소리 나는 대로 적은 것이다. 'ㄹ'이 'ㄷ'으로 소리 나게 된 것을 그대로 적었으므로 [A]에 들어가기에 적절하다. 이는 음운 변동 규칙으로 설명할 수 없다. 참고로 이때 '달'을 '딸'로 적지 않은 이유는 된소리되기로 설명할 수 있기 때문이다.

오답이 오답인 이유

ㄴ: '딱하다'를 소리대로 적으면 '따카다'가 되어야 한다. '딱하다'와 같이 적는 것은 '딱'과 '하다'를 분명히 밝혀 어근과 접미사를 구별하려는 어법이 적용된 것이다. [따카다]라는 발음은 음운 변동 규칙으로 설명할 수 있기도 하여 [A]에 들어갈 말로 적절하지 않다.

ㄷ: '집만'을 소리대로 적으면 '짐만'이 되어야 한다. 체언 '집'과 조사 '만'을 분명히 구별하여 적는 어법이 적용된 것이다. [짐만]이라는 발음은 음운 변동 규칙으로 설명할 수 있기도 하여 [A]에 들어갈 말로 적절하지 않다.

ㅁ: '굳이'를 소리대로 적으면 '구지'가 되어야 한다. '굳이'와 같이 적는 것은 '굳'과 '이'를 분명히 밝혀 어근과 접미사를 구별하려는 어법이 적용된 것이다. [구지]라는 발음은 음운 변동 규칙으로 설명할 수 있기도 하여 [A]에 들어갈 말로 적절하지 않다.

37 시간 표현   답 ⑤

정답이 정답인 이유

⑤ 현재 시제를 나타내는 '-ㄴ-'은 일기를 쓰는 사건이 특정한 시간인 '매일' 일어날 예정임을 나타내는 것이 아니라, 현재의 습관을 나타내는 데에 사용된 것이다.

오답이 오답인 이유

① '익은' 사건은 과거에 일어난 것이고, 그 결과 상태가 현재까지 지속됨을 나타내는 데에 '-었-'을 사용하여 현재의 상태를 표현하는 데에도 과거 시제를 나타내는 '-었-'이 사용될 수 있음을 보이고 있다.

② 미래의 사건을 나타내는 데에 '-았-'이 사용되어 있다. 이는 미래의 사건을 이미 일어난 것처럼 확정적인 사실로 받아들이기 때문이다.

③ 과거, 현재, 미래에 다 적용되는 보편적 진리에 현재 시제를 나타내는 '-는-'이 쓰이고 있다. 보편적 진리에 현재 시제를 쓰는 이유는 현재의 사건으로 과거의 사건과 미래의 사건을 대표할 수 있기 때문이다.

④ 현재 시제를 나타내는 '-ㄴ-'이 가까운 미래를 나타내는 데에도 쓰였음을 알 수 있다.

38 재귀 대명사   답 ①

정답이 정답인 이유

① ㉠의 '제'는 '자기의'의 의미로 3인칭 재귀 대명사 '저'에 관형격 조사가 결합한 형태의 재귀 대명사이다. ㉡의 '제'는 앞에 나온 '동생'을 지시하는 3인칭 재귀 대명사 '저'에 주격 조사가 결합한 형태의 재귀 대명사이다. ㉢의 '저희'는 앞에 나온 '그 녀석들'을 지시하는 3인칭 재귀 대명사이다.

오답이 오답인 이유

㉣의 '저희'는 '우리'의 낮춤말로 1인칭 대명사이다. ㉤의 '당신'은 듣는 이를 가리키는 2인칭 대명사이다.

39 음운의 변천
답 ④

④ '브티다 > 부치다'에서 모음 'ㅣ' 앞에서 'ㅌ'이 'ㅊ'으로 바뀌었음을 알 수 있다. 따라서 모음 'ㅣ' 앞에서 'ㅌ'이 경구개음 'ㅊ'으로 바뀌었다는 진술은 적절하다.

① 'ᄉᆡ > 사이'에서 반치음 'ㅿ'이 소실되었음을 알 수 있다. '사이'의 'ㅇ'은 연구개음이 아니라 음가가 없는 표기이다. 따라서 'ㅿ'이 연구개음 'ㅇ'으로 바뀌었다는 진술은 적절하지 않다.

② '플 > 풀'에서 평순 모음 'ㅡ'가 원순 모음 'ㅜ'로 바뀌었음을 알 수 있다. 따라서 원순 모음 'ㅡ'가 평순 모음 'ㅜ'로 바뀌었다는 진술은 적절하지 않다.

③ '아ᄎᆞᆷ > 아츰 > 아침'에서 'ㅊ' 뒤에서 저모음인 'ㆍ'가 고모음인 'ㅡ'로 바뀌고 'ㅡ'가 다시 고모음 'ㅣ'로 바뀌었음을 알 수 있다. 따라서 'ㅊ' 뒤에서 고모음 'ㆍ'가 저모음 'ㅣ'로 바뀌었다는 진술은 적절하지 않다.

⑤ 'ᄉᆡ > 사이'에서 첫째 음절의 'ㆍ'가 'ㅏ'로 바뀌었고, '아ᄎᆞᆷ > 아츰'에서 둘째 음절의 'ㆍ'가 'ㅡ'로 바뀌었음을 알 수 있다. 'ㅏ'와 'ㅡ'는 모두 후설 모음이기 때문에 'ㆍ'가 첫째 음절과 둘째 음절에서 모두 전설 모음으로 바뀌었다는 진술은 적절하지 않다.

[40~42] 매체

40 매체 유형에 따른 특성
답 ④

④ (가)에서는 독자의 흥미를 유발하고 내용 이해를 돕기 위해 글과 함께 다회용 컵의 이미지와 같은 시각 자료를 제시하고 있다.

① (가)에서 소리와 동영상을 활용하여 내용을 보완한 부분은 확인할 수 없다.

② (가)를 통해 글이 작성된 시간은 확인할 수 있지만, 그 시간을 통해 글의 수정된 부분은 확인할 수 없다.

③ (가)에서 블로그 글에 댓글을 달 수는 있지만, 댓글은 실시간 소통을 위한 채팅방과는 다르다.

⑤ (가)에서 매체 수용자가 중심 내용을 파악하는 데 편리하도록 시간이나 공간적 순서에 따라 내용을 전개한 부분은 확인할 수 없다.

41 매체 언어의 표현 방법
답 ④

④ [카드 4]에는 (가)에 제시된 작성자의 의견에 대한 반론이 제시되어 있지 않다.

① [카드 1]은 (가)에 드러난 작성자의 주장인 '다회용 컵 사용 캠페인'을 부각할 수 있도록 큰 글씨로 표현하였다.

② [카드 2]는 (가)에 제시된 문제의 현황인 일회용 컵 사용이 많다는 것을 '33억 개'라는 수치로 표현하였다.

③ [카드 3]은 '일회용 컵 사용, 왜 문제일까?'라는 질문에 대한 답변으로 (가)에 언급된 나무의 훼손과 쓰레기 증가라는 두 가지 문제점을 제시하여 문답 형식을 활용하였다.

⑤ [카드 5]에는 (가)와 달리, 매체 수용자의 실천을 유도하기 위해 '한 달'이라는 구체적인 기간을 카드의 문구에 추가하였다.

42 매체 언어의 표현 방법
답 ⑤

⑤ '일회용 컵'과 '다회용 컵'이라는 대조적인 소재를 사용하여, '[함께해요] 환경을 지키는 다회용 컵 사용'이라는 (가) 블로그 글의 주제가 드러나도록 청유형으로 표현하고 있다.

① 블로그 글의 주제만 드러날 뿐, 대조적인 소재와 청유형 문장

은 확인할 수 없다.

② 대조적인 소재를 사용하지 않았으며, 청유형이 아닌 의문형
  문장으로 표현되었다.

③ 청유형 문장은 사용되었지만, 대조적인 소재와 블로그 글의
  주제는 확인하기 어렵다.

④ 대조적인 소재를 사용하여 블로그 글의 주제를 드러냈지만,
  청유형 문장으로 표현하지 않았다.

43 매체의 유형에 따른 특성   답 ④

정답이 정답인 이유

④ 지난주 시청자 게시판에 '어미 새가 새끼에게 먹이를 주는 원리가 궁금하다는 의견이 있'어서 이와 관련된 이야기를 나눠 보겠다고 말하고 있는 사람은 백 교수이므로, 진행자를 통해 시청자의 질문이 전문가에게 전달되고 있다고 보는 것은 적절하지 않다.

오답이 오답인 이유

① 백 교수는 틴베르헌이라는 동물학자가 다양한 크기의 모형 입을 만들어 실험한 과정을 설명하면서 음성 언어, 즉 말로만 설명하지 않고 시각 자료를 함께 제시하고 있다. 시각 자료는 말로는 정확한 이해가 어려울 수 있는 실험 방법을 시각적으로 분명하게 확인하도록 하여 시청자의 이해를 돕고 있으므로, 음성 언어의 한계를 보완하는 시각 자료를 제시하여 시청자의 이해도를 높이고 있음을 알 수 있다.

② 방송 끝부분에서 백 교수가 '다음 주에는 새끼들의 생존 전략에 대해 더 재미있는 이야기를 들려'주겠다고 예고함으로써 시청자의 관심과 기대를 이끌어 내고 있음을 알 수 있다.

③ '생방송'이라는 표지를 통해 해당 프로그램에서 진행자와 백 교수가 대화를 주고받고 있는 장면이 실황으로 방송되어 방송 내용이 실시간으로 시청자와 공유되고 있음을 알 수 있다.

⑤ 방송 마지막에 진행자는 시청자에게 '홈페이지에 접속하셔서 다음 주 방송 전까지 시청자 게시판에 동물에 대한 궁금증을 남겨 주'시면 '답변도 해 드리고, 추첨을 통해 상품도 보내 드'린다고 말하고 있다. 따라서 홈페이지라는 인터넷 매체를 활용하여 시청자 게시판에 글을 남기는 소통 방법을 안내함으로써 방송 후에도 시청자의 참여가 이루어지도록 유도하고 있음을 알 수 있다.

44 매체 정보의 능동적 수용   답 ③

정답이 정답인 이유

③ '시청자 3'은 '어미 새가 입을 크게 벌린 새끼에게만 먹이를 주는, 어찌 보면 매우 불합리한 원칙을 고수할 때, 결국 모든 새끼가 골고루 먹이를 먹고 살아남'는다고 보았으므로, 인간의 관점에서는 불합리해 보이는 원칙이 동물에게는 생존의 원칙이 될 수 있음에 주목한 것은 맞다. 그러나 '시청자 3'은 단지 그런 역설적 상황이 인상적이었다는 소감만 드러내고 있을 뿐, 이를 통해 동물 행동의 원리를 밝혀내기 어려운 이유를 파악하고 있지는 않다.

① '시청자 1'은 과거에 '어느 다큐멘터리에서 어미 새가 새끼에게 먹이를 주는 장면을 본' 경험을 떠올리면서 시청했더니 방송 내용이 더 잘 이해가 되었다고 하였다. 그러므로 '시청자 1'이 다른 매체에서 접한 영상의 영향으로 이번에 시청하게 된 방송 프로그램의 내용을 더 잘 이해할 수 있었음을 언급했다는 이해는 적절하다.

② '시청자 2'는 과거에 자신이 '잠자리가 무서워서 도망가는 거라고 생각'한 것이 사람을 중심으로 생각한 것임을 깨닫고 있다. 그러므로 동물의 눈높이에서 동물의 행동을 이해하지 못하고 동물의 행동을 통념적으로 인식했던 과거 자신의 경험을 성찰하고 있다는 이해는 적절하다.

④ '시청자 4'는 방송을 통해 알게 된 사실, 즉 어미와 새끼가 서로의 소리를 익힌다는 보편적 사실을 자신이 알고 있던 상식, 즉 아델리펭귄은 새끼 펭귄들의 무리 속에서도 자신의 새끼만 찾아 먹이를 준다는 사실에도 적용하여 지식의 범위를 확장해 나가는 모습을 보이고 있다. 그러므로 '시청자 4'가 방송을 통해 알게 된 지식을 자신이 알고 있던 상식에도 적용해 봄으로써 그 지식을 확장해 나가는 모습을 보이고 있다는 이해는 적절하다.

⑤ '시청자 5'는 어미 닭이 병아리를 돌보는 행동 원리를 밝힐 수 있는 실험으로, 투명한 플라스틱 상자를 이용하여 볼 수는 있지만 들을 수는 없게 만드는 방법을 제시하고 있다. 그러므로 '시청자 5'가 어미 닭의 행동 원리를 밝혀내는 방법으로 자신이 구상한 실험 아이디어를 제시했다는 이해는 적절하다.

45 매체 언어의 표현 방법   답 ⑤

⑤ '있는데'의 연결 어미 '-는데'는 뒤 절에서 어떤 일을 설명하기 위하여 그 대상과 상관되는 상황을 미리 말할 때에 쓰이고 있다. 따라서 '-는데'가 앞 절의 내용을 뒤 절의 내용과 대립되도록 이어 준다는 진술은 적절하지 않다.

① 문장 부사 '혹시'는 '우연히, 어쩌면' 정도의 의미로 자신이 설명하려는 주제를 의문문 형식으로 제시하는 문장에서 쓰이고 있다. 따라서 문장 부사 '혹시'를 활용하여 진행자와 시청자의 관심을 일으키며 질문을 하고 있다는 진술은 적절하다.

② '필요하다는'에서 관형사형 어미 '-는'은 피수식어 '말씀'을 수식하는 관형사절을 형성하여 백 교수의 말을 요약적으로 설명하고 있다. 따라서 관형사형 어미 '-는'을 활용하여 상대방이 한 말을 요약적으로 제시하고 있다는 진술은 적절하다.

③ 감탄사 '네'로 앞선 진행자의 대답에 긍정하면서 과학자 틴베르헌에 대한 소개를 이어 가고 있다. 따라서 감탄사 '네'를 활용하여 상대방의 말을 긍정하며 관련되는 이야기를 이어 가고 있다는 진술은 적절하다.

④ '주었다고'의 '고'는 틴베르헌의 실험 결과를 인용하기 위해 사용된 조사이다. 따라서 인용격 조사 '고'를 활용하여 다른 사람의 연구 결과를 간접적으로 인용하고 있다는 진술은 적절하다.

실전 모의고사 ④회   본문 210~236쪽

01 ⑤	02 ②	03 ⑤	04 ④	05 ③
06 ③	07 ⑤	08 ②	09 ②	10 ④
11 ⑤	12 ④	13 ④	14 ⑤	15 ②
16 ①	17 ①	18 ⑤	19 ⑤	20 ①
21 ④	22 ④	23 ⑤	24 ④	25 ②
26 ⑤	27 ③	28 ③	29 ①	30 ②
31 ④	32 ④	33 ⑤	34 ⑤	35 ④
36 ④	37 ⑤	38 ③	39 ③	40 ②
41 ①	42 ③	43 ④	44 ③	45 ⑤

[01~06] 독서 – 인문

사르트르의 존재론

해제 이 글은 사르트르의 존재론을 설명하고 있다. 사르트르는 세계의 모든 존재가 '사물, 나, 타자'라는 존재의 세 가지 영역에 포함된다고 보았다. 그리고 의식의 유무에 따라 사물과 인간을 나누고, 의식이 있는 인간을 다시 나와 타자로 나누었다. 그는 나와 타자를 우연히 이 세계에 출현하여 서로 대립하지만, 반드시 있어야 하는 필수 불가결한 관계로 설명했다. 왜냐하면 대자 존재로서 인간은 고정되지 않고 끊임없이 변화하는데 타자는 거울처럼 나의 존재 이유와 근거를 제공해 줄 수 있는 유일한 존재이기 때문이다.

주제 사르트르 존재론에서의 '나'와 '타자'의 관계

구성

• 1문단: 사르트르의 존재론
• 2문단: 즉자 존재와 대자 존재
• 3문단: 나를 바라보는 타자의 시선
• 4문단: 나와 타자의 대립
• 5문단: 나와 타자의 필수 불가결한 관계

01 글의 구조와 전개 방식   답 ⑤

정답이 정답인 이유

⑤ 3문단부터 타자에 대한 사르트르의 이론을 제시하고 있지만, 이론의 발전 과정을 시간 순서대로 정리하고 있지는 않다.

오답이 오답인 이유

① 2문단에서 존재의 영역을 즉자 존재와 대자 존재라는 두 가지 유형으로 나누고 의식의 유무 등을 기준으로 비교하면서 특성을 밝히고 있다.

② 1문단에서 사물, 나, 타자로 존재의 세 영역을 분류하고, 사물과 인간의 차이를 밝히고 나와 타자의 관계를 살피며 특징

을 설명하고 있다.

③ 3문단에서 '타자'의 개념을 밝히고, 이후 타자와 관련된 내용을 부연 설명하고 있다.

④ 2문단에서 일상적인 사물인 돌멩이로 즉자 존재의 예를 들어 의식이 없어 의식 변화의 가능성이 없는 존재에 대한 독자의 이해를 돕고 있다.

02 세부 내용 파악   답 ②

정답이 정답인 이유

② 1문단에서 사르트르가 타자를 나의 지옥으로 규정했다는 내용을 확인할 수 있으며, 3문단에서 사르트르는 타자가 나와 짝을 이뤄 이 세계에 우연히 출현한다고 보았다는 것을 알 수 있다.

오답이 오답인 이유

① 1문단에서 사르트르가 존재의 영역을 의식의 유무에 따라 인간과 사물로 나누고, 인간을 다시 나와 타자로 나누어 사물, 나, 타자의 셋으로 구분했다고 하였다.

③ 3문단에 사르트르가 타자를 '나를 바라보는 자'로 정의했다는 내용이 있고, 1문단에 사르트르가 타자를 나에게 반드시 필요한 존재라고 주장했다는 내용이 제시되어 있으므로 타자가 불필요한 존재라고 말했다는 것은 적절하지 않다.

④ 2문단에서 초월을 경험한 인간은 존재의 의미를 자신이 선택할 수 있음을 깨달으며 자유를 느낀다는 내용을 확인할 수 있으므로 억압을 느낀다고 보았다는 것은 적절하지 않다.

⑤ 3문단에 사르트르가 타자의 시선을 나를 객체화해 버리는 무서운 힘이라고 표현했다는 내용이 제시되어 있다. 그러나 5문단에 진정한 나를 알기 위해서는 타자와 관계를 맺으며 자기 모습을 성찰하는 과정이 필요하다고 보았다는 내용이 제시되어 있으므로, 회피해야 한다고 주장했다는 것은 적절하지 않다.

03 세부 내용 파악   답 ⑤

정답이 정답인 이유

⑤ 2문단에서 즉자 존재는 긍정이나 부정을 판단하거나 타자와 관계를 맺을 수도 없다고 하였다.

오답이 오답인 이유

① 2문단에서 즉자 존재는 타자로 인한 의식의 변화 가능성이 없는 존재라는 것을 확인할 수 있다.

② 2문단에서 고정될 수 없는 존재인 대자 존재는 계속 변화하며

본질적으로 자유와 초월을 의미한다는 것을 확인할 수 있다.

③ 2문단에서 즉자 존재는 다른 무언가가 비집고 들어갈 틈이 없기에 고정적인 반면, 대자 존재는 고정될 수 없는 존재로 계속 변화한다고 설명하고 있다.

④ 2문단에서 즉자 존재는 돌멩이 같은 사물로 의식이 없다는 내용을 확인할 수 있고, 대자 존재로서의 인간은 의식을 가지고 있다는 것을 확인할 수 있다.

04 다른 견해와의 비교   답 ④

정답이 정답인 이유

④ 5문단에서 사르트르는 '나'와 '타자'의 갈등을 필수 불가결한 것으로 보고 있고, 〈보기〉의 카뮈는 '타자'를 '나'와 화해, 협력, 공감이 가능한 존재로 인식하고 있다.

오답이 오답인 이유

① 3문단에서 사르트르는 인간은 나를 고정하려는 타자의 시선을 부정하기 위해 타자와 시선 투쟁을 벌이며 갈등 관계를 맺는다고 하였지만, 〈보기〉에서 카뮈는 인간관계를 '계약'이나 '연합'에 의해 조정 가능한 것으로 보았다. 따라서 카뮈와 다르게 사르트르가 계약에 의한 조정 가능성을 이야기했다는 것은 적절하지 않다.

② 〈보기〉에서 카뮈는 '나'는 개인적이고 고독을 느낄 수 있다고 하였지만, 고독에 대한 사르트르의 입장은 이 글에 제시되어 있지 않다.

③ 2문단에서 사르트르는 즉자 존재를 자신에게 질문을 던질 수 없으며 타자와 관계를 맺을 수 없는 존재로 보았다. 〈보기〉의 카뮈는 만약 '우리'가 존재하지 않는다면 '나'도 존재하지 않는다고 말하면서 "'우리'의 선재성'을 주장했는데, 이는 즉자 존재와 동일한 관념이 아니다.

⑤ 3문단에서 사르트르는 '나'를 '타자'와 시선 투쟁을 벌이는 존재로 파악하여 이해했고, 〈보기〉에서 카뮈는 "'우리'의 선재성'을 주장하며 '우리'를 '나'보다 앞서는 존재로 파악하였다.

05 구체적 사례 적용   답 ③

정답이 정답인 이유

③ 5문단에서 나는 타자의 시선을 통해 자신을 살피고 자신의 특성을 파악해 간다고 하였으며, 사르트르는 이 세계에서 나의 존재 이유와 근거를 제공해 줄 수 있는 유일한 존재는 타자뿐이라고 생각했다는 내용을 찾을 수 있다. 〈보기〉에서 독자가 작품을 읽을 때, 물질적 형태로 표현된 작가의 주체성은

대자 존재인 독자에 의해 파악된다고 하였기 때문에 작가의 작품에 존재 이유와 근거를 제공해 줄 수 있는 존재로서 타자인 독자의 작품 읽기가 필요하다.

오답이 오답인 이유

① 〈보기〉에서 작가는 작품에 자신의 주체성을 담으며 존재를 정당화하고자 한다고 하였다. 따라서 작가는 작품에 독자의 주체성이 아니라 자신의 주체성을 담기 위해 노력할 것이다.

② 작가가 쓴 작품을 읽는 〈보기〉의 독자는 3문단에 제시된 타자의 역할을 한다고 볼 수 있지만, 독자도 주체성을 가졌기에 즉자 존재가 아닌 대자 존재로 존재한다.

④ 4문단에서 사르트르는 인간이 타자를 거울삼아 자신의 존재를 파악하고 변화하기도 한다고 하였다. 또한 〈보기〉에서 사르트르는 독자의 읽기를 중시하며 작가에게 타자인 독자의 필요성을 주장하였다.

⑤ 2문단에서 인간은 대자 존재라고 하였으며, 〈보기〉에서 작품은 인간인 작가의 주체성을 담고 있기에 물질화된 대자 존재라고 하였다.

06 단어의 의미 파악   답 ③

정답이 정답인 이유

③ ⓐ는 '일정한 기준이나 한계 따위를 넘어서 벗어나다.'의 뜻으로, '소년이 체력의 한계를 넘어섰다.'의 '넘어섰다'가 이와 유사한 의미로 사용되었다.

오답이 오답인 이유

① '높은 부분의 위를 넘어서 지나다.'의 뜻으로 사용되었다.

② '경계가 되는 일정한 장소를 넘어서 지나다.'의 뜻으로 사용되었다.

④ '일정한 시간, 시기, 범위 따위를 넘어서 벗어나다.'의 뜻으로 사용되었다.

⑤ '마음이나 주장 따위가 다른 쪽으로 기울어지다.'의 뜻으로 사용되었다.

[07~12] 독서 - 주제 통합(사회·문화)

(가) 실업

해제 이 글은 실업의 종류 및 실업이 발생하는 원인들을 설명하고 있다. 특히 경기의 하강과 상승에 따른 순환적 실업은 다양한 문제를 야기할 수 있기에 여러 해결 방안이 나타나게 되었음을 설명하고 있다.

주제 실업의 종류 및 발생 원인

구성
• 1문단: 실업의 개념과 계절적 실업
• 2문단: 마찰적 실업과 구조적 실업
• 3문단: 순환적 실업의 개념

(나) 불황 극복에 대한 다양한 시선

해제 이 글은 대규모의 실업을 불러올 수 있는 불황에 대해 설명하면서 불황을 극복하기 위한 다양한 방안 중 자유 시장주의자인 하이에크와 슘페터의 견해와 이와는 대비되는 케인스의 견해를 설명하고 있다.

주제 불황을 극복하기 위한 자유 시장주의자들과 케인스의 입장

구성
• 1문단: 불황과 공황의 개념
• 2문단: 불황에 대한 하이에크의 견해
• 3문단: 불황에 대한 슘페터의 견해
• 4문단: 불황에 대한 케인스의 견해

07 글의 구조와 전개 방식   답 ⑤

정답이 정답인 이유

⑤ (가)에서는 계절적 실업, 마찰적 실업, 구조적 실업, 순환적 실업으로 각 실업의 개념을 밝히면서 실업의 종류를 나누어 설명하고 있다. (나)에서는 경제학에서 'GDP가 장기간 하락하고 실업이 상당히 증가하는 상황'을 불황이라고 부른다고 설명하며 불황의 개념과 자유 시장주의자인 하이에크와 슘페터의 불황 극복 방안, 그리고 그 반대 입장인 케인스의 불황 극복 방안에 대해 설명하고 있다.

오답이 오답인 이유

① (나)에서는 정부가 적극적으로 개입해야 한다는 입장이 나타나지만 대응 방안을 구체적으로 설명하고 있지는 않으며, (가)에는 이와 관련한 내용이 드러나지 않았다.

② (나)에서는 투자 증가로 인해 불황이 발생하는 문제점과 이를 해결하기 위해 시장에 맡겨야 한다는 해결책을 설명하고 있지만, (가)에서는 투자 증가로 인해 발생하는 문제점을 언급하고 있지 않다.

③ (나)의 케인스의 입장에서 불황으로 인해 고용 수요가 적어진

상황의 문제를 해결한다는 점이 노동의 수요와 공급의 균형점을 찾는 방법이라고 볼 여지는 있으나, (가)에는 전문가의 주장이 제시되지 않았다.

④ (나)에서는 호황과 불황이 잇달아 일어나는 경기 변동 현상에 대해 호황의 상황에서 일어나는 과잉 투자가 불황을 불러오고, 불황으로 기업이 도산하거나 과잉 설비가 정리되면 자연히 호황 국면으로 넘어가게 된다고 설명하고 있다. (가)에서는 실업이 발생하는 다양한 요인들을 설명하고 있기는 하지만, 이를 극복하기 위한 사회적 제도들을 각 실업의 종류에 따라 각각 제시하고 있지는 않다.

08 세부 내용 파악   답 ②

정답이 정답인 이유

② (가)의 3문단에서 경기 침체로 인해 물가가 하락하고 이로 인해 기업이 생산량을 줄이면서 노동에 대한 수요가 줄어든다고 설명하였다. 따라서 경기 침체로 인해 기업이 생산량을 줄이면, 물가가 상승하게 되면서 노동에 대한 수요가 증가하게 된다는 진술은 적절하지 않다.

오답이 오답인 이유

① (가)의 1문단의 '계절에 따라 달라지는 실업을 계절적 실업이라고 한다.'라는 설명과 2문단의 '6개월 이상의 실직 상태가 지속되는 장기 실직은 경제의 구조적 요인에 기인하는 경우가 많아 구조적 실업이라고 부른다.'라는 설명을 통해 알 수 있다.

③ (나)의 3문단의 '슘페터 역시 공황은 저지해야 할 악이 아니라 혁신의 잠재력이 쇠퇴할 때 불가피하게 발생하는 것'이라는 설명을 통해 알 수 있다.

④ (나)의 2문단의 '하이에크는 신용이 발달한 경제에서는 호황과 불황이 잇달아 일어나는 경기 변동 현상이 일어나게 마련이라고 보았다.'라는 설명을 통해 알 수 있다.

⑤ (나)의 2문단의 '과잉 투자는 설비 과잉을 초래하여 기업의 수익률을 떨어뜨리고, 수익률 하락을 목격한 은행이 신규 대출을 줄이고 기존 대출을 회수하며 금리도 상승하게 된다. 이에 따라 기업의 투자가 빠르게 줄어들고'라는 설명을 통해 알 수 있다.

09 구체적 사례 적용   답 ②

정답이 정답인 이유

② ㄴ은 다른 직장으로 옮기기 위한 실업이므로 마찰적 실업에 해당하고 노동자의 기술 수준과 기업의 요구 수준의 불일치

와는 관련이 없다. ㄱ은 그간 비디오테이프 관련 기술력을 가진 노동자였던 A가 새로운 영상 저장 방식의 발달로 인해 이를 필요로 하는 기술을 갖추지 못해 실직을 하게 된 경우로, 노동자가 공급하는 기술 수준과 기업에서 요구하는 기술 수준 간의 불합치로 인한 구조적 실업에 해당한다.

오답이 오답인 이유

① (가)의 1문단을 통해 실업률 통계에 조정값을 제공하는 것은 계절적 실업임을 알 수 있다. ㄱ은 구조적 실업, ㄴ은 마찰적 실업에 해당한다.

③ (가)의 3문단을 통해 경기의 순환에 따른 실업은 순환적 실업임을 알 수 있다. ㄷ은 계절적 실업에 해당한다.

④ (가)의 2문단에서 6개월 이상의 실직 상태가 지속되는 장기 실직과 구조적 실업의 연관성에 대해 언급하고 있다. 한편 마찰적 실업은 단기적인 경우가 대부분이라고 언급하고 있다. 따라서 ㄴ에만 해당되는 설명이다.

⑤ (가)의 2문단을 통해 직업 숙련을 위한 재교육과 같은 정부의 정책적 지원이 필요한 실업은 구조적 실업임을 알 수 있으며, 구조적 실업에 해당하는 것은 ㄱ이다.

10 생략된 내용 추론   답 ④

정답이 정답인 이유

④ '투자 증가로 인해 미래의 산출량은 늘어나지만 저축은 감소하고 미래의 소비도 줄어들어 결국 미래의 산출과 수요의 불일치가 일어나게 된다.'라는 내용은 케인스가 아닌 하이에크가 설명한 불황의 과정이다.

오답이 오답인 이유

① (나)의 2문단의 '투자 증가로 인해 미래의 산출량은 늘어나지만 저축은 감소하고 미래의 소비도 줄어들어'를 통해 알 수 있다.

② (나)의 3문단에 따르면 슘페터는 불황이 경제의 혁신을 위해 반드시 필요한 조정 수단이며, 시장에 자율적 조정을 맡겨야 한다고 보았다. 슘페터의 입장에서 불황이 일어나는 과정에서 발생하는 소비의 감소 역시 불황이 해결되면 자연스럽게 해결될 문제라고 볼 수 있다.

③ (나)의 4문단에서 '케인스는 투자 감소에서 시작된 침체가 소비의 위축을 통해 더욱 심화된다고 보았다.'라고 설명한 부분을 통해 소비의 위축이 투자 감소에서 시작된 경기 침체를 더욱 심화시킴을 알 수 있다.

⑤ (나)의 4문단의 '투자재에 대한 수요가 축소되면 투자재 부문에 고용된 사람들의 소득이 줄어들거나 이들이 실업으로 인해 소득을 상실한다. 이는 다시 소비재 부문에 대한 수요 축소로

연결되어 경제 전반에 걸쳐 소비가 감소한다.'를 통해 알 수 있다.

11 구체적 사례 적용   답 ⑤

정답이 정답인 이유

⑤ 불황의 발생에 대해 '사회가 자원을 탕진'했다고 바라보며 징벌적 시선으로 바라보는 것에 대해 케인스는 찬성하지 않았다. 또한 케인스는 유동성 선호 현상으로 인한 침체를 극복하기 위해서는 보다 적극적인 정부의 개입을 통해 수요를 살릴 필요가 있다고 주장했을 것이다.

오답이 오답인 이유

① (나)의 2문단의 '적정한 이자율보다 금리가 낮으면 신용과 투자는 빠르게 증가하는 반면 가계는 저축을 줄이게 된다. 이 과정에서 투자 증가로 인해 미래의 산출량은 늘어나'게 된다는 부분에서, 하이에크는 적정한 이자율보다 금리가 낮은 상황으로 인해 과잉 투자가 일어나 과잉 산출량을 불러올 수 있는 생산 능력 과잉 상태가 나타났다고 볼 것임을 알 수 있다.

② (나)의 3문단에서 슘페터가 공황을 '경제의 혁신을 위해 반드시 필요한 조정의 수단'으로 본 부분과 '공황 해결을 위해 누군가가 개입해서 조정을 하면 오히려 문제가 심각해질 수 있'다고 본 부분에 근거할 때, 정부의 간섭이 혁신을 방해할 수 있을 것이라고 생각했을 것이라는 반응은 적절하다.

③ A국에서 정부가 개인 소득세를 감면하여 소비의 여력을 높이려고 하는 것은 케인스가 '정부의 적극적인 개입을 통해 수요를 살리는 정책을 펼쳐야' 한다고 주장한 것과 상통하는 주장이므로 적절한 반응이다.

④ 하이에크는 '공황 해결을 위해 누군가가 개입해서 조정을 하면 오히려 문제가 심각해질 수 있기 때문에 시장에 자율적 조정을 맡겨야 한다'고 보았다. 따라서 B국에서 정부가 감세 정책을 펼쳤지만 금리의 영향으로 인해 침체를 벗어나는 데 실패한 것에 대해 하이에크는 정부의 개입으로 인해 자연스럽게 해결할 수 있었던 문제를 오히려 더 이어지게 했다고 평가할 수 있다.

12 단어의 의미 파악   답 ④

정답이 정답인 이유

④ '도산'은 '재산을 모두 잃고 망함.'이라는 의미를 가지고 있다. '피하거나 쫓기어 달아남.'은 '도주'의 의미이다.

[13~17] 독서 – 기술

유압식 브레이크 마스터 실린더의 특징

해제 이 글은 유압식 브레이크가 작동하는 과학적 원리인 파스칼의 원리를 설명하면서 이를 바탕으로 유압식 브레이크를 구성하는 장치 중 마스터 실린더를 설명하고 있다. 특히 현재 주로 쓰이는 탠덤 마스터 실린더의 구성 및 작동 과정을 중심으로 차량의 브레이크가 작동하여 제동하게 되는 방법을 설명하고 있다.

주제 유압식 브레이크의 작동 원리와 탠덤 마스터 실린더의 작동 과정

구성
- 1문단: 브레이크의 다양한 기능
- 2~3문단: 유압식 브레이크에 활용되는 파스칼의 원리
- 4문단: 유압식 브레이크의 구성 장치 및 작동 과정
- 5문단: 탠덤 마스터 실린더의 구성
- 6문단: 탠덤 마스터 실린더의 작동 과정
- 7문단: 휠 실린더의 기능

13 세부 내용 파악
답 ④

정답이 정답인 이유

④ 7문단에서 마스터 실린더에서 발생된 유압을 통해 실제 제동 작용을 수행하는 것은 휠 실린더라고 하였다. 따라서 마스터 실린더가 실제 제동 작용을 수행하는 것이 아니며, 휠 실린더가 마스터 실린더에 오일을 전달하는 장치도 아니다.

오답이 오답인 이유

① 1문단에서 '자동차의 운동 에너지는 브레이크의 마찰력을 이용하여 열에너지 형태로 대기 중에 방출된다.'라고 하였다.

② 3문단에 따르면 파스칼의 원리는 '밀폐된 용기에 담긴 유체에 압력을 가'할 때 작용하는 것인데, 6문단에서 '2차 컵은 형성된 유압의 누설을 방지'한다고 하였다.

③ 1문단에서 '브레이크는 자동차의 속도를 0으로 만들어 자동차를 정지시키거나, 자동차의 속도를 줄이는 감속 작용과 긴 경사로를 내려갈 때의 연속적인 제동 작용을 수행해야 한다. 또한 평지나 경사로에서 주차할 때 자동차를 오랫동안 고정시켜야 한다.'라고 하였다.

⑤ 4문단에서 '마스터 실린더는 각각의 피스톤을 가진 두 개의 마스터 실린더를 직렬로 연결하여 하나에 문제가 발생하더라도 다른 쪽에서 안전하게 작동할 수 있도록 고안된 탠덤 마스터 실린더가 널리 사용된다.'라고 하였다.

14 세부 내용 파악
답 ⑤

정답이 정답인 이유

⑤ [A]에서 '압력을 표현할 때 힘을 단위 면적으로 나눈 값으로 나타낸다'고 하였다. 따라서 압력이 동일하다고 할 때, 분모에 해당하는 단면적이 피스톤 A가 1일 때 피스톤 B가 10이라면, 피스톤 B의 분자에 해당하는 힘 역시 10배가 되어야 동일한 압력을 갖게 되므로 적절한 진술이다.

오답이 오답인 이유

① [A]에서 '유체에 압력을 가하게 되면 가한 압력과 같은 크기의 압력이 방향에 상관없이 용기 안의 모든 임의의 지점에 전달된다'고 하였으므로 피스톤의 단면적의 크기와는 관계없이 같은 압력이 작용한다. 따라서 압력이 같다면 각 피스톤의 단면적은 다르다는 진술은 적절하지 않다.

② 연결관이 파손되면 용기가 밀폐되지 않으며, 유체가 제대로 흐를 수 없기 때문에 압력이 그대로 전달되지 않는다.

③ [A]에서 '유체에 압력을 가하게 되면 가한 압력과 같은 크기의 압력이 방향에 상관없이 용기 안의 모든 임의의 지점에 전달된다'고 하였으므로, 피스톤 A와 피스톤 B에 가해진 압력은 다르지 않다.

④ [A]에서 피스톤 B가 받는 힘은 밀폐되었다는 조건 및 피스톤의 단면적과 관계가 있다. 왜냐하면 용기 안의 모든 유체에 동일한 압력이 작용하기 때문에 연결관의 단면적은 피스톤이 받는 힘에는 영향을 주지 않는다. 또한 압력이 동일한 상황일 때 분모에 해당하는 단면적이 작을수록, 분자에 해당하는 힘도 작아져야 하므로 적절한 진술이 아니다.

15 생략된 내용 추론
답 ②

정답이 정답인 이유

② 브레이크 페달을 밟으면 각 피스톤에 설치된 1차 컵이 각각의 보상공을 막으며 압력실을 밀폐시켜 유압을 형성한다. 따라서 보상공이 막혀 있다면 이미 유압이 발생하여 브레이크가 운전자의 의도와 관계없이 작동할 수 있다.

오답이 오답인 이유

① 보상공과 관계없이 푸시로드가 피스톤을 밀면 스프링을 밀어내는 힘이 발생한다.

③ 5문단에서 '각 압력실과 연결된 각 제동 회로에도 브레이크 오일이 들어 있다.'라고 하였고, 보상공을 막는 것과 제동 회로에 오일이 들어가는 것은 관계가 없다.

④ 푸시로드에 의해 1차 피스톤을 밀어내는 힘이 발생하면 보상공과 관계없이 2차 피스톤을 밀게 된다.

⑤ 보상공을 막아 압력이 발생하면 각각의 제동 회로에 동시에

제동 압력이 발생하므로 적절하지 않다.

16 중심 내용 파악 답 ①

정답이 정답인 이유

① 5문단에서 '피스톤에 설치된 고무로 된 컵들은 피스톤과는 반대로 푸시로드와 가까운 것이 2차 컵, 스프링과 가까운 것이 1차 컵'이라고 하였으며, 6문단에서 '두 개의 피스톤 각각에 설치된 1차 컵들은 각각의 보상공을 막고 지나며 압력실을 밀폐시'킨다고 하였다.

오답이 오답인 이유

② 6문단의 '이때 1차 컵 뒤에 붙어 있는 필러 디스크는 1차 컵이 피스톤 쪽에 있는 보충공 쪽으로 밀리는 것을 막는 역할을 한다. 한편 2차 컵은 형성된 유압의 누설을 방지하는 역할을 한다.'를 통해 알 수 있다.

③ 파스칼의 원리에 의하면 밀폐된 공간의 압력실의 오일이 받는 압력과 제동 회로에 있는 오일이 받는 압력은 동일하다.

④ 6문단의 '페달에서 발을 떼면 스프링은 피스톤을 초기 위치로 급속히 복귀시키는데 그 과정에서 1차 컵은 휘어지고, 1차 컵 뒤쪽에 설치된 필러 디스크도 약간 휘어지'게 된다는 내용을 통해 알 수 있다.

⑤ 4문단에서 탠덤 마스터 실린더는 '각각의 피스톤을 가진 두 개의 마스터 실린더를 직렬로 연결하여 하나에 문제가 발생하더라도 다른 쪽에서 안전하게 작동할 수 있도록 고안된' 것이라고 하였다. 따라서 제동 회로 1에 문제가 발생하였더라도 나머지 장치들이 정상적으로 작동한다면 2차 피스톤 쪽에서 형성되는 유압을 통해 브레이크가 작동할 수 있음을 알 수 있다.

17 단어의 의미 파악 답 ①

정답이 정답인 이유

① ⓐ는 '어떤 일을 하는 데에 재료나 도구, 수단이 이용되다.'의 의미로 사용된 것이다. '도리깨는 잡곡을 터는 데 널리 쓰인 물건이다.'의 '쓰이다' 역시 같은 의미이다.

오답이 오답인 이유

② '사람이 일정한 돈을 받고 어떤 일을 하도록 부려지다.'의 의미이다.

③ '머릿속의 생각이 종이 혹은 이와 유사한 대상 따위에 글로 나타내지다.'의 의미이다.

④ '어떤 일에 마음이나 관심이 기울여지다.'의 의미이다.

⑤ '어떤 말이나 언어가 사용되다.'의 의미이다.

[18~21] 문학 – 고전 소설

작자 미상, 「오유란전」

해제 이 작품은 작자, 연대 미상의 고전 소설로, 학문에만 전념하겠다던 인물이 친구와 기녀의 계략에 넘어가 훼절당하는 내용을 담고 있다. 이러한 내용을 통해 양반들의 위선적인 생활을 풍자한다는 점에서 이 작품은 훼절담에 해당하지만, 망신을 당한 인물이 자신에게 망신을 준 친구를 용서한다는 내용으로 마무리된다는 점이 특징이다.

주제 양반들의 위선과 허위의식에 대한 풍자

전체 줄거리 김생과 이생은 어릴 적부터 절친한 친구로 지내며 함께 과거 시험을 준비한다. 김생이 장원 급제하여 평안 감사가 된 후, 김생은 별당에서 책만 읽으며 지내는 이생을 위해 잔치를 벌인다. 그러나 이생은 그 자리에서 화를 내며 돌아가 버리고, 김생은 기녀인 오유란과 공모하여 이생에게 망신을 줄 계획을 짠다. 이생은 오유란의 유혹과 계략에 넘어가 자신이 죽었다고 믿게 되고, 결국 오유란이 시키는 대로 벌거벗은 채로 사람들 앞에 나섰다가 큰 망신을 당한다. 그제야 자신이 속은 것을 깨달은 이생은 공부에 매진하고, 장원 급제하여 암행어사가 된다. 다시 김생과 오유란을 찾은 이생은 그들에게 복수하려 하였으나, 그들의 말을 듣고 그들을 용서한 뒤 술자리를 베푼다.

18 작품의 내용 이해 답 ⑤

정답이 정답인 이유

⑤ 어사가 되어 돌아온 이생이 오유란에게 과거 자신을 속인 죄를 물었을 때, 오유란이 자신의 잘못이 무엇인지 모르겠다고 대답하는 것이나, '몸을 나타내고 살짝 쳐다보고 생긋 웃으며' 말하는 모습 등을 통해 오유란이 어사가 누구인지 알고 있으며 그를 속였던 과거의 일을 기억하고 있음을 알 수 있다. 따라서 다시 만난 이생을 첫눈에 알아보지 못하였다는 것은 적절하지 않다.

오답이 오답인 이유

① '하루는 감사가 이생을 위하여 주연을 베풀고 방자를 보내어 이생을 초대했다.'에서 확인할 수 있다.

② '이생은 마음속으로는 비록 뜻에 맞지 않았으나 거절할 만한 이유가 없어서'에서 확인할 수 있다.

③ '좌우에 앉아 있던 기생들이 다투어 이생에게 술잔을 권하며 노래를 부르기 시작했다.'에서 확인할 수 있다.

④ '이날 잔치하는 자리에서 이생의 행동을 보고 그 지나친 고집에 대하여 눈살 찌푸리고 비웃지 않은 사람이 없었다.'에서 확인할 수 있다.

19 대화의 특징 파악　　　답 ⑤

정답이 정답인 이유

⑤ [A]에서는 '친구에 대한 생각이 간절하'다고 말하며 상대방과 자신의 관계가 친밀함을 내세우며 자신이 마련한 잔치에 와줄 것을 설득하고 있다. [B]에서는 '형이 별안간 영화의 길에 올랐음은 어찌 나의 한 정성의 소치로 말미암은 것이 아닌가.'에서 상대방이 높은 자리에 오른 것과 관련하여 자신이 과거에 했던 일을 언급하며 자신을 용서해 줄 것을 설득하고 있다.

오답이 오답인 이유

① [A]에서 과거에 있었던 일을 회상하는 내용은 언급하고 있지 않다. 또한 [B]에서도 미래에 벌어질 일을 전망하는 내용은 언급하고 있지 않다.

② [A]에서 '금옥 같은 귀한 몸'이라는 내용을 언급하고 있지만, 이것을 외양에 대한 묘사로 보기는 어렵다. [B]에서는 '형은 정말로 남아로서 뜻있는 사람이라고 말할 수 있으니'에서 상대방의 품성을 언급하며 상대방의 우월함을 추켜세우고 있다.

③ [A]에서 상대방의 생각을 짐작하는 내용은 언급하고 있지 않다. 또한 [B]에서도 상대방이 했던 말을 언급하고 있지 않다.

④ [A]에서 '오늘은 바로 형이 급제하고 처음 맞는 날'이라고 말하며 상대방의 처지가 변화하였음을 언급하고 있지만, 이를 통해 자신의 억울함을 호소하고 있지는 않다. [B]에서는 '오늘 동생이 경악하고 황급하고 곤경에 빠졌던 것으로 말하면 오히려 형이 옛날에 속임을 당한 것보다 못하지는 않을 것일세.'라고 말하며 상대방과 자신의 경험을 비교하고 있고, 이를 통해 자신의 억울함을 호소하고 있다.

20 작품의 내용 이해　　　답 ①

정답이 정답인 이유

① ㉠을 통해 감사와 오유란이 이생을 훼절할 계획을 세운다. 이로 인해 어사가 된 이생이 오유란을 붙잡아 오라고 명하며 ㉡을 행하게 된다.

오답이 오답인 이유

② ㉠으로 인해 인물 간 오해가 발생했다고 보기는 어렵다.

③ ㉠에서의 공모를 계기로 감사와 오유란은 이생을 속이기 위해 진실을 숨기지만, 이것이 밝혀지는 시점은 ㉡ 이전에 해당한다.

④ ㉠에서 인물 간의 갈등이 빚어졌다고 보기는 어렵다.

⑤ ㉠에서 인물의 내적 갈등이 드러난다고 보기는 어렵다.

21 외적 준거에 따른 작품 감상　　　답 ④

정답이 정답인 이유

④ 이생이 감사를 용서하고 '술을 가져오게 해서 감사와 즐겁게 마'시는 것은, 이생이 인간의 자연스러운 흥취와 관리 사회의 유흥 문화에 대한 긍정이라는 가치 체계를 유연하게 받아들이게 되었기 때문이라고 볼 수 있다. 그러나 오유란에 대한 용서가 이루어지는 것은 그 이후의 일이므로, 오유란에 대한 용서를 바탕으로 이생이 감사의 가치 체계를 받아들이게 되었다는 내용은 적절하지 않다.

오답이 오답인 이유

① 이생은 감사가 마련한 잔치에 참여했다가 술잔을 권하는 기생들을 뿌리치고 화를 내며 자리를 떠난다. 이것은 선비로서의 고고한 면모만을 중시하는 가치 체계에서 비롯된 행동이라고 볼 수 있다.

② 감사는 잔치 자리를 박차고 떠나려는 이생을 붙잡으며 자신이 진심으로 일러 주는 말을 들으라고 타이른다. 이것은 인간의 흥취를 인정하는 관리 사회의 유흥 문화를 긍정하는 가치 체계에서 비롯된 행동이라고 볼 수 있다.

③ 감사는 오유란을 불러 여색을 멀리하려는 이생을 유혹하라고 명한다. 이것은 여색을 멀리하려는 이생의 가치 체계를 부정하여 유흥에 대한 긍정이라는 자신의 가치 체계를 정당화하려는 것에서 비롯된 행동이라고 볼 수 있다.

⑤ 오유란은 자신을 문초하는 이생에게 자신이 이생을 속인 것은 오로지 감사의 명을 따르기 위함이었다고 말한다. 이것은 신분 질서 내에서 상하 위계를 따라야 한다는 가치 체계를 근거로 내세우려는 것에서 비롯된 행동이라고 볼 수 있다.

(가) 박영준, 「모범 경작생」

해제 이 작품은 1930년대 일제 강점기에 농촌 수탈 정책으로 피폐해진 한국 농촌의 현실을 보여 주는 소설이다. 일제의 하수인으로 전락한 친일 인사들의 모습, 농민들에게 과중한 세금을 매기는 부패한 관청의 모습, 간도나 만주 이주를 고려할 정도로 경제적 궁핍을 겪는 농민들의 안타까운 모습을 그림으로써 비인간적이고 부조리한 식민지 농촌의 현실을 고발하고 있다.

주제 일제의 농촌 수탈 정책으로 인해 피폐해진 농촌 현실

전체 줄거리 주인공 길서는 마을에서 혼자 소학교를 졸업하여 면사무소를 출입하고 마을의 일을 도맡아 하는 젊은이로, 근면하고 착실하여 동네 사람들의 신망과 부러움을 얻는다. 길서는 모범 경작생으로 인정받아 마을 대표로 서울의 농사 강습회에 참여한다. 서울에서 돌아온 길서는 시국에 대한 일본의 입장을 대변하는 말을 하고, 자신이 팔 뽕나무 묘목값을 올려 준다는 제안을 받고서 면장과 한통속이 되어 농가 호세 인상에 협력한다. 농민들은 길서에게 소작료 인하 교섭을 부탁했으나, 길서는 이를 거절하고 일본 시찰단으로 뽑혀 떠난다. 뽕나무 묘목값이 급격히 오르고 호세가 과도하게 인상되면서 마을 사람들은 뒤늦게 이 일에 길서가 관여했음을 알게 되고 분노한다. 일본에서 돌아온 길서는 자신의 논에 박혀 있던 '모범 경작생'이라고 쓰인 말뚝이 뽑혀 쪼개진 것을 보고 놀란다. 길서는 의숙에게 바나나를 주려고 찾아가지만 그녀는 그를 외면하고, 격분한 성두가 쫓아오자 길서는 도망간다.

(나) 이근삼, 「국물 있사옵니다」

해제 이 작품은 1960년대 배금주의와 출세주의가 만연한 사회를 풍자하는 서사극이다. 상범은 정직하고 성실한 직장인으로서 항상 손해를 보고 산다. 이내 사회의 부조리를 깨달은 상범은 앞으로는 새로운 가치관에 따라 살겠다고 결심한다. 상범의 '새 상식'은 수단과 방법을 가리지 않고 자신의 이득과 성취를 추구하는 것으로, 비윤리적이고 부도덕한 양상으로 나타난다. 이를 통해 부도덕함과 속물성을 지닌 개인만이 출세할 수 있는 현대 사회의 비정한 면모를 풍자하고 있다.

주제 부조리한 현대 사회에 대한 풍자

전체 줄거리 주인공 김상범은 성실하고 정직한 사회인으로 손해만 보는 삶을 살아왔다. 우연한 방법으로 회사 사장의 눈에 들어 출세할 방법을 깨닫게 된 상범은 상사인 경리과장을 모함하여 그를 쫓아내고 자신이 그 자리로 승진한다. 또한 사장의 며느리이자 비서인 성아미가 박 전무와 불륜 관계이며 회사 공금을 유용한 사실을 알게 되면서, 이를 이용해 성아미를 협박하여 결혼하기로 한다. 건달을 매수하여 강도 짓을 시킨 상범은 그 강도를 잡아 죽임으로써 자신이 강도를 잡은 것처럼 조작하고, 이 공을 인정받아 서울 시민의 영웅이 되며 회사에서 상무로 승진한

다. 성아미와 신혼여행을 떠난 상범은 그녀가 임신 사실을 고백하자 개의치 않아 하지만, 한편으로 허전함을 느낀다. 반면, 대학교수의 자리를 포기하고 초등학생을 가르치는 교사가 된 상범의 형, 열심히 공부해서 입사 시험에 합격한 상범의 동생은 행복한 생활을 한다.

22 서술상의 특징 파악 답 ④

정답이 정답인 이유

④ (나)에서 '중략' 이전의 상범은 옛 상식에 따라 윤리적으로 행동하지만 항상 손해만 보는 처지였다. 하지만 '중략' 이후의 상범은 새 상식을 따른 결과 관리인의 돈을 얻게 되고 경리과장으로 승진하면서 처지가 나아졌다. 따라서 과거와 현재의 처지를 대비하여 상범의 태도 변화를 부각하고 있다고 볼 수 있다.

오답이 오답인 이유

① (가)에서 인물의 외양을 구체적으로 묘사하는 부분을 찾을 수 없다.

② (가)는 시간의 흐름에 따른 순행적 전개를 보이고 있으므로 다른 장소에서 동시에 벌어진 사건을 병치했다고 볼 수 없다.

③ (나)는 시간의 흐름에 따른 순행적 전개를 보이고 있으므로 역순행적 구성을 취하고 있다고 볼 수 없다.

⑤ (가)에서 동네 사람들은 길서에게 도지 인하 교섭을 해 달라고 요청했으나 거절당한 뒤, 길서를 미워하게 된다. 그러다가 호세 인상에 길서가 협조한 것을 뒤늦게 알게 된 동네 사람들은 길서의 논에 있던 말뚝을 쪼갤 정도로 분노한다. 즉 시간의 경과에 따라 길서와 동네 사람들 간의 갈등이 심화되고 있다고 볼 수 있다. 그러나 (나)의 상범은 자신의 상식이 통용되지 않는 부조리한 사회 속에서 손해만 보아 온 것을 억울해하며 기존의 상식을 거부하고 새 상식을 따르기로 결심한다. 이 과정에서 인물 간의 갈등이 심화되는 부분은 찾을 수 없다.

23 작품의 맥락 이해 답 ⑤

정답이 정답인 이유

⑤ ⓐ는 면장이 길서를 이용해 마을 사람들의 호세를 올리려고 꺼낸 이야기이다. 이에 협조한 대가로 길서가 소유한 뽕나뭇값이 비싸졌고 길서의 호세만 오르지 않게 되었다. 즉 ⓐ와 관련된 면장의 요청에 협조함으로써 길서는 많은 경제적 혜택을 받게 되었다. ⓑ는 부조리한 사회에서 정직하게 살지 않기로 결심한 상범의 변모한 삶의 방식을 의미한다. ⓑ를 따르

기로 결심한 상범은 아파트 관리인이 죽자 그가 생전에 맡긴 돈을 유족에게 돌려주지 않고 자신이 소유하기로 하였다. 이처럼 Ⓐ와 Ⓑ 모두 중심인물이 경제적 이득을 얻을 수 있도록 만든다고 볼 수 있다.

오답이 오답인 이유

① Ⓐ는 길서가 자신의 경제적 이익을 보장받기 위해 동네 사람들의 어려운 형편을 외면하도록 만든 요인이다. 따라서 길서가 자신의 과오를 반성하는 계기로 작용했다고 볼 수 없다.

② 면장이 Ⓐ를 언급하자 길서는 그의 비위를 맞추어 자신의 경제적 이익을 보장받기 위해 동네 사람들에게 부과하는 호세를 인상하는 데 합의하고 있다. 즉 Ⓐ는 길서로 하여금 동네 사람들의 어려운 형편을 외면하고 이기적이고 비양심적인 행동을 하도록 만든다고 볼 수 있다. 한편, Ⓑ는 상범이 부조리한 사회에서 정직하게 살지 않기로 결심하면서 지니게 된 새로운 삶의 방식으로, 이에 따라 상범은 아파트 관리인이 맡긴 돈을 유족에게 돌려주지 않는다. 따라서 Ⓑ도 중심인물이 비양심적인 행동을 하는 요인으로 작용한다고 볼 수 있다.

③ 길서가 Ⓐ에 협조한 사실이 밝혀지면서 '모범 경작생'이라고 쓰인 말뚝을 부술 정도로 길서에 대한 마을 사람들의 적대감이 강하게 표출되고 있다. 즉 Ⓐ로 인해 중심인물과 주변 인물 사이의 갈등이 표면화되었다고 볼 수 있다. 한편, Ⓑ는 상범의 변화된 삶의 방식으로, 중심인물이 부조리한 사회에 동화되어 비양심적인 행동을 하도록 만들고 있을 뿐이다. 따라서 Ⓑ로 인해 중심인물과 주변 인물의 갈등이 표면화되었다고 볼 수 없다.

④ Ⓐ와 관련해서 면장은 '자네만 승낙하면 되'고 '자네에게 해로운 것은 없을' 거라면서 호세 인상에 대한 길서의 협조를 강요하고 있다. 따라서 Ⓐ는 중심인물에게 가해지는 타인의 압박에 해당한다고 볼 수 있다. 그러나 Ⓑ는 상범이 정직한 삶의 태도로 인해 손해만 보게 되자 자발적으로 삶의 방식을 바꾸기로 결심하여 형성한 새로운 삶의 방식이다. 따라서 중심인물에게 가해지는 타인의 압박에 해당한다고 볼 수 없다.

24 작품의 내용 이해　　　　　답 ③

정답이 정답인 이유

③ 면장은 길서에게 '이번 호세는 자네 동네에서도 조금 많이 부담해야겠네. 보통학교를 육 학급으로 증축해야겠으니까.'라고 말했다. 이를 통해 보통학교 건물 증축에 필요한 자금을 충당하기 위해 길서네 동네의 호세를 올리고자 함을 알 수 있다.

오답이 오답인 이유

① '중략' 이전을 보면, 성두는 서울에서 길서가 돌아오기를 기

다리며 길서를 선망하는 태도를 보인다. 한편, 기억은 마을 사람들에게 칭찬을 많이 받는 길서를 시기하고 미워하긴 하였으나, 길서가 면장에게 협조할 것임을 짐작했기 때문은 아니다. 따라서 성두와 기억이 처음부터 길서가 동네 주민들의 편을 들어줄 대표가 아님을 간파하고 있었다고 볼 수 없다.

② '중략' 이후를 보면, 서울에서 돌아온 길서가 관련 내용을 보고하기 위해 면장을 만나고 있음을 알 수 있다. 그러나 호세를 인상하겠다는 면장의 제안을 듣고서는 '자기도 끼니때를 굶고 지내는 동네 소작인들이나 다름이 없는 생활을 해야 할 것'을 떠올리고 '동네 사람들과 똑같이 일 년 양식도 부족할 것'을 우려하며, 면장의 제안에 협조하고 있다. 즉 길서는 마을 주민들의 곤궁한 사정을 제대로 알고 있었다고 볼 수 있다.

④ '중략' 이후를 보면, 마을의 벼가 누릇누릇해서 황금 덩이 같으나 강충이가 먹어 예년에 비해 절반도 곡식을 거둘 수 없었으며, 길서가 경작하는 논 이외의 다른 논들은 털 빠진 황소 가죽같이 민숭민숭해졌다고 했다. 즉 마을 전체에 흉년이 들었음에도 불구하고 동네 주민들은 도지와 인상된 호세를 모두 바쳐야 하는 열악한 상황에 처한 것이다.

⑤ 동네 주민들은 '십삼 등 하던 호세가 십일 등으로 올라'갔고 '십 등이던 길서네만은 그대로 십 등에 있'다고 하였다. 즉 동네 주민들에게 인상된 것은 지주 서재당에게 내야 하는 소작료(도지)가 아니라, 면사무소에 내야 하는 호세이다.

25 인물의 심리, 태도 파악　　　　　답 ②

정답이 정답인 이유

② 상범은 ㉡을 통해 관리인이 자신에게 돈을 맡긴 사실을 아무도 모르고 있음을 알게 되면서 그 돈을 유족에게 돌려주지 않기로 결정한다. 따라서 ㉡은 상범이 관리인의 돈을 어떻게 처리할 것인지를 결정하는 데 영향을 주었다고 볼 수 있다.

오답이 오답인 이유

① ㉠은 문 여사가 아파트 주민들의 조의금을 모아 관리인의 안타까운 죽음을 위로하자는 제안이므로 따뜻한 연민을 드러낸다. 따라서 상범이 추구하는 새로운 가치관에 부합한다고 볼 수 없다.

③ ㉢에서 상범은 관리인의 돈을 유족에게 돌려주지 않기로 한 자신의 부도덕한 결정을 합리화하고 있다. 다만, 문 여사의 발언을 통해 관리인이 갑자기 사망함으로써 별도의 유언을 남기지 못했음이 밝혀졌으므로, 관리인이 남긴 유언을 토대로 합리화한다고 볼 수 없다.

④ ㉣에서 상범이 배웠다고 한 '잘살 수 있는 비결'은 새로운 가치관인 '새 상식'을 말한다. 따라서 상범이 회사에서 경리과

장으로 승진하는 등 사회적 출세를 하게 된 것은, '옛 상식'이 아닌 '새 상식'을 따른 결과라고 볼 수 있다.

⑤ ⓔ에서 상범은 입사 시험을 준비하는 상출에게 '운동'이 필요하다며 5,000원을 건네고 있다. 이후의 대사에서도 돈을 써야 한다고 반복적으로 말하기 때문에, 이때의 '운동'은 뒷돈을 주고 입사하는 부도덕한 방법을 의미한다. 따라서 상출에게 경제적 이득보다 건강이 더 중요하다고 조언하는 내용이라고 볼 수 없다.

26 외적 준거에 따른 작품 감상   답 ⑤

정답이 정답인 이유

⑤ (가)에서 길서가 면장의 제안을 거절하지 못한 것은, 면장의 비위를 거스르면 자신도 경제적 혜택을 받지 못하게 되어 동네 사람들과 똑같이 곤궁한 처지에 몰릴 것을 우려하였기 때문이다. 즉 길서는 자신의 경제적 안정을 위협받지 않기 위해서 '면장'으로 상징되는 지배 세력과 결탁하고 있는 것이다. 이는 조선인을 이용해 수탈 정책을 시행하는 식민지 사회 구조의 모순을 드러내는 것이라고 볼 수 있다. 반면, (나)에서 상범의 말을 통해 아파트 관리인이 상범에게 돈을 잠시 보관해 달라고 부탁했음을 알 수 있다. 그런데 상범이 그의 부탁을 들어준 것이 자신의 안정을 위협받지 않기 위해서라고 볼 근거가 없다. 또한 상범이 관리인의 부탁을 들어준 것이 지배 세력과의 결탁에 해당한다고도 볼 수 없다.

오답이 오답인 이유

① (가)에서 길서는 군에서 보내는 농민으로 선발되어 서울의 농사 강습회에 참석한 뒤에 그 결과를 면장에게 보고하였고 면장에게 협조한 대가로 일본 시찰단으로 뽑혀 떠났다. 이를 통해 '농사 강습회'와 '일본 시찰단'은 일제가 식민지 통치 질서를 공고히 하기 위해 우수 농민을 선발하려는 농촌 진흥 정책의 일환임을 알 수 있다.

② (가)에서 마을 사람들은 길서의 장난으로 호세가 인상된 것을 알게 된 뒤에 그를 곱게 보지 않았다고 했으므로, 길서의 논에 박힌 '모범 경작생'이라고 쓰인 말뚝이 쪼개진 것은 지배 계층의 이익을 대변하는 길서에 대한 분노의 표현이라고 볼 수 있다.

③ (나)에서 상범이 해수욕장에서 자살하려는 여자를 구하는 것은, 도덕적이고 정직한 사람의 모습이다. 그러나 이러한 선행에도 불구하고 파출소로 연행되는 결말을 맞이한다. 이는 윤리적으로 행동한 개인이 오히려 손해를 보면서 자신의 안정을 위협받는 것이므로 부조리한 사회의 단면을 보여 준다고 볼 수 있다.

④ (나)에서 상범은 동생 상출에게 돈을 주면서 '방 안'에 들어가려면 '앞문'과 '뒷문'을 가리지 말고 '어떻게 해서든지 그저 들어가면' 된다고 조언한다. 즉 수단과 방법을 가리지 말고 목적을 이루어야 한다는 뜻으로, 시험을 치르는 정당한 방법이 아니라 뇌물을 쓰는 부도덕한 방법으로 취업하도록 종용하는 것이다. 이는 입신과 출세를 종용하는 근대화의 논리에 동화되어 개인이 비윤리적 존재로 타락했음을 보여 준다.

[27~30] 문학 – 고전 시가

(가) 나위소, 「강호구가」

해제 조선 인조 때의 문신인 나위소가 지은 총 9수의 연시조로 강호가도 계열에 해당하는 작품이다. 작가가 벼슬에서 물러난 후 귀향하여 고향의 자연을 즐기는 한가로운 정취를 형상화하고 있다. 특히 자연 속에서 아무 속박도 받지 않고 마음껏 즐기는 화자의 모습을 '강호한적'이라는 시어로 압축하여 드러내는 점이 인상적이다.

주제 자연 속에서 한가롭게 지내는 즐거움

구성
• 제3수: 강호에서 지내면서도 임금의 은혜를 떠올림.
• 제4수: 강호에서의 소박한 생활
• 제5수: 달밤에 배를 타고 즐기는 흥취
• 제9수: 자연 속에서 한가롭게 지내는 것을 자신의 분수로 여김.

(나) 윤선도, 「어부사시사」

해제 이 작품은 윤선도가 노년에 전남 보길도의 부용동에 은거하면서 지은 연시조이다. 사계절의 경치와 감흥을 계절마다 각 10수씩 읊은 것으로 총 40수로 되어 있다. 이전 시기의 「어부가」의 전통을 계승했다고 하나, 새로운 시어로 작가 특유의 미의식을 표현하고 있는 작품으로 윤선도의 대표작 중 하나라고 할 수 있다. 특이한 점은 각 수의 초장과 중장 사이에 배의 운행에 맞추어 조흥구가 다르게 제시되어 있고, 중장과 종장 사이에는 '찌그덩 찌그덩 어여차'를 음차한 '지국총 지국총 어사와'라는 후렴구가 동일하게 제시되어 있다는 것이다.

주제 계절에 따라 펼쳐지는 자연의 모습과 어부의 흥취

구성
• 춘 1: 밀물이 밀려오는 강촌의 봄 풍경
• 하 3: 시원한 배 위에서 즐기는 유유자적한 생활
• 추 2: 속세를 떠나 즐기는 가을의 풍요로움
• 추 4: 새로운 자연을 대하는 흥취
• 동 8: 자신의 삶에 대한 자부심

27 배경 및 소재의 기능 파악 　　　　답 ③

정답이 정답인 이유

③ (가)의 '바람 자니'는 화자가 위치한 강호의 한적하고 평화로운 분위기를 돋우고 풍경을 아름답게 만들고 있다. (나)의 '바람 나니'는 여름철에 화자가 시원함을 느끼게 하고 배의 이동에 도움을 주고 있다. 그러므로 (가)의 '바람 자니'와 (나)의 '바람 나니'는 모두 화자가 만족감을 느낄 수 있는 상황을 조성한다고 볼 수 있다.

오답이 오답인 이유

① (가)의 '전나귀'는 다리를 절름거리는 나귀로 손님이 타고 온 소재이며, (나)의 '고기'는 가을철 어촌의 풍요로움을 상징하는 소재이다. 둘 다 화자의 시련 극복과는 관련이 없다.

② (가)의 '달'은 화자가 자연을 즐길 수 있는 분위기를 조성하는 자연물이고, (나)의 '구름'은 화자가 부정적으로 인식하는 속세를 차단하는 자연물이다. (가)와 (나)에서 화자가 '달', '구름'의 속성을 본받으려는 태도는 나타나지 않는다.

④ (가)의 '백구'는 화자와 동일시되는 대상으로, '하 즐겨 말고려'를 통해 의인화하여 나타냈음을 알 수 있다. 그러나 (나)의 '기러기'는 화자와 동일시되는 대상이 아니며, 의인화하여 나타낸 것도 아니다.

⑤ (가)의 '세상 알까 하노라'에서 '세상'은 속세에 사는 사람들을 가리키는 것이고, (나)의 '세상을 가리온다'에서 '세상'은 속세를 가리키는 것으로 볼 수 있다. (가)와 (나)에서 화자가 세상 사람들과의 갈등을 해소하기 위해 애쓰는 심정은 나타나지 않는다.

28 외적 준거에 따른 작품 감상 　　　　답 ③

정답이 정답인 이유

③ (가)의 '강호에 버려진'을 통해 작가가 어쩔 수 없이 정치 현실을 떠나게 되었음을 짐작할 수는 있다. 그리고 (나)의 '혼자 어이 씩씩한고'는 겨울철에도 푸르름을 잃지 않고 고고하게 서 있는 물가의 소나무에 화자의 기상을 투영한 것으로 볼 수 있다. 그러므로 (가)와 (나) 모두 작가가 정치 현실을 떠나게 된 구체적 사건을 드러내는 것으로 감상할 수는 없다.

오답이 오답인 이유

① '식록'은 벼슬아치에게 일 년 또는 계절 단위로 나누어 주던 금품을 이르는 말로, '식록을 그친 후'는 벼슬을 그만둔 후를 의미하는 것으로 볼 수 있다. '어조를 생애하니'는 물고기를 잡으며 생활한다는 의미이므로, 작가가 어부의 삶을 살고 있는 것으로 볼 수 있다.

② (나)에서 특정한 목적지를 정해 배를 움직이지 않고, 바람이 부는 대로 배를 놓아두겠다는 것은 작가가 자연 속에서 아무 속박 없이 조용하고 편안하게 살아가는 모습으로 볼 수 있다.

④ (가)의 '성은'은 임금의 큰 은혜를 의미한다. '긔 성은인가 하노라'는 관인적 삶의 공간에 있는 임금을 떠올리는 것으로 볼 수 있다. (나)의 '멀수록 더욱 좋다'는 관인적 삶의 공간인 인간 세상을 부정적으로 인식해서 자연과 관인적 삶의 공간 사이에 거리를 두는 상황을 바람직하게 여기는 것으로 볼 수 있다.

⑤ (가)와 (나)의 '흥'은 모두 자연 속에서 느끼는 흥취이므로, 강호에서 얻는 즐거움을 드러낸 것으로 볼 수 있다.

29 시어, 시구의 의미와 기능 파악 　　　　답 ①

정답이 정답인 이유

① '연하의 깊이 든 병'은 자연을 사랑하고 즐기는 마음인 '연하고질(煙霞痼疾)'을 의미하는 것으로 과장적 표현으로 볼 여지가 있으나, 화자가 겪은 힘겨운 과정을 강조하는 것은 아니다.

오답이 오답인 이유

② '띄워라'에서 '-라'는 명령의 뜻을 나타내는 종결 어미이고, '보리라'에서 '-리라'는 마음속으로 다짐하는 뜻을 나타내는 종결 어미이다. 서로 다른 종결 어미를 활용하여 청자에게 배를 내어 띄우라고 명령하고 있고, 화자는 자신이 그물을 놓겠다고 다짐하고 있는 것이다.

③ '강호한적'은 자연 속에서 한가롭게 노니는 것을 의미한다. 이것은 화자의 현재 생활을 압축적으로 나타낸 시어이며, (가)의 주제 의식과 관련이 있다고 볼 수 있다.

④ '앞 개에 안개 걷고 뒤 뫼에 해 비친다'는 앞 구절과 뒤 구절이 대구를 이루고 있으며, 시간이 흘러 안개가 사라지고 햇빛이 비치는 상황이 되었음을 제시하고 있다. 이를 통해 배를 띄워서 탈 수 있는 조건이 갖추어졌음을 알 수 있다.

⑤ '천산이 금수ㅣ로다'에서 '금수'는 수를 놓은 비단이라는 의미로, 가을 산의 단풍을 비유한 소재이다. 이를 통해 자연의 아름다운 풍경을 묘사하고 있다.

30 시상 전개 방식 파악 　　　　답 ②

정답이 정답인 이유

② 〈춘 1〉의 종장 '강촌 온갖 꽃이 먼 빛이 더욱 좋다'는 화자가 배를 타고 바다 위에서 시선을 이동하며 멀리 떨어진 마을의 꽃을 바라보는 상황이다. 〈추 4〉의 초장 '기러기 떴는 밖에 못 보던 뫼 뵈는고야'는 화자가 기러기가 떠 있는 먼 곳으로 시선을 이동하며 새롭게 발견한 '뫼'를 바라보는 상황이다. 즉

모두 시선을 이동하며 먼 곳의 사물을 바라보고 있는 것이다.

오답이 오답인 이유

① (나)의 각 수의 초장과 중장 사이에 삽입되어 있는 조흥구는 배의 출항부터 귀항까지의 운행 과정과 관련이 있는 것이므로, 〈춘 1〉과 〈추 2〉에서 공간의 이동이 나타난다고 볼 여지가 있다. 그러나 〈춘 1〉과 〈추 2〉는 자연을 즐기는 흥취를 드러내고 있을 뿐, 화자의 심리 변화를 드러내고 있지는 않다.

③ 〈하 3〉에 의태어는 나타나지 않는다. 〈추 4〉의 중장과 종장 사이에 삽입된 '지국총 지국총 어사와'라는 후렴구는 노 젓는 소리와 노를 저을 때 외치는 소리를 나타내는 의성어의 나열로 볼 수 있으나, 〈추 4〉에 배의 정지는 나타나지 않는다.

④ 〈하 3〉의 '봉창이 서늘코야'에서는 촉각적 이미지를 활용하고 있으나, 〈동 8〉에서는 촉각적 이미지가 나타나지 않는다.

⑤ 〈추 2〉의 '만경징파에 실컷 용여하자'를 풍류를 즐기는 태도로, 〈동 8〉의 전체적인 내용을 고고한 정신적 가치를 추구하는 태도로 볼 여지는 있다. 하지만 〈동 8〉에 미래를 전망하는 내용은 나타나지 않는다.

[31~34] 문학 – 현대시

(가) 오세영, 「그릇·1」

해제 이 작품은 흙으로 빚어진, 균형 잡히고 아름다운 원의 형태를 유지하는 그릇이 사실은 불안한 안정을 유지하고 있을 뿐임을 제시하고 있다. 그리고 그릇이 깨진다는 것이 가지는 의미적 모순을 바탕으로 균형과 조화에서 벗어났을 때 나타날 수 있는 것들에 대해 다양한 관점에서 고찰하게 한다.

주제 사물을 통한 존재론적 의미 고찰

구성
- 1연: 칼날이 되는 깨진 그릇
- 2연: 깨진 그릇에 대한 새로운 인식
- 3연: 깨진 그릇이 불러오는 성숙한 혼
- 4연: 칼날이 되는 깨진 그릇에 대한 통찰

(나) 이성복, 「꽃 피는 시절」

해제 이 작품은 꽃이 피기 위해서 겪어야만 하는 필연적인 고통과 이별을 표현하고 있다. 또한 그 어려움을 극복하고 나타나는 생명에 대한 감탄과 경이도 드러낸다. 이는 무언가를 성취하기 위해서는 시련과 고통을 통과해야 한다는 의미를 전달하고 있다.

주제 생명의 탄생에 따라오는 필연적인 고통과 개화의 과정

구성
- 1연: 누군가에게 기쁨을 주는 당신
- 2연: 당신과 '나'의 만남의 필연성
- 3연: '나'를 벗어나려는 당신의 의지
- 4연: 당신과 헤어질 때 겪는 '나'의 고통
- 5연: 당신을 떠나보낼 때 '나'의 심경
- 6연: 당신을 보낼 일에 대한 '나'의 막막함
- 7연: '나'를 벗어나려는 당신의 의지와 '나'의 막막함

---

31 표현상의 특징 파악   답 ④

정답이 정답인 이유

④ (나)는 '압니다', '아득합니다', '모르겠습니다'와 같이 높임의 종결 어미를 통해 '당신'을 높이는 태도를 드러내고 있다는 점에서 대상을 존중하는 마음이 드러난다. (가)는 '된다', '한다'와 같이 높임의 종결 어미를 사용하지 않았으며, '그릇'에 대한 존중을 드러내고 있지는 않다.

오답이 오답인 이유

① (가)에는 과거와 현재를 대비하는 표현이 드러나지 않는다.

② (나)에는 반어적 표현이 나타나지 않으므로 반어적 표현을 통해 대상의 부정적 속성을 부각하고 있지 않다.

③ (가)의 '나는 맨발이다', (나)의 '나는 당신을 압니다'와 같이 (가), (나) 모두 화자가 표면에 드러난다.

⑤ (가)에는 특별한 공간이 드러나지 않는다. (나)에서는 화자의 안과 밖이라는 공간의 대비가 나타난다고 볼 수 있지만 그것이 이상과 현실의 괴리를 드러낸 것이라고 보기는 어렵다.

---

32 시어, 시구의 의미와 기능 파악   답 ④

정답이 정답인 이유

④ '마른 흙더미도 고개를' 드는 것은 생명력을 부여한 표현으로 볼 수 있다. 그러나 '당신'은 '부르지 않아도' 오는 존재이며, '당신은 나를 알지 못하고', '생각지 않아도, 꿈꾸지 않아도' 만나게 되는 자연의 섭리와도 같은 것이다. 따라서 '나'의 부름에 화답하여 '당신'과의 만남이 이루어졌다는 것은 적절한 진술이 아니다.

오답이 오답인 이유

① 그릇이 깨졌을 때 '절제와 균형의 중심에서 / 빛나'게 되므로 깨지기 전에는 '절제와 균형'의 상태를 유지하고 있었음을 알 수 있다.

② 그릇이 깨진 상태를 '부서진 원'이라고 하였으므로 그릇이 깨지기 전의 상태는 '절제와 균형'을 가진 '원'이며 깨진 상태는 '절제와 균형의 중심에서 / 빗나간' 상태이자 '모를 세우는' 상태임을 알 수 있다.

③ 그릇이 깨져 '모를 세'워 '이성의 차가운 / 눈을 뜨게' 했다는 점에서 그릇이 깨지기 전에는 '맹목'의 상태에 놓여 있었음을 깨닫게 된 화자의 인식을 알 수 있다.

⑤ 화자가 가진 '당신'에 대한 긍정적인 이미지를 시각적으로 형상화한 부분이다.

33 시어, 시구의 의미와 기능 파악   답 ⑤

정답이 정답인 이유

⑤ (가)의 '지금'은 베어지기를 기다리는 맨발의 상태임을 드러내고 있다. 그리고 베어진 '상처 깊숙이서 성숙'한다고 하였으므로 성숙을 기대하는 시간이라고 할 수 있다. (나)의 '지금'은 아직 '당신'이 화자 속에 있는 시간이지만 곧 화자를 떠날 것을 알기에 다가올 이별에 대한 막막함, 즉 '나는 당신을 어떻게 보내 드려야 할지 모르겠'다고 토로하는 시간이기도 하다.

오답이 오답인 이유

① (가)의 '지금'은 베어지기를 기다리는 상황이고, (나)의 '지금'은 이별을 앞둔 상황이므로 화자의 아픔이 치유되는 시간이라고 보기 어렵다.

② (가)의 '지금'은 베어지기를 기다리고 있는 시간이므로, 회피하고자 하는 일이 일어나는 시간은 아니다.

③ (가)의 '지금'은 날이 서 있는 것이 있어 베어지기를 기다리는 순간이므로 원이 부서진 순간, 즉 이성이 눈을 뜬 순간으로 볼 수 있다. 하지만 (나)의 '지금'은 '불탄 살가죽 뚫고 다시 태어날 일 꿈 같습니다'라고 하는 것을 볼 때 화자가 다시 태어나는 순간이 아니다.

④ (가)의 '지금'은 베어지기를 기다리는 순간이므로 '부서진 원'이 되기 전 그릇이 지니고 있던 '절제와 균형의 중심'을 찾아가는 순간과는 거리가 멀다. (나)에서 '당신'은 화자를 인식하지 못하고 있으며, 그러한 상황이 '지금'에도 이어지고 있다고 볼 수 있다.

34 외적 준거에 따른 작품 감상   답 ⑤

정답이 정답인 이유

⑤ (가)의 '무엇이나 깨진 것은 / 칼이 된다.'라는 것은 〈보기〉를

바탕으로 할 때 불안정한 상태를 거친 것들은 결국 삶의 성숙으로 나아가는 과정에 있다는 것을 나타낸 것으로 볼 수 있다. (나)의 '부르지 않아도 당신'이 온다는 것은 꽃이 피는 일이 결국 일어나게 될 자연의 섭리임을 드러낸 것으로 볼 수 있다.

오답이 오답인 이유

① (가)의 '맹목'은 '모를 세'운 '이성'으로 인해 직시하게 된 것이므로 '이성'을 깨우기 위한 고통이라는 설명은 적절하지 않다. (나)의 '당신'이 헤어짐으로 인해 방황하는 모습은 나타나지 않는다.

② (가)의 '사금파리'는 '깨진 그릇'을 의미하므로 '절제와 균형의 중심에서 / 빗나간' 불안정한 상태라고 할 수 있지만, (나)의 '몸부림'은 '당신'이 '나'를 벗어나기 위한 것이며, 헤어짐은 자연의 섭리이기에 헤어짐 자체를 피하려는 '나'의 마음이 드러나지는 않는다.

③ (가)의 화자는 '맨발'의 상태로 '베어지기를 기다리'고 있으므로 안정된 상태를 벗어나고자 하는 의지를 드러낸다. 따라서 '맨발'을 이러한 모습과 대비되는 모습이라고 감상하는 것은 적절하지 않다. (나)의 '실핏줄 터지고'와 '몸뚱이 갈가리 찢어지고'는 개화라는 성숙의 과정으로 가기 위한 고통의 순간을 보여 준다고 할 수 있다.

④ (가)의 '상처'는 '모를 세'운 것으로 인해 생긴 것으로 안정을 벗어나 성숙의 상태로 가기 위한 불안정한 상태를 드러낸 것이라고 할 수 있지만 '상처'가 안정을 벗어나기 위한 계기가 되는 것은 아니다. (나)의 '웃음'은 '당신'이 누군가의 입가에서 되려는 것이지만 그렇기 때문에 '나'가 헤어짐을 기다리게 되지는 않는다.

35 국어의 음운 변동   답 ④

정답이 정답인 이유

④ ㉡에서는 자음군 단순화로 'ㅎ'이 탈락한 후에 앞의 'ㄹ' 때문에 뒤의 'ㄴ'이 'ㄹ'로 바뀐 유음화가 일어났으므로, 음운 변동이 2회 일어났다. '많아'에서는 'ㅎ'이 탈락한 후에 앞의 'ㄴ'이 뒤 음절로 단순히 연음만 되었으므로, 더 이상의 음운 변동이 일어나지 않았다. 곧 '많아'에서 일어난 음운 변동은 1회이고 ㉡에서 일어난 음운 변동은 2회이므로 적절하지 않은 진술이다.

오답이 오답인 이유

① ㉠에 적용된 음운 변동 규칙은 음절의 끝소리 규칙과 된소리되기이다. 둘 다 교체이므로 적절한 진술이다.

② ㉡에 적용된 음운 변동 규칙은 자음군 단순화('ㅎ' 탈락)와 유음화이다. 하나는 탈락, 하나는 교체이므로 적절한 진술이다.

③ '섞지[석찌]'에서는 음절의 끝소리 규칙에 따라 'ㄲ'이 'ㄱ'으로 바뀌었고, 'ㄱ' 때문에 'ㅈ'이 된소리 'ㅉ'으로 바뀌었다. 따라서 ㉠과 동일한 음운 변동이 일어났다.

⑤ ㉠에서는 음절의 끝소리 규칙이 적용되었고, ㉡에서는 자음군 단순화가 적용되었다. 음절의 끝소리 규칙과 자음군 단순화는 모두 종성에서 발음될 수 있는 자음을 제한하는 음운 변동 규칙이다.

36 단어의 의미 관계   답 ④

정답이 정답인 이유

④ ㄱ: 둘째, 셋째 예문을 통해 볼 때 '기르다'와 '키우다' 둘 다 동물을 목적어로 쓸 수 있으므로 적절한 진술이다.

ㄷ: 식물이 목적어인 예문은 넷째 문장이다. '기르다' 대신 '키우다'도 쓸 수 있으므로 적절한 진술이다.

ㄹ: 목적어가 생물이 아닌 예문은 첫째, 다섯째 문장이다. 첫째 예문에서는 '키우다'만 쓸 수 있고 '기르다'를 쓸 수 없는데, 다섯째 예문에서는 '기르다'와 '키우다'를 둘 다 쓸 수 있으므로 적절한 진술이다.

오답이 오답인 이유

ㄴ: 셋째 예문을 제외하고 모두 '양육하다'를 쓸 수 없음을 알 수 있다. 둘째 예문에서 동물인 '거북'이 목적어이어도 '양육하다'를 쓸 수 없으므로 적절하지 않은 진술이다.

37 인용 표현   답 ⑤

정답이 정답인 이유

⑤ 종결 표현, 인용 조사가 간접 인용에 맞게 바뀌고 따옴표까지 없어진 것은 적절하지만, '할머니'의 행위를 '나'의 관점에서 표현해야 하므로 높임 표현까지 바꾸어 '노셨다고'로 써야 한다.

오답이 오답인 이유

① 할머니의 관점에서 발화된 직접 인용절에 쓰인 '네'는 간접 인용절에서는 '내'로 바뀌어야 한다.

② 할머니의 관점에서 발화된 직접 인용절에 쓰인 '내가'는 간접 인용절에서는 '당신께서'로 바뀌어야 한다. '당신'은 극존대 재귀 대명사이다.

③ 할머니의 관점에서 발화된 직접 인용절에 쓰인 '어저께'는 실제로는 어저께의 어저께이므로 간접 인용절에서는 '그저께'로 바뀌어야 한다.

④ 할머니의 관점에서 발화된 직접 인용절에 쓰인 '여기서'는 간접 인용절에서는 '거기서'로 바뀌어야 한다.

38 국어의 반모음 표기   답 ③

정답이 정답인 이유

③ 반모음 'w'는 단모음 앞에서 'ㅗ'나 'ㅜ'로 표시되고, 이 두 표기는 모음 조화에 따라 선택된다고 설명하고 있으므로 양성 모음 'ㅏ' 앞에서는 'ㅗ'가, 음성 모음 'ㅓ' 앞에서는 'ㅜ'가 선택되어 각각 'ㅘ', 'ㅝ'로 표기되어야 한다. 따라서 'ㆇ'나 'ㆊ'와 같은 글자가 존재하지 않는 이유를 설명할 수 있다.

오답이 오답인 이유

① 반모음 'w'는 단모음 앞에서 'ㅗ'나 'ㅜ'로 표시되고, 이 두 표기는 모음 조화에 따라 선택된다고 설명하고 있는데, 이를 바탕으로 'ㅐ'나 'ㅔ'와 같은 글자의 존재를 설명할 수 없다.

② 반모음 'w'는 단모음 앞에서 'ㅗ'나 'ㅜ'로 표시되고, 이 두 표기는 모음 조화에 따라 선택된다고 설명하고 있는데, 이를 바탕으로 이중 모음인 'ㅕ' 앞에서 'ㅗ'나 'ㅜ' 가운데 무엇이 올지는 알 수 없다. 따라서 'ㆊ'나 'ㆄ'와 같은 글자가 존재하지 않는 이유를 설명할 수 없다.

④ 반모음 'w'는 단모음 앞에서 'ㅗ'나 'ㅜ'로 표시되고, 이 두 표기는 모음 조화에 따라 선택된다고 설명하고 있는데, 이를 바탕으로 반모음 'j'에 대해 하나의 표기만 존재하는 이유를 설명할 수 없다.

⑤ 반모음 'w'는 단모음 앞에서 'ㅗ'나 'ㅜ'로 표시되고, 이 두 표기는 모음 조화에 따라 선택된다고 설명하고 있는데, 이를 바탕으로 반모음 'w'에 대해 하나의 표기만 존재하는 이유를 설명할 수 없다.

39 중세 국어의 음운 'ㅢ' 답 ③

정답이 정답인 이유

③ 반모음 'j'가 단모음 뒤에 오면 'ㅣ'로 표시하므로 단모음 'ㅡ' 뒤에 반모음 'j'가 오면 'ㅢ'가 된다. 따라서 'ㅢ'가 반모음 'j'가 단모음 뒤에 오는 이중 모음이었다는 진술은 적절하다.

오답이 오답인 이유

① 'ㅢ'는 표기나 실제 발음을 고려할 때 이중 모음이다. 따라서 'ㅢ'가 단모음이었다는 진술은 적절하지 않다.

② 반모음 'j'가 단모음 앞에 오면 짧은 선으로 표시해야 한다. 따라서 'ㅢ'가 반모음 'j'가 단모음 앞에 오는 이중 모음이었다는 진술은 적절하지 않다.

④ 반모음 'w'는 단모음 앞에 오면 'ㅗ'나 'ㅜ'로 표기해야 한다. 따라서 'ㅢ'가 반모음 'w'가 단모음 앞에 오는 이중 모음이었다는 진술은 적절하지 않다.

⑤ 반모음 'w'가 단모음 뒤에 오는 문자에 대한 설명을 지문에서 찾을 수 없다. 따라서 'ㅢ'가 반모음 'w'가 단모음 뒤에 오는 이중 모음이었다는 진술은 적절하지 않다.

[40~43] 언어 + 매체

40 매체의 정보 구성 방식 답 ②

정답이 정답인 이유

② 전문 용어의 개념을 설명하여 제로 식품에 대한 인식이 긍정적으로 전환된 배경을 제시한 부분은 나타나 있지 않다.

오답이 오답인 이유

① 1문단에서 현재 주기적으로 하고 있는 운동이 있다고 응답한 응답자들 가운데 삶에 즐거움과 활력을 얻기 위해서 운동을 한다고 답변한 비율을 제시하여, 운동으로 즐거움과 활력을 얻으려는 경향이 나타나고 있음을 보여 주고 있다.

③ 2문단에서 단맛을 내는 감미료의 수입량은 7년 새 약 7배로 늘어난 반면 설탕 수입량은 같은 기간 감소했다는 통계 자료를 제시하여, 설탕 대체재를 사용하는 제로 식품에 대한 소비가 증가하는 추세라는 내용을 뒷받침하고 있다.

④ 2문단에서 앞으로도 식품업계에서 열량을 낮추거나 영양소를 보강한 다양한 제품들이 출시될 것이라고 예상한다는 전문가의 인터뷰 내용을 인용하여, 식품 시장의 변화에 대한 전망을 제시하고 있다.

⑤ 3문단에서 사회적 변화를 다룬 책의 내용 중 코로나-19 이후 젊은 세대가 건강에 관심을 두게 되었다는 부분을 활용하여, 즐겁고 지속 가능한 건강 관리를 통해 번아웃 극복과 같은 이점을 얻을 수 있음을 제시하고 있다.

41 매체 자료의 주체적 수용 답 ①

정답이 정답인 이유

① (나)에서는 '당알코올 중 과자, 젤리에 많이 쓰이는 말티톨은 다른 당알코올에 비해 혈당 지수가 높아 섭취 시 혈당을 올'리고 '한 번에 많은 양을 섭취하면 설사와 복통을 유발'하는 부작용이 있음을 다루고 있지만, (가)에서는 당알코올의 부작용에 대해 언급하고 있지 않다. 이러한 점에 비추어 볼 때 (나)의 기자는 당알코올을 첨가해 만들어진 제로 식품이 건강에 유익하다는 홍보 내용을 무조건적으로 수용해서는 안 된다는 관점을 가지고 있을 것으로 추론할 수 있다.

오답이 오답인 이유

② (나)에서는 당알코올 중 말티톨은 섭취 시 혈당을 올린다고 하며 인체의 변화에 대해 언급하고 있다. 하지만 이를 통해 (나)의 기자가 적정량의 당 섭취가 건강에 도움이 된다는 관점을 가지고 있을 것으로 추론하는 것은 적절하지 않다.

③ (가)에서는 단백질이 '건강 관리에 도움을' 준다고 언급하고 있다. 하지만 이를 통해 (가)의 기자가 당 섭취를 제한하는 것

보다 영양소를 골고루 섭취하는 것이 더 중요하다는 관점을 가지고 있을 것으로 추론하기는 어렵다.

④ (가)에서는 '건강해지기 위해서는 운동이나 음식 조절로 인한 괴로움을 감수해야 한다고 여겼던 과거와 달리, 건강과 즐거움을 동시에 챙기는 것이 대세로 떠오르고 있다.'라는 내용을 언급하며 건강에 대한 인식이 과거와 달라졌음을 이야기하고 있다. 하지만 이를 통해 (가)의 기자가 건강에 대한 사회적 인식의 급격한 변화를 견제해야 한다는 관점을 가지고 있을 것으로 추론하기는 어렵다.

⑤ (가)와 (나) 모두 제로 식품 수요가 증가하는 현상에 대해 이야기하고 있다. 그러나 (나)의 기자는 단맛을 내기 위한 첨가물인 당알코올 중 말티톨의 부작용에 대해 전달하고 있으므로, (나)의 기자가 단맛을 내는 첨가물이 설탕의 단점을 전부 보완할 수 있다고 생각할 것으로 추론하기는 어렵다.

42 매체 자료의 수용의 관점과 가치   답 ③

정답이 정답인 이유

③ '학생 2'는 (가)에 언급된 '번아웃 증상을 호소하는 사람들이 증가하는 것도 건강 관리에서 즐거움을 찾으려는 추세가 확장되는 원인으로 분석된다.'라는 전문가의 주장에 대해 다른 이유가 있을 것이라고 말하며 부정적인 태도를 보이고 있다. 따라서 (나)에 제시된 정보를 근거로 하여 (가)에 제시된 전문가의 주장을 지지하고 있다는 설명은 적절하지 않다.

오답이 오답인 이유

① '학생 1'은 제로 식품이 몸에 좋을 것 같아서 자주 섭취했던 자신의 경험을 바탕으로, (나)에서 제시한 식품업계의 홍보를 전적으로 신뢰하기보다 식품 첨가물에 대해 더 깐깐하게 살펴보아야 한다는 주장을 긍정적으로 수용하고 있다.

② '학생 1'은 (가)와 (나)에서 공통적으로 언급된 제재인 '제로 식품에 사용되는 첨가물'에 대해 추가적으로 조사할 계획을 세우고 있다.

④ '학생 3'은 (가)와 (나)에서 소개한 '제로 식품'의 의미를 알게 되어 좋았다고 말하며 긍정적으로 평가하고 있다.

⑤ '학생 3'은 (나)에 당알코올 중 말티톨이 인체 내에서 혈당을 올린다는 내용만 있을 뿐 설탕을 섭취했을 때와 혈당 상승에 어떤 차이가 있는지 설명되어 있지 않아 아쉽다고 평가하고 있다.

43 피동 표현과 사동 표현   답 ④

정답이 정답인 이유

④ ⓐ '줄이다'는 동사 어간 '줄–'에 사동 접미사 '–이–'가 결합된 사동사이고, ⓑ '예상되다'는 명사 '예상'에 피동 접미사 '–되다'가 결합된 피동사이다. ⓒ '내다'는 동사 어간 '나–'에 사동 접미사 '–이–'가 결합된 사동사이고, ⓓ '적히다'는 동사 어간 '적–'에 피동 접미사 '–히–'가 결합된 피동사이다. 그리고 ⓔ '올리다'는 동사 어간 '오르–'에 사동 접미사 '–이–'가 결합된 사동사이다. 따라서 사동사는 ⓐ, ⓒ, ⓔ이고, 피동사는 ⓑ, ⓓ이다.

④ '운동 엔진'은 진행자에게 좋은 자세에 대한 구체적인 설명을 요구하여 진행자가 미리 준비해 놓은 자료를 추가하도록 하고 있다.

[44~45] 매체

44 매체의 특성 이해 　　　　　　　　　　답 ③

정답이 정답인 이유

③ 진행자는 '헤라클레스'의 사연을 듣고, '헤라클레스'가 가진 사진이나 영상이 있다면 찾아서 바로 올려 달라고 이야기하고 있다. 따라서 시청자에게 방송 전에 사연을 받아 문제를 해결하는 것이 아니라 실시간으로 사연을 받아 문제를 해결하고 있음을 알 수 있다.

오답이 오답인 이유

① '요새 달리기에 대한 관심이 높아서인지 동시 접속자가 1,200명이나 되네요.'라는 진행자의 발언을 통해 알 수 있다.

② 진행자가 '헤라클레스', '씽씽이', '무한 질주'와 같은 닉네임을 부르며 시청자를 언급하는 것을 통해 알 수 있다.

④ 외국에서 시청하고 있다는 '달려 달려'의 채팅을 보고 '와! 국내에서뿐만 아니라 외국에서도 제 방송을 시청해 주시고 계시는군요.'라고 언급하는 것에서 알 수 있다.

⑤ 진행자가 '오늘 방송이 여러분의 운동 생활에 도움이 되셨다면 제 방송에 대한 좋은 평가의 댓글을 달아 주시고, 지속적인 구독도 부탁드립니다. 구독자가 많아질수록 방송의 인기가 높아지는 것은 물론 높은 인지도를 인정받게 되어서 보다 많은 분께 도움을 드릴 수 있답니다.'라고 말하는 부분에서 알 수 있다.

45 매체 수용 태도의 적절성 평가 　　　　답 ⑤

정답이 정답인 이유

⑤ '무한 질주'는 자신이 본 다른 영상에 나온 '포어풋' 추천에 대해 질문을 하고 있을 뿐, 진행자의 미드풋 주법 추천에 대해 동의하고 있지는 않다. 또한 '무엇이 더 좋은가요?'라고 묻고 있을 뿐 영상 자료를 추가하도록 요구하지는 않았다.

오답이 오답인 이유

① '헤라클레스'는 '근데 저는 달리는 방법을 잘 몰라서 그런지 달릴 때마다 다리 관절들이 아파서 힘들었어요.'와 같이 운동하며 생길 수 있는 고민을 이야기하여 진행자가 달리기 자세에 대한 이야기를 하도록 이끌어 내고 있다.

② '헤라클레스'는 자신의 운동 사진을 올려 이를 바탕으로 달리기 자세와 관련된 내용에 대해 진행자와 소통하고 있다.

③ '씽씽이'는 '헤라클레스'의 자세와 자신의 자세의 공통점을 발견하고 '저 자세가 어떤 문제가 있는 건가요?'라는 질문을 하여 올바른 자세부터 설명을 하려던 진행자의 방송 진행에 영향을 미치고 있다.

01 ③	02 ④	03 ①	04 ③	05 ⑤
06 ④	07 ⑤	08 ④	09 ④	10 ③
11 ⑤	12 ②	13 ⑤	14 ①	15 ⑤
16 ④	17 ②	18 ⑤	19 ⑤	20 ⑤
21 ②	22 ①	23 ④	24 ③	25 ⑤
26 ④	27 ②	28 ⑤	29 ③	30 ④
31 ②	32 ⑤	33 ⑤	34 ③	35 ③
36 ④	37 ⑤	38 ④	39 ③	40 ④
41 ③	42 ②	43 ⑤	44 ⑤	45 ②

[01~03] 독서 – 독서 이론

초연결 사회와 책 읽기

해제 이 글은 책 읽기의 순기능이 초연결 사회에서 현대인들이 겪고 있는 문제 상황에 대한 해결책이 될 수 있음을 보여 준다. 정보 통신망과 인공 지능의 발달로 초연결 사회를 살아가고 있는 현대인들은 디지털 기기에 과몰입하게 되면서 공감 능력 결여 및 주체적 판단력 저하, 집중력 약화, 의존적 성향 등의 문제 상황을 겪게 되었다. 그런데 책 읽기는 현대인들이 디지털 미디어와의 자발적인 거리 두기를 통해 주변과 소통하게 하고, 올바른 현실 인식을 통해 주체적으로 판단하게 하며, 긴 글을 읽고 사고할 수 있는 집중력을 갖추도록 해 주고, 의존적 성향에서 벗어나 자기 자신에게 주목하도록 도움을 줄 수 있기 때문에 현대인들이 겪는 문제 상황에서 벗어나는 데 긍정적으로 기능할 수 있다.

주제 초연결 사회에서 현대인이 겪는 문제 상황 해결에 도움이 되는 책 읽기의 순기능

구성
• 1문단: 초연결 사회가 현대인에게 끼치는 부정적 영향
• 2문단: 책 읽기의 순기능 1 – 공감 능력 및 주체적 판단력 회복
• 3문단: 책 읽기의 순기능 2 – 긴 글을 읽고 사고하는 집중력 강화
• 4문단: 책 읽기의 순기능 3 – 의존적 성향의 극복

01 세부 내용 파악　　　　　　　　　　답 ③

정답이 정답인 이유

③ 정서적 결핍과 외로움을 극복해야 책 읽기를 통한 자발적 고독을 경험할 수 있는 것이 아니라, 책 읽기를 통해 자발적으로 고독과 사색의 시간을 마련함으로써 초연결 상태에서 소외되지 않기 위해 디지털 기기에 과의존하는 현대인의 정서적 결핍과 외로움을 극복할 수 있다고 보는 것이 적절하다.

오답이 오답인 이유

① 2문단에서 초연결 사회에서 책 읽기는 인간과 디지털 미디어의 과한 연결에 균열을 일으킬 수 있다는 내용을 확인할 수 있다.

② 3문단에서 단편적인 정보가 과도하면 집중력의 결핍을 초래할 수 있다는 내용을 확인할 수 있다.

④ 1문단에서 현대인들은 초연결 상태에서 소외되지 않기 위해 디지털 기기에 과몰입하는 경향을 띠게 된다고 했으므로, 현대인들은 초연결 상태를 유지하기 위한 수단으로 디지털 기기에 의존하는 경향을 보인다는 것을 알 수 있다.

⑤ 2문단에서 가상의 온라인 세계와 지나치게 밀착되면 자기 자신이나 실재하는 주변에 관한 관심이 부족해지게 되고, 이는 공감 능력과 주체적 판단력의 결여를 초래한다는 내용을 확인할 수 있다.

02 중심 내용 파악　　　　　　　　　　답 ④

정답이 정답인 이유

④ 3문단에서, 디지털 미디어에 실린 글을 읽는 경우에는 깊이가 없는 단편적인 정보들이 과도하게 쌓여 정보를 깊이 있게 습득하지 못하는 상황이 나타나기 쉬워서, 그 결과 한 권의 책을 읽는 경우와는 다르게 긴 글을 읽고 중요한 내용을 요약하거나, 지속성 있게 종합적으로 사고하는 능력이 점차 저하되는 문제가 발생하고 있다는 내용을 확인할 수 있다. 그러므로 한 권의 책을 읽는 경우가 디지털 미디어에 실린 글을 읽는 경우보다 긴 글을 종합적으로 사고하며 읽을 기회를 얻기에 유리한 측면이 있다는 이해는 적절하다.

오답이 오답인 이유

① 3문단에서, 블로그의 글과 같이 디지털 미디어의 짧고 단편적인 글을 많이 접하게 되는 현대인들은 장문을 집중해서 읽고 깊이 있게 사고하는 데 비교적 어려움을 느끼는 경우가 많다는 내용을 확인할 수 있고, 선형적 구조의 독서가 집중력을 발휘하여 일련의 사고 과정을 온전하게 밟아 나갈 수 있게 하는 동력이 되어 준다는 내용도 확인할 수 있다. 그러므로 디지털 미디어에 실린 글을 읽는 경우가 한 권의 책을 읽는 경우보다 정보 수용자의 집중력을 더 많이 필요로 하는 경향을 보인다고 이해하는 것은 적절하지 않다.

② 3문단에서, 디지털 미디어에 실린 글을 읽는 경우에 하이퍼텍스트 구조로 인해 하나의 글을 온전히 다 읽기도 전에 다른 화면으로 손쉽게 옮겨 가는 상황이 반복될 수 있다는 내용을 확인할 수 있다. 이는 디지털 미디어에 하나의 글이 온전하게 제공되어 있더라도 하이퍼텍스트 구조로 인하여 글을 끝까지

읽기 전에 다른 화면으로 옮겨 가는 상황이 발생할 가능성이 큼을 지적한 것이지, 하이퍼텍스트 구조에서는 하나의 글이 온전히 제공되지 않는 경우가 많음을 이야기하고 있는 것이 아니다.

③ 3문단에서, 한 권의 책이 선형적 구조를 띠고 있음을 확인할 수 있으며, 선형적 독서가 일련의 사고 과정을 온전하게 밟아 나갈 수 있게 하는 동력이 되어 준다는 내용도 확인할 수 있다. 그러므로 디지털 미디어에 실린 글을 읽는 경우보다 한 권의 책을 읽는 경우에 선형적 독서를 통한 일련의 사고 과정을 경험하기 어려울 확률이 높다는 이해는 적절하지 않다.

⑤ 3문단에서, 한 권의 책을 읽는 경우와 달리 디지털 미디어에 실린 글을 읽는 경우에는 깊이가 없는 단편적인 정보들이 과도하게 쌓일 수 있다는 내용을 확인할 수 있다. 그러므로 두 경우 모두 깊이가 없는 단편적인 정보들이 과도하게 쌓이는 상황이 발생하기 쉽다는 이해는 적절하지 않다.

03 구체적 사례 적용　　　　　　　　　　답 ①

정답이 정답인 이유

① 평소 기후 위기 관련 소식을 인터넷 블로그와 같은 디지털 미디어를 통해 잠깐씩 접했다는 것을 통해 책을 읽을 때와는 다르게 일련의 종합적인 사고 과정을 온전히 밟아 나가지는 못했을 것임을 짐작할 수는 있다. 그러나 인터넷 블로그를 통해서라도 기후 위기 관련 소식을 접하고자 노력한 것이 주변에 대한 관심과 공감 능력을 약화한다는 이해는 적절하지 않다. 주변에 대한 관심과 공감 능력의 약화는 가상의 온라인 세계와 지나치게 밀착되었을 때 나타날 수 있는 문제점에 해당한다.

오답이 오답인 이유

② 『기후 위기』라는 책을 통해 기후 위기의 원인과 결과를 지질 시대의 흐름에 따라 순차적으로 살펴본 것은 책 읽기를 통해 일련의 사고 과정이 온전히 이루어진 사례에 해당한다고 볼 수 있다.

③ 책을 읽음으로써 기후 위기가 인류의 욕심에서 비롯되었음을 알게 되었고, 이 점에 주목하여 자신의 생활 습관과 사고방식을 반성하는 시간을 가졌다고 했으므로 책 읽기가 자신에게 집중하고 자신의 삶을 성찰하는 사색의 기회를 제공해 주었다고 볼 수 있다.

④ 2문단을 통해, 현실 세계의 다양한 측면을 깊이 있게 다루고 있는 책을 스스로 찾아 읽는 것은 다양한 '관광지'를 돌아다니는 것과 같으며, 그 과정에서 올바른 현실 인식을 갖게 됨을 확인할 수 있다. 그러므로 기후 위기에 관한 책을 읽은 뒤 지구 온난화와 대멸종 관련 책도 더 읽어 기후 위기의 현실을 더 정확히 이해하겠다는 것은 다양한 '관광지'를 돌아다니듯 책을 읽으며 올바른 현실 인식을 갖추려는 능동적 태도에 해당한다고 볼 수 있다.

⑤ 책을 읽는 동안 휴대 전화에서 메시지와 댓글 알림이 수차례 울렸음에도 불구하고 평소와 달리 휴대 전화보다 책에 집중하며 세상에 대해 알아 가는 즐거움을 느낄 수 있었다는 것은 자신의 의지로 디지털 미디어와 거리를 두며 책 읽기를 통해 세상을 이해해 나가는 모습에 해당하므로, 디지털 미디어와의 자발적인 거리 두기를 실천하는 주체적인 '관광객'으로서의 면모를 드러낸 것이라 볼 수 있다.

[04~07] 독서 - 예술

영화에서 몽타주 사용에 대한 상반된 입장

해제 영화의 초기 이론에서는 영화적 표현이 예술가의 목적을 가장 잘 나타낼 수 있는 의미화 작업이라는 입장과 현실을 충실하게 재현하는 작업이라는 입장이 대립하였다. 편집이 생산적 기능을 수행하며 영화에 필수적인 요소라고 주장하는 이론가들의 입장을 대변하는 예이젠시테인은 감독의 이데올로기에 따라 몽타주를 통해 새로운 의미를 만들어야 한다고 생각했다. 그는 각각의 숏을 대등한 수준으로 이용하는 중립화를 통해 감독이 원하는 의미를 얻는다고 보았으며, 영화에 나타나는 다양한 청각적 요소들인 말, 소음, 음악 등도 영상과 동등하게 사용되며 의미 형성에 기여한다고 생각했다. 이와 달리 바쟁은 몽타주가 하나의 의미나 결과만을 강요하여 현실에서 발생할 수 있는 모든 가능성을 광범위하게 재현할 수 없다고 생각하고 한정된 범위에서만 사용되어야 한다고 보았다. 그는 현실을 사실적으로 지각하고 반영하기 위해 영화의 기본적 요소들과 그것들의 상호 관계 및 사실적 결합 등을 강조하는 디프 포커스와 롱 테이크 기법에 주목했다.

주제 몽타주 사용에 대한 예이젠시테인과 바쟁의 상반된 입장

구성

- 1문단: 영화의 초기 이론에 나타나는 영화적 표현과 관련한 상반된 입장
- 2문단: 편집을 필수적 요소라 주장하며 몽타주를 활용한 예이젠시테인

- 3문단: 예이젠시테인이 중시한 중립화의 효용과 방식
- 4문단: 몽타주의 문제점을 인식하고 제한적 사용을 주장한 바쟁
- 5문단: 바쟁이 중시한 디프 포커스와 롱 테이크 기법

04 세부 내용 파악   답 ③

정답이 정답인 이유

③ 3문단의 '소리나 색채 또는 입체 화면이 갖는 자연스러운 사실성에서 벗어나 중립화를 시도하였다.'는 예이젠시테인이 소리 같은 청각적 요소나 색채나 입체 화면 같은 영상의 사실성에서 벗어나 청각적 요소와 영상을 대등한 수준으로 이용하여 중립화를 추구한 것을 의미한다. 그가 청각적 요소와 영상을 개별적으로 사용하면 사실성에서 벗어날 수 있다고 생각한 것은 아니다.

오답이 오답인 이유

① 2문단의 '예이젠시테인은 현실을 사각의 틀로 분리하여 화면에 담을 때 탄생하는 의미는 감독의 이데올로기적 입장에 따라 선택되는 것으로 보았다.'를 통해 알 수 있다.

② 3문단의 '예이젠시테인에 따르면 현실은 예술가가 자신의 의도대로 재구성할 수 있게 일정한 단위로 분해되어야 하는데, 그는 이렇게 분해하는 과정을 중립화로 규정하였다.'를 통해 알 수 있다.

④ 4문단의 '바쟁은 몽타주가 현실을 사실적으로 재현하는 데 훼손을 가할 위험이 있으므로 매우 한정된 범위에서만 사용되어야 한다고 보았다.', '바쟁은 하나의 신의 본질이 분리나 고립 같은 속성을 지니고 있다면 편집이 이 같은 속성을 표현하는 효과적인 기법이 될 수 있으나' 등을 통해 알 수 있다.

⑤ 5문단의 '바쟁은 디프 포커스가 관객의 주의력을 영화에 집중시키고 동시에 현실의 다양한 모습을 느낄 수 있게 만들기 때문에 예술적 가치를 지닌다는 사실을 강조했다.', '이러한 현실의 모호성이야말로 보존해야 하는 것이며, 관객이 자율적으로 모호성 속에 담긴 여러 가능성을 인지해 내도록 해야 한다고 주장했다.' 등을 통해 알 수 있다.

05 구체적 사례 적용   답 ⑤

정답이 정답인 이유

⑤ 3문단의 '그는 특히 청각적 요소들이 때로는 영상의 내용이나 분위기를 강화하는 긍정적 역할을 하고, 때로는 영상의 내용이나 분위기에 어긋나는 부정적 역할을 하는 병행적 담화가 의미 형성에 많은 영향을 끼친다고 생각했다.'를 통해 청각적 요소의 병행적 담화는 영상의 내용이나 분위기에 어울리기도 하고 어울리지 않기도 하는 양면적 역할을 한다는 것을 추론할 수 있다. 하프를 연주하는 둘째 숏에서 부드러운 하프 소리가 배경 음향으로 들리는 것은 감독이 의도한 '귀부인이 감미롭게 노래를 하고 있다.'라는 영상의 내용이나 분위기에 어울리는 병행적 담화에서의 긍정적 역할로 볼 수 있다. 병행적 담화에서의 부정적 역할의 사례로는 대저택의 화려한 응접실에 모인 지주들이 즐겁게 차를 마시는 숏에서, 저택 밖의 굶주린 소작농들의 아우성과 비명이 배경 음향으로 제시된 상황 등을 들 수 있다.

오답이 오답인 이유

① 3문단의 '감독은 각각의 숏을 대등한 수준으로 이용하는 중립화를 통해 자신이 원하는 의미를 얻는다고 보았다.'로 볼 때 〈보기〉의 두 숏의 결합은 '귀부인이 감미롭게 노래를 하고 있다.'라는 의미를 표현하기 위한 몽타주로 볼 수 있다. 관객이 이러한 의미를 이해했다면 성공한 몽타주로 볼 수 있을 것이다.

② 3문단의 '그는 영화에서 모든 구성 요소들은 자극을 유발할 수 있는 평등한 권리를 가진다고 주장하였으며, 감독은 각각의 숏을 대등한 수준으로 이용하는 중립화를 통해 자신이 원하는 의미를 얻는다고 보았다.'를 통해 알 수 있다.

③ 2문단의 '예이젠시테인은 영화에서 개개의 숏이 상호 보완적이며 불완전하다고 보았으며, 편집에서 숏 A와 숏 B의 결합은 새로운 의미를 만들어야 한다고 생각했다.'를 통해 알 수 있다.

④ 2문단의 '그는 한자의 생성 원리 중의 하나인 회의에 주목해 서로 다른 두 숏의 결합이 새로운 개념을 발생시킬 수 있다는 유명한 가설을 설정했다.'를 통해 알 수 있다. '일(日)', '월(月)'의 두 개의 한자가 결합되어 '밝다'를 뜻하는 '명(明)'을 생성한 원리는 회의에 해당한다.

06 글의 의도, 목적 추론   답 ④

정답이 정답인 이유

④ ㉠ 다음에 이어지는 '그는 이 경우 몽타주가 하나의 의미나 결과만을 강요하여 현실에서 발생할 수 있는 모든 가능성을 광범위하게 재현할 수 없다고 생각한 것이다.'를 통해 바쟁이 ㉠에서 오직 사냥꾼이 패배하는 하나의 결과만을 보여 주는 일방적인 숏의 제시를 비판하고 있음을 알 수 있다. 즉 바쟁은 맞수인 사냥꾼과 호랑이가 대결할 때 사냥꾼의 승리, 패배, 무승부 등 여러 가지 발생 가능성으로 인해 결과를 단정할 수 없는 상황이므로, 사냥꾼의 패배라는 하나의 결과를 강요하는 숏을 제시

하지 말아야 한다고 여길 것이다.

오답이 오답인 이유

① 호랑이를 사냥꾼과 대등하게 취급한 것에 대한 문제 제기는 아니다.

② 바쟁은 몽타주의 문제점을 지적하고 한정된 범위에서의 사용을 주장한 것이지, 몽타주를 지배적인 숏과 보조적인 숏으로 구성해 사용하자고 주장한 것은 아니다.

③ 5문단의 '반면에 몽타주는 그 같은 요소들을 감독의 이데올로기적 입장에 따라 추상적인 시간과 공간으로 대체시킨다고 생각했다. 이로 인해 몽타주는 관객이 현실을 사실적으로 지각하게 하는 것이 아니라, 감독의 의도에 따라 관객이 심리적 영향을 받아 현실을 왜곡하게 만들 수 있다고 보았다.'를 통해 바쟁은 숏의 교차 편집이 관객들이 현실을 사실적으로 지각하는 데 방해가 된다고 생각했음을 알 수 있다.

⑤ 최종적으로 호랑이가 큰 상처를 입은 숏을 보여 주는 것은 사냥꾼이 패배하는 숏을 보여 주는 것과 마찬가지로 현실에서 다양한 결과가 나올 수 있는 가능성을 배제하고 하나의 의미나 결과만을 강요하는 것이 되므로, 바쟁의 생각으로 적절하지 않다. 그리고 이 글에서 바쟁이 영화를 통해 관객의 인기를 얻는 것이 중요하다고 생각했다는 내용은 찾을 수 없다.

07 중심 내용 파악 답 ⑤

정답이 정답인 이유

⑤ ⓐ는 예이젠시테인의 이론과 관련한 비유로, ⓑ는 바쟁의 이론과 관련한 비유로 볼 수 있다. 2문단의 '예이젠시테인은 현실을 사각의 틀로 분리하여 화면에 담을 때 탄생하는 의미는 감독의 이데올로기적 입장에 따라 선택되는 것으로 보았다.'를 통해 ⓐ는 감독이 목적을 가지고 프레임 안에 담아 제시한 것으로 볼 수 있다. 그러므로 ⓐ는 감독이 관객의 시선을 프레임 밖의 영역과 분리하여 프레임 안의 장면만 감상하도록 만든 것으로, 관객의 시선을 프레임 밖의 새로운 장면으로 이동시킨 상황과는 관련이 없다. 5문단의 내용을 통해 ⓑ는 바쟁이 바람직하게 여기는 것으로, 현실을 사실적으로 지각하고 반영하는 것으로 볼 수 있다. 그런데 이 글에서 바쟁은 관객이 이러한 장면에서 여러 가능성을 인지해 내야 한다고 주장한 것이지, 시선을 새로운 장면으로 이동하라고 한 것은 아니다.

오답이 오답인 이유

① 1문단의 '예술가의 목적을 가장 잘 나타낼 수 있는 의미화 작업이라는 입장과 현실을 충실하게 재현하는 작업이라는 입장이 대립하였는데, 전자를 대표하는 인물이 러시아의 세르게

이 예이젠시테인이고'와 5문단의 '롱 테이크로 촬영한 장면의 의미가 모호하다는 예이젠시테인의 비판에 대해'를 통해 ⓐ는 감독이 목적을 위해 현실의 모호성을 없앤 내용을 담은 것임을 알 수 있다.

② 4문단의 '그는 이 경우 몽타주가 하나의 의미나 결과만을 강요하여 현실에서 발생할 수 있는 모든 가능성을 광범위하게 재현할 수 없다고 생각한 것이다.'를 통해 감독이 목적을 가지고 프레임 안에 담은 장면인 ⓐ가 관객에게 하나의 의미나 결과만을 수용하도록 함을 알 수 있다.

③ 5문단의 '그는 디프 포커스나 롱 테이크 기법이 현실을 사실적으로 지각하고 반영하기 위해 영화의 기본적 요소들과 그것들의 상호 관계 및 사실적 결합 등을 강조한다고 생각했다.'를 통해 알 수 있다.

④ 3문단의 '예이젠시테인은 새롭게 발전한 영화 기술을 활용하는 데 개방적인 편이었으나, 바쟁처럼 이러한 영화 기술을 활용해 사실주의적 이상을 추구한 것이 아니라, 소리나 색채 또는 입체 화면이 갖는 자연스러운 사실성에서 벗어나 중립화를 시도하였다.'를 통해 예이젠시테인과 바쟁이 새로운 영화 기술을 활용했음을 알 수 있다. 그러므로 ⓐ와 ⓑ를 만들 때 감독은 필요에 따라서 새로운 영화 기술을 활용한다고 볼 수 있다.

[08~11] 독서 - 사회·문화

리스먼의 대중 사회 분석

해제 이 글은 리스먼이 미국을 대상으로 대중 사회를 분석한 내용을 설명하고 있다. 리스먼은 미국인이 고독한 개인으로 변한 동시에 거대한 군중이 되었다고 지적하면서, 역사적 단계에 따라 사회는 전통 지향적, 내면 지향적, 타인 지향적 성격을 나타낸다고 주장하였다. 그중 현대 사회로 접어들면서 나타난 타인 지향적 사회에서는 사람들이 타인의 시선, 평가에 끊임없이 주의를 기울이면서 불안에 의해 영향을 받는다고 설명하였다. 그는 현대인들이 개인적 자율성을 상실하고 있다고 지적하면서, 자율성에 이르는 길을 개척해 나갈 필요성을 강조한다.

주제 리스먼이 주장한 현대 사회의 타인 지향적 성격과 자율형 인간의 중요성

구성
- 1문단: 대중의 출현과 대중 사회 분석
- 2문단: 대중 사회의 이중성을 분석한 리스먼
- 3문단: 전통 지향적 사회와 내면 지향적 사회
- 4문단: 현대 사회에서 나타나는 타인 지향적 사회
- 5문단: 타인 지향적 사회에서 자율형 인간의 중요성

08 글의 구조와 전개 방식 　　답 ④

정답이 정답인 이유

④ 이 글에서는 리스먼의 견해를 활용하여 현대 사회에서 개성을 상실한 채 고독하게 살아가는 사람들의 모습에 대해 문제를 제기하고, 집단의 가치 체계로부터 자유로워져야 한다는 해결 방안을 제시하고 있다.

오답이 오답인 이유

① 리스먼이 대중 사회의 이중성을 분석한 이론을 제시하고 있지만, 이러한 이론의 의의와 한계를 설명하고 있지는 않다.

② 타인 지향적 성격이 강하다는 현대 사회의 전반적 특징을 제시하고 있지만, 이러한 특징을 역사적 사건을 통해 유형화하고 있지는 않다.

③ 역사적 단계에 따라 변화되는 사회적 특징에 대한 리스먼의 견해를 제시하고 있지만, 리스먼의 이론이 시간의 흐름에 따라 어떻게 변화하였는지 설명하고 있지는 않다.

⑤ 리스먼이 현대 사회를 타인 지향적 사회라고 주장한 이론을 제시하고 있지만, 이와는 상반되는 주장을 담고 있는 이론과 비교하여 절충안을 제시하고 있지는 않다.

09 세부 내용 파악 　　답 ④

정답이 정답인 이유

④ 2문단에 따르면 리스먼은 대중이 '유사한 생활 방식과 개성을 상실한 가치관을 추구'한다고 주장하였다.

오답이 오답인 이유

① 2문단에 따르면 리스먼은 대중이 자신보다 우월한 타인을 추종하는 경향이 있다고 주장하였지만, 이것이 대중을 타인에 비해 우월해지기 위해 끊임없이 노력하는 존재로 바라본 것은 아니다.

② 2문단에 따르면 리스먼은 대다수의 미국인이 권력과 매체가 조작한 행위 유형을 모방한다고 주장하였다. 따라서 대중이 산업 사회 이후 문화가 다원화되는 데 기여하였다고 주장했다는 설명은 적절하지 않다.

③ 2문단에 따르면 리스먼은 대중이 '고도로 발전한 매체에 의해 조종당'하는 존재이며 '권력과 매체가 조작한 행위 유형을 모방'하는 존재라고 보았다. 따라서 대중을 권력을 가진 소수에 의해 지배되는 것에 저항하는 존재라고 보았다는 설명은 적절하지 않다.

⑤ 4문단에 따르면 리스먼은 현대 사회에서는 끊임없이 타인이 보내는 신호에 세세하게 주의를 기울이게 되면서 사람들은 항상 불안감의 영향을 받게 된다고 주장하였으므로, 대중을 타인과의 단절에 의한 불안감 해소를 삶의 목표로 삼는 존재라고 보았다는 설명은 적절하지 않다.

10 세부 내용 파악 　　답 ③

정답이 정답인 이유

③ 리스먼에 따르면 내면 지향적 사회는 개인에게 선택의 자유를 부여한다. 한편 전통 지향적 사회는 사회의 관습, 의식, 종교 등이 구성원들의 사회화에 중요한 역할을 한다. 따라서 ㉡은 ㉠과 달리 개인에게 선택의 자유를 부여한다는 설명은 적절하다.

오답이 오답인 이유

① 전통 지향적 사회는 출생률과 사망률이 모두 높아 인구수의 변동이 크지 않을 때 나타나지만, 내면 지향적 사회는 인구가 증가하는 현상이 나타날 때 드러나는 특징을 보인다.

② 전통 지향적 사회에서는 사회 규범을 지키지 않을 경우 느끼는 수치심이 행동을 통제하는 요인이 된다. 한편 내면 지향적 사회에서는 개인에게 부여된 선택의 자유로 인해 개인의 내면적 사고가 행동의 지침이 된다.

④ 전통 지향적 사회에서의 구성원들은 일반적으로 자신을 하나의 독립적인 존재라고 생각하지 않는다. 한편 내면 지향적 사

회에서는 자본의 축적, 끊임없는 경제 성장 등의 현상이 나타난다.

⑤ 전통 지향적 사회에서는 사회적 관습이 사회 규범이 내면화되는 데 중요한 역할을 하며, 사회 규범을 따르지 않을 때 느끼는 수치심이 개인의 행동을 통제하는 요인이 된다. 한편 내면 지향적 사회에서는 개인의 선택과 내면적 사고가 규범을 내면화하는 데 중요한 역할을 하며, 내면화된 규범을 어길 때 느끼는 죄책감이 행동을 통제하는 요인이 된다.

11 구체적 사례 적용 답 ⑤

정답이 정답인 이유

⑤ 2문단에 따르면 리스먼은 현대의 미국인들은 '철저하게 고립된 고독한 개인으로 변한 동시에 유사한 생활 방식과 개성을 상실한 가치관을 추구하는 거대한 군중이 되었다'고 주장한다. SNS를 통해 타인과 연결되지만 외로움을 느끼는 것은 현대인들이 철저하게 고립된 고독한 개인으로 변했기 때문이라고 볼 수 있다. 따라서 SNS를 통해 타인과 연결되지만 외로움을 느끼는 것이 현대인들이 고립된 개인에서 벗어나 유사한 생활 방식을 추구하는 군중으로 변했기 때문이라는 설명은 적절하지 않다.

오답이 오답인 이유

① 매체에 등장하는 유행을 따라 하는 것은 자신보다 우월하다고 생각하는 타인을 추종하려는 현대 사회의 타인 지향적 특성이 드러나는 상황이다. 5문단에 따르면 적응형이란 사회적 성격의 전형적인 모습을 보여 주는 유형에 해당하므로, 매체에 등장하는 유명인을 따라 하는 것은 타인 지향적 사회에 적응한 모습을 보여 주는 것으로 볼 수 있다.

② 2문단에 따르면 현대 사회는 경쟁과 개인의 성취를 강조하는 개인주의적이고 자유로운 경쟁 사회에 해당한다. 따라서 SNS에 자신의 성공을 전시하는 것은 개인의 성취를 강조하려는 경쟁 사회의 분위기가 반영된 것이라고 볼 수 있다.

③ 4문단에 따르면 현대 사회에서는 노동 시간이 단축되고 생활 수준이 높아지면서 타인과의 타협이 중요해지고, 접촉하는 타인의 태도와 반응이 중요한 의미를 가지게 된다. 따라서 SNS 이용자가 폭증한 것을 통해 타인의 태도와 반응이 사람들에게 중요한 의미를 가지게 되었음을 짐작할 수 있다.

④ 5문단에 따르면 현대 사회의 사람들은 제각기 다른 존재임에도 서로 똑같아지기 위해 사회적 자유와 개인적 자율성을 상실하고 있다. 개인의 취향에서 개성을 발견할 수 없는 현실은 사회적 자유와 개인적 자율성을 상실한 모습에 해당한다고 볼 수 있다.

[12~17] 독서 – 과학·기술

인체 진단용 초음파

해제 이 글은 초음파 진단기를 소개하며 초음파 검사 과정에서 발생하는 반사와 산란 현상의 특징에 대해 설명하고 초음파 진단 시의 주의 사항을 안내하고 있다. 초음파 진단기는 탐촉자를 통해 송신했다가 인체에 반사되거나 산란되어 돌아오는 초음파 빔을 수신하여 영상으로 나타낸 것을 이용하여 인체 내부를 진단한다. 초음파의 전파 속도는 매질에 따라 차이를 보이는데, 인체는 대다수가 수분으로 구성되어 있어 신체 내 평균적인 초음파 전파 속도는 물에서의 초음파 전파 속도와 유사한 값을 갖는다. 반사는 두 매질의 밀도 차이로 인해 음향 저항의 차이가 큰 두 조직의 경계면에서 많이 발생한다. 초음파 빔이 두 매질의 경계면에 수직으로 입사하는 경우, 탐촉자에 수신되는 반사파가 많아 영상에 명료하게 나타나며 반사 계수가 1에 가까울수록 반사되는 정도가 크다. 반면, 초음파 빔의 입사각이 커지는 경우 초음파의 반사각이 커져서 빔이 탐촉자로 적게 돌아오게 되어 영상에 포함되지 않게 된다. 산란은 조직 내에서 표면이 균일하지 않은 부분적인 부위에서 발생하는데, 산란의 강도에 영향을 미치는 요인으로는 산란체의 크기, 주파수, 인체 조직 등이 있다. 초음파 검사 시, 소화액과 체내 가스가 반사파를 증가시켜 초음파가 인체의 깊숙한 곳까지 미치지 못하게 방해하므로 금식하거나 소변을 참아야 하는 등의 번거로움이 있다. 하지만 초음파가 지닌 다양한 장점으로 인해 의학적으로 꾸준히 활용되고 있다.

주제 인체 진단용 초음파의 반사와 산란 현상 및 초음파 검사 시의 주의 사항

구성

- 1문단: 초음파의 개념과 초음파 진단기의 원리
- 2문단: 매질의 특성에 따른 초음파의 전파 속도 차이
- 3문단: 초음파의 반사 현상에 영향을 미치는 음향 저항
- 4문단: 초음파의 반사 현상에 영향을 미치는 입사각
- 5문단: 초음파의 산란 현상에 영향을 미치는 요인들
- 6문단: 초음파 검사 시 주의 사항 및 초음파의 의학적 응용

12 글의 구조와 전개 방식 답 ②

정답이 정답인 이유

② 이 글은 진단용 초음파와 관련된 용어인 초음파, 입사각, 반사 계수, 산란 등의 개념을 정의하였고, 초음파를 이용해 인체 조직을 진단하는 과정에서 발생하는 반사와 산란에 대해 설명하고 있다. 따라서 초음파와 관련된 용어의 개념을 밝히고, 입사한 초음파에서 나타나는 반사와 산란 현상의 특징을 설명하고 있다고 볼 수 있다.

① 초음파를 활용해 의학적 진단의 도구로 사용하는 기본 원리를 제시했을 뿐, 초음파가 발전해 온 변천 과정을 설명한 것은 아니다.

③ 초음파 진단기를 이용하는 과정에서 나타나는 반사와 산란 현상에 대해 설명했을 뿐, 초음파의 성능을 결정하는 요인에 대해 분석한 것은 아니다. 마지막 문단에서 초음파 검사 시의 주의 사항을 소개했을 뿐, 초음파 장치가 지닌 한계나 해결 방안을 제시했다고 볼 수 없다.

④ 초음파 진단기를 이용하는 과정에서 탐촉자에 돌아오는 반사파의 세기에 영향을 주는 요인이나 산란의 강도에 영향을 주는 요인을 설명하고 있으나, 초음파 영상을 얻는 방법을 유형별로 제시하지는 않았다.

⑤ 초음파 검사 시의 주의점으로, 공기로 인한 음향 저항의 차이를 감소시키기 위해 피부 표면에 액체형 젤을 바른다거나, 검사 전에 금식해야 한다는 등의 내용을 제시하였다. 하지만 초음파의 원리와 관련하여 특정한 학자의 이론을 바탕으로 설명하고 있지는 않다.

13 세부 내용 파악   답 ⑤

⑤ 5문단에 따르면, 산란 강도는 산란체의 크기와 주파수에 의해 결정된다. 즉 산란체의 크기가 초음파 파장의 길이보다 작을수록 산란이 많이 발생하고, 주파수가 높을수록 산란 강도가 증가함을 알 수 있다. 그러나 초음파의 산란 강도를 줄이기 위해 초음파를 차단해야 한다고 설명한 내용은 찾을 수 없다.

① 2문단에 따르면, 초음파의 전파 속도는 매질의 체적 탄성률에 비례하고 매질의 밀도에 반비례한다. 즉 매개체의 특성에 따라 초음파의 전파 속도에 차이가 남을 알 수 있다.

② 3문단에 따르면, 반사는 두 조직의 경계면에서 발생하며 음향 저항의 차이가 클수록 반사되는 초음파의 세기가 증가한다. 따라서 초음파로 인체를 진단할 때 음향 저항의 차이가 큰 두 조직의 경계면에서 반사파의 세기가 증가함을 알 수 있다.

③ 2문단에 따르면, 인체는 대략 65%가 수분으로 구성되어 있어 신체 내 초음파 전파 속도는 물에서의 전파 속도인 1,540m/s와 유사한 값을 갖는다. 따라서 신체 내에서 초음파의 평균 전파 속도가 물에서의 전파 속도와 유사한 이유는 인체 조직의 주된 구성 요소가 수분이기 때문임을 알 수 있다.

④ 3문단에 따르면, 초음파가 인체 조직을 통과하는 과정에서 반사와 산란이 일어난다. 그리고 5문단에 따르면, 반사는 음

향 저항이 다른 두 조직의 경계면에서 발생하는 반면에 산란은 생체 내 조직의 표면이 균일하지 않을 때 발생한다는 차이점이 있음을 알 수 있다.

14 구체적 사례 적용   답 ①

① ㄱ: 3문단에 따르면, 두 조직의 음향 저항의 차이가 클수록 반사되는 초음파의 세기가 증가한다. [자료 1]에서 '지방(1.38)-근육(1.70)'의 차이와 '근육(1.70)-뼈(7.80)'의 차이를 비교해 보면, '근육-뼈'의 음향 저항의 차이가 더 크다. 따라서 '근육-뼈'의 경계면에서보다 '지방-근육'의 경계면에서 반사되는 초음파의 세기가 더 작다고 추론할 수 있으므로 적절하다.

ㄴ: 2문단에 따르면, 매질의 특성에 따라 초음파의 전파 속도에 차이가 난다. [자료 1]을 보면 뼈에서는 4,080m/s, 물에서는 1,540m/s, 공기에서는 331m/s의 전파 속도를 보이므로 고체에서 가장 빠르고 그다음이 액체, 기체 순임을 알 수 있다. 따라서 액체인 혈액으로 가득한 혈관과 기체인 공기로 채워진 폐를 비교하면, 초음파의 전파 속도는 폐 속보다 혈관 속에서 더 빠르다고 볼 수 있으므로 적절하지 않다.

ㄷ: 4문단에 따르면, 조직의 경계면에서 초음파가 수직으로 입사한 경우의 반사 계수가 1에 가까울수록 입사파 대부분이 반사됨을 의미한다. 수직으로 입사한 초음파를 기준으로 하여 반사 계수를 나타낸 [자료 2]에 따르면, '연부 조직-공기'의 경계면에서는 0.99이고 '연부 조직-물'의 경계면에서는 0.05이다. 따라서 반사 계수가 1에 더 가까운 '연부 조직-공기'의 경계면에서 입사파가 반사되는 비율이 더 크다고 볼 수 있으므로 적절하지 않다.

15 생략된 내용 추론   답 ③

③ 3문단에 따르면, 음향 저항의 차이가 클수록 반사파의 세기가 증가한다. 공기의 음향 저항이 워낙 작기 때문에 다른 조직과의 경계면에서 음향 저항의 차이가 클 수밖에 없으므로 반사파의 세기가 증가한다. 이에 따르면, 탐촉자와 피부 사이에 있는 공기로 인해 음향 저항의 차이가 커서 피부 표면에서 반사파가 많아질 것이므로 신체 내로 투과되는 초음파가 줄어들어 인체 내부를 제대로 진단하지 못하게 될 것임을 추론할 수 있다. 따라서 ㉠은 탐촉자와 피부 사이의 공기로 인해 음향 저항의 차

이가 크지 않도록 만들기 위한 것으로, 액체형 젤(액체로 된 매질)을 이용해 음향 저항을 유사하게 만듦으로써 초음파가 피부 표면에서 반사되지 않고 신체 내로 쉽게 투과되도록 만들기 위함이라고 볼 수 있다.

오답이 오답인 이유

① ㉠은 탐촉자와 피부 사이에 있는 공기로 인한 음향 저항의 차이를 최소화하여 반사파를 감소시키려는 방법이므로, 공기로 인한 산란의 발생과는 무관하다.

② ㉠은 두 매질의 경계면에서 음향 저항의 차이를 감소시키기 위한 방법이므로, 음향 저항의 차이를 크게 만들기 위함이라고 볼 수 없다.

④ ㉠은 두 매질의 음향 저항의 차이를 감소시켜 신체 내로 초음파가 쉽게 투과되도록 만들려는 방법이므로, 매질에 대한 초음파 빔의 입사각을 조정하는 것과는 무관하다.

⑤ ㉠은 두 매질의 음향 저항의 차이를 감소시켜 피부 표면에서 발생하는 반사파를 줄이기 위함이므로, 밀도의 차이를 크게 만들기 위함이라고 볼 수 없다. 3문단에 따르면, 음향 저항의 차이를 유발하는 것은 두 매질 간의 밀도 차이이므로, 음향 저항의 차이를 줄이기 위해서는 밀도의 차이를 줄여야 한다.

16 구체적 사례 적용   답 ④

정답이 정답인 이유

④ 6문단에 따르면, 흡연은 공기를 많이 삼키게 만들어 위장 내 공기를 증가시킨다. 따라서 상복부 초음파 검사 직전에 A가 흡연을 한 경우라면, 위장 속 공기가 반사파를 증가시켜 초음파가 간에 도달하지 못하게 만들어 정밀한 진단이 어렵다고 볼 수 있다.

오답이 오답인 이유

① 6문단에 따르면, 간을 검사하려는 A는 상복부 초음파 검사를 받아야 하고, 방광을 검사하려는 B는 하복부 초음파 검사를 받아야 한다.

② 3문단에 따르면, 초음파 검사 시에 탐촉자와 피부 표면 사이에 공기가 있어서 반사파가 많아지므로 액체형 젤을 발라서 공기로 인한 음향 저항의 차이를 최소화해야 한다. 이는 상복부와 하복부 초음파 검사에 모두 해당하므로 A와 B 모두 정밀한 진단을 위해서는 액체형 젤을 사용해야 한다.

③ 5문단에 따르면, 2.5MHz 초음파를 인체에 입사했을 때 지방은 초음파가 산란되는 강도가 1로 매우 큰 편이다. 따라서 A가 지방이 많이 축적된 상태인 심각한 수준의 지방간에 해당한다면, 지방이 쌓이지 않은 정상적인 간을 검사한 영상보다 초음파가 산란되는 강도가 더 강하게 나타난다.

⑤ 6문단에 따르면, 하복부 초음파 검사 시에는 방광 속 가스를 없애기 위해 많은 양의 물을 마셔야 한다. 즉, 방광 속 가스를 없애기 위해서 방광을 소변(액체 상태의 매질)으로 가득 채워야 함을 알 수 있다. 따라서 검사 전에 많은 양의 물을 마시고 검사가 끝나기 전까지 소변을 참아야 한다.

17 단어의 의미 파악   답 ②

정답이 정답인 이유

② ⓐ의 '말하다'는 '어떤 사정이나 사실, 현상 따위를 나타내 보이다.'라는 의미로 사용된 것이다. '결혼이란 두 사람의 결합만을 말하는 것이 아니다.'의 '말하다' 역시 같은 의미이다.

오답이 오답인 이유

① '평하거나 논하다.'의 의미이다.

③ '생각이나 느낌 따위를 말로 나타내다.'의 의미이다.

④ '무엇을 부탁하다.'의 의미이다.

⑤ '말리는 뜻으로 타이르거나 꾸짖다.'의 의미이다.

[18~21] 문학 - 고전 소설

작자 미상, 「춘매전」

해제 이 작품은 작자·연대 미상의 국문 필사본 고소설로서, 민간에 널리 퍼져 있던 열녀 설화와 재생 설화 등을 제재로 한 선행 고소설의 영향을 입은 것으로 추정된다. 주인공인 유씨 부인의 열행이 강조되고 그에 대한 사회적 보상 심리로서 재생을 통한 행복한 결말을 그리고 있다.

주제 열녀 유 씨의 고행과 성취

전체 줄거리 과거에 급제한 춘매는 모함을 받아 유배를 가게 되고 그곳에서 병을 얻어 죽는다. 부인 유 씨는 춘매의 시신을 직접 수습하기 위해 유배지로 떠나는 길에서 여러 가지 어려움과 우여곡절을 겪는다. 하지만 결국 춘매의 시신을 찾게 되고 그를 따라 죽음으로써 함께 염라대왕 앞에 간다. 염라대왕을 향한 유 씨의 간곡한 부탁으로 유 씨와 춘매 두 사람 모두 환생하게 된다.

18 작품의 내용 이해 답 ⑤

정답이 정답인 이유

⑤ '유씨 부인이 삼 일 밤낮으로 울어 그치지 않으니 염라대왕이 들으시고 춘매를 불러 분부하기를'에서 알 수 있듯이, 염라대왕이 춘매가 아내를 만날 수 있게 해 준 것은 아내를 위하는 춘매의 마음 때문이 아니라 춘매를 그리워하는 아내 유 씨의 간절함 때문이라고 할 수 있다.

오답이 오답인 이유

① 유 씨가 염라대왕에게 '낭군과 원앙 녹수 되자마자 이별되었사오니'라고 한 부분에서 춘매와 유 씨의 결혼 생활은 춘매의 죽음으로 인해 오래 지속되지 못했음을 알 수 있다.

② '마침 회평관에 들어왔을 때 ~ 가지 못할 뿐이었습니다.'에서 유 씨 일행이 회평 원의 권유로 회평관에서 하루를 더 머물다가 갈등 상황이 벌어진 것을 알 수 있다.

③ '구름 같은 머리카락을 왼손으로 거두어 잡고', '유씨 부인을 가둔 하인을 모두 죽이고'에서 하인들은 유 씨를 함부로 대했다가 벌을 받게 된다는 것을 알 수 있다.

④ '한림학사가 귀양 가실 때 내 집에 머물렀다가 가셨고'에서 춘매가 귀양을 가던 길에 원주 목사의 집에 머물렀던 것을 알 수 있으며 그와 '다시 연락할 길이 없어 매양 한탄'했다는 것을 통해 춘매를 각별하게 생각했음을 알 수 있다.

19 작품의 내용 이해 답 ⑤

정답이 정답인 이유

⑤ 유 씨는 회평 원이 도적인 줄 알고 칼로 내리쳤다고 말하긴 하

나, 그것이 자신의 과실을 인정하는 것이라고 할 수 없다. 이는 상대측인 회평 원이 자신이 자는 방에 도적처럼 몰래 들어오는 부정한 행위를 하였음을 강조한 부분이라고 할 수 있다.

오답이 오답인 이유

① '그날 밤에 원이 내가 자는 방에 들어오므로' 칼로 쳤다는 데에서 자신의 행위의 정당성을 주장하고 있음을 알 수 있다.

② '소녀는 본래 양주 땅에 사는 유 판관의 여식이고 ~ 분상을 차려 가는 중이었습니다.'라고 한 데에서 자신의 신분과 처지를 우선적으로 밝히고 있는 것을 알 수 있다.

③ 자신이 회평관에 머물게 된 경위를 순차적으로 밝히며 각 단계별로 자신의 입장과 주변 상황을 상세하게 서술하고 있음을 알 수 있다.

④ '목을 쳤는데 목은 맞지 않고 팔이 맞아 떨어졌거늘 목을 선참하지 못한 것이 지금도 한이로소이다.'라고 한 데에서 사건의 결과와 관련된 분한 감정을 표출하고 있는 것을 알 수 있다.

20 소재의 기능 파악 답 ⑤

정답이 정답인 이유

⑤ 저승에서 강물을 건너기 위한 밧줄을 건너다가 떨어져 깨어나 생시가 되었다는 것을 통해 저승에서의 죽음이 현실 세계의 살아남이라는 것을 엿볼 수 있다. 그러나 춘매와 유 씨가 이승으로 돌아가게 된 것은 유 씨의 강한 의지와 그녀의 도덕성에 대한 보답으로, 염라대왕이 그들에게 주의 사항을 언급한 부분은 찾아볼 수 없다.

오답이 오답인 이유

① '형벌'은 자신의 무고함을 주장하는 회평 원의 일방적인 진술에 의해 이루어진 것으로, 이로 인해 유 씨는 억울하게 고초를 겪지만 '고귀한 광채와 정결한 태도'를 보여 주는 것을 확인할 수 있다.

② '보고'는 [A]에 해당하는 유 씨의 진술이 포함된 것으로, 이 보고를 들은 원주 목사와 만남으로써 남편이 귀양을 갈 때 그에게 신세를 졌다는 것을 알게 된다.

③ '교지'에는 회평 원과 그의 하인들에게 엄한 벌을 주라는 내용이 담겨 있으므로 유 씨의 원한을 해소할 수 있는 내용이 담겨 있다고 할 수 있으며, 이에 대해 유 씨가 '소녀의 망극한 일을 갚아 주시니 하해 같으신 은혜를 백골난망이로소이다.'라고 하므로 교지를 내려 준 임금에게 은혜를 입었다고 생각한다는 것을 알 수 있다.

④ '유씨 부인이 삼 일 밤낮으로 울어 그치지 않으니 염라대왕이 들으시고'와 '유 씨가 혼미한 가운데 잠깐 잠이 와 졸고 있거늘 춘매가 깨워서'를 통해 유 씨가 염라대왕에게 들릴 정도로

밤낮없이 울다 잠이 든 것을 춘매가 깨웠다는 것을 알 수 있으며, 춘매가 '밝은 달이 지기 전에 계수나무에 이슬이 마르기 전에 들어'가야 한다며 사라졌다는 것을 통해 두 사람이 현실 세계에서 짧은 시간 동안 만났던 것을 알 수 있다.

21 외적 준거에 따른 작품 감상　　　　답 ②

정답이 정답인 이유

② 염라대왕이 춘매에게 '너의 아내가 저기 왔으니 너 나가서 잠깐만 만나 보고 들어오너라!'라고 한 것은 남편의 죽음을 슬퍼하는 유 씨에게 남편을 일시적으로 만나게 해 준 것이다. 유교 덕목의 고취는 이후 이들이 이승으로 함께 돌아간 것과 관련 있다.

오답이 오답인 이유

① 유 씨가 사또의 목을 베려 한 것은 절행을 위한 적극적인 행위이며, 유 씨가 어머니를 지극정성으로 섬기고 있다는 것은 효행을 보여 주는 요소이다. 이 둘은 인물의 도덕성을 보여 주기 위한 내용으로 추후 두 사람의 이승 복귀에 영향을 미친다.

③ 유 씨가 남편을 따라 죽어 저승으로 들어가 염라대왕을 만나는 설정은 산 자가 죽은 후 영혼을 통해 부활한 것에 해당하며, 이는 전통 사회의 보편적인 영혼 재생의 면모를 보여 주는 것이다.

④ 염라대왕의 말을 통해 망자의 이승 복귀는 일반적인 사례가 아닌 매우 특별한 사례라는 것을 알 수 있으며, 이는 두 사람이 이승에 복귀하게 된 것이 가지는 특별한 의미를 강조하는 것이라고 할 수 있다. 이는 유 씨가 이승에서 실천한 도덕성과 염라대왕에게 보인 강한 의지를 바탕으로 한 것이라고 할 수 있다.

⑤ 〈보기〉의 내용을 바탕으로 절행과 효행이라는 유교적 덕목을 실천해 왔던 유 씨가 남편과 함께 이승에 복귀하는 것은 이러한 선행을 계속 이어 나가도록 하려는 의도가 담긴 것으로 볼 수 있다.

[22~26] 문학 – 고전 시가 + 현대시

(가) 작자 미상, 「서경별곡」

해제 이 작품은 이별의 정한을 노래한 고려 가요로서, 주요 가사가 세 마디로 나뉘는 율격과 동일한 후렴구를 통해 음악성을 부여하고 있다. 또한 '서경'과 '대동강'이라는 공간적 배경을 중심으로 임과의 이별을 거부하고 사랑을 이어 가려는 화자의 적극적 태도가 드러나 있다.

주제 임에 대한 변함없는 사랑과 떠나는 임에 대한 원망

구성

• 1연: 이별을 거부하며 임을 따라가겠다는 의지
• 2연: 임에 대한 변함없는 사랑과 영원한 믿음
• 3연: 사공에 대한 원망과 임의 변심에 대한 염려

(나) 장석남, 「배를 밀며」

해제 이 작품은 배를 미는 행위를 통해 사랑을 떠나보낸 후의 슬픔과 그리움을 노래한 시이다. '배를 밀어' 본 경험에서 떠나가는 사랑을 떠올리며, 이별 후의 감정 변화를 잘 보여 주고 있다. 화자는 이별의 슬픔에서 벗어나려고 하지만 마음속에서 어쩔 수 없이 일어나는 그리움의 감정을 노래하고 있다.

주제 이별의 아픔과 이별한 임에 대한 그리움

구성

• 1연: 배를 밀어 본 경험에 대한 묘사
• 2연: 사랑이 떠나갈 때의 느낌
• 3연: 이별의 슬픔을 극복하려는 의지
• 4연: 쉽게 잊힐 것이라 생각한 이별의 상처
• 5연: 사랑을 떠나지 못한 화자의 마음

22 작품 간의 공통점, 차이점 파악　　　　답 ①

정답이 정답인 이유

① (가)에는 삶의 터전을 버리고서라도 떠나는 임을 따라가 임과 헤어지지 않겠다는 태도와 이별한 임에 대한 변함없는 사랑을 다짐하는 태도가 나타나 있다. (나)에는 임과 이별한 후에 슬픔을 밀어내어 임과의 이별을 담담히 수용하겠다는 화자의 태도가 나타나 있다.

오답이 오답인 이유

② (가)와 (나) 모두 이별 상황에 대한 화자의 심정과 태도가 나타나 있지만, 이별의 상황이 화자 자신의 잘못으로 인한 것임을 인정하는 모습은 나타나 있지 않다.

③ (가)와 (나) 모두 이별 상황에 대한 화자의 경험이 나타나 있다. 그런데 (가)에서는 화자를 떠나가는 임이 다른 여인을 만날지도 모른다는 화자의 의구심을 보여 주고 있지만, 화자가 그러한 임의 처지에 공감하는 것은 아니다. (나)에는 상대방

의 처지가 구체적으로 제시되지 않는다.

④ (가)와 (나) 모두 과거와 현재를 대비하고 있지 않다.

⑤ (가)와 (나) 모두 상대방의 변화되는 모습이 나타나지 않는다.

23 표현상의 특징 파악
답 ④

정답이 정답인 이유

④ (가)의 3연에서 화자는 '사공'에게 말을 건네는 형식을 취해 청자인 '사공'의 각시가 바람난 것을 알려 주며 '사공'이 처한 현실의 문제점과 어려움을 드러내고 있다고 볼 수 있다. 하지만 (나)에서는 청자가 처한 현실의 문제점과 어려움을 드러내기 위해 말을 건네는 형식을 취하고 있지 않다.

오답이 오답인 이유

① (가)의 3연의 '배 타 들면 꺾으리이다'에서 임이 대동강을 건너면 다른 여인을 만나지 않을까라는 걱정을 드러내고 있다. 하지만 (나)에서는 이별 상황에 대한 화자의 슬픔과 그리움이 드러나 있을 뿐, 상대방에 대한 걱정이 나타나 있지 않다.

② (가)의 2연의 '끈이야 끊어지리까', '신이야 끊어지리까'에서 설의적 표현을 활용하여 임을 향한 화자의 믿음과 사랑은 변함이 없을 것이라는 심정을 표현하고 있다. (나)에는 설의적 표현이 나타나 있지 않다.

③ (나)의 2연 1행의 '～ 떠나지'와 3연 2행의 '～ 것이지'에서 종결 어미 '-지'가 반복되어 나타난다. 이를 통해 이별 상황 속에서의 화자의 정서를 담담하게 표현하고 있다. 반면에 (가)의 화자는 임을 향한 애정을 적극적으로 표현하고 있어 담담한 어조로 자신의 정서를 전달하고 있다고 보기는 어렵다.

⑤ (가)에서는 '끈이야 끊어지리까', '신이야 끊어지리까' 등의 유사한 시구를 반복적으로 변주하고 있으며, (나)에서는 '배를 민다 - 배를 밀어 보는 것 - 배를 한껏 세게 밀어내듯이', '내 안으로 들어오는 배여 - 아무 소리 없이 밀려 들어오는 배여' 등의 유사한 시구를 반복적으로 변주하여 화자의 정서를 효과적으로 표현하고 있다.

24 외적 준거에 따른 작품 감상
답 ③

정답이 정답인 이유

③ 〈보기〉에 따르면, (가)에서 '물'은 애정 관계가 끊어지게 된 이별의 상황을 암시한다고 하였다. 이를 고려할 때, (가)의 '넓은' '대동강'은 화자와 임의 이별에 따른 거리감을 보여 준다고 할 수 있다. 하지만 (나)의 '희번덕이는 잔잔한 가을 바닷물'은 배를 밀어 넣는 공간으로 임과 이별하는 상황 및 그에 따른 화자의 심정을 나타내는 것이라 할 수 있다. 이별 후

화자가 느끼는 임과의 거리감을 나타낸 것은 아니다.

오답이 오답인 이유

① 〈보기〉에 따르면, (가)의 '사공'은 화자가 이별의 원인을 전가하는 보조적 인물이다. (가)의 화자는 '사공'으로 인해 임이 떠날 수 있게 된 것이라 생각하며 '사공'에 대한 원망을 나타내고 있음을 알 수 있다.

② 〈보기〉에서 (나)는 '물' 위의 '배'를 밀어내는 화자의 행위를 통해 애정 관계의 변화를 보여 주며, '물'을 통해 애정 관계의 변화에 따른 화자의 심정을 비유적으로 표현하고 있다고 하였다. 따라서 '배를 밀어 넣'는 행위는 애정 관계가 끊어지게 된 이별의 상황을 암시한다고 할 수 있다. '배가 나가고 남은 빈 물 위의 흉터'는 이별로 인한 마음의 상처를 형상화한 것이라 할 수 있는데, 이 흉터가 가라앉는 것은 시간이 지나 이러한 이별의 상황과 아픔을 담담히 받아들이려는 화자의 심정을 표현한 것으로 볼 수 있다.

④ 〈보기〉에서 (가)의 '배'는 이별의 상황이 일어나게 되는 구체적 사건을 의미한다고 하였다. '가는 배'는 배가 대동강을 건너는 것으로, 화자와 임과의 이별 상황을 비유적으로 나타낸 것으로 볼 수 있다. (나)의 '배'는 화자가 사랑하는 대상을 의미하며, '물'은 '배'가 이동하게 되는 공간이라고 하였으므로, '물' 위로 '배가 나가'는 모습 역시 화자와 상대방의 이별을 비유적으로 나타내고 있다고 할 수 있다.

⑤ (가)의 '배 타 들면'은 임이 배를 타는 것이므로 상대방이 화자를 떠나는 상황을 보여 준다. 반면, (나)의 '배를 밀어 보는 것'은 화자가 상대방을 떠나보내는 상황을 보여 준다.

25 작품의 맥락 이해
답 ⑤

정답이 정답인 이유

⑤ 〈보기〉에서 [A]는 [A] 이전에 화자가 떠나보낸 사람을 잊으려 노력했던 것과 달리 그 사람에 대한 그리움의 감정이 무의식적으로 피어오르는 화자의 심정을 제시하며 시상을 전환하고 있다고 하였다. [A]에서는 '그런데'를 통해 이러한 시상의 전환을 보여 주고 있다. 이로 보아 [A]에서 화자의 안으로 '밀려 들어오는' 배는 화자가 예상하지 못한 상황으로, 이를 통해 이별의 슬픔을 담담히 받아들이며 그 슬픔을 잊으려 해도 사랑하는 사람이 쉽게 잊히지 않으며 그에 대한 그리움이 일어날 수밖에 없다는 사랑의 의미를 표현하고 있다.

오답이 오답인 이유

① '그런데'를 통해 시상이 전환됨을 나타내고 있으나, '그런데' 이후의 시상은 이별을 수용하는 화자의 자세를 강조하는 것이 아니라 사랑하던 사람에 대한 그리움의 감정이 일어나는

화자의 심정을 제시하고 있다.

② '오'는 화자의 심정을 나타내는 감탄사로, 소중한 사람을 떠나보내며 겪는 아픔과 그 사람에 대한 그리움을 막지 못하는 상황에 대한 화자의 당혹감과 떠난 사람에 대한 그리움을 드러낸 것이다.

③ '내 안으로 들어오는 배'는 화자가 기대하는 새로운 현실의 모습을 의미하는 것이 아니라, 잊을 수 있다고 생각한 소중한 사람에 대한 감정이 화자의 노력과 달리 마음속에서 잊히지 않는 것을 표현한 것이다.

④ [A] 이전에 화자가 처한 부정적 상황은 소중한 사람을 떠나보내며 아픔과 슬픔을 겪고 있는 것이다. '아무 소리 없이'는 이러한 화자의 슬픔이 화자의 노력에도 무색하게 앞으로도 지속될 것임을 나타내는 것이 아니라, 화자가 이별을 수용하며 극복하려 해도 떠나보낸 사람에 대한 그리움의 감정이 무의식적으로, 갑자기 일어남을 표현한 것이다.

26 시어, 시구의 의미와 기능 파악　　　　　답 ④

정답이 정답인 이유

④ 배를 밀어내며 떨어지지 않는 손을 겨우 떼어 낸 화자의 심정을 나타낸 것으로, 사랑하는 사람과의 이별에 따른 슬픔과 허전한 심정을 나타낸 것이다. 하지만 자신의 할 일을 다 해낸 것에 대한 만족감을 나타내는 것은 아니다.

오답이 오답인 이유

① 임과의 이별을 거부하면서, 임과 동행하기 위해서라면 '길쌈베'를 버릴 수 있다는 화자의 의지가 드러나 있다.

② 화자는 울면서 임을 '좇겠나이다'라고 고백하고 있다. 임을 따라가겠다는 화자의 고백을 통해 임에 대한 화자의 지극한 사랑을 알 수 있다. 하지만 그러한 사랑을 이어 가기 위해 화자는 '서경'과 '길쌈베'를 버리고 따라야 하는 괴로움으로 울면서 임을 따르겠다고 고백하는 것이다.

③ 구슬이 바위에 떨어진다고 표현한 것은 임과 화자가 함께할 수 없는 상황을 비유적으로 나타낸 것이다.

⑤ 2연의 2행에서 '뵈지도 않는 길'은 앞으로 닥쳐올 상황이 예측되지 않는 막막한 현실임을 상징적으로 나타낸 것으로 볼 수 있다. 이러한 막막한 상황에서도 사랑이 '참 부드럽게도' 떠난다고 말하며 불확실한 미래를 앞둔 상황에서도 사랑이 자연스레 떠나가는 모습을 나타내고 있다.

[27~30] 문학 – 문학 이론 + 현대 소설

(가) 군중 심리와 집단 극화

해제 이 글은 군중 심리와 집단 극화에 대해 설명하고 있다. 사람들이 집단 내에서 다른 사람들의 선택을 따라 하게 되는 현상은 군중 심리와 관련이 있으며, 이러한 군중 심리는 때로 집단의 의사 결정이 극단으로 치우치게 되는 집단 극화 현상으로 이어질 수 있다. 이러한 현상들은 모두 집단이 가진 고유의 성격에 따라 다르게 나타날 수 있다.

주제 군중 심리와 집단 극화

구성

• 1문단: 집단의 의사 결정과 군중 심리
• 2문단: 집단 극화 현상
• 3문단: 집단 내 권력 구조와 인간관계의 영향

(나) 윤흥길, 「빙청과 심홍」

해제 이 작품은 군대를 배경으로, 권위와 억압으로 조작된 거짓 영웅의 이야기를 폭로하여 진실의 가치를 밝히고자 하는 인물의 이야기를 담고 있다. 우 하사를 영웅화하려는 집단적 시도에서 벗어난 신 하사의 행동을 통해 거짓과 진실의 의미를 묻고 있다. 신 하사는 기자들과의 인터뷰 자리에서 진실을 이야기했다가 구타를 당한다. 게다가 신 하사의 폭로를 아무도 주목하지 않는다. 작가는 '죽은 사람인 우 하사를 두고 즐긴 것이나 다름없다.'라고 말하는 신 하사를 통해 진실을 조작하고 왜곡하는 집단의 행태를 고발하고 있다.

주제 진실을 조작하고 왜곡하는 폭력적 조직의 행태 고발

전체 줄거리 군대 내 격납고에서 화재 사건이 발생하여 우 하사가 심각한 부상을 입자 그의 동료와 지휘관은 그가 사고 당시 전우를 구하는 등의 영웅적 활약을 했다고 그의 부상을 미화하고 조작한다. 평소에 별로 말이 없고 어수룩한 신 하사는 기자 회견장에서 진실을 말했다가 윗사람들에게 폭행을 당하고 아무도 신 하사의 폭로에 주목하지 않는다. 신 하사는 이미 죽은 사람이라 할 수 있는 우 하사를 두고 사람들이 즐긴 것이나 다름없다며 우 하사를 동정하여 그를 죽이러 가지만 이미 우 하사는 숨을 거둔 뒤였다. 신 하사는 자수를 결심한다.

27 서술상의 특징 파악　　　　　답 ②

정답이 정답인 이유

② [A]의 '격납고 안에 있었던 사람들의 공통된 이야기', '격납고 밖에 있다가 사고를 목격하게 된 사람들의 얘기' 등을 통해, 신 하사가 사고 당시에 겪었던 상황과 관련한 부대원들의 실제 경험담을 서술자가 종합하여 요약적으로 재진술하고 있는 것을 알 수 있다.

28 작품의 내용 이해   답 ⑤

정답이 정답인 이유

⑤ '웅성거리는 소리'는 우 하사의 행적에 대한 신 하사의 새로운 발언을 들은 기자들이 놀라는 모습을 보여 주는 것으로, 노골적인 반감을 드러내는 것이라고 하기는 어렵다.

오답이 오답인 이유

① 사고 당시 부대원들이 실제 겪은 경험으로, 우 하사의 영웅담과는 거리가 먼 내용일 것이다.
② 우 하사의 행위와 교묘하게 결부된 내용을 담고 있는 것으로, 우 하사를 영웅화하고자 하는 회견의 취지에 부합한 것이라고 할 수 있다.
③ 회견을 개최한 대대장이나 단장은 우 하사가 영웅으로 알려지길 원하고 있으므로, 그러한 의도에 따라 마무리되고 있음을 의미한다.
④ 지금까지 침묵하던 신 하사에게 시선이 집중된 것은 마무리되어 가던 회견에 새로운 반전이 일어날 것을 예고하는 것이다.

29 외적 준거에 따른 작품 감상   답 ②

정답이 정답인 이유

② '한쪽 구석지에 우두커니 앉아만 있던'이나 '자리나 메우는 역할이라면 몰라도 직접 입을 열어 뭔가를 조리 있게 설명해야 할 사람치고는 분명히 자격 미달이었다.', '신 하사를 그런 자리에 끌어들인 그 자체가 애당초 잘못된 배역임이 뒤늦게 드러나기 시작했다.' 등을 통해 신 하사가 부대원들과 잘 어울리지 못하는 인물이라는 것을 짐작할 수 있다. 따라서 그가 집단 내에서 소외되었다는 진술은 적절할 수 있다. 그러나 (가)에 따르면 '합리적이지 못한 선택'이란 진실보다는 다수

의 선택을 따르는 것으로, (나)에서 '합리적이지 못한 선택'이란 우 하사의 행적에 대한 조작을 의미한다고 할 수 있다. 신 하사는 다수의 선택이 아닌 자신의 소신에 따라 행동하며 우 하사의 행적에 대한 조작에 동참하지 않았으므로 그가 합리적이지 못한 선택을 했다는 진술은 적절하지 않다.

오답이 오답인 이유

① 대대장은 군대에서 비교적 높은 계급으로, '자기 권한으로 할 수 있는 모든 조처'를 취했다는 내용 등을 통해 권력을 이용해 사실을 조작하고 진실을 은폐하는 데 앞장섰다는 것을 확인할 수 있다.
③ 우 하사의 동기생들은 그와 동기생이라는 관계와 이에 따른 전우애를 바탕으로, 그의 죽음을 조작하고 미화하는 건의서 내용을 부대원들에게 강요하는 모습을 보인다.
④ 서술자를 포함한 '우리'는 건의서의 내용이 허위라는 것을 알면서도 '만약 입바른 소리라도 할라치면 당장에 때려죽일 것 같은 기세'에 눌려 건의서에 도장을 찍게 된다. 이것은 집단 권력화된 우 하사 동기생들의 힘에 영향을 받은 것으로 이해할 수 있다.
⑤ '군대'는 폐쇄적이고 수직적인 성격을 가진 집단으로, 그 성격으로 인해 권력 구조와 인간관계의 영향이 더욱 강하게 나타날 것이라고 추측할 수 있다.

30 외적 준거에 따른 작품 감상   답 ④

정답이 정답인 이유

④ '더 이상의 불상사'는 신 하사가 진실을 모두 폭로해 이것이 기사화되는 것 등을 의미한다. 그러나 '더 이상의 불상사'가 없었다고 했으므로 사람들은 신 하사의 증언에 주목하지 않았음을 알 수 있다. 따라서 '더 이상의 불상사'는 신 하사의 증언에 대한 군중의 외면이 아니라 오히려 관심과 주목이었다고 할 수 있다.

오답이 오답인 이유

① 우 하사의 동기생들이 건의서 내용을 소상히 밝히지 않은 것은 부대원들이 조작된 내용에 동조하도록 하기 위한 것으로, 진실을 은폐하여 진실과 허위에 대한 구분을 애매하게 하기 위한 것이라고 할 수 있다.
② 세 명의 사병이 자기를 구한 것이 우 하사라고 믿게 된 것은 그들이 군중 심리에 휩쓸려 집단 최면에 걸린 듯한 모습을 보여 주는 것이라고 할 수 있다.
③ 부대원들이 모두 합심해서 하나의 미담, 즉 우 하사의 영웅담을 조작하는 데 동참했다는 것은 부대원들 모두가 집단 내에서 추진된 특정 의견에 휩쓸리게 된 것을 보여 주는 것으로,

집단 극화의 결과물이라고 할 수 있다.

⑤ 신 하사가 몹시 바쁜 몸이 된 것은 그가 다른 사람의 선택을 따라 하지 않고 진실을 발언함으로써 안전하지 않게 된 것을 의미한다.

[31~34] 문학 – 극

김영현, 「서동요」

해제 이 작품은 4구체 향가인 「서동요」의 배경 설화를 재해석하여 창작된 드라마 대본이다. 그동안 깊이 있게 다루어지지 않았던 백제의 역사 이야기를 작품의 주된 대상으로 삼아 백제가 지닌 과학 기술의 우수성을 부각하려 했다는 점에서 주목을 받았다. 제시된 부분은 왕이 된 장이 선화 공주와 혼인을 앞두고 있을 때, 복수심에 불탄 기루가 장을 습격해 두 사람이 사당에서 맞서는 장면이다. 기루와 장이 서로 대립하는 상황에서 장이 기루의 행동과 태도를 질책하며, 기루는 그러한 장의 질책을 통해 자신의 잘못을 깨닫고, 결국 장을 죽이는 것을 포기한다.

주제 장과 선화 공주의 사랑과, 고난을 극복하며 왕이 되는 장의 삶

전체 줄거리 백제 위덕왕과 무희인 연가모 사이에서 태어난 장은 위덕왕을 음해하려는 세력들로 인해 궁에서 나와 자신의 신분을 모르고 살아간다. 어머니 연가모의 부탁으로 백제 왕궁의 기술자 집단인 태학사의 일원이 된 장은 왕권을 탈취하려는 부여선 세력의 음모를 피해 목라수 박사 일행과 신라로 도망하여 '하늘재 학사'라는 기술자 공방을 차려 백제인임을 숨기고 살아간다. 그러던 중에 장은 우연히 신라 진평왕의 막내딸 선화 공주를 만나 사랑에 빠지게 된다. 신라의 화랑인 김도함은 선화 공주와의 결혼을 조건으로 '사택기루'라는 이름으로 하늘재 학사에 잠입해 백제의 기술을 빼돌리려 하는데, 장과 선화 공주가 서로 사랑하는 사이라는 것을 알고 충격을 받는다. 백제의 정치적 상황 변화로 인해 하늘재 학사 사람들은 다시 백제로 돌아오고, 장과의 관계가 폭로된 선화 공주는 궁궐에서 추방되어 장을 찾아 백제로 간다. 그 와중에 억울하게 집안이 몰락한 사택기루는 장을 원수로 생각하고, 부여선의 부하가 되어 장과 치열하게 대립한다. 선화 공주에 의해 자신의 신분을 알게 된 장은 온갖 고난을 극복하고 마침내 부여선을 물리치고 백제의 왕으로 즉위한 후 선화 공주와 결혼한다.

31 작품의 내용 파악 답 ②

정답이 정답인 이유

② 장과 기루가 육박전을 벌이는 장면에서 기루가 장의 목숨을 위협하는 모습이 나타날 뿐, 장이 기루를 죽이려고 하는 모습은 나타나지 않는다. 또한 장은 기루가 칼을 힘없이 놓아 버리며 문을 향해 걸어가는 것을 보고 극단적 선택을 할 것임을 알아차린다. 이후 다급하게 기루를 부르는 것으로 보아 장은 기루를 죽이려는 마음이 있었다고 보기 어렵다.

오답이 오답인 이유

① S#9에서 기루가 자신의 목에 칼을 대며 위협함에도 불구하고 장은 담담해지고, 오히려 기루가 고통스러워한다고 하였다.

③ 장이 기루의 행동과 결정을 질책하는 것은 모든 불행을 장 자신의 탓으로 돌리는 기루에게 기루의 선택과 삶이 옳지 않은 것이었음을 일깨워 주기 위함이다.

④ 장과 기루의 대화 내용을 통해 둘은 선화 공주와의 사랑을 이루기 위해 경쟁했었음을 알 수 있다.

⑤ 기루는 장으로부터 질책을 들은 후 죽음을 결심하는데, 이는 기루가 그동안 자신이 내렸던 결정이 잘못된 것이었음을 인정하며 이에 대한 자책감으로 죽음을 결심한 것임을 알 수 있다.

32 외적 준거에 따른 작품 감상 답 ⑤

정답이 정답인 이유

⑤ 장과의 대화에서 대꾸하지 못하며 괴로워하는 기루의 모습은 자신의 잘못을 깨닫고 부끄러움을 느끼는 기루의 심리를 보여 준 것이다. 이는 애정 문제에 초점을 둔 개인의 욕망 추구라는 향가 「서동요」에 대한 기존의 해석을 넘어서, 다양한 감상의 경험을 제공하려는 시도임과 동시에 인간에 대한 이해를 증진하려는 노력이라 볼 수 있다. 하지만 사회적 상황으로 개인의 욕망 추구가 제한되는 현실을 형상화한 것으로 보기는 어렵다.

오답이 오답인 이유

① 〈보기〉에서 「서동요」는 변용과 수용의 과정을 통해 서동과 선화 공주의 애정담에 초점을 두기보다는 새로운 감상을 제공한다고 하였다. 선화 공주와의 애정담보다는 '장의 목에' '칼을 들이대'며 기루와 장이 서로 갈등하는 모습에 초점을 둔 것은 애정의 갈망과 성취라는 기존의 해석을 넘어서기 위한 노력이 반영된 것으로 볼 수 있다.

② 〈보기〉에서 「서동요」는 다양한 장르에서 진행되는 변용과 수용을 통해 다양한 감상의 경험을 제공한다고 하였다. 이 과정에서 인간의 현실적인 삶의 모습에 초점을 맞추어 작품을 형

상화한다고 하였는데, 기루가 '필요에 따라' 연모의 대상과 나라 등을 선택하는 것은 세속적인 욕망을 추구하는 현실적인 삶의 모습에 초점을 맞춘 것이라 할 수 있다.

③ 〈보기〉에서 「서동요」는 변용과 수용의 과정을 통해 기존의 해석을 넘어서, 다양한 감상의 경험을 제공한다고 하였다. 이로 보아, 개인의 영달과 욕망을 위한 삶보다는 '스스로를 존경하고 사랑'해야 한다고 역설한 장의 말은 진정한 삶의 가치와 의미에 대해 성찰해 볼 수 있는 기회를 제공하는 것이라 할 수 있다.

④ 〈보기〉에서 「서동요」는 변용과 수용의 과정을 통해 서동과 선화 공주의 애정담에 초점을 두기보다는 인간의 현실적인 삶의 모습과 사회적인 상황에 초점을 맞추고 있다고 하였다. '신라 황제에게 공주님을 놓고 거래를' 한 기루가 선택한 삶의 방식을 통해 서동과 선화 공주의 애정담보다는 개인의 영달과 욕망만을 추구하는 삶에 대한 문제의식을 드러내는 데 비중을 두고 있음을 알 수 있다.

33 연극 연출의 방법과 효과 추리　　　답 ⑤

정답이 정답인 이유

⑤ 기루가 극단적 선택을 할 것임을 순간적으로 알아챈 장의 모습이 나타나므로 다급한 목소리로 기루를 불러야 한다. 하지만 장은 문을 향해 걸어간 기루의 모습을 보고 있으므로 기루의 행방을 찾는 듯이 주위를 두리번거리는 연기는 적절하지 않다.

오답이 오답인 이유

① 육박전 직후에 기루와 장이 대사를 이어 가는 장면이므로 장이 가쁜 호흡을 내쉬며 기루의 대사를 듣는 연기를 요구하는 것은 적절하다.

② 기루는 지난날 자신의 노력이 장으로 인해 좌절되었다고 생각하고 있으므로 장에 대한 분노를 드러내는 어조로 연기하는 것은 적절하다.

③ 장의 말을 듣고, 자신을 변명하는 기루의 대사에 대해 반박하고 있는 장의 대사이므로 기루에 대한 격앙된 감정이 드러나도록 말투를 조절하는 것은 적절하다.

④ 기루는 장의 질책을 듣고 스스로 부끄러움을 느낌과 동시에 자책감을 느끼며 장을 노려보고 있다. 하지만 장은 이러한 기루의 시선에도 불구하고 '죽음도 각오한 듯 담담하게 앞을 본다'고 하였으므로, 장의 차분한 태도가 드러나도록 연기하는 것은 적절하다.

34 지시문의 의미와 기능 파악　　　답 ③

정답이 정답인 이유

③ 기루는 겉으로는 장의 목에 칼을 들이대고 위협하고 있으나 그 속은 떨고 있고, 장은 겉으로는 기루의 칼에 위협받고 있으나 그 속은 칼을 겨눈 기루를 두려워하지 않고 담담한 태도를 보이고 있다.

오답이 오답인 이유

① 기루는 지난날의 자신의 행동에 대해 자책하고 있어, 스스로의 행동에 대한 회한이 나타난다고 할 수 있으나, 장과 기루가 공동의 대상을 향해 회한을 나타내고 있지는 않다.

② 기루는 자신의 지난날의 과오를 자책하며 죽음을 결심하지만, 서로의 이익을 위해 죽음을 각오하는 것은 아니다.

④ 자신의 불행을 상대방의 탓으로 돌리는 인물의 인식이 드러나 있지 않다.

⑤ 기루는 지난날의 자신의 행동에 대해 자책하고 있으므로 현재 상황에 대한 기루의 괴로움이 나타나 있다고 볼 수 있으나, 기루가 과거를 회상하는 모습은 나타나 있지 않다.

[35~39] 언어

35 피동 표현과 사동 표편　　답 ③

정답이 정답인 이유

③ '(몸을) 단련시켰다고'는 '(몸을) 단련했다고'로 써도 되므로 ㉡에 해당한다. '믿겨지지'는 피동사 '믿기다'에 다시 '―어지다'를 붙인 것이므로 ㉠에 해당한다. '믿기지' 혹은 '믿어지지'로 쓰는 것이 바람직하다.

오답이 오답인 이유

① '소개시켜'는 사동 형식의 잘못된 사용이므로 ㉡에 해당하며 '소개해'로 쓰는 것이 바람직하다. '배치되었다'는 적절한 피동 형식이다.

② '입원시켜'는 적절한 사동 형식이다. '생각되어집니다'는 '―되다' 피동 형식과 '―어지다' 피동 형식이 불필요하게 중복되어 있으므로 ㉠에 해당하며 '생각됩니다'로 쓰는 것이 바람직하다.

④ '연습시켰는데도'는 적절한 사동 형식이고, '고쳐지지'는 적절한 피동 형식이다.

⑤ '연결시키고'는 사동 형식의 잘못된 사용이므로 ㉡에 해당하며 '연결하고'로 쓰는 것이 바람직하다. '수리되었음을'은 적절한 피동 형식이다.

36 중세 국어의 문법　　답 ④

정답이 정답인 이유

④ '가ᄂ뇨'의 주어는 2인칭 '네'이므로 의문문의 종류에 상관없이 '―ㄴ다'가 쓰여야 한다. 따라서 '가ᄂ다'로 쓰는 것이 적절하다.

오답이 오답인 이유

① '賞(상)'은 체언(명사)이므로 의문 보조사를 써야 한다. 예문은 판정 의문문이므로 '가'를 쓰는 것이 적절하다.

② 'ᄆ스'는 체언(대명사)이므로 의문 보조사를 써야 한다. 예문은 설명 의문문이므로 '고'를 쓰는 것이 적절하다.

③ '하다'는 용언(형용사)이므로 의문형 어미를 써야 한다. 예문은 판정 의문문이므로 '―녀'를 쓰는 것이 적절하다.

⑤ '아니ᄒ다'는 보조 용언으로서 앞말의 품사에 따라 동사이므로 의문 보조사가 아닌 의문형 어미를 써야 한다. 예문은 2인칭 주어가 쓰였으므로 의문문의 종류에 상관없이 '―ㄴ다'를 쓰는 것이 적절하다.

37 합성 동사, 구, 보조 용언 구성의 구분　　답 ⑤

정답이 정답인 이유

⑤ '아이는 돌멩이를 집어 던졌다.'에서 '집어 던졌다'는 '집어서 던졌다'가 성립하므로 구 구성이다. 따라서 '집어 던지다'가 보조 용언 구성이라는 설명은 적절하지 않다.

오답이 오답인 이유

① '사과를 깎아 먹었다.'에서 '깎아 먹다'는 '깎아서 먹다'가 성립하므로 구 구성이다.

② '학생이 연필을 가져갔다.'에서 '가져가다'는 '가져서 가다'가 성립되지 않고 '가다'가 '이동하다'의 의미를 나타내 추상적이지 않으므로 합성 동사이다.

③ '문을 열어 놓아라.'에서 '열어 놓다'는 '열어서 놓다'가 성립되지 않고 '놓다'가 추상적인 의미이므로 보조 용언 구성이다.

④ '편지를 부쳐 주었다.'에서 '부쳐 주다'는 '부쳐서 주다'가 성립되지 않고 '주다'가 추상적인 의미이므로 보조 용언 구성이다.

38 합성 동사와 구 구성의 대응　　답 ④

정답이 정답인 이유

④ ㉡의 '팔아먹다'에서 '먹다'는 실제적인 의미가 아닌 추상적인 의미를 갖고 있어 대응되는 구 구성을 상정할 수 없다. ㉢의 '건너뛰다'에서 '건너다'와 '뛰다'의 순서로 '건너뛰다'의 의미를 파악할 수 없으므로 대응되는 구 구성을 상정할 수 없다.

오답이 오답인 이유

㉠의 '잡아당기다'는 '손으로 움키고 놓지 않다.'의 의미를 갖는 '잡다'와 '물건 따위를 자기 쪽으로 가까이 오게 하다.'의 의미를 갖는 '당기다'가 결합된 합성 동사이다. '잡아당기다'는 '잡아서 끌어당기다.'의 의미로 '밧줄을 잡아서 (자기 쪽으로) 당겼다.'와 같이 구 구성을 상정할 수 있다. ㉣의 '긁어모으다'는 '긁다'와 '모으다'의 행위가 순차적으로 이루어지는 '돈을 긁어서 모았다.'와 같이 구 구성을 상정할 수 있다.

39 '이'의 용법　　답 ③

정답이 정답인 이유

③ ⓐ '이'는 '바로 앞에서 이야기한 진술을 가리키는 관형사'로 쓰여 ㉡에 해당한다. ⓑ '이'는 '말하는 이에게 가까이 있거나 말하는 이가 생각하고 있는 대상을 가리키는 지시 대명사'로 쓰여 ㉠에 해당한다. ⓒ '이'는 '말하는 이에게 가까이 있는 대상을 가리키는 관형사'로 쓰이고 있다. 따라서 ㉠에 해당하는 예는 ⓑ이고, ㉡에 해당하는 예는 ⓐ이다.

40 매체를 통한 의사소통 방식 이해   답 ④

정답이 정답인 이유

④ 명준은 '앞부분에는 박자가 빠르고 높은음을 주로 활용한 음악을 삽입하면 어떨까?'와 같이 의문문의 형식을 활용하고 있다. 그러나 이것이 민재의 발화 내용에 대한 추가 정보를 요구하는 발화는 아니며, 민재의 발화 내용과는 다른 자신의 의견을 전달하는 발화라고 볼 수 있다.

오답이 오답인 이유

① 민재는 '당연하지!'라는 메시지가 포함된 시각적 이미지를 활용하여 양해를 구하는 지원의 발화에 응답하고 있다.

② 현지는 할아버지께 조언을 구했던 경험과 할아버지께 도움을 드렸던 경험을 언급하면서, 청소년들도 쉽게 공감할 수 있도록 평소에 경험할 법한 이야기를 다루자는 지원의 의견을 구체화하고 있다.

③ 지원은 '소통 부족이라고 응답한 사람들이 제일 많았'던 설문 조사의 결과를 활용하여, '응답 비중이 높은 것을 다루면' 좋겠다는 명준의 의견에 소통이 부족한 상황과 소통을 통해 갈등이 해소되는 과정을 보여 주자는 자신의 의견을 덧붙이고 있다.

⑤ 명준은 'https://www.△△△.com'과 같이 하이퍼링크를 제공하여 세대 갈등이 생기는 원인에 대해 조사한 언론사의 설문 조사 결과를 다른 친구들과 공유하고 있다.

41 매체 자료의 생산   답 ③

정답이 정답인 이유

③ 광고에서 다루고 있는 내용은 (가)에서 현지가 언급한 자신의 개인적 경험을 각색한 것이므로 예상 시청자와 함께 경험했던 여러 사례를 활용하고 있다는 설명은 적절하지 않다.

오답이 오답인 이유

① (가)에서 지원은 예상 시청자가 광고의 내용에 쉽게 공감할 수 있도록 청소년의 경험을 보여 줄 수 있는 영상을 제작할 것을 제안한다. 이를 반영하여 (나)에서는 등장인물 중 한 명을 소년으로 설정하고 있다.

② (가)에서 민재는 문제 상황과 그 문제가 해결된 상황이 확실히 대조될 수 있도록 음악을 선정하면 좋겠다는 의견을 제시하고 있으며, 명준 역시 이에 동의하고 있다. 이를 반영하여 (나)의 S#1~S#3에서는 박자가 빠르고 높은음을 주로 활용한 음악을, S#5~S#7에서는 따뜻하고 부드러운 음악을 삽입하고 있다.

④ (가)에서 지원은 짧은 시간 내에 내용을 효과적으로 전달할

수 있는 방법에 대해 언급하고 있다. 이를 반영하여 (나)의 S#2, S#3에서는 클로즈업 기법을 활용해 인물의 표정을 자세히 보여 줌으로써 인물들의 심리를 효과적으로 전달하고 있다.

⑤ (가)에서 현지가 공유한 수행 평가 안내문에는 '주제 의식을 잘 드러내는 문구를 사용했는가?'라는 기준이 명시되어 있다. 이를 반영하여 (나)의 S#7에서는 '세대', '소통'과 같이 광고 내용과 직접적으로 관련되는 단어를 사용하여 '세대는 달라도 소통하면 모두가 행복해집니다.'라는 자막을 보여 주고 있다.

42 매체 자료의 능동적 수용   답 ②

정답이 정답인 이유

② (나)는 노인과 소년이 세대를 넘나들어 소통함으로써 모두에게 도움이 된다는 메시지를 전달하고 있다. 이는 소통의 주체에게 긍정적인 영향을 미친다는 관점에 초점을 두고 있으므로, 자기 지향적 메시지와 긍정적 프레이밍이 활용된 것이라고 볼 수 있다.

오답이 오답인 이유

① (나)는 세대 간 소통의 긍정적 측면을 보여 주는 공익 광고로, 타인의 도움 없이는 문제가 해결되기 어려운 상황에 초점을 맞추고 있다고 보기 어렵다.

③ (나)는 세대 간의 소통이 원활하지 않아서 세대 갈등이 일어날 수 있다는 메시지를 전달하고 있다. 그러나 이러한 점은 긍정적 프레이밍과 직접적인 관련이 없다.

④ (나)는 노년 계층과 청년 계층 사이의 소통 단절에 대해 이야기하는 공익 광고이므로, 노년 계층이 겪는 어려움을 외면하는 사회를 개선하고자 하는 의지를 드러내고 있다고 보기 어렵다.

⑤ (나)에 행동 주체가 소통을 거부하면 타인에게 피해가 발생한다는 내용은 나타나 있지 않다.

[43~45] 언어 + 매체

43 매체 언어의 정보 구성 및 표현 방법　　답 ⑤

정답이 정답인 이유

⑤ 제목 앞에 주제별 카테고리를 표현하는 별도의 기호를 사용하여, 글을 [시사]라는 카테고리로 제시하였다. 하지만 이러한 별도의 기호만으로 매체 수용자가 같은 카테고리의 글을 한쪽에 모아 보기는 어렵다.

오답이 오답인 이유

① 제목 아래 제시된 글의 작성 날짜와 시간을 통해 매체 수용자는 글의 생산 시기를 '2024.×.××. 12:00'로 파악할 수 있다.

② 매체 수용자는 글에 대한 공감 여부를 표현하기 위해 글의 마지막 부분에 있는 '공감'이나 '반대'를 누를 수 있다.

③ 특정 핵심어 앞에 '#' 기호를 붙여 써서 식별을 쉽게 하는 것은 메타데이터 태그의 한 형태로, 이러한 해시태그를 통해 매체 수용자는 주요 정보를 쉽게 파악할 수 있다.

④ 작성자가 강조하고 싶은 내용의 글자를 크고 진하게 표시한 것을 통해 매체 수용자는 작성자가 강조한 내용을 빠르게 파악할 수 있다.

44 매체 자료의 주체적 수용　　답 ⑤

정답이 정답인 이유

⑤ 〈보기〉에서는 입장권의 온라인 재판매에 대한 법규가 부족하여 처벌이 어렵다는 점을 제시하면서, 해외에서 관련 법안이 제정된 사례를 들어 법안 제정의 필요성을 밝히고 있다. 따라서 이를 활용하여 법안의 필요성을 강조하는 것은 적절하다.

오답이 오답인 이유

① 〈보기〉의 자료는 재판매 행위를 반대하고 우려하는 측의 의견이기 때문에 재판매를 옹호하는 입장의 근거를 보완하는 자료로 사용하기에는 적절하지 않다.

② 〈보기〉를 활용하여 관련 전문가의 의견을 제시할 때는 매체 수용자가 전문가의 연구 분야를 판단할 수 있도록 소속 학과를 함께 제시해야 한다.

③ 〈보기〉에는 재판매로 인한 사회 현상의 부정적인 측면만 제시하였기 때문에 이를 활용해 재판매가 삶에 미치는 긍정적인 영향을 드러내기는 어렵다.

④ 〈보기〉에 입장권을 재판매했을 때 받을 수 있는 처벌의 기준은 제시되어 있지 않으므로 이를 활용해 경고의 의미를 부각하는 것은 적절하지 않다.

45 표준어 규정　　답 ②

정답이 정답인 이유

② ⓐ: '아랫입술'이라는 단어가 있다. 곧 '입술'은 '아래, 위'의 대립이 있는 단어이므로 제12항 본 규정에 따라 '윗입술'로 써야 한다. 따라서 [A], [B] 어느 곳에도 들어갈 수 없다.

ⓑ: '아랫눈썹'이라는 단어가 있다. 곧 '눈썹'은 '아래, 위'의 대립이 있는 단어이므로 제12항 본 규정에 따라 '윗눈썹'으로 써야 한다. 따라서 [A]에 들어가야 한다.

ⓒ: '층'에서의 'ㅊ'은 거센소리이므로 제12항 '다만 1' 규정에 따라 '위–'를 써야 한다. 따라서 [A], [B] 어느 곳에도 들어갈 수 없다.

ⓓ: '아랫어른'이라는 단어는 없다. 곧 '어른'은 '아래, 위'의 대립이 없는 단어이므로 제12항 '다만 2' 규정에 따라 '웃–'으로 써야 한다. 따라서 [B]에 들어가야 한다.

ⓔ: '쪽'에서의 'ㅉ'은 된소리이므로 제12항 '다만 1' 규정에 따라 '위–'를 써야 한다. 따라서 [A]에 들어가야 한다.

고2~N수 수능 집중 로드맵

수능 입문	기출 / 연습	연계+연계 보완	심화 / 발전	모의고사

수능 입문
- 윤혜정의 개념/패턴의 나비효과
- 하루 6개 1등급 영어독해
- 수능 감(感)잡기
- 수능특강 Light

강의노트
- 수능개념

기출 / 연습
- 윤혜정의 기출의 나비효과
- 수능 기출의 미래
- 수능 기출의 미래 미니모의고사
- 수능특강Q 미니모의고사

연계+연계 보완
- 수능연계교재의 VOCA 1800
- 수능연계 기출 Vaccine VOCA 2200
- 연계
  - 감수 수능특강
  - 감수 수능완성
- 수능특강 사용설명서
- 수능특강 연계 기출
- 수능 영어 간접연계 서치라이트
- 수능완성 사용설명서

심화 / 발전
- 수능연계완성 3주 특강
- 박봄의 사회 · 문화 표 분석의 패턴

모의고사
- FINAL 실전모의고사
- 만점마무리 봉투모의고사
- 만점마무리 봉투모의고사 시즌2
- 만점마무리 봉투모의고사 BLACK Edition
- 수능 직전보강 클리어 봉투모의고사

구분	시리즈명	특징	수준	영역
수능 입문	윤혜정의 개념/패턴의 나비효과	윤혜정 선생님과 함께하는 수능 국어 개념/패턴 학습	●	국어
	하루 6개 1등급 영어독해	매일 꾸준한 기출문제 학습으로 완성하는 1등급 영어 독해	●	영어
	수능 감(感) 잡기	동일 소재 · 유형의 내신과 수능 문항 비교로 수능 입문	●	국/수/영
	수능특강 Light	수능 연계교재 학습 전 연계교재 입문서	●	영어
	수능개념	EBSi 대표 강사들과 함께하는 수능 개념 다지기	●	전 영역
기출/연습	윤혜정의 기출의 나비효과	윤혜정 선생님과 함께하는 까다로운 국어 기출 완전 정복	●	국어
	수능 기출의 미래	올해 수능에 딱 필요한 문제만 선별한 기출문제집	●	전 영역
	수능 기출의 미래 미니모의고사	부담없는 실전 훈련, 고품질 기출 미니모의고사	●	국/수/영
	수능특강Q 미니모의고사	매일 15분으로 연습하는 고품격 미니모의고사	●	전 영역
연계 + 연계 보완	수능특강	최신 수능 경향과 기출 유형을 분석한 종합 개념서	●	전 영역
	수능특강 사용설명서	수능 연계교재 수능특강의 지문·자료·문항 분석	●	국/영
	수능특강 연계 기출	수능특강 수록 작품·지문과 연결된 기출문제 학습	●	국어
	수능완성	유형 분석과 실전모의고사로 단련하는 문항 연습	●	전 영역
	수능완성 사용설명서	수능 연계교재 수능완성의 국어·영어 지문 분석	●	국/영
	수능 영어 간접연계 서치라이트	출제 가능성이 높은 핵심만 모아 구성한 간접연계 대비 교재	●	영어
	수능연계교재의 VOCA 1800	수능특강과 수능완성의 필수 중요 어휘 1800개 수록	●	영어
	수능연계 기출 Vaccine VOCA 2200	수능-EBS 연계 및 평가원 최다 빈출 어휘 선별 수록	●	영어
심화/발전	수능연계완성 3주 특강	단기간에 끝내는 수능 1등급 변별 문항 대비서	○	국/수/영
	박봄의 사회·문화 표 분석의 패턴	박봄 선생님과 사회·문화 표 분석 문항의 패턴 연습	○	사회탐구
모의고사	FINAL 실전모의고사	EBS 모의고사 중 최다 분량, 최다 과목 모의고사	●	전 영역
	만점마무리 봉투모의고사	실제 시험지 형태와 OMR 카드로 실전 훈련 모의고사	●	전 영역
	만점마무리 봉투모의고사 시즌2	수능 직전 실전 훈련 봉투모의고사	●	국/수/영
	만점마무리 봉투모의고사 BLACK Edition	수능 직전 최종 마무리용 실전 훈련 봉투모의고사	●	국·수·영
	수능 직전보강 클리어 봉투모의고사	수능 직전(D-60) 보강 학습용 실전 훈련 봉투모의고사	●	전 영역

한성은 새롭다
세상엔 이롭다

한성대학교가 마주하는
도전과 기회가
글로벌 창의융합교육의
미래를 열어갑니다

HSU

※ 자세한 사항은 입학홈페이지(https://enter.hansung.ac.kr)참고
※ 본 교재 광고의 수익금은 콘텐츠 품질개선과 공익사업에 사용됩니다.
※ 모두의 요강(mdipsi.com)을 통해 한성대학교의 입시정보를 확인할 수 있습니다.

트랙제 졸업생
취업률 78.1%

'방학 중 SW·AI
교육캠프 사업'
서울·경기권
최우수대학

'재학생 충원율'
최고 수준
101.1%

개교 이래 최초
외부 재정지원사업
수주 100억 원

고교교육 기여대학 지원사업
연차평가 우수 대학 선정

THE 기대돼! 한기대!

FUTURE HAS BEGUN

AT **KOREATECH.**

공학 **238** 만원
사회 **166** 만원

내일의 내 일에 대한 설렘,
그것은 이미 시작됐어!
가슴 뛰게 만드는 한기대에서.

KOREATECH
한국기술교육대학교

1위 2023
중앙일보 대학평가
'학생교육우수대학'

80.3%
우수한 취업률, 전국 2위

4,358 만원
학생 1인당 교육비(연간)

공학 **238** 만원
사회 **166** 만원
저렴한 등록금

입학문의
041) **560-1234**